Office 2024 und Microsoft 365

Das Praxisbuch

Office 2024
und Microsoft 365

Das Praxisbuch

WOLFRAM GIESEKE

Markt+Technik

Gratis-Download

Wenn Sie auf die Buch-Webseite *www.mut.de/pdf-book/0052* gehen und den Code **0052** eingeben, können Sie ein PDF mit weiteren Tipps zu den verschiedenen Office-Bereichen downloaden.

ISBN 978-3-98810-052-8

Espenpark 1a
90559 Burgthann

Produktmanagement Christian Braun, Burkhardt Lühr
Korrektorat, Herstellung Jutta Brunemann
Covergestaltung David Haberkamp
Coverfoto © DigitaArt.Creative – adobe.stock.com
Satz inpunkt[w]o, Wilnsdorf (www.inpunktwo.de)
Druck mediaprint solutions GmbH, Paderborn
Printed in Germany

Vorwort

Die fortschreitende Digitalisierung hat die Art und Weise, wie wir arbeiten, grundlegend verändert. Deshalb benötigen wir Software, die uns bei der Organisation, Kommunikation und Dokumentation unterstützt. Office 2024 und seine Abo-Variante Microsoft 365 repräsentieren nicht nur einen weiteren Schritt in der Evolution dieser erfolgreichen Büro-Suite, sondern bieten auch eine Antwort auf die sich verändernden Bedürfnisse von Unternehmen und Einzelpersonen.

Neben zahlreichen kleineren und größeren Neuerungen und Verbesserungen hat der Einzug von künstlicher Intelligenz in Office das größte Potenzial, auch Ihre Arbeitsweise grundlegend zu verändern. In allen Anwendungen des Microsoft-365-Pakets finden Sie in Verbindung mit einem Copilot-Abo nun KI-Assistenten, die Sie bei der Bewältigung Ihrer täglichen Aufgaben unterstützen, Dokumente optimieren und übersetzen oder auf Wunsch auch gleich ganze Texte für Sie generieren. Deshalb widme ich diesem wichtigen Thema ein eigenes Kapitel, in dem auch Anwender ohne Abo erfahren, wie sie sich die Kraft der KI ohne Zusatzkosten zunutze machen können.

Dieses Buch richtet sich an alle Office-Nutzer– vom Einsteiger bis zum erfahrenen Anwender. Es soll als umfassendes Nachschlagewerk dienen, das Ihnen nicht nur die grundlegenden Funktionen näherbringt, sondern auch tiefere Einblicke in die neuen Möglichkeiten bietet und praxisnahe Tipps und Tricks an die Hand gibt. Ziel ist es, Ihnen zu helfen, die Software optimal zu nutzen und Ihre Produktivität zu steigern.

Ich lade Sie ein, dieses Buch als Ihren Begleiter auf Ihrer Reise durch die Welt von Office 2024/365 zu nutzen. Lassen Sie uns gemeinsam entdecken, wie Sie das volle Potenzial dieser Software ausschöpfen können, um Ihre Aufgaben effizienter, schneller und besser zu erledigen.

Wolfram Gieseke

PS: Auf *www.gieseke-buch.de* finden Sie aktuelle Informationen zu diesem und anderen meiner Bücher und können mit mir in Kontakt treten.

1 Neue Office-Funktionen

Wie es nun schon bei mehreren Versionen von Microsoft Office der Fall war, setzt Microsoft bei der Aktualisierung seiner Office-Suite auf stetige Verbesserungen statt auf die große Revolution. Besonders ersichtlich ist dies in der Abo-Variante Microsoft 365, bei der immer wieder neue Funktionen hinzukommen können, ohne dass sich das große Bild ändert. Doch auch bei dem größeren Schritt von Office 2021 auf Office 2024 hält Microsoft die Änderungen im Rahmen.

Das hat natürlich einen guten Grund: Viele Millionen Menschen weltweit nutzen die Office-Suite von Microsoft und haben verständlicherweise keine Lust, sich immer wieder in eine komplett neue Software einzuarbeiten. Deshalb bleibt Microsoft Office auch nach mehreren Versionen noch wiedererkennbar und die Basisfunktionen bleiben die gleichen.

Aber selbstverständlich gibt es einige Änderungen und Neuheiten. Diese möchte ich Ihnen in diesem ersten Kapitel vorstellen, in dem Sie sich der Office-Suite zunächst einmal annähern, bevor Sie dann ab dem zweiten Kapitel in die Office-Praxis starten.

TIPP

Das große Thema KI
Der praktische Einsatz künstlicher Intelligenz als Unterstützung bei alltäglichen Aufgaben ist aktuell die große Weiterentwicklung bei Office, von der aber leider nur die Nutzer der Abo-Variante Microsoft 365 unmittelbar profitieren. Trotzdem soll dieses Thema nicht zu kurz kommen, weshalb ich ihm ein eigenes Kapitel am Ende dieses Buches gewidmet habe.

1.1 Neuerungen fürs Office-Paket

Einige Änderungen und Neuheiten bei Office 24 beziehen sich auf das gesamte Paket bzw. können in (fast) allen Anwendungen genutzt werden. Diese stelle ich auf den folgenden Seiten vor, bevor es dann mit den spezifischen Neuerungen in den einzelnen Programmen weitergeht.

Fluent Design für Office

Wie immer bei einer neuen Office-Version wurde das Erscheinungsbild modernisiert. Grundlegende Neuerungen erspart Microsoft seinen treuen Anwendern, aber wer die Office-Anwendungen gut kennt, der wird an vielen Ecken Spuren einer dezenten Renovierung finden. Dabei folgen die Entwickler weiter den Fluent-Design-Prinzipien, um eine konsistente und ansprechende Benutzererfahrung über verschiedene Anwendungen, Plattformen und Geräte hinweg zu schaffen.

Das Erscheinungsbild anpassen

Ein Nachteil moderner Oberflächendesigns ist, dass sie dem Anwender meist nur wenige Eingriffsmöglichkeiten bieten, um die Oberfläche an den individuellen Geschmack anzupassen. Dies ist auch bei Office so, aber in gewissen Grenzen können Sie das Erscheinungsbild beeinflussen.

1 Klicken Sie dazu in einer beliebigen Office-Anwendung auf *Datei/Konto* bzw. *Datei/Office-Konto*.

2 Im so geöffneten Konto-Menü finden Sie auf der linken Seite die Einstellung *Office-Design*.

3 Mit dieser Auswahl können Sie zwischen den Design-Varianten *Dunkelgrau*, *Schwarz*, *Weiß* und *Bunt* wählen. Oder Sie übernehmen mit *Systemeinstellung verwenden* das in den Windows-Einstellungen verwendete Design.

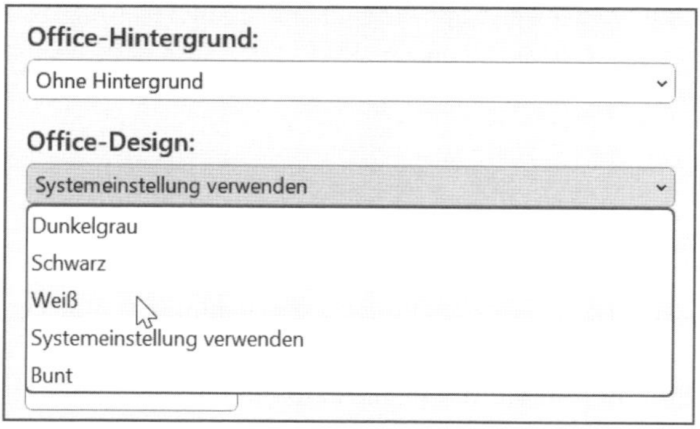

4 Unmittelbar darüber finden Sie außerdem die Einstellungsmöglichkeit *Office-Hintergrund*.

Aptos als neue Standardschrift

Mit der aktuellen Office-Version ersetzt Microsoft die bewährte, aber nie ganz unumstrittene Standardschriftart Calibri durch die neue Schriftart Aptos. Calibri bleibt weiter als eigenständige Schriftart vorhanden und auswählbar. Aber wenn Sie ein neues Office-Dokument erstellen, wird standardmäßig Aptos als Schriftart verwendet, solange Sie daran nichts ändern.

Calibri in Schriftgröße 12.

Aptos in Schriftgröße 12.

Aptos **fett**, *kursiv* und <u>unterstrichen</u>.

Aptos in Schriftgröße 18.

Aptos in Schriftgröße 12.

Falls Sie sich mit der neuen Schriftart nicht anfreunden können oder wollen oder eben einfach einen anderen Favoriten haben, können Sie aber ebenso die Schriftart Ihrer Wahl verwenden. Allerdings muss das in den verschiedenen Office-Anwendungen teilweise an anderen Stellen festgelegt werden.

Schriftart in Word festlegen

Bei Word geht es in erster Linie darum, in welcher Schriftart Ihre Dokumente standardmäßig – also solange Sie nichts anderes bestimmen – erstellt werden. Da Word für das Gestalten der Dokumente mit Vorlagen arbeitet, reicht es, die Schriftart in der Standardvorlage zu ändern. Dies wirkt sich automatisch auf alle Dokumente aus, die auf dieser Standardvorlage basieren.

1 Öffnen Sie Word mit einem leeren Dokument.

2 Lokalisieren Sie im Menüband in der Kategorie *Start* den Bereich *Schriftart* und klicken Sie darin ganz unten rechts auf das kleine Pfeilsymbol.

3 Im so geöffneten Dialog wählen Sie oben die gewünschte Standardschriftart und -größe.

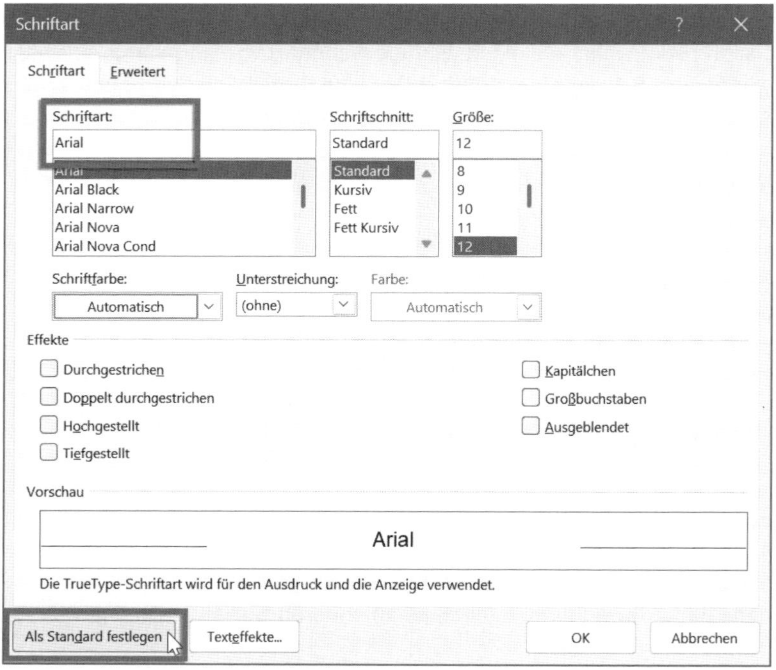

4 Klicken Sie dann unten links auf die Schaltfläche *Als Standard festlegen*.

5 Wählen Sie im Rückfragedialog die Option *Alle Dokumente basierend auf der Vorlage Normal* und klicken Sie auf *OK*.

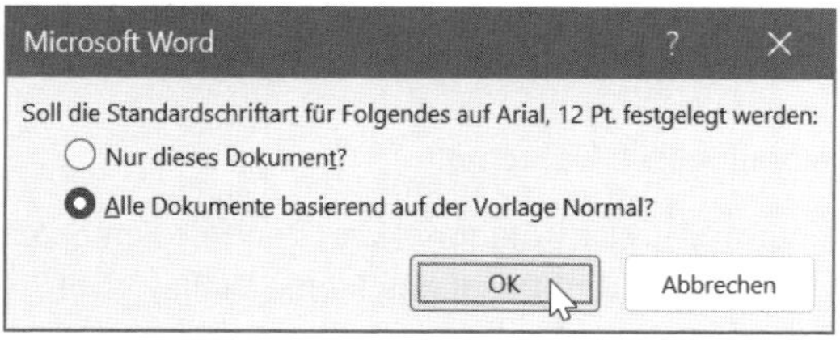

Standardschrift in Excel

Auch in Excel können Sie eine andere Standardschrift wählen, die ab dann für die neu erstellten Arbeitsmappen verwendet wird. Die Schriftart in bereits vorhandenen Excel-Dateien ändert sich dadurch allerdings nicht.

Hier müssen Sie ggf. einmalig die gewünschte Schrift in der Arbeitsmappe manuell anpassen.

1 Um die Standardschriftart zu ändern, öffnen Sie mit *Datei/Optionen* die Einstellungen für Excel.

2 Lokalisieren Sie dort in der Rubrik *Allgemein* den Abschnitt *Beim Erstellen neuer Arbeitsmappen.*

3 Wählen Sie hier bei *Diese Schriftart als Standardschriftart verwenden* die gewünschte Schrift aus.

4 Direkt darunter können Sie auch den bevorzugten *Schriftgrad* festlegen. Wenn Sie Mühe haben, die Zahlenkolonnen am Bildschirm zu entziffern, kann es hilfreich sein, diesen Wert um ein oder zwei Grade anzuheben.

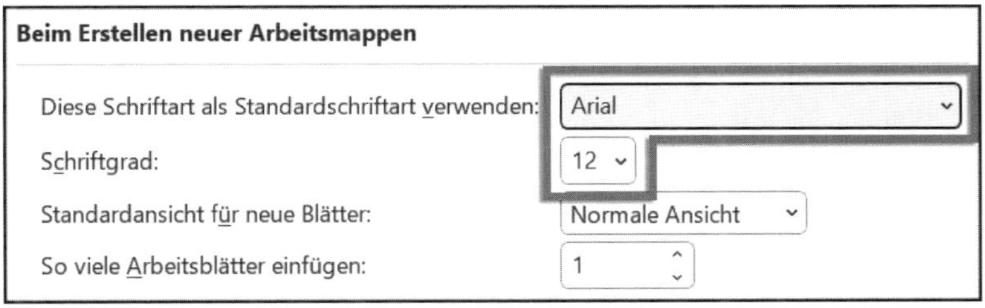

5 Übernehmen Sie die geänderte Einstellung unten mit *OK*.

Standardschriftart für PowerPoint

PowerPoint verwendet ähnlich wie Word Vorlagen für seine Präsentationen. Dadurch können Sie durch eine Änderung an der richtigen Stelle auch hier dafür sorgen, dass Ihre Präsentation einschließlich Notizen und Handouts die gewünschte Schrift verwendet.

1 Starten Sie PowerPoint und öffnen Sie eine neue oder bereits bestehende Präsentation.

2 Wechseln Sie zur Menüband-Registerkarte *Ansicht* und wählen Sie dort im Bereich *Masteransichten* den *Folienmaster* aus. Damit öffnen Sie den Folienmaster-Bereich, in dem Sie das Design und die Formatierung für alle Folien Ihrer Präsentation anpassen können.

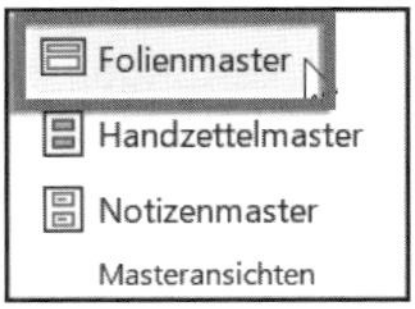

3 Klicken Sie im linken Bereich in der Liste von Folienlayouts auf die oberste Folie (den Folienmaster), um Änderungen an der gesamten Präsentation vorzunehmen.

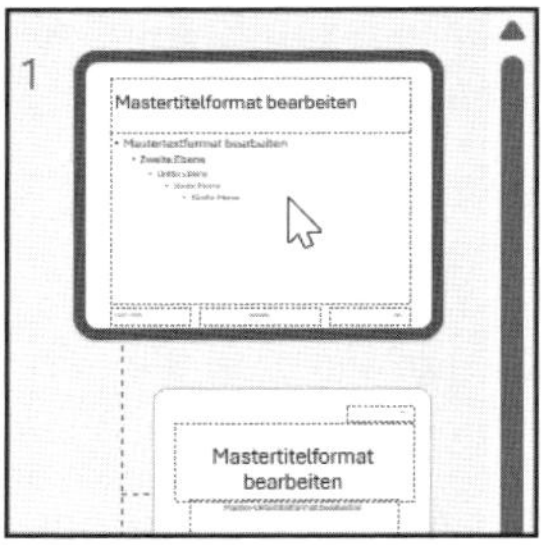

4 Durch Öffnen des Folienmasters wird im Menüband automatisch die Registerkarte *Folienmaster* angezeigt und aktiviert. Klicken Sie hier auf *Schriftarten* und wählen Sie in der Liste die gewünschte Schrift aus. Sie müssen nicht aus den vordefinierten Schriftarten im Menü auswählen. Wählen Sie am unteren Rand des Menüs *Schriftarten anpassen*, um weitere Schriftarten angeben zu können.

5 Klicken Sie dann im Menüband ganz rechts auf *Masteransicht schließen*. Der Text in der gesamten Präsentation wird automatisch auf die neue Schriftart aktualisiert.

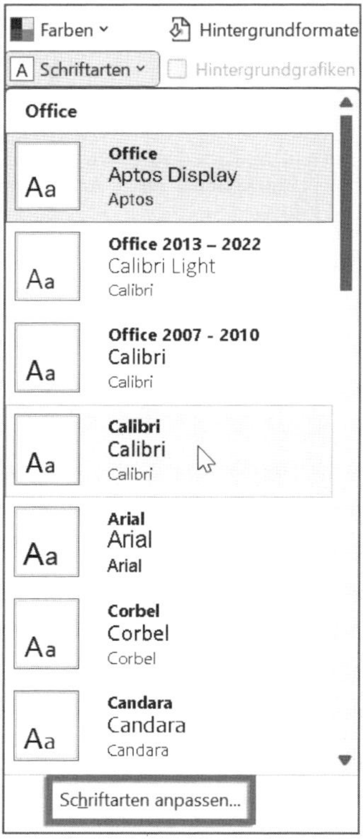

Die Änderungen, die Sie im Folienmaster vornehmen, wirken sich auf alle Folien aus, die dieses Layout verwenden. Sollten spezifische Folienlayouts vorhanden sein, müssen diese möglicherweise ebenfalls separat angepasst werden.

Außerdem wird die Änderung der Schriftart nicht in der Vorlage gespeichert. Sie müssten den Vorgang in Zukunft also für jede neue Präsentation wiederholen.

Es sei denn, Sie speichern die geänderte Präsentation als eigene Vorlage und verwenden diese dann als zukünftige Basis Ihrer Präsentationen:

1 Wählen Sie *Datei/Speichern unter* bzw. *Datei/Kopie speichern* aus.

2 Geben Sie im Speicher-Dialog rechts einen Namen für die neue Vorlage an.

3 Ändern Sie darunter den Dateityp von der PowerPoint-Präsentation (**.pptx*) zur PowerPoint-Vorlage (**.potx*).

4 Navigieren Sie in der Ordnerliste zum Unterordner *Benutzerdefinierte Office-Vorlagen* und klicken Sie dann auf *Speichern*.

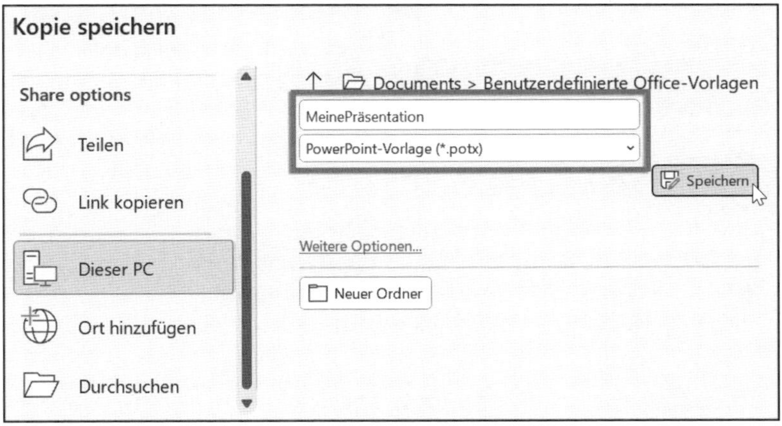

Die so erstellte benutzerdefinierte Vorlage finden Sie beim Anlegen einer neuen Präsentation in der Rubrik *Persönlich* vor.

Schriftarten bei Outlook

Bei Outlook spielt die verwendete Schrift eine untergeordnete Rolle. Bei E-Mails sollte man nicht davon ausgehen, dass man die Schriftart kontrollieren kann, mit der Nachrichten beim Empfänger angezeigt werden. Selbst bei HTML-Nachrichten, bei denen Sie beim Erstellen beliebige Schriften wählen können, kann das E-Mail-Programm des Empfängers diese durch andere Schriftarten ersetzen. Insofern würde ich keine Energie darauf verwenden, Nachrichten in dieser Hinsicht besonders zu gestalten.

Sie können allerdings in allen Outlook-Bereichen (E-Mail, Kalender, Kontakte usw.) im Menüband in der Registerkarte *Ansicht* im Bereich *Aktuelle Ansicht* die *Ansichtseinstellungen* öffnen.

Hier finden Sie beispielsweise für E-Mails unter *Weitere Einstellungen* verschiedene Möglichkeiten, Schriftart und -grad für Spaltenüberschriften, Zeilen oder die Nachrichtenvorschau anzupassen.

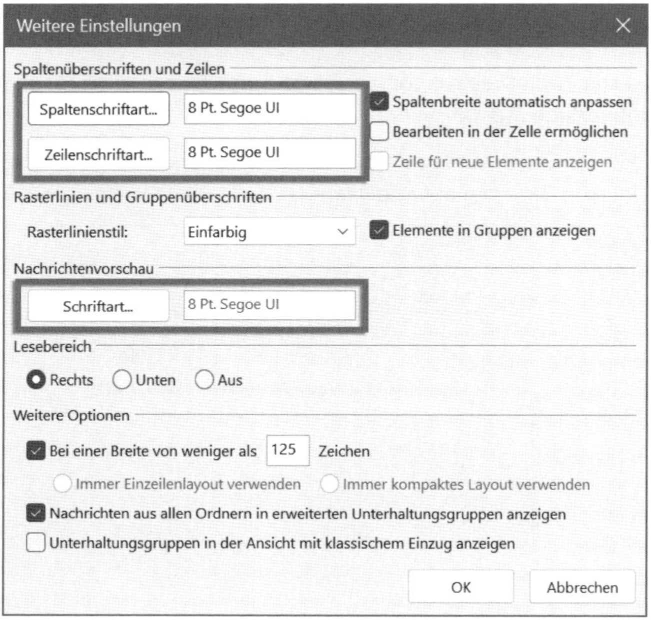

Barrierefreiheit in allen Anwendungen

Barrierefreiheit ist weiterhin ein wichtiges Thema bei Office, das Microsoft vorantreibt. Damit ist wohlgemerkt nicht (nur) die Zugänglichkeit der Anwendungen für den Benutzer gemeint.

Vor allem geht es darum, mit Word und Co. Dokumente zu erstellen, die auch für Menschen mit Beeinträchtigungen nutzbar sind. Kern dieser Bemühungen ist die bereits bekannte Echtzeitprüfung auf mögliche Hindernisse, die Sie in der Fußleiste jedes Dokuments finden.

- Steht hier bei *Barrierefreiheit: Keine Probleme*, besteht aktuell kein Handlungsbedarf.
- Wird hingegen *Barrierefreiheit: Untersuchen* angezeigt, hat die Prüfung Unstimmigkeiten ergeben.

Ein Mausklick auf den Eintrag in der Statusleiste öffnet den *Barrierefreiheit-Assistenten* im rechten Seitenbereich sowie ggf. zusätzlich die Registerkarte *Barrierefreiheit*.

Im Vergleich zu früheren Versionen berücksichtigt die Prüfung nun noch weitere mögliche Zugangshindernisse. Der *Barrierefreiheit-Assistent* wurde umgestaltet und kann verschiedene Probleme für Sie beheben bzw. Sie dabei unterstützen.

Kommentare mit »Gefällt mir« bewerten

Die Office-Anwendungen unterstützen schon länger das gemeinsame Arbeiten in Dokumenten. Dies kann durch Weitergeben der Dateien an andere oder durch Freigeben von Dokumenten in der Cloud erfolgen. In Anlehnung an soziale Netzwerke können nun auch Kommentare in Office-Dokumenten geliked werden. Wenn jemand einen Kommentar in ein Dokument einfügt, können andere ihn auf diese Weise einfach befürworten.

Zu diesem Zweck finden Sie bei Microsoft-365-Anwendungen in Kommentaren nun oben rechts ein Daumenhoch-Symbol. Klicken Sie dieses an, um Ihre Unterstützung für einen Kommentar deutlich zu machen.

Office zählt die Likes und zeigt sie direkt in jedem Kommentar an. So kann man insbesondere bei größeren Teams schnell die Stimmungslage zu einen bestimmten Vorschlag oder Kritikpunkt ausmachen.

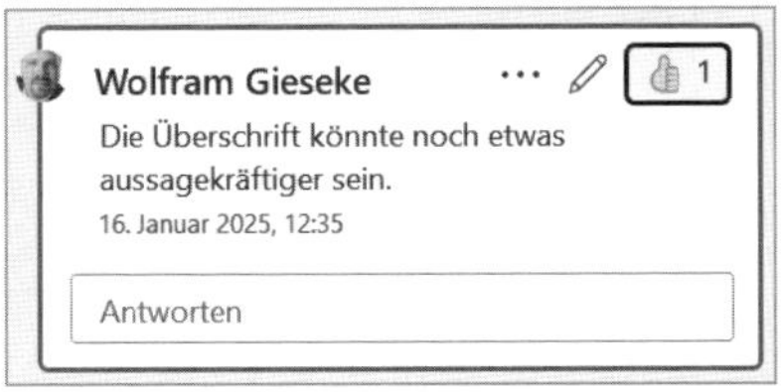

OpenDocument Format (ODF) 1.4

Schon länger kann Office neben dem Microsoft-eigenen, auf Office Open XML basierenden Dokumentformat auch das offene Dateiformat **O**pen**D**ocument **F**ormat (ODF) lesen und schreiben. Dieses wird beständig weiterentwickelt und Office unterstützt nun die ODF-Version 1.4. Dabei können auch ODF-Dateien im 1.3-Format oder älter weiterhin geöffnet werden. Beim Speichern werden sie aber automatisch in Dateien nach dem 1.4-Standard umgewandelt. ODF 1.4 bringt keine revolutionären Änderungen mit sich, fügt aber die Unterstützung für diverse neue Elemente und Funktionen hinzu, die nun auch bei Word, Excel und PowerPoint zur Verfügung stehen. ODF-Dateien erlauben es, Dokumente mit Anwendern zu tauschen, die andere Office-Lösungen wie etwa LibreOffice einsetzen. Mit ODF 1.4 bleiben dabei noch mehr Elemente der Dokumente so wie vorgesehen erhalten.

1 Um ein Dokument im ODF-Format zu speichern, verwenden Sie *Datei/Speichern unter* bzw. *Datei/Kopie speichern*.

2 Legen Sie nach Bedarf einen Dateinamen und einen Ordner zum Speichern fest.

3 Öffnen Sie das Auswahlfeld für das Dateiformat und wählen Sie darin (in der Regel ganz unten in der Liste) den *OpenDocument*-Eintrag.

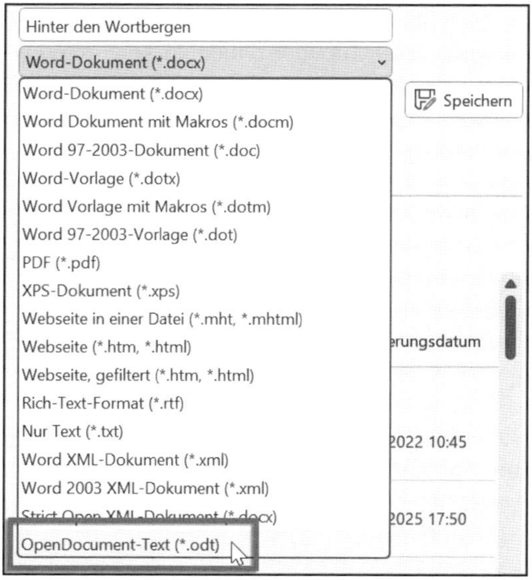

Die genaue Bezeichnung hängt von der jeweiligen Anwendung ab:

- OpenDocument-Text (*.*odt*) bei Word
- OpenDocument-Kalkulationstabelle (*.*ods*) bei Excel oder
- OpenDocument-Präsentation (*.*odp*) bei PowerPoint

4 Klicken Sie dann auf *Speichern*, um die neue Datei zu erstellen.

Die OpenDocument-Dateien werden grundsätzlich in der Version 1.4 erstellt. Das Speichern in der Version 1.3 ist nicht möglich, aber auch nicht erforderlich.

Die erstellten Dateien können auch in Anwendungen geöffnet werden, die nur ODF bis Version 1.3 unterstützen. Dort stehen dann lediglich die neu hinzugefügten Funktionen nicht zur Verfügung.

1.2 Word-Highlights

Word profitiert von vielen Verbesserungen, die für Office insgesamt eingeführt wurden. So hilft die verbesserte Barrierefreiheitsprüfung, Zugangsschranken zu erkennen und teils automatisiert zu beseitigen. Auch die zusätzlichen Funktionen zum gemeinsamen Arbeiten können in Word gewinnbringend eingesetzt werden.

Darüber hinaus gibt es einige spezielle neue Aspekte, auf die ich im Folgenden eingehe.

Schnellinfos zur Barrierefreiheit

Beim Erstellen von Word-Dokumenten steht Ihnen der Assistent für Barrierefreiheit zur Verfügung, der unten in der Statusleiste ggf. auf Probleme hinweist. Zusätzlich bekommen Sie direkt im Text Schnellinfos zu problematischen Stellen angezeigt.

1 Achten Sie dazu auf das Symbol für Barrierefreiheit, das ggf. am linken Rand neben einem der Elemente eingeblendet wird. Beim vorliegenden Beispiel wurde als Farbe für die Überschrift ein blasses Grau gewählt. Das sieht zwar recht schick aus, macht den Text aber für Menschen mit Sehbeeinträchtigungen schwer zu lesen.

2 Wenn Sie den Mauszeiger auf das Symbol bewegen, wird der dazugehörende Teil des Dokuments hervorgehoben.

3 Klicken Sie auf das Symbol, erhalten Sie eine Schnellinfo, die das Problem beschreibt und in vielen Fällen auch direkt Abhilfe ermöglicht. Im vorliegenden Beispiel etwa bietet der Assistent Ihnen alternative Farben an, die zu einem besseren Kontrast führen.

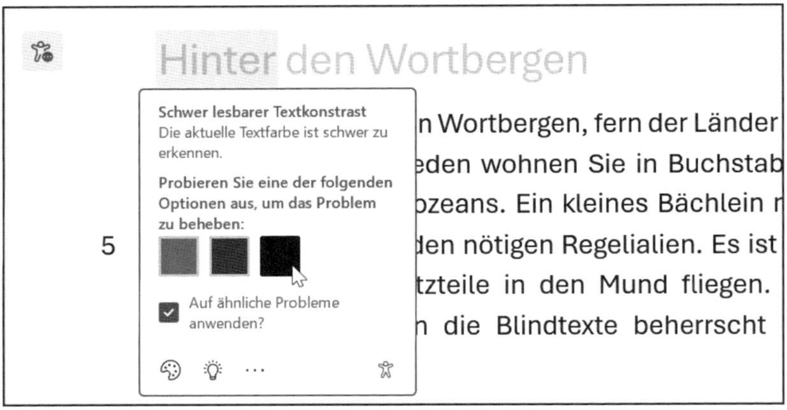

4 Mit der Option *Auf ähnliche Probleme anwenden?* können Sie diese Lösung auch gleich für andere ähnlich gelagerte Problemstellen im Dokument ausführen.

Wiederherstellen Ihrer Word-Sitzung

Wenn Word unerwartet geschlossen wird, bietet die Anwendung normalerweise eine Wiederherstellungsfunktion. Beim nächsten Start von Word werden alle Dokumente, die vor dem Absturz geöffnet waren, automatisch wiederhergestellt. Das ermöglicht es Ihnen, dort fortzufahren, wo Sie aufgehört haben, ohne Ihre letzten Änderungen zu verlieren.

Unabhängig davon ist es immer ratsam, Ihre Dokumente regelmäßig zu speichern, um einen Datenverlust zu minimieren. Auch das automatische Sichern von Wiederherstellungsinformationen (siehe Seite 46) bzw. das *AutoSpeichern* bei Cloud-Dateien (siehe Seite 54) sind sinnvolle Maßnahmen.

Inhalte per Tastenkürzel einfügen

Word bietet verschiedene Möglichkeiten, Inhalte aus der Zwischenablage in Dokumente einzufügen. Daran hat sich auch bei der aktuellen Version nichts verändert. Allerdings haben die Entwickler an den dazugehörenden Tastenkürzeln geschraubt. Wenn Sie diese nutzen, um schnell und effizient zu arbeiten, könnten Sie deshalb eine verwirrende Überraschung erleben.

Die folgende Tabelle stellt die neuen und die alten Tastenkürzel für diese Funktionen gegenüber. Über das *Einfügen*-Symbol ganz links in der Registerkarte *Start* des Menübands stehen Ihnen die Funktionen für den bequemen Zugriff per Maus weiterhin unverändert zur Verfügung.

Funktion	Neues Tastenkürzel	Bisheriges Kürzel
Nur Text einfügen	Strg+⇧+V	standardmäßig keins
Format kopieren	Strg+Alt+C	Strg+⇧+C
Format einfügen	Strg+Alt+V	Strg+⇧+V
Inhalte einfügen	Alt+H+V+S	Strg+Alt+V

1.3 Excel-Highlights

Das Office-Programm Excel ist ein mächtiges Tabellenkalkulationsprogramm mit einem unglaublich großen Funktionsumfang. Sie können es im privaten Bereich für die Planung des kargen Monatsbudgets genauso einsetzen wie in großen Unternehmen für die Buchhaltung. Excel 2024 profitiert genau wie alle Office-Anwendungen von grundlegenden Verbesserungen etwa bei Design und Barrierefreiheit. Darüber hinaus gibt es aber spannende neue Funktionen speziell für Excel-Anwender.

Aktuelle Zelle im Blick dank Fokuszelle

Die aktuell gewählte Zelle versieht Excel traditionell mit einem schmalen Rand, der sie von allen anderen Zellen im Blatt mehr oder weniger schlecht abhebt. Wem das nicht reicht, der war viele Jahre auf umständliche VBA-Makro-Lösungen angewiesen, die die jeweils aktive Zelle deutlicher hervorhoben. Nun haben die Entwickler bei Microsoft ein Einsehen gehabt und Excel die neue Funktion *Fokuszelle* geschenkt. Diese hebt die gerade ausgewählte Zelle auf Wunsch optisch unübersehbar hervor.

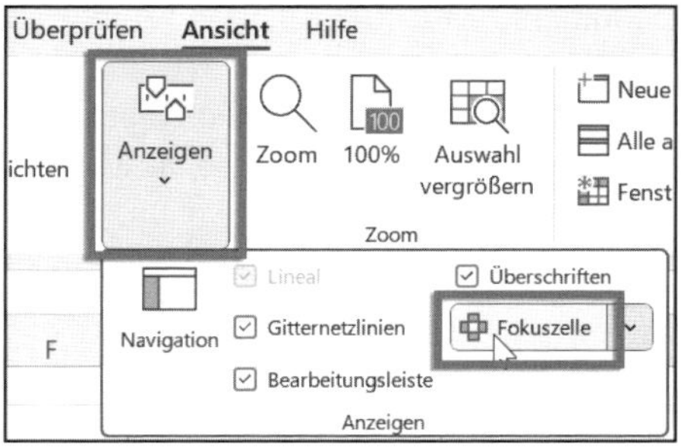

1. Um die Funktion zu aktivieren, wählen Sie in der Menüleiste die Registerkarte *Ansicht*.
2. Klicken Sie dort auf die *Anzeigen*-Schaltfläche und im so geöffneten Untermenü auf die Option *Fokuszelle*.
3. Damit ist die Fokuszelle auch schon aktiviert. Der Effekt sollte unübersehbar sein: Excel hebt nun die Zeile und die Spalte, in der sich die ausgewählte Zelle befindet, farblich hervor. Im Kreuzpunkt dieser beiden Linien finden Sie jederzeit schnell die aktuell zu bearbeitende Zelle.

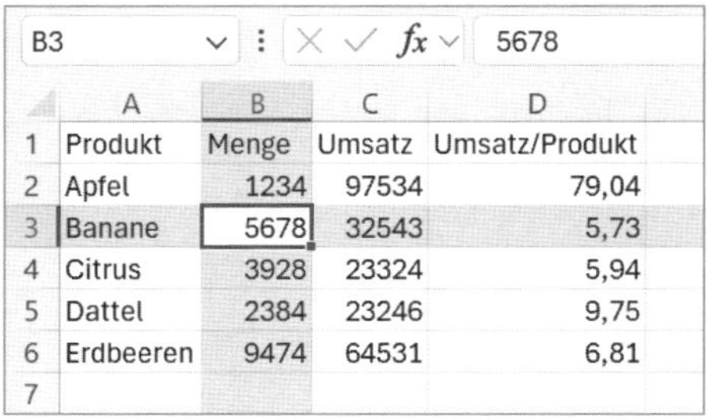

Um die Funktion wieder zu deaktivieren, wiederholen Sie die beschriebenen Schritte.

Die Fokusfarbe anpassen

Standardmäßig werden die Zellen für das Hervorheben der Fokuszelle in Excel-Grün eingefärbt. Wenn Sie diese Farbe nicht mögen oder sie vielleicht mit anderen farblichen Markierungen in Tabellen kollidiert, können Sie diese Vorgabe ändern.

1 Öffnen Sie wie vorangehend beschrieben das *Anzeigen*-Menü.

2 Klicken Sie diesmal aber nicht direkt auf die *Fokuszelle*-Schaltfläche, sondern auf das Pfeilsymbol rechts daneben.

3 Im so geöffneten Untermenü klicken Sie auf *Fokuszellenfarbe* und können dann einen der dort angebotenen Farbtöne wählen, der Ihnen mehr zusagt.

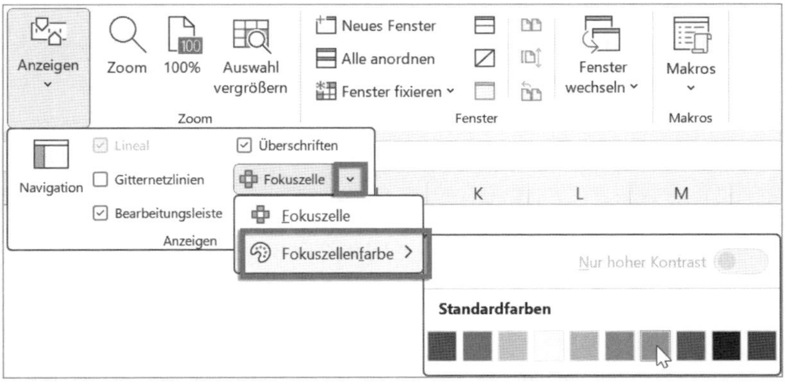

Excel merkt sich diese Wahl dauerhaft und behält sie auch nach dem Beenden und späteren Neustart der Anwendung bei, bis Sie sich irgendwann wieder umentscheiden.

Schneller zur Fokuszelle

Der Weg zum Ein- und Ausschalten der *Fokuszelle*-Funktion ist etwas umständlich. Es gibt dafür auch ein Tastenkürzel, das aber kaum weniger umständlich ist: Alt+F, dann E, 1 und ↵. Wenn Sie diese Funktion mögen und regelmäßig nutzen möchten, sollten Sie sie in die Schnellzugriffsleiste ganz oben in der Titelleiste von Excel einfügen.

1 Klicken Sie dazu in der Schnellzugriffsleiste auf den kleinen Pfeil nach unten und wählen Sie im so geöffneten Menü *Weitere Befehle*.

2 Entscheiden Sie sich oberhalb der rechten Spalte bei *Befehle auswählen* für *Registerkarte Ansicht*.

3 Markieren Sie dann in der (alphabetischen) Liste unterhalb davon den Eintrag *Fokuszelle*.

4 Klicken Sie mittig zwischen den beiden Spalten auf *Hinzufügen*, um die Fokuszelle in die rechte Spalte zu verschieben.

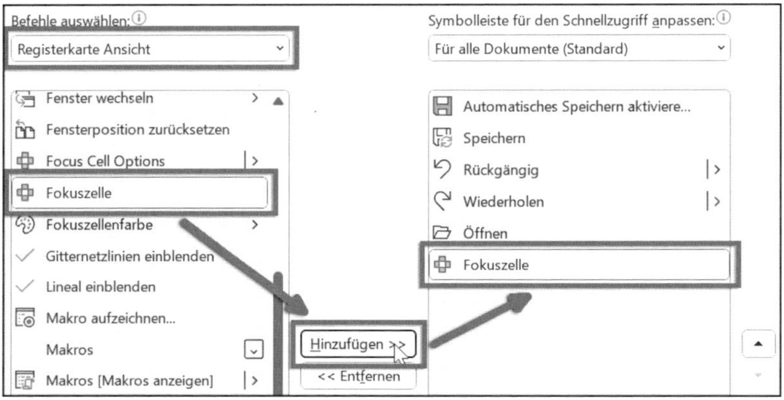

5 Klicken Sie unten auf *OK*.

Nun finden Sie in der Schnellzugriffsleiste ein Symbol für diese Funktion vor, mit dem Sie die Fokuszelle jederzeit nach Bedarf ein- oder ausschalten können.

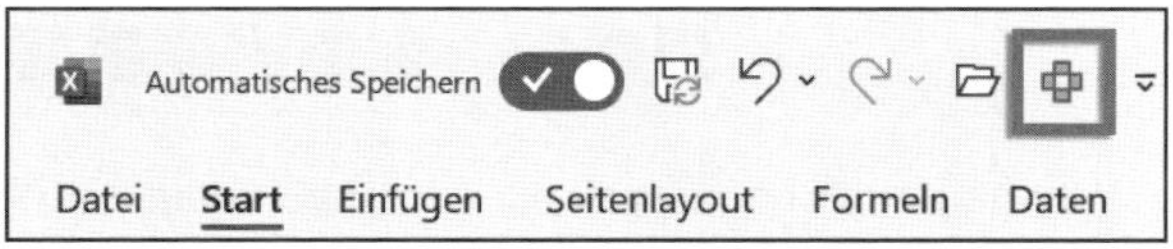

Neue Text- und Array-Funktionen

Excel 2024 führt 15 neue Funktionen ein, die insbesondere für komplexe Text- und Datenanalysen von Bedeutung sind. Diese Neuerungen umfassen erweiterte Möglichkeiten zur Manipulation von Textdaten sowie einen verbesserten Umgang mit Arrays.

Die neuen Funktionen ermöglichen zudem eine präzisere Verarbeitung von Zeichenketten, einschließlich des Extrahierens, Zusammenfügens und Umformatierens von Textinhalten. Diese Verbesserungen können besonders hilfreich bei der Analyse umfangreicher Textdatenbanken sein, da sie das Durchsuchen und Aufbereiten komplexer Datensätze erleichtern.

Die neuen Array-Funktionen können die Arbeit mit Arrays signifikant vereinfachen. Sie gestatten es den Nutzern, Berechnungen auf Datensätze anzuwenden, ohne dass Zwischenschritte oder zusätzliche Spalten erforderlich sind. So können nun komplexere Berechnungen in einem einzigen Schritt ausgeführt werden.

- TEXTVOR
  Diese Funktion extrahiert den gesamten Text, der sich vor einem bestimmten Trennzeichen in einer Zeichenkette befindet. Sie ist nützlich, wenn Sie nur den Teil eines Textes benötigen, der vor einem bestimmten Punkt steht.
- TEXTNACH
  Im Gegensatz zu TEXTVOR ruft diese Funktion den Text ab, der nach einem angegebenen Trennzeichen in einer Zeichenkette folgt. Dies ist hilfreich, um Informationen zu isolieren, die nach einem bestimmten Marker erscheinen.
- TEXTTEILEN
  Mit dieser Funktion können Sie einen Text in mehrere Teile aufteilen, basierend auf einem festgelegten Trennzeichen. Die Ergebnisse werden automatisch in separate Zellen eingefügt, entweder in Zeilen oder Spalten, was die Analyse von Daten erleichtert.
- VSTAPELN
  Diese Funktion ermöglicht es Ihnen, mehrere Arrays (Datenbereiche) vertikal zu einem einzigen Array zusammenzuführen. Dies ist besonders nützlich, wenn Sie Daten aus verschiedenen Quellen konsolidieren möchten.
- HSTAPELN
  Ähnlich wie VSTAPELN, aber diese Funktion stapelt Arrays horizontal nebeneinander. Dadurch können Sie Daten aus verschiedenen Bereichen in einer einzigen Zeile anordnen.
- ZUZEILE
  Diese Funktion wandelt ein mehrdimensionales Array in eine einzelne Zeile um. Das ist praktisch, wenn Sie alle Werte eines Arrays in einer einzigen Zeile darstellen möchten.
- ZUSPALTE
  Im Gegensatz zu ZUZEILE wandelt diese Funktion ein mehrdimensionales Array in eine einzelne Spalte um. So können Sie alle Werte eines Arrays untereinander anordnen.

- ZEILENUMBRUCH
  Diese Funktion nimmt eine Datenreihe und verwandelt sie in ein zweidimensionales Array, indem sie die Werte auf mehrere Zeilen verteilt. Das kann helfen, Daten übersichtlicher darzustellen.
- SPALTENUMBRUCH
  Ähnlich wie ZEILENUMBRUCH, jedoch wickelt diese Funktion eine Datenspalte in ein zweidimensionales Array über mehrere Spalten. Dadurch wird die Darstellung von Daten flexibler.
- ÜBERNEHMEN
  Mit dieser Funktion können Sie eine bestimmte Anzahl von Zeilen oder Spalten vom Anfang oder Ende eines Arrays extrahieren. Das ist nützlich, wenn Sie nur einen Teil der Daten benötigen.
- WEGLASSEN
  Diese Funktion entfernt eine bestimmte Anzahl von Zeilen oder Spalten vom Anfang oder Ende eines Arrays. Sie hilft dabei, unerwünschte Daten auszublenden und nur relevante Informationen anzuzeigen.
- ZEILENWAHL
  Mit dieser Funktion können Sie spezifische Zeilen aus einem Array auswählen, basierend auf ihrem Index (Position). So können Sie gezielt mit bestimmten Datensätzen arbeiten.
- SPALTENWAHL
  Analog zur ZEILENWAHL ermöglicht diese Funktion das Auswählen spezifischer Spalten aus einem Array anhand ihres Index.
- ERWEITERN
  Diese Funktion erweitert ein bestehendes Array auf eine festgelegte Größe und füllt fehlende Zellen mit einem angegebenen Wert (z. B. *Null* oder *Leer*). Das ist nützlich für die Standardisierung von Datenformaten.

Die neue BILD-Funktion

Eine weitere neue Excel-Funktion ist die BILD-Funktion. Sie ermöglicht es, Bilder direkt in Zellen einzufügen. Das ging als Illustration schon vorher, aber durch die Realisierung einer Funktion wird die Abbildung nun auch ein Teil der Tabelle, der automatisch aktualisiert und dynamisch basierend auf den Inhalten der Tabelle angezeigt wird. Die Funktion kann sowohl lokale Bilddateien als auch Bilder von URLs im Internet einfügen.

Die Syntax der Funktion:

```
=BILD(Bild_URL, [Alt_Text], [Sichtbarkeit], [Breite], [Höhe])
```

- `Bild_URL` (erforderlich)
  Dieser Parameter gibt den Speicherort des Bildes an, das in die Zelle eingefügt werden soll. Das kann entweder eine URL sein, die auf ein Bild im Internet verweist, oder ein lokaler Pfad zu einer Bilddatei auf dem Computer des Benutzers. In beiden Fällen sollte der Zugriff auf das Bild ohne Beschränkungen oder zusätzliche Abfragen möglich sein.
- `Alt_Text` (optional)
  Der alternative Text dient als Beschreibung des Bildinhalts und wird angezeigt, wenn das Bild aus irgendeinem Grund nicht geladen werden kann. Dieser Parameter ist besonders wichtig für die Barrierefreiheit, da er es Nutzern von Screenreadern ermöglicht, den Inhalt des Bildes zu verstehen.
- `Sichtbarkeit` (optional)
  Dieser Parameter bestimmt die Sichtbarkeit des eingefügten Bildes. Er kann die Werte *1* bzw. *WAHR* (das Bild wird sichtbar dargestellt) oder *0* bzw. *FALSCH* (das Bild wird nicht angezeigt) annehmen. Diese Funktionalität ermöglicht es, Bilder basierend auf bestimmten Bedingungen dynamisch ein- oder auszublenden.
- `Breite` (optional)
  Dieser Parameter legt die Breite des eingefügten Bildes in Pixeln fest. Wenn dieser Parameter nicht angegeben wird, verwendet Excel die Standardbreite des Bildes.
- Höhe (optional)
  Dieser Parameter definiert die Höhe des eingefügten Bildes in Pixeln. Ähnlich wie bei der Breite gilt: Wird dieser Parameter weggelassen, verwendet Excel die Standardhöhe des Bildes.

Schnellere Arbeitsmappen

Die Entwickler haben die Leistung von Excel weiter optimiert. Davon profitieren insbesondere Nutzer, die bei der Arbeit häufiger mit großen Datenmengen konfrontiert sind. Sie können nun erwarten, dass Arbeitsblätter schneller geöffnet werden und bei Bearbeitungsschritten das Aktualisieren aller beteiligten Tabellen und Diagramme schneller und verzögerungsfreier erfolgt.

Ehrlich gesagt wird man das aber tatsächlich nur bei größeren Datenmengen oder sehr komplexen Datenstrukturen spürbar bemerken. Auf zeitgemäßen PCs war Excel auch zuvor schon recht flott, und wer sich noch mit einem Uralt-Rechner abmüht, sollte auch von den neuen Leistungssteigerungen keine Wunder erwarten.

Im Detail:

- **Verbesserte Berechnungsgeschwindigkeit**
  Die Fähigkeit von Excel, Berechnungen schneller durchzuführen, insbesondere bei komplexen Arbeitsmappen, ist ein großer Vorteil. Die Nutzung von Multithreading ermöglicht es Excel, mehrere Berechnungen gleichzeitig auf verschiedenen Prozessorkernen auszuführen.
- **Optimierung für dynamische Arrays**
  Dynamische Arrays sind eine leistungsstarke Funktion in Excel, und die Verbesserungen in diesem Bereich sorgen dafür, dass Änderungen an den zugrunde liegenden Daten effizienter verarbeitet werden. Das ist besonders nützlich für Nutzer, die regelmäßig mit sich ändernden Datensätzen arbeiten.
- **Beschleunigte Pivot-Tabellen**
  Die schnellere Verarbeitung und Aktualisierung von PivotTables bedeutet, dass Nutzer ihre Berichte und Dashboards in kürzerer Zeit erstellen können. Dies ist besonders vorteilhaft für Analysten und Entscheidungsträger, die auf aktuelle Daten angewiesen sind.
- **Effizientes Speichermanagement**
  Durch die Optimierung des Speichermanagements kann Excel besser mit großen Datenmengen umgehen. Dies führt zu weniger Verzögerungen und einer insgesamt besseren Leistung, was für Benutzer von umfangreichen Arbeitsmappen entscheidend ist.

1.4 PowerPoint-Highlights

Auch beim Präsentationsprogramm PowerPoint gibt es wieder einige sinnvolle Neuerungen. So wurden die Funktionen zum Aufzeichnen von Präsentationen weiter ausgebaut und die Nutzung wurde vereinfacht. Außerdem können Sie bei Onlinevorträgen nun per Webcam selbst Teil Ihrer Folien werden.

Präsentieren mit Cameo

Die *Cameo*-Funktion ist vor allem für Onlinepräsentationen interessant und bietet Ihnen die Möglichkeit, das Bild Ihrer Webcam kreativ in Ihre Folien zu integrieren. Klassischerweise sind Folie und Webcam getrennt und das Bild der Webcam wird als Overlay in einer Ecke des Bildschirms angezeigt, wo es unter Umständen wichtige Inhalte verdecken kann.

Als Cameo können Sie das Kamerabild beliebig in Ihren Folien präsentieren, und es kann dort an Positionen wandern, wo es nichts verdeckt.

Gleichzeitig kann es mit interessanten Formen und Effekten versehen werden. Bei der Wiedergabe wird Ihr aktuelles Kamerabild dann in der vorgesehenen Art und Weise in den Folien angezeigt und animiert.

1 Um Ihr Kamerabild in eine Präsentation zu integrieren, wechseln Sie im Menüband in die Registerkarte *Aufzeichnen* und klicken dort auf *Cameo*. Wenn Sie stattdessen auf das Pfeilsymbol darunter klicken und im Menü *Alle Folien* wählen, können Sie das Objekt in einem Schritt in die gesamte Präsentation einfügen.

2 Dadurch bauen Sie ein Element in die Folie ein, das als Platzhalter für Ihr Kamerabild fungiert. Ist eine Kamera mit dem PC verbunden, können Sie es direkt ausprobieren.

3 Die Position des Bildes können Sie wie bei jedem anderen Element beliebig mit der Maus anpassen, ebenso die Größe.

4 Wenn Sie das Element auswählen, wird oben im Menüband automatisch der Reiter *Kameraformat* angezeigt. Klicken Sie darauf, um diese Registerkarte zu öffnen.

5 Darin können Sie im Bereich *Kamerastile* die Darstellung dieses Elements auf der Folie vielfältig gestalten sowie mit Rahmen und Effekten versehen.

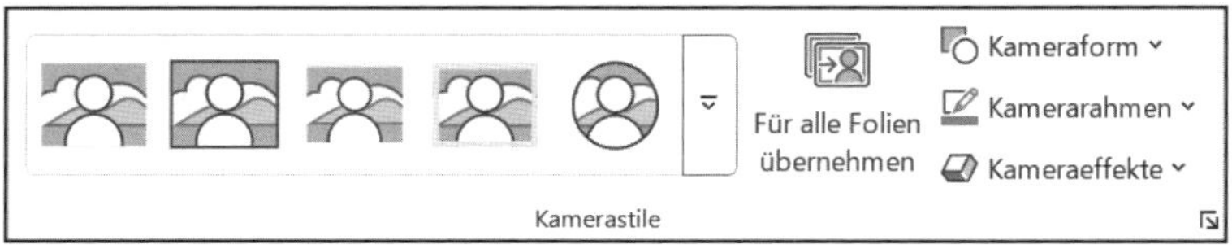

Aufzeichnen von Präsentationen als Video

PowerPoint erlaubt nun wesentlich flexibler und komfortabler das Aufzeichnen von Präsentationen. Dabei können sowohl die Bildschirmpräsentation selbst als auch Ihr Audiokommentar sowie ggf. die Aufzeichnung Ihrer Webcam in das Video integriert werden. Die Auflösung kann bis zu 4K sein, und als Ergebnis erhalten Sie ein MP4-Video, das sich auf vielen Plattformen wiedergeben lässt.

1 Um jederzeit schnell verfügbar zu sein, wurde die *Aufzeichnen*-Funktion prominent in die Menüleiste von PowerPoint eingefügt. Sie finden Sie auf der rechten Seite direkt neben der *Freigeben*-Schaltfläche.

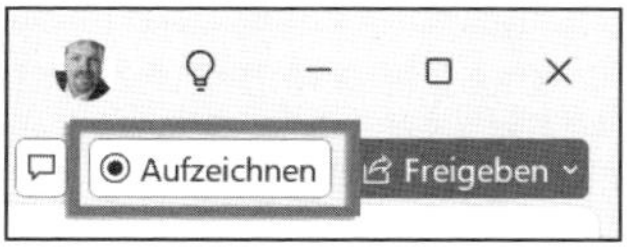

2 Mit einem Klick darauf wechseln Sie zum *Aufzeichnen*-Bildschirm. Der zeigt Ihnen Ihre Präsentation leicht verkleinert an, sodass oben und unten Platz für die Steuerung der Aufnahme bleibt.

3 In der Steuerleiste oben können Sie wählen, ob Webcam und/oder Mikrofon mit aufgezeichnet werden sollen. Mit ▪▪▪ öffnen Sie ein Menü, in dem Sie die jeweiligen Aufnahmegeräte auswählen können.

4 Während der Aufnahme können Sie die Präsentation mit den Steuerelementen am unteren Rand beeinflussen.

- So können Sie hier links durch die Folien wechseln (aber ebenso mit der Tastatur).
- Mit den Zeichen- und Farbelementen in der Mitte können Sie auf den angezeigten Folien zeichnen, markieren oder hervorheben.

- Ganz rechts stehen die verschiedenen Modi mit Teleprompter und Referentenansicht zur Auswahl.

5 Um eine Aufnahme zu starten, klicken Sie oben in der Mitte auf den roten Knopf. Damit beenden Sie die Aufnahme auch wieder. Mit dem Pause-Knopf rechts daneben können Sie jederzeit pausieren.

Auch wenn Sie die gesamte Präsentation in einem Rutsch aufnehmen, unterteilt PowerPoint die Aufnahme anhand der Folien. Das hat den Vorteil, dass Sie einzelne Folien jederzeit neu aufnehmen können. Außerdem können Sie die Reihenfolge der Folien sogar nach der Aufnahme noch anpassen, da die Aufnahme automatisch umgruppiert wird. Nach Abschluss der Aufnahme klicken Sie auf die *Exportieren*-Schaltfläche. Im Export-Dialog können Sie das gewünschte Format einstellen und wählen, was genau exportiert werden soll. So können Sie beispielsweise auch nur die Folien wie eine Diashow ohne Kommentar abspielen lassen. Klicken Sie dann auf *Video exportieren*.

1.5 Outlook-Highlights

Das Office-Programm Outlook ist ein sogenannter PIM – ein **P**ersonal **I**nformation **M**anager. Sie senden und empfangen damit E-Mails, können das Programm aber auch zum Verwalten Ihrer Termine und Aufgaben oder für den Zugriff auf Ihre Kontakte einsetzen. Bei Outlook halten sich die Neuerungen über die grundlegenden Verbesserungen hinaus in Grenzen. Das liegt auch daran, dass Microsoft viel Energie in eine ganz neue Outlook-Version investiert, die das klassische Outlook mittel- bis langfristig ablösen soll. Diese Version kann man bereits testen, aber im Funktionsumfang reicht sie noch lange nicht an die bewährte klassische Anwendung heran. Deshalb empfehle ich, vorläufig bei der klassischen Variante zu bleiben, und konzentriere mich in diesem Buch auch darauf.

Termine automatisch verkürzen

Outlook bietet die Möglichkeit, Termine und Besprechungen automatisch so zu kürzen, dass davor und/oder danach Pausen entstehen. So lässt sich ein zu enger Terminkalender entstraffen, oder notwendige Zeiträume zur Vor- und Nachbereitung lassen sich einbauen.

1 Öffnen Sie dazu die Outlook-Einstellungen mit *Datei/Optionen* und wechseln Sie dort in die Rubrik *Kalender*.

2 Aktivieren Sie hier im Abschnitt *Kalenderoptionen* die Option *Verkürzen von Terminen und Besprechungen*.

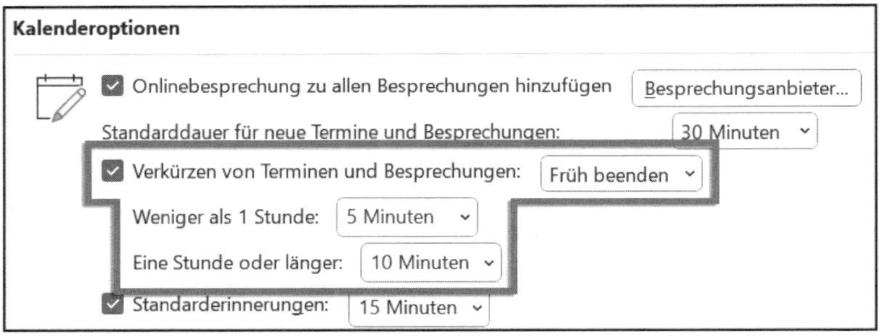

3 Wählen Sie dann mit dem Auswahlfeld rechts daneben, ob Sie Termine lieber *Früh beenden* oder *Spät starten* möchten, also die zusätzliche Pause vor oder nach einem Termin vorgesehen werden soll.

4 Mit den beiden Optionen direkt darunter legen Sie die zusätzliche Verfügungszeit für eine Termindauer von *Weniger als 1 Stunde* bzw. *Eine Stunde oder länger* fest.

5 Übernehmen Sie die geänderten Einstellungen ganz unten mit *OK*.

Wenn Sie nun einen neuen Termin oder eine Besprechung planen, schlägt Outlook Ihnen automatisch Zeiten vor, die eine verkürzte Zeit berücksichtigen. Im Auswahlfeld für die jeweilige Zeit finden Sie außerdem neben den exakten Zeiten ohne Verkürzung immer auch Circa-Zeiten, mit denen Sie einen kürzeren Termin ansetzen können.

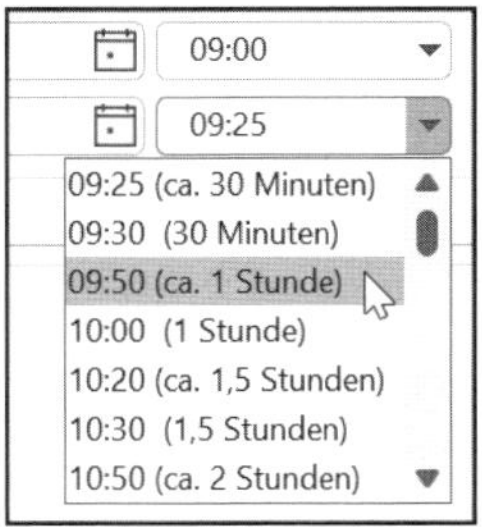

2 Erste Schritte und gemeinsame Grundlagen

Das Office-Paket besteht aus einer Reihe von Anwendungen für verschiedene Aufgaben. Das ist aber keine lose Sammlung von Programmen, sondern das gesamte Paket zeigt sich zumindest größtenteils aus einem Guss. Viele Funktionen und Elemente der Benutzeroberfläche finden sich so oder ähnlich in allen Office-Anwendungen wieder. So kann man einmal Erlerntes direkt in anderen Bereichen wiederverwenden. In diesem Kapitel möchte ich Sie mit solchen gemeinsamen Grundlagen von Office bekannt machen, auf die Sie dann in den weiteren Kapiteln immer wieder zurückgreifen können.

2.1 Office-Programme öffnen

Office bringt keine zentrale Oberfläche mit, sondern Sie starten die benötigte Anwendung jeweils über das Windows-Startmenü. Am schnellsten geht das, wenn Sie ⊞ drücken und dann direkt »Word«, »Excel«, »PowerPoint« oder »Outlook« eingeben.

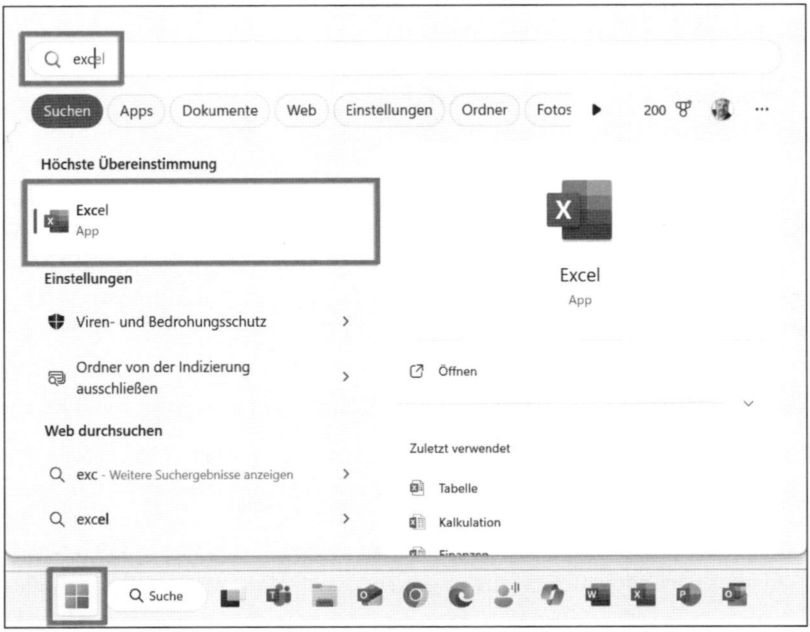

Meist brauchen Sie nur wenige Buchstaben zu tippen, bis Windows Ihnen den passenden Eintrag aus dem Startmenü anbietet. Dann brauchen Sie nur noch die F7 zu drücken, um die gewünschte Anwendung zu öffnen.

Selbstverständlich ist das nur eine Variante. Ebenso können Sie die Einträge der Anwendungen in der alphabetisch sortierten Liste *Alle Apps* des Startmenüs suchen. Oder Sie doppelklicken beispielsweise auf eine zu bearbeitende Word-Datei im Windows-Explorer. Daraufhin startet dann automatisch die Word-Anwendung, um das Dokument darin zu öffnen.

Office-Anwendungen in der Taskleiste

Für den noch schnelleren Zugriff auf die Office-Programme sowie ggf. auf Sprunglisten zu den zuletzt verwendeten Dateien legen Sie die Icons der Programme in die Taskleiste.

1 Das geht am einfachsten, wenn Sie die Anwendung ohnehin gerade geöffnet haben.

2 Dann finden Sie in der Taskleiste ein Symbol für das Programm.

3 Klicken Sie mit der rechten Maustaste auf dieses Symbol und wählen Sie im Kontextmenü *An Taskleiste anheften*.

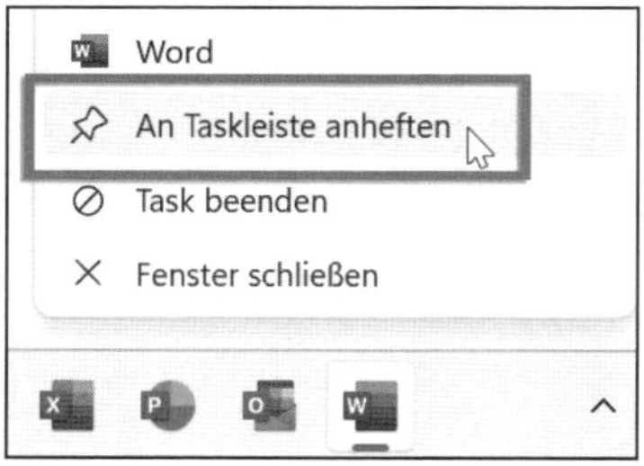

Das Symbol für dieses Programm verbleibt dann in der Taskleiste, selbst wenn Sie es schließen. So können Sie die Anwendung jederzeit mit einem Mausklick starten. Sollten Sie das Programm später doch nicht mehr so häufig benötigen, wiederholen Sie den Vorgang und wählen im Kontextmenü diesmal *Von Taskleiste lösen*.

Office-Anwendungen schließen

Um eine geöffnete Office-Datei zu schließen, wählen Sie in der Menüleiste der jeweiligen Anwendung *Datei/Schließen* bzw. in Outlook *Datei/Beenden*. Alternativ klicken Sie zum Beenden einfach im jeweiligen Programmfenster auf das Kreuz oben rechts. Dabei brauchen Sie sich keine Sorgen um geöffnete Dokumente zu machen. Sollten zu diesem Zeitpunkt noch ungespeicherte Änderungen offen sein, fragt die Anwendung nach, ob diese gespeichert werden sollen. Noch weniger Gedanken brauchen Sie sich darum zu machen, wenn Sie *Automatisches Speichern* aktiviert haben (siehe Seite 46).

Am schnellsten schließen Sie ein Office-Programm per Kreuzsymbol

2.2 Speichern und Öffnen auf der Festplatte

Insbesondere, wenn Sie Office privat nutzen, werden Sie Ihre Dokumente in der Regel auf der lokalen Festplatte ablegen. Die Vorgehensweise dafür ist bei allen Office-Anwendungen die gleiche (wobei Outlook sich automatisch um das Speichern der Nachrichten, Kontakte, Termine usw. kümmert).

Dokumente in Dateien speichern

Die folgende Anleitung zeigt die Vorgehensweise am Beispiel von Word. Bei Excel und PowerPoint können Sie die Schritte ganz genauso nachvollziehen.

1 Wenn Sie mit Word einen Text geschrieben haben, klicken Sie in der Menüzeile auf *Datei*.

2 Klicken Sie im so geöffneten Menü auf *Speichern*. Sollte das Dokument zuvor schon in einer Datei gespeichert gewesen sein, aktualisiert Word diese Datei nun auf den neuen Inhalt des Dokuments und Sie sind bereits fertig.

3 Wenn das Dokument wirklich ganz neu ist und noch nie gespeichert wurde, springt Word hingegen automatisch zum Dialog *Speichern unter*.

4 Wenn ein Dokument noch nie gespeichert wurde, schlägt Word Ihnen einen Namen vor (siehe Infobox). Diesen Vorschlag generiert Word aus dem Inhalt. Wenn Sie noch gar nichts geschrieben haben, weicht das Programm auf Standardnamen aus, etwa *Dok1*, *Dok2* usw. Beim Abspeichern sollten Sie aber für Ihre Dokumente sinnvollere Namen vergeben, denn nach ein paar Wochen werden Sie nicht mehr wissen, was Sie in *Dok9* geschrieben haben.

TIPP **Sinnvolle Dateinamen vergeben**
Wenn Sie einen Text eingegeben haben und erstmalig speichern möchten, schlägt Word Ihnen als Dateinamen die ersten bis zu 223 Zeichen Ihres Dokuments einschließlich Leerzeichen und Umlauten vor. So lange Dateinamen sind aber nicht unbedingt hilfreich und können bei der Sicherung auf bestimmten Datenträgern sogar Probleme bereiten. Deshalb empfehle ich Ihnen, diesen Vorschlag durch eine sinnvolle Bezeichnung zu ersetzen, die Ihnen hilft, auf einen Blick zu erkennen, welches Dokument in dieser Datei gespeichert ist. Behalten Sie dabei auch die Suchfunktion von Windows im Hinterkopf. Was würden Sie als Suchbegriff eingeben, um diese Datei später wiederzufinden?

5 Bei *Ort auswählen* navigieren Sie zu dem Ordner, in dem die Datei abgelegt werden soll.

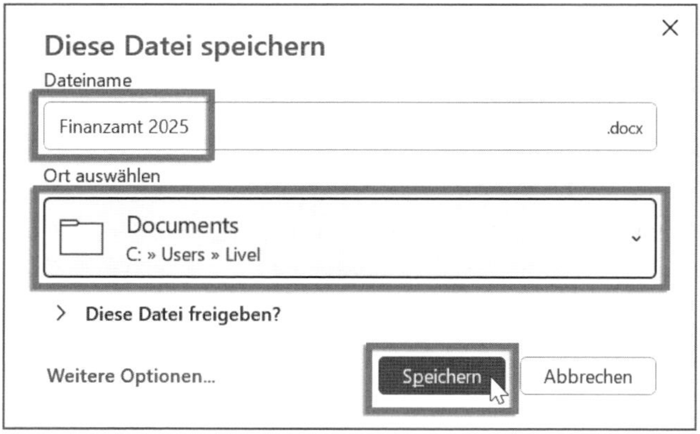

6 Klicken Sie dann unten auf die *Speichern*-Schaltfläche, um die Datei zu erstellen.

Den Dateinamen legen Sie beim ersten Speichern fest. Anschließend reicht es, *Datei/Speichern* zu wählen oder – noch schneller – Strg+S zu drücken. Dann speichert die Anwendung den aktuellen Inhalt des Dokuments ohne weitere Rückfragen in der zugehörigen Datei.

TIPP **Wenn Office immer in der Cloud speichern will**
Microsoft setzt mit allen seinen Diensten und Produkten verstärkt auf die Cloud als Einnahmequelle. Dem ist wohl auch geschuldet, wenn Office-Anwendungen Dateien bevorzugt bei OneDrive anstatt auf der lokalen

Festplatte des PCs ablegen wollen. Wenn Sie möchten, dass Ihr PC standardmäßig als Ziel beim Speichern von Dateien verwendet wird, öffnen Sie in irgendeiner Office-Anwendung die Einstellungen mit *Datei/Optionen* und wechseln dort in die Rubrik *Speichern*. Aktivieren Sie auf der rechten Seite im Abschnitt *Dokumente speichern* die Option *Standardmäßig auf Computer speichern*. Dies gilt immer für alle Office-Anwendungen.

Dokumente unter anderem Namen speichern

Stellen Sie sich einen Brief vor, den Sie unter dem Namen *Finanzamt 2024* gespeichert haben. Nun wollen Sie diesen Brief im folgenden Jahr (2025) wieder öffnen, denn Sie müssen nur ein paar Kleinigkeiten ändern, um ihn erneut ausdrucken und verschicken zu können.

Wenn Sie nun *Speichern* wählen, wird Ihr neuer Brief unter dem Namen *Finanzamt 2024* abgespeichert. Ihr ursprünglicher Text ist damit durch den neuen Text überschrieben worden. Das ist in der Regel aber nicht gewollt, denn Sie sollten auch noch nach Jahren lesen können, was Sie dem Finanzamt im Jahr 2024 geschrieben haben.

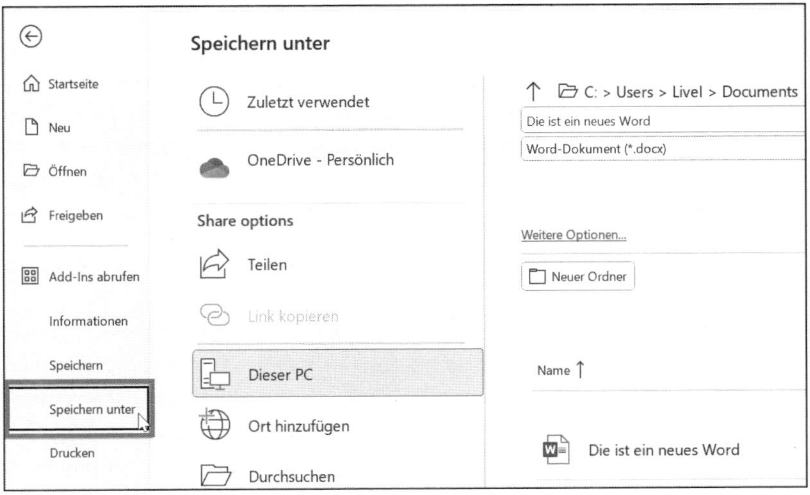

Das heißt, der neue Brief für das Jahr 2025 muss unter einem anderen Namen abgespeichert werden. Und das erreichen Sie mit dem Befehl *Datei/Speichern unter* bzw. *Kopie speichern* bei Cloud-Dokumenten. Damit wird erneut wie beim ersten Speichern eines Dokuments der Dialog geöffnet, in dem Sie nun einen anderen Dateinamen und/oder einen anderen Speicherort auswählen können. Ab da existieren beide Dateien völlig unabhängig voneinander weiter.

Office-Dateitypen: .docx/.xlsx/.pptx vs. .doc/.xls/.ppt

Standardmäßig erhalten Dokumente, die Sie neu in einer Datei speichern, die Dateinamenerweiterung *.docx* bzw. *.xlsx* oder *.pptx*. Wer schon länger mit Office arbeitet, wird sich erinnern, dass Office-Dokumente ursprünglich die Erweiterungen *.doc*, *.xls* oder *.ppt* bekommen haben, also jeweils ohne x. Mit Office 2007 hat Microsoft aber das neue Dokumentformat **O**ffice **O**pen **XML** (OOXML) eingeführt. Das ist ein offener Standard für die Speicherung und den Austausch von Dokumenten, der den Dateitypen DOCX (Word), XLSX (Excel) und PPTX (PowerPoint) zugrunde liegt.

OOXML basiert auf XML (**E**xtensible **M**arkup **L**anguage), was bedeutet, dass Dokumente in einer strukturierten, textbasierten Form gespeichert werden. Das ermöglicht eine einfachere Verarbeitung und Analyse der Daten. Die Dateien sind in einem ZIP-Archiv komprimiert, das mehrere XML-Dateien und andere Ressourcen wie Bilder oder Stylesheets enthält. Diese Struktur erleichtert den Zugriff auf spezifische Teile des Dokuments und bietet Unterstützung für zahlreiche Funktionen und Bestandteile der Dokumente. Trotzdem sind die Dateien meist kleiner als ihre Gegenstücke ohne x am Ende.

Allerdings haben die »neuen« Formate einen Nachteil, der in der Praxis allerdings kaum noch eine Rolle spielen dürfte: Während Office-Anwendungen seit 2007 beide Varianten beherrschen, können ältere Programme mit dem neuen Dateiformat nichts anfangen. Auf solche älteren Office-Versionen dürfte man heute aber kaum noch treffen. Allein aus Sicherheitsgründen wäre es nicht empfehlenswert, solche Produkte immer noch einzusetzen, da es schon lange keine Sicherheitsupdates mehr dafür gibt.

Insofern stellt sich die Frage nach dem richtigen Dateiformat eigentlich nur, wenn Sie vielleicht selbst noch solche Dateien in Ihrem Bestand haben. Denn wenn Sie ein altes DOC-, XLS- oder PPT-Dokument in aktuellen Office-Anwendungen öffnen und wieder speichern, wird dessen Format standardmäßig beibehalten. Sie können solche Dateien ganz normal bearbeiten. Allerdings fällt Ihnen möglicherweise auf, dass im Menüband einige Funktionen inaktiv sind und nicht verwendet werden können. Das liegt daran, dass das alte Format für diese Funktionen nicht die erforderlichen Datenstrukturen bietet. Dann können Sie die Datei im neuen Format speichern, um alle Funktionen uneingeschränkt nutzen zu können.

1 Klicken Sie auch dazu auf *Datei/Speichern* unter.

2 Im so geöffneten Dialog können Sie im Prinzip alle Einstellungen bis auf eine unverändert lassen.

3 Wählen Sie bei *Dateityp* (das Feld direkt unterhalb des Dateinamens) bei Word beispielsweise anstelle von *Word 97-2003-Dokument (*.doc)* die Einstellung *Word-Dokument (*.docx)*. Bei Excel und PowerPoint lauten die Dateitypen entsprechend.

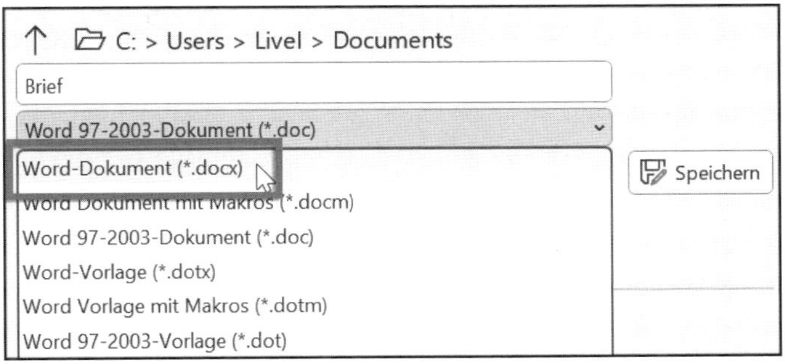

4 Klicken Sie abschließend auf *Speichern.*

Word erstellt dann eine Kopie des Dokuments im neuen Dateiformat. Haben Sie am Dateinamen und Speicherort nichts verändert, finden Sie im Ordner anschließend zwei Dateien desselben Namens, aber mit verschiedenen Dateiendungen vor: *Brief.doc* und *Brief.docx*. Arbeiten Sie in Zukunft möglichst nur noch mit der Datei im neuen Format. Denn Änderungen an der einen Datei wirken sich nicht auf die andere aus.

TIPP

Umbenennen der Datei funktioniert nicht
Wegen der unterschiedlichen Dateiendungen sind schon einige Anwender aus Verzweiflung auf die Idee gekommen, den Dateinamen auf der Festplatte über den Explorer umzubenennen und dabei einfach das *x* bei *.docx* zu löschen. Das funktioniert jedoch nicht. Das Einzige, was funktioniert, ist, die Datei mit *Speichern unter* mit einem anderen Dateityp neu abzuspeichern.

Dokumente im OpenDocument-Format speichern

Werfen Sie noch einmal einen Blick auf die Dateitypen, in denen Sie ein Dokument speichern können. Sie bemerken – im Fall des Speicherns in Word – den Eintrag *OpenDocument-Text*. Hierbei handelt es sich um ein freies Office-Format, das als Alternative zu den Microsoft-Formaten genutzt werden kann. Zwar können freie Office-Suiten (z. B. LibreOffice) Microsoft-Dateien – dem jeweiligen Funktionsumfang entsprechend – importieren. Es ist aber auch eine Alternative, Dokumente in diesem offenen Format zu speichern, um sie mit Anwendern außerhalb des Microsoft-Office-Universums zu tauschen.

Arbeitsfortschritt automatisch sichern

An umfangreicheren Dokumenten arbeitet man unter Umständen längere Zeit. Da ist es sinnvoll, den aktuellen Stand zwischendurch immer mal wieder zu speichern. Andernfalls könnte ein Anwender- oder Systemfehler oder ein banaler Stromausfall das Werk vieler Stunden Arbeit schnell vernichten. Sie können sich angewöhnen, in regelmäßigen Abständen die Tastenkombination Strg+S zu drücken, um sofort zu speichern.

Noch besser aber ist es, wenn Sie Office diese Arbeit für sich machen lassen. Sie können den Anwendungen beibringen, alle x Minuten automatisch den aktuellen Stand des Dokuments zu speichern. Wer die Cloud als Speicher nutzt, dem stellt Office sogar eine Sofort-Speicherfunktion zur Verfügung, die Änderungen an Dokumenten jederzeit direkt mit der Cloud synchronisiert (siehe Seite 54).

1 Um das automatische Speichern zu konfigurieren, öffnen Sie die Einstellungen mit *Datei/Optionen* und wechseln dort in die Rubrik *Speichern*.

2 Die wesentlichen Einstellungen finden Sie rechts im Abschnitt *Dokumente speichern*.

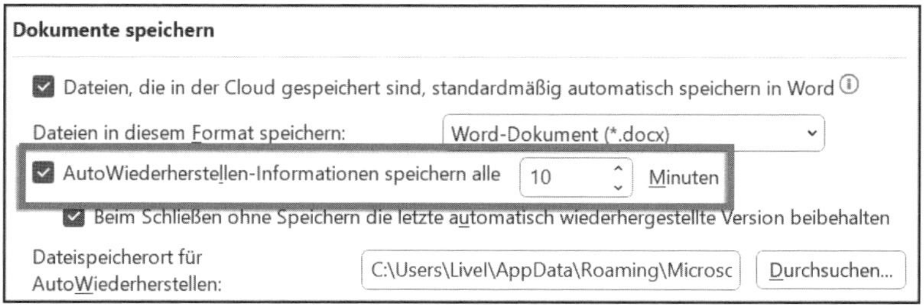

3 Stellen Sie zunächst sicher, dass hier ein Häkchen bei *AutoWiederherstellen-Informationen speichern alle x Minuten* gesetzt ist.

4 Die Anzahl der Minuten können Sie frei (bis zu 120 Minuten) wählen, wobei *10 Minuten* keine schlechte Vorgabe ist. Je öfter man speichert, desto geringer ist die Wahrscheinlichkeit empfindlicher Datenverluste. Allerdings

kann es bei umfangreichen Dokumenten etwa mit eingebetteten Multimedia-Elementen bei jedem Speichern der Daten zu einer spürbaren Reaktionsverzögerung der Anwendung kommen. Hier gilt es also, einen praktikablen Kompromiss zwischen Datensicherheit und Komfort zu finden.

5 Die Option *Beim Schließen ohne Speichern die letzte automatisch wiederhergestellte Version beibehalten* ermöglicht es Ihnen, die Anwendung jederzeit zu schließen, ohne das aktuelle Dokument zu speichern. Wenn Sie die Anwendung beim nächsten Mal öffnen, wird das Dokument automatisch wiederhergestellt und Sie können direkt weiterarbeiten. Ich persönlich würde von dieser Arbeitsweise aber abraten, da es auch im Hinblick auf die Datensicherung sinnvoller ist, stets eine vollständige Dokument-Datei auf dem aktuellen Stand zur Verfügung zu haben.

6 Bei *Dateispeicherort für AutoWiederherstellen* können Sie den Speicherort für die Wiederherstellungsinformationen ablesen sowie ggf. anpassen. Dies kann sinnvoll sein, etwa wenn Sie den Ordner in Ihre Datensicherung mit einbeziehen möchten.

7 Übernehmen Sie die gewählten Einstellungen mit *OK*.

Sicherungen wiederherstellen

Es ist wichtig, die *AutoWiederherstellen*-Funktion nicht mit dem automatischen Speichern des Dokuments zu verwechseln. Dieses bleibt unangetastet in dem Zustand, in dem Sie es zuletzt ganz bewusst gespeichert haben. Die Sicherungsautomatik speichert stattdessen alle Informationen, die sie zum Wiederherstellen aller Änderungen seit dem letzten Speichern benötigt.

Wenn eine Office-Anwendung anders als ganz bewusst durch den Anwender beendet wurde – etwa durch ein Hardwareproblem oder einen Stromausfall –, dann öffnen Sie die Anwendung bei nächster Gelegenheit ganz normal. Sie prüft bei jedem Start, ob sie zuvor regulär beendet wurde oder ob ggf. Wiederherstellungsinformationen vorhanden sind. Ist Letzteres der Fall, stellt sie das zuletzt bearbeitete Dokument automatisch aus diesen Informationen wieder her. Sie sehen dann einen deutlichen Hinweis unterhalb des Menübands. Dieser fordert Sie auf, die wiederhergestellte Datei zu *Speichern*.

Sie haben nun drei Möglichkeiten:

- Sie klicken auf *Speichern* und dann gleich noch mal auf *Speichern*. Dann wird das Dokument unter dem ursprünglichen Dateinamen ergänzt um *(Automatisch wiederhergestellt)* gesichert. So bleiben die zuletzt manuell gespeicherte Version und die wiederhergestellte erhalten und Sie können selbst entscheiden, mit welcher Sie weiterarbeiten möchten.

- Sie klicken auf *Speichern* und wählen dann im *Speichern unter*-Dialog die ursprüngliche Datei als Ziel aus. Dadurch überschreiben Sie diese durch die wiederhergestellte Dokumentfassung und bringen die Datei wieder auf den aktuellen Stand. Dadurch wird allerdings die zuletzt manuell gesicherte Fassung des Dokuments überschrieben.
- Wenn Sie auf die automatische Wiederherstellung verzichten und lieber mit der zuletzt regulär gespeicherten Fassung des Dokuments weiterarbeiten möchten, wählen Sie *Datei/Schließen* und bestätigen die Rückfrage mit *Nicht speichern*. Anschließend können Sie die zuletzt gespeicherte Version öffnen, beispielsweise indem Sie auf *Datei* klicken und das Dokument dann rechts in der Rubrik *Zuletzt verwendet* lokalisieren.

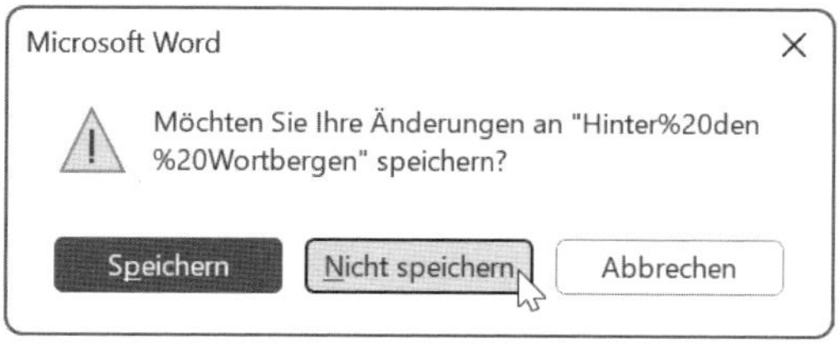

Dateien öffnen

Im vorangehenden Abschnitt zum Speichern von Dateien wurde Word als beispielhafte Office-Anwendung genutzt. Beim Öffnen soll nun Excel diese Rolle übernehmen. Auch hier gilt aber, dass das Gezeigte für Word und PowerPoint genauso gilt und Einstellungen ggf. für alle Office-Anwendungen gelten.

TIPP

Dateien im Explorer öffnen

Sie können Office-Dokumente direkt im Windows-Explorer öffnen. Damit sind im weitesten Sinn alle Stellen in Windows gemeint, an denen Dateien aufgelistet werden, beispielsweise auch die Sprunglisten mit den zuletzt verwendeten Dokumenten. Diese erhalten Sie, wenn Sie mit der rechten Maustasten auf das Symbol im Startmenü oder der Taskleiste klicken. Wenn Sie eine konkrete Datei auf diese Weise direkt öffnen, wird automatisch die dazugehörende Anwendung gestartet und das Dokument darin angezeigt. Wenn Sie genau wissen, welches Dokument Sie bearbeiten möchten und wo dieses sich befindet, kann das die schnellste Variante sein.

1 Der erste Schritt ist natürlich jeweils das Starten der Anwendung.

2 Sie sehen dann in der Regel die *Startseite* des Programms. Ausnahmen sind, wenn Sie die Anwendung über das Öffnen einer Datei gestartet haben oder wenn Sie die Anwendung beim letzten Mal ohne zu speichern beendet hatten und deshalb nun das damals geöffnete Dokument automatisch wiederhergestellt wird.

3 Auf der Startseite finden Sie ganz oben Vorlagen für den Fall, dass Sie ein neues Dokument erstellen möchten.

4 Darunter finden Sie in drei Kategorien direkten Zugang zu den zuletzt oder regelmäßig verwendeten Dokumenten:

- *Zuletzt verwendet:* Hier sind die Dokumente aufgelistet, die Sie mit der Anwendung zuletzt bearbeitet haben.
- *Angeheftet:* Mit dem Stecknadel-Symbol in der Dateiliste können Sie Dokumente anheften. So können Sie Dokumente, die Sie regelmäßig benötigen, jederzeit schnell in dieser Rubrik finden.
- *Mit mir geteilt:* Die dritte Kategorie listet Dokumente auf, die andere mit Ihnen geteilt haben.

5 Jede der in diesen Listen aufgeführten Dateien können Sie jederzeit mit einem Mausklick öffnen.

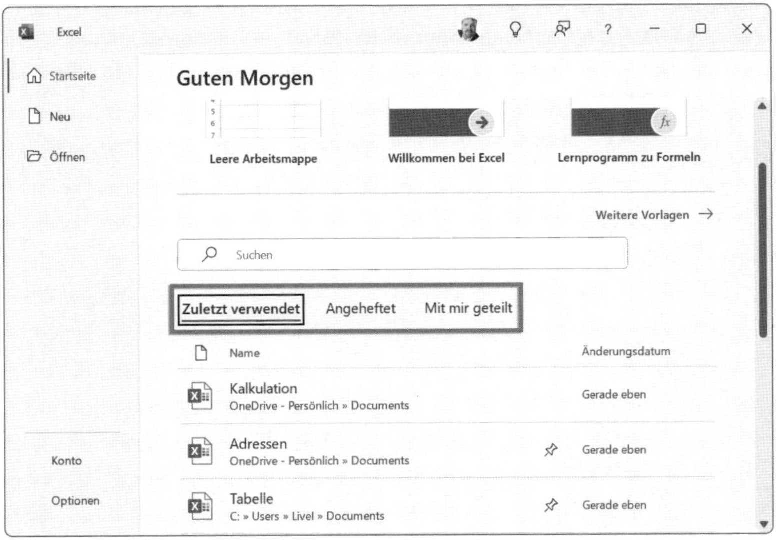

Dateien suchen

Wenn Sie ein Dokument öffnen möchten, das nicht direkt in einer der Listen aufgeführt wird, kann das Suchfeld hilfreich sein. Tippen Sie den Dateinamen oder zumindest einen wesentlichen Bestandteil davon in das Suchfeld ein. Die Suchfunktion zeigt Ihnen in Echtzeit eine Liste der Dateien an, die jeweils zu den bislang passenden Zeichen passen würden. Dabei beschränkt sich die Suche auf Dateien, die die jeweilige Anwendung auch öffnen kann. Ist das passende Dokument dabei, können Sie es per Maus oder mit den Pfeiltasten direkt auswählen.

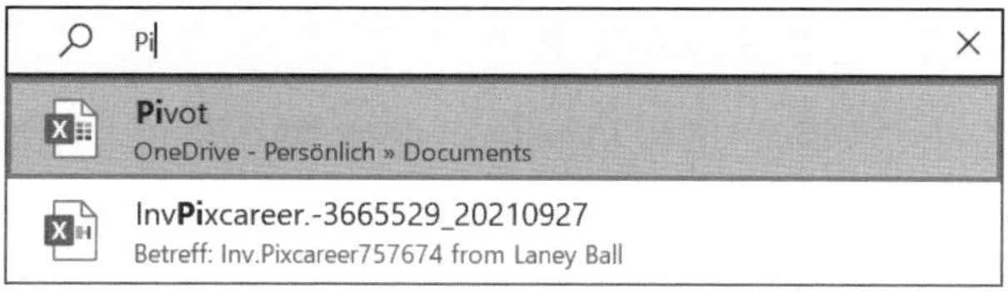

Dateien von der Festplatte öffnen

Wenn Sie eine Datei weder auf der Startseite noch mit der Suche ausfindig machen können, wechseln Sie in der Navigationsleiste links zu *Öffnen*. In diesem Dialog finden Sie rechts eine chronologische Übersicht der Dokumente und Ordner, die Sie mit dieser Anwendung zuletzt genutzt haben. Im *Öffnen*-Navigationsbereich können Sie zwischen Ihrem PC und Cloud-Speicher wechseln und mit *Durchsuchen* einen klassischen Dateiauswahldialog öffnen. Damit können Sie zu einem beliebigen Ordner navigieren und dort die gewünschte Datei auswählen.

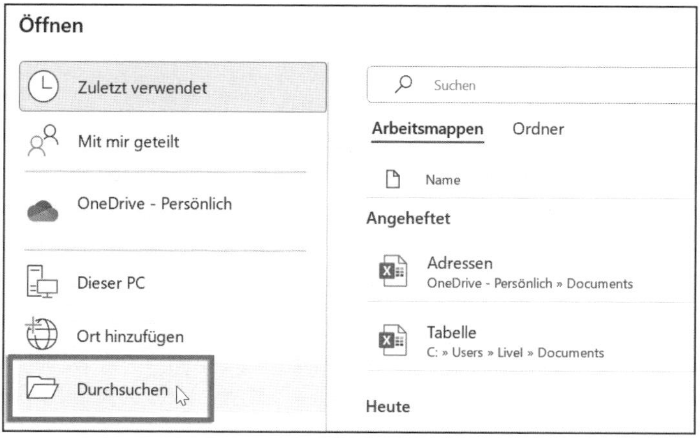

2.3 Arbeiten in der Cloud – Zugriff von überall

Bisher haben Sie vielleicht alles lokal auf Ihrem PC oder auf einem Server Ihrer Firma gespeichert. Und Sie haben – hoffentlich – immer eine Datensicherung auf einer externen Festplatte durchgeführt, um so einem möglichen Datenverlust vorzubeugen.

Damit könnte bald Schluss sein, wenn Sie Ihre Daten in der Cloud und nicht mehr auf Ihrer heimischen Festplatte abspeichern.

Was ist die Cloud?

Die Cloud ist ein Onlinespeicher, in dem Sie Ihre Daten ebenso ablegen können wie auf Ihrer Festplatte, jedoch mit einem großen Unterschied. Die Cloud vergisst nichts. Selbst wenn bei Ihnen zu Hause ein Feuer ausbrechen würde, hätte das keinen Einfluss auf Ihre Daten.

Der zweite Vorteil der Cloud: Sie haben Ihre Daten immer und überall zur Hand. Sie brauchen nur einen Onlinezugang und können überall auf der Welt auf Ihre Daten zugreifen.

Die Cloud ist ein Speicherort, der von verschiedenen Firmen zur Verfügung gestellt werden kann. Dabei bekommen Sie ein bestimmtes geringes Kontingent an Speicherplatz in der Regel kostenlos. Brauchen Sie mehr, müssen Sie zahlen. Da es in diesem Buch um Office, also ein Produkt aus dem Hause Microsoft, geht, werde ich mich im Folgenden auf den OneDrive-Speicherdienst konzentrieren. Der ist nicht nur optimal in Office integriert, sondern steht jedem Benutzer mit Microsoft-Konto kostenlos (bis zu 5 GB Speicherplatz) zur Verfügung.

TIPP

Datenschutz bei Dokumenten in der Cloud
Das Speichern in der Cloud ist ein verlockendes Angebot. Keine Gedanken mehr über Datensicherung, nie mehr Datenverluste durch Defekte oder Unachtsamkeit. Aber wie vieles, was sich toll anhört, hat es einen Haken: Wenn Ihre Dokumente in der Cloud liegen, verlieren Sie Einfluss darauf, wo die Dateien liegen und wer Zugriff darauf hat. Und Dateien in der Cloud zu löschen, heißt nicht, dass die Daten garantiert weg sind. Microsoft verspricht zwar Sicherheit und Datenschutz für OneDrive. Aber durch Hackerangriffe, Sicherheitslücken oder Fahrlässigkeit könnten Ihre Daten zumindest theoretisch trotzdem in falsche Hände gelangen.

Als privater Anwender sollten Sie sich deshalb gut überlegen, welche Daten Sie der Cloud anvertrauen. Belanglose Unterlagen oder Inhalte, die ohnehin zum Veröffentlichen gedacht sind, kann man eher dort speichern als sehr persönliche und vertrauliche Belange. Bei beruflicher Nutzung gibt es ganz klare gesetzliche Vorgaben, wie Dateien etwa mit Kundendaten gespeichert werden dürfen. Deshalb kommen nur Cloud-Anbieter infrage, die diese Anforderungen erfüllen.

Anmelden und Speichern bei OneDrive

Beim Speichern innerhalb eines Office-Programms haben Sie stets die Möglichkeit, Dateien entweder lokal oder in der Cloud zu speichern. Dazu müssen Sie sich aber einmal anmelden.

1 Wählen Sie also ggf. in einem der Programme zunächst *Datei/Speichern unter*.

2 Klicken Sie im *Speichern unter*-Dialog auf *OneDrive*.

3 Sollte hier noch keine Verbindung zu einem Konto bestehen, klicken Sie auf der rechten Seite unten auf *Anmelden*.

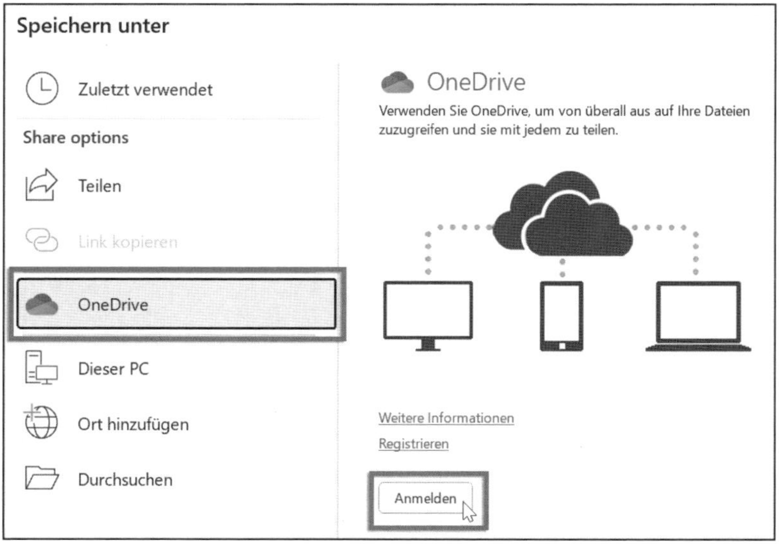

4 Melden Sie sich mit den zu Ihrem Microsoft-Konto gehörenden Zugangsdaten an. Sofern Sie noch nicht über ein Microsoft-Konto verfügen, können Sie sich zunächst registrieren, indem Sie auf den Link *Eins erstellen!* klicken und anschließend den Anweisungen auf dem Bildschirm folgen.

Nach erfolgreicher Anmeldung steht OneDrive als Speicherort in Office zur Verfügung. Sie erkennen das daran, dass der OneDrive-Eintrag nun mit der Bezeichnung des verbundenen Microsoft-Kontos ergänzt wird. Klicken Sie auf den Eintrag, wird rechts direkt der Inhalt Ihres OneDrive-Cloud-Speichers angezeigt.

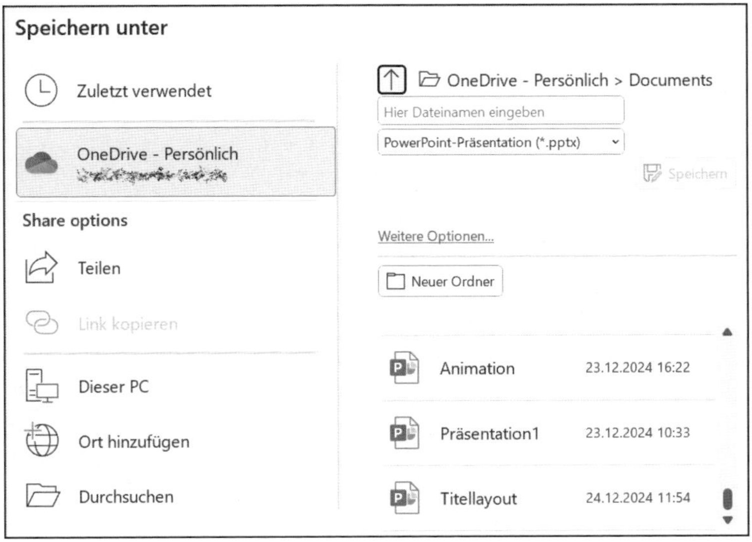

Automatisches Speichern in der Cloud

Dank OneDrive können Sie überall auf der Welt mit einem Internetzugang auf Ihre Daten in der Cloud zugreifen. Ein weiterer Vorteil: Haben Sie eine Office-Datei in der Cloud gespeichert, können Sie das automatische Speichern aktivieren – so bleiben Ihre Daten auch nach einem eventuellen Programmabsturz erhalten.

1 Um das Speichern zu aktivieren, können Sie bei jedem bereits in der Cloud gespeicherten Dokument das Häkchen in der Titelleiste bei *Automatisches Speichern* setzen.

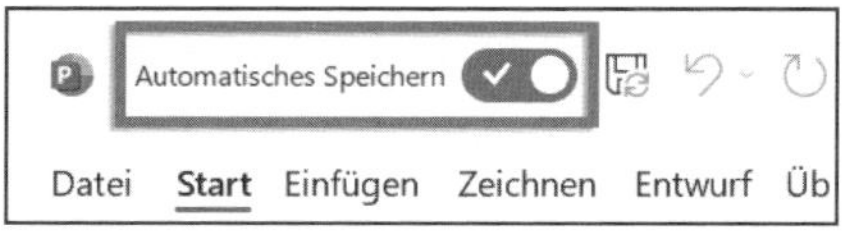

2 Sollte es sich um eine lokal gespeicherte Datei handeln, ist das Aktivieren nicht ohne Weiteres möglich. In dem Fall bietet Ihnen die Anwendung an, die Datei in die Cloud hochzuladen, um diese Funktion zu nutzen. Damit ändern Sie allerdings nachhaltig den Speicherort des Dokuments von der lokalen Festplatte zur Online-Cloud.

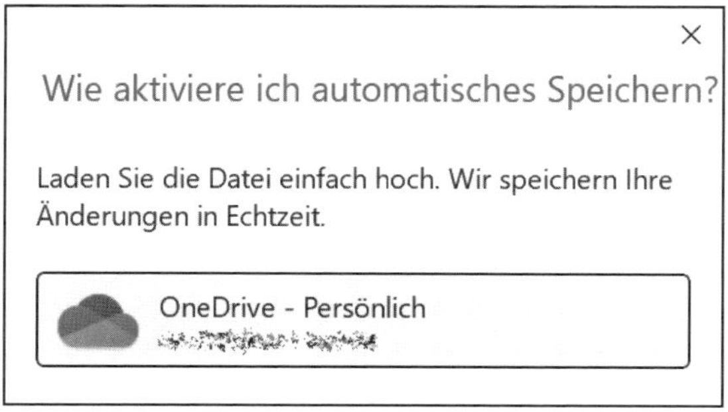

Das automatische Speichern in der Cloud unterscheidet sich von dem regelmäßigen Sichern von Wiederherstellungsinformationen (siehe Seite 46) vor allem dadurch, dass jede Veränderung an Dokumenten fast unmittelbar an die Cloud weitergegeben wird. Wenn es beim Tippen eines Textes zum Stromausfall kommt, würde praktisch der letzte Buchstabe, den Sie vor dem Ausfall getippt haben, noch gesichert werden. Das Sichern von Wiederherstellungsinformationen hingegen erfolgt nur alle x Minuten. Bei einem Stromausfall könnten Sie also immer nur den Stand der letzten Sicherung wiederherstellen. Was in den Minuten seitdem noch hinzugekommen ist, bleibt unwiderruflich verloren.

Dokumente in der Cloud öffnen

Das Öffnen einer auf OneDrive gespeicherten Datei erfolgt vom Prinzip her genauso wie das Öffnen einer lokal gespeicherten Datei, d. h., Sie wählen *Datei/ Öffnen*, entscheiden sich in diesem Fall für den Speicherort *OneDrive* und klicken auf die Datei, die Sie öffnen möchten.

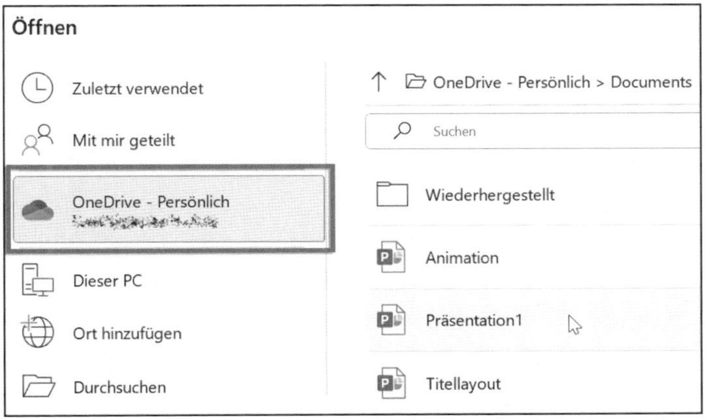

Falls Sie mal von unterwegs auf ein Dokument zugreifen möchten, können Sie das aber auch in einem Webbrowser tun. Rufen Sie dazu die Webadresse *https://onedrive.live.com* auf und melden Sie sich mit Ihren OneDrive-Zugangsdaten an. Klicken Sie auch hier eine Office-Datei zum Öffnen an.

Das Dokument wird dann direkt im Browser in der passenden Office-Web-App geöffnet. Darin können Sie den Inhalt prinzipiell genauso wie in den »richtigen« Office-Anwendungen sehen und bearbeiten. Gewisse Einschränkungen bei Funktionalität, Bedienkomfort und Reaktionsgeschwindigkeit muss man aber ggf. in Kauf nehmen.

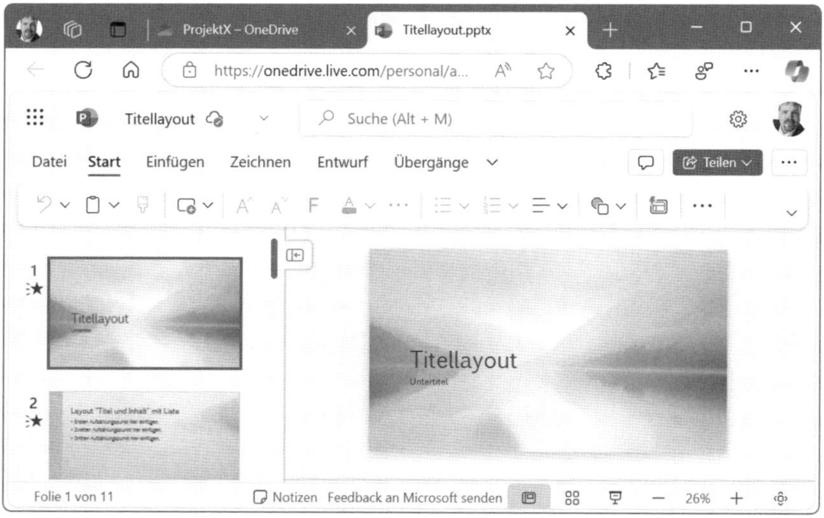

TIPP

Office auch auf Smartphone und Tablet-PC nutzen

Neben der Möglichkeit, im Webbrowser auf die abgespeckten Onlineversionen der Office-Programme zuzugreifen, gibt es auch Apps für mobile Geräte. So können Sie die Programme z. B. auf einem Apple- oder Android-Gerät einzeln aus dem jeweiligen App Store laden. Die Arbeit an Dokumenten ist auf den kleineren Bildschirmen etwas fummelig, aber auf alle Fälle eine gute Notlösung.

Zusammenarbeit in der Cloud

Das Speichern von Dateien in der Cloud bietet Ihnen die Möglichkeit, auf unkomplizierte Weise mit anderen zusammen an Dokumenten zu arbeiten. Wenn Sie beispielsweise mit mehreren Personen an einem Referat arbeiten, könnten über die Cloud alle auf dieselbe Word- oder PowerPoint-Datei zugreifen und ihre jeweiligen Änderungen daran vornehmen oder Anmerkungen und Vorschläge in Form von Kommentaren hinterlassen. Alle Bearbeiter können sich jeweils ansehen, wer welche Änderungen durchgeführt hat.

Damit das möglich ist, müssen Sie allerdings die Office-Datei zunächst für andere Personen freigeben:

1 Speichern Sie das Dokument, wie vorangehend gezeigt, auf OneDrive. Das gemeinsame Online-Zusammenarbeiten ist grundsätzlich nur bei Dateien in der Cloud möglich.

2 Klicken Sie nun rechts oben im Office-Programm auf die Schaltfläche *Freigeben* und in der so geöffneten Auswahl nochmals auf *Freigeben*.

3 Standardmäßig kann jeder das Dokument öffnen, bearbeiten und speichern, der in den Besitz des Freigabelinks gelangt. Das bedeutet die Standardoption *Jeder mit dem Link kann bearbeiten*. In dem Fall sollten aber alle Beteiligten achtsam mit dem Link umgehen.

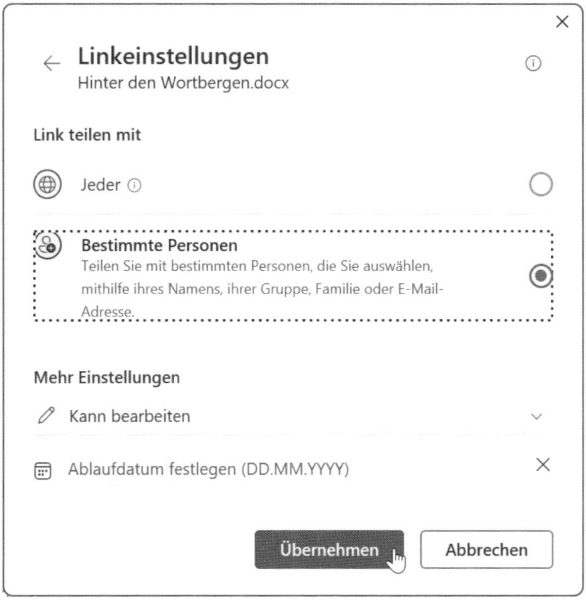

4 Wenn das nicht gewährleistet ist oder es sich um sensible Inhalte handelt, können Sie den Kreis der Berechtigten von vornherein beschränken. Klicken Sie dazu auf die Freigabeeinstellung und wählen Sie die Option *Bestimmte Personen*. Nun können Sie die Freigabe auf bestimmte Personen

beschränken, entscheiden, ob Sie die Bearbeitung zulassen möchten oder nicht, und – wenn Sie mögen – auch ein Ablaufdatum für die Freigabe festlegen. Bestätigen Sie Ihre Einstellungen mit *Übernehmen*.

5. Wählen Sie schließlich die Personen anhand ihrer E-Mail-Adresse für die Freigabe aus und schicken Sie diesen mit der Schaltfläche *Senden* eine Einladung.

TIPP

Link kopieren statt versenden

Der Dialog zum Versenden eines Freigabelinks bietet Ihnen in der unteren Hälfte auch eine Alternative: Anstatt eine E-Mail zu versenden, können Sie ebenso den *Link kopieren*. Die Vorgehensweise und die Einstellungsmöglichkeiten sind dabei die gleichen. Wenn Sie abschließend auf *Kopieren* klicken, wird der fertige Link in die Windows-Zwischenablage eingefügt. Von dort aus können Sie ihn auf beliebigen anderen Wegen an den oder die Empfänger weitergeben, beispielsweise auch über WhatsApp oder andere Messenger-Dienste.

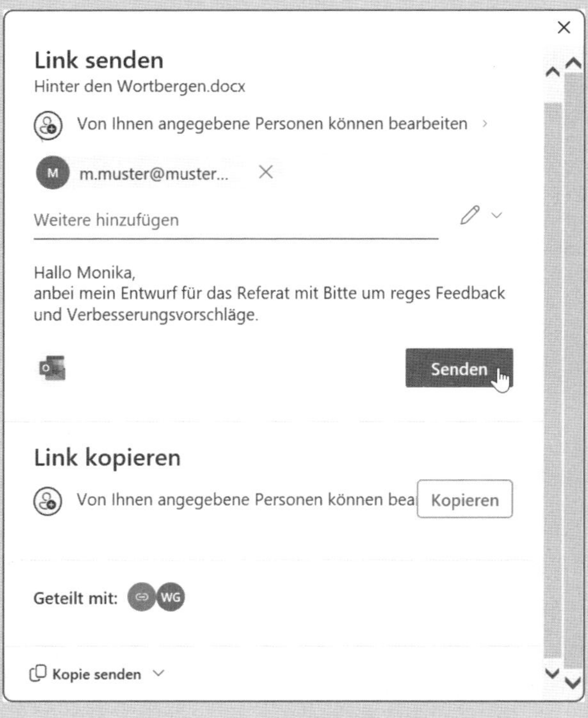

Sie können Bearbeiter nachträglich wieder entfernen. Dazu wählen Sie erneut die Schaltfläche *Freigeben* und im so geöffneten Auswahlmenü gehen Sie auf *Zugriff verwalten*. Nun können Sie die zuvor den einzelnen Personen gewährten Berechtigungen wieder zurückziehen.

TIPP

Nachverfolgung aktivieren
Egal, ob in der Cloud oder nicht: Wenn Sie ein Word-Dokument mit mehreren Personen gemeinsam bearbeiten, empfiehlt es sich, die Nachverfolgung zu aktivieren, um jede Änderung am Dokument zu markieren. Diese Option aktivieren Sie im Word-Menüband auf der Registerkarte *Überprüfen* mit *Nachverfolgung* und der Schaltfläche *Änderungen nachverfolgen*. In der Gruppe *Änderungen* finden Sie die Schaltflächen zum Annehmen oder Ablehnen von Änderungen.

2.4 Wichtige grundlegende Einstellungsmöglichkeiten

Die Office-Anwendungen kommen alle mit einer Vielzahl von Einstellungsmöglichkeiten, mit denen sie sich an Ihre Arbeitsweise und Ihre Vorlieben anpassen lassen. Bei vielen dieser Optionen handelt es sich um Konfigurationsmöglichkeiten für bestimmte Funktionen, auf die ich ggf. bei der Beschreibung dieser Funktionen eingehe. Einige grundlegende Einstellungen sowohl für alle Programme als auch für die einzelnen Anwendungen möchte ich aber hier vorstellen, damit Sie diese von Beginn an optimal wählen können.

Das bevorzugte Dateiformat wählen

Wie schon erwähnt, speichern die Office-Programme die Dateien standardmäßig mit der Erweiterung *.docx* für Word-Dateien, *.xlsx* für Excel-Dateien und *.pptx* für PowerPoint-Dateien. Diese Erweiterungen sind aber für Office-Versionen älter als 2007 nicht lesbar. Wer also viele Dateien mit Computern austauschen muss, die noch mit alten Office-Versionen arbeiten, muss beim Speichern immer die alte Erweiterung *.doc* für Word-Dateien wählen.

Das kann sehr lästig werden, wenn es sehr häufig vorkommt. In diesem Fall kann man Office veranlassen, das ältere Format als Standard beim Speichern zu verwenden. Die folgende Anleitung zeigt den Vorgang am Beispiel von Excel. In Word und PowerPoint funktioniert es analog.

1 Starten Sie Excel.

2 Wählen Sie den Reiter *Datei* und klicken Sie anschließend auf *Optionen*.

3 Im folgenden Dialog gehen Sie links in den Kategorien auf *Speichern*.

4 Wählen Sie rechts im Abschnitt *Arbeitsmappen speichern* bei *Dateien in diesem Format speichern* die in der Abbildung gezeigte Option *Excel 97-2003-Arbeitsmappe*.

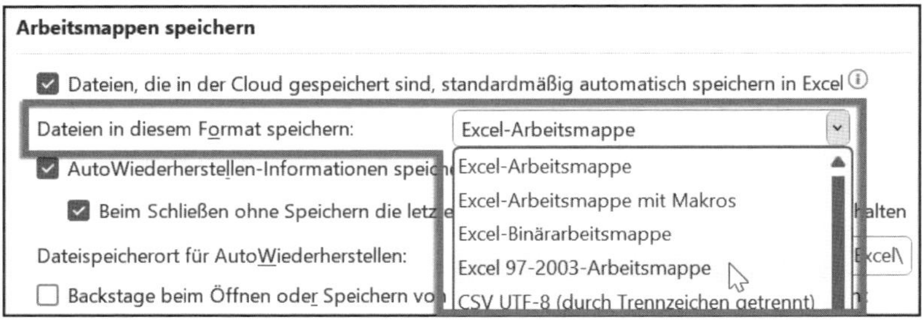

5 Bestätigen Sie die Änderung mit *OK*.

Wenn Sie diese Schritte auch für Word und PowerPoint durchführen, werden diese Programme zukünftig ebenfalls das alte Format als Standard nehmen.

Der Vorteil: Sowohl alte als auch neue Office-Versionen können dieses Dateiformat lesen.

Der Nachteil: Einige der Gestaltungsmöglichkeiten aktuellerer Office-Versionen können bei Dokumenten in diesem Format nicht genutzt werden.

Speicherort für alle Dokumente

Auch der Standardspeicherort lässt sich anpassen. Beim Speichern von Dateien wählen die einzelnen Office-Programme einen von Microsoft vorgegebenen Ort auf der Festplatte. Doch häufig hat man eine völlig andere Ordnerstruktur als die, die sich Microsoft ausgedacht hat.

Um nun nicht jedes Mal viele Schritte durchlaufen zu müssen, um an den eigenen Speicherort zu gelangen, können Sie diesen Ort auch voreinstellen, sodass das entsprechende Programm bei Anwahl von *Speichern* oder *Speichern unter* gleich in diesem Ordner ist.

Die folgende Anleitung zeigt die Vorgehensweise am Beispiel von Word. Bei den anderen Programmen funktioniert es genauso.

1 Starten Sie Word. Wählen Sie unter dem Reiter *Datei* die *Optionen*.

2 Wechseln Sie in die Rubrik *Speichern*.

3 Im Abschnitt *Dokumente speichern* finden Sie fast ganz unten das Feld *Lokaler Standardspeicherort für Datei*. Es gibt den derzeit gewählten Standardordner für Office-Dokumente an.

4 Klicken Sie rechts daneben auf *Durchsuchen* und lokalisieren Sie im so geöffneten Dialog den Ordner, der zum neuen Standardspeicherort werden soll.

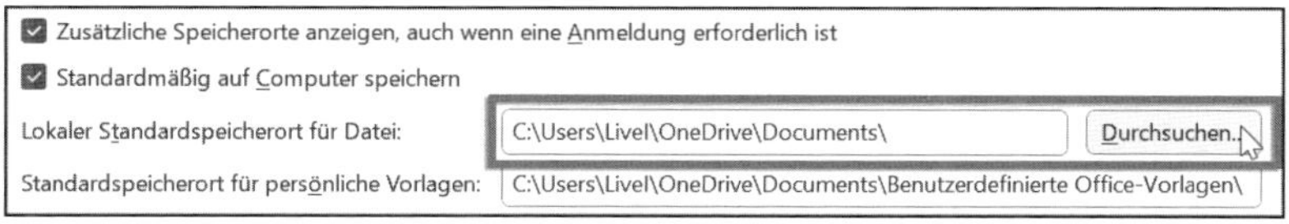

5 Klicken Sie abschließend unten auf *OK*.

Zukünftig schlägt Ihnen Office den gewählten Ordner als Standardspeicherordner vor. Natürlich können Sie beim Speichern trotzdem jederzeit auch in einen anderen Ordner wechseln.

Die Schnellzugriffsleiste nutzen

Die Schnellzugriffsleiste wird oben im Fenster des entsprechenden Office-Programms eingeblendet. Hier möchte ich Ihnen zunächst zeigen, wie Sie eine eventuell ausgeblendete Schnellzugriffsleiste einblenden und diese Ihren Arbeitsbedürfnissen anpassen. Auch in diesem Fall soll die Beschreibung am Beispiel von Word erfolgen, denn auch hier gilt das Gesagte für Excel und PowerPoint in gleicher Weise.

Die Schnellzugriffsleiste bietet wichtige Funktionen direkt in der Titelleiste

Ist die Symbolleiste für den Schnellzugriff (kurz: die Schnellzugriffsleiste) nicht zu sehen?

1 Zum Einblenden öffnen Sie mit *Datei/Optionen* die Einstellungen und wechseln dort in die Rubrik *Symbolleiste für den Schnellzugriff*.

2 Aktivieren Sie dort unter der Liste mit Befehlen die Option *Symbolleiste für den Schnellzugriff anzeigen*.

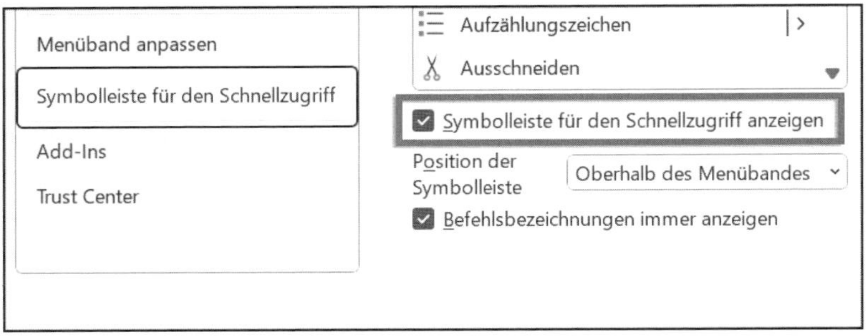

3 Die Schnellzugriffsleiste kann oberhalb oder unterhalb des Menübands eingeblendet werden. Das können Sie bei *Position der Symbolleiste* selbst festlegen:

- Wenn man nur einige wenige Symbole darin hat, ist sie oberhalb besser aufgehoben, weil sie sich dort dezent und platzsparend in die Titelleiste der Anwendung integriert.
- Wenn Sie aber regen Gebrauch von der Leiste machen und viele Funktionen darin platzieren möchten, können Sie sie besser unterhalb des Menübands platzieren. Dort kostet sie zwar etwas mehr Platz, dient aber praktisch als eine eigene konfigurierbare Symbolleiste.

Den Schnellzugriff konfigurieren

In der Schnellzugriffsleiste können Sie Symbole für häufig genutzte Funktionen platzieren. Sie müssen dann nicht erst lange im Menüband suchen und können Funktionen unabhängig von der gerade geöffneten Registerkarte jederzeit auswählen.

Welche Symbole in dem Bereich angezeigt werden, können Sie selbst bestimmen:

1 Klicken Sie in der Titelleiste des Office-Programms auf das nach unten weisende Pfeilsymbol – es handelt sich hierbei um das Menüsymbol der Symbolleiste für den Schnellzugriff.

2 Ihnen werden im Menü einige häufig benötigte Funktionen angezeigt. Setzen Sie per Mausklick ein Häkchen bei denjenigen Funktionen, die Sie als Symbol in der Schnellzugriffsleiste haben möchten.

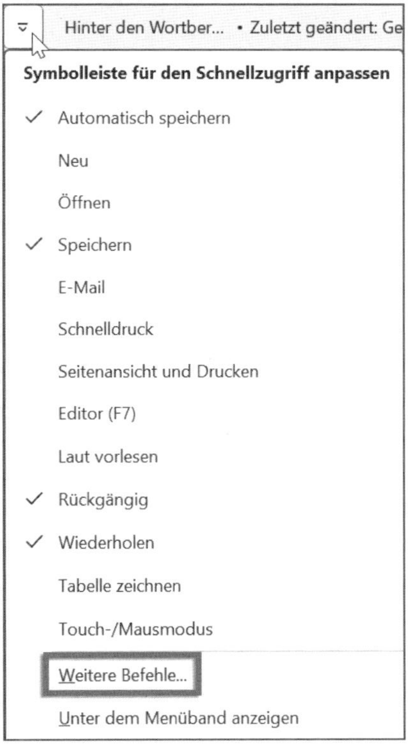

3 Standardmäßig sind bereits die Symbole für *Automatisch speichern*, manuelles *Speichern*, *Rückgängig* sowie *Wiederholen* aktiviert. Wenn Sie einzelne davon nicht benötigen, entfernen Sie deren Häkchen per Mausklick.

4 Wenn Sie eine Funktion benötigen, die nicht im Menü aufgelistet ist, wählen Sie unten im Menü den Eintrag *Weitere Befehle*.

5 Im so geöffneten Dialog (der identisch mit der Rubrik *Symbolleiste für den Schnellzugriff* der Office-Optionen ist) entscheiden Sie sich links bei *Befehle auswählen* für *Alle Befehle*.

6 In der Liste darunter werden Ihnen daraufhin (mit kurzer Verzögerung) alle verfügbaren Funktionen für Ihre Anwendung angezeigt.

7 Um einen dieser Befehle in den Schnellzugriff aufzunehmen, wählen Sie die Funktion in der linken Liste per Mausklick aus und klicken dann in der Mitte auf die *Hinzufügen*-Schaltfläche.

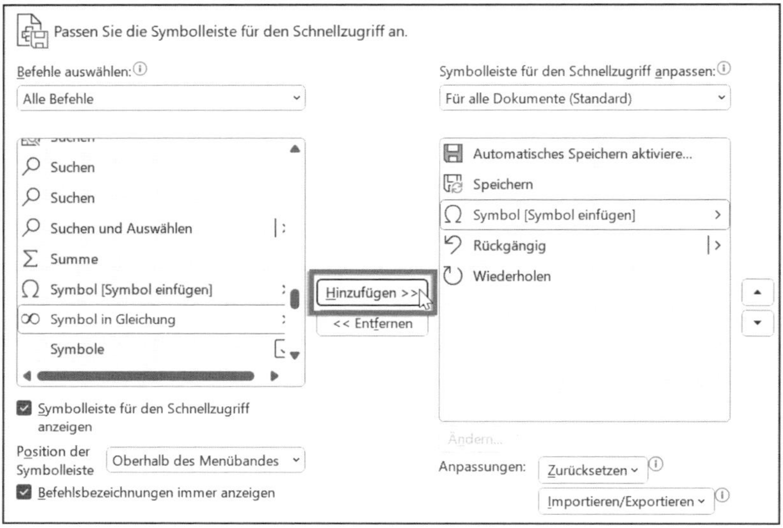

8 Die Funktion wird dadurch in die Liste auf der rechten Seite aufgenommen, die den Inhalt des Schnellzugriffs widerspiegelt.

9 Mit den Pfeilsymbolen ganz rechts können Sie die Position der Einträge in der Liste und somit die Reihenfolge des Schnellzugriffs anpassen.

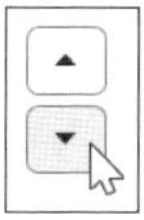

10 Entspricht der Schnellzugriff Ihren Vorstellungen, klicken Sie ganz unten auf *OK*.

Auf diese Weise können Sie die Schnellzugriffsleiste schnell fast beliebig Ihren Bedürfnissen anpassen. Wenn man sich zum ersten Mal mit einem Programm auseinandersetzt, wird man sicher noch nicht den Überblick darüber haben, was man brauchen kann und worauf man eher verzichten könnte. Sie können jederzeit weitere Symbole hinzufügen oder entfernen. Wenn Sie also nicht ganz genau wissen, was lohnend ist, warten Sie, bis Sie es wissen.

Das Einrichten der Schnellzugriffsleiste erfolgt übrigens für jedes Office-Programm extra. Sie können also beispielsweise in Word andere Symbole in der Schnellzugriffsleiste haben als in Excel.

3 Mit Word ansprechende Dokumente gestalten

Word ist das Textverarbeitungsprogramm des Office-Pakets. Und Texte kann man damit auch wirklich gut erstellen und bearbeiten. Briefe, Bewerbungen, Semesterarbeiten, Ihre Memoiren – dies alles ist kein Problem. Ich persönlich schreibe ganze Bücher wie dieses hier damit. Selbst komplexe mathematische oder physikalische Formeln für wissenschaftliche Arbeiten lassen sich einbinden.

Word bietet dabei auch viele Möglichkeiten, Dokumente optisch ansprechend zu gestalten. Sie können damit sowohl Einladungen als auch Ihre Vereinszeitung erstellen. Gutscheine mit wechselndem Inhalt sind ebenso möglich wie eigene Visitenkarten. Oder möchten Sie einen Serienbrief an eine ganze Liste von Empfängern versenden? Mit Word erstellen Sie ansprechende Dokumente aller Art.

3.1 Text erfassen und gekonnt formatieren

Nach dem Starten von Word wird Ihnen zunächst der Startbildschirm angezeigt:

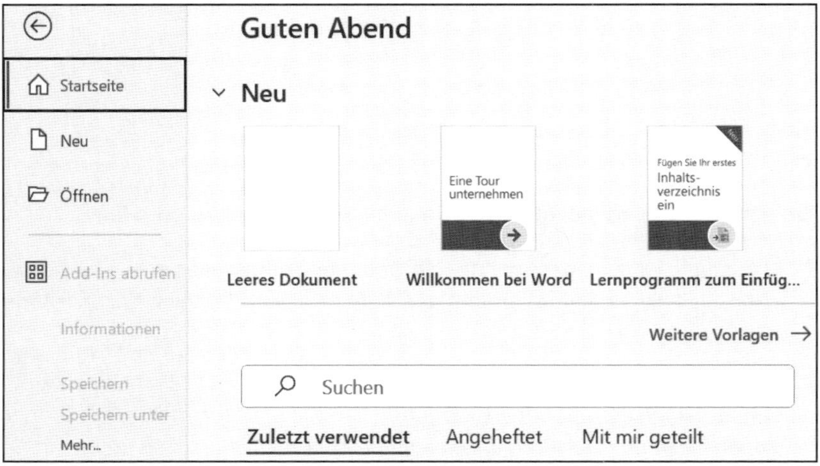

Hier können Sie aus vordefinierten Layout-Vorlagen auswählen. Um Word zunächst ohne Vorlagen kennenzulernen, verwenden Sie am besten ein leeres

Dokument. Auf die hier angebotenen Dokumentvorlagen gehe ich später noch ein. Wählen Sie also zunächst *Leeres Dokument.*

Dieses leere Dokument ist nun Grundlage für Ihre Arbeit mit Word. Sie können mit dem Schreiben beginnen. In der Leiste oben im Programmfenster wird der Name des Dokuments angezeigt, der standardmäßig zunächst *Dokument1* lautet. Diesen Namen können Sie dann beim Speichern des Dokuments beliebig ändern.

Ihre Texte eingeben und verändern

Zum eigentlichen Schreiben eines normalen Textes ist nicht viel zu sagen. Eine neue Zeile beginnt Word automatisch, wenn Sie am Ende der vorherigen Zeile angekommen sind. Um in eine neue Zeile zu kommen, brauchen Sie also nicht die ↵-Taste zu drücken. Im Gegenteil, die ↵-Taste drücken Sie nur, wenn Sie einen Absatz einfügen möchten.

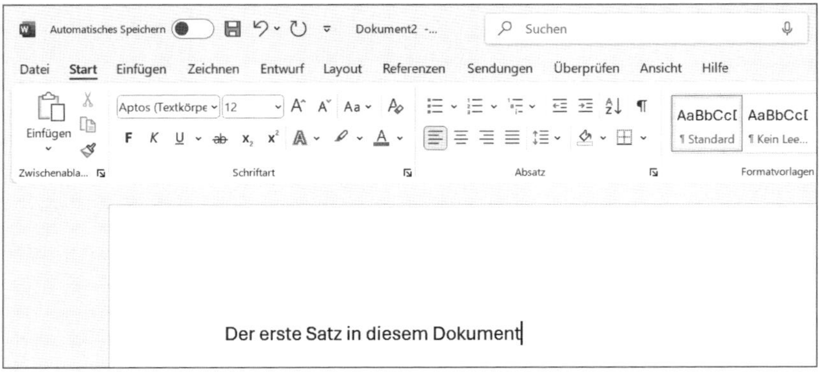

Sie können in Word mit mehreren Dokumenten gleichzeitig arbeiten:

1. Um zusätzlich zu einem geöffneten Dokument ein zweites zu erstellen, klicken Sie links oben in Word auf den Reiter *Datei* und wählen anschließend die Option *Neu.*
2. Dann erhalten Sie wieder den Bildschirm mit den vielen Dokumentvorlagen. Dieser ist in verschiedene Kategorien wie etwa *Geschäftlich*, *Briefe* oder *Lebensläufe und Bewerbungsanschreiben* unterteilt.
3. In den Kategorien finden Sie jeweils verschiedene Vorlagen. Wenn Sie etwa die Vorlage *Professioneller Lebenslauf* auswählen, sehen Sie den folgenden Bildschirm.

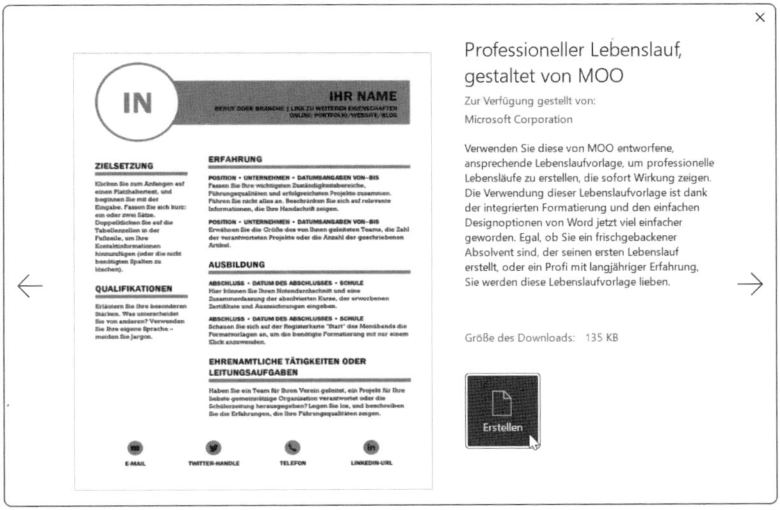

4 Um diese Vorlage für Ihr Dokument zu verwenden, klicken Sie auf die *Erstellen*-Schaltfläche.

5 Word erstellt Ihnen dann ein Dokument mit vordefinierten Bestandteilen.

Um dieses mit eigenen Inhalten zu füllen, klicken Sie auf die verschiedenen Bereiche, um sie zu bearbeiten.

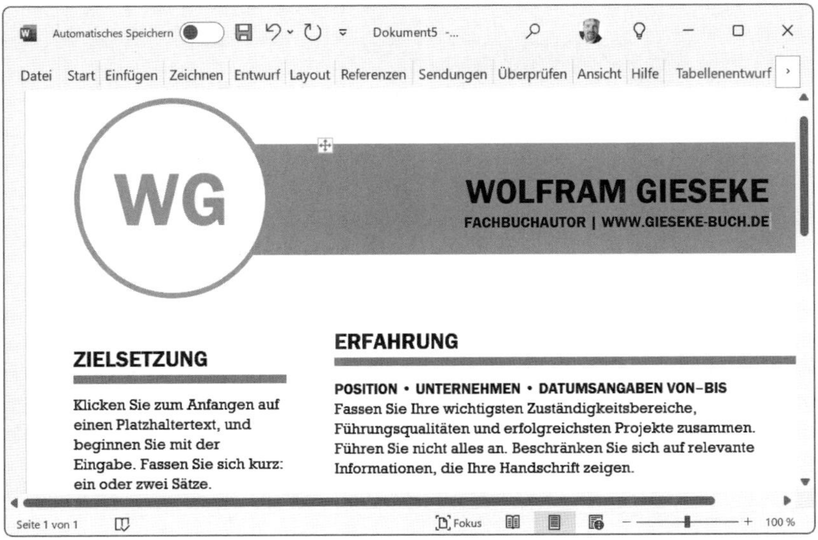

Der Weg über solche Dokumentvorlagen bietet sich immer dann an, wenn es mal besonders schnell gehen soll oder wenn Sie keine Lust haben, sich mit Word intensiver auseinanderzusetzen, aber trotzdem sehenswerte Ergebnisse benötigen.

Innerhalb von Word können Sie zwischen verschiedenen geöffneten Dokumenten wechseln, wenn Sie die Registerkarte *Ansicht* wählen. Darin klicken Sie auf *Fenster wechseln*. Sie erhalten nun eine Liste aller geöffneten Dokumente und können durch einfaches Klicken zu einem anderen Dokument springen.

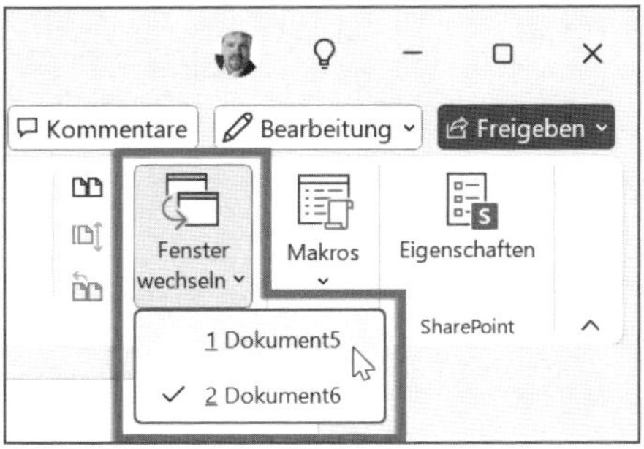

In der Windows-Taskleiste am unteren Ende Ihres Bildschirms finden Sie außerdem für jedes geöffnete Word-Dokument eine eigene Vorschau. Fahren Sie mit Ihrer Maus darüber (ohne zu klicken!). Die beiden Dokumente fächern auf, und Sie können eines der beiden Dokumente mit einem Klick auswählen.

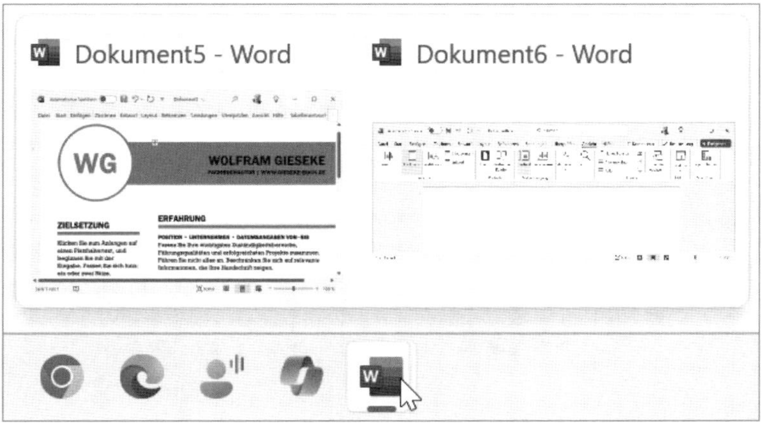

Schließen können Sie Dokumente jederzeit per Klick auf das Kreuzsymbol oben rechts oder unter dem Reiter *Datei* mit dem Befehl *Schließen*. Das Speichern darf man dabei nicht vergessen. Aber Word fragt ggf. nach, falls Sie ein Dokument mit nicht gespeicherten Änderungen zu schließen versuchen.

Alle Funktionen im Menüband

Der zentrale Zugang zu allen Funktionen und Gestaltungsmöglichkeiten bei Word ist – wie bei allen Anwendungen aus dem Office-Paket – das Menüband am oberen Rand der Arbeitsfläche. Sie können es ganz nach Ihren Vorlieben dauerhaft anzeigen oder nur bei Bedarf einblenden. Es besteht aus verschiedenen Kategorien wie *Start*, *Einfügen*, *Zeichnen* usw. Klicken Sie einen dieser Reiter an, ändert sich der Inhalt des Menübands entsprechend. Übrigens passt sich das Menüband der Fenstergröße an und stellt den Inhalt abhängig von der Fensterbreite kompakter ein. Es empfiehlt sich deshalb in der Regel, das Word-Fenster zu maximieren, sodass es die volle Bildschirmbreite nutzt.

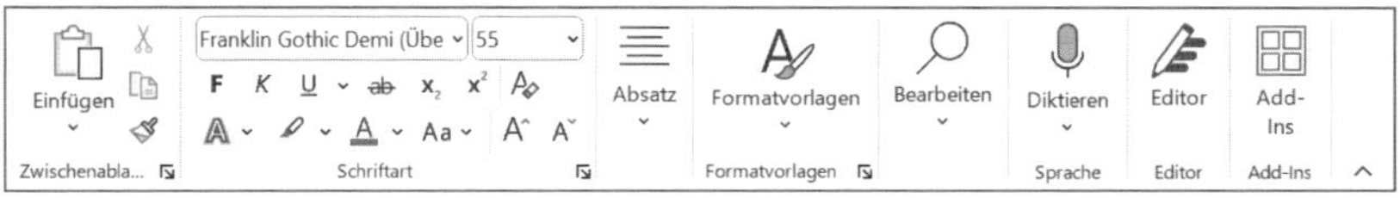

Menüband ausblenden

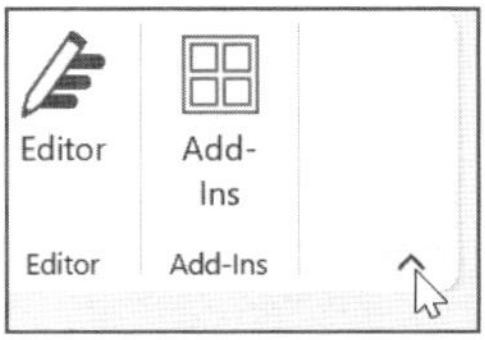

Sie können das Menüband bei Bedarf ausblenden, um so mehr Platz zum Bearbeiten Ihres Textes zu haben. Dazu klicken Sie auf den nach oben weisenden Pfeil ganz rechts im Menüband.

Das Menüband wird dann ausgeblendet und es bleiben nur noch die Registerreiter der verschiedenen Kategorien sichtbar. Wenn Sie einen davon anklicken, wird das Menüband eingeblendet und zeigt die entsprechende Kategorie an. Es wird wieder ausgeblendet, sobald Sie in den Text klicken. Wollen Sie das Menüband lieber wieder dauerhaft anzeigen, öffnen Sie es einmal wie beschrieben in einer beliebigen Kategorie und klicken dann auf das Anheften-Symbol unten rechts im Band.

TIPP

Tastenkombinationen und Vollbildmodus
Wenn Sie gern mit Tastenkombinationen arbeiten, können Sie auch auf diese Weise jederzeit zwischen ein- und ausgeblendetem Menüband wechseln. Drücken Sie dazu Strg+F1. Mit der Variante Strg+⇧+F1 können Sie alternativ den Vollbildmodus ein- und ausschalten. Der sorgt für ganz viel Platz auf dem Bildschirm, indem das Menüband samt der Registerreiter, aber auch Symbol- und Statusleiste ausgeblendet werden. Somit eignet er sich gut zum konzentrierten Arbeiten am Text, aber beispielsweise auch zum Korrekturlesen.

Das Menüband individuell anpassen

Im Menüband finden Sie Befehle, die die meisten Benutzer von Word verwenden. Aber vielleicht benötigen Sie für Ihre Projekte weitere Funktionen, die Sie gern schnell über das Menüband erreichen möchten?

1 Klicken Sie dazu mit der rechten Maustaste ins Menüband und wählen Sie im Kontextmenü den Eintrag *Menüband anpassen*.

2 So gelangen Sie direkt in den Bereich *Menüband anpassen* in den Word-Optionen. Klappen Sie rechts die Registerkarte auf, die Sie verändern möchten.

3 Klicken Sie nun auf *Neue Gruppe*, denn Sie können nur in eine von Ihnen erstellte neue Gruppe neue Befehle einfügen. Word wird den Standardnamen *Neue Gruppe (Benutzerdefiniert)* wählen. Mit *Umbenennen* können Sie selbst einen sinnvollen Namen für die Gruppe vergeben.

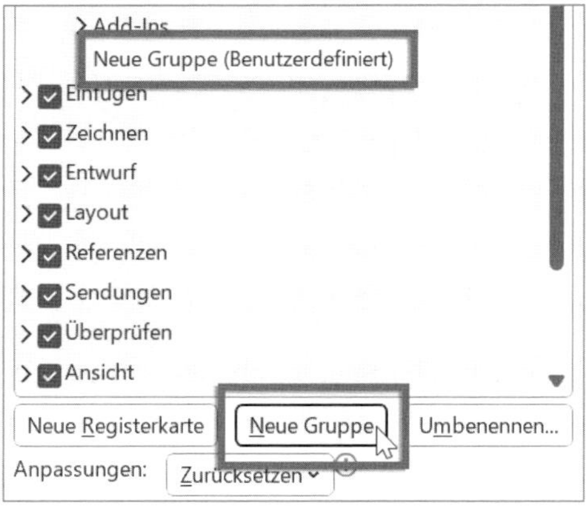

4 Nun klicken Sie Ihre neue Gruppe an und wählen im linken Bereich den Befehl, den Sie in der neuen Gruppe haben möchten. Mit dem Auswahlmenü oberhalb können Sie hier *Alle Befehle* anzeigen lassen.

5 Durch Klick auf *Hinzufügen* wird der ausgewählte Befehl der neuen Gruppe hinzugefügt. Mit *Entfernen* können Sie ihn wieder aus der Gruppe entfernen.

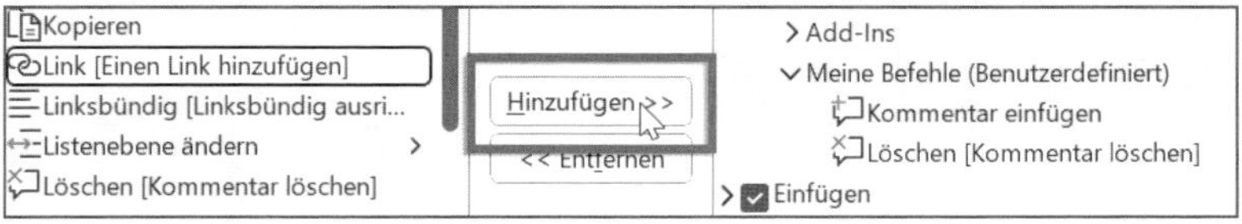

TIPP

Eine eigene Registerkarte für Ihre Befehle
Vorangehend ist beschrieben, wie Sie Befehle in vorhandene Bereiche des Menübands einfügen. Alternativ können Sie auch eine eigene Registerkarte im Menüband einrichten, in der Sie die Befehle einfügen, die Ihnen in den anderen Bereichen fehlen. Klicken Sie dazu im Anpassen-Dialog rechts auf die Schaltfläche *Neue Registerkarte*. Anschließend können Sie dem Bereich einen eigenen Namen geben. Die Position des Bereichs können Sie im Dialog durch Ziehen mit der Maus beliebig verändern.

Sollten Sie sich mit den Anpassungen des Menübands etwas verzettelt haben, können Sie es jederzeit in den Werkszustand zurückversetzen. Wählen Sie dazu im Dialog *Menüband anpassen* rechts unten bei *Anpassungen* die Option *Alle Anpassungen zurücksetzen* und bestätigen Sie die Rückfrage mit *Ja*.

Immer in der optimalen Ansicht arbeiten

In Word gibt es mehrere Ansichten, die Ihnen helfen, Dokumente auf unterschiedliche Weise anzuzeigen und zu bearbeiten. Dies sind die wichtigsten:

- *Drucklayout:* Das ist die Standardansicht, in der das Dokument so angezeigt wird, wie es gedruckt würde. Damit kann man Zeilen- und Seitenumbrüche, Kopf- und Fußzeilen sowie andere Formatierungen gut erkennen und kontrollieren.
- *Weblayout:* Diese Ansicht zeigt das Dokument so an, wie es auf einer Webseite aussehen würde. Sie eignet sich gut für Dokumente, die online veröffentlicht werden sollen.
- *Gliederung:* In dieser Ansicht lässt sich die Struktur Ihres Dokuments sehen und bearbeiten. Sie ist nützlich für das Organisieren von Inhalten und das Erstellen von Gliederungen oder auch für nachträgliche Änderungen an der Gliederungsstruktur.
- *Entwurf:* Diese Ansicht konzentriert sich auf den Text und die Formatierung des Dokuments, ohne Ablenkungen durch Layout-Elemente. Sie eignet sich gut für das Bearbeiten von Inhalten.
- *Lesemodus:* Diese Ansicht ist optimiert für das Lesen von Dokumenten auf dem Bildschirm. Sie bietet eine angenehme Leseerfahrung mit größeren Schriftarten und weniger Ablenkungen und eignet sich dadurch beispielsweise gut, um Texte vor dem Veröffentlichen gegenzulesen.

Sie können jederzeit zwischen diesen Ansichten wechseln, um je nach Bedarf effizienter zu arbeiten. In der Statusleiste am unteren Fensterrand finden Sie außerdem mehrere der in Word auf der Registerkarte *Ansicht* verfügbaren Ansichtsoptionen, nämlich den Fokusmodus, den Lesemodus, das Drucklayout, das Weblayout und den Zoom.

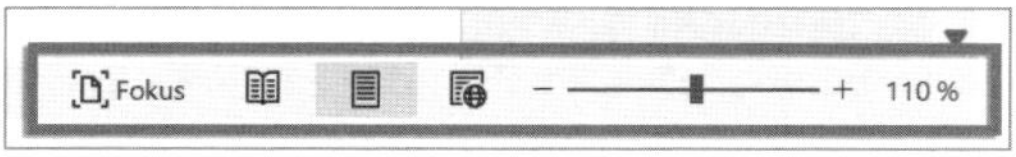

Auf der Registerkarte *Ansicht* finden Sie in Word aber noch weitere nützliche Ansichtsoptionen, z. B. die Darstellung *Seitenweise*, bei der Sie ein Dokument wie ein Buch durchblättern.

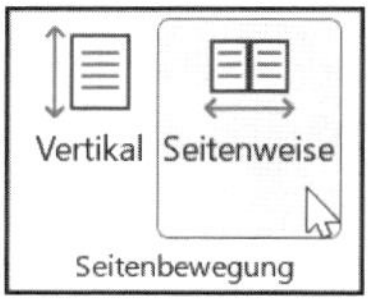

Der plastische Reader

Nützlich zum Lesen von Dokumenten ist außerdem der plastische Reader, den Sie ebenfalls auf der Registerkarte *Ansicht* aufrufen.

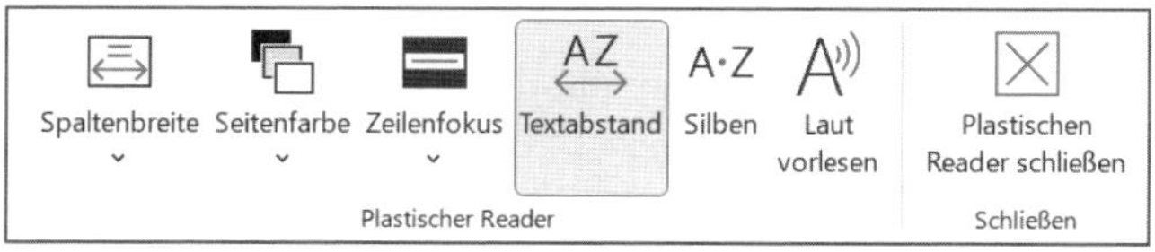

Diese Funktionen beinhaltet der plastische Reader:

- *Spaltenbreite:* Damit bestimmen Sie, in welcher Spaltenbreite das Dokument auf dem Bildschirm dargestellt werden soll.
- *Seitenfarbe:* Statt des weißen Hintergrunds können Sie einen lesefreundlicheren Sepia-Hintergrund oder einen invertierten Hintergrund auswählen.
- *Zeilenfokus:* Mit dieser Option lassen sich eine oder mehrere Zeilen im Dokument fokussieren, was für konzentrierteres Lesen sorgen kann.
- *Textabstand:* Weniger Text »auf einem Haufen« gewünscht? Dann erhöhen Sie mit dieser Option den Zeilen- und Zeichenabstand.
- *Silben:* Diese Option zeigt den gesamten Text in einzelnen Silben an – eher gewöhnungsbedürftig.
- *Laut vorlesen:* Sie können sich ein Dokument auch vom Computer vorlesen lassen, wenn Sie auf diese Option klicken. Die Funktion finden Sie auch auf der Registerkarte *Überprüfen*.

Wenn Sie den plastischen Reader nicht mehr verwenden möchten, klicken Sie auf *Plastischen Reader schließen*.

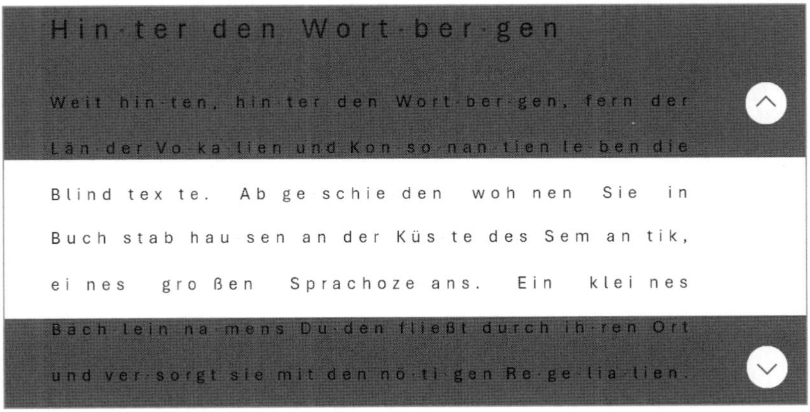

Der plastische Reader verspricht konzentriertes, ablenkungsfreies Lesen

Wenn Word mehr als nur Ihren Text anzeigt

Gerade neue Word-Nutzer stutzen oftmals, wenn in ihrem Dokument zusätzlich zum erstellten Text seltsame Zeichen oder bunte Markierungen angezeigt werden. Hierzu muss man wissen, dass ein Word-Dokument nicht nur aus Text und Zahlen besteht, sondern auch aus nicht druckbaren Sonderzeichen, die z. B. zeigen, wo die [↵]-Taste für einen Absatz gedrückt wurde oder die [⇆]-Taste, um Text einzurücken. Auch kann es hilfreich sein, dass Word schon bei der Eingabe den Text nach Rechtschreibfehlern überprüft und diese hervorhebt.

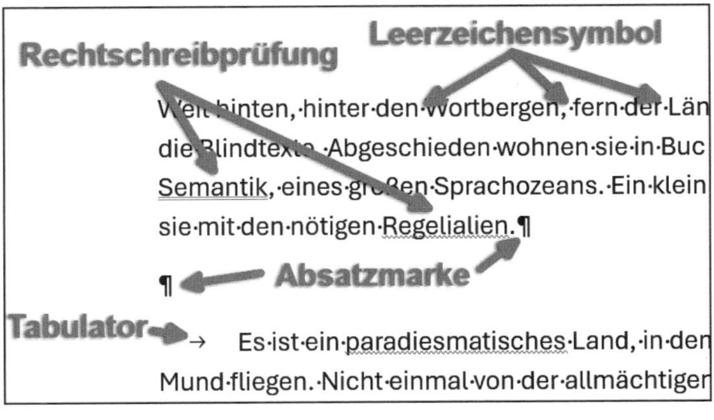

Aber Sie können jederzeit selbst entscheiden, welche dieser Anzeigen für Sie sinnvoll und hilfreich sind und welche eher stören. In den Einstellungen von Word können Sie entsprechend festlegen, was angezeigt werden soll und was nicht.

1 Klicken Sie im Menüband auf den Reiter *Datei* und wählen Sie *Optionen*.

2 Dort entscheiden Sie in der Kategorie *Anzeige*, was Sie zukünftig als Sonderzeichen am Bildschirm sehen wollen. Diese Sonderzeichen können Sie eingeblendet lassen, sie werden nicht mit ausgedruckt. Einige dieser nicht zu druckenden Sonderzeichen werden im Laufe dieses Kapitels noch erläutert.

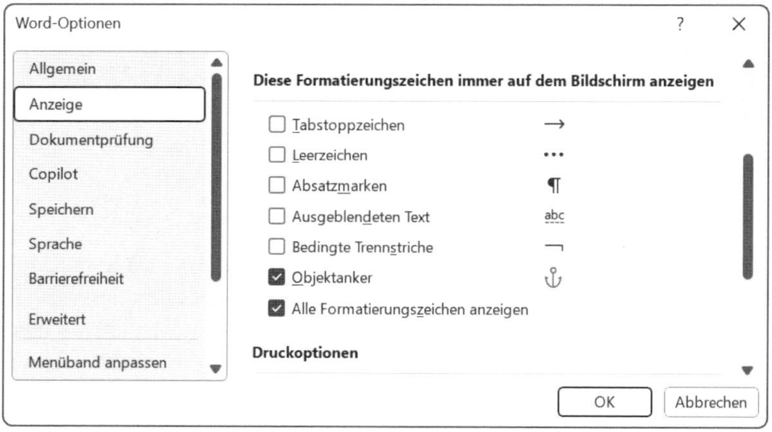

TIPP

Formatierungszeichen jederzeit ein- und ausblenden

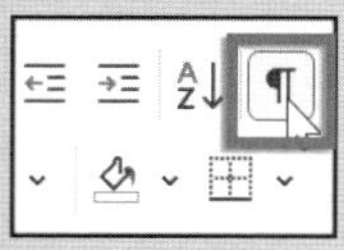

Neben den hier beschriebenen Einstellungen gibt es einen kurzen Weg, jederzeit alle Formatierungszeichen in einem Dokument sichtbar zu machen. Klicken Sie dazu im Menüband unter *Start* in der Gruppe *Absatz* oben rechts auf das Symbol mit der Absatzmarkierung. Dann werden alle Markierungen angezeigt. Klicken Sie erneut darauf, kehrt Word zu der in den Optionen konfigurierten Variante zurück. Das entsprechende Tastenkürzel ist Strg+⇧+8.

3 Weiter unten im Abschnitt *Druckoptionen* sind die beiden untersten Einstellungen wichtig:

- *Felder vor dem Drucken aktualisieren* bedeutet, dass Word Feldfunktionen automatisch vor dem Druck des Dokuments aktualisiert. Dadurch haben Sie immer eine korrekte Nummerierung, etwa von Abbildungen, in Ihrem Dokument.
- *Verknüpfte Daten vor dem Drucken aktualisieren* bedeutet, dass Tabellen aus Excel, die Sie mit dem Word-Dokument verknüpft haben, immer aktuell sind. Wie Sie Dateien des Office-Pakets miteinander verknüpfen können, wird im Abschnitt 3.2 erläutert.

4 Nun wechseln Sie in den Word-Optionen zur Kategorie *Dokumentprüfung*. Hier können Sie im Abschnitt *Bei der Rechtschreib- und Grammatikkorrektur in Word* entscheiden, ob Sie diese gleich während der Eingabe prüfen lassen möchten oder nicht. Schalten Sie diese Optionen aus, gibt es auch keine störenden Markierungen. Sie können dann trotzdem jederzeit eine Rechtschreibprüfung durchführen (siehe Seite 236).

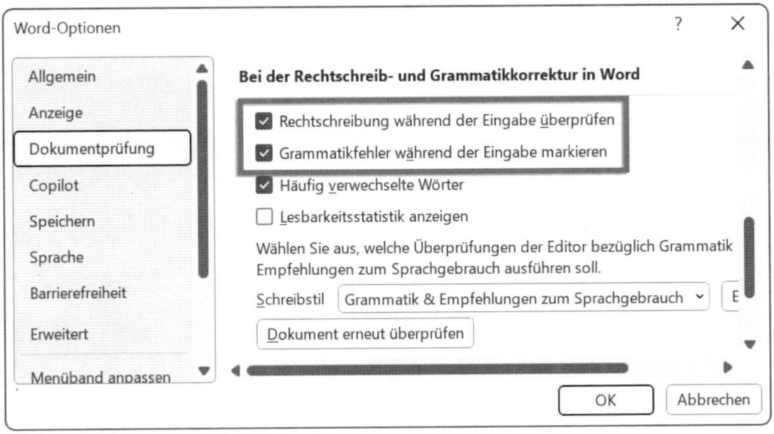

TIPP

Noch andere störende Elemente?

Falls Sie noch weitere irritierende Dinge rund um Ihr Dokument bemerken, empfehle ich Ihnen im Menüband den Reiter *Ansicht* und dort insbesondere die Gruppe *Anzeigen*. Hier können Sie Elemente wie ein *Lineal* oder *Gitternetzlinien* ein- und ausblenden. Diese können bei bestimmten Aufgaben aber auch sehr hilfreich sein, worauf ich in den folgenden Kapiteln noch eingehe.

Auswählen von Textteilen ist das A und O

Um Formatierungen oder auch Bearbeitungen auf bestimmte Textteile anzuwenden, müssen diese jeweils ausgewählt werden. Dazu markieren Sie beispielsweise mit der Maus genau den Bereich, den Sie bearbeiten möchten. Wenn Sie mit der Maus vertraut sind, geht das recht intuitiv:

1 Platzieren Sie den Mauszeiger am Beginn der Auswahl, also beispielsweise über dem ersten Buchstaben eines Wortes.

2 Drücken Sie dann die linke Maustaste und halten Sie diese gedrückt.

3 Ziehen Sie die Maus zum Ende des Bereichs, den Sie auswählen möchten. Die Markierung wächst dabei unter dem Mauszeiger dynamisch mit, sodass Sie jederzeit sehen können, was genau ausgewählt ist.

4 Sind Sie mit dem Ergebnis zufrieden, lassen Sie den Mauszeiger los.

Diese Auswahl bleibt bestehen, solange Sie die linke Maustaste nicht erneut irgendwo im Dokument drücken. Alle Bearbeitungen wirken sich so lange nur auf den ausgewählten Bereich des Textes aus.

Neben dieser Standard-Vorgehensweise gibt es einige Abkürzungen, mit denen Sie Wörter, Zeilen oder auch Absätze schneller auswählen können.

Mausposition	Markierte Elemente
vor die Zeile gehen und klicken	Die ganze Zeile wird markiert. 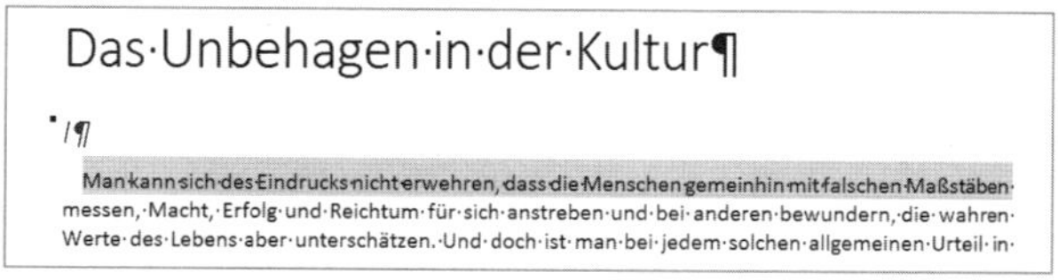 Das·Unbehagen·in·der·Kultur¶ /¶ Man·kann·sich·des·Eindrucks·nicht·erwehren,·dass·die·Menschen·gemeinhin·mit·falschen·Maßstäben· messen,·Macht,·Erfolg·und·Reichtum·für·sich·anstreben·und·bei·anderen·bewundern,·die·wahren· Werte·des·Lebens·aber·unterschätzen.·Und·doch·ist·man·bei·jedem·solchen·allgemeinen·Urteil·in·
vor eine Zeile gehen, linke Maustaste festhalten und nach unten ziehen	Mehrere Zeilen werden markiert. 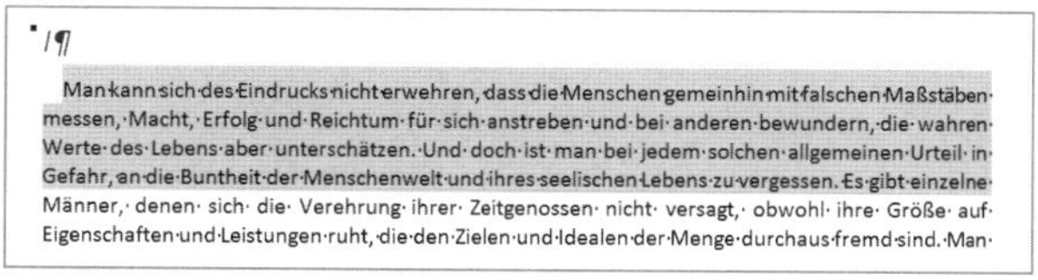 /¶ Man·kann·sich·des·Eindrucks·nicht·erwehren,·dass·die·Menschen·gemeinhin·mit·falschen·Maßstäben· messen,·Macht,·Erfolg·und·Reichtum·für·sich·anstreben·und·bei·anderen·bewundern,·die·wahren· Werte·des·Lebens·aber·unterschätzen.·Und·doch·ist·man·bei·jedem·solchen·allgemeinen·Urteil·in· Gefahr,·an·die·Buntheit·der·Menschenwelt·und·ihres·seelischen·Lebens·zu·vergessen.·Es·gibt·einzelne· Männer,·denen·sich·die·Verehrung·ihrer·Zeitgenossen·nicht·versagt,·obwohl·ihre·Größe·auf· Eigenschaften·und·Leistungen·ruht,·die·den·Zielen·und·Idealen·der·Menge·durchaus·fremd·sind.·Man·
Doppelklick auf ein Wort	Das ganze Wort wird markiert.

Mausposition	Markierte Elemente
Strg-Taste festhalten und Doppelklick auf einzelne Wörter	Mehrere unabhängige Wörter werden markiert. 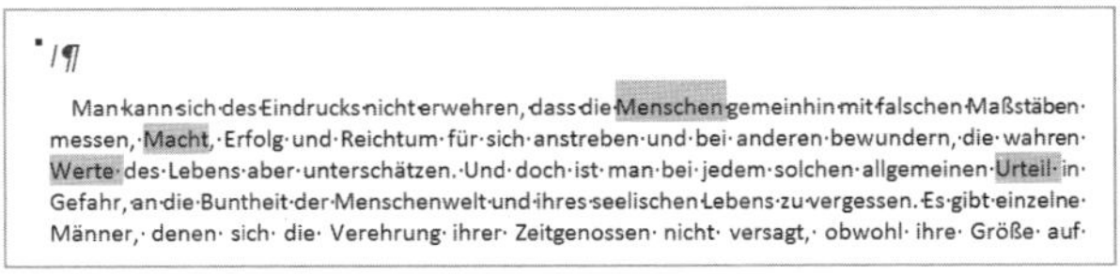 Man kann sich des Eindrucks nicht erwehren, dass die Menschen gemeinhin mit falschen Maßstäben messen, Macht, Erfolg und Reichtum für sich anstreben und bei anderen bewundern, die wahren Werte des Lebens aber unterschätzen. Und doch ist man bei jedem solchen allgemeinen Urteil in Gefahr, an die Buntheit der Menschenwelt und ihres seelischen Lebens zu vergessen. Es gibt einzelne Männer, denen sich die Verehrung ihrer Zeitgenossen nicht versagt, obwohl ihre Größe auf
Strg-Taste und Klick auf einen Satz	Der gesamte Satz wird markiert.
Dreifachklick in einen Absatz	Der gesamte Absatz wird markiert.

TIPP

Auswählen per Tastatur

Wenn man gerade so schön am Tippen ist, muss man nicht immer gleich zur Maus greifen, um Text zu markieren. Es geht auch per Tastatur. Ausgangspunkt ist dabei immer die Stelle, an der sich die Einfügemarke gerade im Text befindet. Drücken Sie ⇧ und verwenden Sie die Pfeiltasten, um die Auswahl in eine Richtung zu erweitern. ← und → bewegen sie jeweils um ein Zeichen, ↑ und ↓ jeweils um eine Zeile. ⇧ und Strg gleichzeitig gedrückt schalten den Turbo ein. Dann bewegen ← und → die Auswahl jeweils um ein ganzes Wort, ↑ und ↓ um einen ganzen Absatz (bzw. zum Anfang oder Ende des aktuellen Absatzes). Den gesamten Text im aktuellen Dokument wählen Sie am schnellsten mit Strg+A aus.

Kopieren und Einfügen ganz nach Bedarf

Beim Arbeiten mit Text ist die Zwischenablage und das Kopieren von Text dorthin sowie das Einfügen von Inhalten aus der Zwischenablage in das Dokument ein unverzichtbares Hilfsmittel. Ob Sie nun Text innerhalb Ihres Dokuments verschieben oder vervielfältigen möchten oder Inhalte aus einer anderen Anwendung in den Text übernehmen wollen. Die Zwischenablage ist ein praktisches Werkzeug. Insbesondere beim Einfügen von Inhalten kann es allerdings sehr wichtig sein, die Kontrolle darüber zu behalten, was wie eingefügt wird.

Grundsätzlich funktioniert die Zwischenablage auch in Word so, wie Sie es von Windows gewohnt sind:

- Mit der Tastenkombination Strg+C kopieren Sie Texte oder Grafiken in die Zwischenablage.
- Strg+X funktioniert ebenso, nur dass der Inhalt ausgeschnitten, also gleichzeitig an der Stelle entfernt wird.
- Mit Strg+V fügen Sie den aktuellen Inhalt der Zwischenablage an der Position der Einfügemarke in Ihr Dokument ein.

Wenn Sie damit innerhalb Ihres Dokuments bleiben, wird der jeweils kopierte bzw. ausgeschnittene Inhalt mitsamt Formatierung an der neuen Stelle eingefügt. Wenn das Ihre Absicht ist, umso besser. Manchmal aber möchte man vielleicht nur den Inhalt ohne Formatierung weiterverwenden. Eine ähnliche Situation kann beim Einfügen von Inhalten aus einer anderen Anwendung entstehen. Kopieren Sie beispielsweise im Webbrowser Inhalte von einer Webseite und fügen diese dann in Ihr Dokument ein, versucht Word, das Format der Webseite in Ihr Dokument zu integrieren, was mal mehr und mal weniger gut klappt.

Deshalb bietet Word verschiedene Einfügeoptionen an, die sich jeweils nicht auf den Inhalt, sondern auf das Format der einzufügenden Inhalte auswirken. Um diese zu nutzen, verzichten Sie ausnahmsweise auf die gewohnte Tastenkombination, sondern nehmen einen kleinen Umweg über die Menüband-Registerkarte *Start* und dort ganz links den Bereich *Zwischenablage*.

Hier finden Sie rechts die Symbole für die klassischen Aktionen *Ausschneiden* und *Kopieren* sowie *Format übertragen* (siehe Seite 81). Zum Einfügen ist die große gleichnamige Schaltfläche vorgesehen.

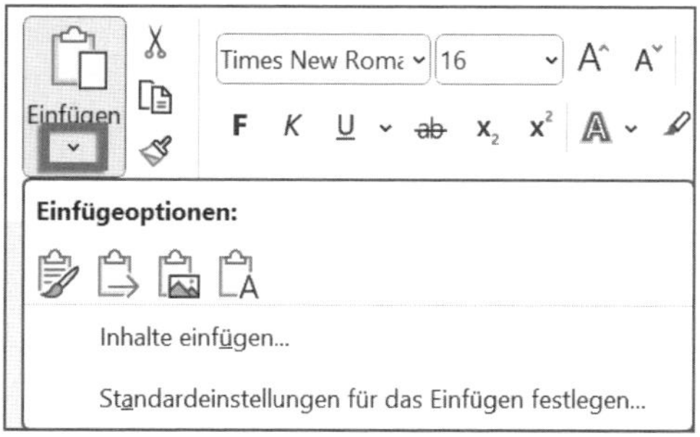

Ich möchte Ihre Aufmerksamkeit aber auf das kleine Pfeilsymbol darunter lenken, mit dem Sie weitere Einfügeoptionen ausklappen können.

- *Ursprüngliche Formatierung beibehalten:* Der Text wird so eingefügt, wie er an der ursprünglichen Stelle formatiert war. Das entspricht dem direkten Einfügen mit Strg+V. 
- *Formatierung zusammenführen:* Merkmale wie Schriftart und -farbe werden von der Absatzformatierung übernommen, Formatierungen wie fett, kursiv usw. vom kopierten Text. 
- *Grafik:* Konvertiert die in der Zwischenablage befindlichen Inhalte in eine Grafik und fügt diese an der Position der Einfügemarke ins Dokument ein. Die Inhalte können nachträglich nicht mehr verändert werden. Aber das Bild als solches kann bearbeitet, mit Effekten usw. versehen werden. 
- *Nur den Text übernehmen:* Vom Text werden die reinen Zeichen ohne jegliche Formatierung eingefügt. Der eingefügte Text übernimmt die Formatierung vom Absatz, in dem sich die Einfügemarke befindet. 

- *Inhalte einfügen:* Hiermit öffnen Sie den vielleicht schon von früheren Versionen bekannten Dialog *Inhalte einfügen*. Dieser zeigt Ihnen abhängig vom Inhalt der Zwischenablage weitere Optionen an, wie Sie Texte, Bilder und andere Objekte genau nach Ihren Vorstellungen in Ihr Dokument integrieren können.

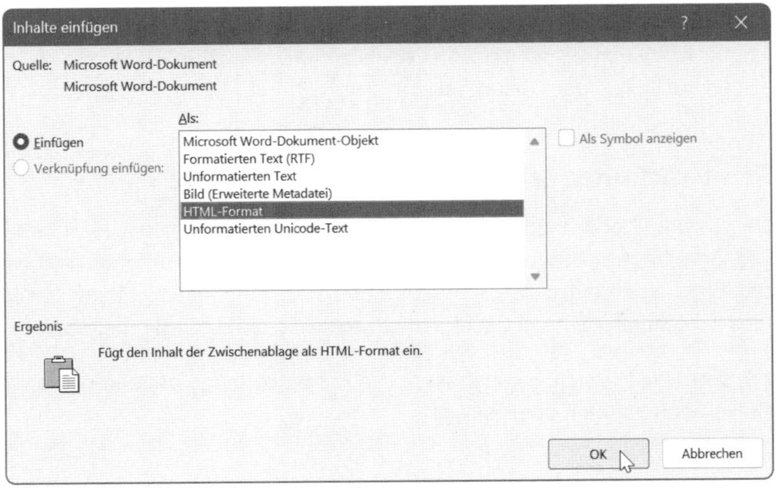

TIPP

Mehr Flexibilität für Vielschreiber: die Office-Zwischenablage

Die klassische Windows-Zwischenablage merkt sich immer nur den Inhalt, den Sie zuletzt per Kopieren oder Ausschneiden dorthin übertragen haben. Seit einiger Zeit wird diese erweitert und bringt einen Verlauf mit sich, auf den Sie mit ⊞+V zugreifen können. Allerdings haben Sie dabei keinen Einfluss darauf, mit welcher Methode ältere Inhalte eingefügt werden. Außerdem kennt Office diese Möglichkeit schon länger in Form der Office-Zwischenablage.

Diese können Sie bei Word jederzeit anzeigen, indem Sie in der Menüband-Registerkarte *Start* im Bereich *Zwischenablage* auf das kleine Pfeilsymbol unten rechts klicken. Sie lässt sich links oder rechts anheften oder beliebig über oder neben dem Text platzieren. Wenn Sie nun Text oder andere Elemente kopieren oder ausschneiden, werden Sie feststellen, dass dafür jedes Mal ein Eintrag in dieser Leiste ergänzt wird. Darüber können Sie auch auf Inhalte zurückgreifen, die Sie zu einem früheren Zeitpunkt in die Zwischenablage übernommen hatten. Sie lassen sich durch einfaches Anklicken oder mithilfe des Pfeils rechts neben dem Eintrag jederzeit an der aktuellen Position in das Dokument einfügen.

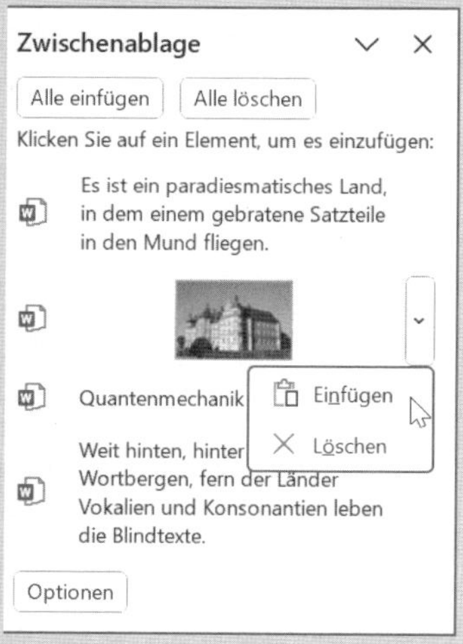

Schriftart und -größe, Absätze und Einzüge

Das vorangehend beschriebene Markieren ist Voraussetzung für inhaltliche wie für optische Veränderungen am Text. Beim Formatieren etwa geht es um das Erscheinungsbild der Schrift und des Textes insgesamt. Dabei soll es an dieser Stelle erst einmal um einfach, direkte Formatierungen gehen.

Auf spezielle Formen wie insbesondere Formatvorlagen gehe ich an anderer Stelle noch ausführlicher ein.

Wenn Sie etwa per Doppelklick ein Wort markieren, erhalten Sie einen Dialog mit den wichtigsten Formatierungsmöglichkeiten:

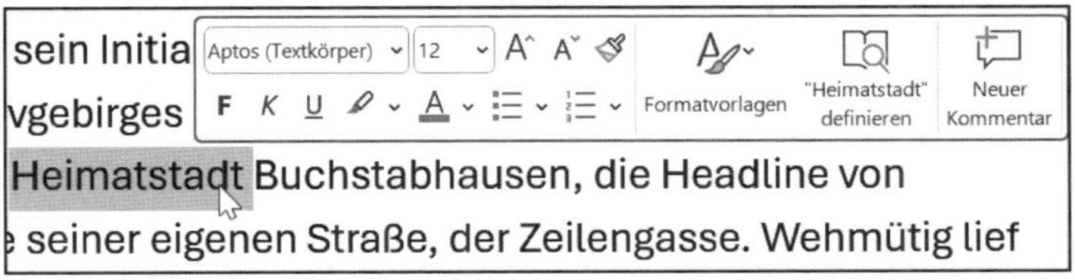

Hier können Sie wesentliche Gestaltungselemente wie Schriftart und -größe, Fett- und Kursivdruck, Unterstreichung oder Aufzählung direkt per Mausklick auf den markierten Teil Ihres Textes anwenden. Das meiste davon dürfte selbsterklärend sein und lässt sich durch Ausprobieren gut testen. Mit Strg+Z können Sie die letzte Änderung gleich wieder rückgängig machen.

Nicht ganz so intuitiv ist vielleicht das Malerpinsel-Symbol, mit dem Sie den Befehl *Format übertragen* aufrufen. Sollten Sie für ein Textelement mehrere Formate benutzen – beispielsweise fett, mit einer Farbe und unterstrichen –, können Sie alle Formateigenschaften mit dem Pinsel auf ein anderes Textelement übertragen. Dazu markieren Sie das Textelement, dessen Format übertragen werden soll, klicken auf das Pinsel-Symbol und wählen dann das Textelement aus, dem diese Formate zugeordnet werden sollen.

Das Schriftbild im Detail gestalten

Wenn Ihnen die Möglichkeiten des Kontextmenüs nicht ausreichen, öffnen Sie im Menüband die Kategorie *Start* und werfen dort einen Blick auf den Bereich *Schriftart*. Dort finden Sie einige Elemente aus dem Kontextmenü wieder, aber vor allem auch ein paar andere.

Eine besondere Erwähnung verdient dabei das Symbol *Alle Formatierungen löschen* oben rechts. Wie der Name sagt, entfernt es alle festgelegten Formate vom ausgewählten Text.

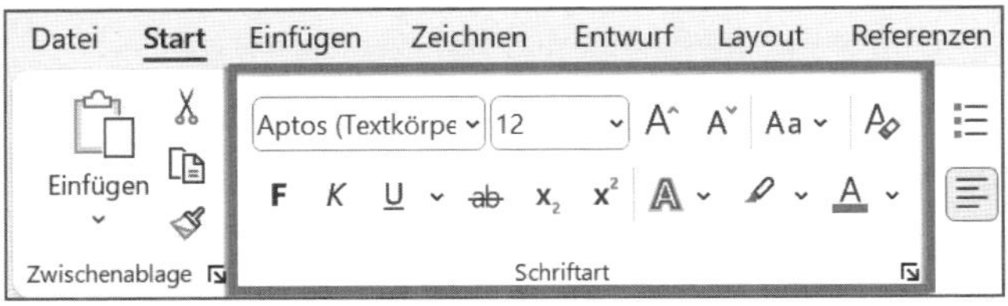

Falls Ihnen auch das noch nicht reicht, beachten Sie das kleine unscheinbare Symbol, das Sie unten rechts in diesem Bereich (wie auch bei vielen anderen Bereichen im Menüband) sehen. Es öffnet mit einem Mausklick darauf den Schriftart-Dialog, in dem Sie in zwei Kategorien alle Gestaltungsmöglichkeiten für Schrift vorfinden.

Absätze und Einrückungen

Neue Absätze erzeugen Sie, wie bereits an anderer Stelle beschrieben, jederzeit direkt mit der [↵]-Taste. Word springt dann zu einer neuen leeren Zeile und fügt zwischen der letzten Zeile des oberen und der ersten des unteren Absatzes automatisch einen etwas größeren Abstand als sonst zwischen zwei Zeilen ein. So können Sie längere Texte schnell und unkompliziert in kürzere und besser lesbare Abschnitte unterteilen.

Für das Einrücken von Textteilen blenden Sie am besten das Zeilenlineal über *Ansicht/Lineal* ein. Dadurch werden Skalen am linken und oberen Rand Ihres Dokuments angezeigt, die eine wertvolle Hilfe beim Ausrichten des Textes sind. Um Absätze professionell einzurücken, markieren Sie den Absatz, den Sie einrücken möchten. Hierzu genügt es, die Einfügemarke per Mausklick irgendwo in den Absatz zu setzen. Im Zeilenlineal finden Sie die Symbole zum Einrücken.

<table>
<tr><th>Symbol</th><th>Ihr Text</th></tr>
<tr><td>
</td><td>Das untere Rechteck zieht den ganzen Absatz von links ein.
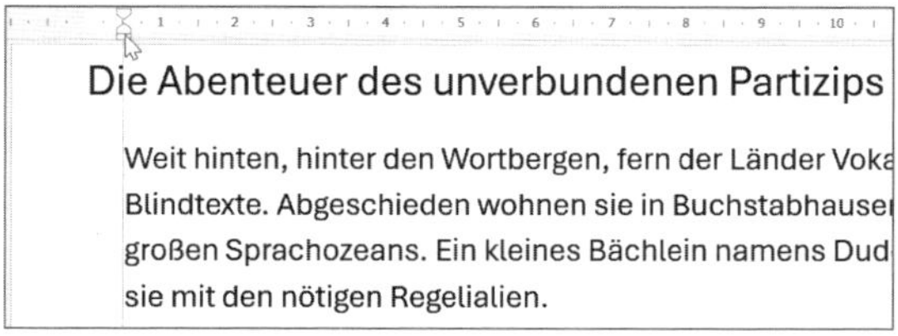
</td></tr>
<tr><td>
</td><td>Das Dreieck mit der Spitze nach oben lässt die erste Zeile des Absatzes unberührt, rückt aber den Rest des Absatzes ein.
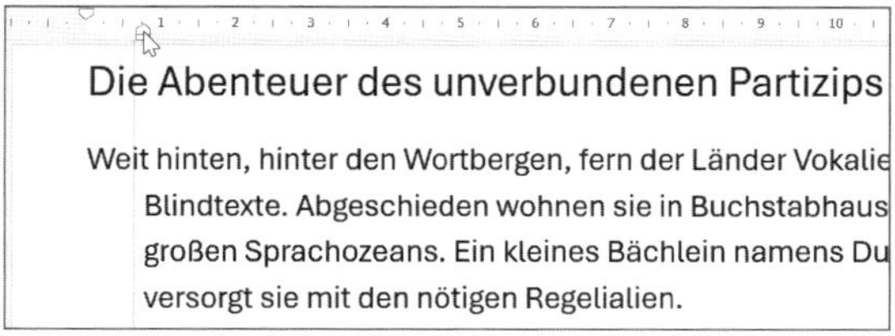
</td></tr>
</table>

Symbol	Ihr Text
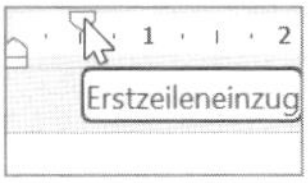	Das obere Dreieck rückt nur die erste Zeile ein und lässt den Rest des Absatzes unberührt. 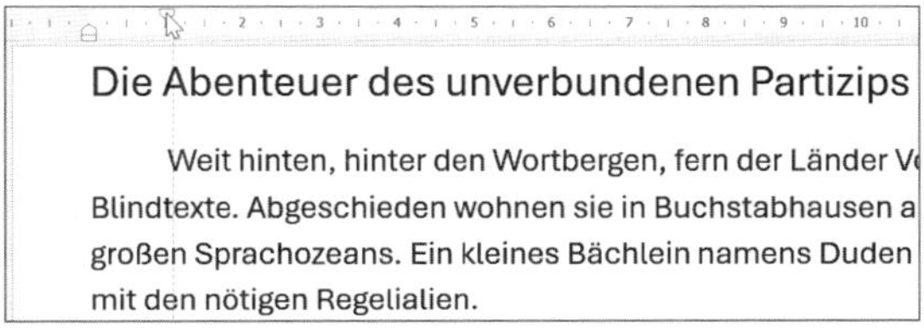
	Zum Einrücken eines Absatzes von rechts gibt es in Word nur ein Symbol, um den gesamten Absatz einzurücken. 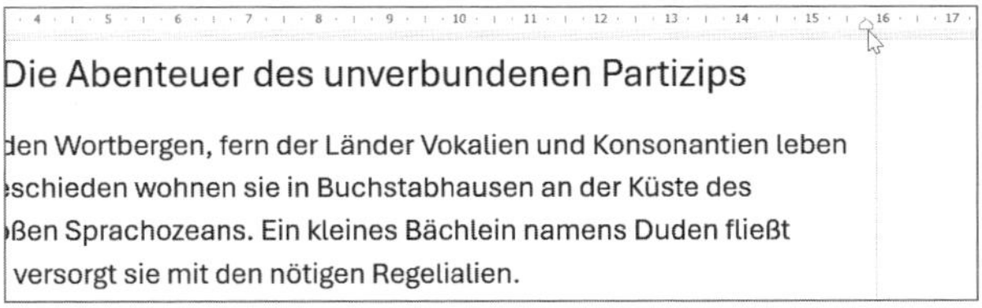

TIPP

Sie möchten es ganz genau wissen?
Mit dem Lineal können Sie die Maße nur in Schritten verändern und bekommen dort auch nur ungefähre Werte angezeigt. Wenn Ihnen das nicht reicht, drücken Sie während des Verschiebens der Positionen zusätzlich die rechte Maustaste. Dann verändert sich die Skale in eine millimetergenaue Anzeige und Sie können die Schieber exakt an der gewünschten Stelle platzieren.

Seiten- und Abschnittsumbrüche

Lange Texte können Sie problemlos eingeben. Word wird automatisch mit neuen Seiten beginnen, wenn die aktuelle Seite voll ist. Doch manchmal möchte man einen Seitenumbruch, also den Beginn einer neuen Seite, selbst festlegen, obwohl die aktuelle Seite noch nicht voll ist.

Die einfachste Möglichkeit, eine neue Seite zu beginnen, ist die Tastenkombination Strg+↵. Der längere Weg führt über die Registerkarte *Layout* im Menüband und den dortigen Befehl *Umbrüche*.

Bei **1** erhalten Sie das Gleiche wie mit der oben genannten Tastenkombination. Mit **2** erhalten Sie einen Abschnittsumbruch. Ein Abschnittsumbruch ist wesentlich flexibler als ein Seitenumbruch, denn bei einem Abschnittsumbruch können Sie innerhalb des gleichen Dokuments z. B. vom Hoch- zum Querformat umschalten. Das ist bei wissenschaftlichen Arbeiten wichtig, wenn man umfangreiche Tabellen im Querformat in den Text integrieren möchte. Der Text sollte aber im Hochformat bleiben.

Sie können auch nach einem Abschnittsumbruch völlig neue Kopf- und Fußzeilen erstellen und die Seitennummerierung von vorne beginnen lassen. Das ist hilfreich, wenn Sie ein umfangreiches Inhaltsverzeichnis etwa mit römischen Ziffern nummerieren lassen wollen, den Rest des Textes aber mit unseren arabischen Ziffern (mehr ab Seite 233).

Rahmen und Schattierung – der Bereich »Absatz«

Um einen Absatz mit einem Rahmen zu versehen, markieren Sie ihn durch Anklicken und wählen dann auf der Registerkarte *Start* den zum Rahmensymbol gehörenden Pfeil in der Gruppe *Absatz*.

Nun können Sie einen geschlossenen Außenrahmen oder zwei Linien oberhalb oder unterhalb Ihres Textelements ziehen. Das Besondere ist hier, dass Sie den Mauszeiger nur auf den entsprechenden Befehl bewegen müssen, um das Ergebnis im Text zu sehen. Erst wenn Sie mit dem Ergebnis zufrieden sind, klicken Sie, um die Auswahl tatsächlich zu übernehmen.

Möchten Sie zusätzlich noch die Dicke der Linien ändern, wählen Sie ganz unten *Rahmen und Schattierung*. Im so geöffneten Dialog wählen Sie bei *Formatvorlage* die Art Ihrer Linien aus, und bei *Breite* stellen Sie ein, wie dick die Linien sein sollen.

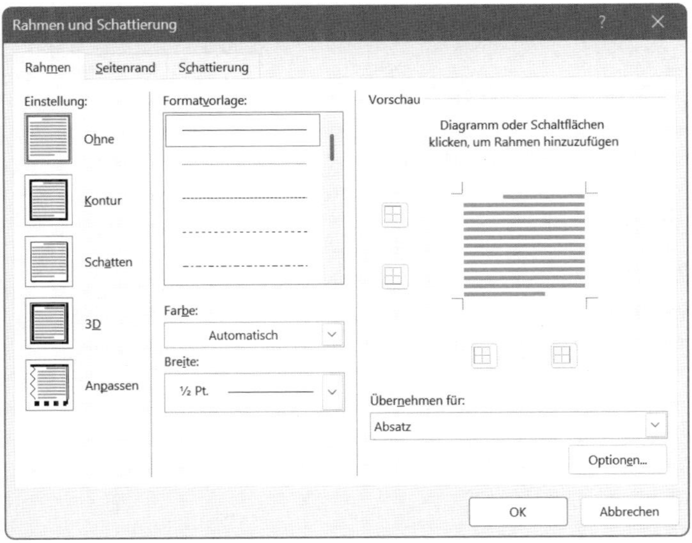

Wenn Sie ein paar Wörter markieren, können Sie auch nur um diese Wörter einen Rahmen ziehen. Zum Zeichnen dieses Rahmens wählen Sie im Dialog *Rahmen und Schattierung* zunächst *Kontur* und anschließend im Menü *Übernehmen für* die Option *Text*.

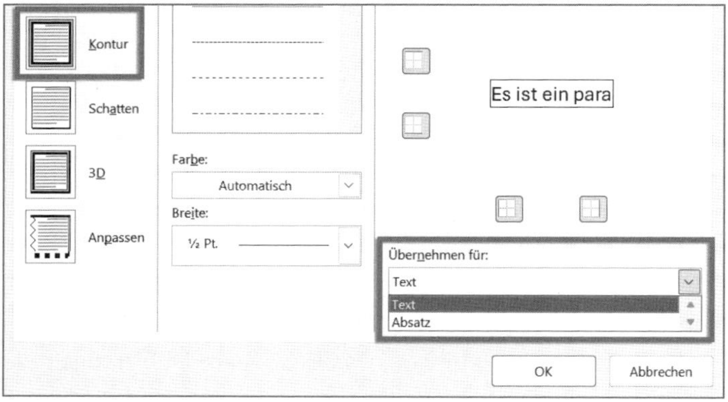

Um nun den umrahmten Text noch mit einem grauen oder farbigen Hintergrund zu versehen, wählen Sie auf der Registerkarte *Start* das kleine Pfeilsymbol beim Farbtopf und suchen sich eine Farbe aus.

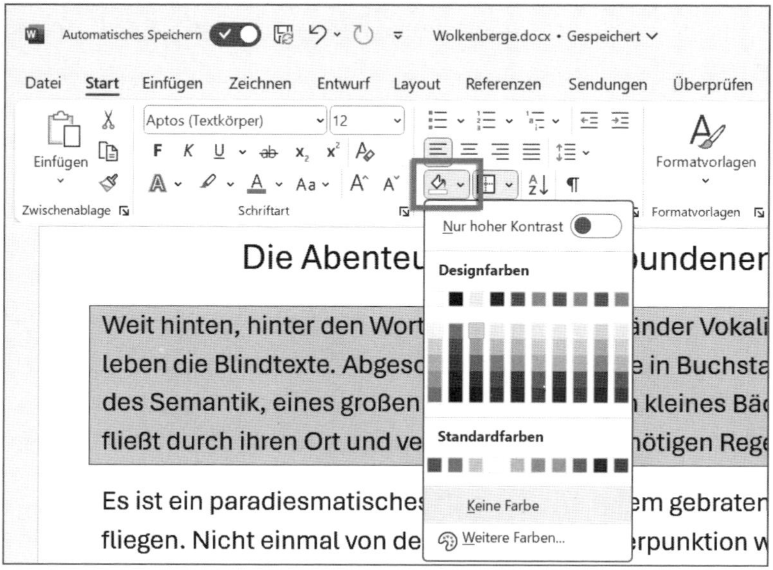

Texte mit Rahmenlinien strukturieren

Rahmenlinien eignen sich nicht nur zum Einfassen von Text, sondern bieten weitere Gestaltungsmöglichkeiten. Möchten Sie beispielsweise bei einem Lebenslauf jede einzelne Zwischenüberschrift mit einer Linie versehen, reicht es nicht, die Überschrift zu unterstreichen. Denn so unterstreichen Sie lediglich den Text, der unterschiedlich lang sein kann. Einheitliche Linien vom linken Rand zum rechten Rand sehen da viel besser aus.

1 Fügen Sie dazu vor und nach jeder Überschrift mit ↵ eine Leerzeile ein.

2 Platzieren Sie dann jeweils die Einfügemarke dort, beispielsweise indem Sie in diese leere Zeile klicken.

3 Gehen Sie auf die Registerkarte *Start*, und wählen Sie in der Gruppe *Absatz* den zum Symbol *Rahmen* gehörenden Pfeil.

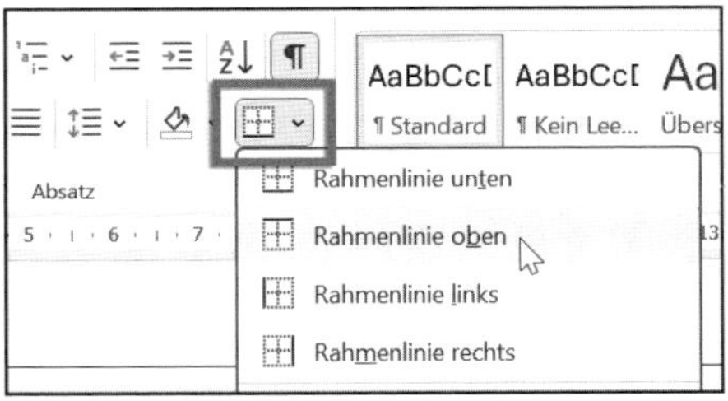

4 Im folgenden Listenfeld wählen Sie mit *Rahmenlinie oben* die Linie für den oberen Teil der Zeile.

5 Wenn Sie lieber eine andere Linie wollen, gehen Sie im Listenfeld ganz unten auf *Rahmen und Schattierung*.

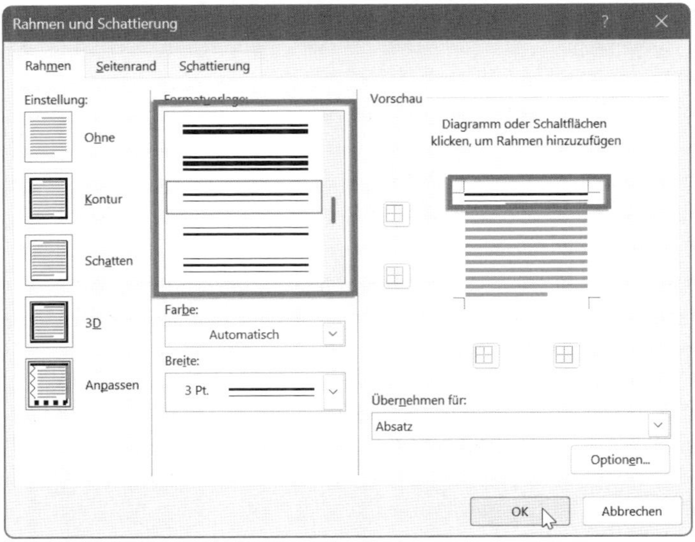

6 Klicken Sie im Vorschaufenster zuerst auf den oberen Rahmen und suchen Sie sich dann die Linie aus. Zum Schluss klicken Sie erneut auf den oberen Teil des Rahmens im Vorschaubild.

Wiederholen Sie das für alle weiteren Zwischenüberschriften oder markieren Sie, bevor Sie die erste Linie setzen, alle Zeilen, in denen Sie die Linie haben wollen. Das Markieren unterschiedlicher Elemente gelingt in Office mit der Strg-Taste.

Aufzählungen und Nummerierungen

Möchten Sie Textelemente mit einem Aufzählungszeichen versehen, erstellen Sie für jedes Element, dem ein Aufzählungszeichen zugeordnet werden soll, einen eigenen Absatz.

Markieren Sie die Absätze, die Aufzählungszeichen erhalten sollen, und wählen Sie auf der Registerkarte *Start* in der Gruppe *Absatz* den zum Aufzählungszeichen-Symbol gehörenden Pfeil.

Wie immer haben Sie nun die Qual der Wahl, für welches Aufzählungszeichen Sie sich entscheiden sollen.

Ist keines dabei, das Ihren Vorstellungen entspricht, wählen Sie *Neues Aufzählungszeichen definieren*. Im folgenden Dialog können Sie ein beliebiges Symbol oder sogar ein Bild auswählen.

Möchten Sie zwischen zwei der Aufzählungszeichen ein weiteres einfügen, klicken Sie ans Ende des oberen Aufzählungstextes und drücken die ↵-Taste. Im folgenden Beispiel klicken Sie hinter *Lebenslauf mit Foto* und drücken die ↵-Taste.

Für·die·schriftliche·Bewerbung·benötigen·Sie·folgende·Unterlagen:¶

¶

- → Bewerbungsschreiben¶
- → Lebenslauf·mit·Foto¶
- → ¶
- → Zeugnisse·aller·angegebenen·Tätigkeiten¶
- → Nachweise·über·Zusatzkenntnisse·wie·z.·B.·Fernlehrgänge,·Sprachkurse·usw.¶

¶

Brauchen Sie kein neues Aufzählungszeichen, da der neue Text nur eine Erläuterung des Textes mit dem Aufzählungszeichen ist, drücken Sie anstelle der ↵-Taste die Tastenkombination ⇧+↵.

- → Bewerbungsschreiben¶
- → Lebenslauf·mit·Foto↵
  Der·Lebenslauf·sollte·in·tabellarischer·Form·verfasst·sein.¶
- → Zeugnisse·aller·angegebenen·Tätigkeiten¶
- → Nachweise·über·Zusatzkenntnisse·wie·z.·B.·Fernlehrgänge,·Sprachkurse·usw.¶

Wenn Sie anstelle der neutralen Aufzählungszeichen eine nummerierte Aufzählung benötigen, markieren Sie Ihren Text erneut, wählen auf der Registerkarte *Start* den zum Symbol für die nummerierte Aufzählung gehörenden Pfeil und entscheiden sich, wie nummeriert werden soll.

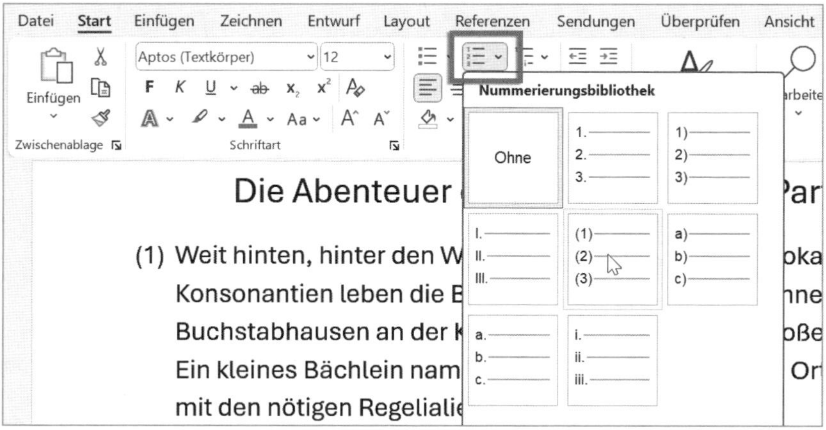

Seitenränder von Dokumenten anpassen

Wenn Sie in Word ein neues Dokument anlegen, hat das schon definierte Seitenränder, mit denen man in der Regel durchaus arbeiten kann. Für manche Arten von Dokumenten müssen diese Seitenränder jedoch ganz genau festgelegt werden. Ein Lebenslauf etwa kann andere Seitenränder bekommen als das Anschreiben in der Bewerbung.

1 Zum Ändern der Seitenränder gehen Sie über die Registerkarte *Layout* auf *Seitenränder*.

2 Hier können Sie zunächst aus einer Liste vordefinierte Seitenränder auswählen.

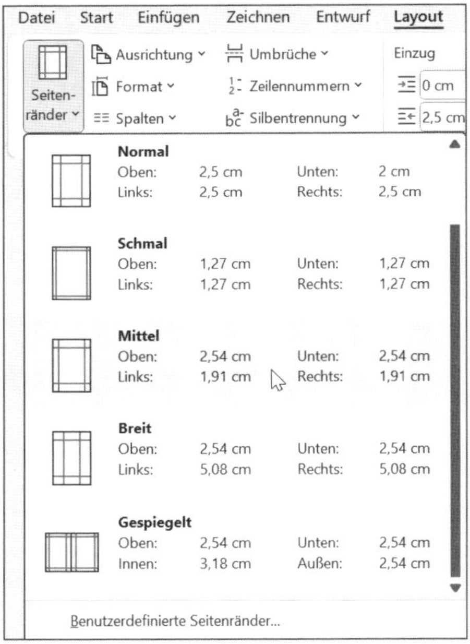

TIPP

Gespiegelte Seitenränder

Wenn Sie *Gespiegelt* wählen, werden die Ränder der linken Seite auf die Ränder der rechten Seite gespiegelt. Die Innen- und Außenränder weisen jeweils die gleiche Breite auf. Diese Option ist wichtig, wenn Sie Bücher oder wissenschaftliche Arbeiten schreiben müssen, bei denen Vorder- und Rückseite bedruckt und alle Seiten zum Schluss noch gebunden werden müssen. Mehr dazu in Abschnitt 3.5 über wissenschaftliche Texte ab Seite 163.

3 Sollte in der Liste der von Ihnen gewünschte Seitenrand nicht zu finden sein, wählen Sie ganz unten *Benutzerdefinierte Seitenränder*.

4 Im so geöffneten Dialog können Sie alle Maße ganz präzise und individuell festlegen. Für einem Standardbrief, bei dem die Adresszeile in ein handelsübliches Fensterkuvert passen soll, können Sie beispielsweise folgende Einstellungen wählen:

- *Oben*: 6 cm
- *Links*: 2,4 cm
- *Rechts*: 2,4 cm

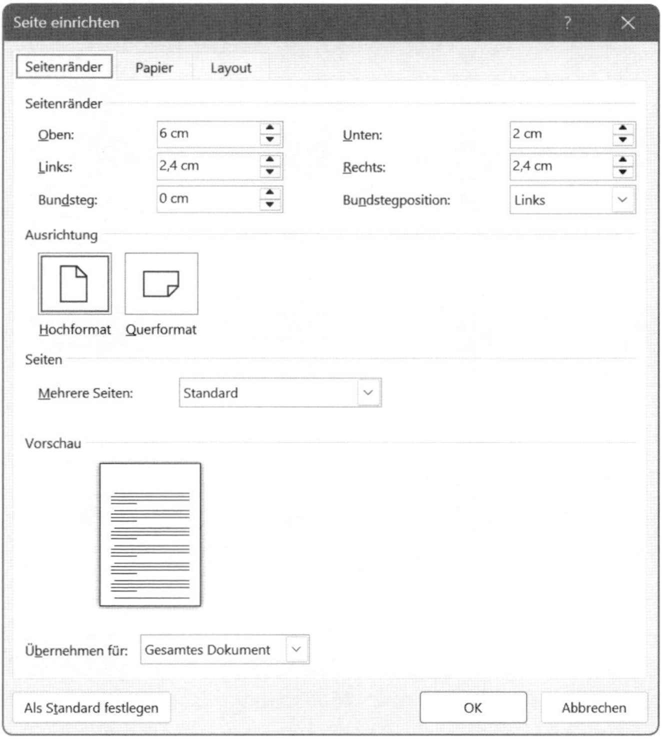

5 Stellen Sie bei diesen Angaben sicher, dass bei *Mehrere Seiten* die Auswahl *Standard* steht.

6 Der *Bundsteg* ist wichtig, wenn Ihr Dokument beidseitig gedruckt und dann noch gebunden werden soll. Am besten lässt sich der Begriff Bundsteg anhand der nachstehenden Abbildung erklären. Der Satzspiegel ist der Teil einer Seite, der wirklich bedruckt wird, und der Bundsteg ist der Bereich, in dem das gedruckte Werk gebunden wird.

Dies ist erst mal das Wesentliche zum Thema Seitenränder. Auf speziellere Einstellungen für besondere Anforderungen bei bestimmten Dokumentarten gehe ich in den entsprechenden Abschnitten ein.

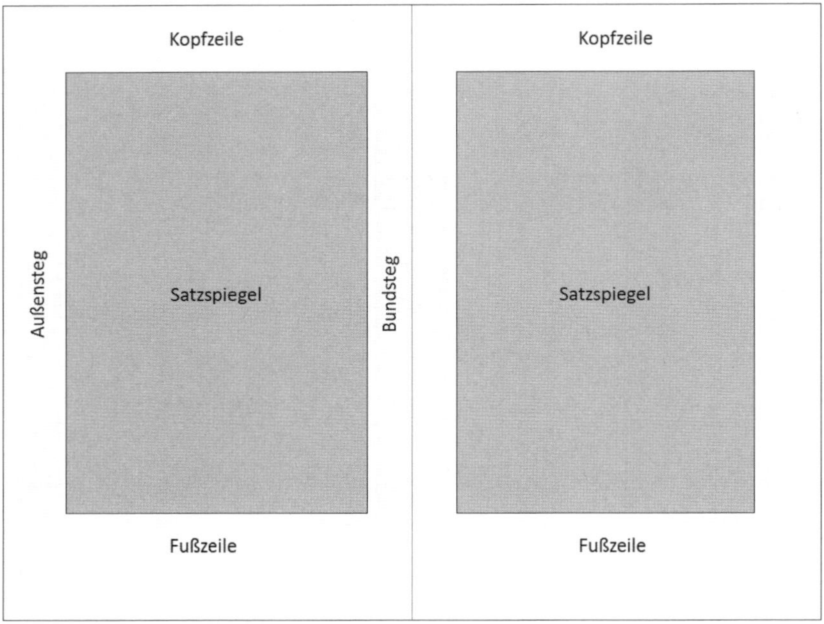

Satzspiegel, Bundsteg und Co. im Überblick

Text mit Tabulatoren gestalten

Wann immer es um mehr als reinen Fließtext geht, sind Einrückungen ein gutes Mittel, um Texte übersichtlich zu strukturieren. Ein typisches Beispiel dafür ist ein Lebenslauf, der heutzutage typischerweise in tabellarischer Form verfasst wird. In Office gibt es mehrere Möglichkeiten, solche Lebensläufe zu gestalten: Sie können entweder die Tabellenfunktion (siehe Seite 109) oder Tabulatoren verwenden.

Eigenartigerweise haben viele Anwender noch eine gewisse Scheu, Tabulatoren zu benutzen, und nehmen die Formatierung lieber mit entsprechenden Leerzeichen vor. Die Benutzung von Leerzeichen zum Einrücken von Texten führt allerdings schnell zu Chaos in Ihrem Dokument. Leerzeichen gehören nur zwischen Wörter – und auch dort sollte nur ein Leerzeichen zu finden sein.

Um einen Lebenslauf mit Tabulatoren zu erstellen, gehen Sie folgendermaßen vor:

1 Geben Sie alle gewünschten Daten untereinander ein und drücken Sie am Ende jeweils [↵].

2 Die persönlichen Angaben rücken Sie ein, indem Sie am Beginn der Zeile jeweils einmal die [↹]-Taste drücken.

3 Die Jahresangaben und die entsprechenden Ausbildungsstätten sollten Sie durch Drücken der [↹]-Taste voneinander trennen.

4 Widerstehen Sie dem Drang, mehrmals die [↹]-Taste zu drücken, damit der Text untereinandersteht.

In der folgenden Abbildung habe ich Leerzeichen durch kleine Punkte und das einmalige Drücken der [↹]-Taste durch einen Pfeil kenntlich gemacht, damit Sie sehen, welche Taste wann gedrückt werden muss.

```
Lebenslauf¶

¶

Persönliche·Daten¶

¶

·  →  Anders·Heister¶

·  →  Meinweg·12¶

·  →  98765·Hierstadt¶

·  →  01.·April·1991¶

¶

Schulbildung¶

1997-2000 → Grundschule·Hierstadt¶

2000-2009 → EinsteinGymnasium,·Hierstadt¶

·  →  Abschluss:·Abitur·¶
```

Sie sehen, dass das noch nicht besonders gut aussieht, da die Aufzählungen in den einzelnen Abschnitten sich nicht untereinander befinden. Das wird sich aber durch das Setzen von Tabulatoren schnell ändern.

TIPP

Tabstoppzeichen anzeigen lassen

Falls Sie die Tabstopp-Markierungen in Ihrem Text noch nicht sehen, sollten Sie zumindest kurzzeitig alle nicht druckbaren Sonderzeichen sichtbar machen. Klicken Sie dazu in der Menüband-Registerkarte *Start* auf das Symbol ¶ in der Gruppe *Absatz* oder drücken Sie Strg+⇧+8.

1 Nach Eingabe aller Daten legen Sie die Tabstopps fest. Markieren Sie dazu die Textteile, denen Sie die Tabstopps zuweisen möchten. In unserem Beispiel können Sie den gesamten Text mit Strg+A markieren.

2 Klicken Sie nun links neben dem Zeilenlineal ggf. zunächst auf das Tabstoppzeichen, bis der linksbündige Tabulator zu sehen ist. Klicken Sie dann im Zeilenlineal auf die Stelle, an der die Daten nach dem Tabulatorzeichen ausgerichtet werden sollen.

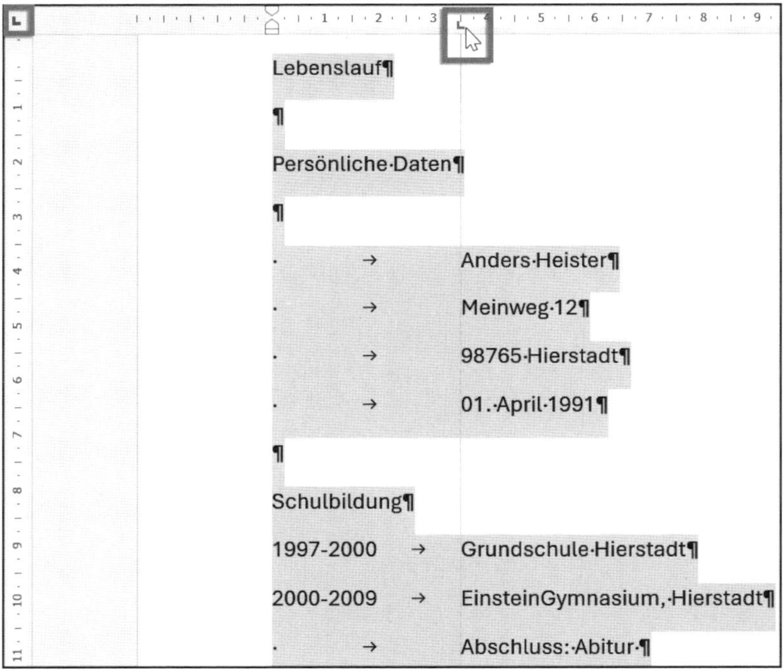

3 Sollten Sie feststellen, dass diese zweite Spalte zu weit entfernt von den Jahresangaben oder zu nah daran ist, können Sie den Tabulator problemlos verschieben. Klicken Sie den Tabulator an, den Sie verschieben möchten, halten Sie die linke Maustaste fest, und ziehen Sie ihn dann an die gewünschte Stelle. Aber Achtung, ziehen Sie den Tabulator nicht aus dem Zeilenlineal heraus, denn dadurch würde er gelöscht.

4 Um einen Tabulator zu entfernen, ziehen Sie ihn aus dem Zeilenlineal heraus. Dadurch wird aber nur der Tabulator entfernt, in dessen Zeile Sie aktuell stehen. Wenn Sie die Tabulatoren für mehrere Zeilen löschen möchten, müssen Sie diese Zeilen vorher markieren.

TIPP

Übernahme der Tabulatoren in den nächsten Absatz
Erkennen Sie zum Schluss, dass Sie eine weitere Zeile mit den Tabulatoren brauchen, ist das kein Problem. Alle Absatzformatierungen gelten jeweils bis zur Absatzmarke ¶. Wenn Sie die Einfügemarke vor dieser Absatzmarke platzieren und dann ↵ drücken, werden alle Formatierungen einschließlich der Tabulatoren in den neuen Absatz übernommen.

Bislang ging es nur um den linksbündigen Tabulator. Daneben gibt es noch andere Tabulatoren, die in der folgenden Tabelle zusammengefasst sind. Welche davon Sie jeweils bearbeiten, steuern Sie mit dem Symbol ganz links in der Lineal-Leiste. Klicken Sie so oft darauf, bis dort das gewünschte Symbol angezeigt wird.

Tabulator	Wirkung
	Dies ist ein linksbündiger Tabulator. Der Text steht linksbündig am Tabulator im Zeilenlineal.
	Dies ist ein zentrierter Tabulator. Der Text steht zentriert am Tabulator im Zeilenlineal.
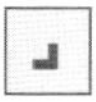	Dies ist ein rechtsbündiger Tabulator. Der Text steht rechtsbündig am Tabulator im Zeilenlineal.
	Der dezimale Tabulator setzt bei Zahlen die Dezimalzeichen untereinander.
	Der Leiste-Tabstopp legt, anders als die bisher besprochenen Tabstopps, keine Textposition fest, sondern fügt an der Position nur eine vertikale Linie ein. In der Abbildung wurden ein Leiste-Tabstopp und ein dezimaler Tabstopp gesetzt.
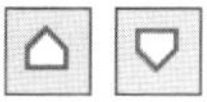	Die beiden letzten Tabulatoren sind Einzugsmarken, die Sie aber sehr selten brauchen, da es dafür auch andere Möglichkeiten gibt. Sie sind gleichbedeutend mit den Einzugsmarken im Zeilenlineal.

Grafiken und Bilder einbinden und platzieren

Ein Bild kann bekanntlich mehr als tausend Worte sagen. Auch bei einem Textdokument kann es deshalb sinnvoll sein, Bilder zum Veranschaulichen komplexer Sachverhalte beizufügen. Vielleicht sollen sie aber auch einfach nur als schmückendes Beiwerk oder zum Auflockern dienen. Word erlaubt es, Bilder praktisch beliebig in Dokumente einzufügen und bietet dabei auch eine recht detaillierte Kontrolle darüber, wie sie in Bezug zum Text dargestellt werden sollen.

1 Um ein Bild oder eine Grafik in einen Text einzufügen, setzen Sie zunächst die Einfügemarke an die Stelle, an der das Bild eingefügt werden soll.

2 Wählen Sie dann auf der Registerkarte *Einfügen* die Schaltfläche *Bilder*.

3 Möchten Sie ein Bild einfügen, das Sie auf Ihrem PC gespeichert haben, wählen Sie anschließend *Dieses Gerät*. Alternativ können Sie mit *Onlinebilder* das Web als Quelle wählen. Microsoft-365-Abonnenten stehen darüber hinaus zahlreiche *Archivbilder* zur Verfügung.

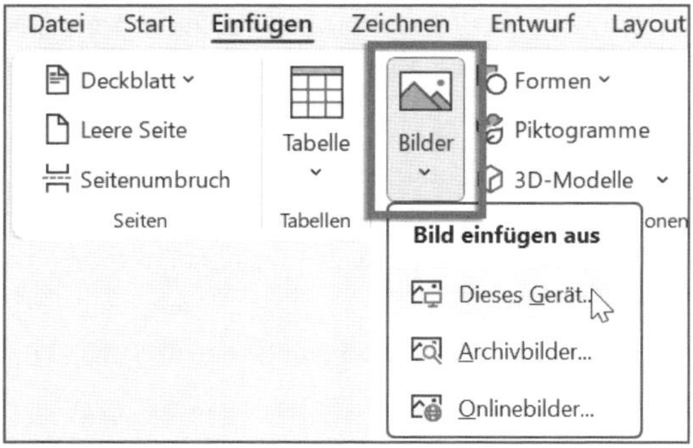

4 Wenn Sie Bilder von Ihrem PC einfügen, navigieren Sie im Auswahldialog zu dem Ordner, in dem sich das gewünschte Bild befindet, und bestätigen mit *Einfügen*.

5 Möchten Sie das eingefügte Bild proportional vergrößern oder verkleinern, können Sie es an den Eckpunkten per Maus auf die gewünschte Größe ziehen.

6 Wenn Sie nun auch noch Text haben, den Sie um das Bild herumfließen lassen möchten, klicken Sie das Bild an. Am rechten Rand finden Sie eine kleine Schaltfläche für die *Layoutoptionen*.

7 Suchen Sie sich einen passenden Textumbruch, und entscheiden Sie, ob Sie das Bild mit dem Text verschieben wollen (wenn Sie beispielsweise neuen Text einfügen) oder ob das Bild auch bei neu eingefügtem Text fest an der Position fixiert bleiben soll. Anschließend schieben Sie das Bild an die Position, an der Sie es haben wollen.

In der folgenden Abbildung wurde das Bild durch Ziehen der Drehmarke gedreht, und der gesamte Text wurde im Blocksatz mit dem entsprechenden Symbol formatiert.

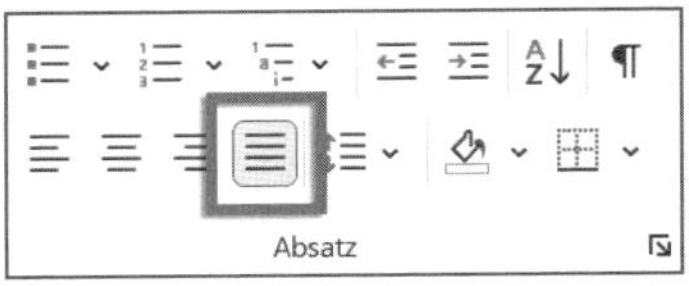

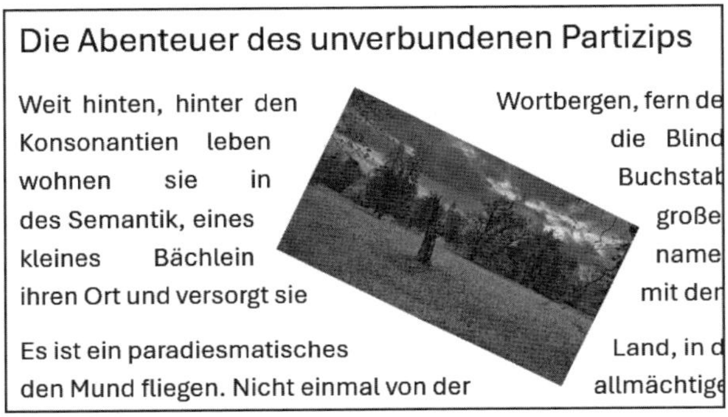

Bilder ohne Hintergrund verwenden

Sie können Bilder auch ohne deren Hintergrund in Dokumente einbinden. Man spricht dabei auch von »freigestellten« Bildern, bei denen der Hintergrund entfernt wurde, sodass nur das eigentliche Bildobjekt erkennbar bleibt. Geeignetes Bildmaterial vorausgesetzt, kann Word Ihnen die mühsame Arbeit des Freistellens abnehmen.

1 Wann immer Sie ein Bild in Ihrem Dokument durch Anklicken auswählen, wird im Menüband automatisch ein zusätzliches Register *Bildformat* angezeigt. Wählen Sie darin ganz links die Schaltfläche *Freistellen*.

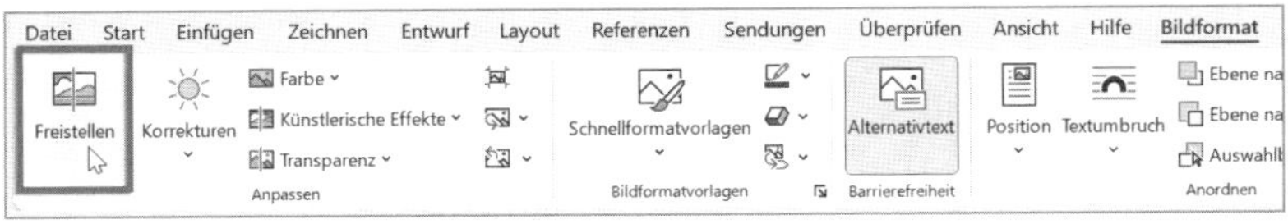

2 Word schlägt Ihnen vor, was Sie freistellen können, und markiert dies farblich. Je nach Eignung des Bildes ist da möglicherweise noch Optimierungsbedarf. Um festzulegen, welche Elemente im Bild beibehalten werden sollen, klicken Sie oben im Menüband auf *Zu behaltende Bereiche markieren*, mit *Zu entfernende Bereiche markieren* lassen sich entsprechend zu entfernende Elemente festlegen.

3 Nehmen Sie die Markierung vor, indem Sie auf ein Element klicken und bei gedrückter Maustaste ziehen.

4 Ist der Rahmen nun richtig, klicken Sie auf *Änderungen beibehalten*.

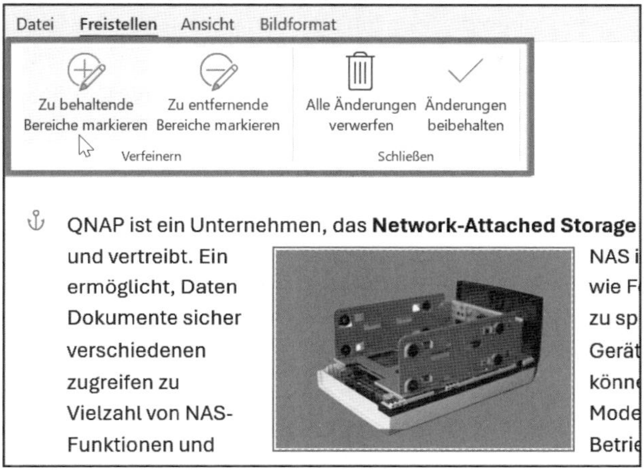

5 Nun haben Sie das Bild ohne den Hintergrund in einem passenden viereckigen Rahmen. Möchten Sie den Text aber nicht als Viereck um das freigestellte Bild, sondern soll der Text dem Verlauf des freigestellten Bildes etwas angepasst werden, wählen Sie nun bei *Textumbruch* einen anderen Umbruch, z. B. *Eng*.

6 Danach können Sie das Bild an die Position schieben, an der Sie es haben möchten.

Weitere Möglichkeiten zum Freistellen von Bildern lernen Sie in Kapitel 5.3 zu PowerPoint auf Seite 473 kennen.

Nicht nur für Floskelsätze – Schnellbausteine

Schnellbausteine bieten Ihnen die Möglichkeit, komplexe Text- oder Tabellenstrukturen, die Sie häufig brauchen, sehr einfach innerhalb eines Textes zu benutzen. Hier möchte ich Ihnen zeigen, wie Sie eine häufig benötigte Anredeformel eines Briefes recht einfach gestalten können.

Auf die komplexeren Möglichkeiten gehe ich in speziellen Abschnitten ein.

TIPP

AutoText vs. Schnellbaustein
Word unterscheidet zwischen AutoText und Schnellbausteinen. Handhabung und Einsatzzweck sind ziemlich ähnlich. Unterschiede gibt es nur beim Speicherort und dem Dateinamen auf der Festplatte. Das macht zunächst für den normalen Benutzer keinen Unterschied. Nur bei großen IT-Netzen mit vielen Anwendern sollte man sich intensiver mit diesen beiden Dateien und dem Speicherort befassen. Da dieses Buch aber für den normalen Anwender geschrieben wurde, gehe ich hier nicht weiter auf diese beiden Dateien ein.

Angenommen, Sie möchten als Briefanrede den Text »Liebe Mitarbeiterinnen und Mitarbeiter,« häufiger einsetzen. Sie können das natürlich bei jedem Brief neu eingeben, einfacher geht es aber als Schnellbaustein.

1 Schreiben und formatieren Sie die Floskelsätze so, wie sie im Brief stehen sollen.

2 Markieren Sie nun alles, was zu einem Schnellbaustein (oder AutoText) werden soll.

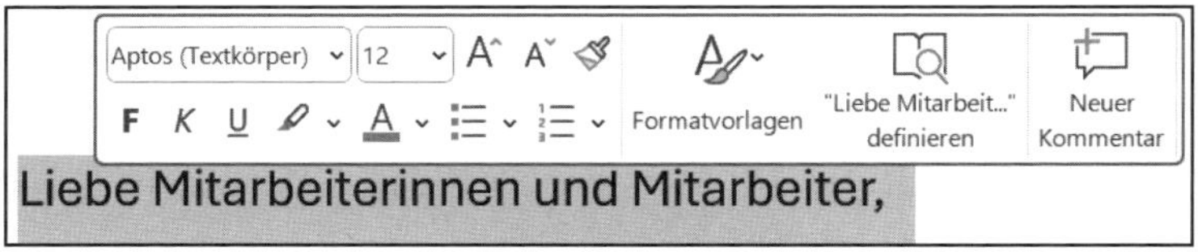

3 Klicken Sie dann auf der Menüband-Registerkarte *Einfügen* im Bereich *Text* auf den kleinen Pfeil rechts neben dem *Schnellbausteine*-Symbol.

4 Wählen Sie im so geöffneten Menü *AutoText/Auswahl im AutoText-Katalog speichern*.

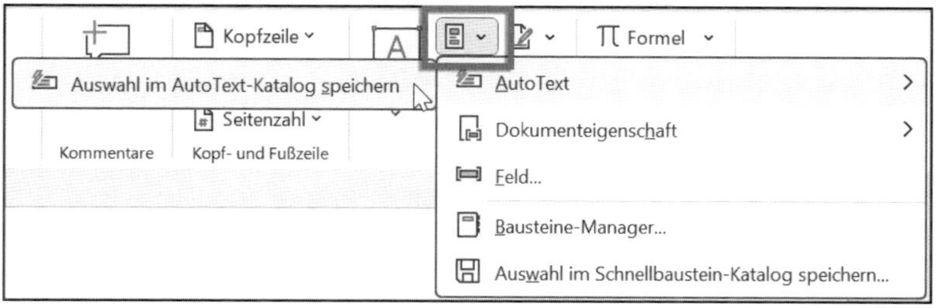

5 Vergeben Sie im folgenden Dialog einen sinnvollen Namen. Dieser Name sollte nicht allzu lang sein, denn diesen Namen tippen Sie ein, um den AutoText abrufen zu können. Im Beispiel wurde als Name *Liebe Mit* gewählt. Bestätigen Sie nun alles mit *OK*.

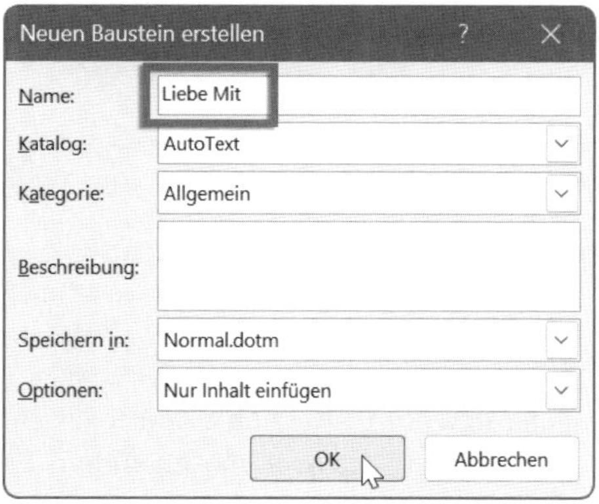

Wenn Sie nun in einem Dokument an der passenden Stelle den Namen des Bausteins eingeben, können Sie den gesamten Baustein mit der ↵-Taste oder der F3-Taste in Ihren Brief einfügen.

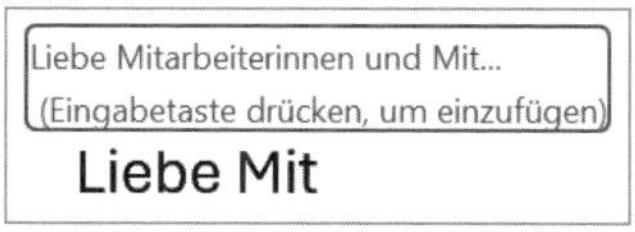

AutoText-Einträge können fast beliebig lang und komplex sein, und sie erleichtern die Arbeit ungemein, wenn Sie viele solcher Sätze benutzen – etwa »Wie bereits telefonisch besprochen, übersende ich Ihnen die gewünschten Unterlagen«. In weiteren Abschnitten, etwa wenn es um Tabellen oder die Nummerierung von mathematischen Formeln geht, werden Sie weitere Beispiele für die vielfältigen Verwendungsmöglichkeiten von Schnellbausteinen bzw. AutoText sehen.

WordArt und Texteffekte

WordArt bietet die Möglichkeit, Texte mit besonderen grafischen Effekten zu versehen. Gut geeignet sind sie etwa für Einladungen, Plakate und Ähnliches. In formellen Briefen und Texten sollte man sie eher sparsam einsetzen.

Aber für den eigenen Briefkopf, um den es im Folgenden geht, können mit WordArt gestaltete Texte durchaus als Blickfang dienen.

1 Klicken Sie auf der Registerkarte *Einfügen* in der Gruppe *Text* auf das schräge A als Symbol für *WordArt*.

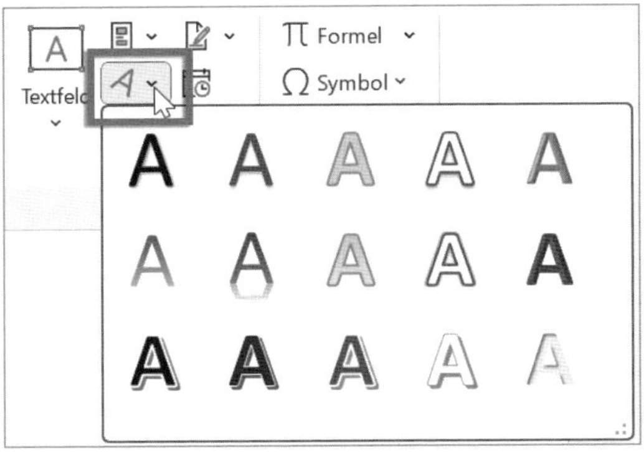

2 Dadurch rufen Sie den elementaren WordArt-Katalog auf. Wählen Sie ein Element aus – egal, welches. Sie können alles nachträglich ändern. Ersetzen Sie den Standardinhalt durch Ihren eigenen Text.

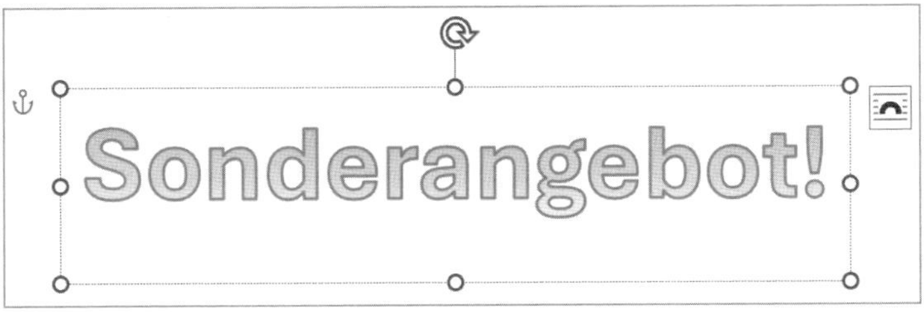

3 Wann immer Sie einen WordArt-Text einfügen oder auswählen, wird im Menüband automatisch der Reiter *Formformat* eingeblendet. Damit können Sie den Text in ungeahnt vielfältiger Weise formatieren. Probieren Sie einfach mal einiges aus.

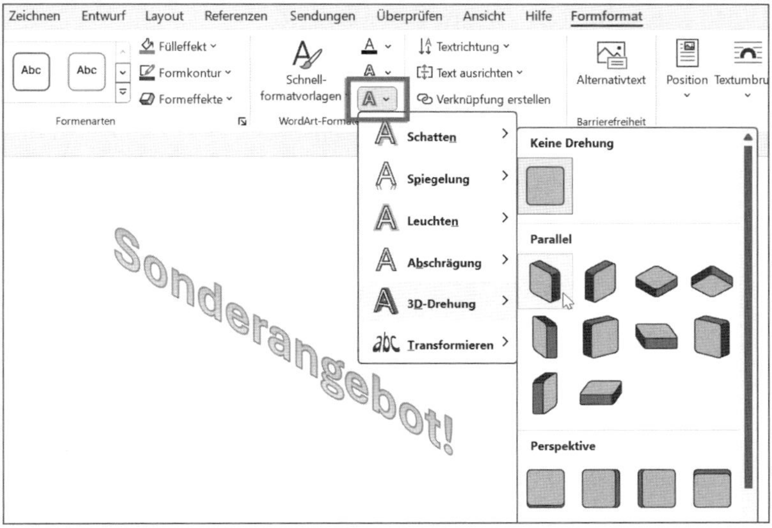

4 Mit dem kleinen Pfeil im Menüband direkt rechts neben *WordArt-Formate* finden Sie weitere Möglichkeiten. Er blendet am rechten Seitenrand die *Form formatieren*-Leiste ein, in der Sie jedes Detail der Gestaltung millimetergenau bestimmen können.

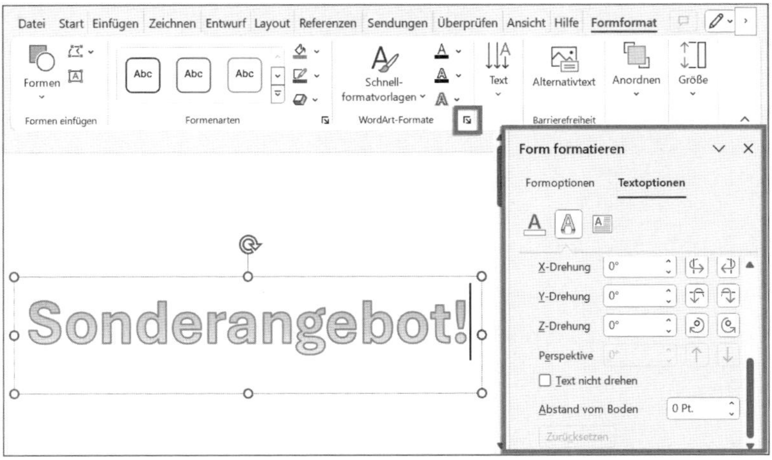

Die Möglichkeiten sind zu vielfältig, um sie hier alle ausführlich vorstellen zu können. Deshalb ist mein Tipp, sich bei Gelegenheit die Zeit zu nehmen, in aller Ruhe ein wenig damit herumzuspielen und die zahlreichen Gestaltungs- und Kombinationsvarianten zu erkunden. Es lohnt sich.

Wasserzeichen in einem Dokument

Ein weiteres interessantes Gestaltungselement ist das Wasserzeichen. Das kann ein Text, aber auch ein Bild sein, das halbtransparent im Hintergrund eines Dokuments erkennbar ist. Das folgende Beispiel verwendet ein Bild als Wasserzeichen für eine Urkunde.

1 Auf der Registerkarte *Entwurf* klicken Sie in der Gruppe *Seitenhintergrund* auf *Wasserzeichen*.

2 Im so geöffneten Menü wählen Sie unten *Benutzerdefiniertes Wasserzeichen*.

3 Im Wasserzeichen-Dialog aktivieren Sie die Option *Bildwasserzeichen* und klicken dort auf *Bild auswählen*.

4 Klicken Sie im nachfolgenden Auswahldialog bei *Aus einer Datei* auf *Durchsuchen* und navigieren Sie zur gewünschten Bilddatei auf Ihrer Festplatte. Bestätigen Sie mit *Einfügen* und abschließend mit *OK*.

5 Schon haben Sie das Bild als Wasserzeichen eingefügt und können Ihren Text darüberschreiben. Sie können aber ebenso zuerst den Text schreiben und erst dann das Wasserzeichen einfügen.

Falzmarken für Briefe einfügen

Falzmarken dienen dazu, Briefe an der richtigen Stelle zusammenzufalten, damit der Adressblock auch korrekt im Fensterkuvert sichtbar ist. Falzmarken sollten vom oberen Blattrand aus gesehen bei 10,5 cm und 21 cm platziert sein.

1 Wählen Sie auf der Registerkarte *Einfügen* im Bereich *Illustrationen* die Option *Formen* und dann *Linien*.

2 Zeichnen Sie nun irgendwo eine waagerechte Linie beliebiger Länge.

3 Wann immer Sie eine Form einfügen oder auswählen, wird im Menüband automatisch die Registerkarte *Formformat* eingeblendet. Geben Sie dort ganz rechts bei *Größe* im Feld *Breite* den Wert *1 cm* ein und bestätigen Sie mit der [↵]-Taste.

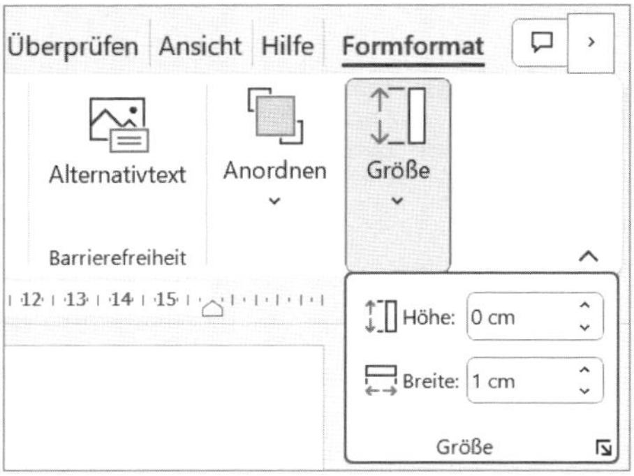

4 Als Nächstes klicken Sie im Register *Formformat* im Bereich *Anordnen* auf *Position* und darin unten auf *Weitere Layoutoptionen*.

5 Deaktivieren Sie im so geöffneten Layout-Dialog ggf. das Kontrollkästchen bei *Objekt mit Text verschieben*.

6 Geben Sie nun die Werte genau wie in der nachfolgenden Abbildung ein:

- *Horizontal/Absolute Position*: 0
- *Vertikal/Absolute Position*: 10,5

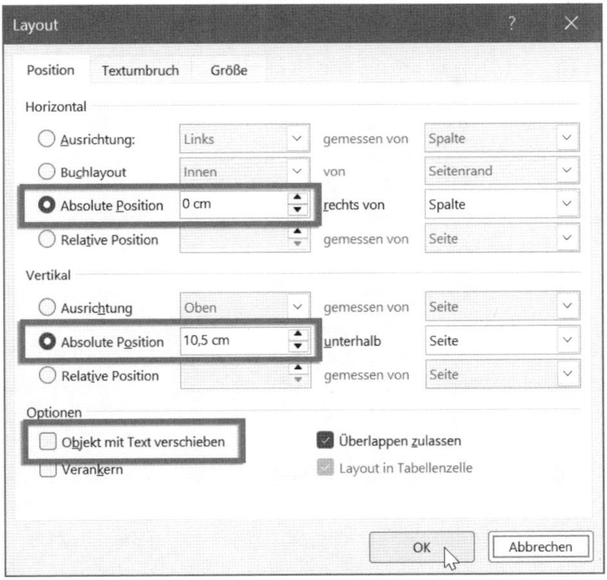

7 Nachdem Sie den Dialog mit *OK* bestätigt haben, ist die erste Falzmarke gesetzt. Duplizieren Sie diese mit der Tastenkombination Strg+D.

8 Wählen Sie wieder *Position/Weitere Layoutoptionen.*

9 Setzen Sie im Dialog *Layout* diesmal folgende Werte:

- *Horizontal/Absolute Position*: 0
- *Vertikal/Absolute Position*: 21

Mit eingedruckten Falzmarken können Sie Briefe perfekt passend falten

3.2 Tabellen erstellen und gestalten

Im vorangehenden Abschnitt haben Sie erfahren, wie man Text mit Tabulatoren einrückt und dadurch formatieren kann. Das ist für einfache Aufgaben schnell und praktisch. Bei einem komplexen Layout kann das allerdings recht langwierig werden. Und wenn Sie dann noch Zeilen oder Spalten austauschen müssen, kommen Sie mit Tabulatoren schnell in »Teufels Küche«.

Leistungsfähiger und auch einfacher zu bedienen ist die Tabellenfunktion. Sie kann problemlos eingesetzt werden, um z. B. einen Lebenslauf professionell zu gestalten. In Tabellen, die Sie mit der Tabellenfunktion erstellen, lassen sich ebenfalls Bilder und Grafiken integrieren. Und das nachträgliche Vertauschen von Zeilen oder Spalten ist jederzeit möglich.

TIPP

Tabellen: Word vs. Excel
Eine oft gestellte Frage ist, warum man in Word eine umfangreiche Tabellenfunktion braucht, wenn man doch im Office-Paket Excel hat. Etwas Besseres als Excel für Tabellen gibt es doch wohl nicht.

Excel ist eine klassische Tabellenkalkulation, die auf leistungsfähige Rechenoperationen Wert legt und weniger auf das Darstellen langer, formatierter Texte. Die Zellen einer Excel-Tabelle sind dafür ausgelegt, lange und komplexe Formeln zu berechnen. Die Absätze einer wissenschaftlichen Arbeit können Sie in einer Excel-Tabelle nicht sinnvoll verwalten, das Ausrechnen komplexer und schwieriger mathematischer Gleichungen bereitet dagegen kaum Probleme.

In Word können Sie mit der Tabellenfunktion wirklich lange Texte verwalten. Diese Texte können Sie nach Herzenslust formatieren und sogar Bilder integrieren. All das ist in einer Excel-Zelle nicht möglich. Auf der anderen Seite können Sie in Word-Tabellen zwar rechnen, aber Sie stoßen dabei sehr schnell an Grenzen.

Umfangreiche Tabellen mit vielen Zeilen und Spalten, bei denen auch noch gerechnet werden muss, macht man in Excel. Haben Sie kleine Tabellen, aber viel Text, ist Word die bessere Wahl. Beide Varianten konkurrieren nicht miteinander, sondern ergänzen sich.

Die klassische Tabelle

Es gibt mehrere Möglichkeiten, Tabellen in ein Word-Dokument einzufügen. Die einfachste Methode führt über die Registerkarte *Einfügen* mit einem Klick auf *Tabelle*.

Hier wählen Sie mit der Maus die Anzahl der Zeilen und Spalten aus, die Ihre Tabelle haben soll. Fahren Sie einfach über die Tabellenstruktur, und klicken Sie, wenn Sie genügend Zeilen und Spalten markiert haben. Keine Angst, Sie können nachträglich jederzeit einfach und schnell Zeilen oder Spalten einfügen oder löschen. Also machen Sie sich am Anfang keine allzu großen Gedanken darüber, wie viele Zeilen oder Spalten Ihre Tabelle haben muss.

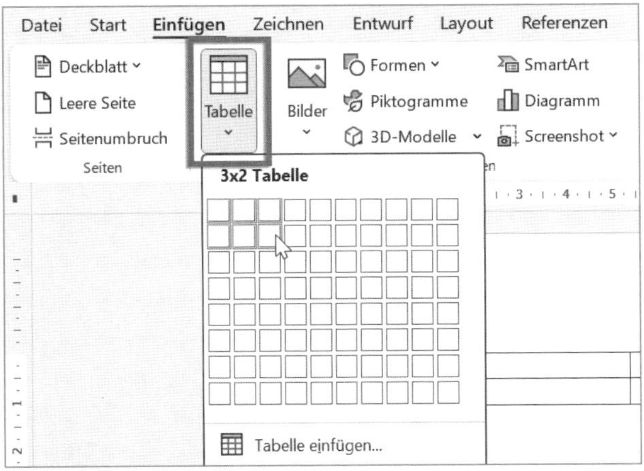

Für den zweiten Weg, eine Tabelle einzufügen, klicken Sie im Tabellenfenster nicht auf die Zeilen- und Spaltenanzahl, sondern darunter auf *Tabelle einfügen*.

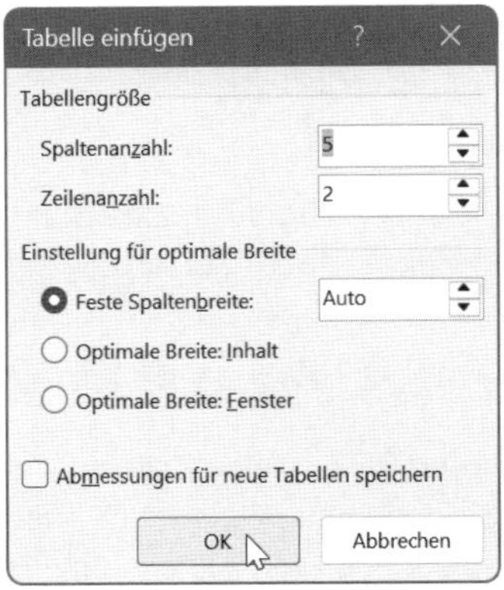

Nun können Sie in einem Dialog die Tabellengröße bestimmen. Aber auch hier gilt: Sie können alles jederzeit nachträglich ändern. Dieser Dialog bietet noch einiges mehr:

- Hier können Sie bei *Einstellung für optimale Breite* entscheiden, ob die optimale Breite vom Inhalt oder der Fenstergröße abhängt.

- Wählen Sie hier *Optimale Breite: Inhalt*, ändert sich die Spaltenbreite mit dem Textinhalt. Die Spaltenbreite wird also dem Spalteninhalt angepasst. Es erfolgt erst dann ein Zeilenumbruch, wenn es wirklich nicht mehr anders geht.
- Durch die Option *Optimale Breite: Fenster* füllt die Tabelle immer das ganze Blatt von links nach rechts aus. Die Breite der Spalten bleibt erhalten, es erfolgt ggf. ein Zeilenumbruch.
- Wenn Sie Ihre zukünftigen Tabellen diesen Einstellungen entsprechend erstellen möchten, aktivieren Sie das Kontrollkästchen *Abmessungen für neue Tabellen speichern*.

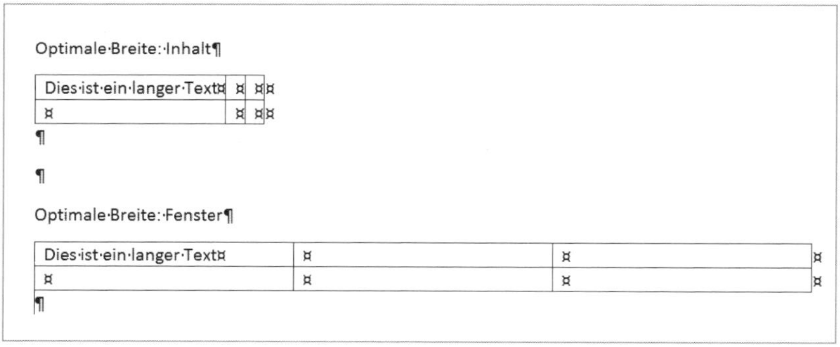

TIPP

Tabulator-Taste in Tabellen einsetzen

Auch wenn Tabulatoren und Tabellen beim Erstellen von Word-Dokumenten zwei gegensätzliche Ansätze sind, kann die [Tab]-Taste beim Eingeben von Tabelleninhalten praktische Hilfe leisten: Sie können damit von einer Zelle in die jeweils nächste rechts davon springen. Am Ende einer Tabellenzeile gelangen Sie in die erste Zelle der nächsten Zeile. Mit [⇧]+[Tab] geht es in die andere Richtung. Sind Sie in der letzten Zelle Ihrer Tabelle angekommen, erzeugt ein weiterer Tabulator eine neue Tabellenzeile darunter und springt in deren erste Zelle ganz links.

Zeilen und Spalten markieren

Wenn Sie einzelne Zeilen, Spalten oder Zellen formatieren möchten, müssen Sie sie ähnlich wie beim Auswählen von Text markieren. Dafür gibt es verschiedene Möglichkeiten mit Maus und Tastatur.

Die folgenden Übersichten zeigen die schnellsten Varianten:

Das wollen Sie markieren	Das müssen Sie tun
Zelle	Klicken Sie links in die Zelle, wenn sich der Mauszeiger zu einem schwarzen Pfeil geändert hat. Halten Sie die Strg-Taste fest, können Sie auch mehrere nicht zusammenhängende Zellen markieren. 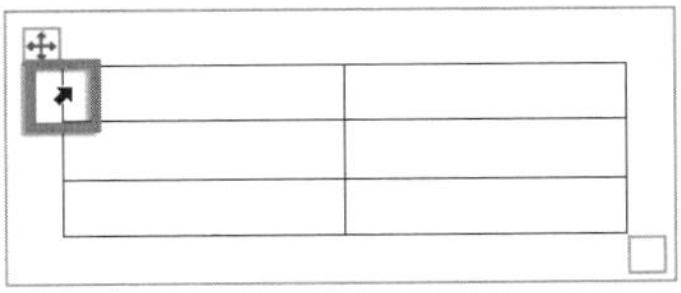
Zellbereich	Markieren Sie durch Ziehen der Maus von der ersten bis zur letzten Zelle. Alternativ markieren Sie die erste Zelle, halten die ⇧-Taste gedrückt und markieren die letzte Zelle. Es reicht auch, den Cursor nur in die erste Zelle zu setzen, die ⇧-Taste festzuhalten und in die letzte Zelle zu klicken.
Zeile(n)	Klicken Sie links vor die Zeile. Mit dem weißen Pfeil ziehen Sie dann nach unten (oder oben), um weitere Zeilen zu markieren. Halten Sie die Strg-Taste fest, können Sie auch Zeilen markieren, die nicht untereinanderstehen.
Spalte(n)	Gehen Sie auf die Oberkante einer Spalte. Wenn ein schwarzer Pfeil erscheint, klicken Sie. Halten Sie in diesem Bereich die Maustaste fest, können Sie weitere Spalten durch Ziehen markieren. Die Strg-Taste wirkt analog zur Zellen- bzw. Zeilenmarkierung. 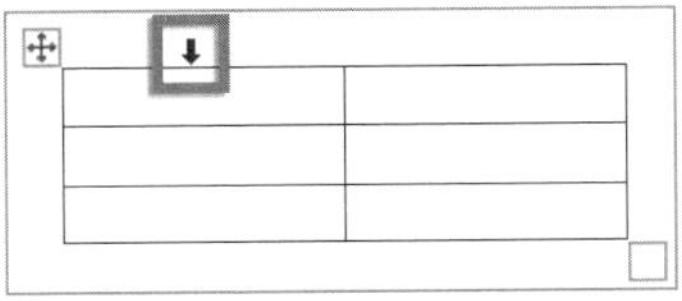
gesamte Tabelle	Gehen Sie auf das in der Abbildung gezeigte Symbol neben der oberen linken Tabellenecke und klicken Sie darauf. Das Symbol erscheint, sobald Sie in eine der Zellen klicken. 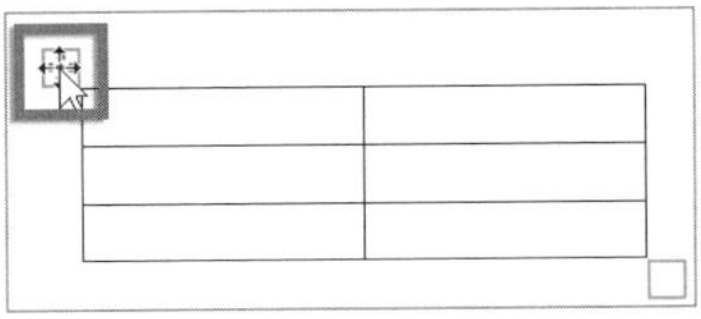

Zeilen und Spalten einfügen und löschen

<table>
<tr><th>Das wollen Sie tun</th><th>Das ist der Weg</th></tr>
<tr><td>eine neue Zeile unterhalb der letzten Zeile einfügen</td><td>Gehen Sie in die letzte Zelle der Tabelle und drücken Sie die [⇆]-Taste.</td></tr>
<tr><td>eine neue Zeile zwischen zwei Zeilen einfügen</td><td>Gehen Sie mit der Maus vor eine Spalte. Es erscheint ein kleiner Kreis mit einem Pluszeichen. Klicken Sie auf das Pluszeichen zum Einfügen einer Zeile.
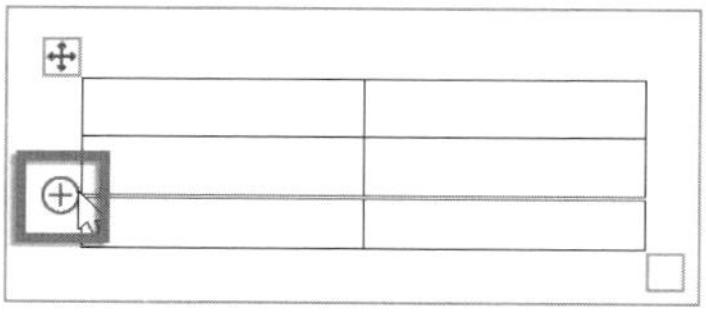</td></tr>
<tr><td>eine Zeile oberhalb der Tabelle einfügen</td><td>Markieren Sie die erste Zeile. Im Menüband wird automatisch die Kategorie Tabellenlayout angezeigt. Klicken Sie dort im Bereich Zeilen und Spalten auf Zeile Oberhalb.
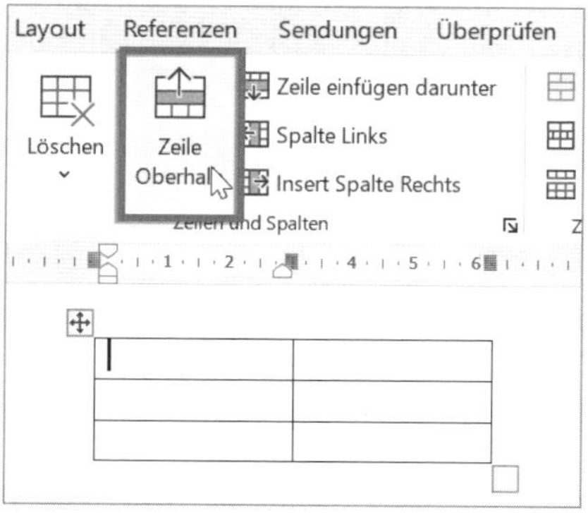
</td></tr>
<tr><td>eine Spalte zwischen zwei Spalten einfügen</td><td>Gehen Sie mit der Maus im oberen Teil der Tabelle auf die Begrenzung der Spalten. Es erscheint wieder das Pluszeichen in einem Kreis. Klicken Sie darauf.
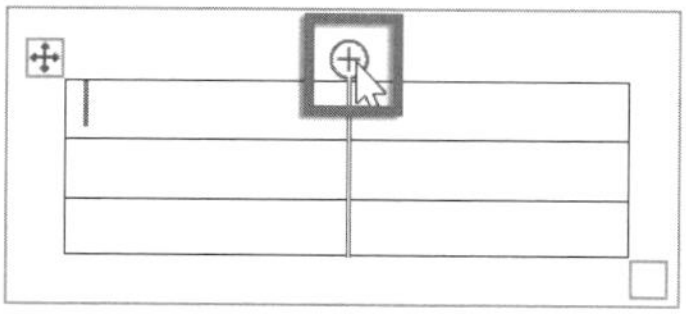</td></tr>
</table>

Das wollen Sie tun	Das ist der Weg
eine Spalte am Ende einfügen	Funktioniert wie das Einfügen zwischen zwei Spalten, diesmal gehen Sie allerdings ans obere Ende der Tabelle. 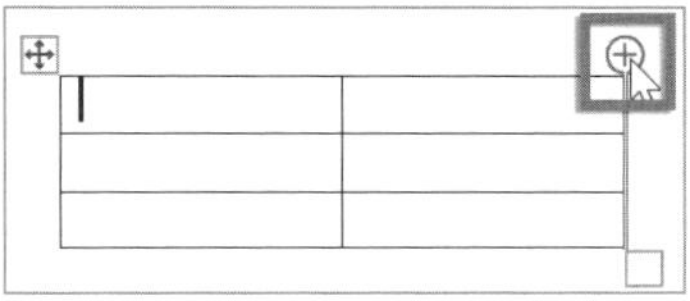

Das Löschen von Zeilen und Spalten erfolgt an gleicher Stelle wie das Einfügen. Sie wählen das Symbol *Löschen* und müssen dann entscheiden, ob Sie eine Zeile, eine Spalte oder die ganze Tabelle löschen möchten. Wichtig ist nur, dass Sie vorher das markieren, was Sie löschen möchten.

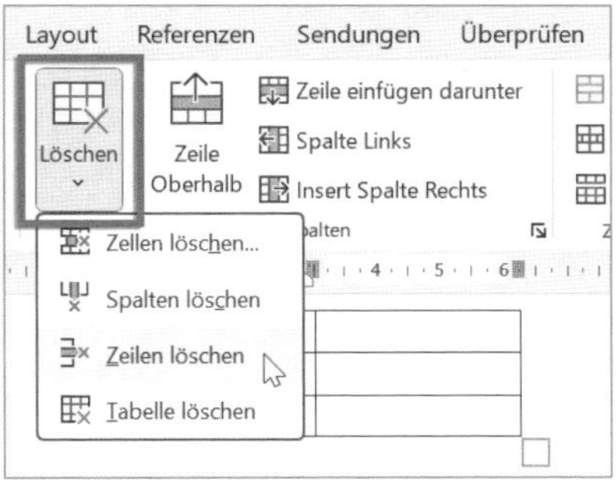

Wenn Sie Inhalte einer Tabelle löschen möchten, markieren Sie die entsprechenden Zellen und drücken die [Entf]-Taste. Dadurch löschen Sie nur die Inhalte, nicht die Zelle(n) selbst.

TIPP

Tabelle per Kontextmenü bearbeiten
Eine praktische Hilfe beim Verändern einer vorhandenen Tabelle ist das Kontextmenü. Markieren Sie die fraglichen Elemente bzw. platzieren Sie die Einfügemarke dort und klicken Sie dann mit der rechten Maustaste, um das Kontextmenü zu öffnen. Funktionen zum Einfügen von Zeilen und Spalten finden Sie hier immer. Weitere Funktionen werden dynamisch hinzugefügt, abhängig davon, ob Sie einzelne Zellen, ganze Zeilen oder die gesamte Tabelle ausgewählt haben. Es zeigt dynamisch jeweils die Funktionen für die ausgewählten Elemente an.

Spaltenbreite verändern

Durch Ziehen einer Spaltenbegrenzung bei gedrückter linker Maustaste können Sie die Breite der Spalten sehr einfach verändern. Beachten Sie aber, dass Sie dadurch die Breite sowohl der linken als auch der rechten Spalte verändern, die durch die Spaltenbegrenzung getrennt wird.

Um so etwas zu vermeiden, gibt es ein paar sehr nützliche Tasten, die Sie während des Ziehens drücken können.

Taste(n), die Sie drücken	Der Effekt auf die Spalten
	Wenn Sie ziehen, ohne eine weitere Taste gedrückt zu halten, verändern Sie die Breite der linken und rechten Spalte. Die anderen Spalten bleiben davon unberührt.
⇧	Bei gedrückter ⇧-Taste ändern Sie nur die Breite der linken Spalte. Die Folgespalten rücken mit gleichbleibender Breite nach außen, dadurch vergrößert oder verringert sich die Gesamtbreite der Tabelle.
Strg	Bei gedrückter Strg-Taste wird die linke Spalte verändert, die Folgespalten rechts passen sich mit der gleichen Breite an. Die Tabellenbreite ändert sich dadurch also nicht, und die Änderungen werden gleichmäßig auf alle Folgespalten verteilt.

Das Erscheinungsbild von Tabellen gestalten

Tabellen sollen als Bestandteil eines Textdokuments auch optisch etwas hermachen. Das Standardaussehen einer Word-Tabelle ist zwar in Ordnung, aber mit einigen einfachen Gestaltungsmöglichkeiten können Sie das Erscheinungsbild in Ihrem Sinne beeinflussen. Als kleines praktisches Beispiel nehmen wird eine kleine Tabelle, die nach dem Eingeben des Inhalts in Word so aussehen würde:

Messgerät	Eingang A (mV)	Eingang B (mV)	Bemerkungen
PX 468	4,678	345,78	Dieser Text dient nur zur Darstellung des Zeilenumbruchs.
PX 469	8,6784	1,347	Dieser Text dient nur zur Darstellung des Zeilenumbruchs.
PX 470	12,3	26,4	Dieser Text dient nur zur Darstellung des Zeilenumbruchs.

1 Um eine solche Tabelle zu erstellen, klicken Sie auf die Registerkarte *Einfügen*, dann auf *Tabelle*, und wählen vier Zeilen und vier Spalten aus.

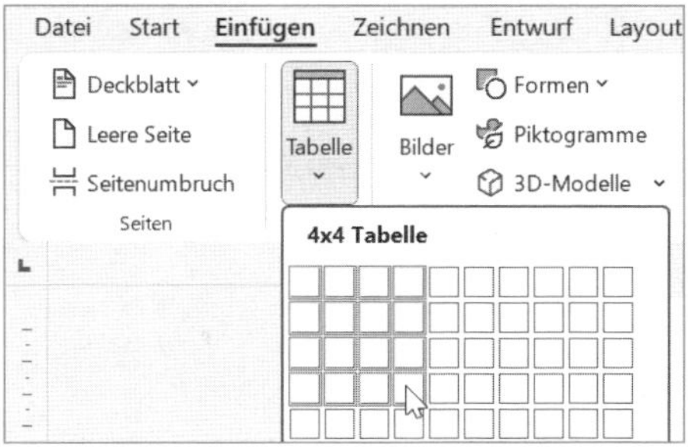

2 Danach geben Sie die Überschriften und Werte nacheinander ein. Mit der [Tab]-Taste wandern Sie von einer Zelle zur nächsten.

3 Beim Eingeben des Textes in der vierten Spalte werden Sie merken, dass Word den Text automatisch umbricht, wenn das Zellenende erreicht ist. Word vergrößert nun die entsprechende Zeilenhöhe. Natürlich können Sie in den Zellen mit der [Enter]-Taste auch einen Absatz einfügen.

4 Alle Inhalte, die Sie in eine Tabellenspalte eingeben, werden linksbündig ausgerichtet. Möchten Sie das ändern, stehen Ihnen die bekannten Formatierungssymbole für die Textausrichtung auf der Registerkarte *Start* zur Verfügung. Damit können Sie den Inhalt einer oder mehrerer Zellen schnell auch mittig zentriert oder rechtsbündig ausrichten.

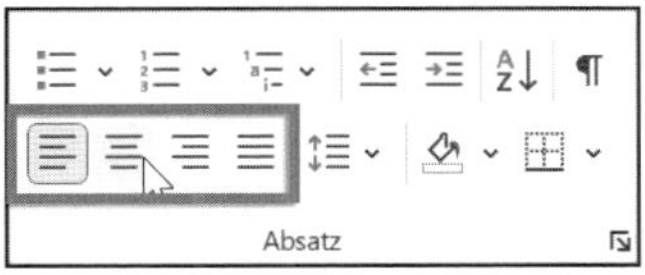

5 Um die oberste Zeile als Tabellenkopf abzusetzen, können Sie die gesamte Zeile auswählen und dann im Menüband im Bereich *Schriftart* auf das Symbol **F** für Fettdruck klicken.

Nun geht es an Formatierungen, die sich speziell auf Tabellen beziehen. Standardmäßig stehen alle Werte in der linken oberen Ecke der jeweiligen Zelle, das Zentrieren über die Funktion auf der Registerkarte *Start* bewirkt lediglich eine Zentrierung am oberen Rand der Zelle. Schöner sieht es meist aus, wenn die Zellinhalte mittig in den Zellen platziert sind:

1 Dazu markieren Sie alle Zellen, deren Inhalt mittig gesetzt werden soll.

2 Wann immer Sie eine Tabelle auswählen, wird im Menüband automatisch die Registerkarte *Tabellenlayout* eingeblendet.

3 Klicken Sie darin im Bereich *Ausrichtung* auf das Symbol *Zentriert ausrichten*.

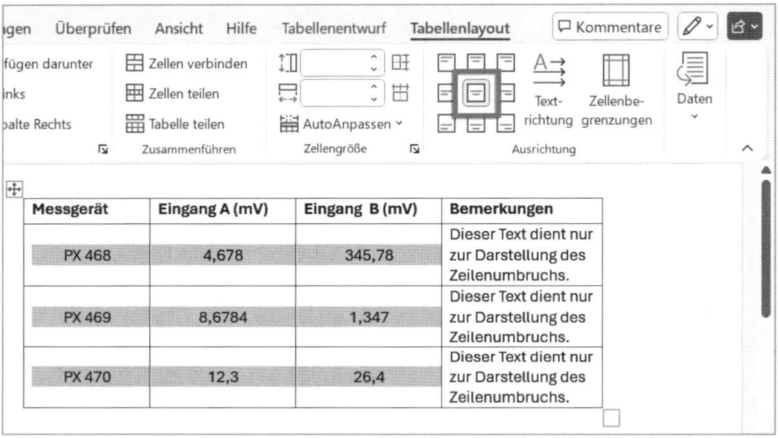

4 Nun stehen alle markierten Inhalte sowohl vertikal als auch horizontal in der Mitte der jeweiligen Zelle.

Zellen per Tabulator ausrichten

Zum Ausrichten von Zellinhalten benötigt man also nicht unbedingt Tabulatoren. Allerdings ist der dezimale Tabulator auch in Tabellen hervorragend einsetzbar, um Zellinhalte so auszurichten, dass die Dezimalstellen in allen Zeilen untereinanderstehen und dadurch besser vergleichbar sind.

TIPP

Tabulatoren immer nur spaltenweise
Dezimale Tabulatoren können jeweils nur für eine Spalte angelegt werden. Wenn Sie also zwei oder mehr Spalten mit dezimalen Tabulatoren versehen möchten, müssen Sie den Vorgang für jede Spalte entsprechend wiederholen.

1 Markieren Sie alle Zellen, für die Sie einen dezimalen Tabulator festlegen möchten.

2 Dann wählen Sie links in den Tabulatoren den dezimalen Tabulator aus. (Blenden Sie das Lineal hierfür ggf. mit der *Ansicht*-Registerkarte ein.)

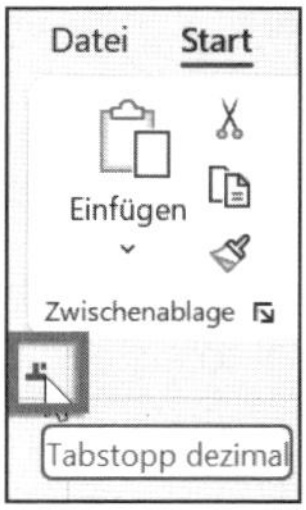

3 Nun setzen Sie den Tabulator durch einen Klick auf das Lineal oberhalb der gewählten Spalte. Wählen Sie die Stelle, an der das Komma zu sehen sein soll.

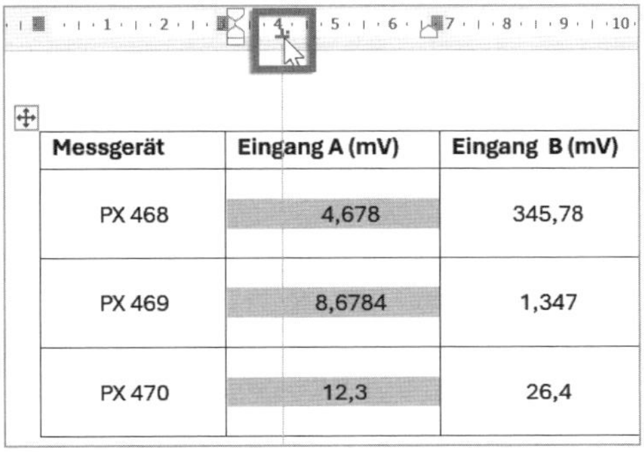

4 Sollen die Dezimalstellen nun noch nicht untereinander angeordnet werden, haben Sie die Zelle horizontal mittig gesetzt. Das hat eine höhere Priorität als der Tabulator. In diesem Fall formatieren Sie die Spalte wieder linksbündig.

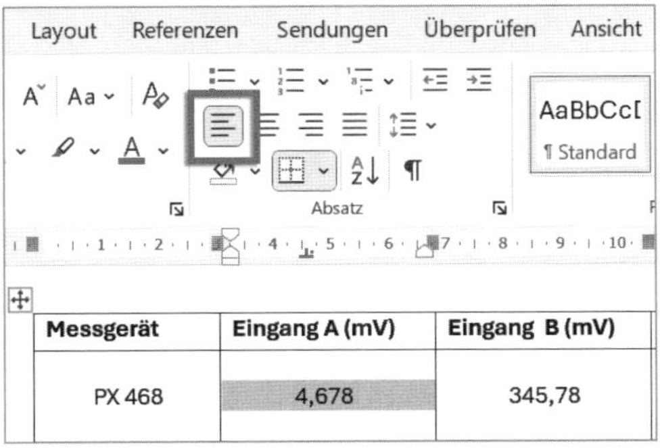

5 Machen Sie nun das Gleiche mit allen anderen Spalten, die einen dezimalen Tabulator bekommen sollen.

Zeilen und Spalten vertauschen

Vielleicht bemerken Sie beim Erstellen und Gestalten einer Tabelle erst später, dass beispielsweise Spalte 3 (*Eingang B*) vor Spalte 2 (*Eingang A*) muss. Spätestens in einem solchen Fall wäre das Gestalten nur mit Tabulatoren an seine Grenzen gekommen und würde für erheblichen Mehraufwand sorgen. Mit einer Tabelle aber können Sie solche Änderungen auch nachträglich jederzeit mit geringem Aufwand erledigen.

1 Markieren Sie die Spalte, die Sie verschieben möchten.

2 Schneiden Sie die Spalte mit dem Scherensymbol im *Start*-Register des Menübands oder mit Strg+X aus.

3 Setzen Sie die Einfügemarke in die erste Zelle der Spalte, neben der die ausgeschnittene Spalte links eingefügt werden soll. In diesem Beispiel also Spalte 2.

Messgerät	Eingang A (mV)	Bemerkungen
PX 468	4,678	Dieser Text dient nur zur Darstellung des Zeilenumbruchs.
		Dieser Text dient nur

4 Nun wählen Sie auf der Registerkarte *Start* das *Einfügen*-Symbol. Alternativ drücken Sie Strg+V, um die ausgeschnittene Spalte aus der Zwischenablage hier einzufügen. Schon haben Sie die beiden Spalten vertauscht.

Messgerät	Eingang B (mV)	Eingang A (mV)	Bemerkungen
PX 468	345,78	4,678	Dieser Text dient nur zur Darstellung des Zeilenumbruchs.
PX 469	1,347	8,6784	Dieser Text dient nur zur Darstellung des Zeilenumbruchs.
PX 470	26,4	12,3	Dieser Text dient nur zur Darstellung des Zeilenumbruchs.

Nach dem gleichen Prinzip können Sie auch Tabellenzeilen jederzeit nachträglich tauschen und verschieben.

Der tabellarische Lebenslauf mit Bild

Die Tabellenfunktion eignet sich nicht nur zum übersichtlichen Darstellen von Zahlenwerken, sondern kann auch zur ansprechenden Gestaltung genutzt werden, da Zellen, Spalten und Zeilen auch zu Layoutzwecken genutzt werden können. So lässt sich damit gut beispielsweise ein optisch ansprechender Lebenslauf anfertigen. Das Grundgerüst dafür geben Sie in die einzelnen Zellen einer Tabelle ein.

Das sieht auf den ersten Blick noch nicht besonders attraktiv aus und kann so nicht mal mit dem Lebenslauf mit Tabulatoren mithalten. Besonders stören die Gitternetzlinien, die Word nun mal standardmäßig bei Tabellen anzeigt.

Lebenslauf¶

¶

Persönliche·Daten¤	¤	¤
¤	¤	¤
Name¤	Anders·Heister¤	¤
Straße¤	Meinweg·12¤	¤
Stadt¤	98765·Hierstadt¤	¤
Geburtstag¤	01.·April·1991¤	¤
¤	¤	¤
¤	¤	¤
¤	¤	¤
¤	¤	¤
Schulausbildung¤	¤	¤
1997-2000¤	Grundschule·Hierstadt¤	¤
2000-2009¤	EinsteinGymnasium,·Hierstadt¶ Abschluss:·Abitur¤	¤

¶

Bevor Sie die Linien unsichtbar machen, sollten Sie die Spalten sinnvoll verkleinern, denn das macht die Positionierung eines Bildes einfacher.

1 Sie machen die Linien unsichtbar, indem Sie die Tabelle markieren.

2 Dann wählen Sie auf der Registerkarte *Start* bei *Absatz* das Listenfeld für die Rahmen.

3 Dort entscheiden Sie sich für *Kein Rahmen*.

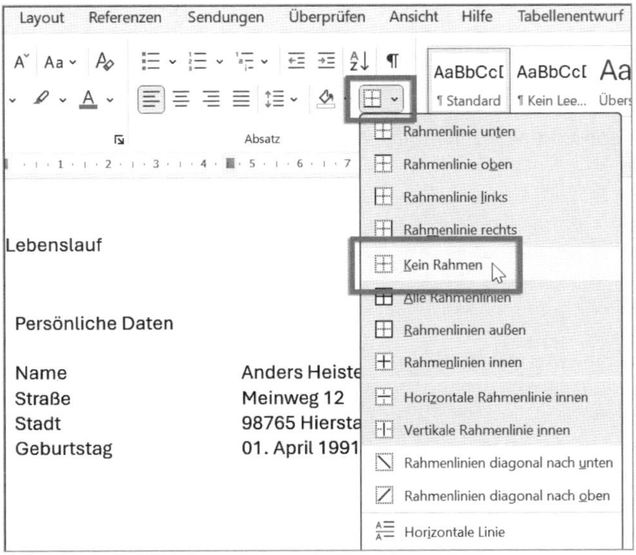

Wenn Sie nun noch ein Bild einfügen, ist der Lebenslauf mit der Tabellenfunktion eine durchaus ernst zu nehmende Alternative zu Tabulatoren.

1 Wählen Sie *Bilder* auf der Registerkarte *Einfügen*.

2 Klicken Sie dann auf *Dieses Gerät* und lokalisieren Sie auf Ihrer Festplatte das gewünschte Bild.

3 Öffnen Sie nach dem Einfügen des Bildes ins Dokument dessen *Layoutoptionen* mit dem Symbol rechts daneben.

4 Wenn Sie das in der Abbildung markierte Symbol nehmen (*Quadrat*), lässt sich das Bild an eine beliebige Position schieben.

5 Ziehen Sie das Bild anschließend bei gedrückter Maustaste rechts neben die Tabelle.

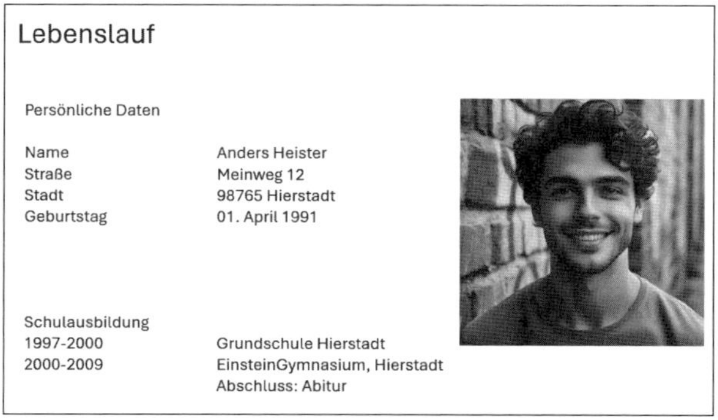
Lebenslauf

Persönliche Daten

Name	Anders Heister
Straße	Meinweg 12
Stadt	98765 Hierstadt
Geburtstag	01. April 1991

Schulausbildung	
1997-2000	Grundschule Hierstadt
2000-2009	EinsteinGymnasium, Hierstadt
	Abschluss: Abitur

Tabellen in Text – Text in Tabellen

Falls Sie bei einem konkreten Dokument unsicher sind, ob Sie den Text mit Tabulatoren oder einer Tabelle strukturieren sollen, wählen Sie einfach irgendeine der Möglichkeiten. Es spricht beispielsweise nichts dagegen, bei einer einfachen Struktur zunächst mit Tabulatoren zu beginnen und ggf. später doch zu einer Tabelle zu wechseln. Denn Sie können nachträglich Texte mit Tabulatoren in Tabellen umwandeln und umgekehrt.

Word ermöglicht dies ohne größeren Aufwand, sofern der Text mit Tabulatoren einigermaßen systematisch und einheitlich erstellt wurde. Dann lässt sich daraus mit wenigen Mausklicks eine entsprechende Tabelle machen.

Angenommen, Sie haben die folgende Tabelle mithilfe der ⭾-Taste erzeugt, d. h., zwischen jedem Inhalt befindet sich ein Tabulatorzeichen. Ich lasse für das folgende Beispiel die nicht druckbaren Sonderzeichen bewusst sichtbar, damit Sie besser nachvollziehen können, was geschieht.

```
Lebenslauf¶

¶

Persönliche·Daten  →  ¶

           →          ¶

Name:          →      Anders·Heister¶

Straße:        →      Meinweg·12¶

Stadt:         →      98765·Hierstadt¶

Geburtstag:    →      01.·April·1991¶

Familienstand: →      Ledig¶

 →  ¶
```

Wenn Sie nun beschließen, diesen Text – mehr ist es nämlich für Word nicht, auch wenn es für uns wie eine Tabelle aussieht – doch lieber in eine »echte« Tabelle zu konvertieren, gehen Sie dazu folgendermaßen vor:

1 Markieren Sie zunächst den gesamten Text, den Sie umwandeln möchten.

2 Klicken Sie im Register *Einfügen* auf *Tabelle*.

3 Wählen Sie *Text in Tabelle umwandeln*.

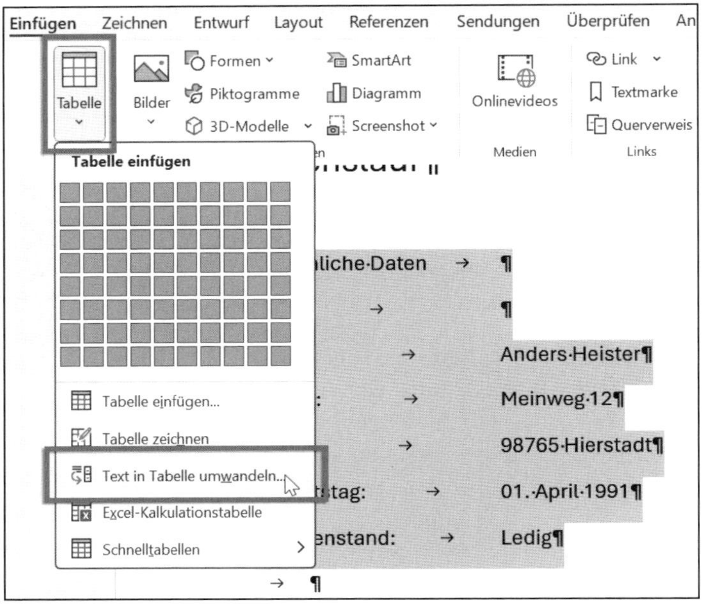

4 Im folgenden Dialog bestimmen Sie die Spaltenanzahl und entscheiden, an welchen Trennzeichen Word sich orientieren soll. Das Beispiel verwendet *Tabstopps*.

5 Klicken Sie auf *OK*, um den Text mit diesen Vorgaben in eine Tabelle umzuwandeln. Diese können Sie dann wie jede andere Tabelle in Word beliebig bearbeiten und gestalten.

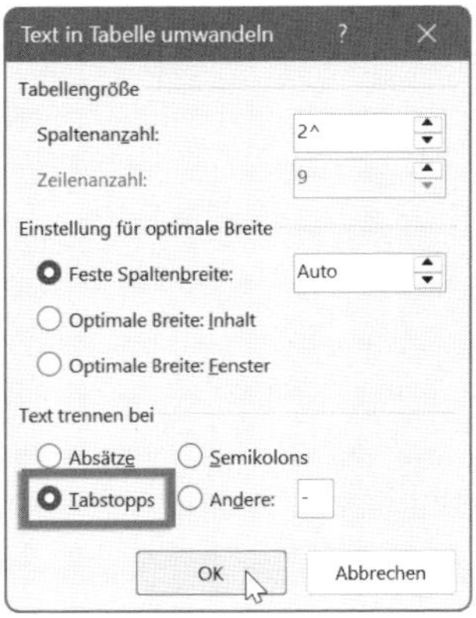

Persönliche Daten	
Name:	Anders Heister
Straße:	Meinweg 12
Stadt:	98765 Hierstadt
Geburtstag:	01. April 1991
Familienstand:	Ledig

Natürlich können Sie auch den anderen Weg gehen, also eine Tabelle in einen Text mit Tabulatoren umwandeln.

1 Markieren Sie die Tabelle, die Sie umwandeln möchten, am einfachsten mit dem Tabellensymbol links oberhalb der Tabelle (es erscheint, wenn Sie den Mauszeiger über die Tabelle bewegen).

Persönliche Daten	
Name:	Anders Heister
Straße:	Meinweg 12
Stadt:	98765 Hierstadt
Geburtstag:	01. April 1991
Familienstand:	Ledig

2 Dann wählen Sie die bei ausgewählter Tabelle angezeigte Menüband-Kategorie *Tabellenlayout* aus.

3 Hier finden Sie ganz rechts im Bereich *Daten* (ggf. mit dem Pfeilsymbol nach unten ausklappen) die Option *In Text konvertieren*, die Sie anklicken.

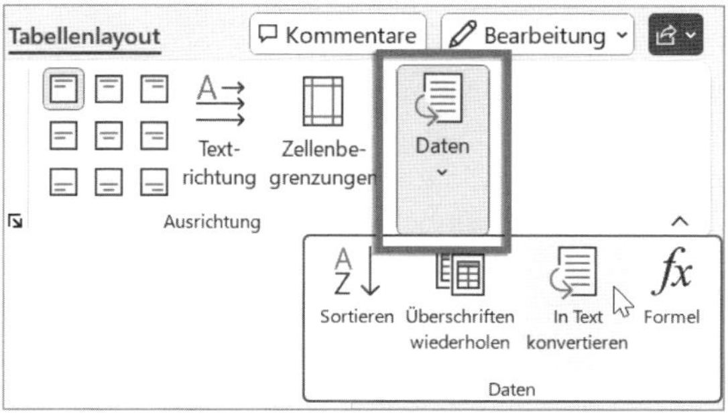

4 Die nächste Entscheidung, die Sie treffen müssen, ist, welches Trennzeichen Sie zwischen den Texten haben möchten. Bestätigen Sie mit *OK*.

5 Und schon haben Sie unsere Tabelle mit Tabulatoren dazwischen erstellt.

Rechnen in Word-Tabellen

Wenn Sie eine Tabelle mit Formeln für automatische Berechnungen benötigen, empfiehlt sich dafür grundsätzlich Excel, da genau das zu seiner Kernkompetenz gehört und Ihnen damit eine Vielzahl von Formeln und Automatismen zur Verfügung steht.

Wenn Sie aber eine Tabelle in einem Word-Dokument benötigen, die neben Daten und erläuterndem Text einige wenige einfache Berechnungen enthalten soll, müssen Sie nicht gleich zu Excel ausweichen. Einfache Berechnungen auf Basis der Grundrechenarten beherrscht auch Word.

Aber wichtig: Das funktioniert nur mit der Tabellenfunktion und nicht bei Texten mit Tabstopps.

In der folgenden Beispieltabelle sollen die Werte von *Eingang A* mit den Werten von *Eingang B* multipliziert werden.

Messgerät	Eingang A (mV)	Eingang B (mV)	Ergebnis
PX 468	4,678	345,78	
PX 469	8,6784	1,347	
PX 470	12,3	26,4	

Ähnlich wie bei Excel müssen Sie dazu in den Ergebniszellen eine Formel eingeben, jedoch mit einem großen Unterschied: Es gibt in Word-Tabellen anders als bei Excel keine Zeilen- und Spaltenköpfe mit Buchstaben und Zahlen zum Referenzieren von Zellen. In welcher Zelle befindet sich z. B. der Wert *12,3*?

Hierzu müssen Sie analog zu Excel selbst abzählen. Die Zeilen der Tabelle sind von oben nach unten durchnummeriert, beginnend mit 1. Die Spalten werden mit den Buchstaben des Alphabets bezeichnet, also A, B, C usw. Die oben dargestellte Beispieltabelle reicht also von A1 bis D4 und der Wert *12,3* befindet sich in Zelle B4.

A1	B1	C1	D1
A2	B2	C2	D2
A3	B3	C3	D3
A4	B4	C4	D4

Mit diesem Wissen ausgestattet, können Sie nun Rechenformeln in die Tabelle einfügen.

1 Um Zelle B2 mit C2 zu multiplizieren und das Ergebnis in Zelle D2 anzuzeigen, platzieren Sie die Einfügemarke in Zelle D2.

2 Klicken Sie in der Menüband-Kategorie *Tabellenlayout* im Bereich *Daten* auf *Formel*.

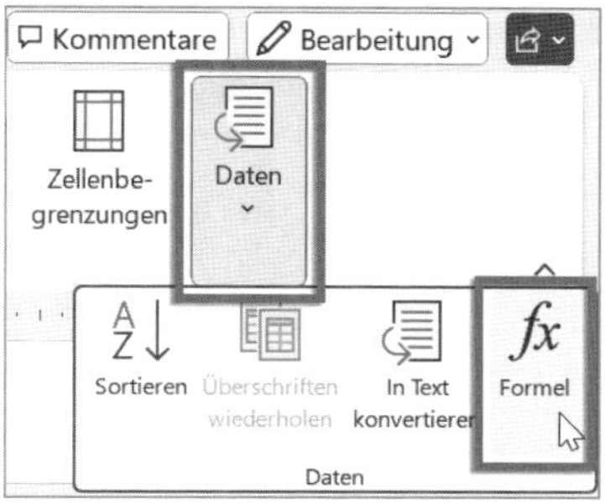

3 Word schlägt Ihnen im so geöffneten Dialog eine Formel vor, die meist eine Summe beispielsweise der Zellen links oder oberhalb bildet. Das kann praktisch sein, aber in diesem Fall soll der Inhalt zweier Zellen multipliziert werden. Lassen Sie also nur das = stehen und fügen Sie dahinter die Formel wie in der Abbildung ein.

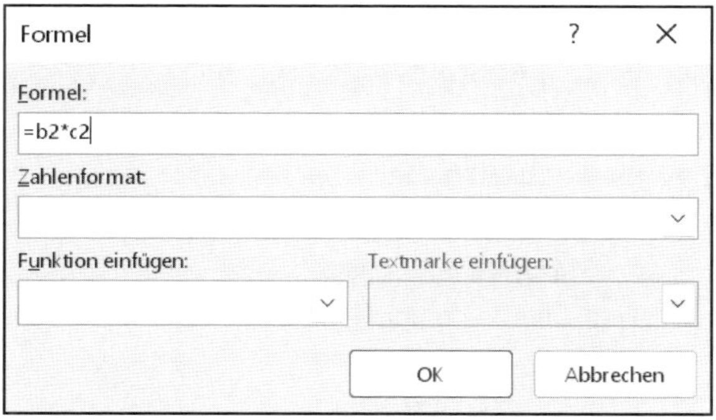

4 Danach können Sie bei *Zahlenformat* ggf. eine passende Formatierung für das Ergebnis auswählen. Dadurch lassen sich beispielsweise die Nachkommastellen begrenzen oder eine Maßeinheit ergänzen. Die seltsamen Zeichen in den Zahlenformaten werden in Kapitel 4 ab Seite 296 erläutert. Fügen Sie die Formel mit *OK* ein.

Messgerät	Eingang A (mV)	Eingang B (mV)	Ergebnis
PX 468	4,678	345,78	1617,559
PX 469	8,6784	1,347	
PX 470	12,3	26,4	

5 Wenn Sie es von Excel gewohnt sind, Formeln automatisiert für andere Zellen übernehmen zu können, wird Word Sie enttäuschen. Sie müssen jede Formel einzeln anlegen. Dafür ist Handarbeit erforderlich.

Messgerät	Eingang A (mV)	Eingang B (mV)	Ergebnis
PX 468	4,678	345,78	1617,559
PX 469	8,6784	1,347	11,6898
PX 470	12,3	26,4	324,7

TIPP

Formeln in andere Zellen übernehmen

Um eine fertig erstellte Formel in andere Zellen zu übernehmen, können Sie den Zellinhalt mit Strg+C kopieren und dann mit Strg+V in die anderen Zellen einfügen. Word passt die Zellreferenzen dabei allerdings nicht an. Klicken Sie mit der rechten Maustaste auf den eingefügten Inhalt (also das »falsche« Ergebnis) und wählen Sie im so geöffneten Kontextmenü *Feld bearbeiten* und dann *Formeln*. So gelangen Sie wieder in den Formel-Dialog, in dem Sie die Zellreferenzen korrigieren können.

Wichtig: Formelergebnisse aktuell halten

Wenn Sie Werte in der Tabelle ändern, wird Word anders als Excel betroffene Formeln nicht automatisch neu berechnen. Das erfolgt grundsätzlich nur, wenn Sie die jeweilige Zelle(n) markieren und F9 drücken. Dazu noch folgende Hinweise:

- Wenn Sie mit solchen Formeln arbeiten, merken Sie sich die Tastenkürzel Strg+A, gefolgt von F9. Das erste markiert das gesamte Dokument, das zweite aktualisiert alle Felder und berechnet dabei die Ergebnisse aller enthaltenen Formeln neu. Wenn Sie in einem Dokument Formeln verwenden, können Sie so jederzeit sicherstellen, dass diese alle auf dem aktuellen Stand sind.
- Wenn Sie mit Formeln (oder auch anderen Feldern) arbeiten, sollten Sie in den Word-Optionen (*Datei/Optionen*) in der Kategorie *Anzeige* rechts im Abschnitt *Druckoptionen* die Option *Felder vor dem Drucken aktualisieren* aktivieren. So stellen Sie sicher, dass vor jedem Druck alle im Dokument enthaltenen Felder noch einmal frisch berechnet werden und der Ausdruck somit keinesfalls veralteten Inhalt aufweist.

Und falls Ihnen das alles zu umständlich ist: Der nachfolgende Abschnitt zeigt Ihnen, wie Sie die Vorteile einer Excel-Tabelle auch in Word nutzen können.

Mit Excel in Word rechnen

Im vorherigen Abschnitt ging es um das Rechnen in Word-Tabellen, was sich allerdings nur in einem überschaubaren Rahmen sinnvoll nutzen lässt. Sobald es um mehr als ein paar wenige Formeln geht, wird das Verhältnis von Aufwand zu Nutzen zusehends schlechter. Für solche Fälle empfiehlt es sich, eine Excel-Tabelle ins Dokument zu integrieren, um alle Vorteile Excels innerhalb von Word nutzen zu können.

1 Klicken Sie in der Menüband-Kategorie *Einfügen* auf *Tabelle* und entscheiden Sie sich für *Excel-Kalkulationstabelle*.

2 Dadurch wird an der Einfügemarke eine leere Excel-Tabelle in Ihr Dokument eingefügt. Gleichzeitig wird das Word-Menüband durch das Excel-Menüband ersetzt.

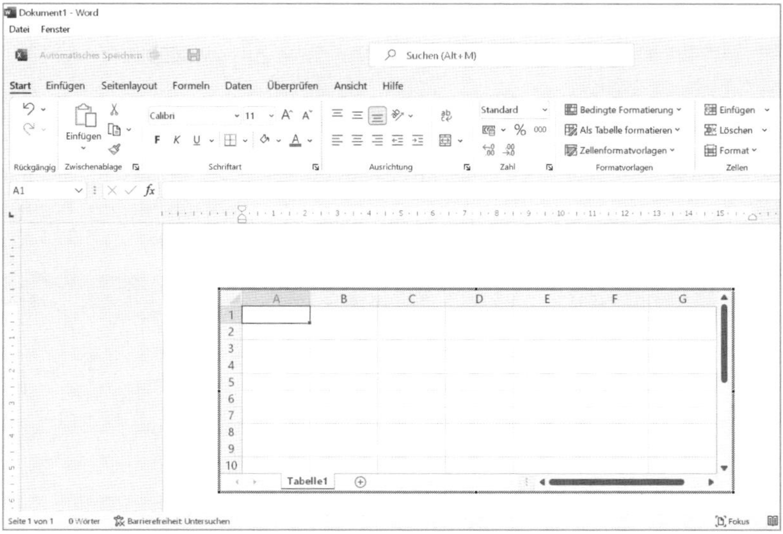

3 Diese Tabelle können Sie nun, wie in Kapitel 4 zum Programm Excel beschrieben, mit allen Excel-Funktionen und Möglichkeiten bearbeiten.

Haben Sie Ihre Eingaben vorgenommen, klicken Sie irgendwo in Ihr Dokument, und Sie kommen wieder zum »reinen« Word (einschließlich des passenden Menübands) zurück. Sollten Sie die Tabelle später bearbeiten wollen, führen Sie einen Doppelklick darauf aus, um vorübergehend wieder zum »Excel-Modus« zu wechseln.

Excel-Tabellen dynamisch einbinden

Sie können auch eine vorhandene Excel-Tabelle in ein Word-Dokument einfügen. Diese wird dabei dynamisch verknüpft, sodass sich Werte, die Sie in der Excel-Tabelle verändern, gleichzeitig auch in der verknüpften Tabelle im Word-Dokument verändern. Einmal verknüpft, wird die Tabelle im Dokument also automatisch auf dem aktuellen Stand gehalten.

1 Zum dynamischen Einbinden einer bestehenden Excel-Tabelle wählen Sie in der Menüband-Kategorie *Einfügen* rechts bei der Auswahl *Text* das Symbol für *Objekt*.

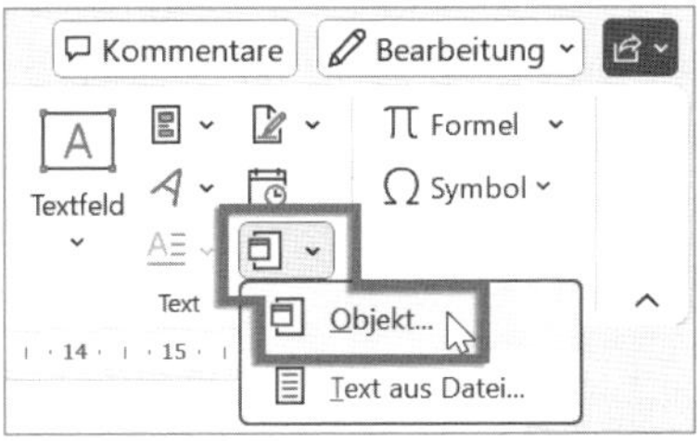

2 Im so geöffneten Auswahlmenü klicken Sie auf *Objekt*.

3 Wechseln Sie im folgenden Dialog in die Rubrik *Aus Datei erstellen*.

4 Navigieren Sie mit *Durchsuchen* zu dem Ordner, in dem sich Ihre Tabelle befindet. Wählen Sie sie aus und klicken Sie dann auf *OK*.

5 Wichtig: Setzen Sie im Dialog das Häkchen bei *Verknüpfen*. Nur dann wird die Tabelle dynamisch eingebunden, sodass bei Änderungen in Excel auch die verknüpfte Tabelle in Word aktualisiert wird.

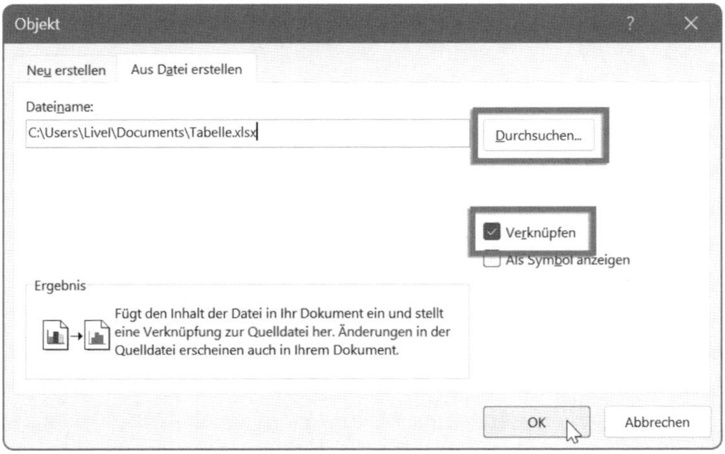

Auch auf diese Weise eingefügte Tabellen können Sie in Ihrem Dokument jederzeit per Doppelklick zum Bearbeiten öffnen. Im Unterschied zur vorherigen Variante wird hierbei aber nicht das Menüband von Excel in Word angezeigt.

Stattdessen wird die Tabelle separat in der Excel-Anwendung geöffnet. Dort können Sie alles bearbeiten und abschließend speichern. Durch die dynamische Verknüpfung finden sich Ihre Änderungen auch direkt im Word-Dokument wieder.

Excel-Diagramme in Word

Neben oder anstelle von Tabellen benötigt man in Dokumenten vielleicht auch Diagramme, die in Excel erfasste Daten veranschaulichen. Auch diese lassen sich in Word (oder auch PowerPoint) einfügen, sodass Sie den aufwendigen Teil (das Erfassen und/oder Berechnen der Zahlen) in Excel erledigen und das Ergebnis dann als Abbildung in Ihrem Word-Text nutzen können. Dabei gibt es drei verschiedene Möglichkeiten der Verbindung zwischen Word und Excel.

Diagramme als Grafikobjekt einbinden

Die gebräuchlichste Variante ist es, ein Diagramm aus einem Excel-Arbeitsblatt als Grafikobjekt in ein Word-Dokument einzubinden. Das Diagramm wird dadurch in seiner aktuellen Darstellung zu einer Abbildung im Text. Gleichzeitig behält es eine Verbindung zu seiner Datenquelle, sodass es aktualisiert wird, wenn sich die zugrunde liegenden Daten in der Excel-Datei verändern. So ist gewährleistet, dass die Abbildung immer auf dem aktuellen Stand ist.

1 Gehen Sie in die Tabelle in Excel, in der die Grafik zu finden ist, und klicken Sie diese an. Wundern Sie sich nicht, wenn dadurch auch die Werte in der Wertetabelle markiert werden.

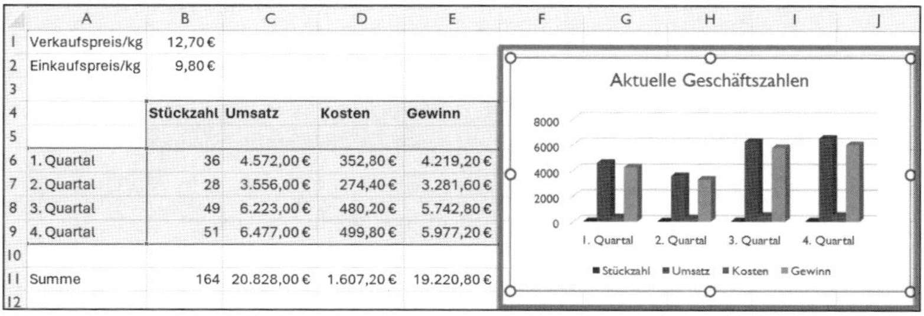

2 Drücken Sie nun ganz klassisch Strg+C, um die Grafik in die Windows-Zwischenablage zu kopieren.

3 Wechseln Sie dann in Word und platzieren Sie die Einfügemarke an der Stelle, an der die Grafik eingefügt werden soll.

4 Drücken Sie nun Strg+V, um die Grafik aus der Zwischenablage in das Dokument einzufügen.

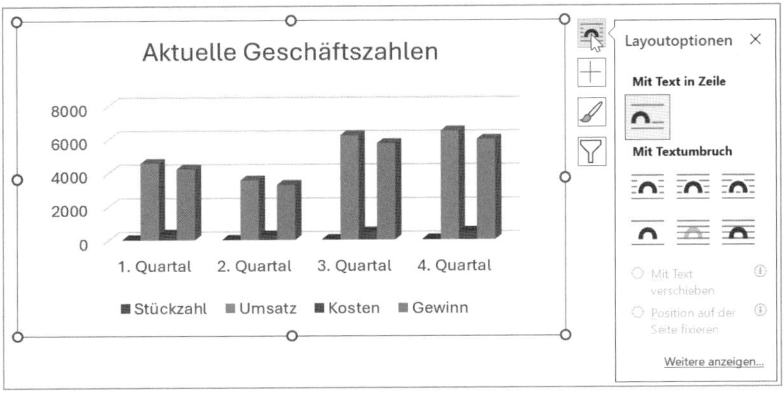

Dadurch wurde nun eine Verknüpfung von der Excel-Grafik zur Word-Grafik erzeugt, d. h., dass jede Änderung der Daten in Excel eine Änderung der Grafik in Word bedeutet. Wobei sich diese Dynamik nur auf die Daten aus der Tabelle bezieht. Ändern Sie beispielsweise in Excel später den Titel des Diagramms, findet sich das nicht automatisch in Word wieder. Stattdessen können Sie den Titel des Diagramms in Word unabhängig vom Titel in Excel anpassen.

Im Allgemeinen erfolgt diese Aktualisierung automatisch, allerdings nicht immer in Echtzeit. Falls es mal zu Verzögerungen kommen sollte oder Sie ganz sicher sein wollen, dass Sie in Word die aktuellen Daten haben, klicken Sie dort im Menüband in der Registerkarte *Diagrammentwurf* (wird angezeigt, wenn Sie das Diagramm auswählen) im Bereich *Daten* auf *Daten aktualisieren*.

Dieser Weg geht nämlich nur in eine Richtung von Excel nach Word. Sie sehen an den Symbolen auf der rechten Seite der Grafik, dass Sie das Aussehen der Grafik in Word noch verändern können. Diese Änderungen in Word haben aber nicht zur Folge, dass auch Änderungen in Excel stattfinden.

Was Sie in Word hier eingefügt haben, ist ein sogenanntes Microsoft-Office-Grafikobjekt, d. h., die Grafik ist wirklich physisch in Word gelandet, aber sie weiß dort auch noch, woher sie stammt, deshalb werden Änderungen im Herkunftsprogramm automatisch aktualisiert.

Diagramme als statische Abbildungen

Nicht immer ist das automatische Aktualisieren von Diagrammen erwünscht. Vielleicht möchten Sie ganz bewusst den Stand zu einem bestimmten Zeitpunkt dokumentieren, oder der Text bezieht sich ausdrücklich auf bestimmte Werte der Darstellung. Dann können Sie ein Diagramm auch als statische Abbildung von Excel übernehmen, an der sich garantiert nichts mehr ändern wird.

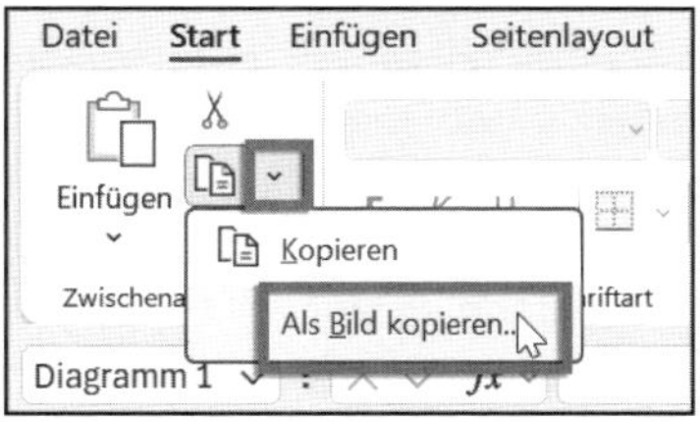

1 Markieren Sie zunächst ganz klassisch in Excel die Grafik.

2 Klicken Sie dann auf der Registerkarte *Start* das Pfeilsymbol der *Kopieren*-Schaltfläche an und wählen Sie im aufgeklappten Auswahlfeld *Als Bild kopieren*.

3 Nun müssen Sie noch entscheiden, wie Sie die Grafik kopieren möchten:

- *Wie angezeigt* optimiert die Auflösung für die Darstellung am Bildschirm, was ressourcensparend ist.
- *Wie ausgedruckt* erstellt das Bild in einer höheren Auflösung, die sich auf das Ausdrucken bzw. für das Erstellen von Druckvorlagen eignet.
- *Bild* verwendet ein Vektorformat, das sich nach dem Einfügen praktisch beliebig skalieren lässt, ohne an Qualität zu verlieren. Dafür kann der Ressourcenbedarf größer sein.
- *Bitmap* verwendet ein binäres Format, das meist ressourcensparender ist, sich dafür aber nur sehr begrenzt vergrößern lässt.

Wählen Sie die gewünschte Variante aus (in der Regel machen Sie mit *Wie angezeigt* und *Bild* nichts falsch) und klicken Sie auf *OK*, um die Grafik in die Windows-Zwischenablage zu übernehmen.

4 Wechseln Sie dann zu Word (oder ebenso zu PowerPoint).

5 Fügen Sie das Bild hier mit [Strg]+[V] als statisches Bild ein.

Die so eingefügte Grafik sieht auf den ersten Blick aus wie bei der ersten Variante. Es handelt sich aber um ein Bild, wie Sie es auch über die Registerkarte *Einfügen* und *Bilder* bekommen hätten. Es hat also keinen Bezug mehr zu Excel und den Daten, aus denen es ursprünglich generiert wurde.

Diagramme als Verknüpfung

Es gibt noch eine dritte Möglichkeit, die vor allem interessant ist, wenn Sie sehr viele Diagramme aus Excel in ein Dokument übernehmen möchten. Dann haben die ersten beiden Varianten den Nachteil, dass sie das Dokument erheblich aufblähen, weil die Daten der Grafiken mit in der Dokumentdatei gespeichert werden. Dadurch wird diese sehr groß und das Speichern, Laden sowie Operationen im gesamten Dokument können länger dauern. In solchen Fällen kann es sinnvoll sein, nicht die Grafiken selbst in das Dokument zu importieren, sondern darin lediglich Verknüpfungen anzulegen. Die Diagramme werden dann an diesen Stellen wie gewünscht angezeigt. Die Daten dafür werden aber jeweils aus der Excel-Datei eingelesen.

1 Markieren und kopieren Sie das Diagramm in Excel wie bisher mit Strg+C.

2 Dann wechseln Sie zu Word (oder PowerPoint) und platzieren die Einfügemarke an der Stelle, an der die Grafik eingefügt werden soll.

3 Nun klicken Sie in der Menüband-Registerkarte *Start* auf das Pfeilsymbol bei *Einfügen*.

4 In der so geöffneten Auswahlliste entscheiden Sie sich für *Inhalte einfügen*.

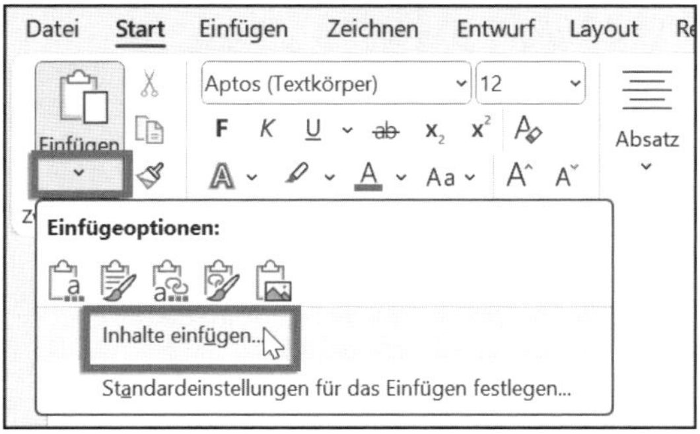

5 Im folgenden Dialog wählen Sie in der Liste den Eintrag *Microsoft Office-Grafikobjekt*.

6 Schalten Sie zusätzlich links die Option *Verknüpfung einfügen* ein.

7 Klicken Sie dann unten auf *OK*, um die Verknüpfung ins Dokument einzufügen.

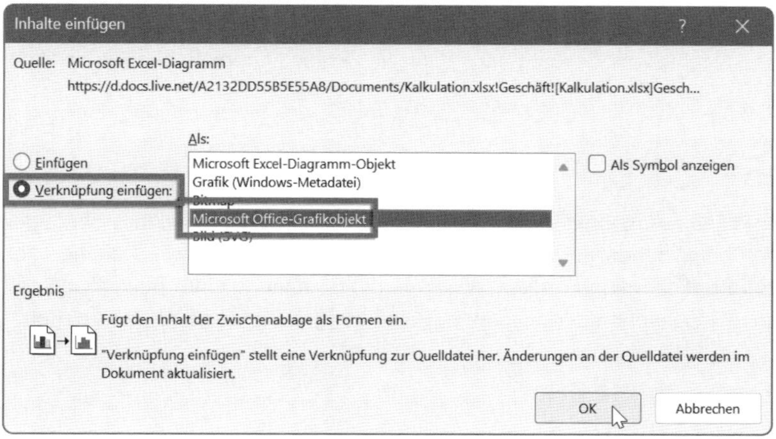

Optisch werden Sie keinen Unterschied feststellen zwischen diesem Verknüpfen und dem direkten Einfügen als Grafik. Der Unterschied ist jedoch gravierend! Denn bei einer solchen Verknüpfung befindet sich das Objekt nicht wirklich physisch in der Word-Datei, sondern es wurde nur ein Pfad zur Excel-Datei gelegt. Das heißt, wenn Sie die Word-Datei öffnen, sucht Word nach der verknüpften Excel-Tabelle und lädt sich die Daten. Auch in diesem Fall haben Sie also immer die aktuellen Daten.

Was aber, wenn Sie die Tabelle in einen anderen Ordner legen? Oder wenn Sie die Word-Datei auf das Notebook schieben, die zugehörige Excel-Tabelle aber nicht? In diesem Fall findet Word an dem in der Datei gespeicherten Pfad keine Excel-Grafik und zeigt Ihnen einen entsprechenden Hinweis an.

Welche Variante ist die beste?

Welche dieser Varianten nun die beste ist, hängt davon ab, was Sie brauchen. Möchten Sie den sicheren Weg gehen, sollten Sie keine Verknüpfung wählen, denn Sie wissen, bei einer Verknüpfung liegt die Datei nicht physisch in dem entsprechenden Dokument, sondern nur ein Pfad. Und wenn sich der Pfad verändert, findet das Programm die Datei nicht mehr.

Der Vorteil einer Verknüpfung ist: Gerade bei Word-Dateien mit verknüpften Excel- oder PowerPoint-Grafiken bleibt die Word-Datei erstaunlich klein. Jedes Bild, jede Grafik, die sich physisch in dem Programm befindet, bläht die Datei auf.

Müssen Ihre Daten immer auf dem aktuellen Stand sein, egal, wer sie präsentiert, müssen Sie die Daten verknüpfen und immer aufpassen, dass alles zusammen verschoben wird.

Der Nachteil der Verknüpfung: Wenn sich Pfade ändern, haben Sie ein Problem.

3.3 Besondere Texte – Briefe

In diesem Abschnitt sollen einige spezielle Dokumente und ihre Besonderheiten besprochen werden. Worauf müssen Sie achten, wenn Sie einen normalen Brief schreiben wollen? Wie sieht die Gestaltung einer Bewerbung optimal aus? In Abschnitt 3.4 wird es um Einladungen und Visitenkarten gehen.

Der perfekte Brief

In Deutschland ist bekanntlich alles normiert. Und auch für formelle Briefe beispielsweise im Geschäftsleben gibt es eine Norm – namentlich DIN 5008. Dies soll jetzt aber kein Kapitel über Details von DIN-Normen werden, sondern ich möchte Ihnen zeigen, wie Sie welche Werte aus DIN-Normen wo in Word eingeben können.

In der DIN-Norm werden beispielsweise Seitenränder festgelegt und Positionsangaben gemacht, damit der Adressblock eines Briefes optimal in einen Fensterumschlag passt. Wenn Sie eine Bewerbung oder einen Lebenslauf mit Word erstellen, dürfen die in der Norm genannten exakten Millimeterangaben ruhig gerundet werden.

So legt die Norm den linken Seitenrand auf 2,1 cm fest. Es ist aber durchaus akzeptabel, wenn Sie den Standardseitenrand von Word von 2,5 cm benutzen. Erkundigen Sie sich trotzdem in Ihrer Firma oder an der Uni, wie genau Sie hier sein müssen.

Adressblock positionieren

Eines der wichtigsten Elemente eines Briefes ist der Adressblock. Er muss an der richtigen Stelle positioniert sein, sodass er in einem üblichen Fensterumschlag auch vollständig zu sehen ist.

1 Gehen Sie in der Menüband-Kategorie *Layout* ganz links auf das Symbol *Seitenränder*.

2 Wählen Sie in der Auswahlliste ganz unten *Benutzerdefinierte Seitenränder*.

3 Tragen Sie im so geöffneten Dialog *Seite einrichten* in der Rubrik *Seitenränder* folgende Werte ein:

- *Oben: 5,5 cm*
- *Links: 2,4 cm*
- *Rechts: 2,4 cm*
  (Den Wert für *Rechts* brauchen Sie für den Adressblock nicht, aber für den Rest des Briefes.)

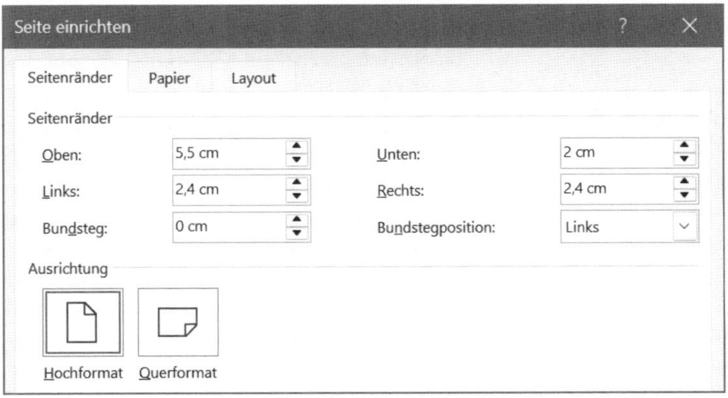

4 Bestätigen Sie diese Angaben unten mit *OK*.

5 Nun können Sie direkt am oberen Rand des Dokuments die Adresse des Empfängers eintragen. Durch das Festlegen des oberen und linken Randes ist sichergestellt, dass die eingegebene Adresse in einem Fensterkuvert sichtbar ist.

TIPP

Die Größe des Adressblocks
Für das Anschriftfeld steht Ihnen eine Größe von 45 x 85 mm zur Verfügung. Der Schriftgrad sollte zwischen 10–12 liegen. Dabei können Sie bis zu sechs Zeilen nutzen. Die Adresse sollte ohne Leerzeilen eingegeben werden. Es empfiehlt sich eine gut lesbare, serifenlose Schrift wie etwa Arial oder die Office-Standardschrift Aptos.

Datum einfügen

Ist die Anschrift korrekt platziert, brauchen Sie mit den weiteren Angaben wie etwa dem Datum nicht mehr so akribisch zu sein. Sofern es hierfür keine Vorgaben beispielsweise des Arbeitgebers gibt (die dann vermutlich über Dokumentvorlagen realisiert werden), können Sie sich hier von Augenmaß und Geschmack leiten lassen.

1 Drücken Sie die [↵]-Taste, bis Sie drei Leerzeilen eingefügt haben, und geben Sie das Datum ein. Wenn Sie möchten, können Sie die Feldfunktion *Datum* von Word verwenden. Dazu wählen Sie in der Menüband-Kategorie *Einfügen* ziemlich weit rechts im Bereich *Text* das Symbol für *Datum und Uhrzeit*.

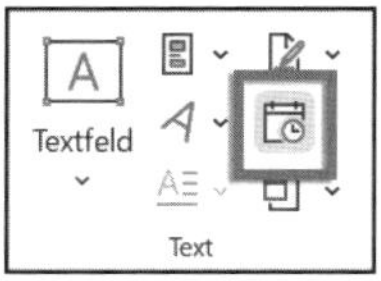

2 Im darauffolgenden Dialog wählen Sie das gewünschte Datumsformat aus. Fügen Sie das Datum dann mit *OK* ein.

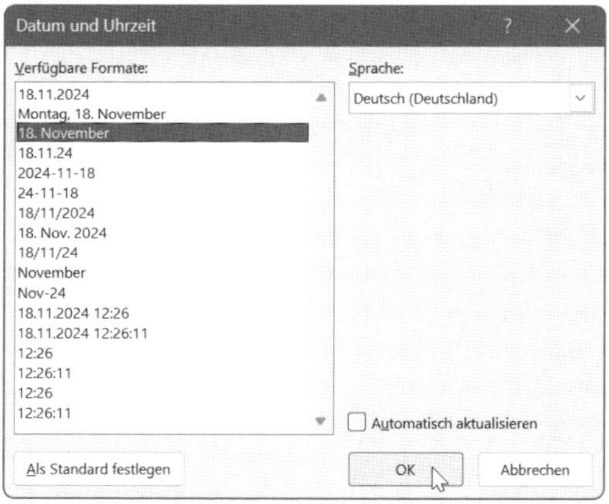

3 Damit das Datum wie üblich am rechten Rand angezeigt wird, klicken Sie nun in der Menüband-Kategorie *Start* im Bereich *Absatz* auf das Symbol für *Rechtsbündig ausrichten.*

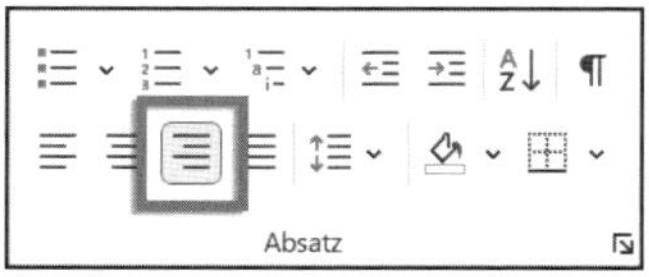

Betreff und Grußformel

Nun geht es an Betreff, Grußformel und den eigentlichen Inhalt des Briefes:

1 Unter dem Datum folgen weitere drei Leerzeilen und dann die Betreffzeile (selbstverständlich wieder linksbündig). Nach der DIN-Norm wird das Wort »Betreff« nicht mehr verwendet. Stattdessen schreibt man nun den eigentlichen Betreff in eine Zeile. Dessen Schrift wird fett formatiert (mit dem **F**-Symbol im Bereich *Schriftart* der *Start*-Kategorie).

2 Fügen Sie dann zwei weitere Leerzeilen ein und schreiben Sie die Anrede.

3 Nach einer weiteren Leerzeile beginnen Sie nun mit dem eigentlichen Brieftext.

18.11.2024¶

¶

¶

Ihre·Berichterstattung·über·die·Straßenreinigung¶

¶

¶

Sehr·geehrte·Damen·und·Herren,¶

¶

mit·großem·Bedauern·muss·ich·feststellen,·dass·die·Straßenreinigung·in·unserer·Stadt·

4 Am Ende des Briefes fügen Sie erneut eine Leerzeile ein und haben nun die Position erreicht, an der die Grußformel (»Mit freundlichen Grüßen«) und Ihr Name stehen sollen. Hier können Sie dann auch einen Textbaustein einfügen.

5 Nach der Grußformel folgen drei bis vier weitere Leerzeilen, diese bieten Platz für die Unterschrift und den Namen des Unterzeichners.

Ich·fordere·die·zuständigen·Behörden·daher·auf,·sofortige·Maßnahmen·zu·ergreifen,·um·die·Straßenreinigung·zu·verbessern.·Regelmäßige·Reinigungseinsätze·und·verstärkte·Kontrollen·könnten·dazu·beitragen,·die·genannten·Probleme·zu·lösen·und·unsere·Stadt·zu·einem·saubereren·und·sichereren·Ort·zu·machen.¶

Mit·freundlichen·Grüßen,¶

¶

¶

¶

Anders·Heister¶

Was sollten Sie noch bedenken? Verwenden Sie zugunsten der Lesbarkeit im Text keine Schrift, die kleiner als 10 Punkt ist.

Aus dem gleichen Grund sind in offiziellen Briefen auch Schriftarten im Stil einer Handschrift nicht empfehlenswert. Verzichten Sie auch sonst zumindest in formellen Schreiben auf ausgefallene Schriftarten und -stile.

TIPP

Unerwünschtes Trennen von Wörtern verhindern

Eigennamen, Zahlen, Abkürzungen oder etwa Werte von Einheiten sollten im Allgemeinen nicht voneinander getrennt auf zwei Zeilen verteilt werden. Aber auch ein akademischer Titel vor dem Namen sollte stets mit in derselben Zeile stehen. Um das zu gewährleisten, gibt es bei Word das geschützte Leerzeichen. Sollen zwei Wörter oder Ausdrücke keinesfalls durch einen Zeilenumbruch getrennt werden, fügen Sie Leerzeichen dazwischen nicht mit der Leer-Taste, sondern mit Strg+⇧+Leer ein. Das so eingefügte geschützte Leerzeichen sieht wie ein herkömmliches Leerzeichen aus bzw. wird bei aktivierten Formatierungssymbolen durch einen kleinen Kreis dargestellt. Es trägt die Information in sich, dass die Elemente links und rechts davon zusammengehören und nicht getrennt werden dürfen.

Vorlagen als virtuelles Briefpapier

Wenn Sie einmal ein passendes Briefdokument erstellt haben, wäre es sinnvoll, dieses immer wieder für weitere Briefe nutzen zu können. Sie könnten dazu diesen gespeicherten Brief öffnen, verändern und unter einem anderen Dateinamen ablegen. Damit haben Sie immer das ursprüngliche Dokument und gleichzeitig den neu geschriebenen Brief.

Eine bessere Alternative mit mehr Möglichkeiten ist das Erstellen einer eigenen Dokumentvorlage. Diese kann als ein virtuelles Briefpapier dienen, das neben Formalien wie Seitenrahmen auch wesentliche Inhalte und Gestaltungselemente bereits enthält. Es muss dann jeweils nur noch um konkrete Inhalte ergänzt werden, um ein neues Briefdokument zu erstellen.

1 Erstellen Sie hierzu ein neues leeres Dokument.

2 Wählen Sie als Erstes unter *Datei* den Befehl *Speichern unter* und dann *Durchsuchen*. Im folgenden Dialog wählen Sie bei *Dateityp* den Typ *Word-Vorlage* und geben einen kurzen, aussagekräftigen Namen für Ihre Vorlage ein. Klicken Sie dann auf *Speichern*.

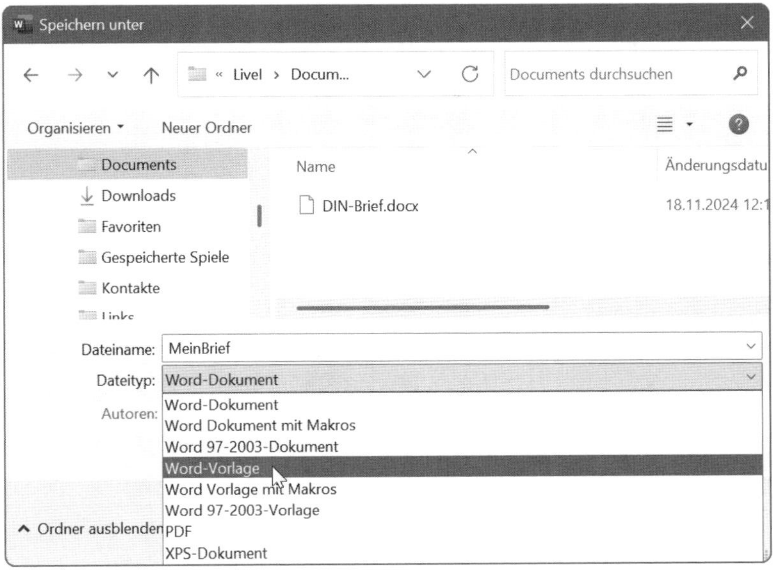

3 Gestalten Sie dann Ihren Briefkopf. Sinnvollerweise nehmen Sie dazu die Kopfzeile. Eine Kopfzeile ist ein Bereich, der automatisch auf jeder Seite des Dokuments ausgedruckt wird. In die Kopfzeile gehören meist Ihr Absender und nach Geschmack ein persönliches Logo. Die Kopfzeile beginnt standardmäßig bei 1,25 cm, was in unserem Fall zu tief ist. Sie sollten diesen Wert verringern, indem Sie im Menüband-Register *Einfügen* im Bereich *Kopf- und Fußzeile* auf *Kopfzeile* klicken. In der so aufgeklappten Liste wählen Sie *Kopfzeile bearbeiten.*

4 Dadurch öffnen Sie im Menüband das Register *Kopf- und Fußzeile*, wo Sie im Bereich *Position* bei *Kopfzeile von oben* den Wert *0,7 cm* eingeben.

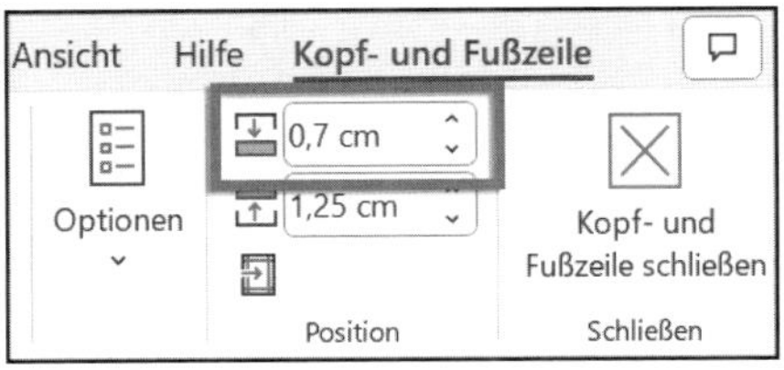

5 Als Nächstes können Sie per *Einfügen/Bilder* ein Bild einbauen, das Sie als persönliches Logo oder Symbol Ihres Unternehmens verwenden möchten.

6 Möchten Sie das Bild noch etwas verändern, klicken Sie auf der bei einem ausgewählten Bild automatisch eingeblendeten Registerkarte *Bildformat* beispielsweise auf *Künstlerische Effekte* und nehmen Ihre Auswahl vor.

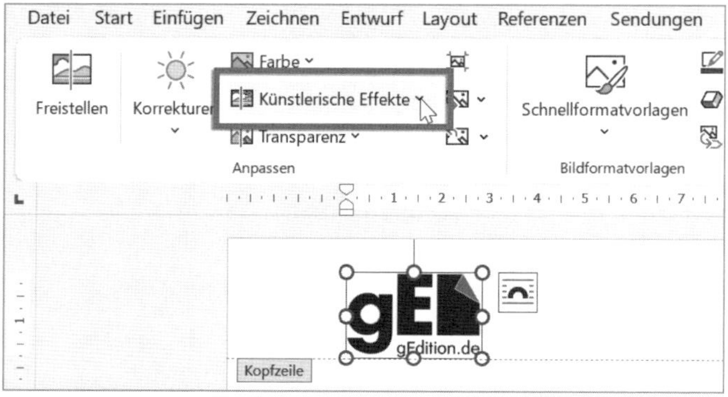

7 Nun müssen Sie Word noch durch die *Layoutoptionen* mitteilen, wie weiterer Text um das Bild herum platziert werden soll.

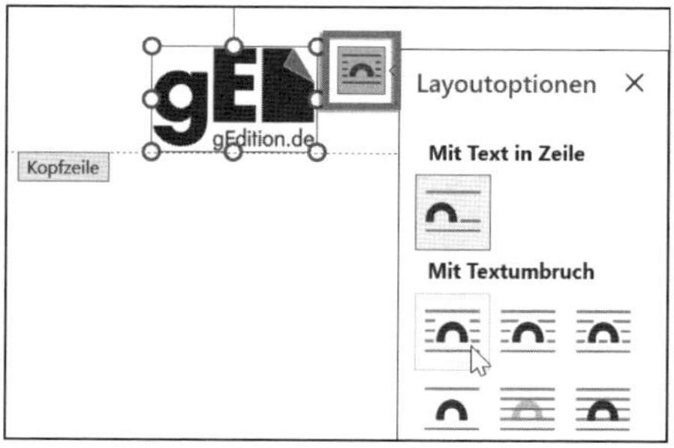

8 Tragen Sie nun mithilfe der Tabulatoren oder der Tabellenfunktion Ihren Namen und Ihre Adresse ein, und formatieren Sie alles nach Wunsch. Wenn Sie es mit der Tabellenfunktion machen, vergessen Sie nicht, den Rahmen der Tabelle zu entfernen.

9 Wenn alles fertig ist, schließen Sie die Kopfzeile, indem Sie irgendwo im leeren Rest des Dokuments doppelklicken.

10 Wählen Sie nun *Datei/Speichern*, damit die fertige Datei erneut gespeichert wird.

Wenn Sie nun zukünftig einen neuen Brief mit Ihrem speziellen Briefkopf schreiben wollen, gehen Sie über das *Datei*-Menü zu *Neu* und wählen dort im unteren Bereich *Persönlich*. Word listet Ihnen hier alle selbst erstellten Vorlagendateien auf. Leider erhalten Sie hier nicht wie bei den mit Office mitgelieferten Vorlagen kleine Vorschauen. Deshalb ist es wichtig, dass Sie sprechende und sinnvolle Dateinamen für Ihre Vorlagen wählen.

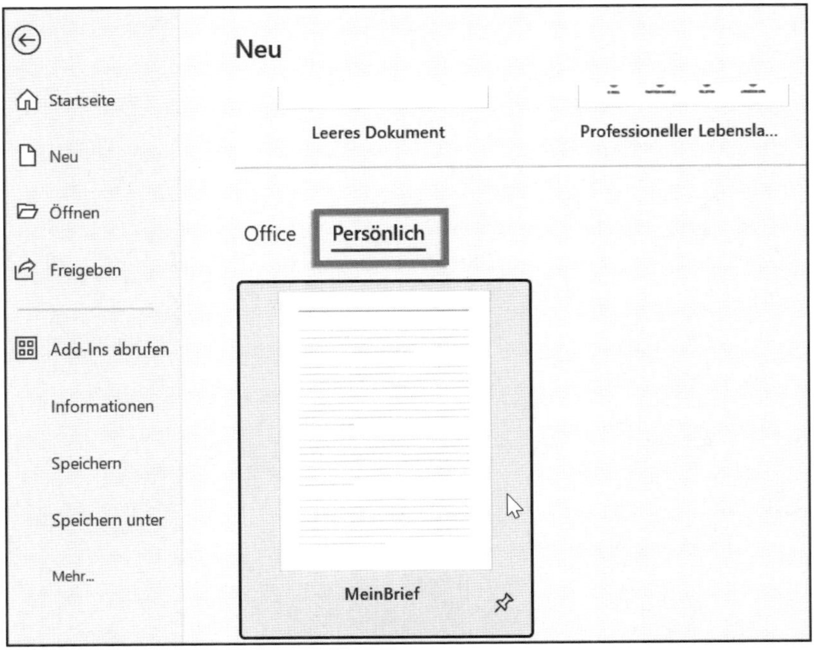

Sie können in der Vorlagendatei noch einiges machen, damit es für alle Briefe schon einheitlich vorbereitet ist:

- Trennen Sie die Kopfzeile mit einer Linie vom Rest des Briefes, um professioneller aussehende Briefe zu erhalten.
- Fügen Sie, wie ab Seite 105 beschrieben, Falzmarken in die Vorlagendatei ein, damit Sie Ihre Briefe einfach passend falten können.
- Fügen Sie eine generische Adresse als »Dummy« an der richtigen Position ein, die Sie dann jeweils durch die Adresse des gewünschten Empfängers ersetzen. Das bietet Ihnen die Sicherheit, die Empfängeradresse jedes Mal ohne viel Nachdenken an der richtigen Stelle einzufügen.

- Fügen Sie wie beschrieben ein Datum oben rechts ein. Aber wichtig: Aktivieren Sie im Datumsdialog die Option *Automatisch aktualisieren*, damit das Datum jeweils aktualisiert wird.

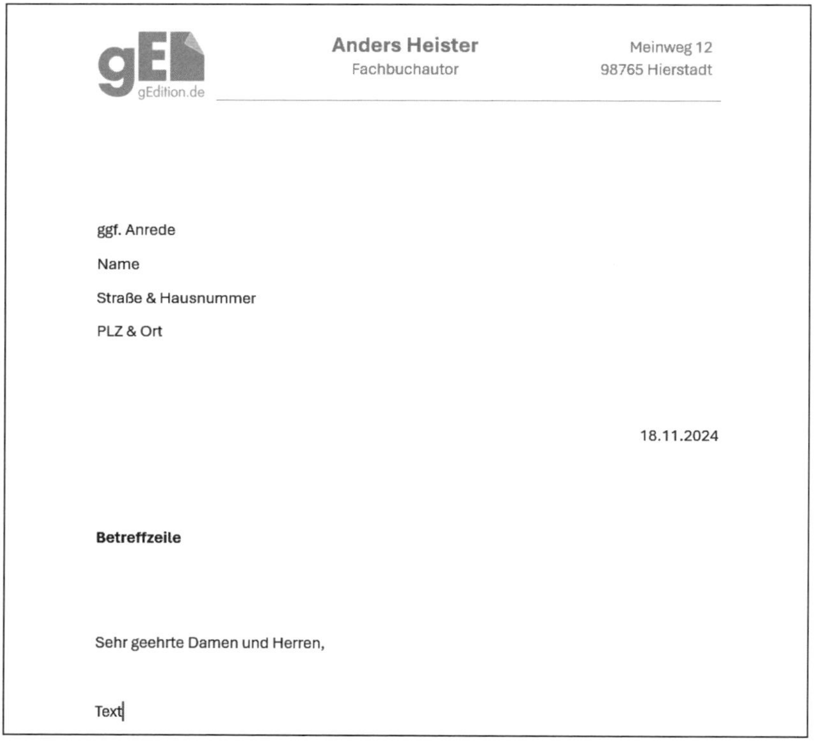

Anders Heister
Fachbuchautor

Meinweg 12
98765 Hierstadt

ggf. Anrede

Name

Straße & Hausnummer

PLZ & Ort

18.11.2024

Betreffzeile

Sehr geehrte Damen und Herren,

Text

Das sieht als Ausgangspunkt für eigene Briefe doch schon mal ganz gut aus

TIPP

Speicherort für Vorlagedateien

Vorlagendateien werden üblicherweise im Ordner *C:\Benutzer\Ihr Anmeldename\Dokumente\Benutzerdefinierte Office-Vorlagen* gespeichert. Wenn Sie im Speichern-Dialog den Dateityp auf *Word-Vorlage* ändern, schlägt Word Ihnen automatisch diesen Pfad vor. Am besten bleiben Sie dabei, damit sowohl Sie als auch Word jederzeit wissen, wo Ihre individuellen Vorlagen sich befinden. Auch wenn Sie später etwas an Ihren Vorlagen ändern möchten, sollten Sie sie von dort öffnen und (wichtig!) anschließend auch wieder als Vorlagendatei speichern.

Vorlagen für mehr als eine Seite

Wenn Sie in Vorlagen Kopfzeilen verwenden, stehen Sie eventuell vor einem Problem, wenn ein Brief etwas länger wird und nicht auf eine Seite passt. Dann bekommt auch die zweite Seite die gleiche Kopfzeile, ebenso wie jede weitere Folgeseite. Das ist nicht unbedingt beabsichtigt. Dass weitere Kopfzeilen auftauchen, ist natürlich gewollt, sonst hätte man keine Kopfzeile gebraucht. Aber auf Folgeseiten sollten diese Kopfzeilen etwas dezenter ausfallen, insbesondere in einem Brief.

1 Um das zu korrigieren, erzeugen Sie in der Vorlagendatei mit Strg+↵ eine zweite Seite und klicken doppelt auf deren Kopfzeile.

2 Aktivieren Sie auf der bei ausgewählter Kopfzeile eingeblendeten Menüband-Registerkarte *Kopf- und Fußzeile* in der Gruppe *Optionen* den Eintrag *Erste Seite anders*.

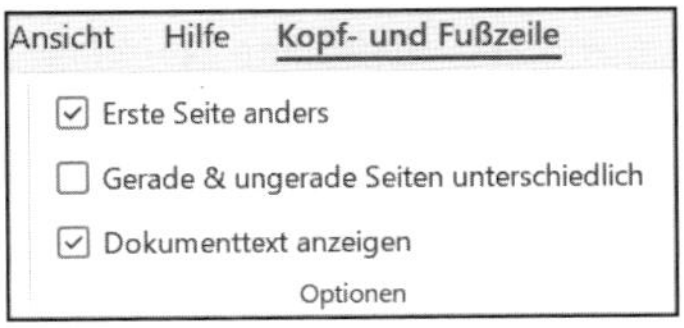

3 Nun hat die erste Seite kein Logo und keine Adresse mehr, denn Word geht davon aus, dass diese Seite nun anders gestaltet wird als die Folgeseiten.

4 Gehen Sie in die Kopfzeile der zweiten Seite, markieren Sie deren gesamten Inhalt mit Strg+A. Schneiden Sie den Inhalt mit Strg+X aus. Dann klicken Sie in die erste Kopfzeile und fügen das Ausgeschnittene mit Strg+V dort ein.

5 Die zweite nun leere Kopfzeile können Sie leer lassen oder nach Ihrem Geschmack dezent gestalten. Fügen Sie dann auf der Registerkarte *Kopf- und Fußzeile* ganz links noch eine *Seitenzahl* ein.

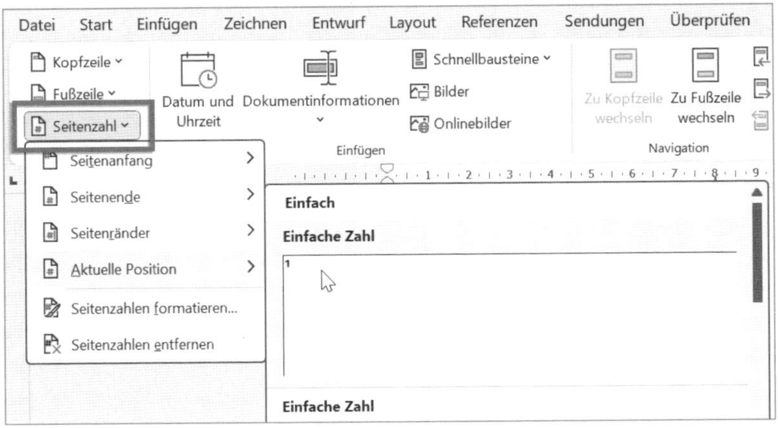

6 Die Liste bietet Ihnen verschiedene Varianten. Eine naheliegende ist *Aktuelle Position* und dann *Einfache Zahl*. So erhalten Sie automatisch eine korrekte Seitennummerierung.

Sollten Sie keine Folgeseiten haben, ist das auch kein Problem, dann gibt es eben nur die erste Seite mit deren Kopfzeile. Aber für alle Fälle sind Sie nun auch für lange briefliche Diskussionen gewappnet.

3.4 Urkunden, Einladungen, Visitenkarten – Word als DTP-Programm

Word bietet vielfältige Gestaltungsmöglichkeiten, wenn Sie Gutscheine, Einladungen, Bescheinigungen usw. benötigen. Bei solchen Dokumenten können Sie Ihrer Kreativität natürlich weitgehend freien Lauf lassen, aber je offizieller Dokumente sein sollen, desto zurückhaltender sollten Sie mit ausgefallenen Seitenrändern oder ähnlich kreativen Elementen sein.

Teilnahmebescheinigungen

Sie geben regelmäßig Seminare oder Kurse? Ihre Teilnehmer wollen dafür abschließend eine Teilnahmebescheinigung? Und Sie möchten nicht nur ein langweiliges DIN-A4-Papier austeilen? Dann können Sie mit Word kreativere Dokumente gestalten. Zum Beispiel könnten Sie sich als Erstes um einen schönen Seitenrand kümmern.

1 In einem neuen leeren Dokument lokalisieren Sie auf der Menüband-Registerkarte *Start* im Bereich *Absatz* unten rechts das Symbol *Rahmen*.

2 Klicken Sie direkt rechts daneben auf den dazugehörenden Pfeil und wählen Sie im Menü ganz unten *Rahmen und Schattierung*.

3 Wechseln Sie im so geöffneten Dialog zur Rubrik *Seitenrand*, und schauen Sie sich im unteren Teil bei *Effekte* einmal die verschiedenen Rahmeneffekte an.

4 Sie finden darin farbige und schwarz-weiße Seitenränder. Sobald Sie auf einen Seitenrand klicken, sehen Sie das Ergebnis rechts im Vorschaufenster. Um den Rahmen tatsächlich anzuschauen, müssen Sie ihn anklicken, ein einfaches Darüberfahren, wie es in Word normalerweise möglich ist, funktioniert hier nicht.

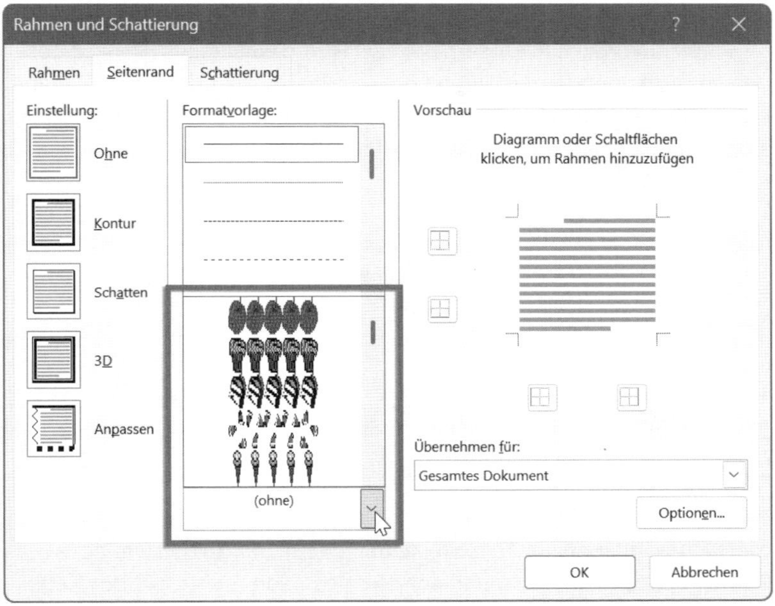

5 Stellen Sie sicher, dass rechts daneben bei *Übernehmen für:* die Option *Gesamtes Dokument* ausgewählt ist, damit Word den Rahmen um die ganze Seite legt.

6 Klicken Sie abschließend unten auf *OK*.

Nun können Sie das Dokument wie üblich mit dem gewünschten Text füllen und so gestalten, wie Sie möchten:

1 Der Rahmen ist wie beschrieben bereits eingefügt. Der eingegebene Text bis zum Teilnehmernamen sollte keine Probleme bereiten.

2 Jede Zeile wurde mit der ↵-Taste beendet, was man ja normalerweise nicht macht. Diesmal ist es aber nötig, damit jede Zeile eine andere Schriftgröße und -art bekommen kann.

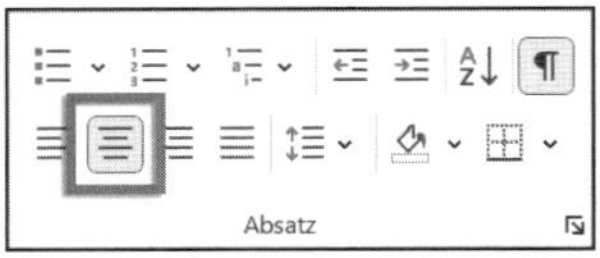

3 Anschließend wird der Text markiert und mit dem *Zentrieren*-Symbol mittig ausgerichtet.

4 Schriftgrößen und -arten sowie Gestaltungselemente wie Fett- oder Kursivdruck können Sie nun ganz nach Belieben auswählen und auf die Zeilen verteilen.

Nun zum *Inhalt des Seminars*. Diese zwei Zeilen wurden am Ende nicht mit der ↵-Taste umbrochen, sondern der Text wurde einfach als Fließtext geschrieben. In der folgenden Abbildung sehen Sie den Text nach der Eingabe. Ich habe dabei einmal alle Formatierungszeichen sichtbar gemacht, damit Sie sehen, wie der Text eingegeben wurde.

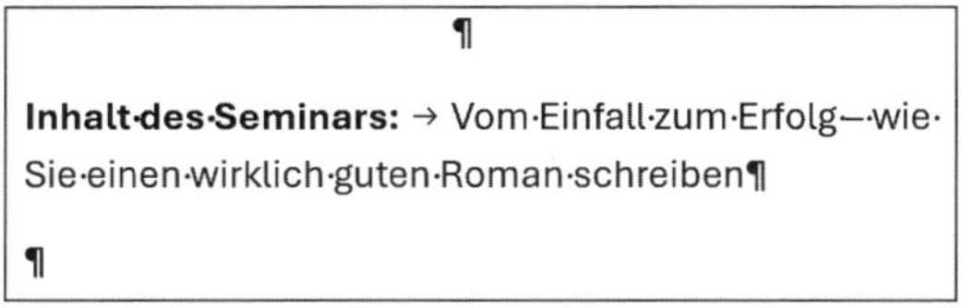

1 Der Tabulator zwischen *Inhalt des Seminars* und *Vom Einfall zum Erfolg...* ist wichtig für den nachfolgenden hängenden Einzug.

2 Für den Einzug des Absatzes klicken Sie in die zweite Zeile mit dem umbrochenen Text.

3 Dann wählen Sie im Zeilenlineal das untere der beiden Dreiecke (das mit der Spitze nach oben) und schieben es nach rechts, bis der Beginn der zweiten Zeile mit dem Beginn des Seminarthemas in der oberen Zeile übereinstimmt. (Wundern Sie sich nicht, wenn bei diesem Verschieben auch das Viereck mitgeschoben wird.)

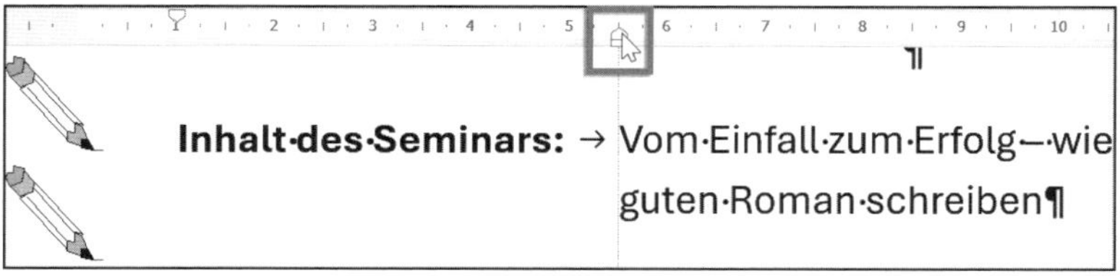

Nun bleibt nur noch die Unterschrift. Die Linie oberhalb des Namens können Sie entweder per Unterstrich-Taste erstellen (⇧+-) oder aber mithilfe der Rahmenfunktion.

Nutzen Sie die Rahmenfunktion, besteht ein Problem darin, dass mit dem Rahmen die Linie eigentlich über die gesamte Seite gezeichnet wird. Um diese Linie nun auf ein passendes Maß zu begrenzen, müssen Sie lediglich das Symbol für den rechten Seitenrand im Zeilenlineal für diese Zeile nach links verschieben.

Sollte Ihnen nachträglich auffallen, dass Ihnen der gewählte Seitenrahmen doch nicht gefällt, können Sie über *Start/Rahmen/Rahmen und Schattierung* einen anderen Rahmen auswählen.

Bescheinigung

der Teilnahme am Seminar

Kreatives Schreiben

am 01. April 2024

für

Frau Anna Gramm

Inhalt des Seminars: Vom Einfall zum Erfolg – wie Sie einen wirklich guten Roman schreiben

Anders Heister

(Seminarleiter)

TIPP

Achtung: Machen Sie einen Probeausdruck

Wenn Ihre Bescheinigung fertig ist, sollten Sie nicht gleich Dutzende von Ausdrucken mit den entsprechenden Namen machen, sondern erst einmal einen Probeausdruck erstellen, um zu sehen, ob die Seitenränder auch exakt ausgedruckt werden. Sie können am Bildschirm noch so gut und vollständig aussehen, Drucker haben manchmal eine ganz andere Auffassung, was sie wie ausdrucken sollen.

Gutscheine für die vielfältigsten Zwecke

Sie besitzen 20 Apfelbäume und möchten Ihre Äpfel auf dem hiesigen Apfelmarkt verkaufen. Dazu möchten Sie die potenziellen Kunden mit einem Gutschein locken. Mit Word erstellen Sie schnell Gutscheine für 1 kg Äpfel zum Sonderpreis.

Da Sie mehrere Gutscheine brauchen, aber nicht eine ganze DIN-A4-Seite pro Gutschein verwenden möchten, sollten Sie gleich mehrere Gutscheine auf einer Seite positionieren. Das folgende Beispiel zeigt, wie Sie das mithilfe der Tabellenfunktion und weiterer Gestaltungselemente ansprechend umsetzen können.

Von diesem Gutschein sollen fünf Stück auf eine DIN-A4-Seite

1 Als Erstes passen Sie in einem neuen Dokument die Seitenränder an. Wählen Sie dazu im Menüband *Layout/Seitenränder/Benutzerdefinierte Seitenränder*. Hier geben Sie die Werte wie in der Abbildung ein:

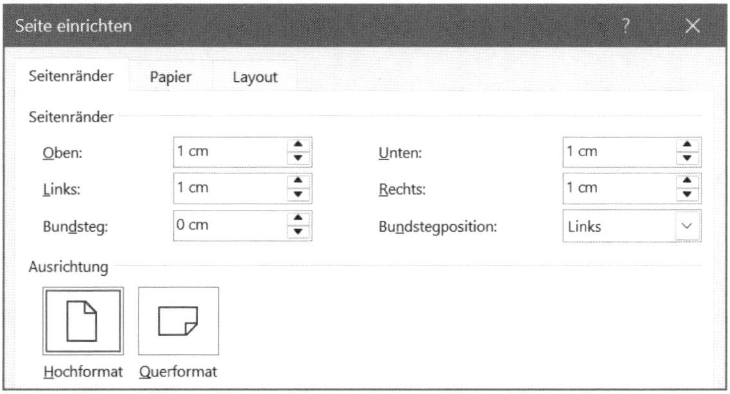

2 Dann fügen Sie eine Tabelle mit einer Spalte und fünf Zeilen ein: Klicken Sie auf die Registerkarte *Einfügen*, wählen Sie *Tabelle*, und markieren Sie fünf Kästchen in einer Spalte.

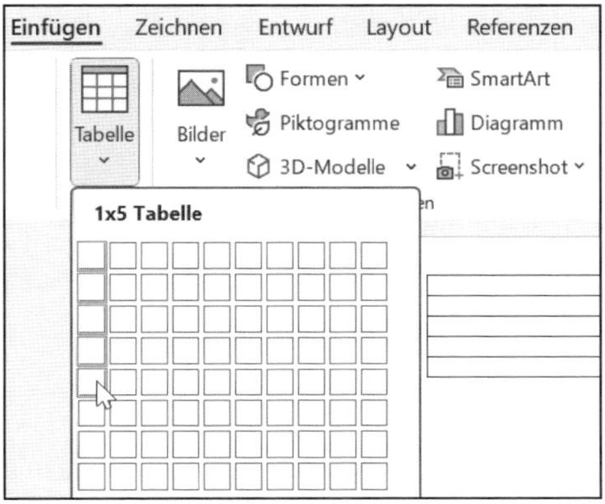

3 Markieren Sie die neue Tabelle, indem Sie auf das Kästchen neben der oberen linken Ecke klicken.

4 Gehen Sie auf die dann automatisch eingeblendete Registerkarte *Tabellenlayout*, und geben Sie im Bereich *Zellengröße* bei *Höhe* den Wert *5,4 cm* ein. So verteilen Sie fünf gleich große Tabellenzellen über die gesamte Seite.

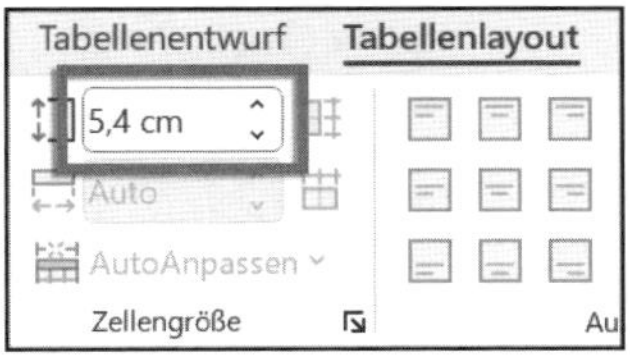

5 In der obersten Zelle erstellen und gestalten Sie nun den Gutschein. Anschließend können Sie ihn vervielfältigen, indem Sie den Inhalt der obersten Zelle in die vier anderen darunter kopieren.

Nun fügen Sie ein Bild ein. Das kann Ihr Logo sein oder ein Bild des Produkts, das Sie anbieten möchten.

1 Um ein eigenes Bild zu verwenden, wählen Sie *Einfügen/Bilder*.

2 Gehen Sie dann auf Ihrer Festplatte in den Ordner, in dem sich das Bild befindet. Alternativ können Sie auch ein Onlinebild verwenden.

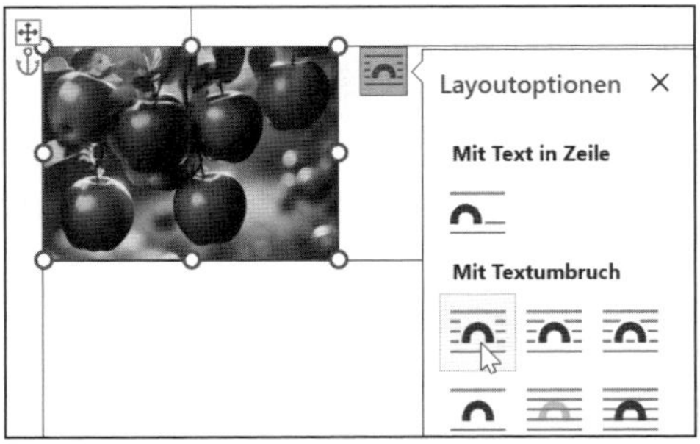

3 Nachdem Sie das Bild eingefügt haben, wählen Sie noch den richtigen Textumbruch aus.

Nun kann der Text eingefügt werden. Damit dessen Layout sich gut kontrollieren lässt, verwende ich für dieses Beispiel ein *Textfeld*, das lässt sich ähnlich wie ein Bild beliebig im Dokument platzieren.

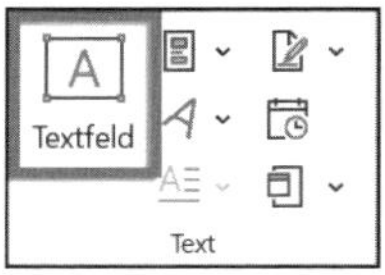

1 Um ein Textfeld einzufügen, klicken Sie im Menüband-Register *Einfügen* im Bereich *Text* auf das *Textfeld*-Symbol.

2 Wählen Sie in der so geöffneten Liste die Variante *Einfaches Textfeld*.

3 Das Feld wird ungefähr an der Einfügemarke im Dokument platziert. Korrigieren Sie die Position und passen Sie den Rahmen an, sodass es in etwa den verbleibenden freien Platz in der Tabellenzelle einnimmt.

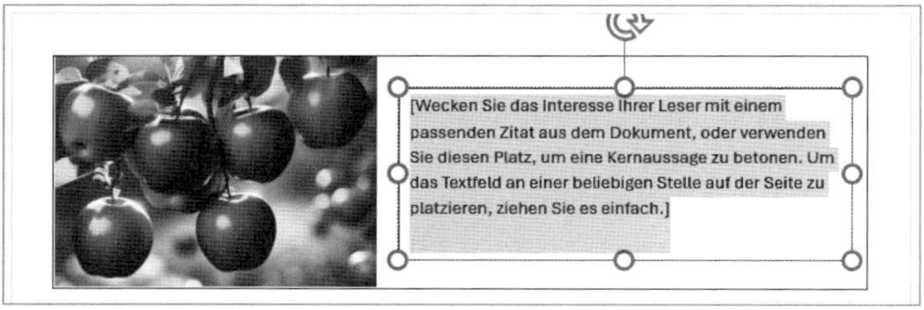

4 Nun schreiben Sie den gewünschten Text und formatieren ihn.

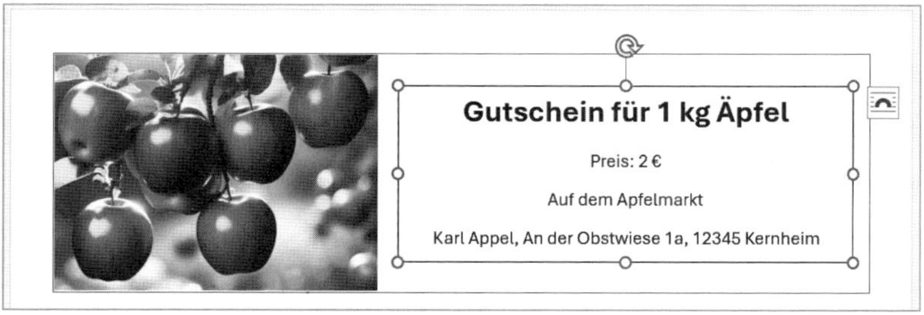

5 Als nächsten Schritt könnten Sie noch ein freundliches *Wir freuen uns auf Ihren Besuch an unserem Stand* einfügen, das etwas schräg abgesetzt stehen sollte. Am einfachsten realisieren Sie das in einem weiteren Textfeld. Kleiner Tipp: Schreiben und formatieren Sie dieses in der zweiten Zelle, und schieben Sie es dann nach oben.

6 Drehen Sie das Textfeld an dem in der Abbildung gezeigten Symbol, sodass es in einem gefälligen Winkel angezeigt wird, bei dem der Inhalt noch gut lesbar ist.

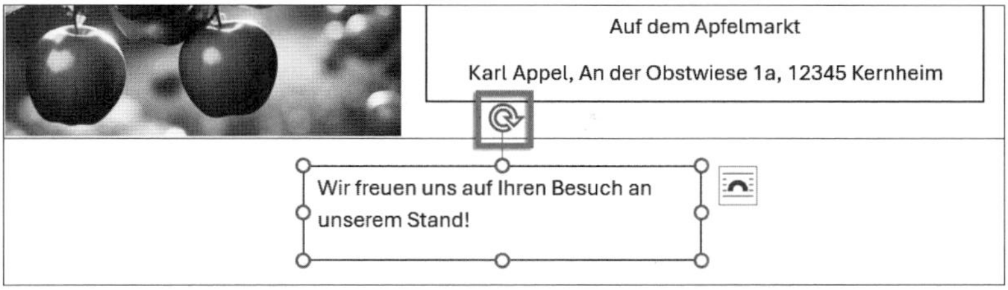

7 Schieben Sie das zweite Textfeld nun nach oben. Eventuell müssen Sie das Bild noch verkleinern und den Text neu anordnen.

So ist der Gutschein schon fast fertig. Sie sollten nun noch den Rahmen um das Textfeld für den Gutscheintext entfernen. Den Rahmen für die gesamte Tabelle sollten Sie beibehalten, denn diese Linien können Sie als Schnittkanten nehmen.

1 Wann immer Sie auf ein Textfeld in Ihrem Dokument klicken, wird im Menüband zusätzlich das Register *Formformat* angezeigt.

2 Klicken Sie dort im Bereich *Formenarten* auf *Formkontur*.

3 Im so geöffneten Untermenü wählen Sie den Eintrag *Keine Kontur*. Das Gleiche können Sie nach Geschmack nun auch mit dem anderen Textfeld machen.

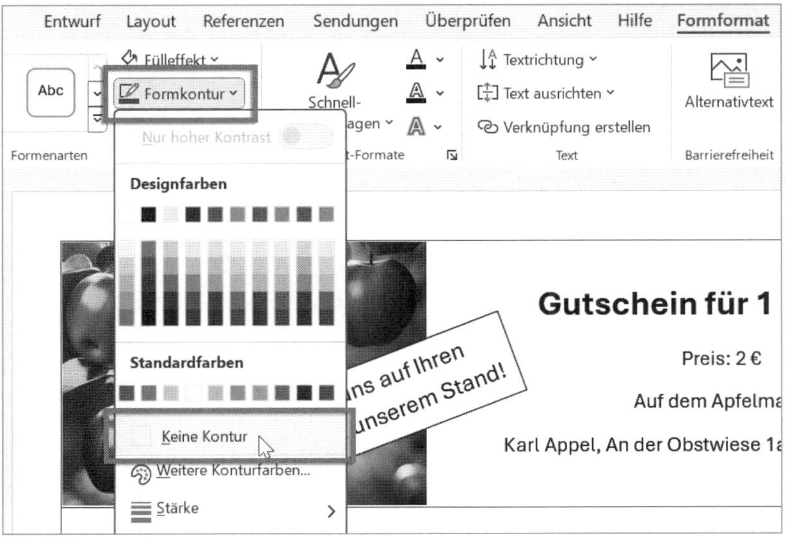

Damit ist der erste Gutschein als Kopiervorlage fertig. Nun brauchen Sie nur noch die oberste Zelle zu markieren (vor die Zeile gehen und klicken). Dann drücken Sie Strg+C, gehen eine Zelle tiefer und drücken Strg+V, gehen in die nächste Zelle und drücken Strg+V usw. Ihre Gutscheine sind fertig!

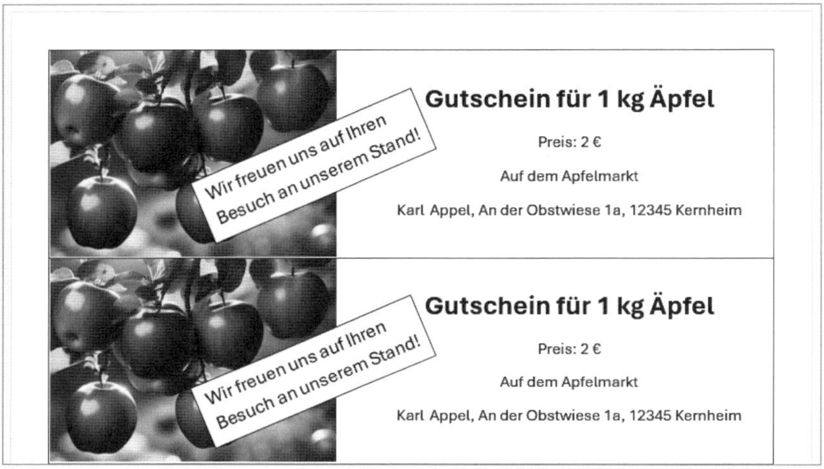

Gutscheine mit wechselndem Inhalt – die Seriendruckfunktion

Angenommen, Sie haben mehrere Apfelsorten und möchten in einer kleinen Verlosung einige Äpfel der verschiedenen Sorten verschenken. Sie brauchen also Gutscheine mit verschiedenen Inhalten.

Natürlich könnten Sie das mit den bisher entwickelten Gutscheinen auch schon machen, Sie müssten lediglich die einzelnen Gewichtsangaben und Apfelsorten in den Gutschein aufnehmen und jedes Mal ändern. Das ist aber nicht nur umständlich, sondern birgt auch Fehlerpotenzial. Besser zur Lösung dieser Aufgabe geeignet ist die Serienbrieffunktion, die viele Anwender meist nur mit personalisierten Werbebriefen in Verbindung bringen. Aber diese Serienbrieffunktion bietet noch einiges mehr und ist für vielfältige Aufgaben einsetzbar.

Die Datenquelle erstellen

Für die Serienbrieffunktion benötigen Sie zwei Dokumente:

- Die Datenquelle enthält die Daten, die im Seriendokument in unterschiedlicher Weise verwendet werden.

- Das Seriendokument wiederum enthält den eigentlichen Inhalt, und zwar einen festen und einen variablen Inhalt. Der variable Inhalt wird aus der Datenquelle gefüllt.

In der Datenquelle müssen die Informationen auf eine bestimmte Weise angeordnet sein, sonst kommt es zu Fehlern beim Zusammenfügen der Dokumente. Deshalb bereitet man die Datenquelle in der Regel als Tabelle auf. Wichtig ist dabei auch, dass ausnahmslos jede Spalte eine eindeutige Überschrift bekommen muss, denn diese Überschrift benutzt Word im Hauptdokument als Platzhalter für die Daten. Beim Mischen der beiden Dokumente ersetzt das Seriendokument diese Überschriften durch den Inhalt der jeweiligen Spalte. Die Datenquelle kann eine Tabelle aus Word, sie kann aber auch eine sehr umfangreiche Tabelle aus Excel sein. Da kurze Texte in Excel komfortabler zu verwalten sind, zeigt das folgende Beispiel die Vorgehensweise anhand einer Excel-Tabelle:

1 Öffnen Sie Excel und erstellen Sie eine neue leere Arbeitsmappe.

2 Bei den Gutscheinen sollen **Menge** und **Sorte** variieren. Verwenden Sie deshalb diese beiden Bezeichnungen als Überschriften in der obersten Zeile der beiden Spalten

TIPP

Spaltenüberschriften für Datenquellen

Bei den Spaltenüberschriften für Datenquellen sind gewisse Regeln einzuhalten. Sie müssen beispielsweise mit einem Buchstaben beginnen, dürfen keine Leerstellen haben und nicht länger als 40 Zeichen lang sein. Und sie müssen eindeutig sein. Grundsätzlich können Sie bei Excel denselben Begriff in mehreren Spaltenüberschriften verwenden. Wenn Sie die Excel-Tabelle jedoch als Datenquelle für ein Seriendokument benutzen möchten, ist das nicht erlaubt.

3 In die Spalten tragen Sie unterhalb der Überschriften die gewünschten Werte ein, wobei die zusammengehörenden Werte jeweils in derselben Zeile stehen.

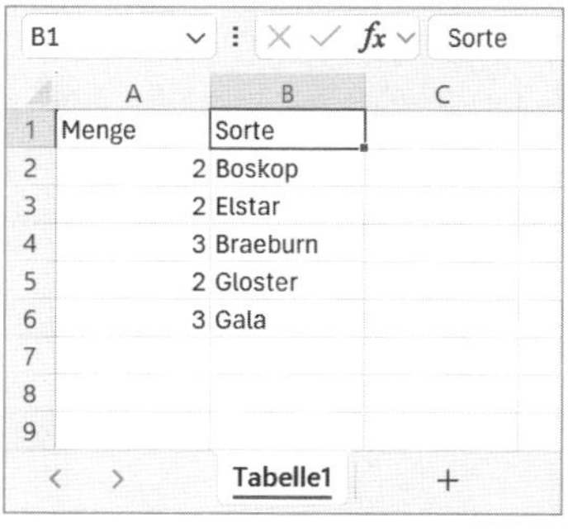

4 Haben Sie die Tabelle fertig erstellt, speichern Sie sie ganz normal als Excel-Datei mit einem sinnvollen Namen. Ob Sie die Excel-Datei mit den Daten im weiteren Verlauf geöffnet lassen oder schließen, ist gleichgültig.

Datenquelle und Seriendokument verknüpfen

Als Seriendokument greife ich für unser Beispiel auf das Dokument mit den Apfel-Gutscheinen aus dem vorangehenden Abschnitt zurück. Sie können aber selbstverständlich ebenso ein neues Dokument erstellen. Die grundlegende Herangehensweise für das Verknüpfen von Datenquelle und Seriendokument ist die gleiche.

1 Öffnen bzw. erstellen und gestalten Sie das Seriendokument nach Ihren Vorstellungen. Anstelle der vorgesehenen Serienelemente können Sie zunächst Platzhalter oder statische Inhalte verwenden.

2 Nun geben Sie an, in welcher Datei sich die Daten für das Seriendokument befinden. Klicken Sie dazu in der Menüband-Registerkarte *Sendungen* im Bereich *Seriendruck starten* auf *Empfänger auswählen*.

3 Wählen Sie in der aufgeklappten Liste die Option *Vorhandene Liste verwenden.*

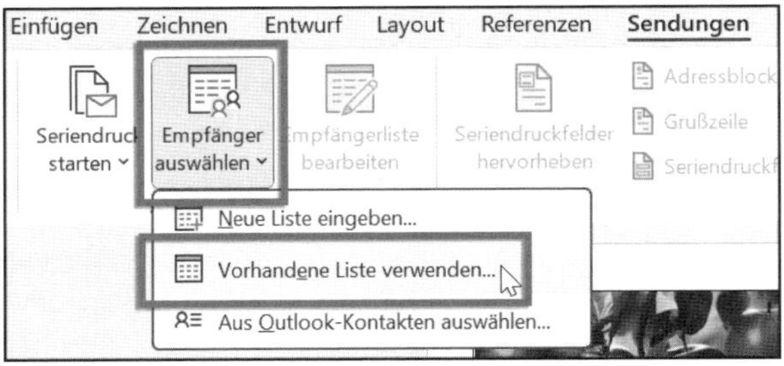

4 Navigieren Sie im Auswahldialog zu dem Ordner, in dem Sie die Excel-Tabelle zuvor gespeichert haben. Wählen Sie die Datei aus und verbinden Sie sie durch *Öffnen* mit Ihrem Hauptdokument.

TIPP

Tabelle wird nicht angezeigt?
Sie sind im richtigen Ordner angekommen, können die Tabelle aber nicht sehen? Das kann daran liegen, dass Word nur eigene Dokumente anzeigt. Öffnen Sie in diesem Fall unten rechts neben *Dateiname* das Auswahlfeld und wählen Sie *Alle Datenquellen* oder gezielt *Excel-Dateien* aus.

5 Nun sehen Sie einen Dialog mit allen in der Datei vorhandenen Tabellen. Entscheiden Sie sich für die richtige Tabelle. Befindet sich ohnehin nur eine Tabelle in der Datei, wird nur diese angezeigt.

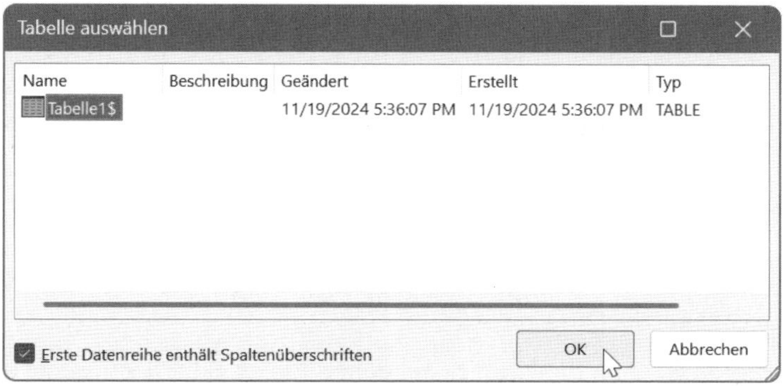

6 Vergewissern Sie sich, dass Word unten links ein Häkchen bei *Erste Datenreihe enthält Spaltenüberschriften* gesetzt hat. Wenn nicht, haben Sie in der Excel-Datei entweder keine Überschriften, oder Word konnte sie nicht erkennen.

7 Klicken Sie auf *OK*, um die Tabelle mit dem Seriendokument zu verknüpfen. Im Dokument selbst sind dadurch zunächst keine Änderungen zu erkennen.

Dynamische Serienelemente in das Dokument einfügen

Der Beispielgutschein aus dem vorhergehenden Abschnitt wurde hier ein wenig angepasst, um die Elemente aus der Tabelle optimal einfügen zu können. So wurde die kg-Angabe in die zweite Zeile gesetzt, die Preis-Zeile wurde dafür entfernt.

Nun geht es daran, die dynamischen Informationen aus der Datenquelle in den Text des Dokuments zu integrieren.

1 Markieren Sie im ersten Gutschein die Apfelmenge.

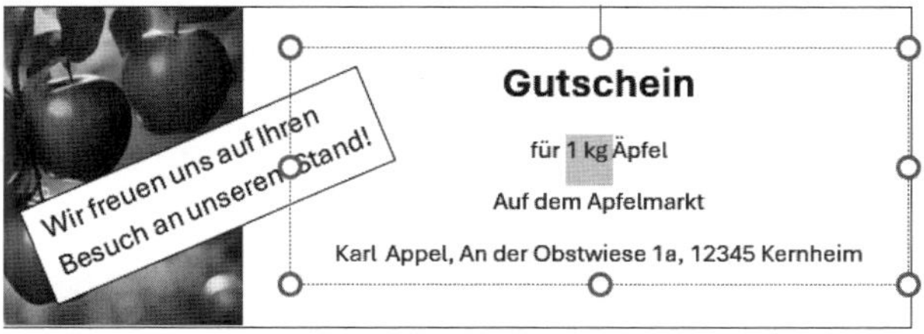

2 Klicken Sie dann im Menüband-Registerfeld *Sendungen* im Bereich *Schreib- und Einfügefelder* auf *Seriendruckfeld einfügen*.

3 Im so geöffneten Auswahlfeld sehen Sie die Spaltenüberschriften aus der Datenquellen-Tabelle wieder. Wählen Sie hier *Menge*.

4 Fügen Sie zwischen dem Seriendruckfeld *Menge* und dem Wort *Äpfel* noch ein Leerzeichen ein.

5 Markieren Sie nun das Wort *Äpfel*, gehen Sie zu Schritt 2 zurück, aber wählen Sie diesmal das Seriendruckfeld für die *Sorte*.

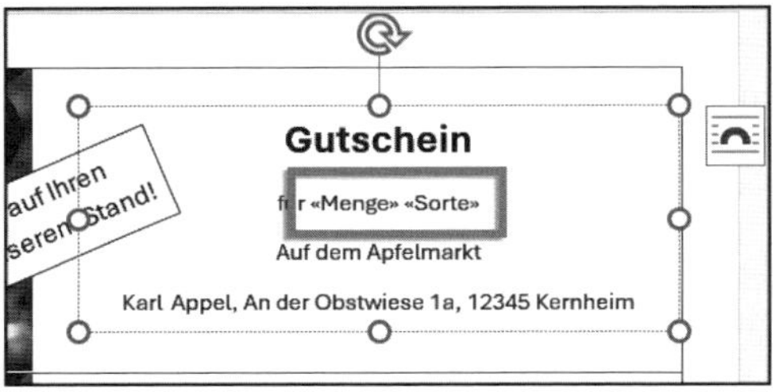

6 Wiederholen Sie diese Schritte für die weiteren Gutscheine im Dokument. Alternativ können Sie auch wieder den ersten Gutschein kopieren und dann anstelle der weiteren Gutscheine einfügen.

Das Ergebnis überprüfen

Bevor nun alle Daten gemischt werden, sollten Sie zunächst bei einem Datensatz das Ergebnis überprüfen. Denn kaum etwas ist schlimmer, als wenn man 100 Seiten mischt und druckt und dann sieht, dass irgendwo beispielsweise noch ein Leerzeichen fehlt.

1 Die Vorschau für einen Datensatz erhalten Sie auf der Menüband-Registerkarte *Sendungen* mit dem Symbol *Vorschau Ergebnisse*.

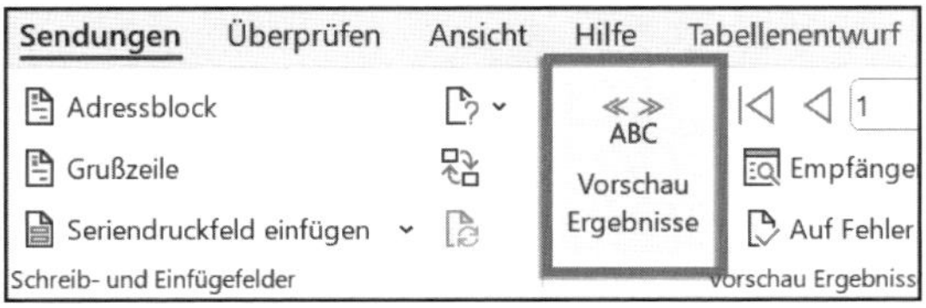

2 Word holt sich nun als einfachen Test den ersten Datensatz aus der Datenquelle und schreibt ihn in jede Zelle des Hauptdokuments.

3 Kontrollieren Sie die Felder und schauen Sie nach, ob beispielsweise Leerzeichen und Formatierung passen. Um auch die weiteren Datensätze prüfen zu können, klicken Sie im Bereich *Vorschau Ergebnisse* auf das kleine Pfeilsymbol, wie in der Abbildung gezeigt.

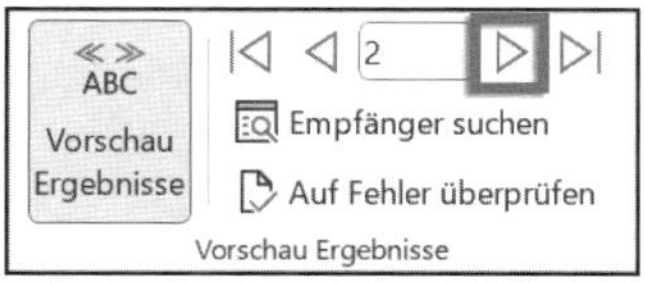

4 Wenn alles stimmt, hat Word nun alle Felder im Hauptdokument mit der neuen Mengenangabe und der neuen Apfelsorte ausgefüllt.

TIPP

Das Rädchen an Ihrer Maus
Wenn Sie die Strg-Taste festhalten und das Rädchen an Ihrer Maus drehen, können Sie Ihre Dokumente zoomen, sodass Sie sie vollständig auf Ihrem Bildschirm sehen können.

Mit den in der Abbildung markierten Pfeilsymbolen können Sie nun durch alle Ihre Daten wandern. Bei nur fünf Datensätzen, wie in unserem Beispiel, ist das kein Problem. Wenn Sie aber 100 oder 1.000 Datensätze haben, sollten Sie lediglich Stichproben machen. Dazu können Sie in das Feld eine beliebige Datensatznummer eingeben. Bestätigen Sie die eingegebene Nummer mit ↵, und Word zeigt das Ergebnis für diesen Datensatz.

Seriendokumente erstellen

Ist Ihr Seriendokument so weit fehlerfrei, können Sie es nun wirklich mischen. Dazu verwenden Sie *Fertig stellen und zusammenführen* auf der Menüband-Registerkarte *Sendungen*.

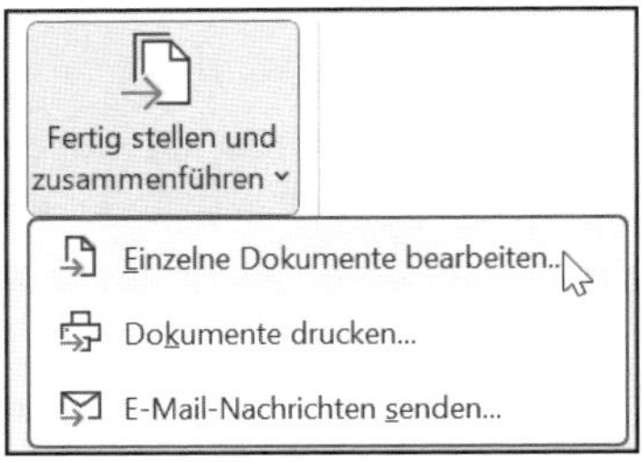

Dadurch öffnen Sie ein kleines Auswahlmenü mit drei verschiedenen Möglichkeiten:

- *Einzelne Dokumente bearbeiten* mischt das Hauptdokument und die Datenquelle und erstellt ein neues Word-Dokument. Sie erhalten also eine ganz neue Word-Datei, in der Sie die einzelnen Seiten noch zusätzlich bearbeiten können. Dieses Dokument können Sie dann ganz normal ausdrucken.
- *Dokumente drucken* mischt das Hauptdokument mit der Datenquelle und druckt das Ergebnis auf einem Drucker aus. Hier ist eine nachträgliche Bearbeitung des Seriendrucks nicht mehr möglich. Korrekturen können nur an den beteiligten Originaldokumenten vorgenommen werden. Diese Option kann sehr unangenehm werden, etwa wenn bei 1.000 Datensätzen der Fehler erst ab Datensatz 473 auftaucht. Wer die Serienbrief-Funktion professionell einsetzt und damit umsichtig umgeht, weiß diese Variante aber sicher zu schätzen.
- Mit *E-Mail-Nachrichten senden* erstellen Sie eine Serien-E-Mail.

Für überschaubare Datenmengen und Dokumentzahlen wählen Sie am besten *Einzelne Dokumente bearbeiten*. Dann müssen Sie noch entscheiden, ob alle Datensätze genommen werden sollen oder nur bestimmte. Wenn Sie die Entscheidung getroffen haben, erstellt Word Ihnen auf der ersten Seite fünf Gutscheine für den ersten Datensatz. Die Folgeseite enthält die Angaben aus dem zweiten Datensatz usw.

Dadurch entsteht ein neues Word-Dokument, das Sie noch bearbeiten können, wie Sie möchten. Word vergibt für dieses Dokument den Standardnamen *Serienbriefe*, gefolgt von einer Nummer. Sie können, wenn Sie wollen, das Seriendokument unter einem anderen Namen abspeichern oder auch ganz normal drucken.

Visitenkarten selbst erstellen

Ähnlich wie Gutscheine können Sie mit Word auch persönliche Visitenkarten gestalten. Für größere Mengen ist es wirtschaftlicher, diese dann als Auftrag an eine Druckerei in der Nachbarschaft oder online zu vergeben. In dem Fall sollten Sie aber als Erstes dort erfragen, welche Anforderungen an Maße und Dateiformat ggf. bestehen.

In kleinen Mengen können Sie Visitenkarten auch selbst ausdrucken. Dazu gibt es im Handel ein großes Sortiment an Visitenkartenbögen, die Sie zu Hause im eigenen Drucker verwenden können. Dabei empfiehlt sich festes Papier und, wenn Ihr Drucker es zulässt, Bögen mit glattem Schnitt, also ohne Perforation. Die kosten zwar etwas mehr, sehen aber viel professioneller aus. Wenn Sie Bögen eines namhaften Herstellers wählen, hat Word mit etwas Glück die exakten Bemessungen der einzelnen Karten schon integriert. Das erleichtert das Erstellen wesentlich.

Vergewissern Sie sich, dass die gewählten Visitenkartenbögen für Ihren Druckertyp geeignet sind. Bei einem Laserdrucker etwa wird das Papier sehr warm, was bei ungeeignetem Visitenkartenkarton zum Verziehen und zum Blockieren des Druckers führen kann.

Ein Dokument für Visitenkarten einrichten

Ähnlich wie bei den Gutscheinen muss auch bei Visitenkarten in einem ersten Schritt die Grundstruktur des Dokuments mit den exakten Maßen eingerichtet werden, bevor es an das konkrete Gestalten geht.

1 Erstellen Sie ein neues leeres Dokument und klicken Sie dann in der Menüband-Registerkarte *Sendungen* im Bereich *Erstellen* auf die Schaltfläche *Etiketten*.

2 Im ersten Dialog brauchen Sie zunächst keine Eintragungen vorzunehmen. Klicken Sie stattdessen unten auf die *Optionen*-Schaltfläche.

3 Im so geöffneten Dialog wählen Sie bei *Etikettenhersteller* den Hersteller Ihrer Visitenkartenbögen. Bei *Etikettennummer* werden dann die von diesem Unternehmen hinterlegten Produkte angezeigt. Klicken Sie auf die Bezeichnung Ihres Bogens. Hier zeigt sich der Vorteil, Produkte eines namhaften Herstellers zu verwenden. Da Word dann bereits alle Maße kennt, können Sie direkt mit Schritt 7 weitermachen.

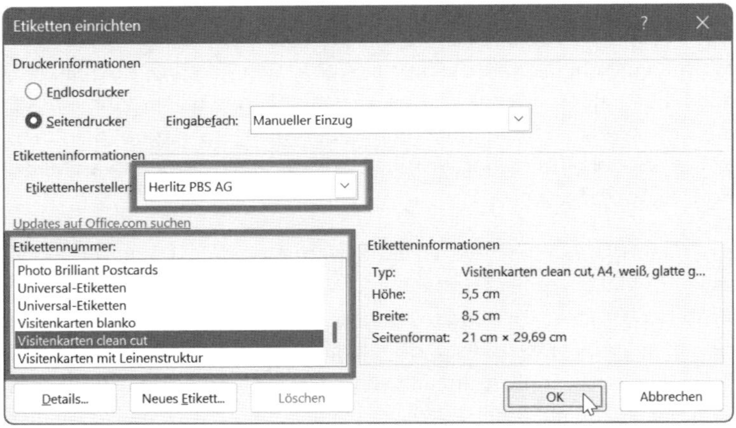

4 Ist Ihr Hersteller oder die Etikettennummer in den Listenfeldern nicht zu finden, ist das aber nicht tragisch. Sie müssen dann nur selbst die exakten Werte in einem separaten Dialog eingeben. Klicken Sie dazu unten links auf *Neues Etikett*.

5 Nun müssen Sie bei Ihrem Visitenkartenbogen nachmessen. Was und wie, sehen Sie im *Etikettendetails*-Dialog. Messen Sie so präzise wie möglich, damit beim Ausdrucken später auch alles exakt passt.

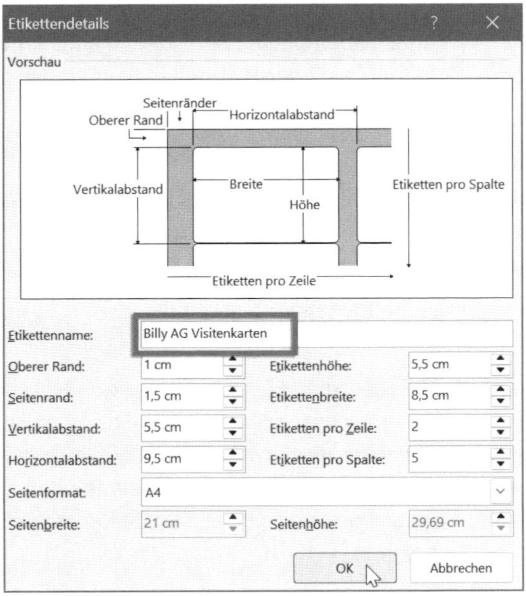

6 Geben Sie bei *Etikettenname* einen sinnvollen Namen ein, unter dem Word Ihre ermittelten Werte ablegt. Beim nächsten Mal finden Sie ihn unter dem Etikettenhersteller *Andere/Benutzerdefiniert* wieder und müssen nicht erneut nachmessen.

7 Nachdem Sie Ihre Etiketten eingerichtet bzw. ausgewählt haben, klicken Sie im Dialog *Etiketten einrichten* auf *OK*.

8 Nun sollten Sie sich wieder im Dialog von Schritt 2 befinden. Hier könnten Sie bei *Adresse* Ihre Angaben machen. Da dieser Bereich aber keinerlei Gestaltungsmöglichkeiten bietet, klicken Sie besser auf die Schaltfläche *Neues Dokument*.

Visitenkarten gestalten

Wenn Sie wie vorangehend beschrieben ein neues Dokument für Ihre Visitenkarten erstellt haben, sollten Sie nun ein leeres Dokument mit einer Tabellenstruktur vor sich sehen. Die einzelnen Zellen entsprechen den Maßen Ihrer Visitenkarten.

Ähnlich wie bei den Gutscheinen gestalten Sie erst mal nur eine der Zellen. Wenn diese Ihren Vorstellungen entspricht, kopieren Sie den Inhalt in die anderen Zellen.

1 Klicken Sie in der Menüband-Registerkarte *Einfügen* im Bereich *Text* auf das Symbol *Textfeld* und in der Auswahlliste dann auf *Einfaches Textfeld*.

2 Das so eingefügte Textfeld erlaubt es, die Platzierung des Textes auf der Karte besser zu kontrollieren. Darin können Sie Ihre Angaben zeilenweise eintippen und gestalten. Wählen Sie dabei keinen Schriftgrad kleiner als 8.

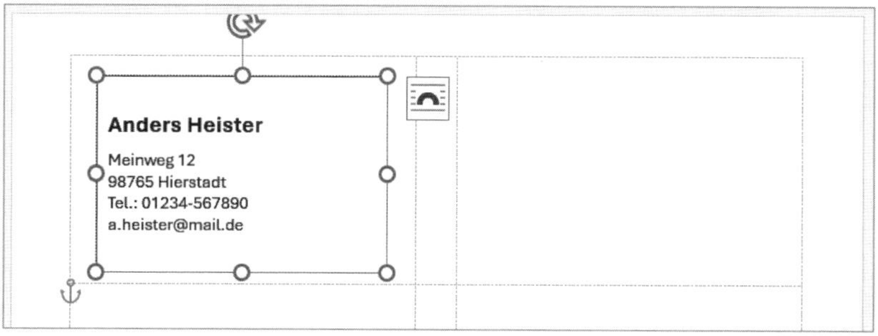

3 Klicken Sie dann mit der rechten Maustaste auf den Rand des Textfelds und wählen Sie *Form formatieren*. Im so geöffneten Seitenbereich wählen Sie für die *Linie* die Option *Keine Linie*, um die Begrenzung des Textfelds unsichtbar zu machen.

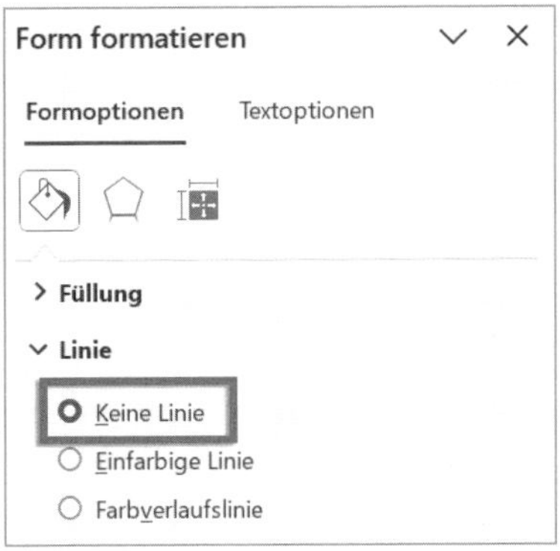

4 Schieben Sie das Textfeld nun an die Stelle, an der Sie den Text haben wollen. Außerdem könnten Sie über *Einfügen/Bilder* Ihr eigenes Bild oder Ihr Firmenlogo einbinden.

5 Ist die Visitenkarte nach Ihren Vorstellungen gestaltet, markieren Sie den gesamten Inhalt der Zelle und kopieren das Ganze in die anderen Zellen.

Das so erstellte Dokument können Sie nun auf dem Visitenkartenbogen ausdrucken. Wie das geht, erfahren Sie in Abschnitt 3.7 übers Drucken.

3.5 Texte für Schule und Universität

Es gibt kaum einen Bereich in Schule und Hochschule, für den Word nicht eingesetzt werden kann. Es kann mühelos Textumfänge von hunderten Seiten bewältigen. Inhalts-, Abbildungs- und Stichwortverzeichnisse können automatisch erstellt werden. Fuß- und Endnoten, sinnvoll und richtig eingesetzt, helfen Ihnen, aus anderen Texten übernommene Abschnitte korrekt zu zitieren. Formatvorlagen helfen, auch längere Texte durchgängig konsistent zu formatieren und so auch Gestaltungsvorgaben penibel einzuhalten. Selbst für wissenschaftliche Abhandlungen mit mathematischen Formeln ist Word die richtige Anwendung.

Die Seite einrichten

Wenn Sie mit einem neuen leeren Dokument beginnen, sollten Sie am Anfang stets das Seitenformat festlegen. Eingriffe an den Seitenrändern wirken sich auf den verfügbaren Platz auf der Seite aus. Nimmt man daran nachträglich Veränderungen vor, ändert sich auch das Layout des Textes, weil Zeilen und Seiten anders umbrochen werden. Diese Auswirkungen muss man im gesamten Dokument kontrollieren und ggf. nachbessern. Deshalb am besten von vornherein mit dem korrekten Seitenformat starten.

1 Öffnen Sie eine neue leere Datei. Klicken Sie auf der Menüband-Registerkarte *Layout* ganz links auf *Seitenränder.*

2 Wählen Sie in der Auswahl ganz unten *Benutzerdefinierte Seitenränder.*

3 Legen Sie im so geöffneten Dialog die Seitenränder wie in der Abbildung fest, also oben und unten *2,5 cm,* links *3 cm* sowie rechts *2 cm.*

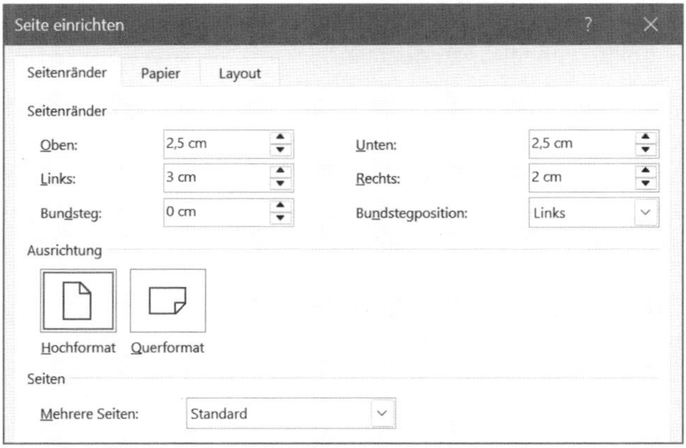

4 Auf der gleichen Registerkarte finden Sie im Bereich *Seite einrichten* auch die Einstellungen zur *Silbentrennung*. Dadurch fügt Word bei längeren Wörtern am Zeilenende automatisch korrekte Trennstriche ein, um ein sauberes Textbild ohne auffällige Lücken zu gewährleisten (mehr dazu auf Seite 247).

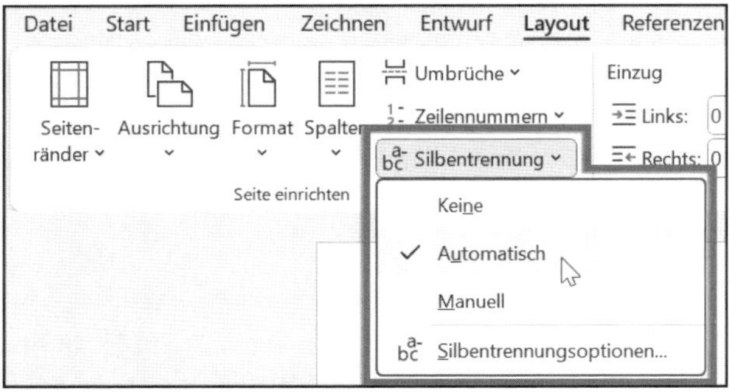

Schriftart und -größe festlegen

Standardmäßig nutzt das neuste Word die serifenlose Schriftart Aptos mit dem Schriftgrad 12 pt (Punkt). Diese Standardschrift ist in Word in einer sogenannten Formatvorlage gespeichert. Das ist eine Sammlung von Formatierungsanweisungen, die unter einem bestimmten Namen zusammengefasst werden. Man könnte diese Formatierungen auch jederzeit direkt einzelnen Zeichen, Wörtern oder Absätzen zuweisen.

Es hat aber gleich zwei Vorteile, stattdessen mit Formatvorlagen zu arbeiten:

- Mit einer Formatvorlage können Sie einem beliebigen Text(teil) jederzeit alle darin festgelegten Eigenschaften zuweisen. Das erleichtert es erheblich, längere Texte einheitlich zu gestalten.
- Wenn Sie nachträglich Änderungen an einer Formatvorlage vornehmen, wirkt sich das auf alle Textteile aus, denen Sie diese Formatvorlage zugeordnet haben. So können Sie beispielsweise mit geringem Aufwand nachträglich Gestaltungselemente wie Schriftart oder Zeilenabstand anpassen, wenn dies notwendig oder wünschenswert ist.

Diese Formatvorlagen bieten deshalb gerade bei umfangreichen und komplexen Dokumenten eine ungeahnte Arbeitserleichterung.

TIPP

Die verschiedenen Arten von Formatvorlagen
Es gibt vier verschiedene Formatvorlagen. Absatzformatvorlagen gelten immer für den gesamten Absatz. Zeichenformatvorlagen werden nur einzelnen Zeichen oder Wörtern zugeordnet. Damit können Sie einzelne Wörter in einem Absatz mit dem gleichen Format versehen. Dann gibt es noch Listen- und Tabellenformatvorlagen, die der schnellen Formatierung von Aufzählungen und Tabellen dienen. Und die vierte Formatvorlage ist eigentlich eine Kombination aus Absatz- und Zeichenformatvorlage.

Die Standard-Formatvorlage anpassen

Wissenschaftliche Texte sollten immer in einer bestimmten Schriftart und -größe verfasst sein. Gleichzeitig soll ein Zeilenabstand von 1,5 gelten, und die automatische Silbentrennung wird eingesetzt. Am einfachsten ist es also, die von Microsoft vorgegebene Formatvorlage *Standard* zu ändern.

TIPP

Änderungen in der Formatvorlage gelten nicht überall
Vielleicht denken Sie sich jetzt: Das mit dem Ändern der Formatvorlage *Standard* ist ja für meine Promotion gut und schön, aber für normale Briefe möchte ich das nicht. Keine Angst, Änderungen der Formatvorlage gelten, so wie ich es hier zeige, nur für das Dokument, in dem sie geändert wird. Erst wenn Sie Änderungen in der *Normal.dotx*-Datei vornehmen, würde es für alle Dokumente gelten.

1 Auf der Menüband-Registerkarte *Start* klicken Sie auf den kleinen Pfeil rechts unten im Bereich *Formatvorlagen*.

2 Die Formatvorlagen werden nun im rechten Bereich des Fensters angezeigt. Klicken Sie mit der rechten Maustaste auf die Formatvorlage, die Sie ändern möchten, in unserem Fall auf *Standard*. Oder Sie bewegen den Mauszeiger auf die Formatvorlage und klappen durch Klick auf das Pfeilsymbol rechts das Listenfeld herunter.

In jedem Fall wählen Sie dann *Ändern*.

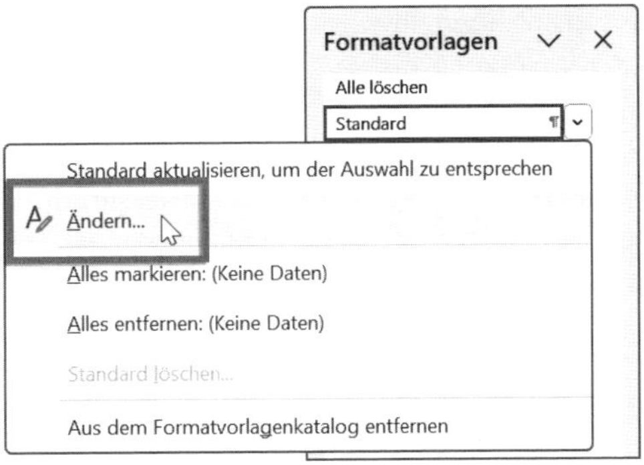

3 Sie öffnen den Dialog *Formatvorlage ändern*. Dieser umfasst alles, um Schrift und Absätze für eine wissenschaftliche Arbeit nach den geforderten Regeln zu ändern.

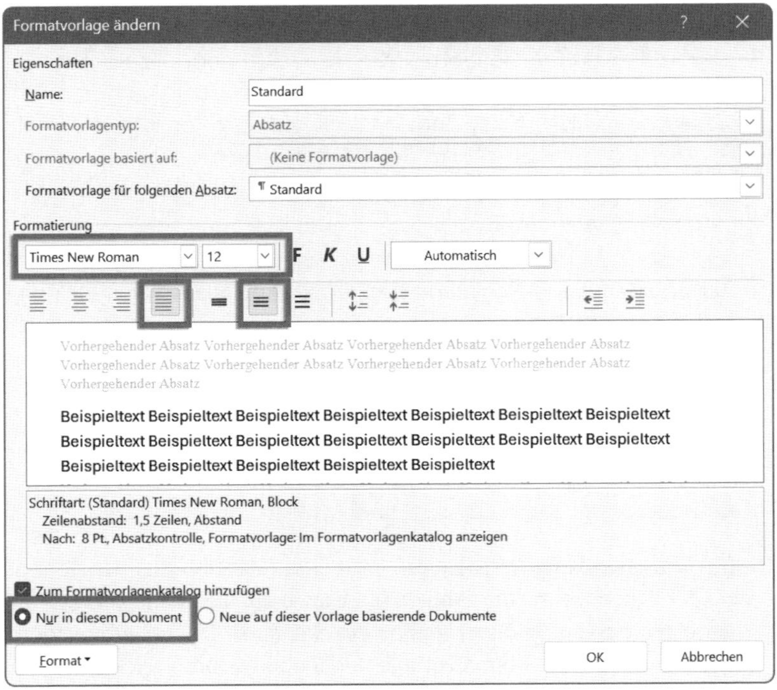

4 Wählen Sie bei *Formatierung* aus dem Listenfeld die Schriftart *Times New Roman* in der Größe *12* pt.

5 Wählen Sie außerdem den Blocksatz und – über das im Bild markierte Symbol – einen Zeilenabstand von 1,5 aus.

6 Unten links sehen Sie, dass das, was Sie hier wählen, nur diesem Dokument zugeordnet wird: *Nur in diesem Dokument*.

7 Zum Schluss bestätigen Sie den Dialog mit *OK*.

Weitere vorgefertigte Formatvorlagen

Wenn Sie sich die Übersicht der Formatvorlagen in Ruhe anschauen, sehen Sie, dass es dort weitere hilfreich klingende Formatvorlagen gibt, beispielsweise für Zitate. Bewegen Sie den Mauszeiger auf diesen Eintrag (ohne zu klicken!). Dann sehen Sie die einzelnen enthaltenen Formatierungsanweisungen.

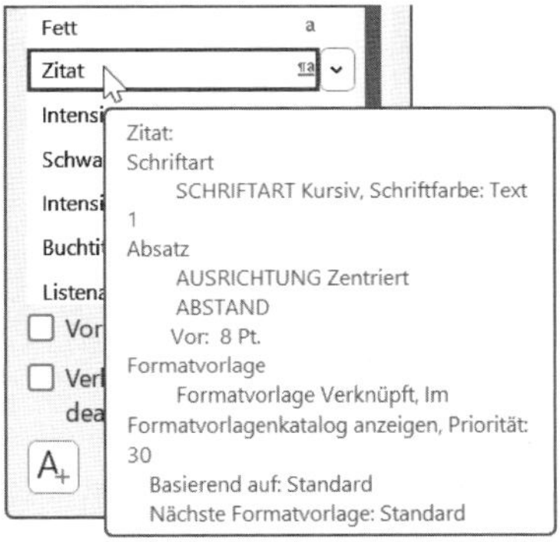

Das sieht gar nicht einmal schlecht aus. Was aber gar nicht geht, ist die *Ausrichtung Zentriert*. Auch Zitate sollten im Blocksatz stehen. Und vielleicht möchten Sie die Formatierung *Kursiv* nicht. Sie sollten also auch diese Formatvorlage entsprechend ändern.

Ihre Formatvorlage für Zitate könnte folgendermaßen aussehen:

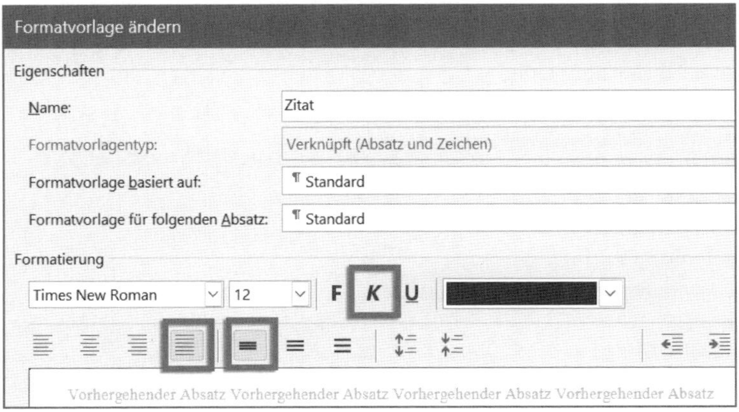

Wenn Sie sich die Eigenschaften der verschiedenen Formatvorlagen anschauen, fällt bei *Formatvorlagentyp* ein wesentlicher Unterschied auf.

- Die Formatvorlage *Standard* ist vom Typ *Absatz*. Sie wird damit immer einem ganzen Absatz (von der ersten Zeile bis zum abschließenden ↵) zugewiesen.
- Die Formatvorlage *Fett* hingegen ist vom Typ *Zeichen*. Sie wird immer nur genau den ausgewählten Zeichen zugewiesen, während sich am Rest des Textes nichts ändert. Prinzipiell können Sie einen einzelnen Buchstaben auswählen und diesem eine eigene Zeichen-Formatvorlage zuweisen.
- *Zitat* ist ein Beispiel für die Mischform *Verknüpft (Absatz und Zeichen)*. Vorlagen dieses Typs können Sie auf verschiedene Arten verwenden. Wählen Sie nur einige Zeichen in einem längeren Text aus, erhalten diese die Zeichenformatierungen der Vorlage, aber die Absatzeigenschaften bleiben unverändert. Wählen Sie hingegen einen ganzen Absatz und weisen diesem die Formatvorlage zu, erhält er sowohl die Zeichen- als auch die Absatzeigenschaften.

Um welchen Formatvorlagentyp es sich handelt, können Sie übrigens auch direkt in der Formatvorlagen-Übersichtsliste am Seitenrand erkennen. Hinter dem Vorlagennamen sind Symbole wie ¶ , a oder beides zu sehen. Das ¶ steht für Absatzformat, das a für Zeichenformat und beides nebeneinander für die verknüpfte Mischform.

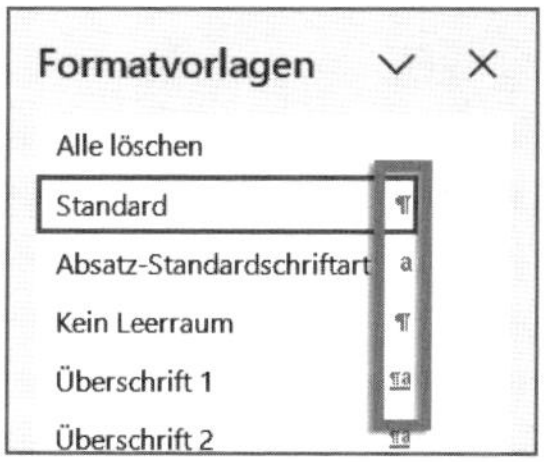

Wenn Sie sich das Formatvorlagenfenster anschauen, vermissen Sie vielleicht einige Formatvorlagen.

Wo sind z. B. die Vorlagen für Fußnoten oder ein Literaturverzeichnis? Diese werden zunächst nicht angezeigt, aber Sie können sie jederzeit aufrufen.

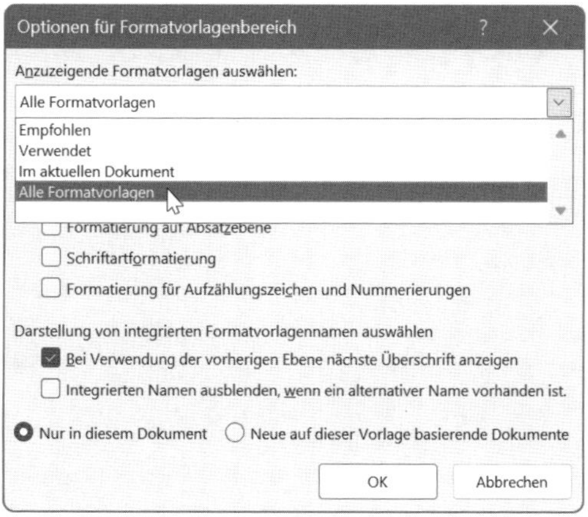

Klicken Sie im Formatvorlagenfenster ganz unten auf *Optionen*. In dem folgenden Dialog wählen Sie bei *Anzuzeigende Formatvorlagen auswählen* die Option *Alle Formatvorlagen*.

Zuweisen von Formatvorlagen

Die Formatvorlage *Standard* brauchen Sie nicht zuzuweisen, sie wird automatisch allen Textelementen zugeordnet, die Sie schreiben. Auch gibt es Formatvorlagen für Fuß- und Endnoten, die ebenfalls automatisch zugewiesen werden. Alle anderen Formatvorlagen müssen Sie eigenhändig zuweisen.

- Wenn Sie einem einzelnen Absatz eine Absatzformatierung zuweisen möchten, brauchen Sie nur in den Absatz zu klicken. Da man sich dabei leicht vertun kann, empfehle ich Ihnen, den Absatz zu markieren, bevor Sie ein Absatzformat zuordnen. Durch einen Dreifachklick in den Absatz geht das ganz leicht. Spätestens wenn Sie mehreren Absätzen die Formatvorlage gleichzeitig zuordnen wollen, müssen Sie ohnehin alle Absätze markieren.
- Wenn Sie mehreren Wörtern oder Zeichenketten eine Zeichenformatvorlage zuordnen möchten, müssen Sie diese Zeichenketten oder Wörter vor der Zuweisung ebenfalls markieren.
- Für von Ihnen selbst definierte und sehr häufig benutzte Formatvorlagen finden Sie auf der Menüband-Registerkarte *Start* im Bereich *Formatvorlagen* einen Auswahlkatalog.

- Sie können den gesamten Katalog öffnen, indem Sie auf das in der Abbildung markierte Symbol klicken. Das Zuweisen nehmen Sie vor, indem Sie den entsprechenden Text markieren, in die Formatvorlagenliste gehen und auf das gewünschte Formatelement klicken.

Auf diese Weise können Sie schnell und komfortabel Ihr gesamtes Dokument formatieren. Und es ist eine systematische und sehr konsistente Gestaltung. Wann immer Sie nachträglich in der Datei eine Formatvorlage verändern, wird sie automatisch im ganzen Text verändert, dem dieses Format zugeordnet ist.

Um nicht mehr benötigte Formatvorlagen zu löschen, klicken Sie mit der rechten Maustaste auf das Format, das gelöscht werden soll, und wählen im Dialog *Aus dem Formatvorlagenkatalog entfernen*.

Formatvorlagen für Überschriften

Für Überschriften in einem Dokument gibt es eigene Formatvorlagen, die von Word mit *Überschrift 1*, *Überschrift 2* usw. bezeichnet werden. Diese verschiedenen Überschriften stellen Überschriften in den verschiedenen Gliederungsebenen dar. Die Hauptüberschrift eines Kapitels trägt die Bezeichnung *Überschrift 1*.

Die Hauptüberschrift, also die Überschrift der Ebene 1, für dieses Kapitel in diesem Buch trägt den Titel *3. Mit Word ansprechende Dokumente gestalten*. Die Überschrift der zweiten Gliederungsebene in diesem Kapitel trägt den Titel *Text erfassen und gekonnt formatieren*. Die Überschrift der dritten Ebene, also die Überschrift dieses Unterkapitels, heißt *Formatvorlagen für Überschriften*. Jede Überschrift wird über die ihr zugewiesene Formatvorlage nicht nur gestaltet, sondern auch einer Gliederungsebene zugeordnet.

Ebene	Beispielüberschriften aus diesem Buch
1 (*Überschrift 1*)	3. Mit Word ansprechende Dokumente gestalten
2 (*Überschrift 2*)	3.1 Text erfassen und gekonnt formatieren
3 (*Überschrift 3*)	Formatvorlagen für Überschriften

Solche Überschriftenebenen mit den Formatvorlagen existieren schon in Word, sie müssen lediglich Ihren Wünschen angepasst werden. Selbstverständlich können Sie Zeilen, die Überschriften enthalten, auch komplett selbst gestalten. Sinnvoller ist es aber, mit den Formatvorlagen in Word zu arbeiten, unter anderem aus zwei wichtigen Gründen:

- Die Überschriften-Vorlagen von Word verwenden zwar standardmäßig keine Kapitelnummerierung, aber gerade für umfangreichere Dokumente mit mehreren Kapiteln ist dies zweckmäßig. Sie können eine solche Nummerierung aktivieren (siehe nachfolgenden Abschnitt). Diese Nummerierungen verwaltet Word anhand der Formatvorlagen selbst. Das heißt, wenn Sie nachträglich zwischen zwei Kapiteln noch ein weiteres Kapitel einfügen, wird Word die Überschriften automatisch neu nummerieren.
- Auch das automatische Erstellen eines Inhaltsverzeichnisses basiert auf den Überschriften-Formatvorlagen. Wenn Sie eigene Formate verwenden, können Sie diese praktische Funktion nicht ohne Weiteres nutzen.

Überschriften-Formate schnell zuweisen

Die benötigten Überschriften-Formate finden Sie im Vorlagenkatalog mit den anderen vorgefertigten Formatvorlagen. Es gibt aber auch praktische Tastenkürzel, mit denen Sie diese Vorlagen jederzeit zuweisen können:

- ⇧+Alt+← macht aus dem aktuellen Absatz eine Überschrift in derselben Ebene, in der Sie sich gerade befinden. Steht vor dem Absatz beispielsweise *1.1 Vorbemerkung*, Sie schreiben irgendwann eine Zeile *Einleitung* und führen dann diese Tastenkombination aus, wird daraus die Überschrift *1.2 Einleitung.*
- ⇧+Alt+→ hingegen macht aus dem aktuellen Absatz eine Überschrift eine Ebene tiefer, also im Beispiel etwa *1.1.1 Danksagung.*
- Wenn Sie eines dieser Tastenkürzel in einem Absatz ausführen, dem bereits ein Überschriften-Format zugewiesen ist, dann wird dieser jeweils eine Gliederungsebene höher oder tiefer gesetzt. Aus *1.2 Einleitung* würde also entweder *2. Einleitung* oder *1.1.1 Einleitung.*

Das klingt vielleicht zunächst etwas kompliziert. Aber wenn man diese beiden Tastenkürzel und ihre Wirkung einmal verinnerlicht hat, hat man damit jederzeit die Kontrolle über die Gliederung eines Dokuments und verwendet dabei automatisch die richtigen Formatvorlagen, um damit auch ein Inhaltsverzeichnis erstellen lassen zu können.

Überschriften mit automatischer Nummerierung

Wie also können Sie diese Überschriften-Formatvorlagen ändern und z. B. die automatische Nummerierung hinzufügen? Damit Sie die Vorgehensweise selbst nachvollziehen können, geben Sie ein paar Überschriften ein und weisen ihnen wie in der Abbildung die Formatvorlagen *Überschrift 1, Überschrift 2* und *Überschrift 3* zu. Dabei werden Sie sehen, dass bei Änderungen an oberen Ebenen vieles in die unteren Ebenen übernommen wird. Sie können diese anderen Ebenen dennoch individuell gestalten.

Dies ist eine Überschrift der Ebene 1

Dies ist eine Überschrift der Ebene 2

Dies ist eine Überschrift der Ebene 3

1 Markieren Sie die Überschrift der ersten Ebene.

2 Klicken Sie dann auf der Registerkarte *Start* im Bereich *Absatz* auf das Symbol *Liste mit mehreren Ebenen*. Wählen Sie im Katalog die im Bild markierte Option.

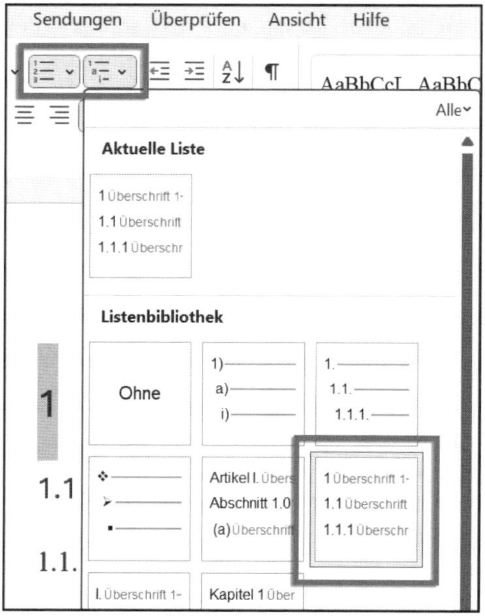

3 Im Dokument sehen Sie nun, dass Word die Nummerierung nicht nur für die erste Ebene gesetzt hat, sondern entsprechend angepasst auch für die anderen.

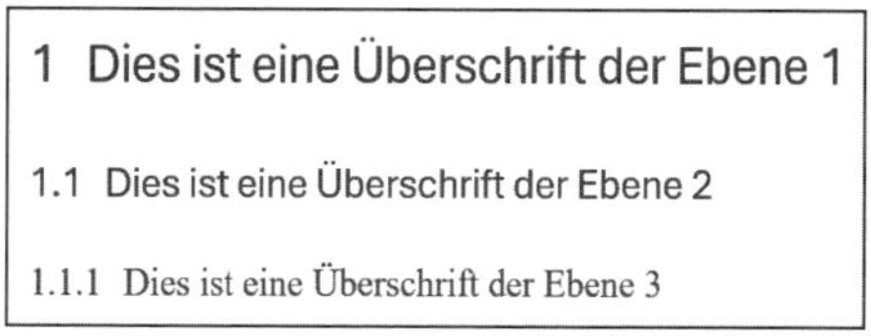

4 Im Prinzip war es das schon. Wenn Sie aber beispielsweise für die erste Ebene auch einen Punkt hinter die Nummer setzen wollen, müssen Sie diese Formatvorlage noch weiter ändern. Klicken Sie mit der rechten Maustaste auf den entsprechenden Eintrag im *Formatvorlagen*-Katalog und wählen Sie im Kontextmenü *Ändern*.

5 Wählen Sie im so geöffneten Dialog unten links die Schaltfläche *Format* und klicken Sie in der angezeigten Liste auf *Nummerierung*.

6 Suchen Sie sich hier eines der Formate aus.

7 Bestätigen Sie nun alle Dialoge, und Sie haben auch hinter der Nummer auf der ersten Überschriftenebene einen Punkt.

In diesem Stil können Sie nun, wenn Sie möchten, auch die anderen Ebenen ändern und Ihren eigenen Bedürfnissen anpassen.

Formatvorlagen selbst erstellen

Word bringt von Haus aus bereits eine große Auswahl an fertigen Formatvorlagen mit. Diese können Sie anpassen, aber Sie können auch beliebig eigene Formatvorlagen hinzufügen. So lassen sich besondere Textelemente ansprechend gestalten, und Sie können das Aussehen des gesamten Textes in Ihrem Sinn bestimmen. Wenn Sie dafür anstelle direkter Formatierungen eigene Formatvorlagen verwenden, profitieren Sie auch hierbei von den großen Vorteilen dieser Vorlagen: Alle Textelemente mit derselben Formatvorlage sehen überall einheitlich aus, und spätere Änderungen an einer Formatvorlage wirken sich automatisch auf alle Textteile aus, die damit formatiert wurden.

Um eine eigene Formatvorlage zu definieren, gestalten Sie am besten einen Textteil exakt so, wie der Text aussehen soll, der mit der Vorlage formatiert wird. Mit dem folgenden Beispiel sollen künftig bestimmte Absätze eingerückt, fett, im Blocksatz und mit einem Rahmen versehen werden.

1 Formatieren Sie einen Absatz mit den in diesem Kapitel vorgestellten Gestaltungsmöglichkeiten ganz so, wie Sie ihn haben möchten.

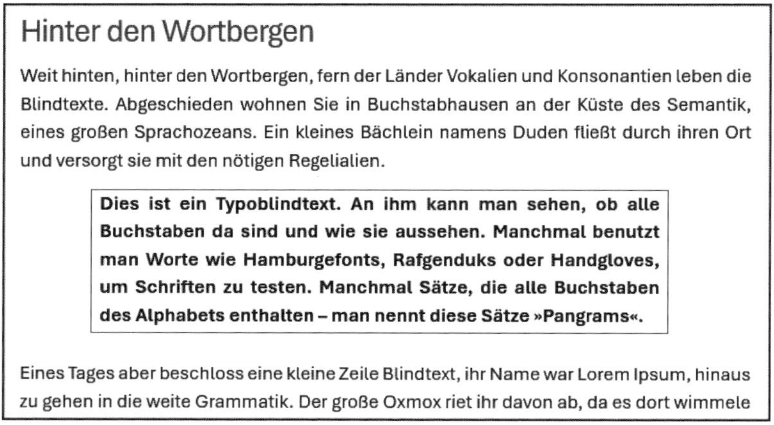

Hinter den Wortbergen

Weit hinten, hinter den Wortbergen, fern der Länder Vokalien und Konsonantien leben die Blindtexte. Abgeschieden wohnen Sie in Buchstabhausen an der Küste des Semantik, eines großen Sprachozeans. Ein kleines Bächlein namens Duden fließt durch ihren Ort und versorgt sie mit den nötigen Regelialien.

Dies ist ein Typoblindtext. An ihm kann man sehen, ob alle Buchstaben da sind und wie sie aussehen. Manchmal benutzt man Worte wie Hamburgefonts, Rafgenduks oder Handgloves, um Schriften zu testen. Manchmal Sätze, die alle Buchstaben des Alphabets enthalten – man nennt diese Sätze »Pangrams«.

Eines Tages aber beschloss eine kleine Zeile Blindtext, ihr Name war Lorem Ipsum, hinaus zu gehen in die weite Grammatik. Der große Oxmox riet ihr davon ab, da es dort wimmele

2 Markieren Sie dann diesen Absatz.

3 Klicken Sie auf der Menüband-Registerkarte *Start* im Bereich *Formatvorlagen* auf das kleine Pfeilsymbol unten rechts, um den *Formatvorlagen*-Seitenbereich einzublenden.

4 Wählen Sie in dieser Leiste ganz unten links das *A+*-Symbol für eine *Neue Formatvorlage*.

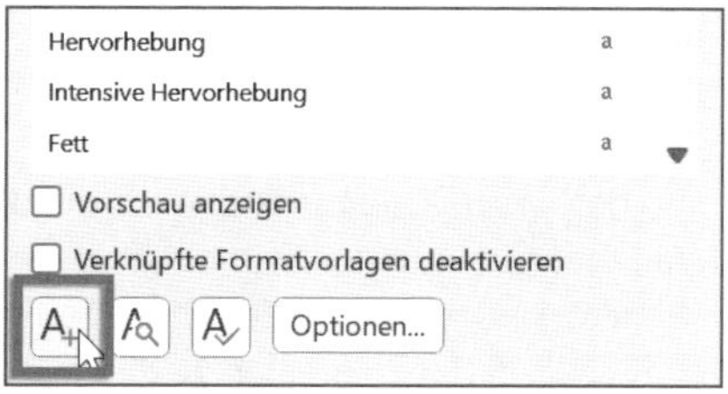

5 Im so geöffneten Dialog *Neue Formatvorlage erstellen* geben Sie Ihrer Vorlage ganz oben einen sinnvollen Namen.

6 Die weiteren Einstellungen direkt darunter sind nicht unbedingt erforderlich, können aber hilfreich sein:

- *Formatvorlagentyp:* Word erkennt in der Regel zuverlässig, um was für einen Typ es sich handelt. Sie können hier aber davon abweichen, beispielsweise wenn Sie einen ganzen Absatz markiert haben, davon aber nur die Zeichenformatierungen übernehmen möchten.

- *Formatvorlage basiert auf:* Diese Einstellung kann sehr praktisch sein, weil Sie damit grundlegende Eigenschaften von einer anderen bestehenden Vorlage übernehmen. Viele Formatvorlagen basieren auf der *Standard*-Vorlage. Das hat einen großen Vorteil: Wenn Sie in den Eigenschaften dieser *Standard*-Vorlage beispielsweise eine andere Schriftart wählen, wirkt sich das automatisch auf alle Formatvorlagen aus, die darauf basieren. Sie können damit also in einem Schritt die Schriftart für das gesamte Dokument verändern, auch wenn Sie den Text mit verschiedenen Formatvorlagen gestaltet haben (siehe auch den Hinweiskasten).
- *Formatvorlage für folgenden Absatz*: Hier können Sie wählen, welche Formatvorlage auf den nachfolgenden Absatz angewendet wird. Wenn Sie einen Absatz formatieren und am Ende [↵] drücken, wird automatisch die hier gewählte Vorlage auf den neuen Absatz angewendet. Das dient einfach nur der Bequemlichkeit. Erstreckt sich Ihre Formatvorlage in der Regel über mehrere Absätze, dann wählen Sie diese Vorlage selbst als Folgekandidaten. Andernfalls machen Sie mit *Standard* meist nichts falsch.

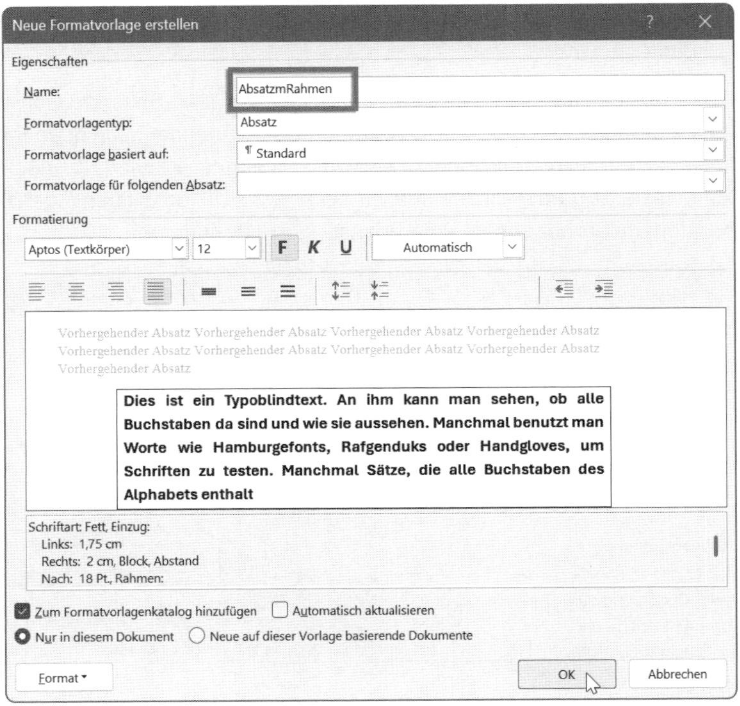

TIPP

Formatierungen von Basisvorlagen vererben

Wenn eine Formatvorlage auf einer anderen basiert, dann »erbt« sie von dieser alle Eigenschaften, in denen sie mit der Basisvorlage übereinstimmt (bzw. die in der Formatvorlage nicht ausdrücklich bestimmt sind). Definieren Sie beispielsweise eine eigene Formatvorlage *MeinText* basierend auf *Standard*, die die Schriftart nicht ausdrücklich festlegt, dann »erbt« *MeinText* die Schriftart von *Standard*. Falls Sie die Schrift bei *Standard* später ändern, wirkt sich das auch auf *MeinText* aus. Wenn Sie hingegen in den Eigenschaften von *MeinText* ausdrücklich eine andere Schriftart wählen, bleibt es dabei, selbst wenn Sie die Schriftart bei *Standard* später ändern. Das klingt etwas kompliziert, erlaubt es aber auch, bei komplexen Texten mit vielen Formatierungen das richtige Maß zwischen Einheitlichkeit und Gestaltungsfreiheit zu erreichen.

7 Im Abschnitt *Formatierung* sehen Sie den von Ihnen formatierten Text, aus dem die Formatvorlage erstellt werden soll. Sie können in diesem Dialog auch noch alle Eigenschaften der Vorlagen ändern (auch später noch jederzeit).

8 Kontrollieren Sie, ob alles Ihren Vorstellungen entspricht, und klicken Sie dann auf *OK*.

Ihre Formatvorlage steht nun sowohl im *Formatvorlagen*-Seitenbereich als auch im Menüband unter *Start/Formatvorlagen* zur Verfügung. Mit diesen Einträgen können Sie die Vorlagen jederzeit anwenden. Ebenso können Sie mit der rechten Maustaste darauf klicken und mit *Ändern* den Dialog mit den Eigenschaften der Vorlage erneut öffnen, um Anpassungen vorzunehmen.

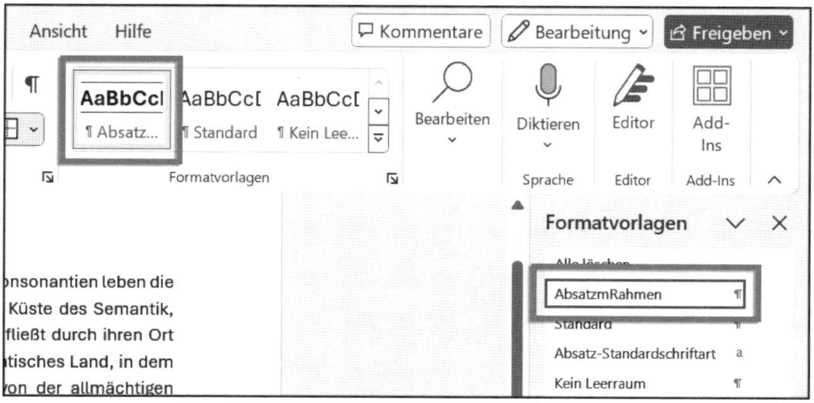

Sollten Sie eine eigene Formatvorlage nicht mehr benötigen, können Sie sie auch wieder löschen. Klicken Sie dazu mit der rechten Maustaste auf das Format in der Formatvorlagen-Seitenleiste (bei der Variante im Menüband geht dies nicht) und wählen Sie *XYZ löschen*, wobei XYZ für den Namen der Formatvorlage steht.

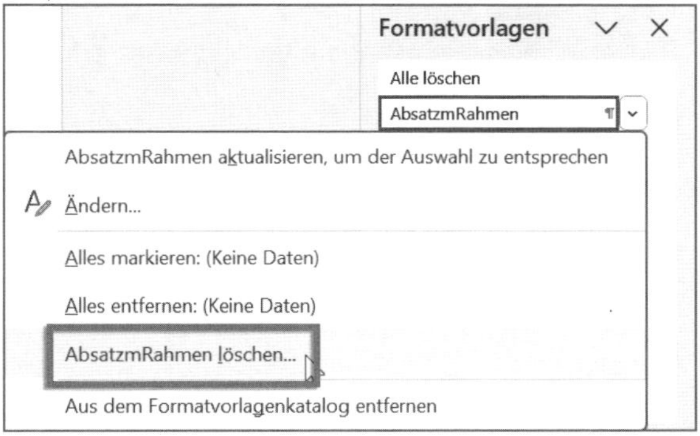

TIPP

Formatvorlagen entfernen vs. löschen
Sowohl im *Formatvorlagen*-Seitenbereich als auch im Menüband finden Sie im Kontextmenü für Formatvorlagen die Aktion *Aus dem Formatvorlagenkatalog entfernen*. Diese sorgt dafür, dass die Formatvorlage in der jeweiligen Übersicht nicht mehr angezeigt wird. So können Sie selten genutzte Vorlagen aus diesen Sammlungen entfernen, die dadurch übersichtlich bleiben. Sie können Vorlagen nur aus dem Menüband, nur aus der Seitenleiste oder aus beiden entfernen. Selbst im letzteren Fall bleibt die Vorlage aber noch erhalten und kann auch weiterhin genutzt werden. Wirklich gelöscht wird sie nur mit der oben beschriebenen Methode.

Wenn Sie eine Formatvorlage löschen, der irgendwo im Dokument noch Text zugewiesen ist, erhält dieser Text nun automatisch das Format *Standard*.

Seiten- und Zeilennummern

Ein weiteres wichtiges formales Element in wissenschaftlichen Arbeiten sind Seitenzahlen und ggf. auch Zeilennummern. Diese sollten Sie niemals »zu Fuß« nummerieren, also etwa auf jeder Seite selbst eine Zahl eingeben. Diese Methode ist fehleranfällig und bringt großen Aufwand mit sich, wenn man nachträglich Änderungen vornehmen will. Stattdessen bieten Kopf- und Fußzeilen Elemente, die automatisch auf jeder Seite des Dokuments eingefügt und von Word aktuell gehalten werden. Das gilt übrigens nicht nur für Seitenzahlen. Mit derselben Funktion können Sie beispielsweise auch die Überschrift des jeweiligen Kapitels automatisch in die Kopfzeile eintragen lassen, damit die Leser sich jederzeit orientieren können.

Für Seitenzahlen gibt es ein paar formale Regeln:

- Inhaltsverzeichnisse, Bildverzeichnisse und andere Verzeichnisse erhalten die Nummerierung in römischen Ziffern (I, II, III, ...).
- Der Inhalt der Arbeit selbst wird mit arabischen Ziffern (1, 2, 3 ...) versehen. Um das in einer Datei machen zu können, müssen Sie ggf. mit Abschnittsumbrüchen arbeiten.
- Bezüglich der Position der Seitenzahl – ob in der Kopf- oder in der Fußzeile – gibt es keinen wirklichen Standard. Fragen Sie ggf. den Prüfenden, welche Position er bevorzugt.

Seitenzahlen in der Kopfzeile

Das folgende Beispiel zeigt eine Seitennummerierung in der Kopfzeile. Für eine Fußzeile verfahren Sie analog, nur eben am unteren Seitenrand.

1 Klicken Sie in der Menüband-Registerkarte *Einfügen* im Bereich *Kopf- und Fußzeile* auf die *Kopfzeile*.

2 In der so geöffneten Auswahl können Sie sich entscheiden, ob Sie eine leere Kopfzeile oder eine mit drei Spalten haben möchten. Die Variante mit Spalten ist praktisch, wenn Sie die Seitenzahl rechtsbündig, die Kapitelüberschrift aber linksbündig haben wollen. Wählen Sie dafür *Leer (Drei Spalten)*.

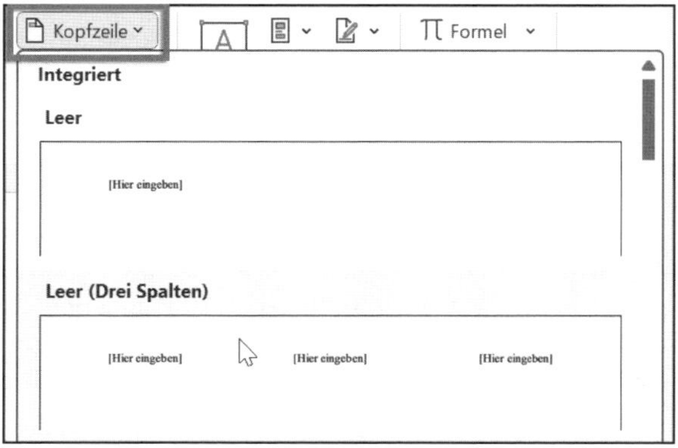

3 Klicken Sie nun in die rechte Spalte der eingefügten Kopfzeile. Dadurch wird im Menüband automatisch die Registerkarte *Kopf- und Fußzeile* angezeigt.

4 Klicken Sie dort ganz links auf *Seitenzahl*. Es klappt ein Listenfeld nach unten, in dem Sie *Aktuelle Position* und dann *Einfache Zahl* auswählen.

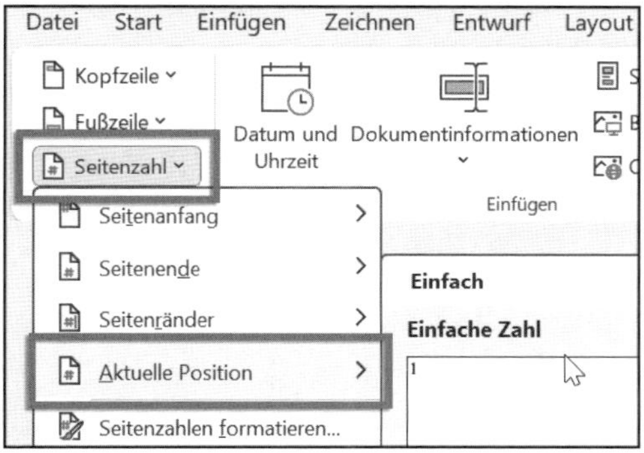

5 Nun steht Ihre Seitenzahl rechtsbündig in der Kopfzeile. Die mittlere Spalte können Sie durch Markieren und Drücken der [Entf]-Taste löschen. In die linke Spalte könnten Sie beispielsweise die aktuelle Kapitelüberschrift einfügen (siehe nachfolgenden Abschnitt).

6 Wenn es nur um die Seitenzahl geht, können Sie Ihre Kopfzeile aber zunächst schließen, indem Sie auf der Registerkarte *Kopf- und Fußzeile* ganz rechts auf *Kopf- und Fußzeile schließen* klicken. Alternativ reicht auch ein Doppelklick in einen anderen Teil des Dokuments.

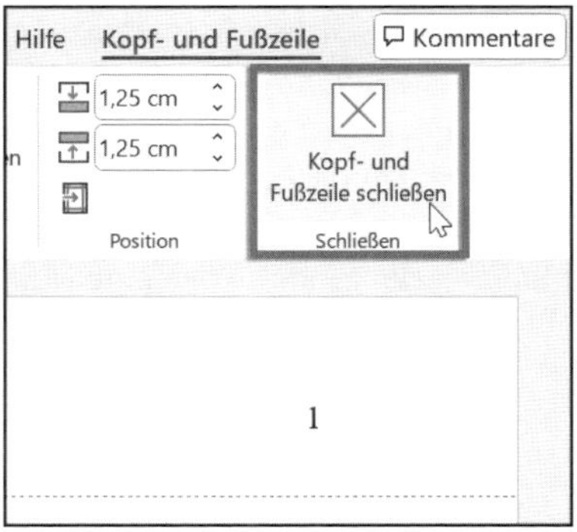

Zeilennummern einfügen

Manche wissenschaftliche Arbeiten erfordern das Durchnummerieren auch von Zeilen nach einem bestimmten Muster. Auch wenn Sie z. B. für eine Zeitung arbeiten, erhalten Sie meist die Aufgabe, einen kleinen Artikel zu schreiben, und zwar mit nicht mehr als 17 Zeilen oder nicht mehr als 300 Wörtern. Das alles müssen Sie selbst nicht abzählen, das kann Word.

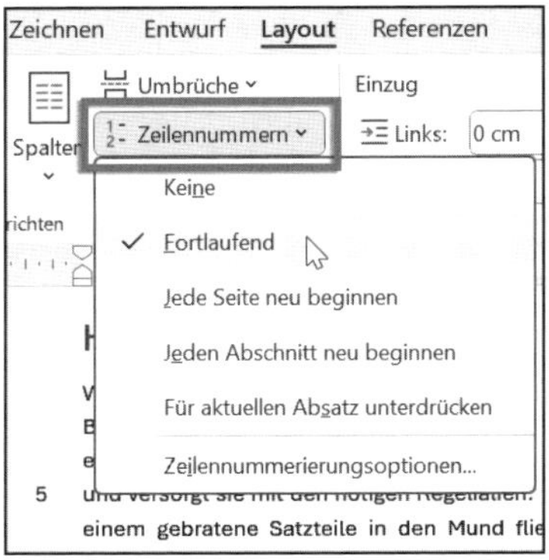

1 Auf der Menüband-Registerkarte *Layout* befindet sich im Bereich *Seite einrichten* auch der Befehl *Zeilennummern*.

2 Das damit aufgeklappte Menü bietet Ihnen die Möglichkeit, Zeilennummern einzufügen, die *Fortlaufend* durch den gesamten Text sind oder auch bei jeder Seite oder jedem Absatz neu beginnen.

3 Zusätzlich haben Sie die Möglichkeit, eingerichtete Zeilennummern für den aktuellen Absatz zu unterdrücken, etwa wenn es sich um einen Einschub mit einem längeren Zitat handelt.

Standardmäßig fügt Word vor jeder Zeile des Textes eine Nummer ein. Diese Nummer wird auch mitgedruckt. Verwenden Sie Zeilennummern nur für sich selbst zum Zählen oder Orientieren, sollten Sie sie also vor dem Drucken wieder ausschalten.

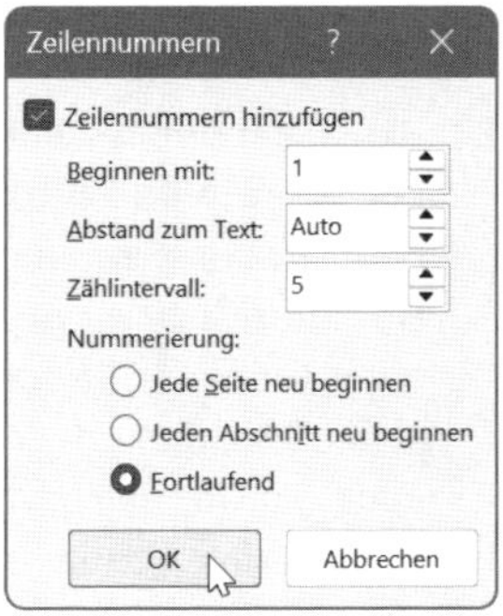

Eine Nummer vor jeder Zeile ist recht viel. Üblicher ist es, die laufende Nummer nur vor jeder fünften oder zehnten Zeile auszugeben. Das erreichen Sie in den *Zeilennummerierungsoptionen*. Klicken Sie darauf und in den so geöffneten Seitenoptionen auf die Schaltfläche *Zeilennummern*. Hier können Sie das *Zählintervall* beispielsweise auf *5* stellen, damit nur vor jeder fünften Zeile eine Nummer steht.

Kapitelüberschriften in der Kopfzeile

In wissenschaftlichen Arbeiten wird gern die Überschrift des jeweiligen Abschnitts in die Kopfzeile gesetzt. Auch das können und sollten Sie automatisieren. Die folgende Anleitung knüpft an das Beispiel aus dem vorhergehenden Abschnitt an und ergänzt die dort eingefügte Kopfzeile um die Angabe der Kapitelüberschrift.

1 Um eine vorhandene Kopfzeile zu bearbeiten, führen Sie einen Doppelklick darauf aus, um sie zu öffnen. Klicken Sie dann auf die linke Spalte.

2 In der Menüband-Registerkarte *Kopf- und Fußzeile* im Bereich *Einfügen* entscheiden Sie sich für die Schaltfläche *Schnellbausteine*.

3 Wählen Sie in der so geöffneten Liste den Eintrag *Feld*.

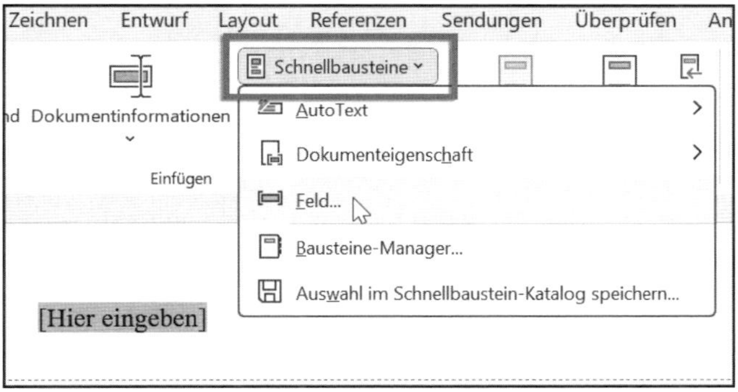

4 Im dadurch geöffneten Dialog lokalisieren Sie links bei *Feldnamen* in der alphabetisch sortierten Liste den Eintrag *StyleRef*.

5 Wenn Sie diesen anklicken, sehen Sie rechts die *Feldeigenschaften*. Wählen Sie die Überschriftenebene, die in der Kopfzeile angezeigt werden soll.

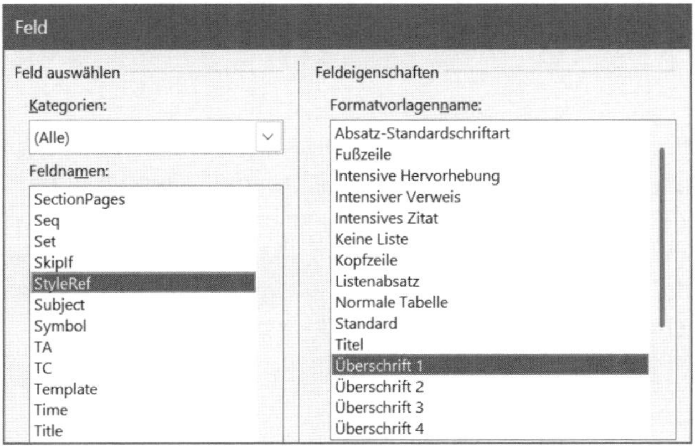

6 Klicken Sie unten rechts auf *OK*, um dieses Feld in die Kopfzeile einzufügen. Word sorgt dann dafür, dass links in der Kopfzeile jeweils die Überschrift des Kapitels angezeigt wird, dessen Inhalt auf der jeweiligen Seite zu finden ist.

Die Auswirkung des eingefügten Felds sehen Sie unmittelbar in Ihrem Dokument. Sie können auch Text, der durch solche Felder automatisch generiert wird, mit Formatierungen versehen, etwa um den Schriftgrad anzupassen oder die Schrift kursiv zu setzen. Das wird unabhängig vom generierten Inhalt beibehalten und auch automatisch für alle Kopfzeilen übernommen (mit Ausnahmen, aber dazu mehr im nachfolgenden Abschnitt).

Kopf- und Fußzeilen für gerade und ungerade Seiten

Eine in Fachtexten nicht unübliche Variante ist es, auf geraden Seiten die Überschrift des jeweiligen Kapitels, auf ungeraden aber die Überschriften des jeweiligen Unterkapitels (also die Überschrift der Ebene 2) zu verwenden. Dazu ist es erforderlich, die Kopfzeilen für gerade und ungerade Seiten unterschiedlich zu gestalten, was von Word aber komfortabel unterstützt wird.

1 Öffnen Sie durch einen Doppelklick Ihre Kopfzeile, um die Menüband-Registerkarte *Kopf- und Fußzeile* anzuzeigen.

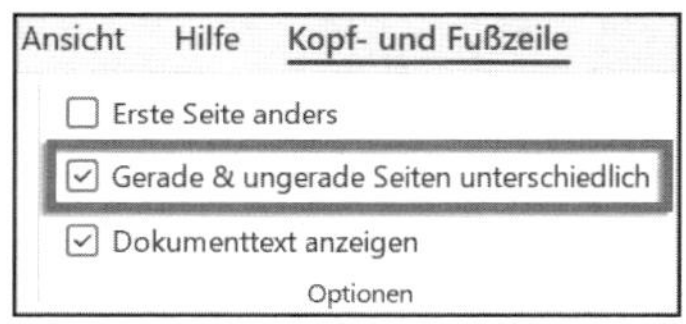

2 Aktivieren Sie durch ein Häkchen im Bereich *Optionen* die Einstellung *Gerade & ungerade Seiten unterschiedlich.*

3 Zur Kontrolle können Sie nun zur Registerkarte *Ansicht* gehen und dort im Bereich *Zoom* auf das Symbol für *Mehrere Seiten* klicken.

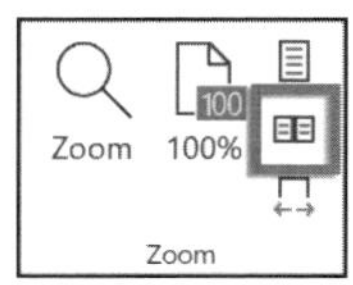

4 Word zeigt Ihnen nun immer zwei Seiten Ihres Dokuments nebeneinander an. Sie sehen, dass in der Kopfzeile für ungerade Seiten noch der Text *Überschrift der Ebene 1* und eine Seitennummer stehen, während auf der zweiten Seite noch keine Kapitelüberschrift und keine Seitennummer vorhanden sind. Zur Orientierung zeigt Word außerdem jeweils an, ob es sich um die *Ungerade Kopfzeile* oder die *Gerade Kopfzeile* handelt.

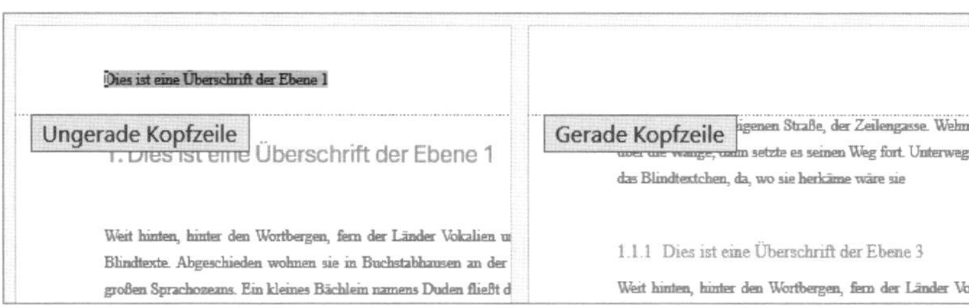

Nun können Sie für die gerade Kopfzeile die Seitenzahl und die Kapitelüberschrift der Ebene 1 einsetzen und für die ungerade Kopfzeile die Überschrift zur Ebene 2 ändern, wie es bei Büchern und wissenschaftlichen Werken üblich ist.

1 Beginnen Sie auf der ungeraden Seite. Hier markieren Sie die vorhandene Überschrift und fügen, wie bereits beschrieben, über die Menüband-Registerkarte *Kopf- und Fußzeile* und dort den Bereich *Schnellbausteine* ein *Feld* ein.

2 Dort wählen Sie als Feld wieder *StyleRef*, nun aber die Formatvorlage *Überschrift 2*.

3 Klicken Sie nun auf den linken Bereich in der geraden Kopfzeile, und gehen Sie wieder über *Schnellbausteine* auf *Feld*. Dort wählen Sie erneut *StyleRef*, nun aber *Überschrift 1*.

4 Jetzt drücken Sie zweimal [Tab], um zur rechten Spalte dieser Kopfzeile zu kommen und dort ebenfalls die Seitennummer einzufügen. Wie beschrieben erledigen Sie das in der Registerkarte *Kopf- und Fußzeile* ganz links mit *Seitenzahl/Aktuelle Position/Einfache Zahl*.

5 Schließen Sie die Kopfzeile.

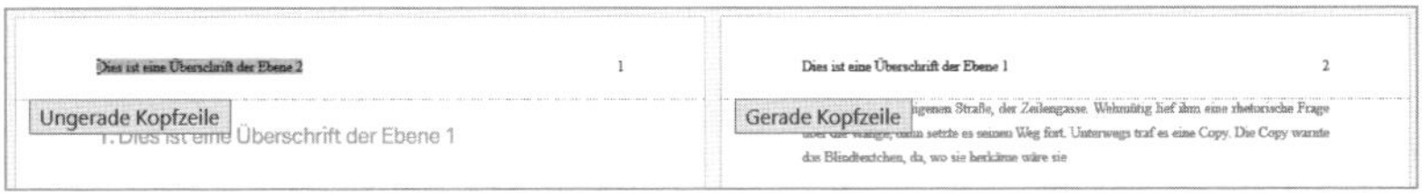

Was vielleicht auffällt, ist, dass in den Kopfzeilen die jeweilige Kapitelnummer nicht aufgeführt wird.

Falls Sie das möchten, können Sie mehrere *StyleRef*-Felder nebeneinander verwenden:

1 Klicken Sie wiederum doppelt in Ihre Kopfzeile, um sie zu öffnen, und platzieren Sie die Einfügemarke links vor der Überschrift.

2 Fügen Sie dann wie beschrieben einen Schnellbaustein vom Typ *Feld* ein. Wählen Sie dabei erneut *StyleRef* und die passende Überschriften-Formatvorlage.

3 Aktivieren Sie diesmal aber zusätzlich rechts die Option *Absatznummer einfügen*, bevor Sie auf *OK* klicken.

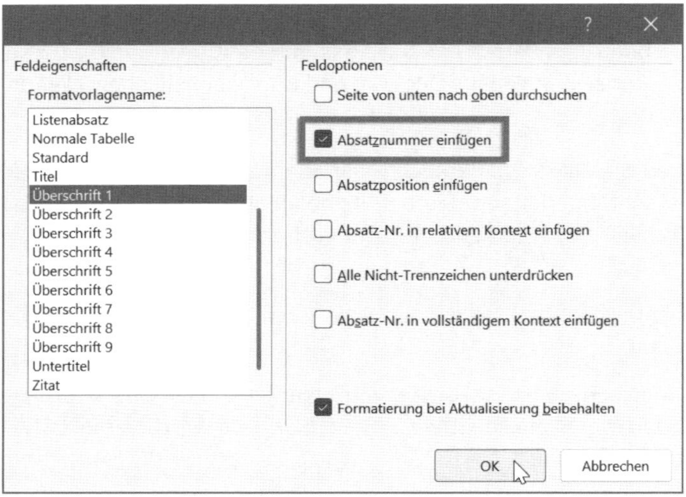

4 Fügen Sie anschließend noch Leerzeichen zwischen Nummerierung und Überschrift ein. Hinter der einzelnen Nummer der Kapitelüberschrift (*Überschrift 1*) empfiehlt sich außerdem noch ein Punkt.

Word wird nun auf jeder Seite die entsprechenden Kapitelüberschriften in die Kopfzeile setzen.

Felder nachträglich bearbeiten

Bei eingefügten Feldern sehen Sie im Dokument immer nur das Ergebnis, nicht aber die Funktion selbst. Um an diesen später noch etwas ändern zu können, müssen Sie in den Dialog zurück, in dem Sie die Feldfunktion ausgewählt haben. Am schnellsten geht das, indem Sie mit der rechten Maustaste auf das Ergebnis der Feldfunktion klicken und *Feld bearbeiten* auswählen.

Mit der Tastenkombination Alt+F9 können Sie außerdem jederzeit zwischen dem Darstellen des Ergebnisses und der Anzeige der Feldfunktion hin- und herschalten.

Allerdings sollten Sie der Versuchung widerstehen, Feldfunktionen in dieser Ansicht direkt zu bearbeiten, da dies schnell zu Fehlern führen kann, die eine eingefügte Funktion unbrauchbar machen. Zuverlässiger ist der beschriebene Weg über *Feld bearbeiten*.

TIPP

Etwas Theorie: Was sind Feldfunktionen?
Zwei gute Beispiele für Feldfunktionen wurden auf den vorhergehenden Seiten verwendet: eine für die Seitenzahl und die zweite für die Kapitelüberschrift. Es handelt sich dabei um dynamische Elemente in einem Dokument, deren Inhalt Word automatisch generiert. Was dabei wie generiert wird, beschreibt die Feldfunktion. Beim Feld für die Seitenzahl etwa fügt Word die laufende Nummer der jeweiligen Dokumentseite ein. Bei den *StyleRef*-Feldern sucht Word auf der jeweiligen Seite nach Text, der mit der in den Feldeigenschaften definierten Formatvorlage gestaltet ist. Wird es auf der aktuellen Seite nicht fündig, schaut es ggf. auf den Seiten davor nach und nimmt die nahegelegendste Fundstelle mit diesem Format. Das alles geschieht automatisch und zuverlässig im Hintergrund.

Grundsätzlich könnte man die durch Felder generierten Inhalte auch selbst eintippen. Allerdings wäre der Aufwand meist viel höher. Und jedes Mal, wenn man etwas im Dokument verändert, müsste man auch solche manuell eingefügten Elemente immer überprüfen und ggf. anpassen. Bei Feldern sorgt Word dafür, dass sie jederzeit den passenden, aktuellen Inhalt haben.

Texte systematisch gliedern

In den vorangegangenen Abschnitten sind bereits Gliederungselemente zum Einsatz gekommen. Hier soll es nun darum gehen, wie Sie Formatvorlagen und Gliederungen nutzen, um Ihre Texte schnell und systematisch zu gliedern und das Aussehen der Überschriften nach Ihren Vorstellungen zu gestalten.

Angenommen, Sie haben einen Text mit zwei Gliederungsebenen:

> Überschrift der Ebene 1
>
> Überschrift der Ebene 2
>
> Weit hinten, hinter den Wortbergen, fern der Länder Vokalien und Konsonantien leben die Blindtexte. Abgeschieden wohnen sie in Buchstabhausen an der Küste des Semantik, eines großen Sprachozeans. Es ist ein paradiesmatisches Land, in dem einem gebratene Satzteile in den Mund fliegen.
>
> Überschrift der Ebene 2
>
> Eines Tages aber beschloß eine kleine Zeile Blindtext, ihr Name war Lorem Ipsum, hinaus zu gehen in die weite Grammatik. Der große Oxmox riet ihr davon ab, da es dort wimmele von

Und Sie möchten zukünftig mit Formatvorlagen, also systematisch und komfortabel, zu folgendem Ergebnis kommen:

> # 1 Überschrift der Ebene 1
>
> ## 1.1 Überschrift der Ebene 2
>
> Weit hinten, hinter den Wortbergen, fern der Länder Vokalien und Konsonantien leben die Blindtexte. Abgeschieden wohnen sie in Buchstabhausen an der Küste des Semantik, eines großen Sprachozeans. Es ist ein paradiesmatisches Land, in dem einem gebratene Satzteile in den Mund fliegen.
>
> ## 1.2 Überschrift der Ebene 2
>
> Eines Tages aber beschloß eine kleine Zeile Blindtext, ihr Name war Lorem Ipsum, hinaus zu gehen in die weite Grammatik. Der große Oxmox riet ihr davon ab, da es dort wimmele von

Mit folgenden Schritten gelangen Sie dorthin:

1 Markieren Sie zunächst die Überschrift der Ebene 1.

2 Klicken Sie dann auf der Registerkarte *Start* im Bereich *Formatvorlagen* auf den kleinen Pfeil unten rechts, um den *Formatvorlagen*-Katalog zu öffnen. Diesen können Sie an die linke oder rechte Fensterseite andocken oder frei über dem Dokument schweben lassen.

3 Im *Formatvorlagen*-Katalog wählen Sie die Formatvorlage *Überschrift 1*. Dadurch verändern sich eventuell Farbe und Schriftart der Zeile ein wenig, aber das können Sie später ggf. wieder korrigieren.

4 Fügen Sie jetzt bei Bedarf die gegliederte Nummerierung hinzu. Wählen Sie dazu im Bereich *Formatvorlagen* der Registerkarte *Start* das Symbol für eine *Liste mit mehreren Ebenen* und im so geöffneten Auswahlfeld den abgebildeten Eintrag.

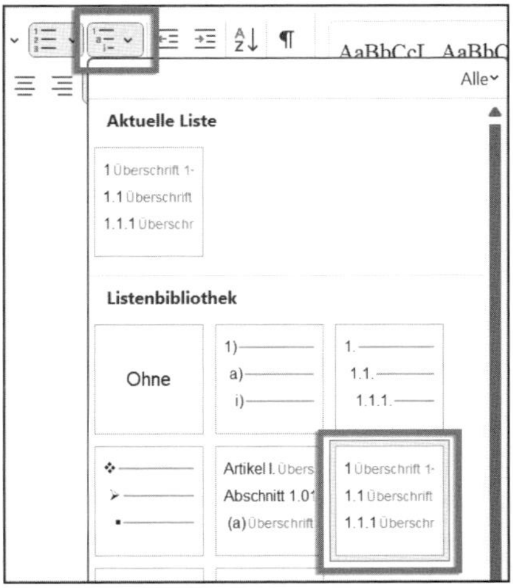

5 Nun sollte eine 1 vor der Kapitelüberschrift stehen. Um diese zu gestalten, klicken Sie im *Formatvorlagen*-Katalog mit der rechten Maustaste auf *Überschrift 1* und wählen *Ändern*. Im so geöffneten Dialog legen Sie Schriftart und -größe oder beispielsweise auch die Farbe der Schrift für die gesamte Überschrift fest.

6 Außerdem können Sie in diesem Dialog unten links auf die *Format*-Schaltfläche klicken und im so geöffneten Menü *Absatz* wählen.

7 In dem folgenden Dialog wählen Sie bei *Sondereinzug* die Option *Hängend* und rechts daneben bei *Um* den Wert *1 cm*.

8 Darunter im Abschnitt *Abstand* können Sie, falls gewünscht, die Abstände *Vor* und oder *Nach* der Überschrift verändern.

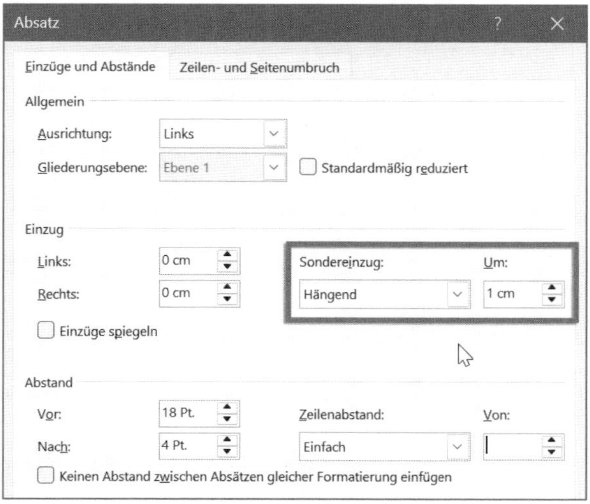

9 Schließen Sie beide Dialoge mit *OK*. So könnte es nun aussehen:

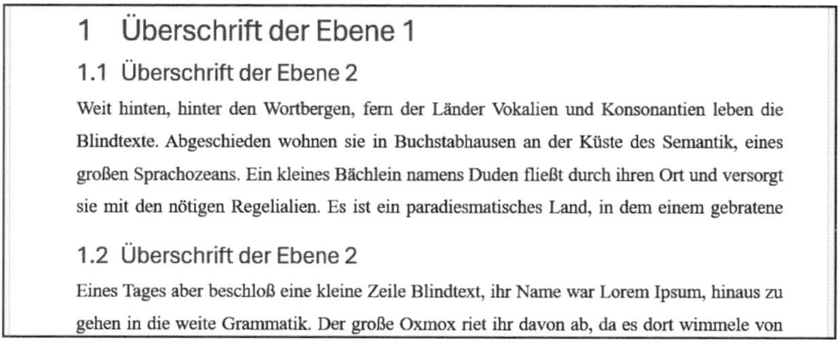

1 Überschrift der Ebene 1

1.1 Überschrift der Ebene 2

Weit hinten, hinter den Wortbergen, fern der Länder Vokalien und Konsonantien leben die Blindtexte. Abgeschieden wohnen sie in Buchstabhausen an der Küste des Semantik, eines großen Sprachozeans. Ein kleines Bächlein namens Duden fließt durch ihren Ort und versorgt sie mit den nötigen Regelialien. Es ist ein paradiesmatisches Land, in dem einem gebratene

1.2 Überschrift der Ebene 2

Eines Tages aber beschloß eine kleine Zeile Blindtext, ihr Name war Lorem Ipsum, hinaus zu gehen in die weite Grammatik. Der große Oxmox riet ihr davon ab, da es dort wimmele von

10 Um auch auf der obersten Gliederungsebene automatisch einen Punkt hinter der Kapitelnummer zu erhalten, lassen Sie die *Überschrift der Ebene 1* markiert, gehen wieder auf *Liste mit mehreren Ebenen* und wählen nun *Neue Liste mit mehreren Ebenen definieren.*

11 Hier setzen Sie bei *Formatierung für Zahl eingeben* einen Punkt hinter die 1 und bestätigen mit *OK*.

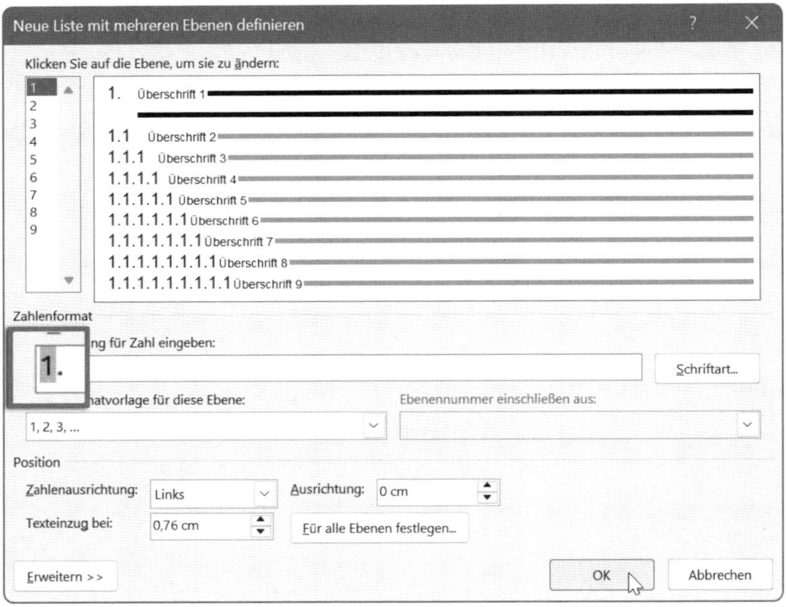

12 Nun markieren Sie die *erste Überschrift der Ebene 2* und weisen dieser die Formatvorlage *Überschrift 2* zu. Auch hier können Sie wie beschrieben die Farbe, Schriftart und -größe ändern.

13 Zum Schluss weisen Sie noch der *zweiten Überschrift der Ebene 2* die Formatvorlage *Überschrift 2* zu. Da Sie die *Überschrift 2* schon angepasst haben, sollte nun alles so wie beabsichtigt aussehen.

Nun haben Sie ein mächtiges Werkzeug an der Hand, um lange und komplexe Texte systematisch und einheitlich zu gliedern.

Verweise richtig benutzen

Bei längeren Texten kann es vorkommen, dass man an einer Stelle etwas beschreibt, erklärt oder definiert, um darauf an einer oder mehreren anderen Stellen zurückzugreifen. Direkte Querverweise im Stil von »siehe Seite XYZ« zur entsprechenden Stelle machen es dem Leser leicht, dort nochmals nachzuschlagen.

Word bietet auch hierfür eigene Funktionen an, und es ist absolut sinnvoll, diese anstelle von mühsamer Handarbeit zu nutzen. Denn auch dabei werden wieder dynamische Felder verwendet, die Word aktualisiert. Egal, in welchem Umfang Sie Ihr Dokument später noch überarbeiten – ein einmal korrekt eingerichteter Querverweis wird immer stimmig sein.

Um solche dynamischen Verweise zu setzen, benötigen Sie in Word zwei Elemente:

- Zum einen platzieren Sie unsichtbare Textmarken an Stellen mit Inhalten, auf die Sie von anderen Seiten aus verweisen möchten.
- Für die eigentlichen Querverweise fügen Sie Felder ein, die dynamisch die Seitenzahl zuvor festgelegter Textmarken an der gewünschten Stelle in Ihr Dokument einfügen.

Textmarken einfügen

Auch wenn das im ersten Moment womöglich etwas kompliziert klingt, ist die Anwendung in der Praxis nicht sehr schwierig. Setzen Sie zunächst eine Textmarke:

1 Gehen Sie im Dokument zu der Stelle, zu der Sie einen Querverweis setzen wollen.

2 Platzieren Sie die Einfügemarke direkt in oder ganz dicht bei dem fraglichen Inhalt. Bedenken Sie dabei, dass sich der Seitenumbruch später noch verändern könnte. Je dichter die Platzierung am entscheidenden Inhalt ist, desto geringer die Wahrscheinlichkeit, dass der Querverweis später womöglich eine Seite vor oder nach dem eigentlichen Inhalt landet.

3 Klicken Sie dann auf der Menüband-Registerkarte *Einfügen* im Bereich *Links* auf *Textmarke*.

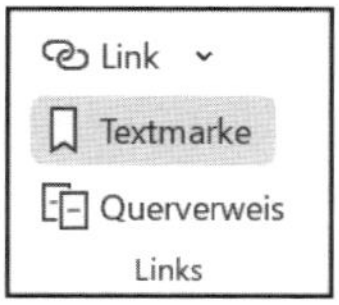

4 Geben Sie im so geöffneten Dialog einen sinnvollen und eindeutigen Namen für die Textmarke ein, und klicken Sie auf *Hinzufügen*.

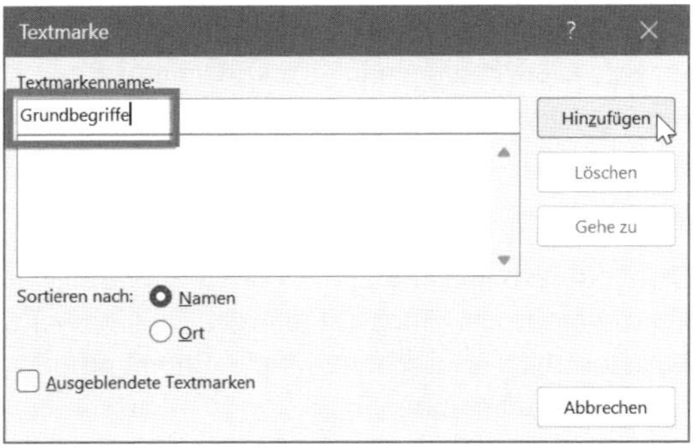

Damit haben Sie die Textmarke in Ihr Dokument eingefügt und fest mit der gewählten Position verknüpft. Im Text selbst ist davon nichts zu sehen. Auf diese Weise können Sie beliebig viele Textmarken in Ihrem Dokument definieren. Unabhängig davon können Sie den *Textmarke*-Dialog auch jederzeit wieder über das Menüband öffnen, um die festgelegten Textmarken sehen sowie ggf. löschen zu können. Klicken Sie in diesem Fall abschließend nicht auf *Hinzufügen*, sondern auf *Abbrechen*.

Querverweise auf Textmarken

Haben Sie Querverweise in Ihrem Dokument definiert, können Sie diese jederzeit nutzen, um mit speziellen Feldern auf die entsprechende Seitenzahl zu verweisen.

1 Formulieren Sie dazu an der gewünschten Stelle im Dokument ggf. den begleitenden Text wie etwa »Näheres dazu auf Seite« und platzieren Sie die Einfügemarke dann genau an der Stelle, an der die Seitenzahl in Ihrem Querverweis stehen soll.

2 Klicken Sie dann in der Menüband-Registerkarte *Einfügen* im Bereich *Links* auf *Querverweis*.

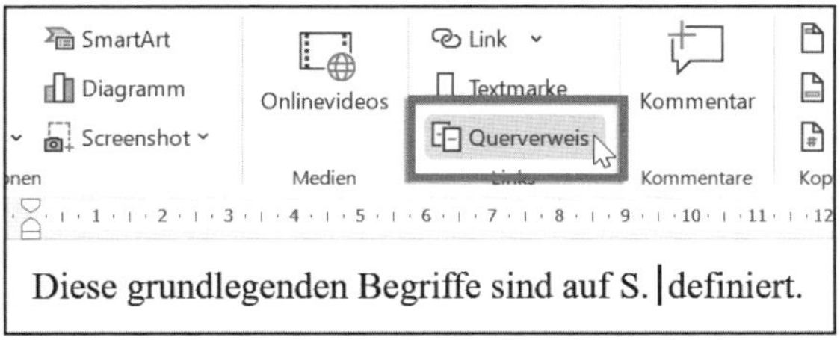

3 Wählen Sie im so geöffneten Dialog oben rechts bei *Verweistyp* die Option *Textmarke* sowie rechts daneben bei *Verweisen auf* die Variante *Seitenzahl*. Dies müssen Sie jeweils nur einmal einstellen. Dann merkt Windows sich die Vorgabe – aber leider nur bis zum Beenden der Anwendung.

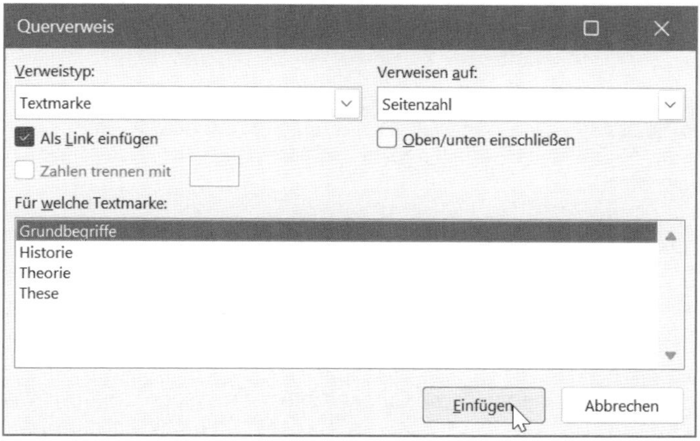

4 Unten finden Sie die Liste *Für welche Textmarke* mit allen Textmarken, die Sie in diesem Dokument festgelegt haben. Wählen Sie die Marke aus, auf die der Querverweis zeigen soll.

5 Passt alles, bestätigen Sie unten mit der Schaltfläche *Einfügen* und dann *Schließen*.

Damit verweist Word nun an dieser Stelle auf die Seite mit der gewählten Textmarke, egal, wo diese sich zukünftig im Dokument befinden wird. Selbst wenn Sie beispielsweise ein Kapitel vom Anfang des Dokuments später ans Ende verschieben, werden die Seitenzahlen bei Querverweisen korrekt mitwandern.

TIPP

Profitieren Sie selbst von Textmarken
Auch Sie können die Textmarken nutzen, um schnell zu wichtigen Stellen im Dokument zu springen. Drücken Sie jederzeit die Taste F5, um den Dialog *Suchen und Ersetzen* in der Rubrik *Gehe zu* zu öffnen. Wählen Sie links *Textmarke* aus, um dann rechts alle definierten Textmarken anzuzeigen. Dort wählen Sie die gewünschte aus und gelangen mit *Gehe zu* direkt zur entsprechenden Seite im Dokument. Wie Sie am Auswahlfeld links erkennen, stehen Ihnen hier auch andere potenzielle Ziele wie Seiten oder Überschriften zur Wahl, die Sie so jederzeit schnell direkt erreichen können.

Auf der Suche nach Textstellen

Bei längeren Dokumenten müssen Sie vielleicht nach bestimmten Begriffen oder Textstellen in Ihrem Dokument suchen. Für Traditionalisten bietet Word weiterhin die klassische Suche mit der F5-Taste. Diese öffnet den Dialog *Suchen und Ersetzen*, in dem Sie in der Rubrik *Suchen* Ihren Suchbegriff eingeben können.

Alternativ steht Ihnen eine moderne, besser integrierte Suchfunktion in Word zur Verfügung, für die es zwei Varianten gibt, die letztlich zum selben Ziel führen:

- Da wäre zum einen das unübersehbare Suchfeld oben in der Titelzeile des Word-Fensters. Hier können Sie jederzeit direkt einen Suchbegriff eingeben. Findet Word diesen im Dokument, können Sie auf den Eintrag klicken, um die eigentliche Suchfunktion damit zu öffnen. Der besondere Clou ist, dass dieses Suchfeld universaler als nur im Dokument sucht (siehe Infobox).
- In der Menüband-Registerkarte *Start* können Sie im Bereich *Bearbeiten* jederzeit auf *Suchen* klicken, um die Suchfunktion direkt zu öffnen.

TIPP

Das universale Suchfeld

Das Suchfeld in der Word-Titelzeile dient für die Suche im Dokument nur als Einstieg. Aber es kann trotzdem eine große Hilfe sein, wenn Sie etwas anderes suchen. Es sucht zu einem eingetippten Begriff nämlich auch passende Aktionen.

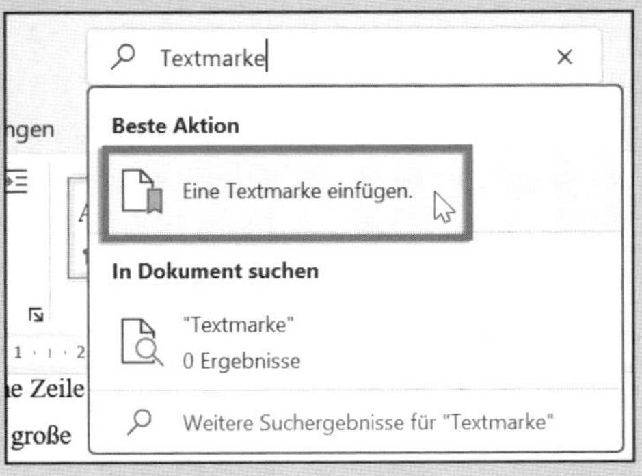

Wenn Sie beispielsweise eine Textmarke festlegen möchten, aber nicht mehr genau wissen, wie das geht, tippen Sie *Textmarke* in das Suchfeld ein. Dann bietet Word die Aktion *Eine Textmarke einfügen* an. Mit einem Klick darauf gelangen Sie direkt zum entsprechenden Dialog.

Mit der Suchleiste komfortabel finden

Für effizientes Suchen ist also die Navigationsleiste unter *Start/Bearbeiten/Suchen* (Strg+F) die erste Wahl. Genau wie beim Formatvorlagenkatalog können Sie diese an der linken oder rechten Fensterseite anheften, sodass sie sich den Platz mit dem Dokument teilt. Oder Sie lassen den Dialog in kompakter Form über dem Text schweben. Was Sie bevorzugen, wählen Sie jederzeit, indem Sie oben auf *Navigation* klicken und das Element dann mit gedrückter linker Maustaste an die gewünschte Stelle ziehen.

1 Um zu suchen, tippen Sie das Wort im Suchfeld ein. Sie brauchen nicht ↵ zu drücken, da die Suche von allein (ggf. mit minimaler Verzögerung) auf den eingetippten Text reagiert.

2 Unterhalb des Eingabefelds listet Ihnen Word die Fundstellen im Dokument auf. Dabei wird der Suchbegriff im Zusammenhang des Satzes angezeigt, in dem sich die Fundstelle befindet. Gibt es mehrere Fundstellen im Dokument, wird die Auflistung länger.

3 Klicken Sie in der Suchleiste auf eine der Fundstellen, springt Word automatisch zu dieser Stelle im Dokument. Gleichzeitig wird der Suchbegriff im Text farblich hervorgehoben.

4 Sollte es eine Reihe von Fundstellen geben, können Sie diese mit den beiden Pfeilsymbolen rechts oberhalb der Liste komfortabel durchgehen.

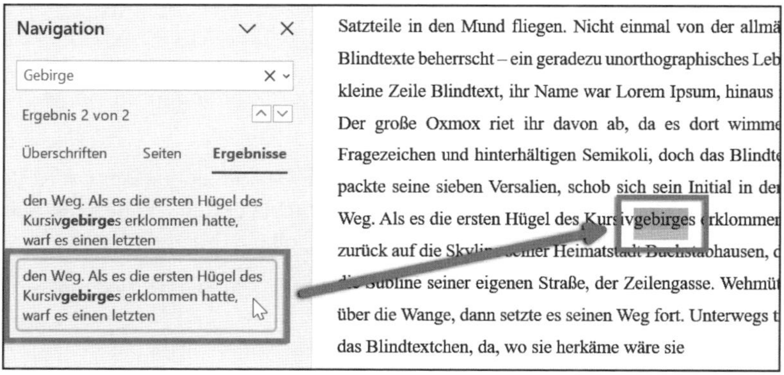

Je nach Art und Umfang des Dokuments gibt es zwei Varianten, mit denen Sie bei vielen Fundstellen vielleicht schneller zum Ziel kommen:

- Klicken Sie oberhalb der Trefferliste auf *Seiten*, erhalten Sie stark verkleinert Voransichten der Seiten mit Fundstellen. Man kann darin zwar nicht lesen, aber die Grundstruktur des Textes und Elemente wie Überschriften, Abbildungen oder Tabellen sind erkennbar und helfen ggf., schnell eine bestimmte Stelle zu finden.
- Wechseln Sie stattdessen in die Rubrik *Überschriften*, zeigt Word im Navigationsfenster die Kapitelüberschriften der Abschnitte an, in denen der Suchbegriff gefunden wurde. Auch diese können Sie anklicken, um direkt zur entsprechenden Seite des Dokuments zu gelangen.

Suchen und Ersetzen

Word bietet auch eine komfortable Möglichkeit, Textstellen nicht nur zu finden, sondern durch eine andere Zeichenfolge zu ersetzen. Das kann eine praktische Hilfe sein, wenn man im Laufe des Schreibprozesses doch eine andere Bezeichnung oder Schreibweise bevorzugt oder wenn man nachträglich einen Fehler beispielsweise bei bestimmten Namen bemerkt.

1 Klicken Sie in der Navigationsleiste ganz rechts im Suchfeld auf das kleine Pfeilsymbol und wählen Sie im so geöffneten Menü *Ersetzen*.

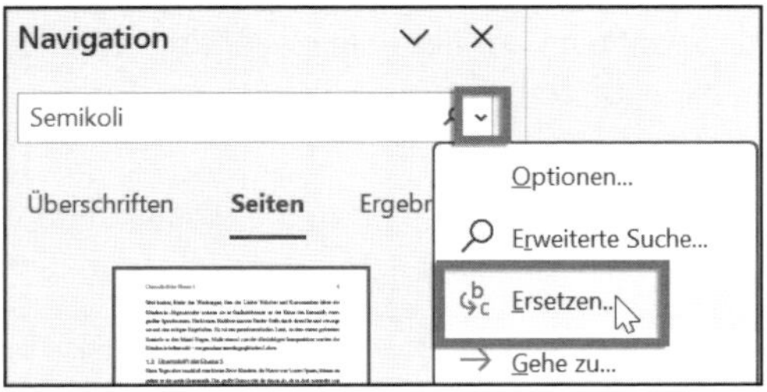

2 So öffnet sich der schon aus früheren Word-Versionen bekannte Dialog zum *Suchen und Ersetzen*.

3 Hatten Sie in der Suchleiste bereits einen Begriff eingegeben, wird der in den anderen Dialog übernommen. Andernfalls tippen Sie hier bei *Suchen nach* den Begriff ein, der ersetzt werden soll.

4 Anschließend geben Sie darunter bei *Ersetzen durch* den Text ein, der den alten Begriff ersetzen soll.

5 Nun können Sie durch Klick auf *Weitersuchen* zur ersten bzw. zur jeweils nächsten Fundstelle springen.

6 Dort können Sie jeweils entscheiden, ob Sie den Begriff *Ersetzen* wollen oder nicht. So können Sie durch das gesamte Dokument wandern und sich jedes Mal neu entscheiden, ob Sie ersetzen wollen oder nicht.

Sind Sie sicher, dass Sie alle gefundenen Stellen ersetzen wollen, können Sie dafür die Schaltfläche *Alle ersetzen* nutzen. Dann ersetzt Word auf einen Schlag alle Fundstellen im gesamten Dokument, ohne weiter nachzufragen. Wenn Sie sicher sind, dass dabei nichts schiefgehen kann, beschleunigt das den Vorgang erheblich.

TIPP

Verschiedene Wortformen ersetzen
Word nimmt es mit dem Suchbegriff sehr genau. Das Wort »Buch« lässt sich problemlos im gesamten Text durch »Roman« ersetzen. Aber wenn im Text auch die Mehrzahlform »Bücher« vorkommt, wird Word diese nicht automatisch erkennen und durch »Romane« ersetzen. Hierzu müssen Sie selbst einen zweiten Ersetzen-Durchlauf starten. Mal sehen, ob die Integration von künstlicher Intelligenz in dieser Hinsicht zukünftig Verbesserungen bringt.

Mehr Funktionen mit der klassischen Suche

Die moderne Suchleiste ist schick und gut in die Arbeitsumgebung integriert. Aber sie bietet nicht alle Funktionen und Suchvarianten, die weiterhin dem klassischen Suchdialog vorbehalten sind. Deshalb ist dieser weiterhin an Bord und kann jederzeit mit der F5-Taste geöffnet werden.

Auf den ersten Blick sieht man diesem Dialog seine Fähigkeiten nicht unbedingt an, denn sie verstecken sich hinter der Schaltfläche *Erweitern* unten links. Damit klappen Sie den Dialog aus, sodass weitere Optionen zugänglich werden:

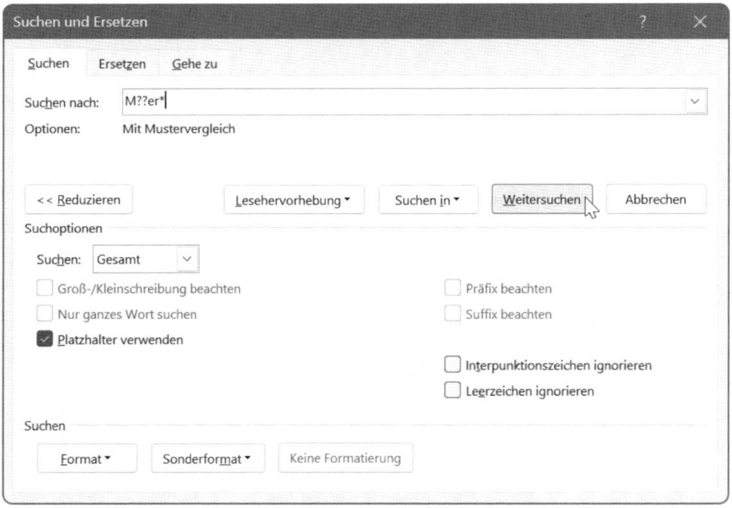

- Im Bereich *Suchoptionen* legen Sie durch das Listenfeld bei *Suchen* fest, ob das gesamte Dokument durchsucht werden soll oder in welche Richtung Sie von der aktuellen Position aus suchen wollen.
- Aktivieren Sie *Groß-/Kleinschreibung beachten*, veranlassen Sie Word, die Groß- und Kleinschreibung bei der Suche zu beachten.
- Wenn Sie das Kontrollkästchen bei *Nur ganzes Wort suchen* aktivieren, findet Word nur Stellen, an denen der Suchbegriff als ganzes Wort und nicht als Wortteil vorkommt. Suchen Sie z. B. das Wort »Prüfung«, findet Word genau dieses Wort, nicht aber Vorkommen in zusammengesetzten Wörtern wie Prüfungsarbeit, Prüfungsvorbereitung, Prüfungsangst usw.

- Komplexere Suchen sind mit dem Kontrollkästchen *Platzhalter verwenden* möglich. Sie möchten im Text den Namen »Meyer« durch »Schmidt« ersetzen, können aber nicht ausschließen, dass Sie aus Versehen auch mal »Maier«, »Mayer« oder »Mayer« getippt haben? Dann aktivieren Sie diese Option und können nun im Feld *Suchen nach* Platzhalter nutzen, um sich die Suche zu erleichtern (siehe Infobox).

TIPP

Suchen mit Platzhaltern

Platzhalter stehen im Suchbegriff für einen oder mehrere beliebige Zeichen. Wenn Sie im Suchfeld etwa *M*re* eingeben, findet Word alle Wörter, die mit *M* beginnen und mit *er* enden, also **M**ey**er**, **M**ai**er** oder **M**ei**er,** aber eben auch **M**e**er** oder **M**arschflugkörp**er**. Das ist also keine optimale Methode, um nach dem Namen »Meyer« zu suchen.

Mit dem Platzhalter **?** geht es besser, da dieser immer nur für genau einen beliebigen Buchstaben steht. Alle Meyer-Varianten beginnen mit einem **M**, gefolgt von zwei Zeichen, die variieren können, und enden mit **er**. Als Suchbegriff könnte man also eingeben: *M??er*. Damit findet Word alle Varianten von »Meyer« und nur wenige andere Wörter, bei denen die Platzhalter zufällig passen.

***** und **?** können auch kombiniert werden. Der Suchbegriff *M??er** findet alle Meyer-Varianten mit beliebigen Zeichen dahinter, also beispielsweise auch »Meierei« oder »Meyer-Holzhausen«. Beachten Sie, dass bei Aktivierung des Kästchens *Platzhalter verwenden* Fragezeichen nicht mehr als Teil des Suchbegriffs verwendet werden können, da die Suche sie nun als Platzhalter interpretiert.

- *Präfix beachten* und *Suffix beachten* sind einfache Varianten der Platzhaltersuche, indem Sie damit alle Wörter finden, die mit dem Suchbegriff beginnen (Präfix) oder enden (Suffix).
- *Interpunktionszeichen ignorieren* sorgt dafür, dass die Suche Sonderzeichen wie -, + oder / ignoriert. Ist diese Option aktiviert, finden Sie mit dem Suchbegriff »Pfannengemüse« beispielsweise auch das Wort »Pfannen-Gemüse«.
- Eine ähnliche Wirkung hat die Option *Leerzeichen ignorieren*, nur dass damit Vorkommen des Suchbegriffs gefunden werden, selbst wenn sie durch Leerstellen getrennt sind.

Richtiges Zitieren nicht vergessen – Fuß- und Endnoten

> *»Jeder fremde Gedanke, jede fremde Ansicht und jedes fremde Argument, das im Text der Arbeit verwendet wird, muss durch seitengenauen Hinweis auf die betreffende Fundstelle nachgewiesen werden.«*[1]

Zitate in wissenschaftlichen Arbeiten sind in den letzten Jahren sehr in den Fokus gerückt, da es eine ganze Reihe von Plagiatsvorwürfen gab, die teils zur Aberkennung von Titeln und Rücktritten von Politikern geführt haben. Teilweise wurde dabei wohl tatsächlich böswillig »abgekupfert«, teilweise waren zulässige Zitate auch einfach nur nicht eindeutig als solche gekennzeichnet und ordnungsgemäß mit Quellenangaben belegt.

Wenn Sie in Ihren Arbeiten zitieren wollen, dann achten Sie also darauf, diese Regeln einzuhalten. Word unterstützt Sie dabei mit speziellen Formatvorlagen und dem darauf basierenden automatisierten Erstellen von Fußnoten oder Zitatverzeichnissen.

Fußnoten oder Endnoten

Es gibt im deutschen Sprachraum keine einheitlich geregelte Zitierweise. Aber es gibt einige Regeln, die zu befolgen sind. Hat man sich mithilfe dieser Regeln für eine Art entschieden, sollte man sie allerdings im gesamten Text konsequent einhalten. Grundsätzlich gibt es zwei unterschiedliche Zitiersysteme:

- In der amerikanischen Zitierweise wird hinter dem Zitattext in Klammern der Autor mit allen nötigen Informationen aufgeführt. Beispiel: (Brown, 2022a, S. 7). Wenn der Autor im gleichen Jahr mehrere Werke veröffentlicht hat, verdeutlicht man dies, indem man hinter das Jahr Buchstaben setzt. Die genauen bibliografischen Angaben sind dann im Literaturverzeichnis aufgeführt.
- Im deutschen Sprachraum ist es üblich, den Autor eines Zitats in einer Fuß- oder Endnote zu nennen. Eine Fußnote ist ein Text am Ende einer Seite, die durch eine Linie vom Text getrennt wird. Eine Endnote ist ein Text am Ende des Dokuments oder Kapitels. Das Fuß- oder Endnotenzeichen ist eine meist hochgestellte Nummer im Text, die auf eine entsprechende Fuß- oder Endnote verweist.

---

1 Prof. Dr. Reinhard Singer, Humboldt-Universität Berlin, Leitfaden zu den Formalien einer Promotion (2010), *http://singer.rewi.hu-berlin.de/doc/etc/Leitfaden.pdf.*

Fußnoten werden also ans Ende der Dokumentseite gesetzt. Da es keine Vorschriften für die Länge einer Fußnote gibt, kann diese je nach Autor sehr lang ausfallen und manchmal sogar einen Großteil der Seite umfassen. Das stört nicht nur den Lesefluss, es ist auch ziemlich lästig. Wer also lange Fußnoten braucht, sollte sich überlegen, diese lieber als Endnoten einzugeben.

Kurze Bemerkungen, besonders Quellennachweise, gehören jedoch in die Fußnote, denn es ist absolut unmöglich, bei einem Fußnotenzeichen im Text erst ans Ende blättern zu müssen, um den entsprechenden Text zu lesen. Und dann müsste man auch wieder zurück auf die Seite, um im Text weiterzulesen. Sie sehen, alles hat seine Vor- und Nachteile.

Fußnoten einfügen

Das Verwalten solcher Fuß- oder Endnoten wäre rein manuell recht zeitaufwendig und fehleranfällig. Doch Word kann Sie bei der Verwaltung von Fuß- und Endnoten unterstützen und Ihnen diese mühsame Arbeit dadurch sehr erleichtern. Dabei hilft es nicht nur beim Erstellen selbst, sondern sorgt auch für eine korrekte fortlaufende Nummerierung und verschiebt die Fußnoten automatisch mit, wenn die Position des Abschnitts im Text verändert wird. Eine Fußnote können Sie so anlegen:

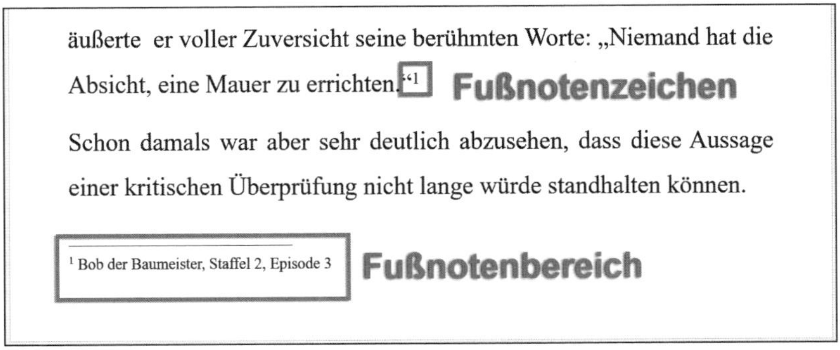

1 Platzieren Sie die Einfügemarke an der Stelle, an der die Nummer der Fußnote im Text stehen soll, also etwa am Ende eines Zitats.

2 Klicken Sie dann auf der Menüband-Registerkarte *Referenzen* im Bereich *Fußnoten* auf *Fußnote einfügen*.

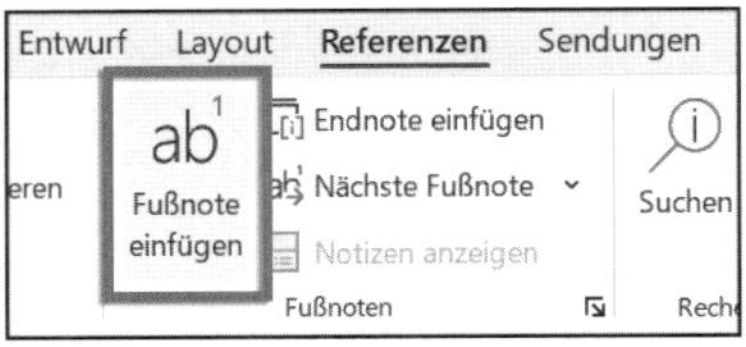

3 Word springt nun in den Fußnotenbereich am unteren Seitenrand, schreibt eine kleine Zahl als Fußnotenzeichen und erwartet den Text dafür.

4 Tippen Sie den Inhalt der Fußnote ein, also den Quellenbeleg, eine Erläuterung zur Textstelle oder Ähnliches. Anschließend klicken Sie wieder in den Haupttext des Dokuments, um zur Position der Einfügemarke zurückzukehren.

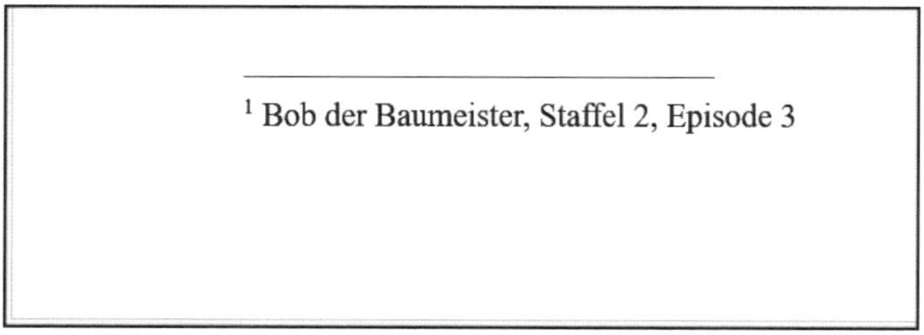

In gleicher Weise geben Sie auch alle weiteren Fußnoten ein. Word verwaltet die Nummerierung automatisch, d. h., wenn Sie zwischen zwei schon gesetzten Fußnoten eine neue platzieren wollen, legt Word für alle Fußnoten neue Nummern fest.

Zum Löschen einer Fußnote brauchen Sie nur das entsprechende Fußnotenzeichen, also die Nummer der Fußnote, zu löschen. Der zugehörige Text wird automatisch mitgelöscht.

End- statt Fußnoten

Ganz ähnlich ist die Vorgehensweise bei Endnoten. Der Unterschied ist lediglich die Position des Endnotenbereichs.

Anstatt jeweils am unteren Rand einer Seite werden die Anmerkungen am Ende des Textes gesammelt. Hierzu bietet es sich an, diese Endnoten auf einer neuen Seite beginnen zu lassen, quasi wie ein Verzeichnis. Dazu brauchen Sie nun einen Abschnittsumbruch.

1 Platzieren Sie dazu die Einfügemarke an der Stelle, an der Sie einen Abschnittsumbruch haben möchten. Das kann ganz am Ende des (bisherigen) Textes sein. Oder aber bei längeren Werken auch am Ende eines Kapitels.

2 Klappen Sie dann in der Menüband-Registerkarte *Layout* im Bereich *Seite einrichten* das Menü *Umbrüche* auf und wählen Sie darin *Nächste Seite*.

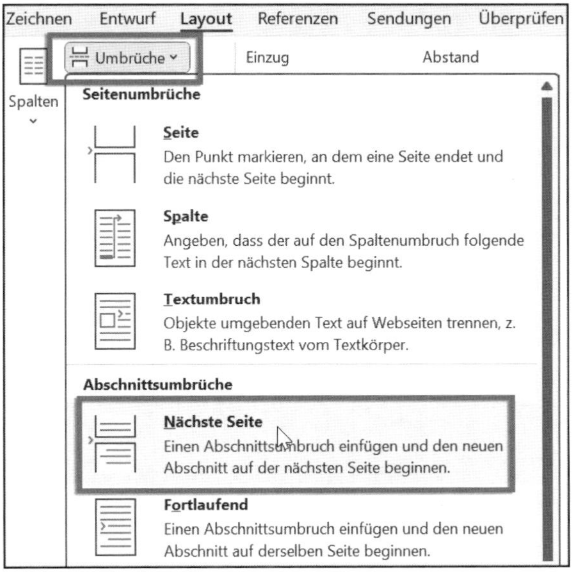

3 Diese können Sie beispielsweise mit einer entsprechenden Überschrift versehen. Word wird alle Endmarken des vorhergehenden Textes auf dieser Seite (sowie ggf. folgenden) platzieren, da Endnoten grundsätzlich im nächsten Abschnitt (ab der aktuellen Position im Text) gesammelt werden.

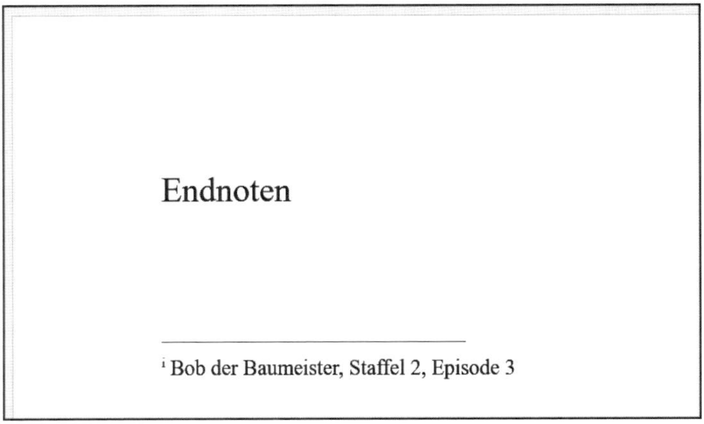

Nun stört Sie vielleicht bei der Endnote die Endnotenlinie. Diese ist, wenn Sie die Endnoten in einem eigenen Abschnitt sammeln, überflüssig.

So können Sie sich von ihr trennen:

1 Klicken Sie in der Menüband-Registerkarte *Ansicht* im Bereich *Ansichten* auf *Entwurf*, um zur Entwurfsansicht zu wechseln.

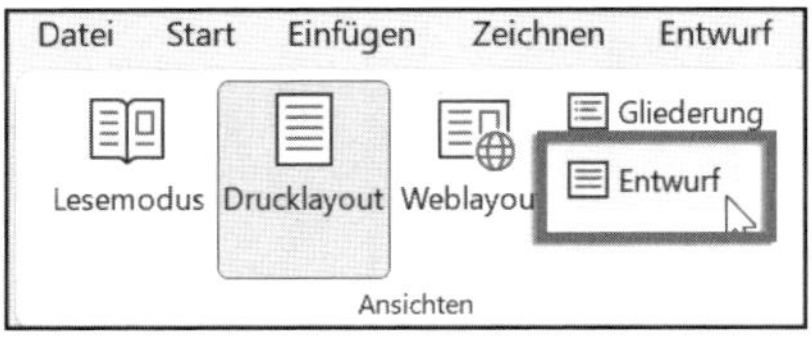

2 Anschließend wählen Sie im Register *Referenzen* im Bereich *Fußnoten* den Befehl *Notizen anzeigen*.

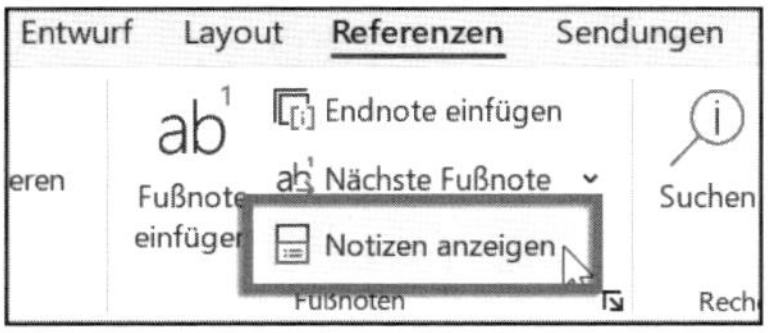

3 Sofern sowohl Fuß- als auch Endnoten im Dokument vorhanden sind, entscheiden Sie sich für *Anzeige des Endnotenbereichs*.

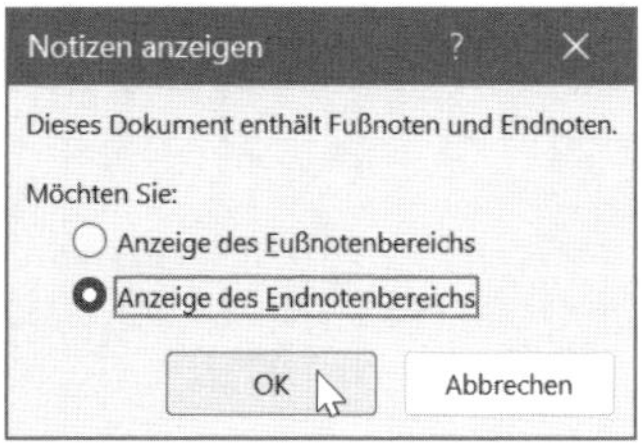

4 Klappen Sie dann das unten angezeigte Listenfeld bei *Alle Endnoten* auf, und wählen Sie darin *Endnotentrennlinie*.

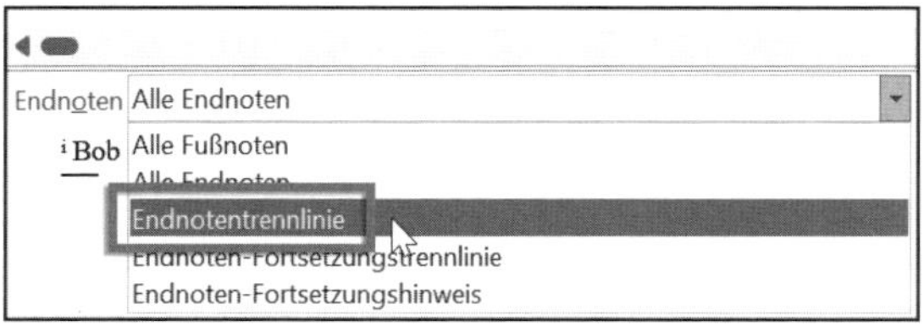

5 Nun können Sie diese Trennlinie markieren und mit Entf löschen. Danach gehen Sie wieder über das Register *Ansicht* auf *Drucklayout*.

Fuß- und Endnoten formatieren

Auch die Fuß- bzw. Endnotenzeichen lassen sich individuell anpassen. So können Sie statt der arabischen Zahlen auch römische Zahlen verwenden – dies wäre allerdings nur ratsam, wenn es nur um einige wenige Fuß- oder Endnoten geht, denn sonst wird es schnell unübersichtlich. So gehen Sie zum Festlegen der Fuß- bzw. Endnotenzeichen vor:

1 Klicken Sie auf der Menüband-Registerkarte *Referenzen* im Bereich *Fußnoten* auf den kleinen Pfeil unten rechts.

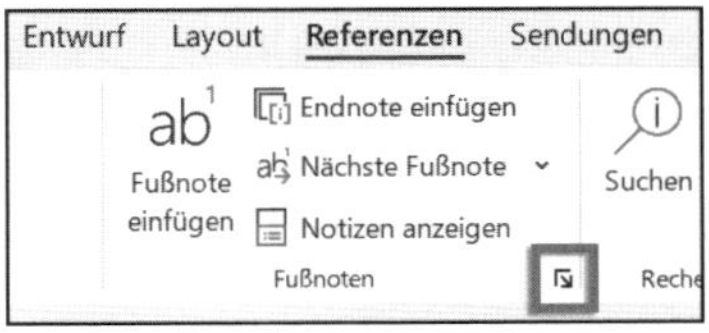

2 Im so geöffneten Dialog können Sie bei *Zahlenformat* die gewünschten Fuß- bzw. Endnotenzeichen festlegen.

3 Wählen Sie darunter bei *Änderungen übernehmen für* die Option *Gesamtes Dokument*. Alternative Einstellungen wären hier der aktuelle Abschnitt oder ggf. auch alle gerade markierten Abschnitte. Damit können Sie auch nur für Teile des Dokuments abweichende Formate wählen.

4 Klicken Sie schließlich auf *Übernehmen*, um das Zahlenformat auf diese Weise für den gewählten Bereich des Dokuments anzupassen.

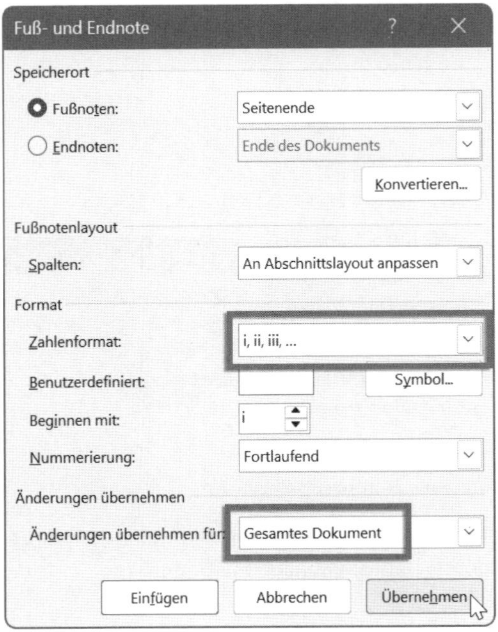

Fußnoten zu Endnoten und umgekehrt

Seine besonderen Stärken kann Word auch dann ausspielen, wenn Sie sich im Laufe der Arbeit oder auch irgendwann später grundlegend anders entscheiden. Vielleicht haben Sie nur mit einigen wenigen Fußnoten gerechnet, merken aber beim Schreiben, dass es doch recht viele werden, und Sie möchten diese lieber als Endnoten am Ende sammeln? Das ist mit Word kein Problem, denn Sie können sich jederzeit umentscheiden. Da Word die Anmerkungen systematisch erfasst und zugeordnet hat, kann es aus Fußnoten jederzeit Endnoten machen und umgekehrt.

Für einzelne Noten können Sie dies jederzeit mit dem Kontextmenü erledigen. Klicken Sie eine Note mit der rechten Maustaste an und wählen Sie im Menü *In Endnoten umwandeln* bzw. *In Fußnoten umwandeln*. Um in einem Dokument alle Fußnoten in Endnoten umzuwandeln, ist der folgende Weg leichter:

1 Klicken Sie wiederum auf der Menüband-Registerkarte *Referenzen* im Bereich *Fußnoten* auf den kleinen Pfeil unten rechts, um den Dialog *Fuß- und Endnote* anzuzeigen.

2 Klicken Sie darin oben im Abschnitt *Speicherort* auf die Schaltfläche *Konvertieren*.

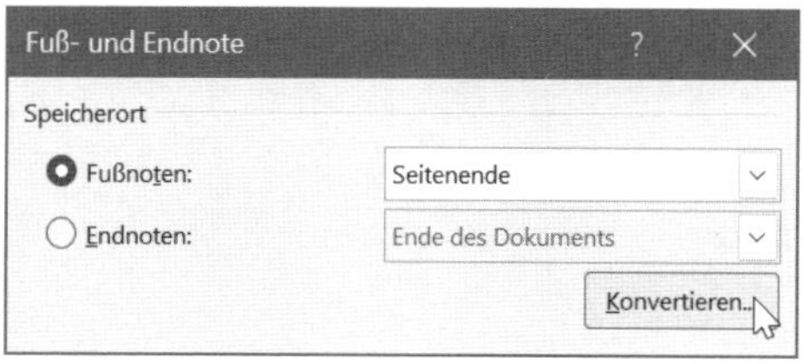

3 Im so geöffneten Dialog können Sie festlegen, wie Sie mit den Noten im Dokument verfahren möchten. Welche Optionen angezeigt werden, hängt von der bisherigen Situation ab. Enthält das Dokument beispielsweise nur Fußnoten, ist nur die Option *Alle Fußnoten in Endnoten umwandeln* auswählbar.

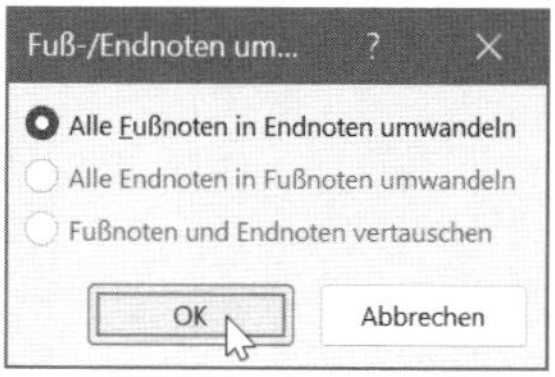

4 Klicken Sie auf *OK*, um Ihre Auswahl zu bestätigen.

5 Damit ist das Konvertieren auch schon erledigt. Sie gelangen zurück in den Dialog *Fuß- und Endnote*, den Sie schließen können.

Ein Stichwortverzeichnis erstellen

Während ein Inhaltsverzeichnis ein unabdingbares Requisit einer wissenschaftlichen Arbeit ist, muss ein Stichwortverzeichnis nicht unbedingt Bestandteil sein. Aber spätestens, wenn Sie ein Buch schreiben, gehört ein Stichwortverzeichnis oder, wie man auch sagt, ein Index dazu – besonders wenn es sich um ein Fachbuch handelt. Bei einem Roman können Sie natürlich darauf verzichten.

Einträge für den Index festlegen

Das Stichwortverzeichnis oder den Index erzeugt Word automatisch, wann immer Sie das wünschen. Allerdings kann Word nicht selbst entscheiden, welche Wörter aus Ihrem Text in einen solchen Index gehören. Das müssen Sie bestimmen, indem Sie die entsprechenden Wörter auswählen. Das können Sie direkt während des Schreibens machen oder auch nach dem Erstellen des Textes. Selbstverständlich können Sie auch beides mischen. Denn der eigentliche Vorgang ist für jedes Wort identisch.

1 Wählen Sie das Wort aus, das später im Index auftauchen soll. Markieren Sie dazu in der Regel das gesamte Wort, so wie es auch im Verzeichnis stehen soll.

2 Klicken Sie dann in der Menüband-Registerkarte *Referenzen* im Bereich *Index* auf *Eintrag markieren*. Beim Schreiben erzielen Sie dieselbe Wirkung vielleicht flüssiger mit dem Tastenkürzel ⇧+Alt+X.

3 Im so geöffneten Dialog wird im Eingabefeld *Haupteintrag* automatisch das von Ihnen zuvor markierte Wort angezeigt. Hier sollten Sie das Wort ggf. von Besonderheiten bei der Schreibweise befreien, also möglichst die Grundform des Wortes verwenden, beispielsweise nur *Wirkungsquantum* statt *Wirkungsquantums* oder *Wirkungsquanten*.

4 Klicken Sie nun unten links auf *Markieren*. Alternativ können Sie in diesem Dialog auch einfach ↵ drücken.

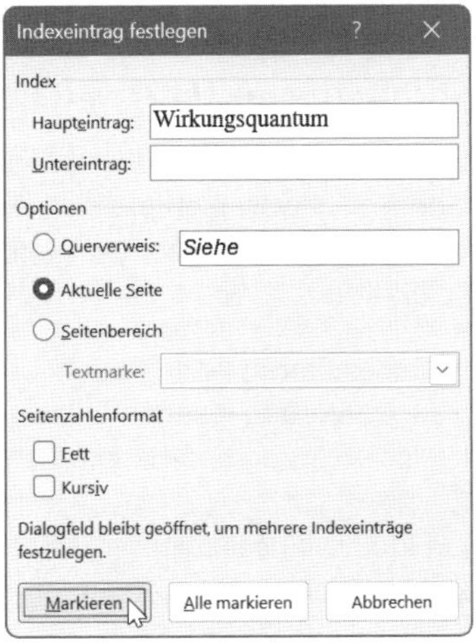

5 Der Indexeintrag wird in geschweiften Klammern und mit dem Kennzeichen *XE* in den Text eingefügt. Das sieht man aber nur, wenn man sich alle Formatierungszeichen anzeigen lässt (siehe Seite 74). Deshalb schaltet Word diesen Modus ggf. automatisch ein, damit Sie den neuen Indexeintrag sehen und kontrollieren können.

Nachdem Sie auf *Markieren* geklickt haben, bleibt der Dialog *Indexeintrag festlegen* geöffnet. Das ist auch gut so, denn nun können Sie weitere Indexeinträge festlegen, ohne jedes Mal wieder in den Dialog gehen zu müssen. Sie können das Dialogfenster jederzeit mithilfe der Titelleiste auf dem Bildschirm verschieben. Wenn Sie es nicht mehr benötigen, schließen Sie es jederzeit mit *Abbrechen* oder [Esc].

TIPP

Alle markieren?
Mit der Schaltfläche *Alle markieren* können Sie Stellen, an denen der bei *Haupteintrag* angegebene Begriff im Text steht, auf einen Schlag als Indexeintrag festlegen. Das klingt praktisch, sollte aber nur mit großer Vorsicht angewendet werden. Wenn Sie etwa ein Buch über Physik schreiben, wird darin sicher auch ein Kapitel über Quantenphysik vorkommen. Wenn Sie nun das Wort »Quantenphysik« als Indexeintrag festlegen und auf *Alle markieren* klicken, hätten Sie im Stichwortverzeichnis alle Stellen vermerkt, an denen dieses Wort steht. Nun wird dieses Wort in einem solchen Buch aber nicht nur ein- oder zweimal, sondern weitaus häufiger vorkommen, was diesen Eintrag im Verzeichnis völlig unübersichtlich und sinnlos macht. Verwenden Sie diese Funktion also nur bei Begriffen, die tatsächlich nur wenige Male auftauchen und dann auch jeweils Relevanz haben.

Stichwörter mit Untereinträgen

Gerade bei umfangreicheren Fachtexten kommt es häufiger vor, dass es zu einem Stichwort mehrere Aspekte gibt, die wichtig genug sind, um im Stichwortverzeichnis erwähnt zu werden. Stellen Sie sich etwa die folgenden Beispiele vor:

Indexeintrag festlegen	64
Indexeintrag löschen	72
Indexeintrag bearbeiten	66

Ein Index voll mit solchen Einträgen sähe nicht schön aus und wäre unübersichtlich. Um das zu vermeiden, bietet Word im Dialog *Indexeintrag markieren* das Eingabefeld *Untereintrag*. Damit können Sie zusätzlich zu einem Haupteintrag einen Unterbegriff definieren. Wenn Sie zum selben Hauptbegriff an verschiedenen Stellen mehrere Unterbegriffe definieren, stellt Word diese im Stichwortverzeichnis übersichtlicher dar:

Indexeintrag
  Festlegen 64
  Löschen 72
  Bearbeiten 66

Das sollten Sie allerdings nur tun, wenn es zu einem Hauptbegriff auch mindestens zwei Unterbegriffe gibt.

TIPP

Indexeinträge effizient festlegen

Die Beschreibung zum Erstellen von Indexeinträgen mit oder ohne Untereintrag liest sich vielleicht etwas umständlich und zeitaufwendig, gerade wenn man an umfangreiche Texte denkt.

Aber als jemand, der regelmäßig ganze Buchmanuskripte mit Indexmarkierungen versieht, kann ich Ihnen sagen, dass man damit sehr effizient arbeiten kann. Der Schlüssel dazu sind die richtigen Tastenkürzel, denn zur Maus müssen Sie nicht unbedingt greifen.

Markieren Sie ein Wort, das in den Index soll, und drücken Sie dann [⇧]+[Alt]+[X]. Damit öffnen Sie den Dialog *Indexeintrag festlegen* bzw. wechseln dahin, falls er schon offen ist. Hier ist das zuvor markierte Wort schon als Haupteintrag eingesetzt. Sie brauchen nur noch [↵] zu drücken, um den Eintrag festzulegen. Nun können Sie den Dialog mit [Esc] schließen oder einfach geöffnet lassen.

Für Hauptbegriffe mit Untereinträgen funktioniert es genauso, nur dass Sie anstatt [↵] einmal zusätzlich [⇆] drücken, um vom Haupteintrag zum Untereintrag zu wechseln und diesen dort eintippen zu können. Anschließend legen Sie auch diesen Eintrag mit [↵] fest.

Stichwortverzeichnis generieren

Stichwortverzeichnisse stehen immer am Ende eines Dokuments. Sie können es jederzeit erstellen, egal ob Sie schon alle Indexeinträge festgelegt haben oder nur einige. Denn bei Word können Sie auch später jederzeit Indexeinträge ergänzen, verändern oder auch entfernen. Das einmal eingerichtete Stichwortverzeichnis lässt sich jederzeit mit einem Tastendruck aktualisieren und bildet dann wieder die aktuelle Verteilung der Indexeinträge im Dokument ab.

1 Platzieren Sie die Einfügemarke an der Stelle in Ihrem Dokument, an der das Stichwortverzeichnis entstehen soll. In der Regel sollte das allerdings immer auf einer neuen Seite sein, die Sie ggf. mit der Tastenkombination Strg+↵ einfügen. Eine Überschrift sollten Sie hier selbst einfügen, da Word nur das eigentliche Verzeichnis generiert.

2 Wichtig: Sollten im Text noch Formatierungssymbole und die Indexeinträge zu sehen sein, blenden Sie diese mit Strg+⇧+8 aus. Diese Elemente verlängern den Text und führen so zu falschen Seitenzahlen im Index.

3 Klicken Sie auf der Menüband-Registerkarte *Referenzen* im Bereich oben rechts auf das Symbol für *Index einfügen*.

4 Damit öffnen Sie einen Dialog mit verschiedenen Einstellungen für die Gestaltung des Verzeichnisses.

- Im Listenfeld *Formate* können Sie aus mehreren Formaten auswählen. Mit *Von Vorlage* erhalten Sie eine Gestaltung, die sich an der genutzten Dokumentvorlage orientiert.
- Im Feld *Spalten* legen Sie fest, aus wie vielen Spalten Ihr Index bestehen soll. Hier sollten Sie zugunsten der Lesbarkeit in der Regel nicht mehr als zwei Spalten wählen.

- Wenn Sie *Seitenzahlen rechtsbündig* auswählen, können Sie bei *Füllzeichen* entscheiden, ob und welche Zeichen zwischen dem Indexeintrag und der Seitenzahl gesetzt werden sollen.
- Die Auswirkung der meisten Einstellungen sehen Sie in der kleinen Vorschau oben links.

So könnte ein Teil des Stichwortverzeichnisses eines Buches zum Thema Physik aussehen:

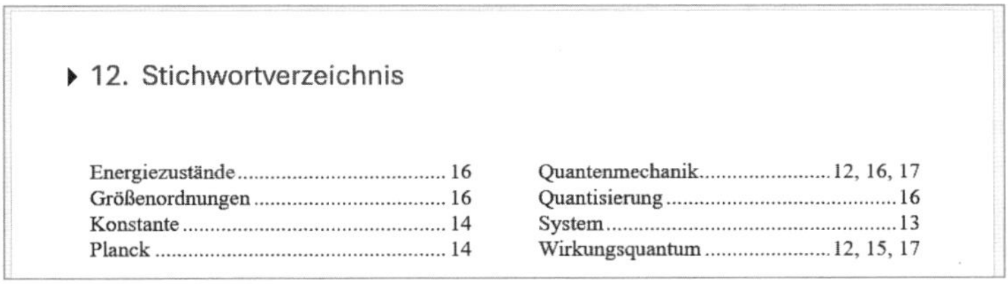
12. Stichwortverzeichnis

Das Stichwortverzeichnis basiert auf einer Feldfunktion mit dem Namen *Index*. Das können Sie schnell einmal kontrollieren, indem Sie mit Alt+F9 die Feldfunktionen sichtbar machen. Mit der gleichen Tastenkombination machen Sie sie wieder unsichtbar bzw. lassen den generierten Index anzeigen.

Word aktualisiert Feldfunktionen zwar automatisiert, aber nicht automatisch. Wenn Sie neue Indexeinträge in Ihrem Dokument festlegen, erscheinen diese also nicht automatisch im Stichwortverzeichnis. Auch Änderungen an vorhandenen Einträgen spiegelt das Verzeichnis erst nach einer Aktualisierung wider.

Klicken Sie dazu irgendwo in Ihr Stichwortverzeichnis und drücken Sie dann F9. Diese Taste aktualisiert alle Feldfunktionen. Wenn Sie also vorher Ihren ganzen Text mit Strg+A markieren und dann F9 drücken, werden alle Feldfunktionen Ihres Textes aktualisiert.

Auf Seitenbereiche verweisen

In Fachbüchern findet man manchmal Indexeinträge, die sich auf mehrere Seiten beziehen. Beispiel: »Drucker einrichten.....102–111«. Solche Einträge sind auch in Word möglich:

1. Markieren Sie dazu den gesamten Bereich, auf den im Stichwortverzeichnis verwiesen werden soll.
2. Diesem markierten Bereich weisen Sie, wie auf Seite 189 beschrieben, eine Textmarke zu. Vergeben Sie einen sinnvollen Namen für den Bereich und merken Sie sich diesen.

3 Legen Sie dann einen Indexeintrag an und tragen Sie wie üblich den *Haupteintrag* ein.

4 Darunter bei *Optionen* wählen Sie dann anstelle von *Aktuelle Seite* die Variante *Seitenbereich* aus.

5 Dadurch wird darunter das Auswahlfeld *Textmarke* aktiviert. Hier können Sie die zuvor erstellte Textmarke auswählen. Drücken Sie abschließend [↵].

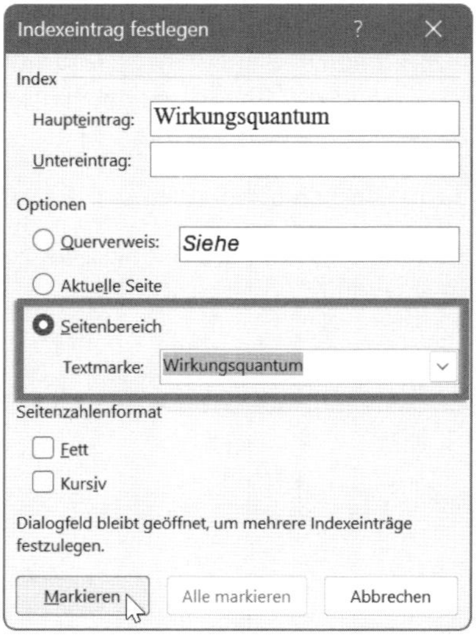

Das Stichwortverzeichnis formatieren

Im Dialog zum Erstellen eines Stichwortverzeichnisses finden Sie verschiedene fertige Vorlagen. Sie können das Aussehen des Verzeichnisses aber auch komplett selbst bestimmen. Das sollten Sie aber nicht durch manuelles Formatieren des Verzeichnisses nach dem Erzeugen tun. Denn nach jedem Drücken der [F9]-Taste zum Aktualisieren der Felder werden die manuellen Formatierungen wieder verschwinden und durch die Standardvorgabe ersetzt werden.

Wählen Sie stattdessen beim Erstellen des Stichwortverzeichnisses die Option *Von Vorlage* aus. Dann formatiert Word den Index basierend auf den Index-Formatvorlagen aus dem *Formatvorlagen*-Katalog, den Sie über die *Start*-Registerkarte jederzeit anzeigen können. Ändern Sie darin die entsprechenden Formatvorlagen, ändert sich auch das Erscheinungsbild Ihres Stichwortverzeichnisses.

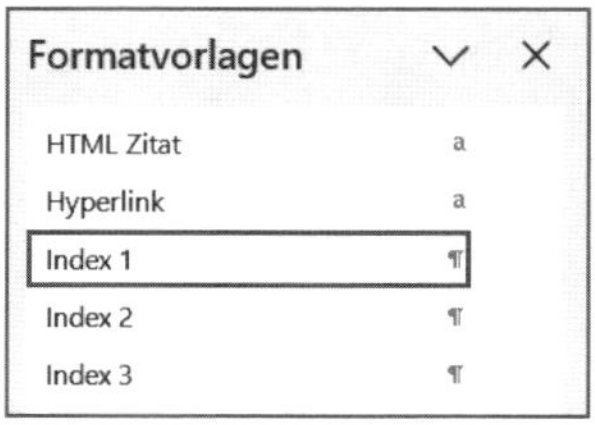

Das Inhaltsverzeichnis erstellen

Inhaltsverzeichnisse können Sie selbstverständlich manuell erstellen. Allerdings macht das unnötig Arbeit und Sie müssen selbst dafür Sorge tragen, dass beispielsweise die Seitenzahlen passen.

Auch hier bietet es sich an, Word diese lästige Arbeit zu überlassen. Allerdings basiert diese Word-Funktion darauf, dass Sie beim Erstellen Ihres Dokuments die Formatvorlagen *Überschrift 1* bis *Überschrift 9* verwendet haben. Word erkennt anhand dieser Formatvorlagen, welche Überschriften Sie wo eingefügt haben.

Ohne diese Formatvorlagen können Sie also kein automatisches Inhaltsverzeichnis erstellen. Dabei ist es gleichgültig, ob Sie die Formatvorlagen Ihren Bedürfnissen angepasst haben oder nicht. Ausschlaggebend ist nur, dass es Formatvorlagen mit diesen Namen gibt und sie Textbereichen zugeordnet wurden.

Ihr Vorteil dadurch ist: Sie können jederzeit mit wenigen Mausklicks ein Inhaltsverzeichnis erstellen, und Word hält dieses automatisiert auf dem aktuellen Stand, selbst wenn sich später noch Seitenzahlen oder sogar die Überschriften selbst ändern.

Sie sollten also zunächst prüfen, ob Sie den Überschriften im Text die entsprechenden Formatvorlagen *Überschrift 1* bis *Überschrift 9* zugewiesen haben, wobei man selbst bei wissenschaftlichen Texten selten über die Überschriftenebene 4 hinausgeht. Sie müssen also keinesfalls bis zur Überschriftenebene 9 gehen. Auch wenn Sie etwa nur *Überschrift 1* nutzen, steht einem Inhaltsverzeichnis nichts im Wege.

Zum Generieren eines Inhaltsverzeichnisses gehen Sie so vor:

1 Setzen Sie die Einfügemarke an die Stelle, an der Sie das Inhaltsverzeichnis haben möchten. In der Regel ist das der Anfang des Dokuments.

2 Falls das Inhaltsverzeichnis selbst eine andere Seitennummerierung erhalten soll, fügen Sie zwischen dem Inhaltsverzeichnis und dem restlichen Dokument einen Abschnittsumbruch ein. Klicken Sie dazu auf der Menüband-Registerkarte *Layout* im Bereich *Seite einrichten* auf *Umbrüche* und dann unter *Abschnittsumbrüche* auf *Nächste Seite*.

3 Zum Einfügen des Verzeichnisses klicken Sie dann auf der Menüband-Registerkarte *Referenzen* im Bereich *Inhaltsverzeichnis* auf *Inhaltsverzeichnis*.

4 In der so aufgeklappten Auswahl können Sie unter verschiedenen Verzeichnisvorlagen wählen. Das ist die einfachste und schnellste Variante.

5 Wenn Sie aber alles etwas individueller gestalten wollen, wählen Sie weiter unten in dieser Liste *Benutzerdefiniertes Inhaltsverzeichnis*.

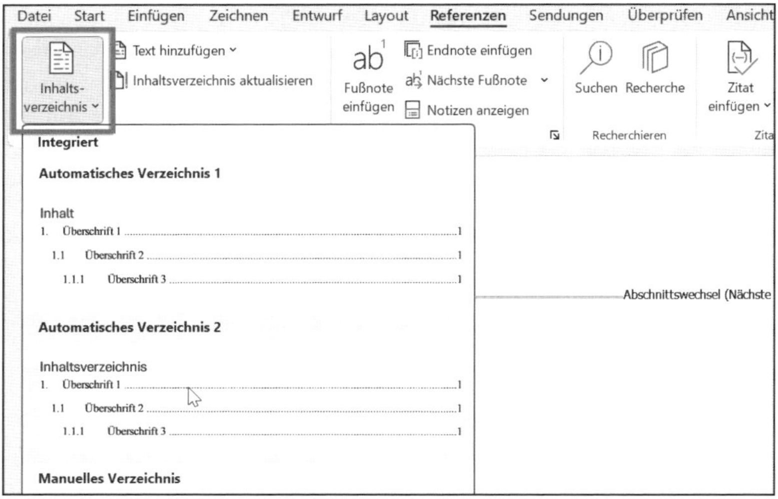

6 Der dadurch geöffnete Dialog bietet eine Reihe nützlicher Optionen zur Gestaltung des Verzeichnisses:

- Das Menü *Formate* enthält einige vordefinierte Formatvorlagen, die Sie wie jede andere Formatvorlage ändern können. Wenn Sie auf eine Vorlage klicken, erhalten Sie im Vorschaufenster eine kleine Vorschau dieser Vorlage. Mit *Von Vorlage* erstellt Word das Verzeichnis basierend auf den *Verzeichnis*-Formatvorlagen. Über deren Eigenschaften können Sie somit auch das Erscheinungsbild Ihres Inhaltsverzeichnisses weitgehend anpassen.
- Das Häkchen bei *Seitenzahlen anzeigen* sollten Sie bei einem Inhaltsverzeichnis nicht herausnehmen, denn der Leser möchte ja gerade mithilfe des Inhaltsverzeichnisses erfahren, auf welcher Seite ein bestimmtes Kapitel des Buches zu finden ist. Ausnahmen könnten sinnvoll sein, wenn Sie etwa ein Manuskript für ein E-Book erstellen (wobei fixe Seitenzahlen wenig sinnvoll sind).
- Auch das Häkchen bei *Seitenzahlen rechtsbündig* sollten Sie in der Regel aktiviert lassen, denn nur so wird Ihr Inhaltsverzeichnis übersichtlich. Entfernen Sie das Häkchen, werden die Seitenzahlen zwar auch angezeigt, aber sofort hinter der entsprechenden Überschrift.
- *Füllzeichen* betrifft den Raum zwischen dem Text und der Seitenzahl. Wie Sie diesen Zwischenraum gestalten, bleibt Ihnen überlassen. In wissenschaftlichen Werken werden oft Punkte gesetzt, was die Zuordnung des Textes zur Seitenzahl erheblich erleichtert.

- Bei *Ebenen anzeigen* können Sie noch entscheiden, bis zu welcher Gliederungsebene die Überschriften berücksichtigt werden sollen. Für lange und komplexe Dokumente sind zwei bis drei Ebenen zu empfehlen, damit das Inhaltsverzeichnis nicht zu viele Seiten umfasst und dadurch unübersichtlich wird. Selbst wenn Sie im Text bei den Überschriften bis zur fünften Ebene gehen, übernehmen Sie nicht mehr als drei Ebenen für das Inhaltsverzeichnis.

7 Haben Sie die Eigenschaften nach Ihren Vorstellungen ausgewählt, klicken Sie unten auf *OK*, um das Inhaltsverzeichnis in dieser Form zu generieren und einzufügen.

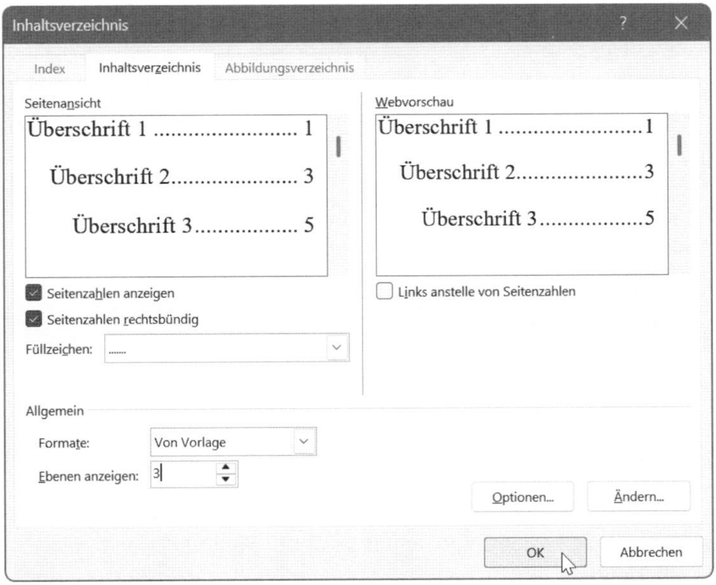

TIPP

Mehr als ein Inhaltsverzeichnis

Der letzte Punkt ist besonders bei sehr umfangreichen und komplex gegliederten Werken von Bedeutung. Hierzu möchte ich auf etwas hinweisen, was gern übersehen wird: Sie können mit Word auch mehrere Inhaltsverzeichnisse in einem Dokument erstellen. Beispielsweise könnte ganz am Anfang Ihres Werkes eine Übersicht stehen, die nur die ersten beiden Gliederungsebenen umfasst, um einen guten Überblick zu ermöglichen. Direkt danach folgt ein weiteres Inhaltsverzeichnis, das aber bis zur Ebene drei oder vier geht und so das gesamte Werk in allen Details vorstellt. Diesen Detailgrad steuern Sie über die Einstellung *Ebenen anzeigen*.

Vorhandene Inhaltsverzeichnisse aktualisieren

Das Inhaltsverzeichnis von Word basiert auf Feldfunktionen, die sich nicht von allein aktualisieren. Wann immer Sie in Ihrem Dokument

- ein weiteres Kapitel einfügen oder löschen,
- Überschriften ändern,
- Seiten einfügen oder den Text so umfangreich bearbeiten, dass sich der Seitenumbruch verändert,

sollten Sie das Inhaltsverzeichnis aktualisieren. Vermutlich kennen Sie die Taste dafür bereits: F9. Klicken Sie also irgendwo in das Inhaltsverzeichnis und drücken Sie die F9-Taste.

TIPP

Achtung: Feldfunktionen können für Verwirrung sorgen
Vielleicht kontrollieren Sie gerade Ihr Inhaltsverzeichnis und stellen fest, dass Kapitel 3 auf Seite 320 beginnt. Mit der F5-Taste geben Sie Seite 320 ein, um auf diese Seite zu springen, und stellen fest: Sie sind woanders gelandet. Hat Word also beim Inhaltsverzeichnis einen Fehler gemacht? Nein! Sie haben wahrscheinlich versäumt, die Feldfunktionen unsichtbar zu machen. Dadurch haben sich die Seitenumbrüche verschoben, sodass die Angaben nicht mehr mit dem Inhaltsverzeichnis übereinstimmen. Feldfunktionen ein- und ausschalten können Sie mit Alt+F9.

Verzeichnisse für einzelne Kapitel

Das vorangehend beschriebene Word-Inhaltsverzeichnis bezieht sich immer auf das gesamte Dokument. Von umfangreichen Werken kennt man aber beispielsweise kleine Übersichten am Anfang jedes Kapitels. Das ist auch bei Word möglich, allerdings nicht ganz so komfortabel. Denn die Inhaltsverzeichnis-Funktion basiert auf einer Feldfunktion. Diese können Sie auch direkt einfügen und dabei zusätzliche Eigenschaften festlegen, etwa den Abschnitt, auf den sich das Inhaltsverzeichnis beziehen soll.

Hierfür fügen Sie zunächst eine Textmarke ein, die den gesamten Abschnitt umfasst, für den Sie ein Verzeichnis erstellen möchten:

1 Das geht am einfachsten im *Navigationsbereich*, den Sie in der Menüband-Registerkarte *Ansicht* im Bereich *Anzeigen* einblenden.

2 In diesem Bereich wird nur die Gliederung des Dokuments angezeigt, und Sie können mit der rechten Maustaste etwa auf eine Kapitelüberschrift klicken und sich im Kontextmenü dann für *Überschrift und Inhalt auswählen* entscheiden.

3 Klicken Sie nun direkt (ohne an Ihrer Auswahl im Dokument etwas zu verändern) in der Menüband-Registerkarte *Einfügen* im Bereich *Links* auf *Textmarke*.

4 Geben Sie der Textmarke eine sprechende Bezeichnung wie etwa *Kapitel_1* und klicken Sie auf *Hinzufügen*. Merken Sie sich die genaue Bezeichnung dieser Textmarke für die folgenden Schritte.

Mehr zu Textmarken finden Sie auf Seite 189. Auf diese Weise definieren Sie Textmarken für alle Abschnitte, zu denen Sie eigene Verzeichnisse anlegen möchten. Diese erstellen Sie dann wie folgt:

1 Platzieren Sie die Einfügemarke an der Position, an der Sie ein Verzeichnis einfügen möchten.

2 Klicken Sie in der Menüband-Registerkarte *Einfügen* im Bereich *Text* auf das Symbol für *Schnellbausteine* (siehe auch Seite 100) und wählen Sie im so geöffneten Menü die Option *Feld*.

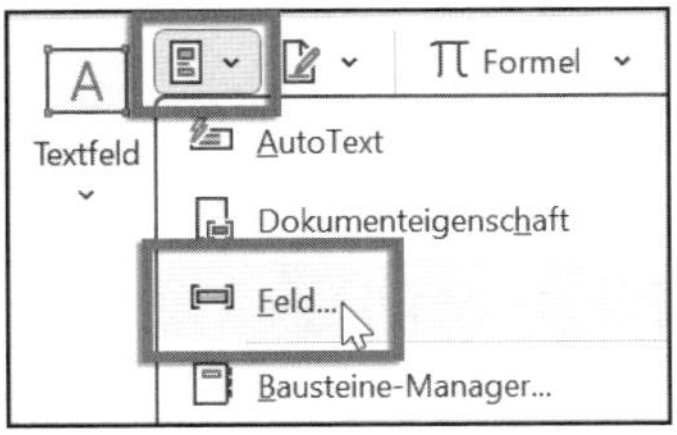

3 Im Feld-Dialog wählen Sie nun in der Liste links recht weit unten das Feld mit dem Namen *TOC*. Das steht für **T**able **o**f **C**ontent und bedeutet auf Deutsch »Inhaltsverzeichnis«.

4 Klicken Sie darunter auf die Schaltfläche *Feldfunktionen*, um diese rechts anzuzeigen.

5 Gleichzeitig wird unten links zusätzlich die Schaltfläche *Optionen* angezeigt, die Sie nun verwenden.

6 Wählen Sie im so eingeblendeten Dialog für die *Feldoptionen* in der *Schalter*-Liste den Eintrag *\b* und klicken Sie auf *Hinzufügen*. Daraufhin wird die Feldfunktion unten um diesen Schalter ergänzt.

7 Klicken Sie nun in das Feld unten und tragen Sie hinter *\b* und einem Leerzeichen den Namen der zuvor definierten Textmarke ein. Hier sollte nun also beispielsweise *TOC \b Kapitel_1* stehen.

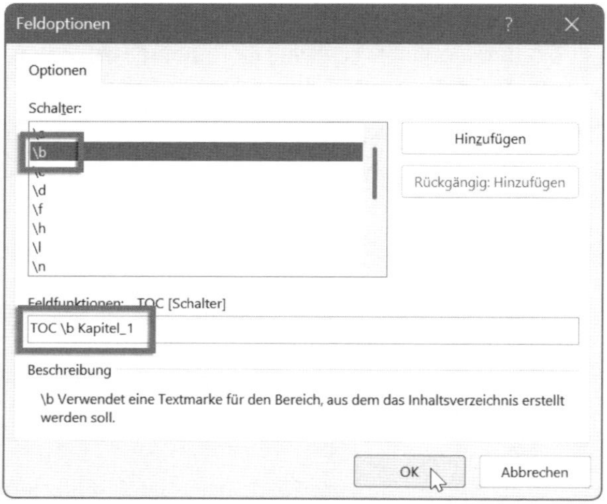

8 Klicken Sie dann auf *OK*. Zurück im Feld-Dialog kontrollieren Sie oben bei *Feldfunktionen* nochmals den Eintrag und klicken auch hier auf *OK*.

Anschließend sollte Word ein Inhaltsverzeichnis nur für den gewünschten Textbereich in das Dokument einfügen.

Inhaltsverzeichnis mit eigenen Formatvorlagen gliedern

Auf den vorangegangenen Seiten habe ich empfohlen, für das Gliedern Ihres Textes die vorgefertigten Formatvorlagen *Überschrift 1*, *Überschrift 2* usw. zu nutzen. Dadurch »weiß« Word, wie Ihr Text gegliedert ist, und kann auf Mausklick ein Inhaltsverzeichnis erstellen und auch jederzeit aktualisieren.

Sie können aber auch Inhaltsverzeichnisse erstellen lassen, die ganz oder teilweise auf selbst definierten Formatvorlagen basieren.

1 Klappen Sie in der Menüband-Registerkarte *Referenzen* ganz links das *Inhaltsverzeichnis*-Menü aus und wählen Sie dort *Benutzerdefiniertes Inhaltsverzeichnis*.

2 In dem bereits bekannten Dialog *Inhaltsverzeichnis* klicken Sie unten auf die Schaltfläche *Optionen*.

3 Damit öffnen Sie einen weiteren Dialog, in dem Sie eine Liste Ihrer Formatvorlagen finden. Lokalisieren Sie darin die Einträge *Überschrift 1* bis *Überschrift 3*.

4 Dort sehen Sie auf der rechten Seite jeweils die Ziffern *1* bis *3*. Das definiert die Gliederungsebene, der diese Überschrift zugeordnet ist.

5 Möchten Sie nun beispielsweise eine selbst definierte Formatvorlage als vierte Gliederungsebene Ihres Inhaltsverzeichnisses verwenden, lokalisieren Sie diese ebenfalls in der (alphabetisch sortierten) Liste und tragen in dieser Zeile die Ziffer *4* ein.

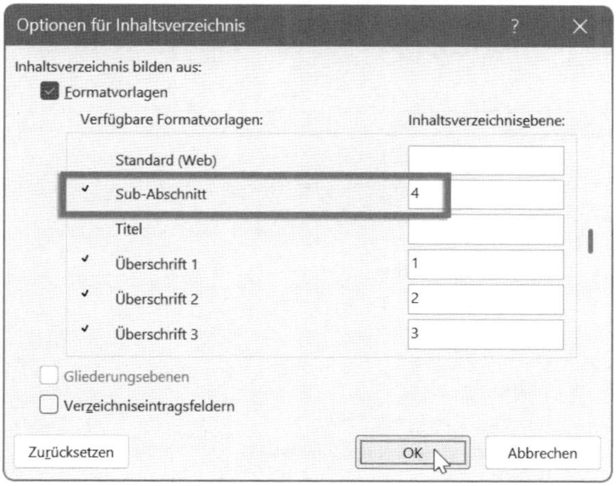

6 Eine Variante: Sie möchten Ihre benutzerdefinierte Vorlage anstelle von *Überschrift 3* als dritte Gliederungsebene verwenden? Dann entfernen Sie die Ziffer 3 in der Zeile von *Überschrift 3* und fügen sie stattdessen in der Zeile der gewünschten Formatvorlage ein.

Auf diese Weise können Sie Inhaltsverzeichnisse aufgrund von praktisch beliebig zugewiesenen Formatvorlagen erstellen.

Ein Literaturverzeichnis für Ihr Werk

Wissenschaftliche Texte versieht man üblicherweise mit einer Literaturliste, die die bibliografischen Daten zu den Zitaten im Text aufführt. Word bietet Ihnen an, die in Ihrem Dokument verwendeten Quellen systematisch zu erfassen und dann an der gewünschten Stelle ein Literaturverzeichnis einzufügen, das allen Ansprüchen gerecht wird.

Das richtige Format wählen

An Literaturverzeichnisse gibt es verschiedene Anforderungen, und daher gibt es eine Reihe von Formaten, die Word unterstützt. Welches davon Sie verwenden möchten, sollten Sie zu Beginn der Arbeit festlegen, denn davon hängt unter anderem ab, welche Daten zu einer Quelle zu erfassen sind.

1. Klicken Sie dazu auf der Menüband-Registerkarte *Referenzen* im Bereich *Zitate und Literaturverzeichnis* auf das Auswahlfeld bei *Formatvorlage*.
2. Dadurch klappen Sie eine Liste mit allen von Word unterstützten Formaten aus.
3. Wählen Sie hier das Format aus, das für dieses Dokument verwendet werden soll.

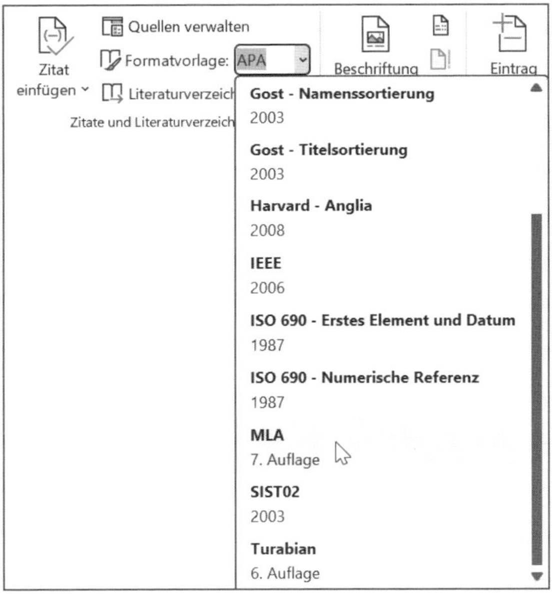

TIPP

Welches Format ist das richtige?
Das hängt ganz von der Art Ihrer Arbeit ab. Wenn Sie unsicher sind, sollten Sie sich bei Ihrer Schule oder beispielsweise dem zuständigen Tutor oder Prüfer erkundigen, ob es Vorgaben dafür gibt. Grundsätzlich gehören *APA* und *MLA* zu den häufig verwendeten Formaten. Das Format der **A**merican **P**sychological **A**ssociation stammt aus dem Bereich der Sozialwissenschaften, während das Format der **M**odern **L**anguage **A**sso-

ciation überwiegend im geisteswissenschaftlichen Bereich Verwendung findet. Beide unterscheiden sich bei den erfassten Informationen und bei der formellen Gestaltung des Literaturverzeichnisses.

Für das Beispiel auf den folgenden Seiten verwende ich das APA-Format. Sollten Sie sich für MLA oder ein anderes Format entscheiden, kann es also in den Details zu Abweichungen bei den Schritten und Abbildungen kommen.

Zitatquellen erfassen

Die Zitate als solche können Sie beliebig in den Text einfügen und gestalten. Beachten Sie auch hierbei ggf. Vorgaben durch Hochschule oder Prüfungsordnung. Unabhängig davon sollte jedes Zitat auch optisch deutlich als solches erkennbar von Ihrem eigenen Text abgehoben sein. Kürzere Zitate können dabei in Anführungszeichen im Fließtext stehen. Längere Zitate sollten eigene Absätze bilden, die durch Einrückungen und/oder Textformatierungen erkennbar von Ihrem eigenen Text abgehoben sind.

Die Quellen für Zitate können Sie direkt während des Schreibens erfassen oder auch später in einem separaten Arbeitsschritt. Stellen Sie nur sicher – beispielsweise durch Verwenden eigener Formatvorlagen –, dass Sie alle Zitate auch wiederfinden.

1 Setzen Sie die Einfügemarke direkt hinter das Zitat, das Sie durch eine Literaturangabe kennzeichnen wollen.

2 Klicken Sie in der Menüband-Registerkarte *Referenzen* im Bereich *Zitate und Literaturverzeichnis* auf *Zitat einfügen*.

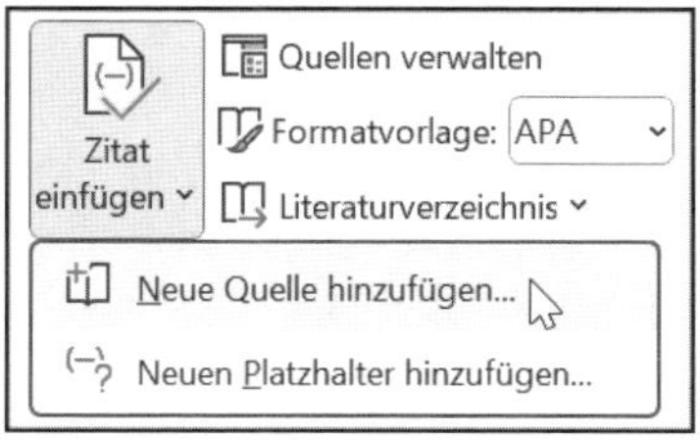

3 Wählen Sie in der so ausgeklappten Liste *Neue Quelle hinzufügen*.

4 So öffnen Sie den Dialog *Quelle erstellen*, in dem Sie alle Angaben zu dieser Quelle erfassen können:

- Wählen Sie am besten oben zunächst immer den *Quellentyp* aus, da dadurch ggf. unten andere Eigenschaften angezeigt werden. Bei einem Buch etwa werden »nur« die Basisdaten des Buches erfasst. Bei einem Buchabschnitt hingegen können Sie zusätzlich die Seitenzahl oder auch den Autor des Abschnitts angeben, falls dieser sich vom Buchautor bzw. Herausgeber unterscheidet.

- Die weiteren Eingabefelder hängen vom gewählten Quellentyp ab. Aber Autor, Titel und Jahr sind die Basisdaten, die so oder ähnlich bei keinem Typ ausgelassen werden sollten.
- Unten links generiert Word bei *Tagname* automatisch einen eindeutigen Bezeichner für diese Quelle. Falls Ihnen dieser nicht gefällt, können Sie ihn abändern.

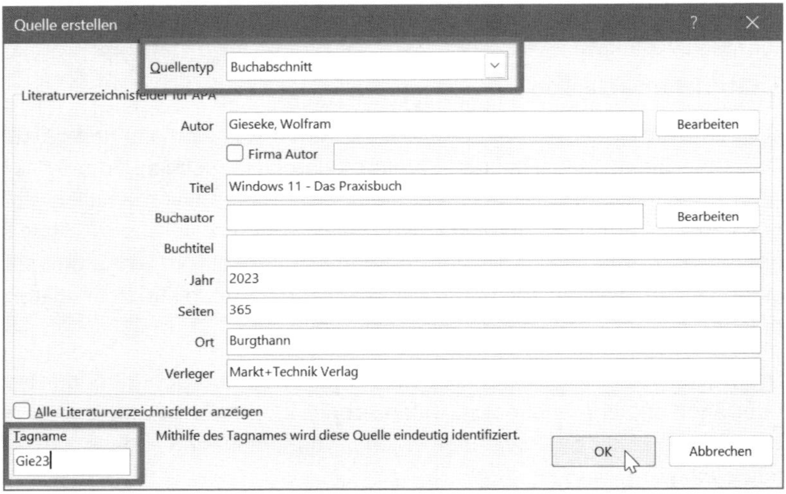

5 Auf diese Weise verfahren Sie mit allen Zitaten Ihres Dokuments. Bei der Eingabe einer neuen Quellenangabe sehen Sie eine Liste aller bisherigen Zitate. Das hat den Vorteil, dass Sie bei der nächsten Bezugnahme auf dieselbe Quelle den Verweis ggf. nicht erneut eingeben müssen.

Hinter jedem Zitat fügt Word einen Bezug zur Quelle ein, die man so im Literaturverzeichnis schnell wiederfinden kann. Sie können diesen Bezug auch jederzeit durch Anklicken auswählen. Mit dem Pfeilsymbol rechts öffnen Sie ein Kontextmenü, mit dem Sie die Quelle bearbeiten und anschließend das Verzeichnis aktualisieren können. Ebenso können Sie den dynamischen Bezug in einen statischen Text umwandeln.

> *Die Freigabe-Funktion macht es möglich, Dateien an andere Apps zu übergeben, die sie dann weiterverarbeiten können. So müssen Sie Dateien nicht umständlich speichern, öffnen, exportieren, importieren usw. Stattdessen erfolgt die Übergabe vom Explorer an die gewählte App über eine festgelegte Schnittstelle automatisch im Hintergrund.* **(Gieseke, 2023)**

Das Literaturverzeichnis einfügen

Üblicherweise gehört das Erstellen des Literaturverzeichnisses zu den Abschlussarbeiten an einem Dokument. Bei Word können Sie es aber im Prinzip jederzeit machen. Einmal erstellt, können Sie es jederzeit aktualisieren, um später ergänzte Quellen zu berücksichtigen.

1. Platzieren Sie die Einfügemarke an der Stelle, an der das Literaturverzeichnis eingefügt werden soll.
2. Klicken Sie in der Menüband-Registerkarte *Referenzen* im Bereich *Zitate und Literaturverzeichnis* auf *Literaturverzeichnis*.
3. In der so geöffneten Auswahlliste können Sie sich für einen Stil entscheiden.

Die Literaturliste wird automatisch mit einer Überschrift versehen, gefolgt von den einzelnen alphabetisch sortierten Einträgen. Die Überschrift können Sie anschließend aber entfernen oder ersetzen. Das eingefügte Verzeichnis ist ein in Ihr Dokument integriertes Objekt, das Sie als solches weiterbearbeiten können. So können Sie beispielsweise den Stil nachträglich ändern oder den Inhalt mit der Schaltfläche oben links aktualisieren.

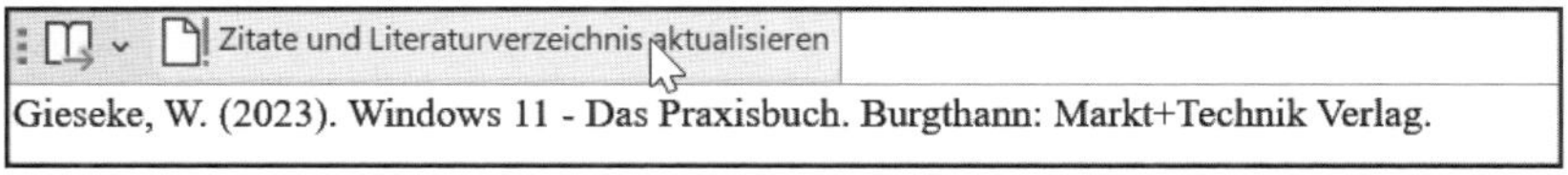

> **TIPP**
>
> **Reines Quellenverzeichnis einfügen**
> Die Literaturverzeichnis-Auswahl bietet unterhalb der verschiedenen integrierten Stile noch die Variante *Literaturverzeichnis einfügen*. Diese verzichtet auf dynamische Elemente und eine Überschrift und fügt stattdessen eine Quellenliste als statischen Text mit der Formatvorlage *Literaturverzeichnis* ein. Auch hierbei handelt es sich um ein Feld, das Sie nach Bedarf aktualisieren können. Es bietet aber auch die Möglichkeit, in andere Formate konvertiert oder in andere Anwendungen übernommen zu werden.

Literaturverzeichnis anhand von Fußnoten

Falls es eine Vorgabe ist bzw. Sie es bevorzugen, Quellenangaben zu Zitaten in Form von Fußnoten einzufügen, ist dies ebenfalls möglich. Leider suchen die Feldfunktionen von Word in solchen Fußnoten nicht nach entsprechenden Formatvorlagen, sodass es nicht leicht ist, aufgrund von Fußnoten Literaturverzeichnisse zu generieren. Es gibt aber einen Trick, wie Sie auch aus Fußnoten ein Verzeichnis generieren können. Die folgende Anleitung geht also davon aus, dass Sie in Ihrem Text Zitate gesetzt haben, deren Quellenangaben in der Fußnote stehen.

1 Wählen Sie in der Menüband-Registerkarte *Ansicht* im Bereich *Ansichten* die Option *Entwurf*. Daraufhin verändert sich die Darstellung Ihres Dokuments im Arbeitsbereich.

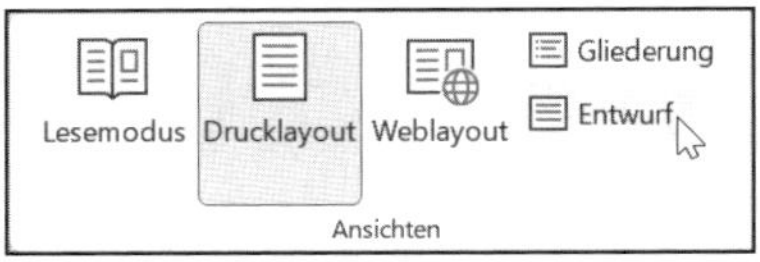

2 Klicken Sie nun auf der Registerkarte *Referenzen* im Bereich *Fußnoten* auf *Notizen anzeigen*.

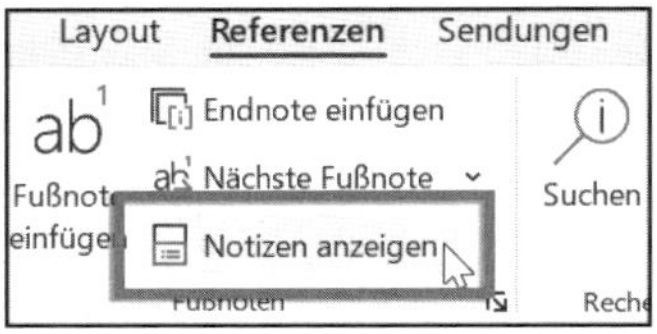

3 Word zeigt nun im unteren Teil des Fensters alle Fußnoten Ihres Dokuments an. Markieren Sie diese, indem Sie die Einfügemarke irgendwo in der Liste platzieren und dann Strg+A drücken.

4 Kopieren Sie die markierten Fußnoten mit Strg+C in die Zwischenablage.

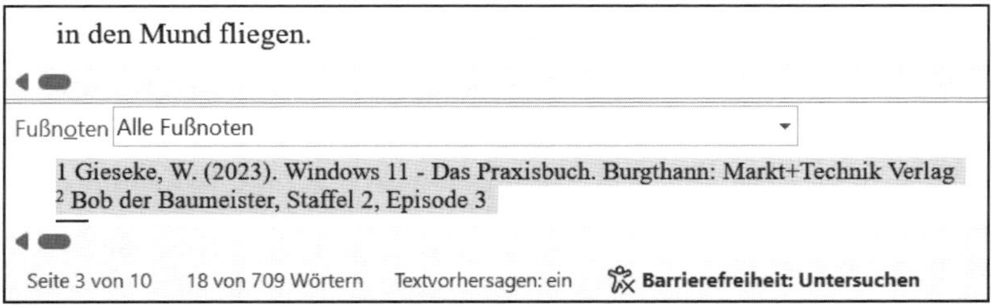

5 Kehren Sie dann mit *Drucklayout* im Bereich *Ansichten* der Registerkarte *Ansicht* zurück zur gewohnten Darstellung des Dokuments.

6 Platzieren Sie die Einfügemarke an der Stelle, an der Sie die Literaturangaben haben möchten.

7 Nutzen Sie in der *Start*-Registerkarte im Bereich *Zwischenablage* die Variante *Einfügen/Nur den Text übernehmen*, um die kopierten Fußnoten an dieser Stelle als Liste einzufügen.

Wenn Sie bei Ihren Fußnoten die Autoren konsequent mit dem Nachnamen zuerst aufgeführt haben, können Sie nun noch alles wunderbar alphabetisch sortieren.

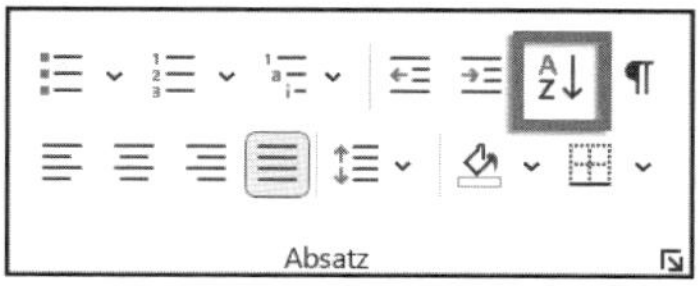

1 Dazu markieren Sie die eingefügten Literaturangaben.

2 Klicken Sie dann auf der Registerkarte *Start* im Bereich *Absatz* auf das Symbol für *Sortieren*.

3 Im folgenden Dialog entscheiden Sie sich nur noch für die Reihenfolge der Sortierung. Word sortiert dann den ausgewählten Text im Dokument entsprechend dieser Vorgaben um.

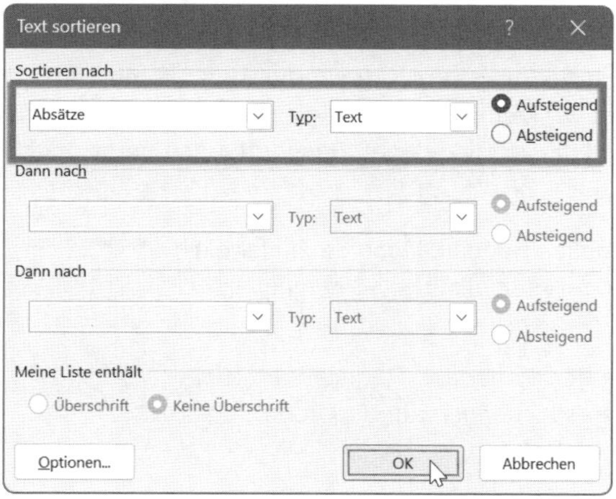

Wichtig: Diese Variante eines Literaturverzeichnisses verwendet keine Feldfunktion. Es lässt sich also nicht nachträglich mal eben schnell aktualisieren. Sie sollten den Vorgang also erst durchführen, wenn Sie Ihren Text fertiggestellt und alle Zitat-Fußnoten eingefügt haben. Falls Sie doch noch Fußnoten ändern oder ergänzen, löschen Sie das alte Verzeichnis aus dem Dokument und führen alle Schritte erneut durch.

Verzeichnisse für Abbildungen, Tabellen, Formeln

Neben den vorangehend beschriebenen Stichwort-, Inhalts- und Literaturverzeichnissen benötigt man gelegentlich noch weitere Arten von Verzeichnissen, etwa für Abbildungen, Tabellen oder Formeln. Dies ermöglicht Word mit der Beschriftungsfunktion.

Die Grundidee dabei ist, dass Sie die entsprechenden Elemente Ihres Dokuments jeweils mit einer Beschriftung versehen, wobei Word die Nummerierung automatisch hochzählt. Dabei wird mit Feldern gearbeitet, sodass es auch bei nachträglichen Änderungen nicht zu Unstimmigkeiten kommt. Haben Sie alle besonderen Elemente konsequent beschriftet, können Sie jederzeit ein Verzeichnis dieser Elemente erstellen.

Beschriftungen einfügen

Üblicherweise plant man schon vor dem Schreiben eines Textes, ob und welche Verzeichnisse dieser später umfassen soll. Ansonsten spricht auch nichts dagegen, entsprechende Elemente unabhängig davon konsequent mit der Word-Funktion zu beschriften. So sorgen Sie für einheitliches Aussehen und halten sich alle Möglichkeiten offen, basierend auf den Beschriftungen später Verzeichnisse zu erstellen.

Im Folgenden arbeite ich als Beispiel an einem Tabellenverzeichnis. Für Abbildungen oder Formeln ist der Mechanismus der gleiche. Sie können auch alles parallel nutzen, da Word mit verschiedenen Beschriftungen parallel arbeiten kann.

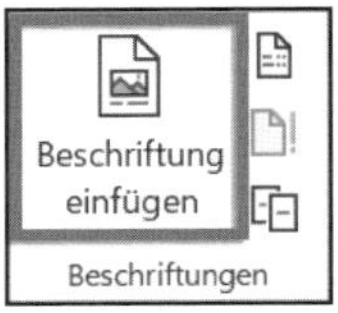

1 Um eine Beschriftung festzulegen, fügen Sie hinter einer Abbildung, Tabelle oder Formel mit ↵ einen neuen Absatz ein.

2 Klicken Sie dann in der Menüband-Registerkarte *Referenzen* im Bereich *Beschriftungen* auf die große Schaltfläche *Beschriftung einfügen*.

3 Wählen Sie im so geöffneten *Beschriftungen*-Dialog bei *Bezeichnung* zunächst die Art der Beschriftung aus. Dementsprechend passt Word die Vorgabe oben im *Beschriftung*-Feld an. Dies müssen Sie üblicherweise nur bei der ersten Beschriftung machen, da Word sich diese Einstellung merkt. Nur wenn Sie verschiedene Arten von Beschriftungen mischen, müssen Sie jeweils erst die passende wählen.

4 Ganz oben im Feld *Beschriftung* gibt Ihnen Word den Bezeichner für die Beschriftung abhängig von der Auswahl bei *Bezeichnung* vor: Abbildung, Formel oder Tabelle. (Mit der Schaltfläche *Neue Bezeichnung* können Sie bei Bedarf auch eigene Bezeichner definieren.) Dem Bezeichner folgt die laufende Nummer der Beschriftung dieses Typs. Diese Bestandteile der Bezeichnung sind fest vorgegeben und können nicht verändert werden (außer ggf. über die Optionen dieses Dialogs).

5 Hinter dem Bezeichner können Sie die Beschriftung um einen individuellen Teil ergänzen, der beispielsweise den Inhalt dieses Elements kompakt beschreibt.

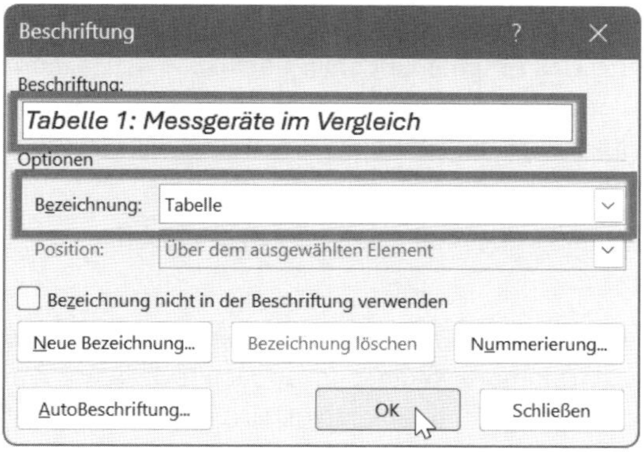

6 Klicken Sie dann auf *OK* oder drücken Sie [↵], um die Beschriftung festzulegen. Diese wird an der Stelle der Einfügemarke in den Text aufgenommen.

Messgerät	Eingang B (mV)	Eingang A (mV)	Bemerkungen
PX 468	345,78	4,678	Kalibrierte Messung
PX 469	1,347	8,6784	Kalibrierte Messung
PX 470	26,4	12,3	Kalibrierte Messung

Tabelle 1: Messgeräte im Vergleich

Auf diese Weise versehen Sie alle Elemente, für die Sie ggf. ein Verzeichnis erstellen möchten, mit Beschriftungen.

Tabellenverzeichnis erstellen

Haben Sie Elemente in Ihrem Dokument mit Beschriftungen versehen, können Sie jederzeit ein Verzeichnis dieser Elemente erstellen.

1 Platzieren Sie die Einfügemarke an der Stelle im Text, an der das Verzeichnis stehen soll.

2 Klicken Sie dann in der Menüband-Registerkarte *Referenzen* im Bereich *Beschriftungen* oben rechts auf *Abbildungsverzeichnis* (nicht von der Bezeichnung irritieren lassen, das gilt ebenso für Tabellen, Formeln usw.).

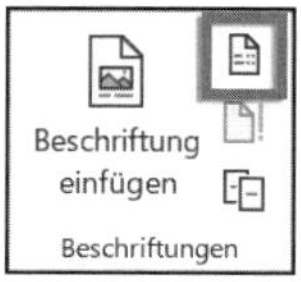

3 Wählen Sie im so geöffneten Dialog *Abbildungsverzeichnis* als Erstes unten im Abschnitt *Allgemein* die Art der *Beschriftung* aus, also für dieses Beispiel *Tabelle*. Dadurch ändert sich oben die Vorschau.

4 In den Eigenschaften des Verzeichnisses können Sie nun ähnlich wie bei einem Inhaltsverzeichnis das Erscheinungsbild beeinflussen. Bei *Formate* stehen verschiedene Vorlagen zur Auswahl. Oder Sie belassen es bei *Von Vorlage* und passen dann die automatisch gewählte Formatvorlage nach Ihren Vorstellungen an.

5 Oben legen Sie fest, ob und in welcher Form die Seitenzahlen der Objekte aufgeführt werden sollen.

6 Mit der Option *Bezeichnung und Nummer einschließen* ganz unten können Sie Bezeichnungen und Nummern weglassen, sodass jeweils nur die von Ihnen selbst festgelegte Beschriftung angezeigt wird.

7 Wenn alles soweit passt, klicken Sie unten rechts auf *OK*, um ein Verzeichnis mit diesen Vorgaben zu generieren.

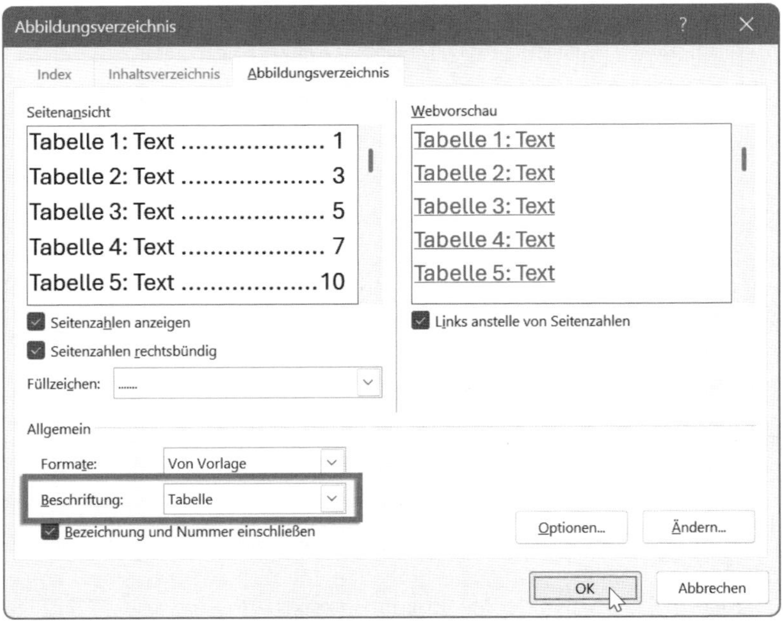

Achtung, Mathematik – mathematische Formeln schreiben

In Texten zu naturwissenschaftlichen Themen werden teilweise mathematische Formeln gebraucht, die sich mit ihren speziellen Symbolen und Formalien mit den Mitteln einfachen Textes nur sehr umständlich bis gar nicht realisieren lassen. Für solche Fälle bringt Word einen Formel-Editor mit, der vielfältige Symbole und Gestaltungsmöglichkeiten kennt. Die damit erstellten Formeln werden als Objekte in das Dokument eingefügt und können so beliebig platziert und ggf. auch später noch angepasst werden.

Um Ihnen die Fähigkeiten dieses Formel-Editors näherzubringen, werde ich im Folgenden recht schamlos mit mathematischen Begriffen wie Sinus, Kosinus, Integral usw. umgehen, ohne sie näher zu erläutern. Es geht hier ja darum, grundsätzlich zu demonstrieren, wie Sie die für Ihre Dokumente benötigten Formeln und Elemente erstellen und einfügen können.

Einfache Gleichungen

Für den Einstieg zeige ich eine Formel, die man notfalls auch als normalen Text eingeben könnte. Mit dem Formel-Editor geht es aber einfacher und schneller und führt zu einem besseren Ergebnis:

$$x^2 + px + q = 0$$

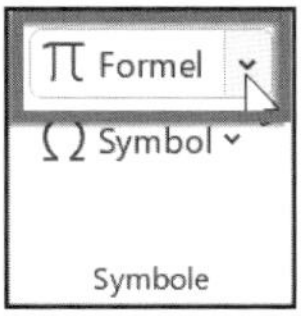

1 Platzieren Sie die Einfügemarke an der Stelle im Text, an der die Formel stehen soll.

2 Lokalisieren Sie auf der Menüband-Registerkarte *Einfügen* ganz rechts im Bereich *Symbole* die *Formel*-Schaltfläche und klicken Sie rechts daneben auf das kleine Pfeilsymbol.

3 In der so geöffneten Auswahl zeigt Word einige vorgefertigte Formeln, die Sie direkt in Ihr Dokument übernehmen und ggf. anpassen können. Ist etwas Passendes dabei, nehmen Sie das als Basis. Im Zweifelsfall aber klicken Sie darunter auf *Neue Formel einfügen*.

4 Dadurch fügt Word ein Formelobjekt in das Dokument ein, das zunächst leer ist. Gleichzeitig wird im Menüband die Registerkarte *Formel* eingeblendet und aktiviert.

5 Diese zeigt Ihnen zahlreiche mathematische Symbole, die Sie durch Anklicken auswählen können. Gehen Sie dabei wie üblich von links nach rechts vor und klicken Sie auf die Symbole, die Ihre Formel bilden sollen.

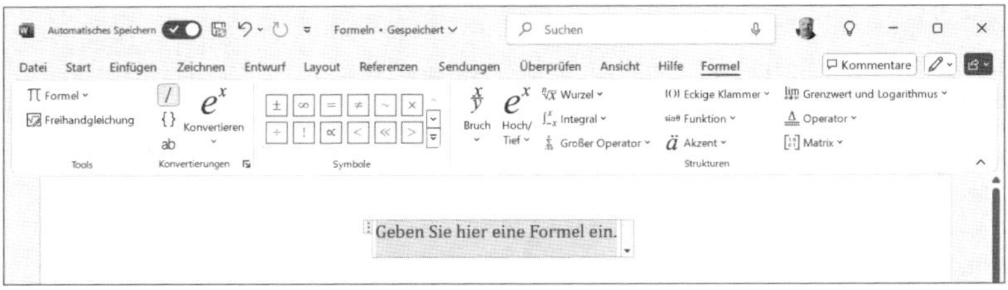

6 Zunächst benötigen Sie also ein Symbol für eine Basis und den Exponenten. Diese finden Sie im Bereich *Strukturen* mit dem Auswahlfeld *Hoch/Tief*.

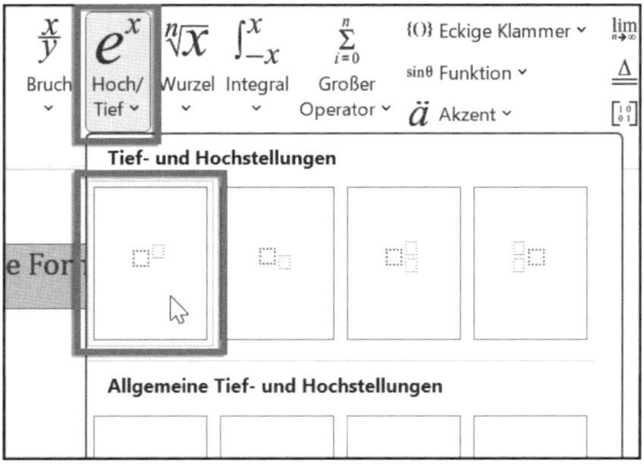

7 Klicken Sie auf die passende Variante, damit Word einen entsprechenden Platzhalter in die Formel einfügt.

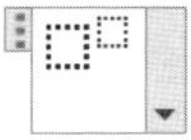

8 Platzieren Sie dann die Einfügemarke in diese Platzhalter und geben Sie Basis und Exponenten ein.

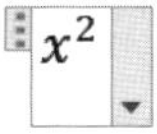

9 Die weiteren Teile der Beispielformel geben Sie auf der Tastatur wie ganz normalen Text ein. Wenn Sie fertig sind, klicken Sie irgendwo in Ihr Dokument, um den Formel-Editor zu verlassen.

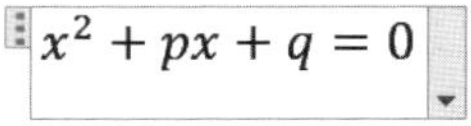

TIPP

Mit Tasten durch die Formel

Anstatt immer wieder zur Maus zu greifen, können Sie sich auch mit ← und → in beide Richtungen durch die Bestandteile einer Formel bewegen.

Komplexere Gleichungen

Einfache quadratische Gleichungen lassen sich also recht schnell eingeben, weil Sie den Formel-Editor jeweils nur an den problematischen Stellen bemühen müssen.

Nach dem gleichen Prinzip, nur deutlich anspruchsvoller lässt sich auch die Lösung der quadratischen Gleichung einfügen:

$$x_{1;2}=-\frac{p}{2}\pm\sqrt{\frac{p^2}{4}-q}$$

1 Wiederholen Sie die Schritte 1 bis 3 aus der vorangegangenen Schrittanleitung.

2 Für diese Formel benötigen Sie ein x mit zwei tiefgestellten Zahlen. Auch die finden Sie im Bereich *Hoch/Tief* der *Formel*-Registerkarte.

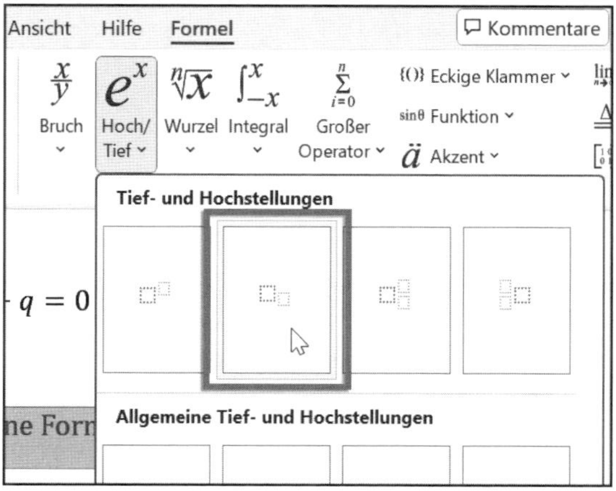

3 Die so eingefügten Platzhalter füllen Sie wiederum mit Maus und Tastatur aus. Zwischen die Zahlen 1 und 2 setzen Sie ein Semikolon.

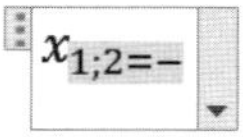

4 Hinter dem Minuszeichen benötigen Sie einen *Bruch*. Dafür ist in der *Formel*-Registerkarte das gleichnamige Symbol direkt neben *Hoch/Tief* zuständig. Der richtige Platzhalter oben links ist gut erkennbar.

Klicken Sie ihn an und tragen Sie die entsprechenden Teile der Formel ein.

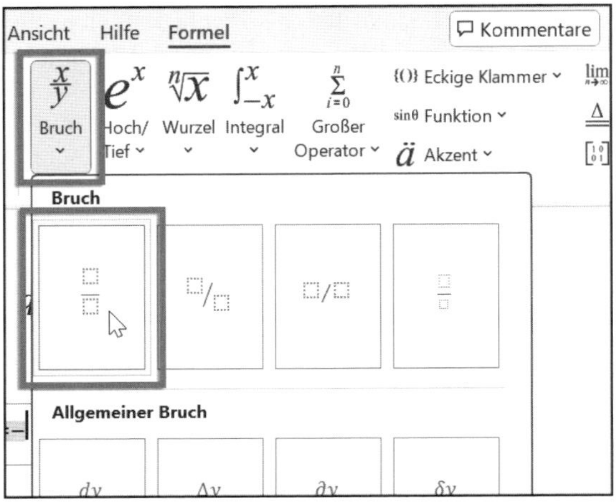

5 Das dann folgende Symbol ± finden Sie nicht auf Ihrer Tastatur, aber in der *Formel*-Registerkarte im Bereich *Symbole*.

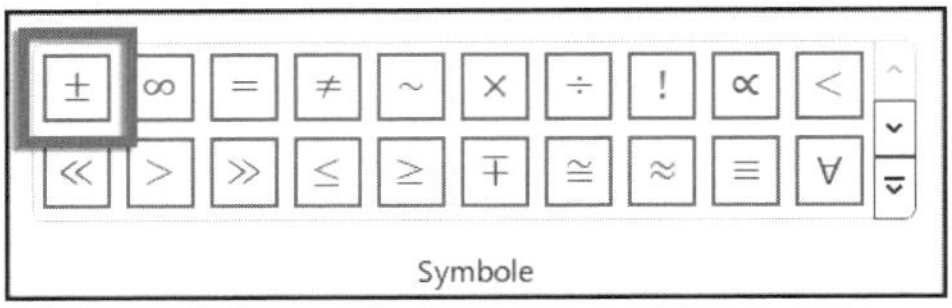

6 Nun wird eine Wurzel gebraucht. Diese finden Sie, wenn Sie neben dem *Hoch/Tief*-Symbol die *Wurzel*-Auswahl öffnen. Klicken Sie auch hier auf das kleine Pfeilsymbol, um die gesamte Auswahl zu sehen. Für die Beispielformel sollte es die einfache Quadratwurzel ganz oben rechts sein.

7 Nun wird es recht komplex, denn die Formel erfordert einen Bruch unter einer Wurzel, also einen Platzhalter in einem Platzhalter. Aber das ist für Word kein großes Problem. Markieren Sie den Platzhalter unter der Wurzel, öffnen Sie dann wiederum im Bereich *Strukturen* die *Bruch*-Auswahl und klicken Sie dort oben links auf den *Bruch mit waagerechtem Bruchstrich*.

Anschließend sollte Ihre Formel so aussehen:

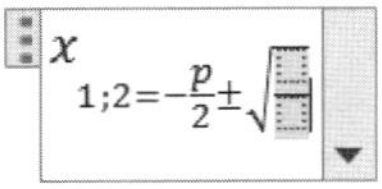

8 Noch eine Spur komplexer: Die Formel benötigt nun einen Exponenten für den Zähler des Bruchs unter der Wurzel, also Platzhalter in einem Platzhalter, der in einem Platzhalter steht. Aber das Prinzip bleibt gleich: Markieren Sie den Platzhalter für Zähler im Bruch und fügen Sie über *Hoch/Tief* den passenden Exponenten ein.

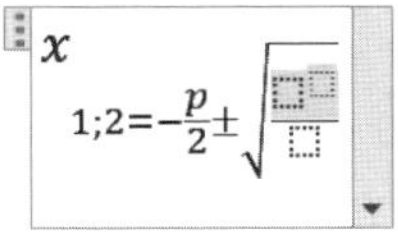

9 Nun brauchen Sie nur noch diese Platzhalter mit den passenden Inhalten zu füllen und den Rest der Formel per Tastatur zu ergänzen.

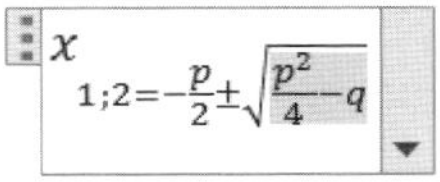

TIPP

Zurück zur Formel
Sollten Sie während der Formeleingabe einmal aus Versehen die Formel verlassen, klicken Sie wieder auf die Formel und wandern mit dem Cursor an die Stelle, an der Sie weitermachen müssen.

Nach diesem Prinzip können Sie mit den Platzhaltern und Symbolen des Formel-Editors nahezu beliebig komplexe Formeln zusammenstellen. Wenn Sie den Blick über die *Formel*-Registerkarte schweifen lassen, ahnen Sie sicher, dass meine gewählten Beispielformeln eher »kleine Fische« sind. So bietet Word eigene Platzhalter für Grenzwerte, Integrale, Matrizen, trigonometrische Funktionen, Akzente usw. Auch alle Formeln aus dem Excel-Teil dieses Buches sind mit dem Formel-Editor von Word erstellt worden. Schauen Sie etwa bei den Korrelationen oder bei der grafischen Darstellung mathematischer Funktionen rein.

TIPP

Formel gestalten
Formeln werden von Word standardmäßig in der Schriftart *Cambria Math* mit Schriftgrad 12 und Kursivdruck eingefügt. Den Schriftgrad und andere Merkmale können Sie direkt in der *Start*-Registerkarte ändern. Hier können Sie beispielsweise auch einzelne Teile einer Formel fett oder farbig hervorheben. Wenn Sie allerdings die Schriftart ändern möchten, müssen Sie die Formel zunächst konvertieren. Klicken Sie dazu in der Menüband-Registerkarte *Formel* im Bereich *Konvertierungen* auf die Schaltfläche *ab Text*. Anschließend können Sie diese Formel wie herkömmlichen Text umgestalten.

Hoch- und Querformat in einem Text – wie geht das?

Es gibt Situationen, in denen es sinnvoll sein kann, zwischen die üblichen Hochseiten eines Dokuments Seiten im Querformat zu mischen, beispielsweise bei einer recht großen Tabelle, die aufgrund ihrer Breite nicht mehr im Hochformat dargestellt werden kann. Man könnte sie auch in einem separaten Dokument mit voreingestellten Querseiten gestalten, aber diese Lösung ist mehr als schlecht, denn sie würde viele andere Aspekte wie Seitenzahlen oder Verzeichnisse erschweren. Es ist für Word aber auch kein Problem, verschiedene Seitenorientierungen in einem Dokument zu kombinieren, etwa so:

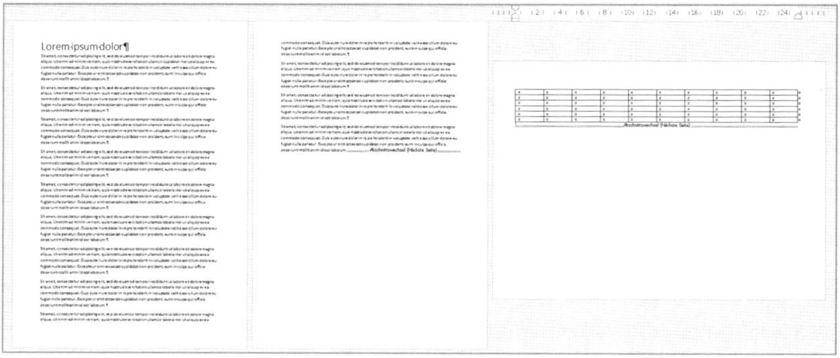

1 Erstellen und gestalten Sie Ihr Dokument zunächst ganz normal.

2 Wenn Sie an die Stelle mit der großen Tabelle kommen, erzeugen Sie einen Abschnittsumbruch, damit die Tabelle in einen neuen Bereich eingefügt werden kann. Klicken Sie dazu auf der Menüband-Registerkarte *Layout* im Bereich *Seite einrichten* auf *Umbrüche* und wählen Sie in der so geöffneten Auswahl *Nächste Seite* (mehr zu Umbrüchen auf Seite 83).

3 Platzieren Sie dann die Einfügemarke hinter dem erzeugten Umbruch auf der neuen Seite. Wählen Sie im Menüband im Bereich *Seite einrichten* das Symbol *Ausrichtung* und hier *Querformat*.

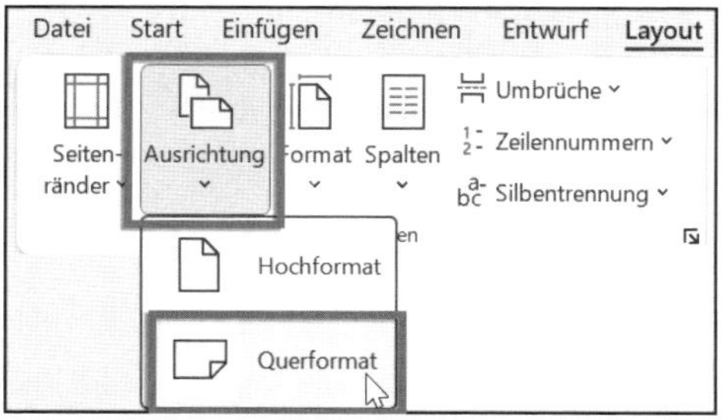

4 Anschließend können Sie auf dieser Seite Ihre Tabelle eingeben und gestalten und dabei die gesamte Seitenbreite nutzen. In der *Drucklayout*-Ansicht können Sie den Unterschied zwischen den Seitenbreiten auch gut an den verschieden breiten Seitenrändern erkennen.

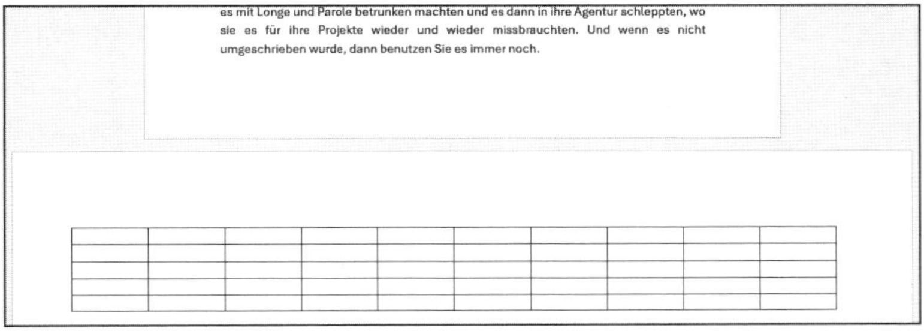

5 Möchten Sie danach im Hochformat weiterschreiben, müssen Sie erneut einen Abschnittsumbruch einfügen. Wiederholen Sie dazu die Schritte 2 und 3, nur dass Sie diesmal *Hochformat* wählen.

Ein durch einen Umbruch abgeteilter Abschnitt ist wie ein separater Textteil. Er kann völlig andere Kopf- und Fußzeilen haben, andere Seitenränder bekommen und noch vieles mehr. Es ist eben ein separater Teil des Dokuments mit eigenen Eigenschaften. In einem Word-Dokument können Sie beliebig Abschnittsumbrüche verwenden. Die Eigenschaften eines Abschnitts gelten jeweils, bis erneut ein Abschnitt erzeugt wird. Abschnittsumbrüche können Sie jederzeit in Ihr Dokument einfügen, auch wenn Ihr Text schon weitgehend fertig ist.

Ein wenig Vorsicht ist geboten, wenn Sie Abschnittsumbrüche entfernen. Das kann recht leicht passieren, da sie wie Zeichen mit [Entf] und [⇦] gelöscht werden können. Das kann tückisch sein, insbesondere wenn Sie sich in der Layout-Ansicht die Absatzmarken nicht anzeigen lassen. Wenn Sie bewusst Umbrüche im Layout einsetzen, empfiehlt es sich deshalb, alle Formatierungssymbole sichtbar zu machen (siehe Seite 73).

Abweichende Seitennummer für Inhaltsverzeichnisse

Bei langen wissenschaftlichen Texten – etwa Promotion, Diplom-, Bachelor- oder Masterarbeit – benötigen Sie den Text der Arbeit und ein Inhaltsverzeichnis. Das Inhaltsverzeichnis kann bei umfangreichen Arbeiten auch mehrere Seiten umfassen und sollte dann eine eigene Seitennummerierung bekommen. Aber anders als beim normalen Text, bei dem die Seitennummerierung aus arabischen Ziffern besteht, bekommt das Inhaltsverzeichnis manchmal römische Ziffern. Und da Inhaltsverzeichnis und Text im selben Dokument sind, muss dieses unterschiedliche Seitennummern bekommen.

Auch hierfür lautet die Lösung in Word Abschnittsumbruch. Da Abschnitte unterschiedliche Eigenschaften haben können, können sie auch verschiedene Arten von Seitenzahlen verwenden.

1 Erzeugen Sie vor dem eigentlichen Text einen Abschnittsumbruch, indem Sie auf der Menüband-Registerkarte *Layout* im Bereich *Seite einrichten* auf *Umbrüche* klicken und in der so geöffneten Auswahl *Nächste Seite* wählen (mehr zu Umbrüchen auf Seite 83).

2 Platzieren Sie die Einfügemarke in diesem ersten Abschnitt und erzeugen Sie dort, wie ab Seite 210 beschrieben, ein Inhaltsverzeichnis.

3 Durch den Abschnittsumbruch haben Sie in Ihrem Dokument zwei unterschiedliche, aber doch irgendwie zusammengehörende Texte, für die Sie unterschiedliche Seitennummern verwenden können. Bleiben Sie zunächst im Inhaltsverzeichnis. Auf der Menüband-Registerkarte *Einfügen* klicken Sie auf *Kopfzeile*, um eine Kopfzeile anzulegen (oder doppelklicken in eine bereits vorhandene).

4 Auf der im Menüband automatisch geöffneten Registerkarte *Kopf- und Fußzeile* klicken Sie ganz links auf die *Seitenzahl*. Nach den gängigen Regeln sollte diese rechtsbündig am Seitenrand stehen. Ob Sie das mit Tabulatoren in einer leeren Kopfzeile realisieren oder mit dem dreispaltigen Layout von Word, ist Geschmackssache.

5 Bei *Seitenzahl* wählen Sie als Nächstes *Seitenzahlen formatieren*.

6 Im so geöffneten Dialog *Seitenzahlenformat* können Sie nun für das Inhaltsverzeichnis bei *Zahlenformat* römische Zahlen auswählen.

7 Wenn Sie in Ihrem mehrseitigen Inhaltsverzeichnis nach unten wandern, werden Sie feststellen, dass nun römische Zahlen benutzt werden.

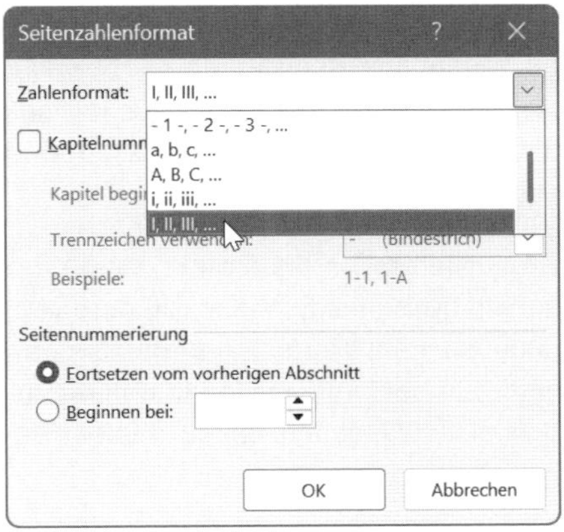

8 Jetzt könnte es aber passiert sein, dass auch Ihr restlicher Text mit römischen Seitennummern weitermacht. Und vor allem: Es wird einfach weitergezählt. Die Seitennummerierung des eigentlichen Textes sollte aber wieder bei 1 beginnen. Um das zu gewährleisten, doppelklicken Sie in eine Kopfzeile des restlichen Textes und wählen in der Menüband-Registerkarte *Kopf- und Fußzeile* erneut *Seitenzahl* und *Seitenzahlen formatieren*.

9 Im so geöffneten Dialog ändern Sie ggf. das Format der Seitenzahl auf die bei uns üblichen arabischen Ziffern und wählen bei *Seitennummerierung* bei *Beginnen bei* die Seitenzahl, mit der die Zählung des Textes begonnen werden soll.

Damit haben Sie nun für das Inhaltsverzeichnis und für den Text eine unterschiedliche Seitennummerierung.

TIPP

Titel- oder Deckblätter vor dem Inhaltsverzeichnis

Häufig beginnt ein Dokument mit einem Titel- oder Deckblatt, einer Zusammenfassung der Arbeit sowie mit Dankesworten an alle möglichen Beteiligten und nicht Beteiligten. Diese Seiten bekommen keine Kopf- oder Fußzeilen, müssen aber beim Zählbeginn für das Inhaltsverzeichnis berücksichtigt werden. Setzen Sie dazu noch einen weiteren Abschnittsumbruch vor das Inhaltsverzeichnis, sodass Ihr Dokument aus drei Abschnitten besteht. Der erste Abschnitt besteht aus Deckblatt & Co., der zweite Abschnitt ist das Inhaltsverzeichnis, und der dritte Abschnitt ist dann der eigentliche Text. Damit der erste Teil ohne Seitenzahlen bleibt, entfernen Sie diese ggf. Da dies nur bis zum nächsten Abschnittswechsel gilt, bleiben die Seitenzahlen in den weiteren Teilen erhalten.

In diesem Zusammenhang verdient noch eine Einstellung Aufmerksamkeit: In der Menüband-Registerkarte *Kopf- und Fußzeile* finden Sie im Bereich *Navigation* unten rechts das Symbol für *Mit vorheriger verknüpfen*. Wenn diese Option aktiviert ist, zählt Word unter anderem die Seiten des vorangegangenen Abschnitts mit.

Deaktivieren Sie die Option, weiß Word von einem vorangegangenen Abschnitt quasi nichts. Wenn Sie durch einen Umbruch einen Abschnitt in zwei aufteilen, geht Word standardmäßig davon aus, dass diese beiden verknüpft sind. Sie sollten diese Verknüpfung also ausdrücklich aufheben, wenn Sie dies nicht wünschen, um beispielsweise Seitenzahlen so wie gewünscht ausgeben zu können.

3.6 Schreibhilfen für bessere und korrekte Texte

Nicht nur bei Haus- und Abschlussarbeiten sind Inhalt und Gestaltung wichtig, sondern auch fehlerfreie Rechtschreibung und korrekte Grammatik. Hierbei unterstützt Word Sie mit seiner integrierten Rechtschreib- und Grammatikprüfung. Diese kann Sie beim Schreiben »überwachen« und direkt auf mögliche Fehler hinweisen. Falls Sie das irritiert, können Sie die entsprechenden Anzeigen auch ausschalten und stattdessen später den fertigen Text einer konzentrierten Prüfung unterziehen. Und Word kann noch mehr, etwa längere Wörter am Zeilenende automatisch korrekt trennen oder mit dem Thesaurus Vorschläge für alternative Formulierungen unterbreiten.

TIPP

Perfekt fehlerfreie Dokumente?
Auch wenn Word vielleicht keine Fehler (mehr) findet, heißt das nicht, dass der Text immer fehlerfrei ist. Wie wird z. B. das Wort »Bund« richtig geschrieben? Im Sinne von »farbig« schreibt man es mit **t**, aber wenn Sie vom »Bund für Umwelt und Naturschutz« sprechen, schreibt es sich mit **d**. Da Word nicht wissen kann, welche Bedeutung an der Stelle gemeint ist, kann es diesen Fehler nicht zuverlässig auflösen. Deshalb empfiehlt sich nach dem Überprüfen mit Word ein eigenes Korrekturlesen. Sehr wichtige Dokumente wie etwa Prüfungsarbeiten sollten Sie vor der endgültigen Abgabe (zusätzlich) von einem Unbeteiligten lesen lassen, denn erfahrungsgemäß findet man selbst nie alle eigenen Fehler.

Rechtschreibprüfung automatisch oder nach Bedarf

Standardmäßig überprüft Word Ihre Texte direkt, während Sie sie tippen. Deshalb werden gelegentlich beim Schreiben Wörter vorübergehend farbig unterstrichen. Manchmal wird eben erst durch weitere Wörter oder das Satzende klar, ob eine Schreibweise korrekt ist oder nicht. Bleiben Wörter oder Satzteile dauerhaft unterstrichen, sollten Sie aber einen genaueren Blick darauf werfen:

- Ist ein Wort rot unterstrichen, ist dies ein Hinweis von der Rechtschreibprüfung. Das bedeutet nicht zwangsläufig, dass dieses Wort falsch sein muss. Aber zumindest kann Word es in dieser Form nicht in seinem Wörterbuch finden (mehr dazu im Folgenden).
- Ein blauer Strich unter einem Satzteil kommt von der Grammatikprüfung und weist darauf hin, dass beispielsweise ein Artikel nicht zum Substantiv passt, ein Verb falsch gebeugt wurde o. Ä.

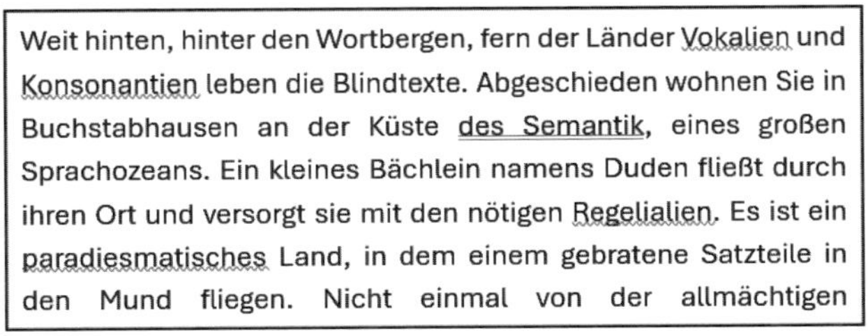
Weit hinten, hinter den Wortbergen, fern der Länder Vokalien und Konsonantien leben die Blindtexte. Abgeschieden wohnen Sie in Buchstabhausen an der Küste des Semantik, eines großen Sprachozeans. Ein kleines Bächlein namens Duden fließt durch ihren Ort und versorgt sie mit den nötigen Regelialien. Es ist ein paradiesmatisches Land, in dem einem gebratene Satzteile in den Mund fliegen. Nicht einmal von der allmächtigen

Wenn Ihnen direkt klar ist, worin der Fehler besteht, können Sie ihn direkt mit Maus und Tastatur korrigieren. Ist Word anschließend zufrieden, wird die Unterstreichung automatisch entfernt.

Falls Sie nicht lange grübeln möchten, klicken Sie das unterstrichene Wort einfach mit der linken Maustaste an. Word zeigt dann einen Dialog mit weiteren Informationen und, wenn möglich, Korrekturvorschlägen an. Bei Grammatikfehlern finden Sie meist auch eine kurze Erläuterung, worin das Problem genau besteht. Abhängig von der Art des Fehlers werden unten im Dialog kleine Schaltflächen für weitere Aktionen angezeigt:

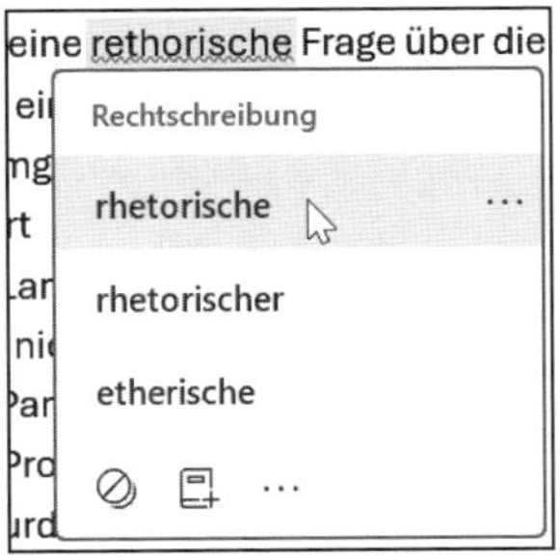

- Das Verboten-Schild lässt Word wissen, dass diese Schreibweise hier und auch an weiteren Stellen in diesem Dokument akzeptiert und nicht weiter als Fehler angestrichen werden soll.

- Mit dem Hinzufügen-Symbol rechts daneben können Sie eine korrekte Schreibweise ins Wörterbuch aufnehmen, sodass sie ebenfalls nicht mehr angemerkt wird. Das gilt dann nicht nur für dieses Dokument, sondern generell für alle Ihre Word-Texte.
- Das ■■■-Symbol öffnet ein kleines Menü mit weiteren Funktionen. Darin können Sie etwa nur diese Stelle ignorieren, den vermeintlichen Fehler im Kontext anzeigen oder Word ein Synonym für den fraglichen Begriff vorschlagen lassen.

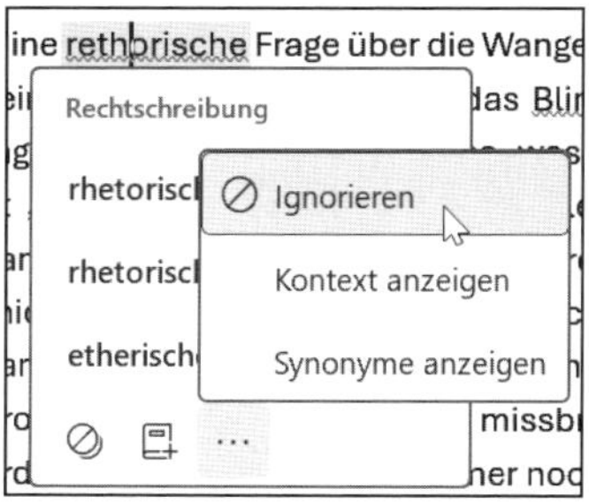

Falls Sie das bunte Unterstreichen von Wörtern während des Schreibens irritiert und Sie sich lieber später auf Rechtschreibung und Grammatik konzentrieren möchten, können Sie diesen Modus deaktivieren:

1 Klicken Sie oberhalb des Menübands auf *Datei* und klicken Sie im so geöffneten Menü ganz unten links auf *Optionen*.

2 Wechseln Sie in den nun geöffneten Word-Einstellungen in die Kategorie *Dokumentprüfung*.

3 Hier finden Sie rechts im Abschnitt *Bei der Rechtschreibkorrektur in Microsoft Office-Programmen* zunächst einige Office-weite Optionen, mit denen Sie individuell steuern können, wie »streng« die Office-Anwendungen bei der Suche nach Fehlern sein sollen.

4 Entscheidend für die automatische Überprüfung ist darunter der Abschnitt *Bei der Rechtschreib- und Grammatikkorrektur in Word*.

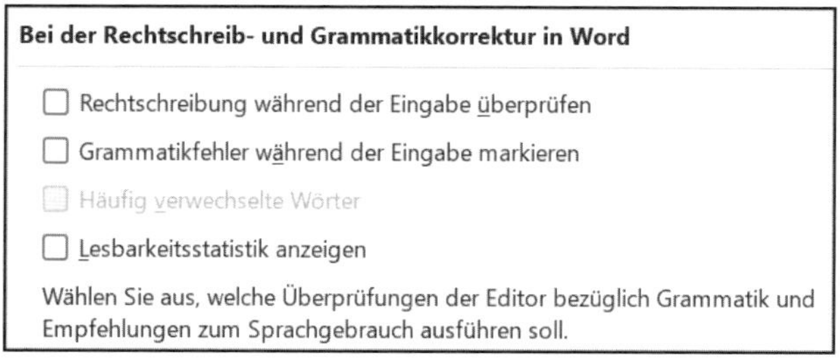

5 Hier können Sie die Kontrolle von Rechtschreibung und Grammatik getrennt steuern.

6 Außerdem können Sie bestimmen, ob Sie auf *Häufig verwechselte Wörter* hingewiesen werden möchten oder die Lesbarkeit Ihrer Texte bewertet werden soll.

7 Für möglichst ablenkungsloses Schreiben schalten Sie am besten alle diese Optionen aus und klicken dann unten auf *OK*.

Rechtschreibprüfung nur bei Bedarf

Auch wenn Sie die laufende Überprüfung deaktiviert haben, kann Ihnen Word selbstverständlich beim Kontrollieren von Rechtschreibung und Grammatik helfen. In diesem Fall warten Sie eben auf einen geeigneten Zeitpunkt und lassen den Text dann systematisch nach Fehlern durchsuchen. Keine der beiden Varianten ist übrigens gründlicher – bei gleichem Text sind die Ergebnisse identisch.

1 Sie starten die Rechtschreibprüfung im Menüband über die Registerkarte *Start* oder die Registerkarte *Überprüfen*. Dort finden Sie jeweils (ganz rechts oder recht weit links) die Schaltfläche *Editor*. Alternativ können Sie auch die Taste F7 drücken.

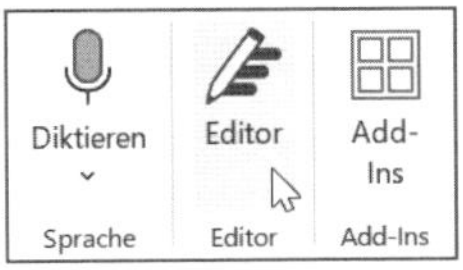

2 Dadurch werden – genau wie bei der Hintergrundprüfung – alle als fehlerhaft befundenen Stellen im Dokument unterstrichen. Gleichzeitig wird am Seitenrand die *Editor*-Leiste eingeblendet. Darin finden Sie ganz oben eine Übersicht der gefundenen Fehler.

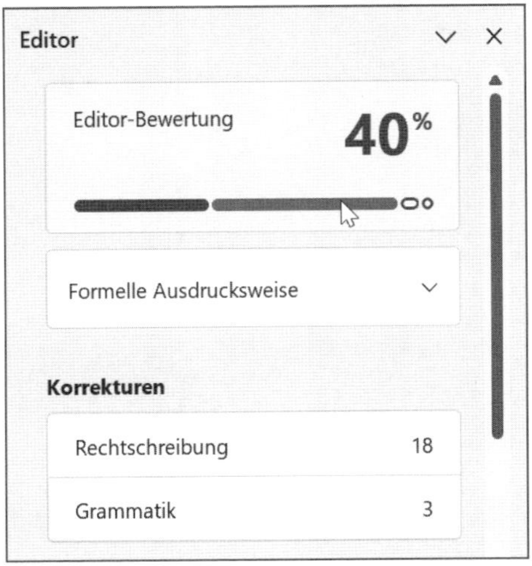

3 Sie können nun die im Text markierten Stellen der Reihe nach suchen und bearbeiten. Etwas systematischer geht es, wenn Sie im *Editor*-Bereich beispielsweise auf den Eintrag bei *Rechtschreibung* klicken.

4 Damit gelangen Sie in einen interaktiven Modus, mit dem Sie der Reihe nach alle Fehlerstellen ansteuern. Dabei springt Word jeweils automatisch zur passenden Stelle im Dokument, sodass Sie die fragliche Stelle im Zusammenhang betrachten können.

5 Gleichzeitig sehen Sie in der *Editor*-Leiste Details zum Fehler sowie ggf. Korrekturvorschläge. Wenn einer davon passt, klicken Sie darauf, um den fraglichen Begriff im Text dadurch zu ersetzen.

6 Weiter unten im Bereich *Editor* finden Sie außerdem meist die bereits von der Hintergrundprüfung bekannten Aktionen *Einmal ignorieren*, *Zum Wörterbuch hinzufügen* sowie *Alle ignorieren*. Bei Letzterem ist auch hier gemeint, dass weitere Vorkommen desselben Begriffs in diesem Dokument nicht mehr als Fehler betrachtet werden.

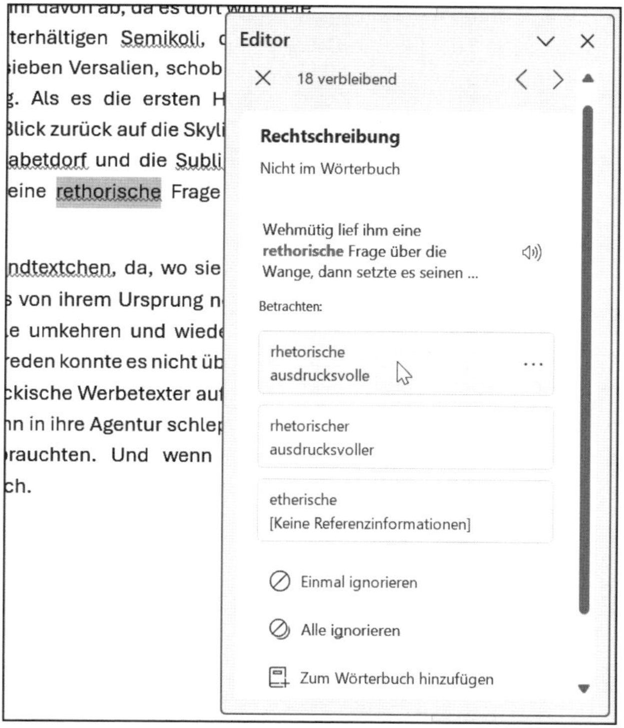

7 Wenn Sie eine der Auswahlmöglichkeiten anklicken, wird der Fehler im Text entsprechend korrigiert oder eben ignoriert. In jedem Fall springt die Fehlersuche anschließend automatisch zur nächsten fragwürdigen Stelle weiter. Alternativ können Sie mit den Pfeilsymbolen ganz oben rechts jederzeit manuell zur vorhergehenden oder nächsten Stelle wechseln.

TIPP

Typische Tippfehler überall ändern

Haben Sie auch manchmal Dreher in Ihren Fingern? Sie können sich noch so sehr konzentrieren, aber statt »Bereich« erscheint stets »Beriech« im Text? Dann klicken Sie auf die drei Punkte rechts neben dem Korrekturvorschlag. Im so geöffneten Menü lassen Sie mit *Alle ändern* ohne weitere Nachfragen den Fehler im gesamten Dokument in einem Schritt korrigieren. Eine andere Möglichkeit hierfür ist die nachfolgend beschriebene AutoKorrektur-Funktion.

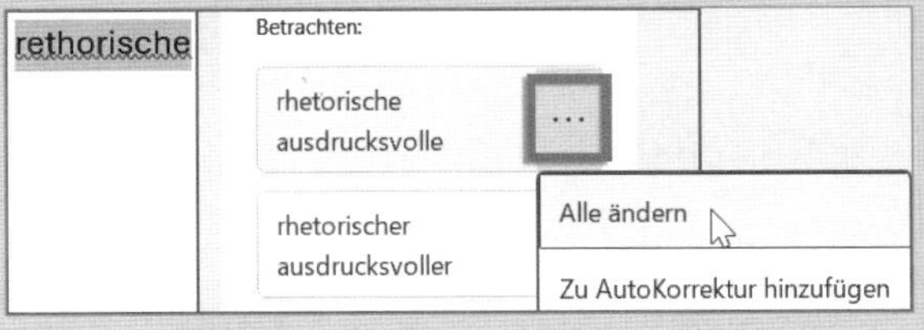

Typische Fehler mit der AutoKorrektur vermeiden

Wenn Ihnen auffällt, dass bestimmte Tippfehler oder Buchstabendreher immer wieder vorkommen, können Sie dies auch proaktiv verhindern, indem Sie die Word-AutoKorrektur für sich arbeiten lassen. Diese überwacht ähnlich wie die Rechtschreibprüfung im Hintergrund ständig Ihre Texteingaben. Stellt sie dabei bestimmte vordefinierte Fehlermuster fest, ersetzt sie die Eingabe automatisch durch die korrekte Version.

Eine Möglichkeit, solche AutoKorrektur-Muster zu definieren, kann ein von Word gefundener Fehler sein. Wenn Sie bei der korrekten Schreibweise rechts auf ■■■ klicken, können Sie im so geöffneten Menü die Aktion *Zur AutoKorrektur hinzufügen* wählen. Word korrigiert dann den Fehler und erstellt basierend auf diesem Muster einen AutoKorrektur-Eintrag. Sie können solche Einträge auch systematisch selbst vornehmen:

1 Klicken Sie auf den Reiter *Datei* und wählen Sie im Menü ganz unten *Optionen.*

2 In den Kategorien der Word-Optionen wählen Sie *Dokumentprüfung* und klicken dann auf der rechten Seite auf die Schaltfläche *AutoKorrektur-Optionen*.

3 Im so geöffneten Dialog lokalisieren Sie den Abschnitt *Während der Eingabe ersetzen*. Dieser sollte aktiviert sein, damit die AutoKorrektur tätig wird.

4 Darunter tragen Sie im Feld *Ersetzen* die Schreibweise ein, die sich gern fälschlicherweise einschleicht.

5 Rechts daneben bei *Durch* tippen Sie die korrekte Schreibweise ein.

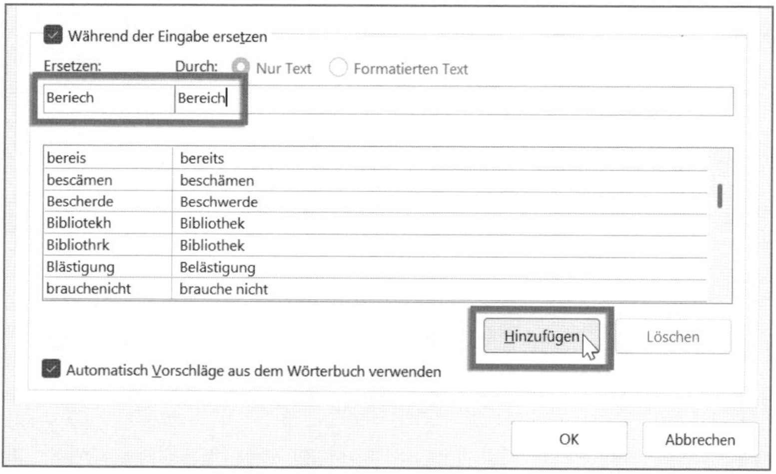

6 Nehmen Sie das neue Muster dann mit *Hinzufügen* in die Liste auf, bevor Sie den Dialog mit *OK* schließen.

Wörterbücher für die Rechtschreibung

Die Rechtschreibprüfung von Word basiert auf Wörterbüchern. Das sind im Grunde nur sehr lange Listen von Wörtern in korrekter Schreibweise. Bei der Rechtschreibprüfung sucht Word für jeden Begriff im Text nach einem passenden Eintrag in der Wörterbuchliste. Findet sich keiner, wird dieser Begriff als möglicher Fehler gekennzeichnet.

Word kommt ab Werk mit einem umfangreichen Wörterbuch, das aber alles andere als vollständig ist. Zwar werden die Listen von Version zu Version umfangreicher und besser. Aber eine neue Word-Installation muss man immer erst mal »einreiten«, sprich: Zu Beginn meckert die Rechtschreibprüfung bei recht vielen Wörtern, die völlig in Ordnung sind.

Dann sollten Sie zumindest bei geläufigen Wörtern die Möglichkeit nutzen, diese ins Wörterbuch aufzunehmen. Sie werden dann der Liste hinzugefügt und in Zukunft nicht mehr als falsch markiert. Um das Verwalten der Wörterbücher und das Einfügen neuer Einträge kümmert Word sich automatisch, sodass Sie die entsprechenden Funktionen einfach nur nutzen können, ohne sich um diese Hintergründe viele Gedanken zu machen.

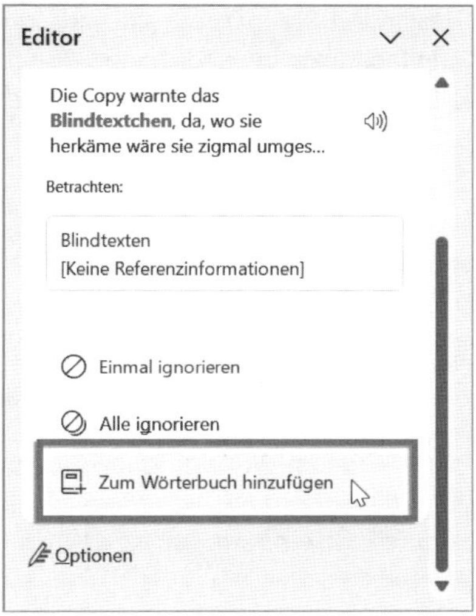

Eigene Wörterbücher verwenden

Es gibt allerdings Situationen, in denen es sinnvoll sein kann, zusätzlich eigene Wörterbücher anzulegen, die etwa nur bei bestimmten Themen oder auch nur bei einem einzelnen Projekt zum Einsatz kommen. Der Grund dafür ist ein technischer: Wenn Sie mehr und mehr Wörter aufnehmen, dauert das Durchsuchen der Wortlisten immer länger und die Geschwindigkeit der Rechtschreibkontrolle leidet darunter irgendwann spürbar. Deshalb kann es besser sein, bestimmte Begriffe, die man nicht ständig verwendet, in eigene Wörterbücher auszulagern.

Sie finden die Word-Wörterbücher unter *Datei* in den *Optionen*. Hier gehen Sie auf *Dokumentprüfung* und wählen die Schaltfläche *Benutzerwörterbücher*.

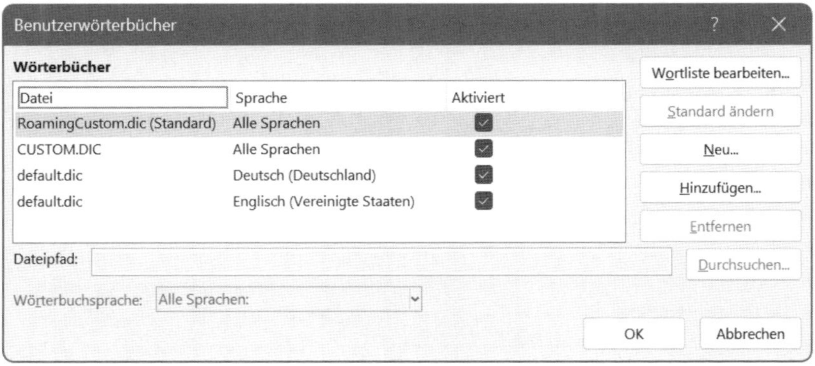

Hier finden Sie mehrere Wörterbücher, die alle die Dateiendung **.dic* tragen. Rein technisch gesehen, sind Wörterbücher nur Textdateien, die eine bestimmte Dateiendung haben und von Word geöffnet und bearbeitet werden können.

- *default.dic* enthält das von Microsoft mitgelieferte Standardwörterbuch, an dem keine Änderungen vorgenommen werden.
- *CUSTOM.DIC* ist das klassische Wörterbuch für benutzerdefinierte bzw. hinzugefügte Wörter.
- *RoamingCustom.dic* ist die Onlinevariante der CUSTOM.DIC, die bei Microsoft-365-Nutzern per Cloud zwischen Rechnern synchronisiert wird.

In den Custom-Wörterbüchern speichert Word also alle Wörter, bei denen Sie auf *Zum Wörterbuch hinzufügen* geklickt haben. Hier werden also nicht nur die Fachwörter eingetragen, die Word nicht kennt, sondern auch alle anderen Wörter.

Wozu soll aber Word eine umfangreiche Sammlung von Fachbegriffen durchlaufen, wenn Sie nur einen privaten Brief schreiben?

Um Wörterbücher etwas kleiner zu halten, können Sie jederzeit benutzerdefinierte eigene Wörterbücher anlegen.

1 Dazu klicken Sie in dem Dialog oben auf *Neu*.

2 Wählen Sie einen passenden Namen für Ihr Wörterbuch.

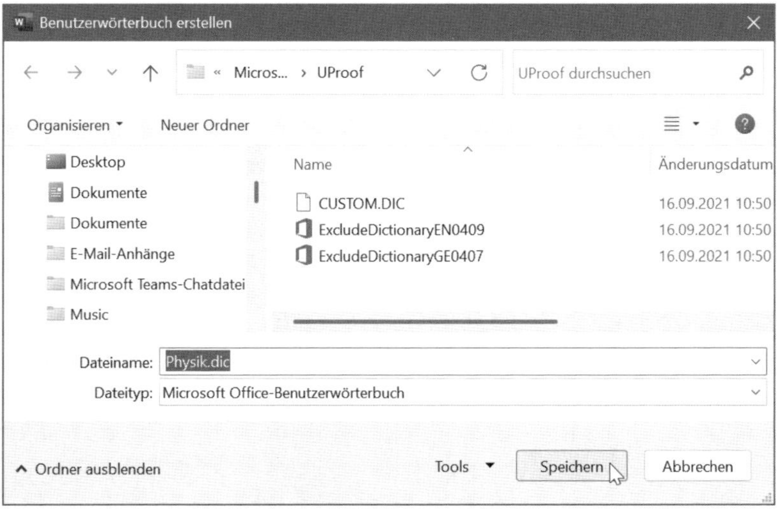

3 Belassen Sie den Pfad, wie von Word vorgegeben, und klicken Sie dann auf *Speichern*. Ihr neues Wörterbuch wird sofort mit einem Häkchen versehen, um anzudeuten, dass es ein aktives Wörterbuch ist und von Word bei der nächsten Rechtschreibprüfung benutzt wird.

4 Wenn Sie nun allerdings über *Zum Wörterbuch hinzufügen* einen Begriff in das neue Wörterbuch eintragen möchten, werden Sie enttäuscht feststellen, dass das Wort wieder in das *RoamingCustom.dic*-Wörterbuch gelegt wird, denn dieses Wörterbuch steht in der Reihe an der ersten Stelle und ist damit Standard. Sollen aber Wörter in das gerade erstellte *Physik.dic* eingetragen werden, müssen Sie das als Standard festlegen.

5 Klicken Sie dazu auf das Wörterbuch, das Sie als Standard festlegen möchten, und klicken Sie dann rechts auf die Schaltfläche *Standard ändern*.

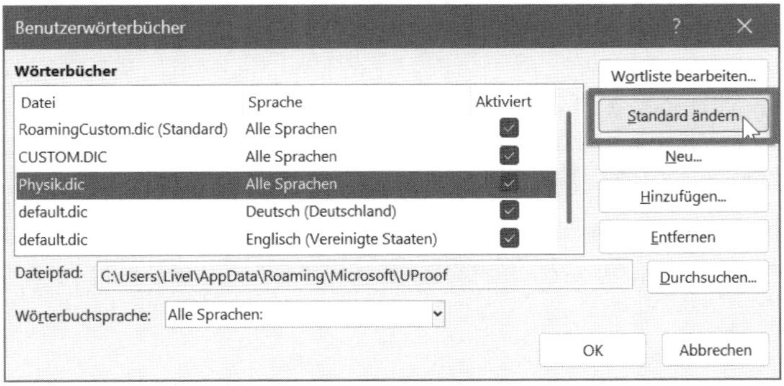

6 Nun steht das Physik-Wörterbuch an erster Stelle, und alle Einträge werden nun dorthin erfolgen.

Sie können die Standardreihenfolge der Wörterbücher jederzeit ändern. Um zu steuern, welche Listen Word bei der Rechtschreibprüfung nun genau verwendet, sind die Häkchen in der Spalte *Aktiviert* ausschlaggebend. Word nutzt immer alle Wörterbücher, bei denen hier ein Häkchen gesetzt ist. Auf diese Weise können Sie das Physik-Wörterbuch beispielsweise nur dazuschalten, wenn es um einen Text aus diesem Bereich geht.

TIPP

Wörterbücher bearbeiten
Alle benutzerdefinierten Wörterbücher einschließlich der Custom-Listen können Sie bearbeiten. Wählen Sie sie in der Liste der *Benutzerwörterbücher* aus und klicken Sie dann auf *Wortliste bearbeiten*. Dann sehen Sie die gesamte Liste und können auch manuell Einträge einfügen, indem Sie ein

Wort oben im Feld eintippen und dann auf *Hinzufügen* tippen. Wollen Sie ein Wort aus der Liste entfernen, wählen Sie es in der Liste aus und klicken dann auf *Löschen*.

Formulierungshilfe vom Thesaurus

Benutzen Sie bestimmte Begriffe zu häufig, weil Ihnen manchmal einfach keine bessere Bezeichnung einfällt? Dann kann Ihnen Word mit dem Thesaurus helfen. Dabei handelt es sich um ein Synonym-Wörterbuch, das Ihnen zu einem bestimmten Wort Begriffe mit gleicher oder zumindest sehr ähnlicher Bedeutung liefert oder auch passende Ober- bzw. Unterbegriffe. Für das Wort *Bildnis* wären Synonyme beispielsweise *Abbild*, *Bild* oder *Spiegelbild*. Für das Wort *Tischler* könnte etwa der Oberbegriff *Handwerker* ein Synonym sein.

1 Markieren Sie das Wort, für das Sie Synonyme angezeigt bekommen möchten. Es darf sich dabei immer nur um ein einzelnes Wort handeln, das Sie beispielsweise durch einen Doppelklick darauf bequem auswählen können.

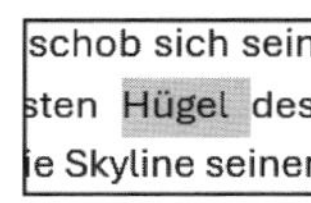

2 Klicken Sie in der Menüband-Registerkarte *Überprüfen* im linken Bereich *Rechtschreibung* auf die Schaltfläche *Thesaurus*. Alternativ geht es auch mit dem Tastenkürzel ⇧+F7.

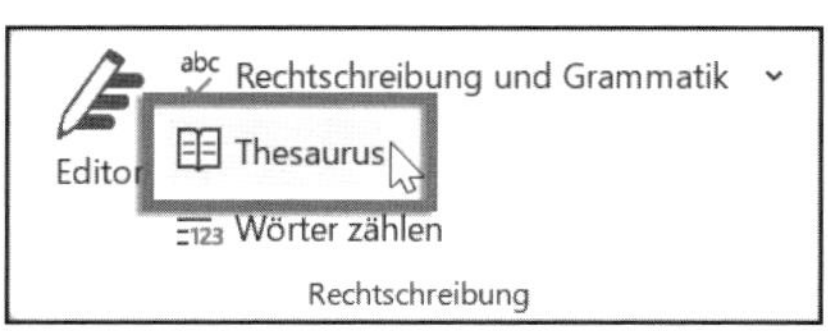

3 Dadurch wird der Thesaurus-Seitenbereich eingeblendet, der Ihnen alle Synonyme für den markierten Begriff aufführt.

4 Sagt Ihnen einer der Begriffe zu, klicken Sie mit der rechten Maustaste darauf oder auf das kleine Pfeilsymbol rechts daneben. Im Untermenü können Sie das Wort anstelle des zuvor ausgewählten Begriffs in Ihren Text *Einfügen*.

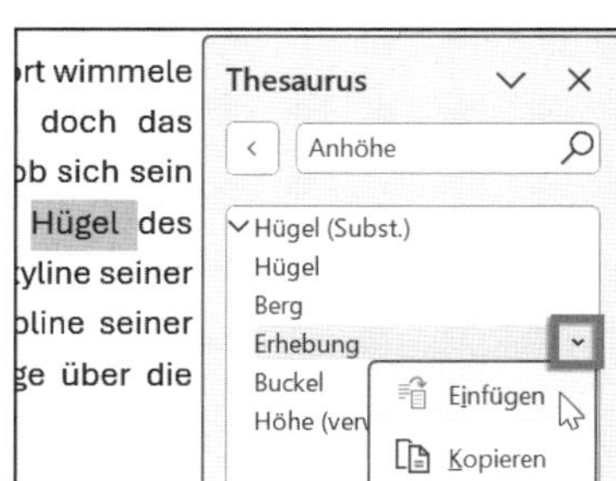

Achten Sie darauf, im Thesaurus-Bereich nicht mit der linken Maustaste auf Begriffe zu klicken. Denn dadurch lassen Sie den Thesaurus wiederum nach Synonymen für dieses Wort suchen. Sollte das doch einmal passiert sein, gelangen Sie mit dem Pfeilsymbol ganz oben links einen Schritt zurück.

Automatische Silbentrennung

Die Silbentrennung ist bei längeren Texten ein wichtiges Thema. Ob Sie Ihr Dokument mit Blocksatz verschönern oder den Text linksbündig mit einem rechten »Flatterrand« setzen – längere Wörter sorgen für unangenehme Lücken und stören das Textbild wie in der folgenden Abbildung. Würde Word das Wort *hinterhältigen* trennen, müssten die Wörter in der Zeile davor nicht so weit auseinanderstehen, um den Blocksatz zu erreichen.

> gehen in die weite Grammatik. Der große Oxmox
> riet ihr davon ab, da es dort wimmele von bösen
> Kommata, wilden Fragezeichen und
> hinterhältigen Semikoli, doch das Blindtextchen

Silbentrennung ist also ein wichtiges Thema, insbesondere wenn Ihnen auch das Textbild am Herzen liegt. Nun sollten Sie deshalb aber keinesfalls anfangen, von Hand Trennstriche zu setzen. Denn wenn Sie später am Text Änderungen vornehmen, kann sich der Zeilenumbruch schnell völlig verändern – aber Ihre manuell eingefügten Trennstriche bleiben und stehen nun womöglich mitten in einer Zeile.

Die beste Alternative ist die automatische Silbentrennung von Word. Die weiß, wie Wörter korrekt und sinnvoll getrennt werden können, und tut dies (nur) bei Bedarf von allein. Solange Sie nicht mit sehr breiten Seitenrändern oder einem mehrspaltigen Layout arbeiten, können Sie sich auf diese Automatik verlassen.

Vollautomatische Silbentrennung

Leider hat Microsoft die Silbentrennung in neueren Word-Versionen etwas versteckt. Sie steht nicht, wie man es vielleicht erwartet, auf der Registerkarte *Überprüfen*, sondern auf der Registerkarte *Layout*. Klicken Sie dort also im Bereich *Seite einrichten* auf *Silbentrennung*. Im so geöffneten Menü aktivieren Sie die Option *Automatisch*, um die Silbentrennung einzuschalten.

Die hier getroffene Auswahl wirkt sich immer auf das gesamte Dokument aus und Sie können sie jederzeit zurücknehmen. Wenn Sie auf die beschriebene Weise zu *Keine* zurückkehren, werden die Trennstriche aus dem gesamten Dokument entfernt.

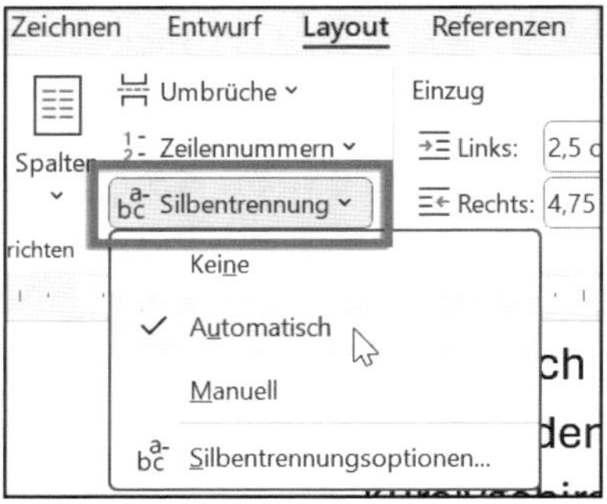

Da die automatische Silbentrennung recht zuverlässig arbeitet, gibt es auch nur wenige Optionen, mit denen Sie das Verhalten steuern können:

1 Öffnen Sie dazu wiederum, wie vorangehend beschrieben, das Menü für *Silbentrennung* in der Menüband-Registerkarte *Layout*.

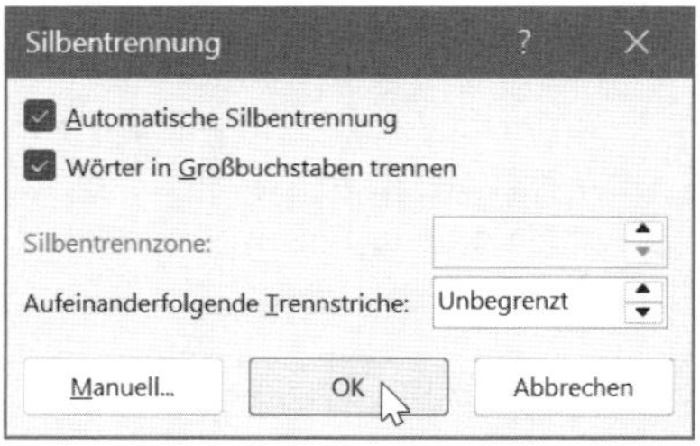

2 Klicken Sie diesmal ganz unten auf *Silbentrennungsoptionen*.

- Im so geöffneten Dialog können Sie mit der obersten Option die *Automatische Silbentrennung* ein- oder ausschalten.
- Darunter entscheiden Sie, ob Word *Wörter in Großbuchstaben trennen* soll.
- Die *Silbentrennzone* gibt an, ab welcher Lückengröße im Text Word versucht, eine passende Trennung zu finden. Wenn Sie Textlücken minimieren möchten, sollten Sie diesen Wert reduzieren, was allerdings auch die Anzahl an Trennstrichen erhöht.
- Bei *Aufeinanderfolgende Trennstriche* legen Sie fest, in wie vielen Zeilen direkt untereinander Trennstriche verwendet werden sollen. Standardmäßig ist hier *Unbegrenzt* gewählt, was bei speziellen Umständen wie mehrspaltigem Text aber zu sehr vielen Trennstrichen führen kann, was auch wieder unschön aussieht. Dann kann es sinnvoll sein, einen niedrigen Wert zu wählen.

3 Klicken Sie unten auf *OK*, um die gewählten Einstellungen zu übernehmen.

TIPP

Silbentrennzone deaktiviert?

Falls die Option *Silbentrennzone* bei Ihrem Word deaktiviert ist, liegt das am verwendeten Dokumentformat. Bei neueren Word-Versionen haben die Entwickler die automatische Silbentrennung so verbessert, dass sie die Anpassung durch den Benutzer für unnötig halten. Bei Dokumenten im DOCX-Format lässt sich die Option deshalb nicht mehr nutzen. Wenn Sie aber ein Dokument im älteren DOC-Format speichern, bleibt diese Option aktiv und kann weiterhin konfiguriert werden.

Manuell trennen

In bestimmten Situationen werden Sie mit der automatischen Silbentrennung vielleicht nicht immer glücklich werden. Das gilt vor allem dann, wenn die Textbreite recht schmal ist und nur wenige Wörter in eine Zeile passen. Das kann passieren, wenn Sie sehr breite Seitenränder verwenden, kleinere Textblöcke im Layout nutzen oder den Text wie in einer Zeitung auf mehrere Spalten verteilen. Unter solchen Bedingungen wird die automatische Silbentrennung womöglich zu viele Trennstriche einfügen, was kein schönes Textbild ergibt. In solchen Fällen empfiehlt es sich daher, zum manuellen Trennen zu wechseln.

1 Öffnen Sie auch dazu wieder das *Silbentrennung*-Menü in der Menüband-Registerkarte *Layout*.

2 Falls zuvor die automatische Silbentrennung aktiv war, wählen Sie im Menü zunächst *Keine*, um die von Word erzeugten Trennstriche zu entfernen.

3 Öffnen Sie das Menü dann erneut und klicken Sie diesmal auf *Manuell*.

4 Dadurch öffnet sich ein Dialog, der Ihnen der Reihe nach alle Wörter anzeigt, bei denen Word eine Silbentrennung empfiehlt. Das Wort wird dabei in seine Silben zerlegt dargestellt.

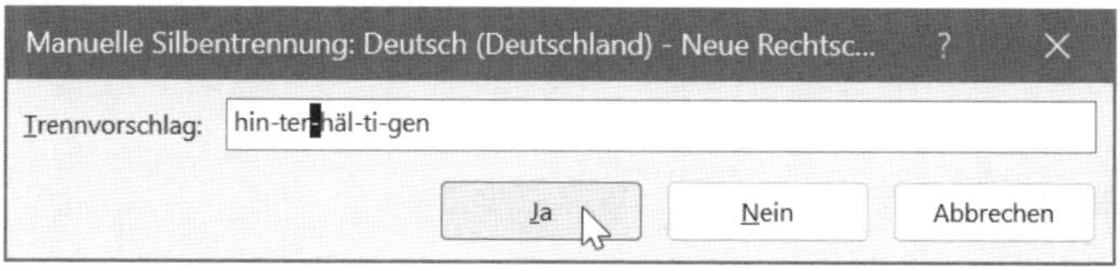

5 Wählen Sie mit Maus oder Pfeiltasten den Trennstrich aus, den Sie bevorzugen, und bestätigen Sie die Wahl mit *Ja*. Soll das Wort gar nicht getrennt werden, verzichten Sie auf die Auswahl und wählen direkt *Nein*.

6 Anschließend zeigt der Dialog direkt den nächsten Kandidaten an. So geht es durch den gesamten Text, wenn Sie den Vorgang nicht irgendwann *Abbrechen*.

Bedingte Trennstriche

Vielleicht sind Sie kein großer Freund der (automatischen) Silbentrennung, und möchten nur gelegentlich für sehr lange Begriffe Trennstriche verwenden, falls dies nötig ist? Dann sind bedingte Trennstriche das richtige Mittel für Sie. Damit können Sie in einem Wort einen oder mehrere Trennstriche festlegen, die Word aber nur verwendet, wenn dieses Wort tatsächlich am Zeilenende steht. Andernfalls werden die Trennstriche ignoriert und bleiben unsichtbar. Möchten Sie diese Variante verwenden, setzen Sie die *Automatische Silbentrennung* am besten auf *Keine*.

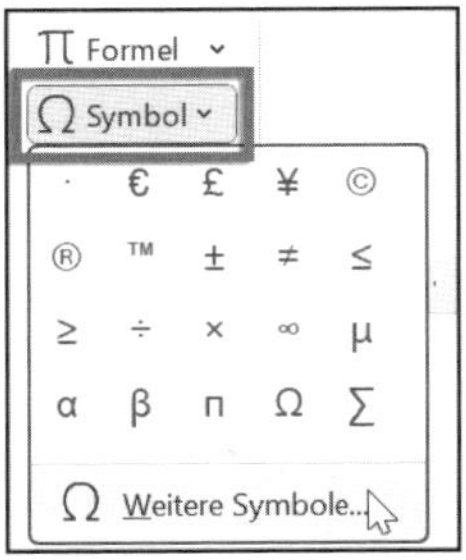

1 Platzieren Sie die Einfügemarke im fraglichen Wort an der Stelle, an der ggf. getrennt werden soll.

2 Klicken Sie in der Menüband-Registerkarte *Einfügen* ganz rechts im Bereich *Symbole* auf *Symbol* und wählen Sie im folgenden Menü ganz unten *Weitere Symbole*.

3 Damit öffnen Sie einen Dialog mit sehr vielen Symbolen. Wechseln Sie darin in die Rubrik *Sonderzeichen*.

4 Wählen Sie in der Liste den Eintrag *Bedingter Trennstrich*. Hier finden Sie auch das passende Tastenkürzel: Alt+Strg+-. Damit geht es direkt, wenn Sie diese Funktion häufiger benötigen.

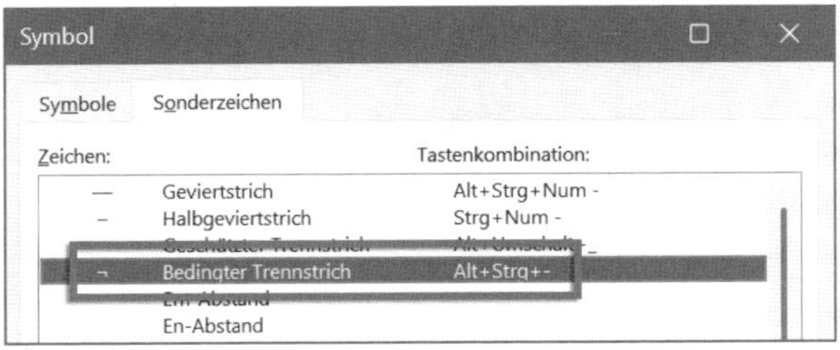

5 Klicken Sie abschließend unten auf *Einfügen* und dann *Schließen*.

Je nach der Position des Wortes im Text ändert sich dadurch erst mal nicht viel. Denn Word merkt sich diesen Trennstrich und setzt ihn nur unter der Bedingung ein, dass das Wort am Anfang einer neuen Zeile steht und durch die

Trennung ein verbessertes Textbild entsteht (deshalb »bedingtes Trennzeichen«). Auf diese Weise können Sie etwa bei sehr langen Wörtern festlegen, ob und an welcher Stelle diese getrennt werden können, falls es denn notwendig sein sollte.

3.7 Dokumente drucken und exportieren

Sicher möchten Sie ein erstelltes Dokument irgendwann auch ausdrucken oder anderweitig unter die Leser bringen. Neben dem Ausgeben auf einem realen oder virtuellen Drucker bietet Word auch die Möglichkeit, Texte als PDF-Dokument plattformunabhängig für andere bereitzustellen. Wer möchte, kann es sogar als Webseite online bereitstellen oder auf seinen E-Book-Reader exportieren.

Dokumente klassisch ausdrucken

Das Drucken eines Dokuments erfolgt über die Registerkarte *Datei*. Dort finden Sie den Befehl *Drucken*.

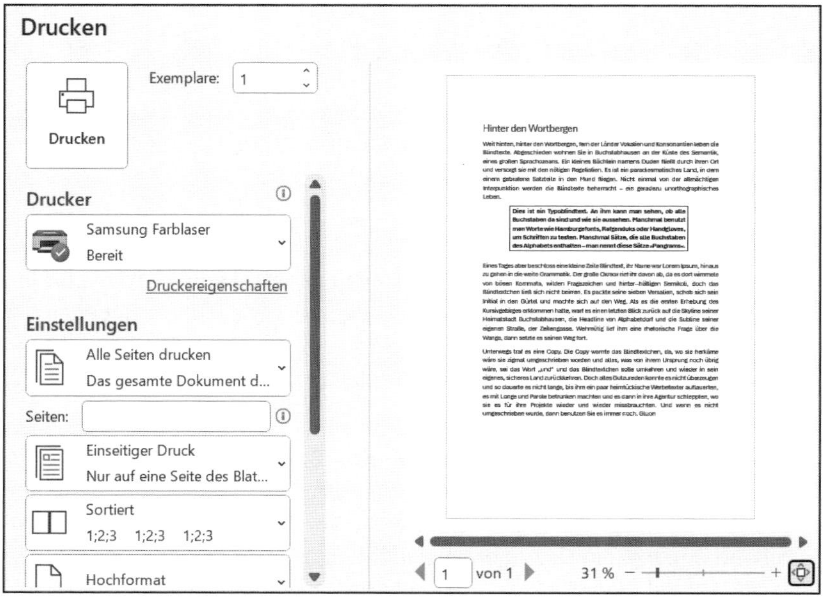

Auf der rechten Seite des Fensters sehen Sie eine Seitenvorschau und können noch einmal kontrollieren, ob das Layout so ist, wie Sie es sich vorgestellt haben.

Links davon können Sie den Druckvorgang und das gewünschte Ergebnis mit einer ganzen Reihe von Optionen beeinflussen:

- **Wo soll gedruckt werden?**
  Bei *Drucker* sind alle vorhandenen Drucker aufgelistet. Falls die Auswahl überraschend groß ist: Sowohl Windows als auch weitere Softwareanbieter installieren teilweise virtuelle Druckertreiber auf Ihrem PC. Word kann alle diese nutzen und bietet sie deshalb an.

- **Was soll gedruckt werden?**
  Mit der ersten Einstellung unter der Druckerwahl können Sie entscheiden, was Sie tatsächlich drucken möchten. Standard ist hier *Alle Seiten drucken*. Sie können aber auch die gerade ausgewählten oder nur die *Aktuelle Seite drucken*. Mit *Benutzerdefinierter Druck* geben Sie flexibel die Seitennummern der Seiten ein, die gedruckt werden sollen. Beispiel: *1-10* druckt die Seiten 1 bis einschließlich 10. *1;5;7* druckt die Seiten 1 und 5 und 7. *-20* druckt alle Seiten von 1 bis 20. Mit Seitennummern sind hier übrigens die tatsächlichen Seitennummern des Dokuments gemeint, die Sie auch unten links in der Fußzeile von Word sehen. Eigene eingefügte Seitennummern, die davon ggf. abweichen, interessieren die Druckfunktion nicht.

TIPP

Dokumentinformationen drucken

Bei der Einstellung, was gedruckt werden soll, steckt noch mehr drin. Wenn Sie in der Auswahlliste nach unten gehen, können Sie beispielsweise auch die *Dokumentinformationen*, die verwendeten *Formatvorlagen* oder Ihre *AutoText-Einträge* ausdrucken.

- **Wie soll gedruckt werden?**
  Wenn ein Dokument mehr als eine Seite umfasst, kann Word die Seiten Ihres Dokuments auf beide Seiten des Papiers verteilen und dabei an der langen oder der kurzen Seite »umblättern«. Wenn Ihr Drucker dazu in der Lage ist, geht das automatisch. Andernfalls müssen Sie den Papierstapel nach Aufforderung erneut einlegen.

- **Abweichende Ausrichtung, Format oder Seitenränder?**
  Diese drei Einstellungen nimmt man üblicherweise im Dokument selbst vor. Beim Ausdrucken übernimmt Word diese Vorgaben und setzt sie entsprechend um. Hat ein Dokument im Hochformat zwischendurch eine Querseite, sendet Word das entsprechend an den Drucker. Falls Sie aber mal einen Grund haben, davon abzuweichen, können Sie das hier tun.

- **Wie viele Seiten pro Blatt?**
  Hier können Sie bestimmen, dass Sie auf einer DIN-A4-Seite zwei oder mehr Dokumentseiten entsprechend verkleinert ausdrucken möchten. Das kann sinnvoll sein, wenn man etwa papiersparend einen Probeausdruck machen möchte.

Dokumente im PDF-Format speichern

Wenn Sie Dokumente in elektronischer Form an andere weitergeben möchten, sollten Sie das nicht im Word-eigenen DOCX- oder DOC-Dateiformat tun. Zum einen besitzt nicht jeder die passende Software, um solche Dokumente anzuzeigen. Zum anderen ist der Austausch von Office-Dateien mit anderen aufgrund von möglicherweise enthaltenen Skripten immer ein Sicherheitsrisiko.

Besser geeignet für solche Zwecke ist das PDF-Format. Es bildet quasi eine elektronische Druckfassung Ihres Werkes, die auf praktisch allen Geräten und Plattformen angezeigt werden kann. Word kann jedes Dokument direkt als PDF-Datei exportieren.

1 Wählen Sie in Word *Datei/Exportieren.*

2 Klicken Sie dann auf *PDF/XPS-Dokument erstellen*, sofern dieser Bereich nicht bereits gewählt ist.

3 Klicken Sie auf der rechten Seite erneut auf die Schaltfläche *PDF/XPS-Dokument erstellen.*

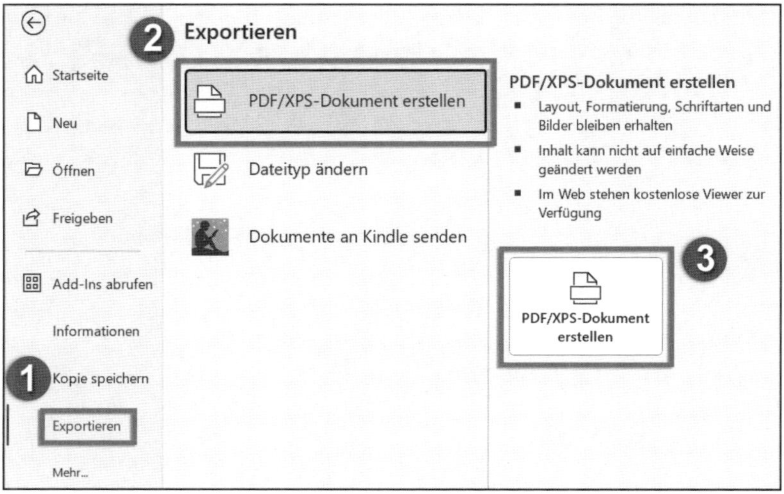

4 Im so geöffneten Dialog wählen Sie ggf. Ordner und Dateiname aus. Andernfalls erstellt Word eine Datei im selben Ordner und mit derselben Bezeichnung wie das Originaldokument – nur eben mit der passenden Endung *.pdf*.

5 Falls Ihr PDF-Dokument bei der weiteren Verarbeitung besondere Anforderungen erfüllen muss, können Sie über *Optionen* die Eigenschaften öffnen und hier beispielsweise den Archivierungsstandard PDF/A oder die Kennwort-Verschlüsselung aktivieren.

6 Klicken Sie schließlich auf *Veröffentlichen*, um die PDF-Datei zu erstellen.

Das Exportieren im PDF-Format ist weniger ein Speichern als das Erstellen einer virtuellen Druckfassung. Die PDF-Datei sieht zwar genauso aus wie das Word-Dokument in der Layout-Ansicht. Aber es enthält nicht alle Informationen, Formatierungen, Felder und Objekte des Originals. Speichern Sie die Originalfassung also immer als Word-Datei im DOCX-Format. Nur so bleibt alles erhalten und kann später ggf. noch bearbeitet werden.

TIPP

Was ist XPS?

Das XPS-Format (**X**ML **P**aper **S**pecification) wurde von Microsoft als Alternative zum PDF entwickelt, um Dokumente zu speichern und zu teilen. Es speichert Inhalt, Layout, Schriftarten und andere Elemente eines Dokuments und sorgt dafür, dass das Dokument immer genauso angezeigt wird, wie es ursprünglich erstellt wurde. Allerdings hat es sich gegen PDF nie durchsetzen können und blieb weitgehend auf den Windows-Kosmos beschränkt, während PDF auf allen Plattformen genutzt werden kann. Mittlerweile ist die Unterstützung für XPS eher rückläufig. Ich würde also eher auf PDF setzen, um zukunftssicher zu sein.

4 Excel – Daten übersichtlich aufbereiten und überzeugend präsentieren

Auch bei Excel gibt es in der aktuellen Version zumindest auf der Oberfläche nur maßvolle Veränderungen gegenüber dem Vorgänger. Nur haben sich wie bei jeder neuen Version einige Beschriftungen geändert oder sind in andere Registerkarten gewandert. Und natürlich gibt es einige neue Features unter der Haube. Zu Beginn dieses Teils werde ich zunächst kurz auf die Oberfläche von Excel eingehen und die grundlegenden Schritte bei der Arbeit mit Tabellen zeigen, bevor es dann in die weite, wunderbare Welt der Formeln, Funktionen und Diagramme geht.

4.1 Erste Schritte

Ein ganz wichtiger Aspekt beim alltäglichen Umgang mit Excel ist das Auswählen von genau den Bereichen einer Tabelle, die Sie bearbeiten möchten. Das geht meist gut mit der Maus, auch wenn in bestimmten Situationen die Tastatur schneller sein kann. Anstatt die Vorgehensweise umständlich zu beschreiben, verraten die nachfolgenden Tabellen übersichtlich und kompakt, wie Sie was am besten erreichen.

Übersichtstabelle zum Umgang mit Tabellen

Markieren mit der Maus

Ich möchte ... markieren	Das müssen Sie tun
eine Zelle	Klicken Sie direkt in diese Zelle.
eine ganze Spalte	Klicken Sie auf den Spaltenbuchstaben.
eine ganze Zeile	Klicken Sie auf die Zeilennummer.
mehrere Spalten nebeneinander	Klicken Sie auf den Buchstaben der ersten Spalte, die Sie markieren wollen, halten Sie die linke Maustaste gedrückt, und ziehen Sie über die weiteren Spaltenbuchstaben.

Ich möchte ... markieren	Das müssen Sie tun
mehrere Zeilen nebeneinander	Klicken Sie auf die Zeilennummer der ersten Zeile, die Sie markieren wollen, halten Sie die linke Maustaste gedrückt, und ziehen Sie über die weiteren Zeilennummern.
mehrere Zellen nebeneinander (Bereiche)	Klicken Sie mit der Maus auf die erste Zelle, die Sie markieren wollen, halten Sie die Maustaste gedrückt und ziehen dann über die anderen Zellen. Solange die Maustaste gedrückt ist, können Sie Ihre Markierung noch verändern.
mehrere Zellen (nicht nebeneinander)	Klicken Sie mit der Maus auf die erste Zelle, die Sie markieren wollen. Drücken Sie und halten Sie die Strg-Taste gedrückt. Klicken Sie dann auf alle weiteren Zellen, die markiert werden sollen.
Bereiche bei großen Tabellen	Klicken Sie mit der Maus auf die erste Zelle, die Sie markieren wollen. Drücken Sie und halten Sie die ⇧-Taste gedrückt. Klicken Sie dann auf die letzte Zelle des Bereichs, der markiert werden soll.
die gesamte Tabelle	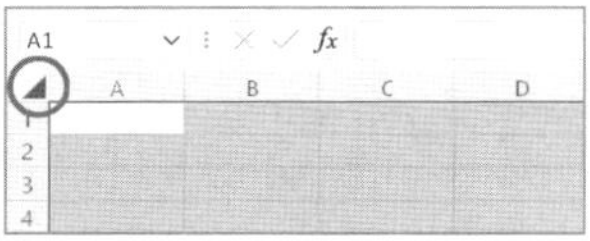 Klicken Sie auf das Dreieck links neben Spalte A.

TIPP

Wichtig für das Markieren!

Alle Markierungen innerhalb einer Tabelle funktionieren nur, wenn Ihr Mauszeiger ein weißes Kreuz ist. Um die derzeitigen Markierungen wieder aufzuheben, klicken Sie in eine beliebige Zelle.

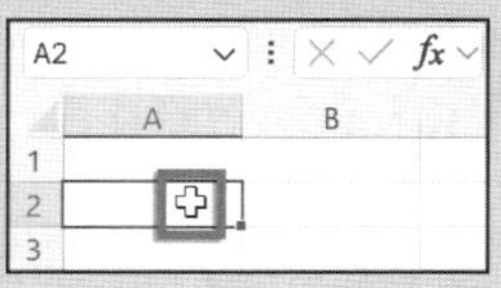

Hinzufügen und Löschen

Das will ich tun	So geht es
Zeile in Tabelle einfügen	Klicken Sie mit der rechten Maustaste auf die Nummer der Zeile, über der Sie eine neue Zeile einfügen wollen. Im Dialog wählen Sie mit der linken Maustaste *Zellen einfügen*.
Spalte in Tabelle einfügen	Klicken Sie mit der rechten Maustaste auf den Buchstaben der Spalte, neben der Sie links davon eine neue Spalte einfügen möchten, und wählen Sie erneut *Zellen einfügen*.

Das will ich tun	So geht es
Löschen einer Zeile oder Spalte in einer Tabelle	Klicken Sie mit der rechten Maustaste auf die Zeilennummer oder den Spaltenbuchstaben. Zum Löschen der Zeile oder Spalte wählen Sie im geöffneten Menü *Zellen löschen*.
Blatt (Tabelle) verschieben/kopieren	Auf der Registerkarte *Start* in der Gruppe *Zellen* wählen Sie *Format* und dann *Blatt verschieben/kopieren*.
ein Diagramm löschen	Klicken Sie auf das zu löschende Diagramm, und drücken Sie dann die [Entf]-Taste.

Fehlermeldungen und ihre Ursachen

Nicht immer geht auf Anhieb alles glatt. Gerade beim Arbeiten mit Formeln können sich Fehler einschleichen, die sich durch mehr oder weniger kryptische Meldungen anstelle des erwarteten Ergebnisses äußern. Die folgende Tabelle führt die häufigsten Fehlersymptome auf und gibt Tipps zur Behebung.

<table>
<tr><th>Fehlerwert</th><th>Was ist passiert?</th></tr>
<tr><td>#NULL!</td><td>Sollen z. B. zwei Bereiche summiert werden, verwenden Sie den Vereinigungsoperator, das Semikolon (;). Wenn eine Formel nun die Summe von zwei Bereichen ermitteln soll, müssen diese beiden Bereiche durch ein Semikolon getrennt werden (SUMME(A1:C1;A2:C2)). Wird das Semikolon nicht gesetzt – geben Sie also z. B. dafür ein Leerzeichen ein –, versucht Excel, die Summe für die Zellen zu ermitteln, die beiden Bereichen angehören. Die Bereiche A1:C1 und A2:C2 weisen jedoch keine gemeinsamen Zellen auf, da sie sich nicht überschneiden.

Beispiel:

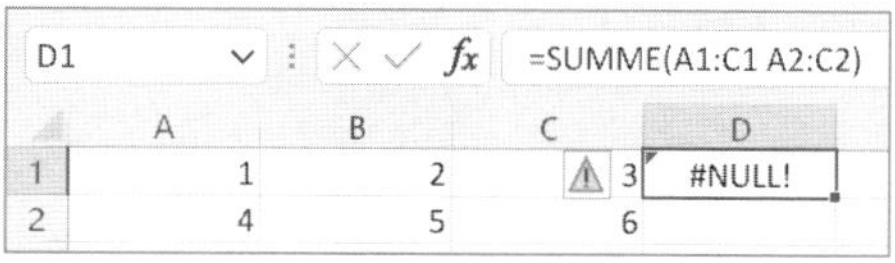
</td></tr>
<tr><td>#DIV/0!</td><td>Sie dividieren eine Zahl durch 0 (NULL).

Beispiel:

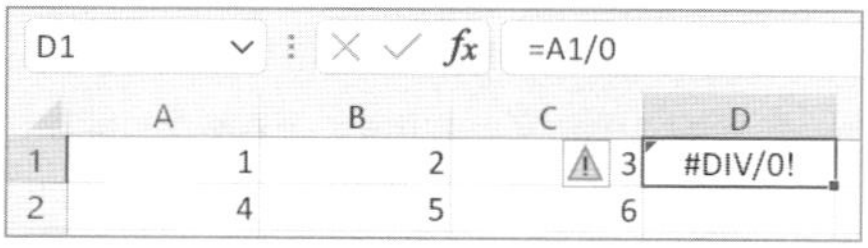
</td></tr>
</table>

<table>
<tr><th>Fehlerwert</th><th>Was ist passiert?</th></tr>
<tr><td>#WERT!</td><td>

Sie haben Text an einer Stelle der Formel eingegeben, an der eine Zahl oder ein Wahrheitswert erforderlich ist, z. B. WAHR oder FALSCH, oder Sie versuchen, z. B. eine Zahl und einen Text zu addieren.

Enthält z. B. Zelle A1 eine Zahl und Zelle C1 *Text*, gibt die Formel =A1+C1 den Fehlerwert #WERT! zurück.

Beispiel:

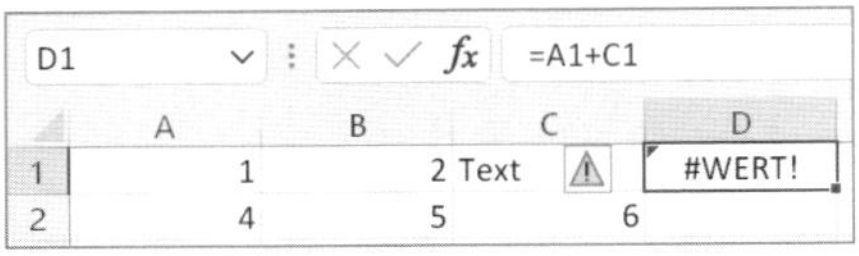

</td></tr>
<tr><td>#BEZUG!</td><td>

In Zelle D1 stand die Formel =A1+B1. Diese Formel wurde nach A3 kopiert. Durch das Kopieren wird die Formel den neuen Gegebenheiten angepasst. Der B1-Teil der Formel wird zu A1. Aber was soll aus dem A1-Teil der Formel werden? Vor A1 gibt es nichts mehr!

Beispiel:

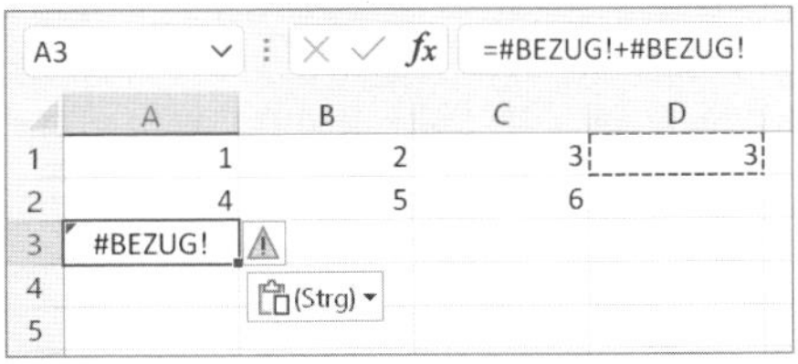

</td></tr>
<tr><td>#NAME?</td><td>

Sie haben den Namen einer Funktion falsch eingegeben, z. B. SUMMME statt SUMME.

Beispiel:

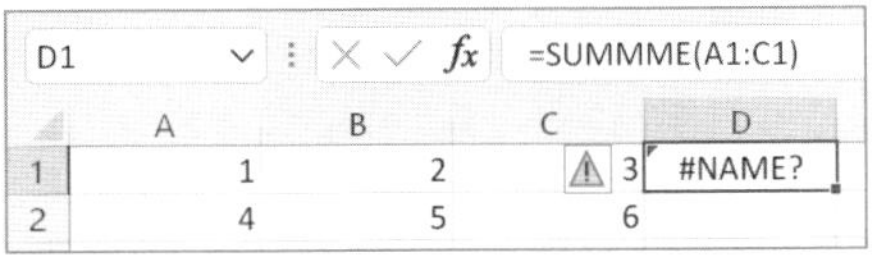

</td></tr>
<tr><td>#ZAHL!</td><td>

Sie haben ein unzulässiges Argument in einer Funktion verwendet, die ein numerisches Argument erfordert. Oder Sie haben eine Formel eingegeben, deren Ergebnis zu groß oder zu klein ist, um in Excel dargestellt werden zu können.

$3^{10000000}$ etwa ergibt eine Zahl, die in Excel nicht mehr darstellbar ist.

</td></tr>
</table>

Fehlerwert	Was ist passiert?
	Beispiel: 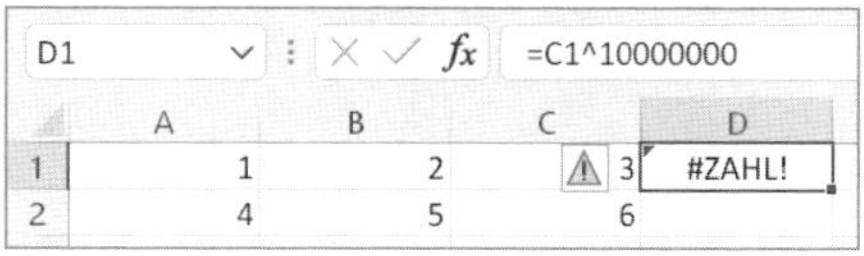 Mehr darüber erfahren Sie im Abschnitt über Potenzen.
#NV	Sie haben in den Tabellenfunktionen WVERWEIS, VERWEIS, VERGLEICH oder SVERWEIS einen ungeeigneten Wert als Argument für das Suchkriterium eingegeben, oder ein Suchbegriff wurde nicht gefunden. Beispiel: 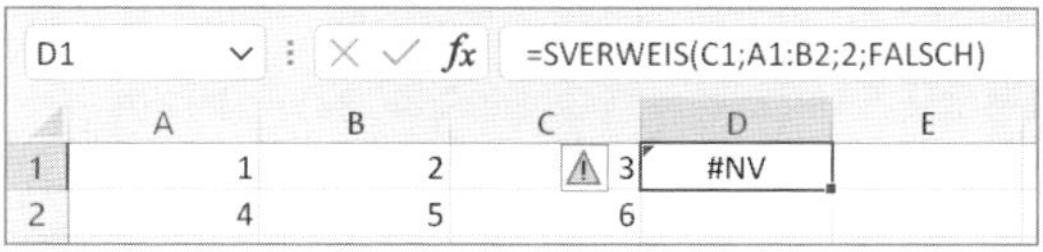 Genaueres dazu lesen Sie im Abschnitt über den SVERWEIS.
####	Der Fehlerwert #### tritt auf, wenn die Zelle eine Zahl, ein Datum oder eine Uhrzeit enthält, die oder das breiter als die Zelle ist, oder wenn die Zelle eine Datums- und/oder Uhrzeitformel enthält, die ein negatives Ergebnis liefert. Lösung: Verbreitern Sie die Spalte. Beispiel: 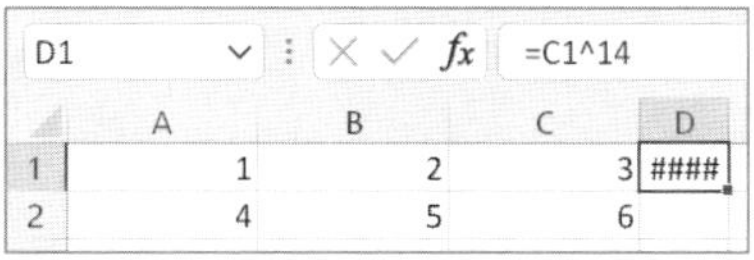
Zirkelbezugswarnung	Sie geben in eine bestimmte Zelle eine Formel ein und verwenden die gleiche Zelle in der Formel zum Rechnen. Beispiel: Sie befinden sich in Zelle C1 und möchten die Zahl in A1 mit B1 multiplizieren und dann durch C1 dividieren. 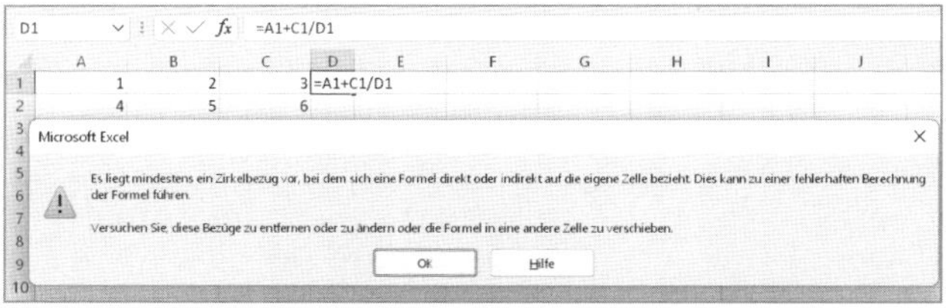

Die Fehlerüberprüfung im Hintergrund

Die Fehlerüberprüfung in Excel ist eine durchaus hilfreiche Sache, aber wenn man schon recht gut mit dem Programm umgehen kann, stört sie manchmal gewaltig. Wenn Sie diese Fehlerüberprüfung ausschalten möchten, wählen Sie den Reiter *Datei* und dann *Optionen*. In der Rubrik *Formeln* nehmen Sie rechts im Abschnitt *Fehlerüberprüfung* das Häkchen bei *Fehlerüberprüfung im Hintergrund aktivieren* heraus.

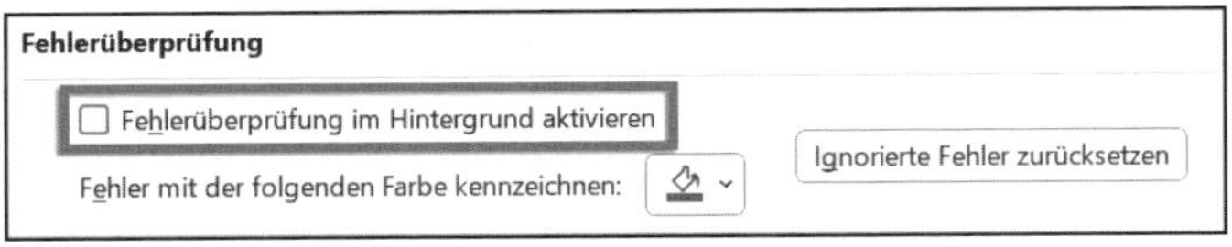

4.2 Die Basisfunktionen von Excel

Wer neu in das Thema Tabellenkalkulation mit Excel einsteigt, der findet im Folgenden eine kompakte Einführung in die Grundlagen, die zum Umgang mit Tabellen unerlässlich sind.

Zellen, Zeilen, Spalten – Daten eingeben

Eine Excel-Tabelle besteht aus Zeilen und Spalten. Spalten werden beschriftet mit Buchstaben und Zeilen mit lateinischen Ziffern. Sie können über 16.300 Spalten und über 1 Million Zeilen benutzen. Excel wird die Beschriftung der Spalten nach Z mit AA, AB, AC usw. bis XFD fortsetzen.

Den Schnittpunkt einer Zeile mit einer Spalte nennt man Zelle. Damit später in solche Zellen Formeln richtig eingegeben werden können, besitzt jede Zelle eine eindeutige Koordinate, auch Adresse genannt. Diese Koordinate setzt sich zusammen aus dem Buchstaben der entsprechenden Spalte und der Nummer der entsprechenden Zeile, also etwa B5. Damit ist die Zelle gemeint, die sich in Spalte B und Zeile 5 befindet.

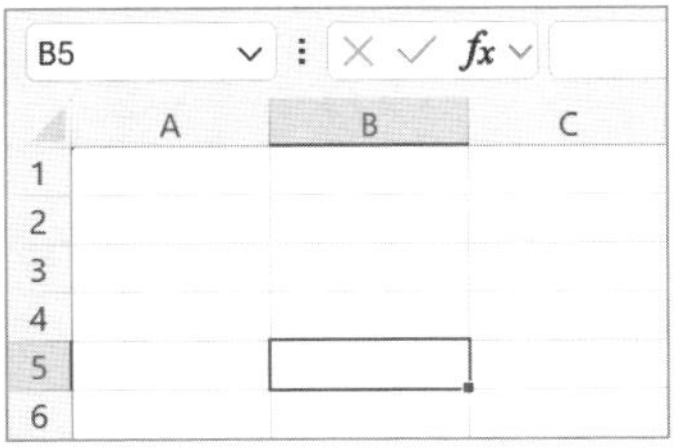

TIPP

Die Reihenfolge bei Koordinatenangaben ist wichtig!
Koordinatenangaben beginnen immer zuerst mit dem Spaltenbuchstaben, gefolgt von der Zeilennummer, also A9, X25, BB3. Falsch hingegen sind die Koordinatenangaben 8B oder 25F anstelle von in diesem Fall richtigerweise B8 oder F25. Geben Sie also immer zuerst den Spaltenbuchstaben und dann erst die Zeilennummer ein.

Eingabe von Zahlen

Zu den häufigsten Eingaben in eine Excel-Tabelle gehören natürlich Zahlen.

1 Markieren Sie die Zelle, in die Sie eine Zahl eintragen wollen, indem Sie mit der Maus darauf klicken oder die Zelle mit den Pfeiltasten Ihrer Tastatur in den Fokus nehmen.

2 Tippen Sie nun direkt die Zahl ein. Diese wird sowohl in der Zelle selbst als auch in der Bearbeitungszeile oberhalb der Tabelle angezeigt. Das scheint etwas überflüssig zu sein, aber beim Arbeiten mit Formeln werden Sie feststellen, dass in der Bearbeitungszeile immer die Formel zu sehen ist, während die Zelle das Ergebnis der Formel anzeigt.

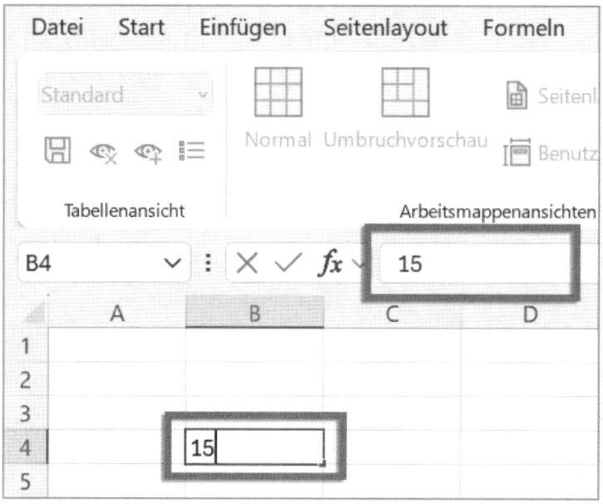

3 Jede Eingabe in einer Zelle muss bestätigt werden, um Excel mitzuteilen, dass die Eingabe nun beendet ist. Klicken Sie dazu auf das Häkchen in der Bearbeitungszeile oder drücken Sie [↵]. Letzteres geht nicht nur schneller, sondern lässt zugleich den Fokus in die Zeile darunter springen. Mit der Variante [⇆] bestätigen Sie ebenfalls, springen aber eine Zelle weiter nach rechts.

TIPP

Zellinhalte bearbeiten

Wenn Sie den vorhandenen Inhalt einer Zelle nachträglich bearbeiten wollen, markieren Sie diese erneut. Allerdings können Sie nun nicht direkt drauflostippen, da der vorhandene Inhalt dadurch überschrieben würde. Nutzen Sie entweder das Bearbeitungsfeld oder drücken Sie F2, um den Inhalt der Zelle direkt in der Tabelle bearbeiten zu können.

Texte eingeben

Neben Zahlen können Sie in Zellen auch Texte eingeben. Excel erkennt den Unterschied automatisch und behandelt die Zellen entsprechend. Die Eingabe von Text erfolgt ähnlich der Eingabe von Zahlen. Wählen Sie eine Zelle aus und tippen Sie den Text genauso ein, wie Sie ihn dort haben möchten.

Im direkten Vergleich fällt die abweichende Darstellung von Text auf: Zahlen werden standardmäßig rechtsbündig und Texte linksbündig in die Zelle geschrieben. Daran können Sie auch sehen, ob Excel eine Eingabe als Text oder als Zahl erkannt hat.

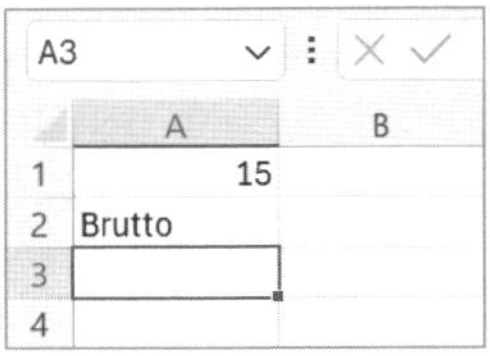

Diese Art der Darstellung – also die Zahlen rechts- und den Text linksbündig zu setzen – ist aber nicht immer erwünscht. Mit Formatierungen können Sie das und mehr ganz nach Bedarf gestalten (siehe Seite 296).

TIPP

Achtung: Text und Zahlen in einer einzigen Zelle

Text und Zahlen dürfen in der Regel nicht in einer gemeinsamen Zelle stehen, wenn mit dieser Zelle gerechnet werden soll. Es gibt jedoch Ausnahmen von dieser Regel. Dazu finden Sie in Abschnitt 4.3 über Formatierungen mehr Informationen, unter anderem zu eigenen Formaten, mit denen Sie Zahlen und Text in einer Zelle mischen und trotzdem damit rechnen können. Vorerst empfiehlt es sich aber, wenn Sie z. B. *5 km* eintragen wollen, die *5* in eine Zelle und *km* in die Zelle daneben zu schreiben – zumindest wenn Sie mit der *5* rechnen, sie statistisch auswerten oder grafisch darstellen möchten.

Datum eingeben

Ein Datum besteht aus *Tag.Monat.Jahr (TT.MM.JJJJ)*, getrennt durch einen Punkt. Und so wird es in der Regel auch eingegeben. Sie könnten aber beispielsweise auch in eine Zelle schreiben: 1.5.25.

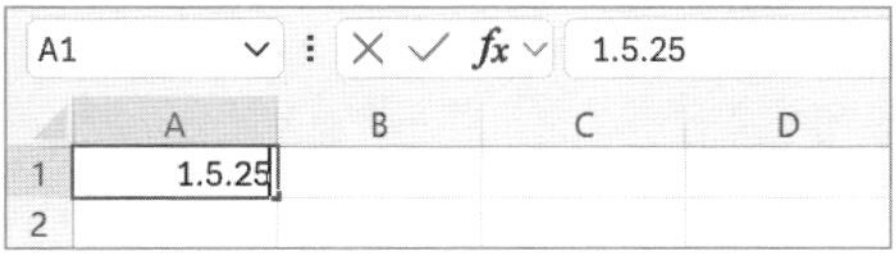

Excel ist recht gut darin, eingegebene Daten auch in Varianten zu erkennen und nach Drücken von ↵ ggf. in sein Standardformat für Datumsangaben umzuwandeln. Wenn die Anwendung also etwa 01. Mai 25 aus Ihrem 1.5.25 macht, sollten Sie das zunächst hinnehmen. Auch hierzu gibt es in Abschnitt 4.3 über Formatierungen Hinweise, wie Sie die Darstellung von Datums- und Zeitangaben nach Ihren Vorstellungen anpassen.

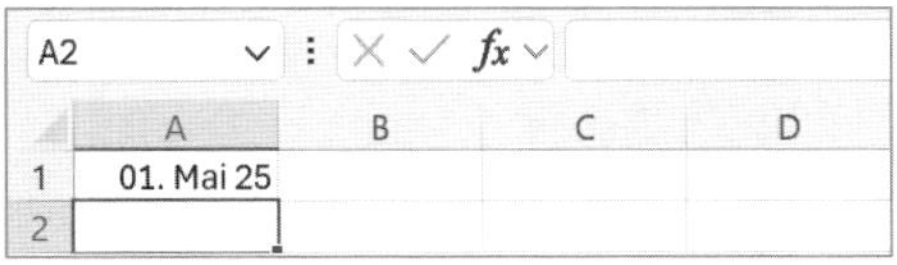

- Sie können auch nur Tag und Monat ohne Jahreszahl eingeben. Geben Sie *1.5* ein, wird Excel daraus den *01. Mai* machen. Schreiben Sie hingegen *1.5.* (mit einem Punkt hinter der letzten Zahl), wird Excel Ihre Eingabe standardmäßig als Text interpretieren.
- Möchten Sie Monate angeben, ergänzen Sie diese am besten mit der passenden Jahreszahl, also etwa *Mai 25*. Die Zelle erhält dann den Wert 01.05.2025 (siehe Bearbeitungszeile), mit dem ggf. auch gerechnet, sortiert und ausgewertet werden kann. Wenn Sie nur Mai schreiben, wird es eine reine Textzelle.

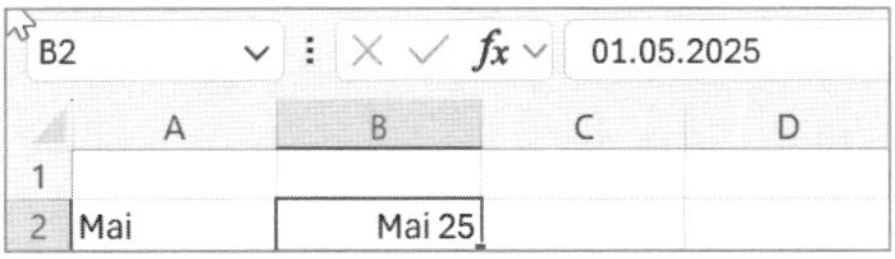

Ich empfehle Ihnen deshalb, bei der Eingabe eines Datums immer auch die entsprechende Jahreszahl mit einzugeben. Das erspart Ihnen unnötige Irritationen.

TIPP

Achtung bei der Eingabe von Zahlen mit Dezimaltrennung

Bei der Eingabe von Zahlen mit Dezimaltrennung kann es vorkommen, dass Sie anstelle des üblichen Kommas als Dezimaltrennzeichen fälschlicherweise einen Punkt benutzen.

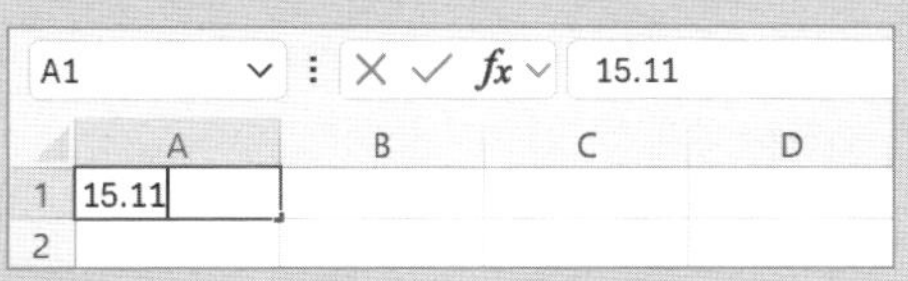

Excel interpretiert solche Eingaben dann als Datum. Sie erhalten also im obigen Beispiel den 15. November. Das Hinterhältige daran ist aber, dass Excel durch diese initiale Eingabe eines Datums dieser Zelle automatisch eine Datumsformatierung zuweist. Selbst wenn Sie anschließend in dieselbe Zelle die korrekte Zahl eingeben, wird das Programm diese immer wieder als Datum interpretieren. Wie Sie dieses Problem durch gründliches Löschen beheben können, lesen Sie im Folgenden.

Verschieben eines Zellinhalts

Beim Eingeben von Daten in eine Tabelle kann es passieren, dass Sie etwas in eine Zelle eingegeben haben und später bemerken, dass es in eine andere Zelle gehört. In solch einem Fall ist das Verschieben hilfreich.

1 Wählen Sie die betroffene Zelle durch Anklicken aus, sodass sie mit einem Rahmen versehen wird.

2 Platzieren Sie dann den Mauszeiger genau auf den Rahmen der Zelle (nicht auf das grüne Rechteck). Wenn Sie den Rahmen richtig getroffen haben, wird aus dem weißen Kreuz ein Pfeilkreuz.

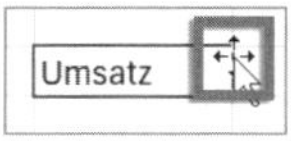

3 Drücken Sie nun die linke Maustaste und halten Sie diese fest.

4 Ziehen Sie den Mauszeiger auf die Zelle, in die Sie den Inhalt verschieben möchten, und lassen Sie die Maustaste dann los.

TIPP

Wann klicken?

Klicken Sie erst, wenn der weiße Pfeil zu sehen ist. Sehen Sie das schwarze Kreuz, stehen Sie auf dem kleinen Quadrat rechts unten und zeigen Excel damit an, dass Sie kopieren möchten.

Natürlich funktioniert das Kopieren und Verschieben nicht nur mit Zahlen oder Formeln. Auch Texte kann man damit vervielfältigen oder verschieben. Und Sie können nicht nur einzelne Zellen auf diese Weise verschieben, sondern auch gleich mehrere, die Sie zuvor ausgewählt haben.

TIPP

Verschieben per Zwischenablage
Auch die Zwischenablage ist in Excel voll einsatzbereit und kann zum Kopieren und Verschieben einer oder mehrerer Zellen verwendet werden. Markieren Sie dazu die Zelle(n) und drücken Sie Strg+C bzw. Strg+X. Klicken Sie dann auf die Zielzelle (bei mehreren Zellen nehmen Sie die obere linke) und drücken Sie Strg+V zum Einfügen.

Zellen zuverlässig leeren

Das Löschen von Zellinhalten bei Excel ist recht intuitiv, enthält aber einen Fallstrick hinsichtlich der Formatierung von Zellen, den Sie unbedingt beachten sollten.

1 Markieren Sie den Bereich der Tabelle, deren Inhalt Sie entfernen möchten. Das können eine einzelne oder mehrere Zellen sein, aber auch ganze Zeilen oder Spalten (Tipps dazu finden Sie in der Tabelle zu Beginn dieses Kapitels).

2 Für das eigentliche Löschen gibt es mehrere Möglichkeiten:

- Möchten Sie Zellen nur leeren, ohne sonst etwas an den Zellen zu verändern, drücken Sie Entf. Dadurch wird allerdings nur der Inhalt entfernt. Die Formatierung der Zellen bleibt bestehen. Wenn Sie später wieder Inhalt in diese Zellen einfügen, wird dieser ggf. an die bestehende Formatierung angepasst (siehe die in der Infobox beschriebene Problematik beim Löschen eines Datums).

- Um den Inhalt mitsamt Formatierung zu entfernen, klicken Sie in der Menüband-Registerkarte *Start* im Bereich *Bearbeiten* auf das kleine Radiergummi-Symbol und wählen im so geöffneten Menü den Befehl *Alle löschen*. Damit entfernen Sie Inhalt und Format und setzen die Zelle praktisch in den Ausgangszustand wie in einer leeren Tabelle zurück.

- Im gleichen Menü finden Sie alternativ auch die Aktion *Formate löschen*. Diese entfernt die Formatierung der ausgewählten Zellen. Der Inhalt bleibt dabei unangetastet.

Einfache Formeln: die Grundrechenarten

Damit Excel für Sie rechnet, müssen Sie Formeln angeben, die diese Rechnung beschreiben. Klingt erst mal kompliziert, ist aber nicht schwierig, insbesondere wenn man im Bereich der Grundrechenarten beginnt.

Formeln eingeben

Eine Formel in Excel ist eine Rechenvorschrift, die beschreibt, auf welche Weise Werte miteinander in Beziehung gesetzt werden. Die Werte können dabei absolut in der Formel stehen. In den meisten Fällen wird es sich dabei aber um Zellbezüge handeln, die angeben, aus welcher Zelle der entsprechende Wert für die Berechnung zu beziehen ist. Das hat einen entscheidenden Vorteil: Wenn sich später die Ausgangswerte ändern, passt sich auch das Ergebnis entsprechend an. Und Sie können eine Formel mit Zellbezügen auf andere Zellen übertragen, wobei die Zellbezüge automatisch angepasst werden.

TIPP

Formel und Ergebnis stehen in derselben Zelle
Eine Formel wird immer in einer Zelle definiert. Der Inhalt der Zelle in der Tabelle ist dann das Ergebnis der Formel. (Die Formel selbst bleibt in der Bearbeitungszeile erhalten.) Es ist nicht möglich, in eine Zelle eine Formel einzugeben und festzulegen, dass das Ergebnis aber in eine andere Zelle geschrieben werden möge.

Das Eingeben einer Formel anhand eines praktischen Beispiels:

1 Geben Sie in die Zellen A1 und B1 einer leeren Tabelle zwei Zahlen ein, z. B. die Zahlen 5 und 6.

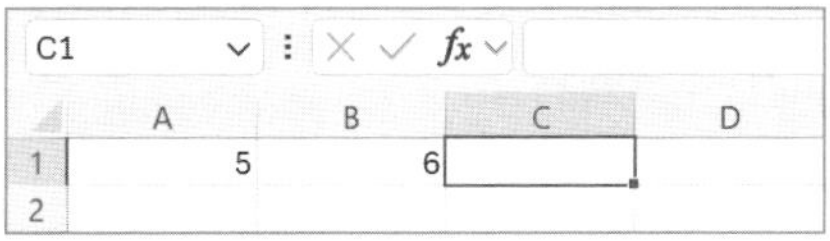

2 In Zelle C1 soll anschließend die Addition der beiden Zahlen aus A1 und B1 durchgeführt werden. Dazu brauchen Sie eine Formel. Im Beispiel soll das Ergebnis in C1 stehen. Klicken Sie also in die Zelle C1, um diese zu bearbeiten.

3 Jede Formel in Excel beginnt mit einem Gleichheitszeichen (=). Nur wenn dieses das erste Zeichen in einer Formel ist, wird Excel auch rechnen. Die Formel könnte also lauten: =5+6.

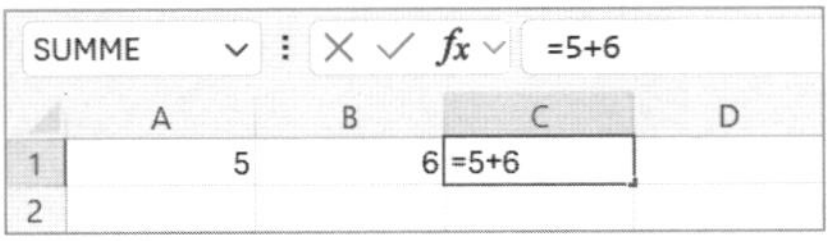

4 Das ist jedoch nicht sehr sinnvoll, denn sobald Sie eine Zahl in A1 oder B1 verändern, müssten Sie in diesem Fall auch die Formel verändern. Dann könnten Sie aber auch gleich den Taschenrechner nehmen. Verwenden Sie also besser die Zelladressen, denn nur sie werden Excel mitteilen, dass eine Zahl in Zelle A1 mit einer Zahl in Zelle B1 addiert werden soll. Und das soll für jede beliebige Zahl in diesen Zellen geschehen. Die Formel lautet also =A1+B1.

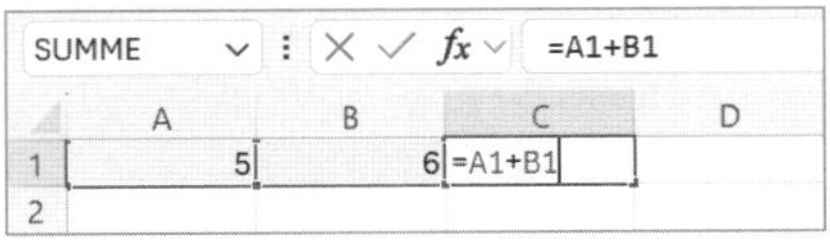

5 Haben Sie die Eingabe bestätigt, sollte in Zelle C1 das richtige Ergebnis 11 stehen.

6 Wenn Sie nun noch einmal Ihre Formel anschauen möchten, gehen Sie einfach zurück zu C1, indem Sie auf C1 klicken. Während die Tabellenzelle das Ergebnis erhält, sehen Sie die verwendete Formel in der Bearbeitungszeile, wo Sie sie jederzeit verändern können.

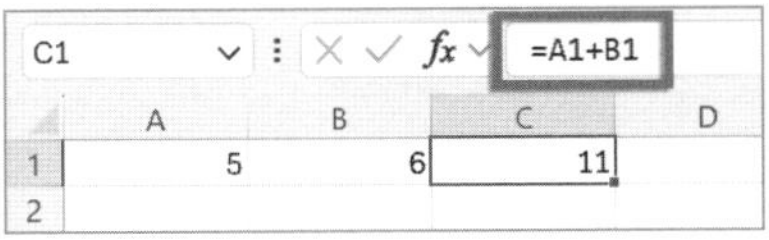

Vielleicht möchten Sie als kleine Übung nun die richtigen Formeln für die anderen Grundrechenarten entwickeln und in die weiteren Zellen eintragen? Dafür können Sie die beiden Zahlen in A1 und B1 weiterverwenden.

Rechenart	Formelzeichen	Zelle, in der das Ergebnis stehen soll
Multiplikation	*	D1
Division	/	E1
Subtraktion	-	F1

TIPP

Achtung: Nehmen Sie das richtige Divisionszeichen!
Das richtige Divisionszeichen ist nicht der Doppelpunkt (:), sondern der Schrägstrich (/). Zwar können Sie auch auf dem numerischen Tastenfeld das Divisionszeichen ÷ benutzen, Excel wird aber trotzdem ein / in die Formel einsetzen.

Die richtige Klammersetzung

Das (korrekte) Setzen von Klammern wird bei Excel sehr schnell wichtig. Denn ohne Klammern hält sich die Anwendung an die mathematisch übliche Reihenfolge beim Ausrechnen: Punkt- geht vor Strichrechnung – also Multiplikation und Division vor Addition und Subtraktion. Sobald es etwas komplexer wird als einfachste Grundrechenarten, muss man Formeln mit Klammern versehen, um den gewünschten Rechenweg zu bestimmen.

Sie bekommen beispielsweise als Praktikant einen Stundenlohn von 14,50 € und haben sieben Stunden gearbeitet. Das kann man notfalls im Kopf ausrechnen, und auch für Excel ist es kein großes Problem.

	A	B	C	D	E
1	Tag	Arbeitszeit	Stundenlohn	Zuschlag	Verdienst
2	Freitag	7	14,5		101,5
3					

Jetzt erhalten Sie zusätzlich 3 € pro Stunde für Arbeiten am Wochenende. Schauen Sie sich dazu folgende Tabelle an:

	A	B	C	D	E
1	Tag	Arbeitszeit	Stundenlohn	Zuschlag	Verdienst
2	Freitag	7	14,5		101,5
3	Samstag	7	14,5	3	
4	Sonntag	7	14,5	3	
5					

Wie sieht nun die Formel für Ihren Verdienst am Wochenende aus?

	A	B	C	D	E
1	Tag	Arbeitszeit	Stundenlohn	Zuschlag	Verdienst
2	Freitag	7	14,5		101,5
3	Samstag	7	14,5	3	122,5
4	Sonntag	7	14,5	3	104,5
5					

Bei gleichen Zahlen unterschiedliche Ergebnisse? Das ist im Beispiel ein Fehler. Zuerst muss die Addition des Stundenlohns mit dem Zuschlag erfolgen. Erst dann darf das Ganze mit der Arbeitszeit multipliziert werden. In Zeile 3 wurden entsprechende Klammern gesetzt. In Zeile 4 fehlen diese, sodass Excel nach der Punkt-vor-Strich-Regel rechnet und zum falschen Ergebnis kommt.

	A	B	C	D	E
1	Tag	Arbeitszeit	Stundenlohn	Zuschlag	Verdienst
2	Freitag	7	14,5		=B2*C2
3	Samstag	7	14,5	3	=B3*(C3+D3)
4	Sonntag	7	14,5	3	=B4*C4+D4
5					

Weil sich Excel streng an die mathematische Vorgabe hält, ist es wichtig, auf solche Feinheiten zu achten. Andererseits: Dadurch gibt Ihnen Excel eben auch die Möglichkeit, nahezu beliebig komplexe Berechnungen exakt in Ihrem Sinn zu gestalten. Und das waren erst mal nur simple Aufgaben. Wie komplex Excel rechnen kann, lesen Sie in Abschnitt 4.4.

Formeln in andere Zellen kopieren

Oftmals soll eine Berechnung nicht nur für einzelne Zellen durchgeführt werden, sondern gleich für mehrere oder viele Zeilen einer Tabelle. Dann ist es wichtig, die benötigte Formel möglichst effizient für alle diese Zeilen zu vervielfältigen. Zum Glück gehört das zu den Stärken von Excel.

Auch hierzu wieder ein Beispiel:

C1 | fx | =A1+E

	A	B	C
1	5	6	11
2	12	34	
3	23	32	
4	21	7	
5			

In Zelle C1 steht eine Formel zum Addieren der Zellen A1 und B1. Nun sollen auch die Zellen A2 und B2 addiert werden, und das Ergebnis soll in C2 stehen. Als Formel müsste in C2 stehen: =A2+B2. Möchten Sie auch noch in C3 die Addition von A3 und B3, käme in C3 die Formel =A3+B3 zum Einsatz usw.

Es wäre also Folgendes in die Zellen C1 bis C4 einzugeben:

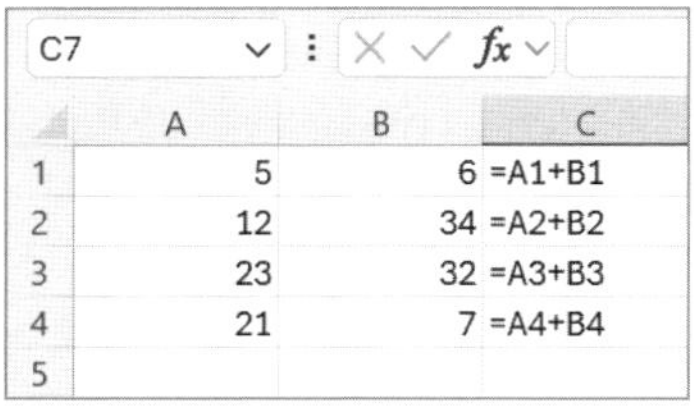

Das ist aber höchst umständlich. Zum Glück hilft Ihnen Excel dabei. Sie brauchen nur die Formel in Zelle C1 zu kopieren, Excel wird während des Kopierens die kopierten Formeln automatisch den neuen Gegebenheiten anpassen.

Zum Kopieren gehen Sie so vor:

1 Klicken Sie auf die Zelle, deren Formel kopiert werden soll.

2 Unten rechts in der Zelle ist ein kleines grünes Rechteck zu sehen.

3 Gehen Sie mit der Maus auf dieses Rechteck (das große weiße Kreuz wird zu einem kleinen schwarzen Kreuz), halten Sie die linke Maustaste gedrückt

4 Ziehen Sie das Ganze so weit nach unten, wie Sie kopieren möchten, und lassen Sie die Maustaste dort los.

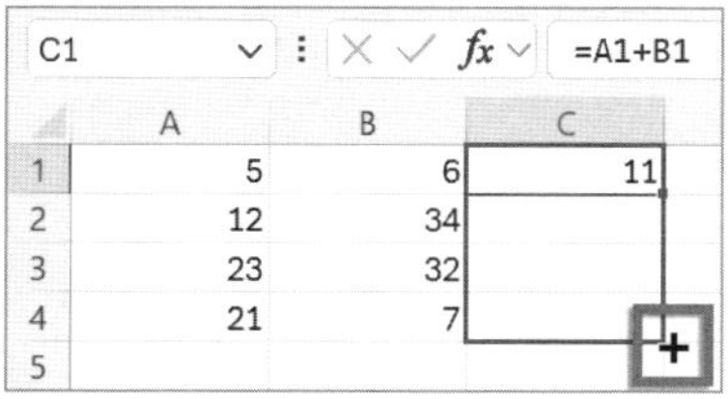

Excel kopiert nun die Formel in jede Zelle und wird sie auch entsprechend anpassen. Kontrollieren Sie es, indem Sie einfach die Zellen C1 bis C4 nacheinander kurz anklicken und sich die Formel in der Bearbeitungszeile anschauen. Das Kopieren durch Ziehen funktioniert in jede beliebige Richtung außer in der Diagonale.

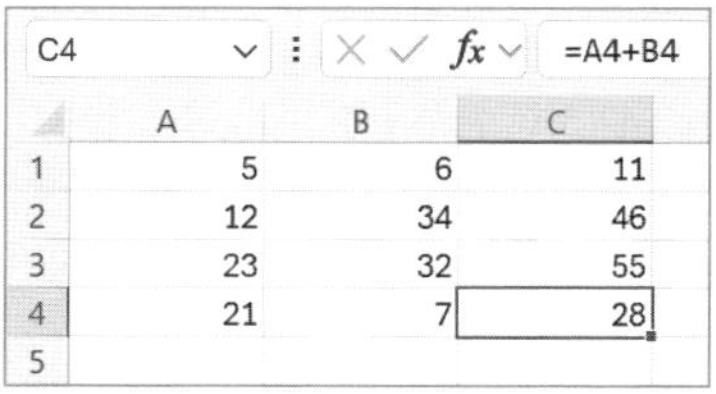

Benötigen Sie die Formeln in sehr vielen Zellen untereinander, kann es hilfreich sein, doppelt auf das grüne Rechteck zu klicken, anstatt das schwarze

Kreuz zu ziehen. Excel kopiert dann die Formeln so weit, wie die Zellen der links angrenzenden Spalte Daten enthalten – im Beispiel also bis C4, da die linke Spalte bis einschließlich B4 mit Zahlen gefüllt ist. Diese Art des Kopierens ist zwar manchmal recht nützlich, wird aber unbrauchbar, wenn in der linken Spalte noch keine Werte stehen.

TIPP

Achtung, es gibt Probleme beim Kopieren
In folgendem Fall gibt es Probleme beim Kopieren nach links:

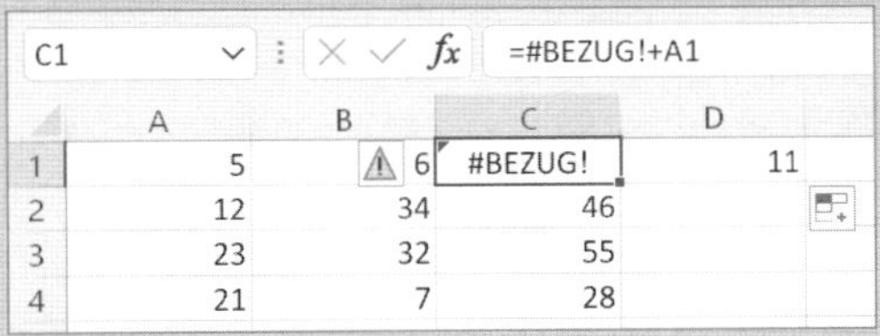

Wenn Sie hier die Formel in Zelle D1 nach C1 kopieren, wird Excel das mit der Fehlermeldung *#BEZUG!* quittieren. Was ist geschehen?

Excel versucht, wie immer beim Kopieren, die Zelladresse anzupassen. In Zelle D1 steht die Formel =A1+B1. Beim Kopieren nach links wird nun aus B1 ein A1. Und aus dem ursprünglichen A1 müsste ... ja, was eigentlich werden? Etwas, das vor der Spalte A steht, aber da gibt es nichts. Excel quittiert also ratlos den Dienst und sagt lapidar, dass kein Formelbezug zu finden ist.

Eine andere Möglichkeit, Formeln auf andere Zellen zu übertragen, ist das Kopieren (oder Ausschneiden) und Einfügen. Auch wenn Sie diesen Weg über die Zwischenablage gehen, wird Excel die Zellbezüge beim Einfügen einer Formel automatisch an die Zelle anpassen, in die Sie diese Formel einfügen. Das klappt sowohl mit einer als auch mit mehreren Zellen:

- **Eine Zelle in eine andere kopieren/verschieben**
  Bei der einfachsten Variante markieren Sie die Ausgangszelle und drücken dann beispielsweise Strg+C bzw. Strg+X. Wählen Sie dann die Zielzelle aus und drücken Sie Strg+V.
- **Mehrere Zellen kopieren/verschieben**
  Sie können auch mehrere Ausgangszellen markieren und kopieren oder ausschneiden. Wählen Sie dann als Ziel die obere linke Zelle des Zielbereichs aus und drücken Sie Strg+C.

- **Eine Zelle in mehrere andere kopieren/verschieben**
  Wenn Sie eine einmal erstellte Formel schnell auf (viele) andere Zellen übertragen möchten, kopieren Sie die einzelne Zelle. Markieren Sie dann alle Zellen, die diese Formel übernehmen sollen, und drücken Sie Strg+V.

Inhalt einer Zelle in eine andere Tabelle übernehmen: Verknüpfungen von Tabellen

Wenn Sie das Ergebnis einer aufwendigen Formel in mehr als einer Zelle benötigen, könnten Sie die Formel entsprechend in weitere Zellen kopieren. Aber warum sollte Excel zwei- oder mehrmals den gleichen Wert ausrechnen, nur weil er noch in einer anderen Zelle abgelegt werden soll? Besser ist es, wenn Excel diesen Wert automatisch in die andere Tabelle oder die andere Zelle übernimmt.

Angenommen, Sie haben in Feld E2 eine Formel stehen, die aufwendig einen Wert aus mehreren Zellbezügen berechnet. Nun möchten Sie denselben Wert aber auch neben anderen in A6 stehen haben und von dort aus wiederum mit einer anderen Formel weiterverarbeiten. Statt die Formel aus E2 zu kopieren, tragen Sie in A6 die Formel =E2 ein. Für Excel heißt das, in Zelle E2 hineinzuschauen und den darin befindlichen Wert in Zelle A6 einzutragen.

Nachdem Sie diese Formel bestätigt haben, steht der Wert von E2 augenblicklich auch in A6 und wird immer wieder aktualisiert, wenn irgendwo in der Tabelle ein Wert verändert wird. Das Gleiche könnten Sie anschließend auch mit den Zellen E3 und E4 machen, wenn Excel hier nicht helfen würde. Sie brauchen jetzt nur noch die Zelle A6 nach A7 und A8 zu kopieren. Und da Excel die Zelladressen anpasst, steht in A7 nun die Formel =E3 und in A8 die Formel =E4.

	A	B	C	D	E
1	Tag	Arbeitszeit	Stundenlohn	Zuschlag	Verdienst
2	Freitag	7	14,5		101,5
3	Samstag	7	14,5	3	122,5
4	Sonntag	7	14,5	3	104,5
5					
6	=E2				

Relative und absolute Bezüge

Diese beiden sehr wichtigen Begriffe lassen sich am besten an einem Beispiel erläutern. Sie möchten für Ihr Geschäft eine Umsatztabelle für die verkauften Waren erstellen.

Ihre grundlegende Tabelle könnte so aussehen:

	A	B	C	D	E
1	Verkaufspreis/kg	12,7			
2	Einkaufspreis/kg	9,8			
3					
4		Verkauf (kg)	Umsatz	Kosten	Gewinn
5					
6	1. Quartal	3,5			
7	2. Quartal	2,8			
8	3. Quartal	4,9			
9	4. Quartal	5,1			
10					

- In Zelle B1 steht der Verkaufspreis pro kg.
- In Zelle B2 steht der entsprechende Einkaufspreis pro kg.
- In den vier Quartalen des Jahres wurden die in den Zellen B6 bis B9 eingetragenen Mengen (in kg) verkauft.

Ihre Aufgabe ist es nun, Umsatz, Kosten und Gewinn Ihres Geschäfts zu berechnen. Geben Sie dazu in C6 die richtige Formel zum Errechnen des Umsatzes im 1. Quartal ein. Das sollte eigentlich nicht schwer sein und ist mit den besprochenen Grundrechenarten problemlos zu machen. Denken Sie aber daran, dass Sie mit Zelladressen und nicht mit festen Zahlen arbeiten sollten. Die richtige Formel für die Zelle C6 sehen Sie in der Bearbeitungszeile.

C6 | fx | =B1*B6

	A	B	C	D	E
1	Verkaufspreis/kg	12,7			
2	Einkaufspreis/kg	9,8			
3					
4		Verkauf (kg)	Umsatz	Kosten	Gewinn
5					
6	1. Quartal	3,5	44,45		
7	2. Quartal	2,8			
8	3. Quartal	4,9			
9	4. Quartal	5,1			

Wenn Sie diese Formel mit den bisher besprochenen Methoden nach unten kopieren, erhalten Sie seltsame Ergebnisse und die Fehlermeldung *#WERT!* in Zelle C9.

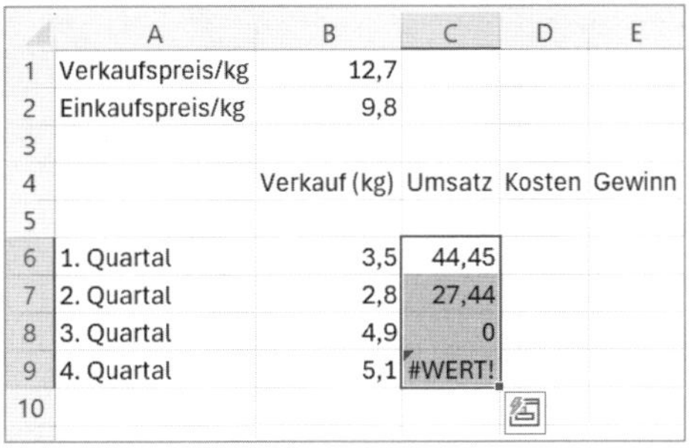

	A	B	C	D	E
1	Verkaufspreis/kg	12,7			
2	Einkaufspreis/kg	9,8			
3					
4		Verkauf (kg)	Umsatz	Kosten	Gewinn
5					
6	1. Quartal	3,5	44,45		
7	2. Quartal	2,8	27,44		
8	3. Quartal	4,9	0		
9	4. Quartal	5,1	#WERT!		
10					

Um der Lösung des Problems auf die Spur zu kommen, klicken Sie in Zelle C7. Dort finden Sie die Formel =B2*B7. B7 in der Formel ist ja noch richtig, aber anstelle von B2 müsste es eigentlich B1 heißen, denn nur da steht der Verkaufspreis. Schauen Sie sich in dieser Weise die anderen Formeln in den Zellen C7 bis C9 an.

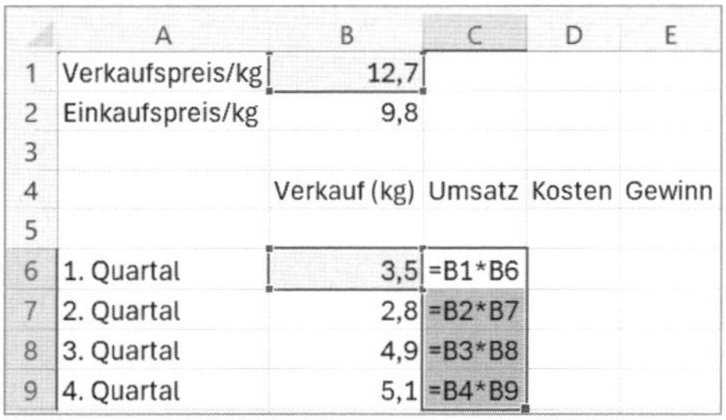

	A	B	C	D	E
1	Verkaufspreis/kg	12,7			
2	Einkaufspreis/kg	9,8			
3					
4		Verkauf (kg)	Umsatz	Kosten	Gewinn
5					
6	1. Quartal	3,5	=B1*B6		
7	2. Quartal	2,8	=B2*B7		
8	3. Quartal	4,9	=B3*B8		
9	4. Quartal	5,1	=B4*B9		

Was bisher bei Excel so segensreich war, nämlich dass Excel beim Kopieren die Zelladressen verändert hat, führt hier zu falschen Ergebnissen. Excel soll zwar die Zelladressen der B-Spalte, also die verkauften Mengen, verändern. Aber die Zelle, in der der Verkaufspreis steht, muss überall beibehalten werden, denn der Verkaufspreis steht nun mal nur in B1.

Dies ist ein Beispiel, wo verschiedene Zelladresstypen in einer Formel unterschieden werden müssen:

- Zum einen gibt es die sogenannten **relativen Bezüge**, also Adressen, die Excel beim Kopieren verändern darf und soll. Hier sind es die Zellen B6 bis B9 der Formel.
- Aber es gibt eben auch die **absoluten Bezüge**, also Zellen, die Excel beim Kopieren nicht verändern darf. Das ist in diesem Beispiel die Zelle B1. Diese Zelle darf beim Kopieren nicht verändert werden, sondern muss in jeder Formel B1 bleiben.

Bisher haben Sie Zelladressen in der Form A1, B5 oder C8 verwendet. Diese Zellen hat Excel beim Kopieren verändert. Das sind also relative Bezüge. Um nun eine relative Adresse zu einer absoluten zu machen, müssen Sie lediglich beim Eingeben der Formel vor die einzelnen Bestandteile der Zelle ein Dollarzeichen ($) schreiben.

relative Adresse	B3
absolute Adresse	$B$3

Das $-Zeichen muss bei einer absoluten Zelle vor jedem Teil der Zelladresse stehen, also $B$3. Falsch wäre z. B. $B1$. Das $-Zeichen vor den einzelnen Bestandteilen der Zelladresse gibt an, dass dieser Teil beim Kopieren nicht verändert werden darf.

TIPP

Aus einem relativen Bezug einen absoluten machen
Sie können ganz schnell einen relativen Bezug in einen absoluten umwandeln. Schreiben Sie in der Formel zunächst die entsprechende Zelle relativ, also z. B. B3, und drücken Sie dann sofort auf die F4-Taste. Nun werden automatisch die Dollarzeichen an die richtigen Stellen geschrieben.

Geben Sie nun in die Zelle C6 die richtige Formel ein, und kopieren Sie sie erneut. Jetzt müsste alles richtig funktionieren.

C9 =$B$1*B9

	A	B	C	D	E
1	Verkaufspreis/kg	12,7			
2	Einkaufspreis/kg	9,8			
3					
4		Verkauf (kg)	Umsatz	Kosten	Gewinn
5					
6	1. Quartal	3,5	44,45		
7	2. Quartal	2,8	35,56		
8	3. Quartal	4,9	62,23		
9	4. Quartal	5,1	64,77		

Das fertige Beispiel mit allen Formeln könnte dann so aussehen:

	A	B	C	D	E
1	Verkaufspreis/kg	12,7			
2	Einkaufspreis/kg	9,8			
3					
4		Verkauf (kg)	Umsatz	Kosten	Gewinn
5					
6	1. Quartal	3,5	44,45	34,3	10,15
7	2. Quartal	2,8	35,56	27,44	8,12
8	3. Quartal	4,9	62,23	48,02	14,21
9	4. Quartal	5,1	64,77	49,98	14,79

Namen für Zellen oder Zellbereiche

Eine Alternative zu absoluten Bezügen sind eigene Namen für einzelne Zellen oder ganze Zellbereiche. Das kann verschiedene Vorteile haben:

- Statt immer wieder mühsam Zelladressen heraussuchen zu müssen, können Sie auf die Namen komfortabel zugreifen.
- Formeln werden mit Namen anstelle von Zelladressen »sprechender« und somit besser verständlich.
- Sie brauchen sich über relative vs. absolute Bezüge keine Gedanken mehr zu machen, wenn Sie anstelle von absoluten Bezügen konsequent Namen für solche Zellen oder Zellbereiche verwenden.
- Einmal definierte Namen können jederzeit angepasst werden. Wenn Sie die Position eines wichtigen Wertes später ändern möchten oder sich ein Zellbereich als zu klein erweist, können Sie ihn nachträglich verändern. Formeln, die sich darauf konsequent per Namen beziehen, brauchen Sie dabei nicht anzupassen, sondern diese funktionieren uneingeschränkt weiter.

Einen Namensbereich können Sie jederzeit ohne große Umstände anlegen:

1 Markieren Sie in der Tabelle die Zelle(n), auf die ein Name verweisen soll.

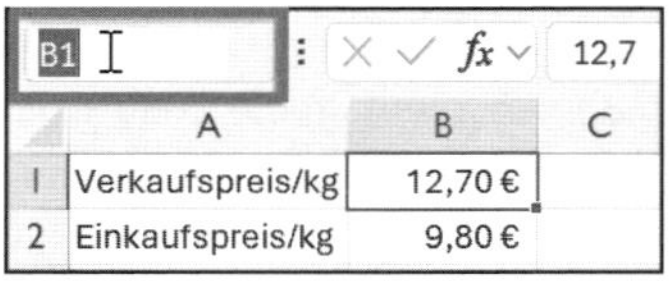

2 Klicken Sie dann in der Bearbeitungszeile oberhalb der Tabelle in das Feld ganz links.

3 Tippen Sie dort anstelle der aktuellen Zelle den gewünschten Namen ein und drücken Sie [Enter].

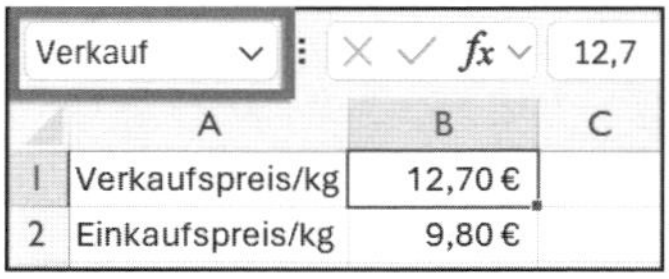

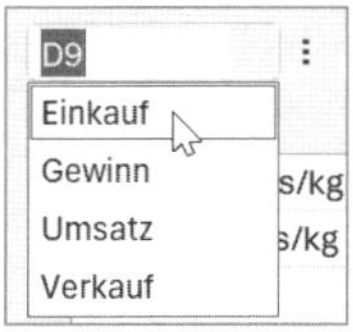

Ab sofort ist dieser Zelle bzw. dem Zellbereich dieser Name zugeordnet. Wann immer Sie die Zelle oder genau den Bereich wieder auswählen, wird in der Bearbeitungsleiste automatisch der Name angezeigt. Gleichzeitig können Sie die Auswahlfunktion dieses Felds nutzen, um definierte Namen abzurufen. Excel wählt dann automatisch die zum Namen gehörenden Zellen in der Tabelle aus.

TIPP

Regeln für Namen

Namen für Zellen können bis zu 255 Zeichen lang sein und müssen immer mit einem Buchstaben beginnen. Danach dürfen auch Ziffern, Punkte und Unterstriche folgen, allerdings keine Leerzeichen oder Bindestriche. Groß- und Kleinschreibung wird nicht unterschieden (*BEISPIEL*, *beispiel* und *Beispiel* sind also für Excel ein und derselbe Name). Vermeiden Sie Namen, die mit einer Adresse (G7) oder einer Funktion (SUMME) verwechselt werden könnten.

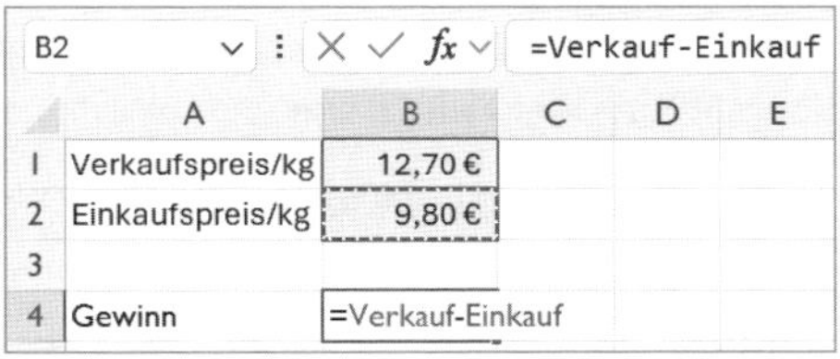

Vor allem aber können Sie die definierten Namen in Formeln einsetzen, um sie als Bezüge zu den entsprechenden Zellen oder Zellbereichen zu verwenden. Dabei handelt es sich automatisch um absolute Bezüge, die beim Kopieren von Formeln also nicht angepasst werden und immer auf die ausgewählten Zellen verweisen. Dabei reicht es weiterhin, beim Erstellen der Formeln auf die entsprechenden Zellen zu klicken. Ist dafür ein Name vergeben, wird dieser automatisch in die Formel eingefügt.

In der Menüband-Registerkarte *Formeln* finden Sie etwa in der Mitte die Auswahl *Definierte Namen*. Darin können Sie u. a. den *Namens-Manager* öffnen. Der enthält alle bislang definierten Namen und erlaubt es, sowohl die Namen als auch die Bezüge nachträglich anzupassen oder einmal vergebene Namen auch wieder zu löschen.

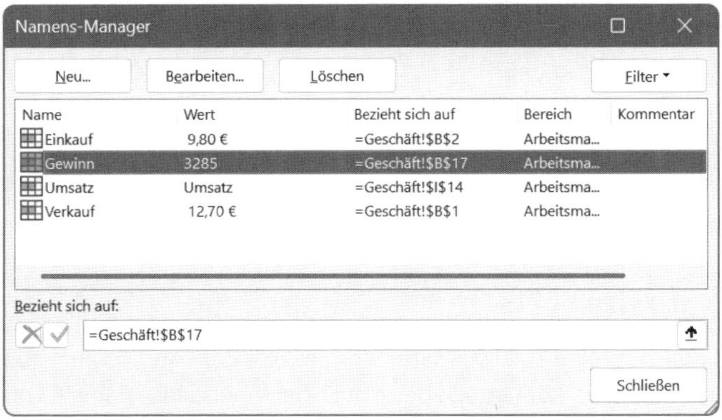

Der Namens-Manager verwaltet definierte Namen für Zellen und Bereiche

Bezüge in anderen Tabellen

Bei den bisherigen Beispielen haben die Bezüge immer auf Zellen in derselben Tabelle verwiesen, sodass die Angabe mittels Spalte und Zeile eindeutig war. Was aber, wenn eine Datei mehr als ein Tabellenblatt umfasst? Dann können Sie in *Tabelle2* (oder wie auch immer Sie diese genannt haben) auch mit Werten aus Zellen in *Tabelle1* rechnen. Allerdings reicht der Bezug über Spalte und Zeile dafür nicht mehr, da dieser nicht eindeutig ist. Schließlich gibt es die Zelle B3 in beiden Tabellen.

Für einen Bezug auf eine andere Tabelle benötigen Sie deshalb zusätzlich den Namen der Tabelle, so wie er auf dem Registerreiter unten links steht. Diesen können Sie direkt und ohne Gefahr in eine Formel einfügen:

1. Erstellen Sie dazu wie gewohnt Ihre Formel beispielsweise in einer Zelle in Tabelle1, also beginnen Sie mit dem Gleichheitszeichen (=).
2. Wann immer Sie einen Bezug auf die andere Tabelle benötigen, klicken Sie unmittelbar vor der Zelladresse auf den Registerreiter mit dem Namen der Tabelle, in der sich diese Zelle befindet.
3. Excel fügt dann die Referenz auf die Tabelle ein, die aus dem Tabellennamen gefolgt von einem Ausrufezeichen (**!**) besteht, also beispielsweise *Tabelle1!*.
4. Gleichzeitig springt Excel in die ausgewählte Tabelle, wo Sie nun auch direkt die gewünschte Zelle anklicken können, damit der Bezug darauf in die Formel eingefügt wird.
5. Wichtig: Ist die Formel fertiggestellt, bestätigen Sie die Übernahme bei dieser Variante immer mit der ↵-Taste und klicken niemals zum Bestätigen in eine andere Zelle!

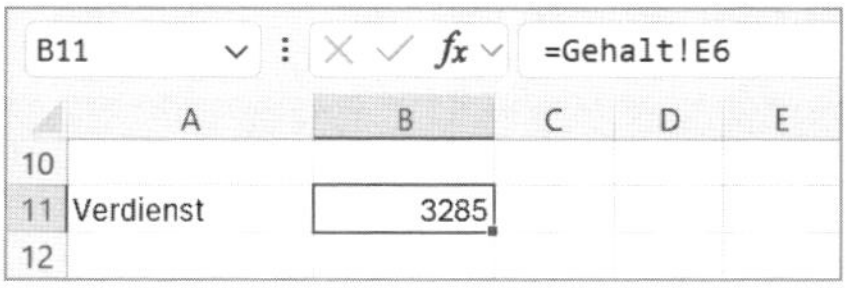

   Dann werden die Eingaben übernommen und Excel bringt Sie automatisch zur Ausgangstabelle zurück.

Mit Tabellen arbeiten

Eine Tabelle ist erst mal eine riesige Matrix von leeren Zellen, die Sie nach Ihren Vorstellungen befüllen können. Dabei gibt Excel Ihnen eine Vielzahl von Werkzeugen an die Hand, um das möglichst einfach, schnell und flexibel machen zu können.

Passende Namen für Ihre Tabellen

Die Namen der Tabellen finden Sie am unteren Fensterrand rechts. Hier wird jede Tabelle in einer Datei mit einem Registerreiter symbolisiert, der zugleich zum Hin- und Herwechseln dient. Meistens ist es nötig und sinnvoll, eigene Namen für die Tabellen zu vergeben, anstatt mit den Standardnamen *Tabelle1*, *Tabelle2* usw. zu arbeiten.

1 Der einfachste Weg, den Namen einer Tabelle zu verändern, führt über einen Doppelklick auf den Namen der Tabelle, die Sie umtaufen möchten.

2 Der Name *Tabelle1* wird nun grau unterlegt, und Sie brauchen nur noch den neuen Namen einzutragen. Der Name kann sehr lang sein und darf auch Leerzeichen enthalten.

3 Nachdem Sie den neuen Namen eingegeben haben, bestätigen Sie ihn mit der [↵]-Taste.

Alternativ können Sie mit der rechten Maustaste auf den Tabellennamen klicken, der geändert werden soll, und dann *Umbenennen* wählen.

TIPP

Verknüpfungen und Tabellennamen
Der Tabellenname dient auch dazu, Werte aus verschiedenen Tabellenblättern miteinander zu verknüpfen (siehe Seite 278). Darauf brauchen Sie beim Umbenennen aber keine Rücksicht zu nehmen. Wenn Sie den Namen einer Tabelle ändern, passt Excel automatisch ggf. vorhandene Verknüpfungen zu dieser Tabelle an den neuen Namen an.

Weitere Tabellen hinzufügen

Ein Excel-Dokument darf mehr als nur eine Tabelle umfassen. Mit dem Pluszeichen rechts neben dem Reiter der vorhandenen Blätter können Sie jederzeit weitere Tabellenblätter hinzufügen. Diese bekommen zunächst einen generischen Namen, den Sie wie vorangehend beschrieben individuell gestalten können.

Während früher strikte Begrenzungen für die Anzahl an Tabellenblättern galten, gibt es die mittlerweile so nicht mehr. Es hängt vielmehr davon ab, wie viel

Arbeitsspeicher Excel zur Verfügung hat. Das wiederum hängt von verschiedenen Faktoren ab, etwa wie viel Speicher der PC überhaupt hat, wie viele andere Anwendungen laufen und wie viel Platz die anderen Blätter für sich beanspruchen. In der Praxis wird man als »normaler« Nutzer ohnehin eher nicht an solche Grenzen stoßen. Insofern wäre meine Empfehlung: Wenn Sie in einem Dokument viele Blätter verwenden und bemerken, dass Excel zunehmend langsamer auf Ihre Eingabe reagiert, wäre es eine sinnvolle Maßnahme, diese Blätter auf verschiedene Dokumente zu verteilen.

Spaltenbreite ändern

Die Spalten in neuen Dokumenten und Blättern sind immer exakt gleich breit. Das ist aber nur eine Standardvorgabe, die sich teilweise bei der Eingabe von Daten schon von allein erledigt. Unabhängig davon können Sie die Breite jeder Spalte individuell nach Ihren Vorstellungen festlegen.

Die folgende Abbildung zeigt eine Tabelle, in der die Spalte F offensichtlich zu klein ist, um die Spaltenüberschrift vollständig darzustellen. Das ist ein sehr häufig auftretendes Problem. In solch einem Fall müssen Sie die Breite der Spalte verändern.

	A	B	C	D	E	F	G
1	**Anrede**	**Name**	**Vorname**	**Straße**	**Hausnr**	**Postleitz**	**rt**
2	Frau	Müller	Hildegard	Birkenweg	4	[illegible]	Vogeldorf
3	Frau	Meier	Monika	Goethering	64	53065	Rehweiher
4	Herr	Schmitt	Christian	Waldstraße	24	57846	Olmhausen
5	Herr	Kampe	Walter	Am Freibad	10	47063	Bullstadt
6							

1 Um Spalte F zu verbreitern, gehen Sie mit der Maus auf die Linie zwischen den Buchstaben der Spalten F und G.

2 Ihr Mauszeiger wird jetzt zu einem schwarzen Strich mit zwei Pfeilen nach links und rechts.

3 Halten Sie nun die linke Maustaste gedrückt, und ziehen Sie die Spalte in die gewünschte Breite.

4 Lassen Sie die linke Maustaste dann los.

Alternativ können Sie auch einen Doppelklick machen. In diesem Fall wählt Excel automatisch die optimale Breite für die Spalte.

Einfügen und Löschen von Zeilen und Spalten

Es wird beim Erstellen einer Tabelle sicher mal vorkommen, dass Sie nachträglich Platz zwischen schon gefüllten Zeilen oder Spalten benötigen. Sie können die vorhandenen Inhalte mit Ausschneiden und Kopieren entsprechend verschieben, um Platz zu schaffen. Das kann aber recht umständlich und fehleranfällig sein. Besser verwenden Sie die von Excel bereitgestellten Funktionen zum Einfügen von Zeilen und Spalten. Dann sorgt die Anwendung auch dafür, dass vorhandene Formeln und Zellbezüge automatisch angepasst werden.

1. Klicken Sie mit der rechten Maustaste auf die Zeilennummer, über der eine neue Zeile eingefügt werden soll.
2. Dadurch öffnen sich gleich mehrere Dialoge, von denen im Moment das untere Menü wichtig ist.
3. Wählen Sie darin *Zellen einfügen* – schon haben Sie eine neue Zeile. Sie wird in der Zeile eingefügt, auf die Sie in Schritt 1 geklickt hatten. Der bisherige Inhalt und alles darunter wird eine Zeile tiefer geschoben. Zellbezüge passt Excel ggf. an.
4. Das Einfügen einer Spalte verläuft analog. Klicken Sie mit der rechten Maustaste auf den Buchstaben der Spalte rechts von der zu erzeugenden neuen Spalte und wählen Sie erneut *Zellen einfügen.*
5. Zum Löschen einer Zeile oder Spalte klicken Sie mit der rechten Maustaste auf die Zeilennummer oder den Spaltenbuchstaben. Wählen Sie im geöffneten Menü *Zellen löschen.*

Datenlisten in Excel

Die Verwaltung von Adress- und anderen Listen ist in Excel einfach und recht komfortabel, man muss sich nur immer wieder vor Augen führen, dass Excel eine Tabellenkalkulation und keine Datenbank ist. Einfache und umfangreiche Listen zu verwalten, ist eine problemlose Angelegenheit. Aber komplexe Verknüpfungen zwischen den Daten müssen einem großen Datenbankprogramm wie Access vorbehalten bleiben.

Listen schnell erstellt

Müssen Sie häufig Monatsnamen oder Wochentage in eine Tabelle eintragen? Excel hilft Ihnen dabei mit der Funktion *AutoAusfüllen*.

Angenommen, Sie benötigen in den Zellen A1, B1, C1 usw. die Monatsnamen. Sie müssen die Monate aber nicht selbst in jede einzelne Zelle schreiben. Das erledigt Excel für Sie.

Tragen Sie nur den ersten Monatsnamen, mit dem Sie beginnen möchten, in A1 (oder jede andere beliebige Zelle) ein. Dann kopieren Sie die Zelle mit dem bekannten kleinen schwarzen Rechteck in alle Zellen rechts daneben. Excel wird Ihnen automatisch die anderen Monatsnamen in die Zellen schreiben. Das funktioniert horizontal wie vertikal.

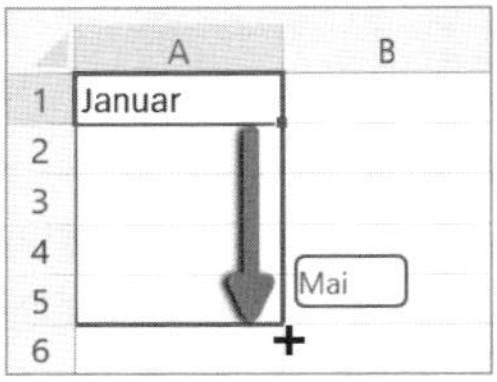

Die folgende Tabelle enthält einige Beispiele für Daten, aus denen Sie mit der Excel-Automatik ganz schnell umfassende Listen erstellen können. Tragen Sie die Werte in die entsprechende Zelle ein und erweitern Sie die Liste dann wie beschrieben nach rechts.

Zelle	**Wert**
A2	Montag
A3	29. Februar 2024
A4	Jan
A5	Mo
A6	1. Quartal

Fällt Ihnen beim Datum 29. Februar 2024 etwas auf? Excel kennt selbstverständlich auch Schaltjahre und fügt automatisch die entsprechenden Schalttage hinzu, sofern das Datum einschließlich Jahreszahl angegeben ist.

	A	B	C	D	E	F	G
1	Januar	Februar	März	April	Mai	Juni	Juli
2	Montag	Dienstag	Mittwoch	Donnerstag	Freitag	Samstag	Sonntag
3	28. Feb 24	29. Feb 24	01. Mrz 24	02. Mrz 24	03. Mrz 24	04. Mrz 24	05. Mrz 24
4	Jan	Feb	Mrz	Apr	Mai	Jun	Jul
5	Mo	Di	Mi	Do	Fr	Sa	So
6	1. Quartal	2. Quartal	3. Quartal	4. Quartal	1. Quartal	2. Quartal	3. Quartal

Im Beispiel für das 1. Quartal ist es wichtig, dass zwischen dem Punkt und dem Wort Quartal ein Leerzeichen steht. Nur dann wird Excel automatisch ein 2., 3. und 4. Quartal erzeugen. Und sofern Sie das Wort Quartal richtig geschrieben haben, wird Excel auch kein 5. Quartal erzeugen, denn aufgrund des Wortes Quartal erkennt Excel, dass es davon nur vier geben kann.

Generell können Sie jede Zahl mit jedem beliebigen Wort versehen und hochzählen lassen. Geben Sie z. B. die Abkürzung für die Einkommensteuer *ESt*, gefolgt von einer Jahreszahl ein, und kopieren Sie die Zelle. Vergessen Sie aber nicht das Leerzeichen zwischen *ESt* und der Jahreszahl.

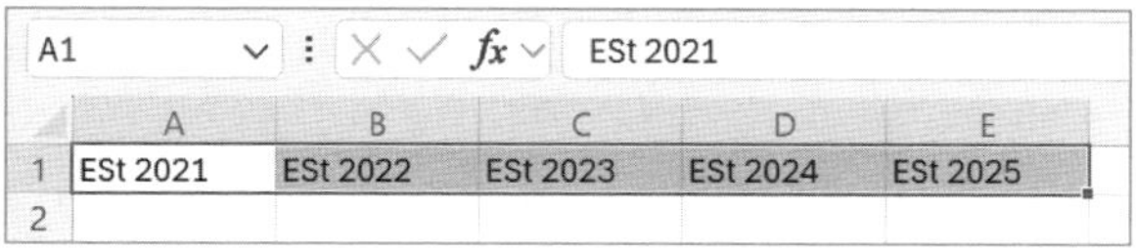

Werte automatisch hochzählen

Bei Excel-Tabellen finden Sie grundsätzlich am linken Seitenrand – sozusagen in Spalte 0 – die hochlaufende Zeilenangabe. Diese dient allerdings nur der Orientierung und dem Zuordnen von Zellen. Rechnen können Sie mit diesen Zahlen nicht. Dabei kann eine fortlaufende Nummerierung über mehrere Zellen oder Spalten durchaus nützlich sein. Auch hier kann das automatische Ausfüllen von Excel hilfreich sein. Doch bei Zahlen reicht es nicht aus, nur den Startwert in eine Zelle zu schreiben. Vielmehr müssen Sie Excel auch mitteilen, mit welcher Schrittweite weitergezählt werden soll.

1. Soll Excel beginnend mit der Zahl 1 bis zur Zahl 10 hochzählen, geben Sie die *1* z. B. in die Zelle A1 ein.
2. In Zelle B1 geben Sie die Zahl *2* ein.
3. Nun markieren Sie beide Zellen gemeinsam.

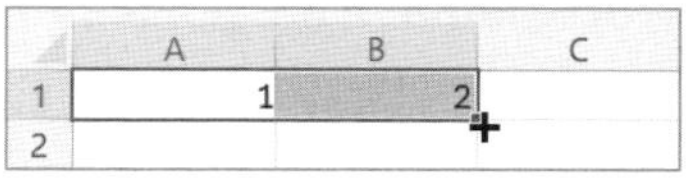

4. Nutzen Sie dann das beschriebene Kopiersymbol an der unteren rechten Ecke der Auswahl, um die Auswahl nach rechts oder nach unten zu kopieren. Dabei wird Excel automatisch die Schrittweite 1 benutzen.

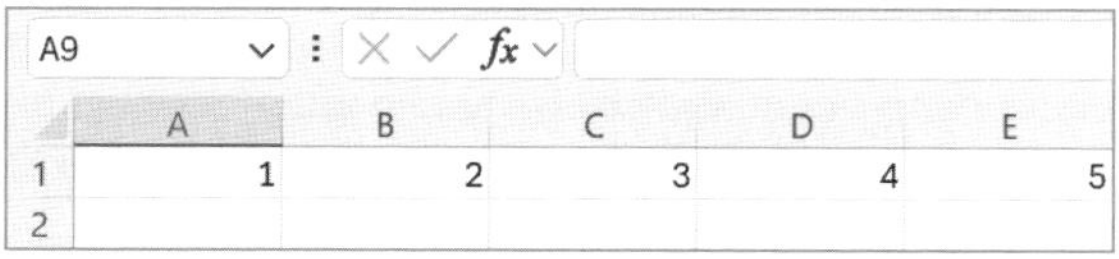

Möchten Sie stattdessen in 2er-Schritten weiterzählen, geben Sie in Zelle B2 die Zahl *3* ein. Der Rest verläuft wie gerade besprochen, Sie markieren die beiden Zellen und kopieren sie. Allgemein heißt das also, dass Sie bei Zahlen die beiden ersten Werte eintragen, beide Werte markieren und gemeinsam kopieren. Damit kennt Excel automatisch die Schrittweite.

Monate hochzählen

Sie können beim automatischen Ausfüllen nicht nur »nackte« Zahlen hochzählen, sondern auch Zeitangaben. Wenn Sie etwa für jeden Tag des Monats Werte erfassen möchten, tragen Sie in A1 das Datum des Monatsersten ein und ziehen die Auswahl dann in die gewünschte Richtung, um für jeden Tag eine eigene Zeile oder Spalte zu haben.

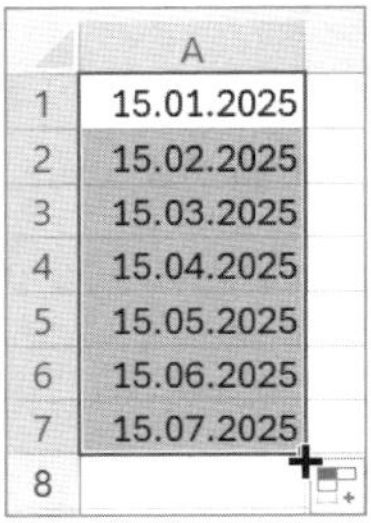

Für speziellere Anforderungen können Sie auf die Mustererkennung von Excel setzen. Vielleicht machen Sie Ihre Abrechnungen immer am gleichen Tag im Monat, also z. B. am 15.1.2025, 15.2.2025, 15.3.2025 usw. Um eine entsprechende Liste in Ihrer Tabelle zu erstellen, tragen Sie die beiden ersten Termine ein, also etwa 15.1.2025 und darunter 15.2.2025. Dann wählen Sie beide Zellen aus und ziehen die Auswahl mit dem kleinen Rechteck unten rechts bis zu Zeile 12. Excel erkennt das Muster und ergänzt in den zusätzlichen Zeilen jeweils das passende Datum.

Bei Bedarf können Sie das Ganze auch in Zweimonatsschritten machen. Geben Sie dazu in den ersten beiden Zellen 15.1.2025 und 15.3.25 ein und kopieren Sie die Auswahl dann nach unten.

Wochenenden ausschließen

Wenn es beruflich um das tageweise Erfassen von Daten geht, möchten Sie Wochenenden vielleicht außen vor lassen, wenn dann nicht gearbeitet wird. Auch dabei können Sie sich mühsames Entfernen der Wochenendtermine ersparen und Excel die Arbeit machen lassen:

1. Geben Sie in eine Zelle das Anfangsdatum ein, und kopieren Sie alles ganz klassisch nach unten.
2. Klicken Sie dann in der nach unten kopierten Tabelle unten rechts auf das angezeigte Symbol.
3. Wählen Sie in der so geöffneten Auswahl *Arbeitstage ausfüllen*.

4 Daraufhin entfernt Excel alle Wochenenden aus Ihrer Liste.

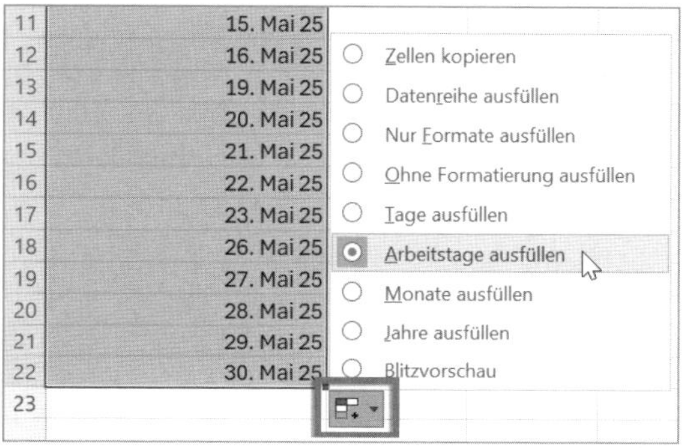

Eigene Ausfülllisten

Ein weiterer interessanter Teil von *AutoAusfüllen* ist die Möglichkeit, beliebige eigene Listen zu erstellen. Brauchen Sie auf Ihrem Biobauernhof sehr häufig die bei Ihnen angebauten Obstsorten in verschiedenen Tabellen, kann es sehr umständlich sein, diese Namen jedes Mal aus einer schon erstellten Tabelle zu kopieren. Hier bietet Excel Ihnen die Möglichkeit, einmalig eine eigene Liste zu erzeugen und die Funktion *AutoAusfüllen* zu nutzen.

1 Klicken Sie auf das *Datei*-Menü und darin in der linken Spalte ganz unten auf *Optionen*.

2 Klicken Sie dann auf den Bereich *Erweitert* in der linken Spalte. Hier wandern Sie in der Bildlaufleiste ganz nach unten.

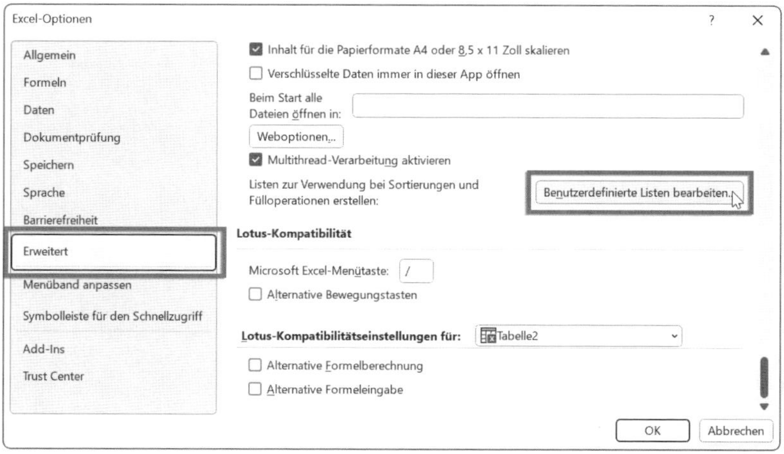

3 Nun sehen Sie dort die Schaltfläche *Benutzerdefinierte Listen bearbeiten*. Klicken Sie darauf.

4 Hier finden Sie die Listen, mit denen Sie bisher auch schon gearbeitet haben. Sie sehen aber auch den Befehl *Neue Liste*, mit dem Sie nun eine eigene Ausfüllliste erstellen können. Wählen Sie also in der linken Spalte ganz oben *Neue Liste*.

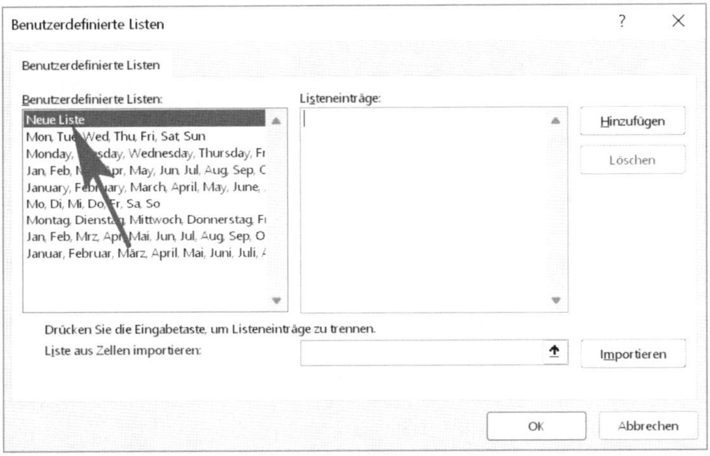

5 Anschließend klicken Sie in den Bereich *Listeneinträge*. Hier können Sie Ihre neuen Einträge eingeben. Sobald Sie einen Eintrag fertiggestellt haben, bestätigen Sie ihn mit der [↵]-Taste.

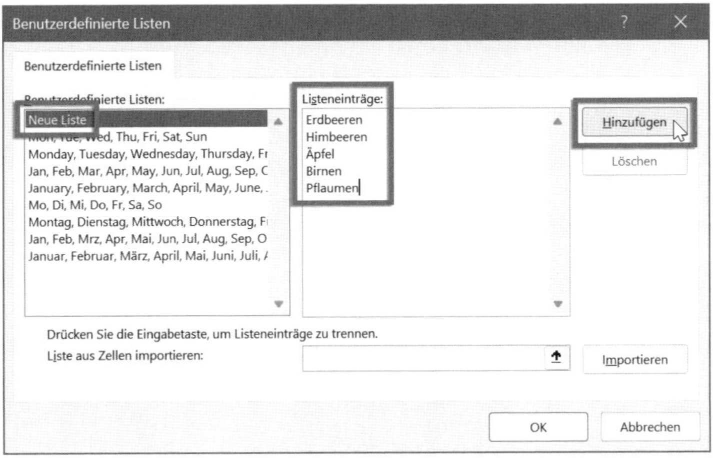

6 Haben Sie alle Obstsorten eingegeben, bestätigen Sie Ihre neue Liste durch Klick oben rechts auf *Hinzufügen.*

7 Wollen Sie eine weitere neue Liste eintragen, führen Sie die Schritte 3 und 4 erneut durch.

8 Wenn Sie fertig sind, beenden Sie den Dialog durch Klick auf *OK* und schließen die *Excel-Optionen* ebenfalls mit *OK.*

Nun können Sie diese Liste genauso nutzen wie die Monats- oder Tagesnamen. Sie tragen in eine Excel-Tabelle einfach einen der Namen Ihrer Liste ein (es muss nicht unbedingt der erste Name der Liste sein) und führen dann den Kopiervorgang nach unten oder wohin auch immer durch. Zum Kopieren benutzen Sie das kleine schwarze Rechteck rechts unten in der Zelle, in der Sie den Namen eingetragen haben.

Listen sortieren

Excel ermöglicht es Ihnen, Listen in Ihren Tabellen beliebig zu sortieren. Dabei können sowohl Zahlen als auch Texte als Sortierkriterium dienen, Sie können nach Bedarf aufsteigend oder absteigend sortieren, und Sie können entscheiden, welche Spalte – wenn nicht alle – mit umsortiert werden sollen.

1 Markieren Sie die Spalte der Tabelle, deren Inhalt Sie sortieren möchten.

2 Wählen Sie dann in der Menüband-Registerkarte *Start* im Bereich *Bearbeiten* den Befehl *Sortieren und Filtern*, um das Sortiermenü anzuzeigen.

3 Wählen Sie nun die Sortierrichtung. *Von A bis Z sortieren* sortiert absteigend, mit A beginnt es, Z steht unten. Die andere Möglichkeit sortiert aufsteigend. Hinweis: Wenn die markierten Zellen Zahlen enthalten, erkennt Excel dies automatisch und bietet dann stattdessen *Nach Größe sortieren (aufsteigend)* sowie *Nach Größe sortieren (absteigend)* an.

4 Wenn Ihre Tabelle mehr als die eine Spalte mit Inhalt umfasst, erkennt Excel das automatisch und fragt nach, ob Sie wirklich nur diese eine Spalte sortieren möchten (*Mit bestehender Markierung fortfahren*). Meist ist das nicht sinnvoll, da Werte oft in einer Beziehung zur gleichen Zeile der Nachbarspalten stehen.

5 In der Regel sollten Sie bei dieser Rückfrage deshalb die Option *Markierung erweitern* wählen. Die wählt automatisch alle Spalten der Tabelle mit Inhalt aus, bevor es mit dem Sortieren losgeht.

6 Klicken Sie dann auf *Sortieren*, und schon haben Sie Ihre sortierte Liste (bzw. ganze umsortierte Tabelle).

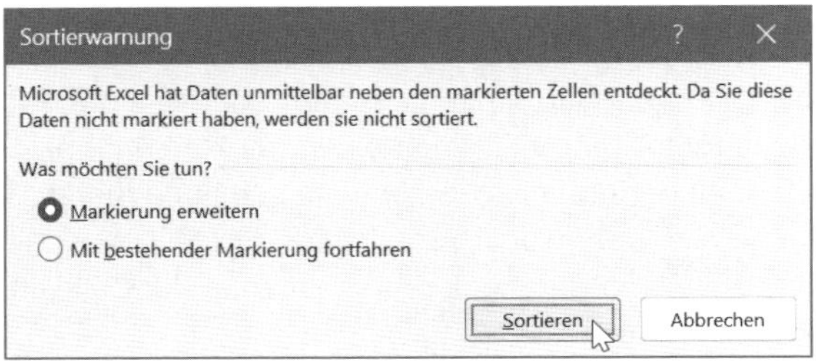

Sortieren für Fortgeschrittene

Die Sortierautomatik von Excel ist leicht zu bedienen und führt meist schnell zu den gewünschten Ergebnissen. Wenn Sie aber vor etwas komplexeren Sortieraufgaben stehen, geht das nur über die Registerkarte *Start*. Dort finden Sie in der Gruppe *Bearbeiten* unter dem Sortiersymbol den Eintrag *Benutzerdefiniertes Sortieren*. Alternativ finden Sie die Funktion *Sortieren* auf der Registerkarte *Daten* bei *Sortieren und Filtern*.

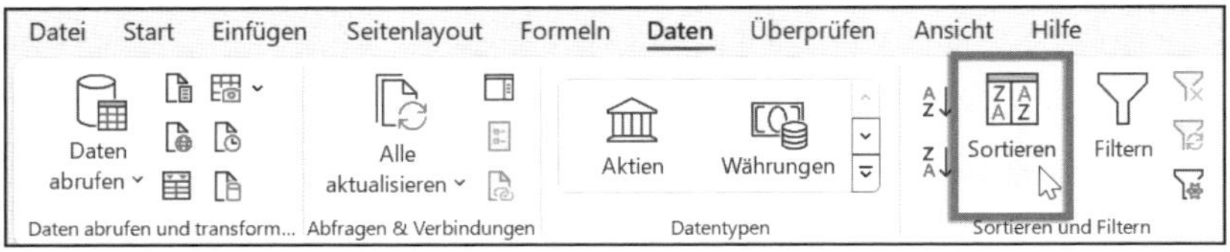

Auf beiden Wegen öffnen Sie den Dialog zum benutzerdefinierten Sortieren, der Ihnen die größtmögliche Flexibilität ermöglicht:

- Hier entscheiden Sie sich nun, nach welcher Spalte sortiert werden soll. Klicken Sie im Bereich *Spalte* auf das kleine Pfeilsymbol bei *Sortieren nach*. Wählen Sie beispielsweise die Sortierung nach der Spalte *Name*.

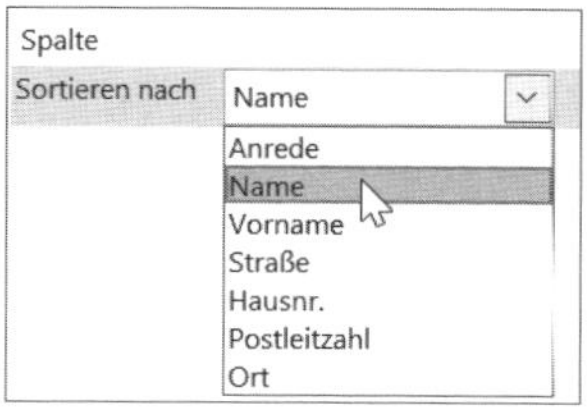

- Ein wenig unglücklich ist die Wortwahl, wenn Sie sich als Nächstes entscheiden müssen, ob Sie nach irgendwelchen Zellenfarben oder Zellwerten sortieren wollen, denn auch diesen Bereich nennt Microsoft *Sortieren nach*. Standardmäßig steht hier *Zellwerte*.

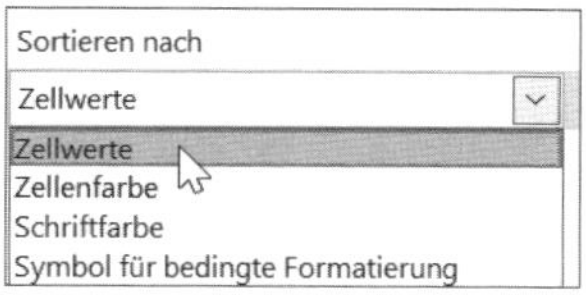

TIPP

Sortieren nach Farbe?
Sortieren nach Zellwerten wie Zahlen oder Namen erschließt sich sofort. Aber warum sollte man nach Farben sortieren? Im Abschnitt über die bedingte Formatierung (siehe Seite 320) lesen Sie, wie Excel Zellen aufgrund von Bedingungen automatisch einfärben kann, um sie so besser und schneller sehen zu können. Wenn Sie beispielsweise eine Tabelle mit 10.000 Messwerten haben und nach Zahlenwerten in einem bestimmten Bereich suchen, können Sie Excel alle Werte farblich darstellen lassen. Und genau diese Färbung können Sie auch als Sortierkriterium verwenden, sodass Zellen mit ähnlichen Werten dicht beieinanderstehen.

- Zum Schluss müssen Sie noch entscheiden, ob Sie auf- oder absteigend sortieren wollen. Bei einer Sortierung wird natürlich die ganze Zeile sortiert und nicht nur die Spalte, in der Sie gerade stehen.

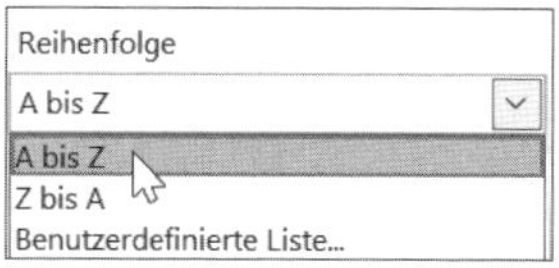

Für die Beispiel-Adressenliste sähe eine Sortierung nach Namen so aus:

	A	B	C	D	E	F	G
1	**Anrede**	**Name**	**Vorname**	**Straße**	**Hausnr.**	**Postleitzahl**	**Ort**
2	Herr	Kampe	Walter	Am Freibad	10	47063	Bullstadt
3	Frau	Meier	Monika	Goethering	64	53065	Rehweiher
4	Frau	Müller	Hildegard	Birkenweg	4	84359	Vogeldorf
5	Herr	Schmitt	Christian	Waldstraße	24	57846	Olmhausen

Sie können aber auch sehr viel komplexere Sortierungen durchführen. Gerade bei Adressenlisten ist es sinnvoll, zuerst einmal nach dem Ort zu sortieren.

Innerhalb eines Ortes könnte man dann nach dem Nachnamen und, bei gleichen Nachnamen, nach dem Vornamen sortieren.

1 Um zu dem Sortierkriterium *Ort* ein weiteres Kriterium hinzuzufügen, klicken Sie im Dialog *Sortieren* auf *Ebene hinzufügen.*

2 Diese zweite Ebene füllen Sie genauso aus wie die erste Ebene.

3 Zum Schluss fügen Sie eine dritte Ebene hinzu, die nach dem Vornamen sortiert. Der Dialog sollte nun so aussehen:

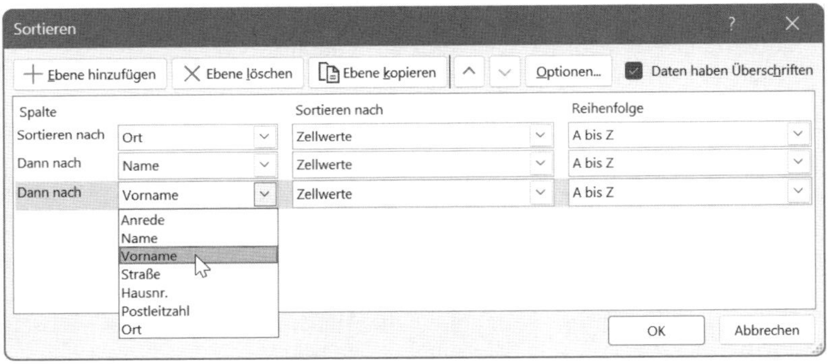

4 Klicken Sie dann unten auf *OK*, um Ihre Tabelle zu sortieren.

Während Sie in ganz alten Excel-Versionen nur drei Sortierebenen zur Verfügung hatten, können Sie mit der aktuellen Version nach mehr als 60 Ebenen sortieren lassen.

Datenlisten mit Mustererkennung ausfüllen

Leider liegen Daten nicht immer in genau der Form vor, wie man sie für die weitere Bearbeitung benötigt. Angenommen, Sie haben eine kleine Tabelle wie diese hier, in der die Vor- und Nachnamen in einer Spalte stehen. Eine solche Tabelle ist kaum nach den Nachnamen zu sortieren und sollte deshalb vermieden werden.

	A
1	Alfons Hülsmann
2	Berta Grover
3	Charlie Fuhrmann
4	Dörte Essig
5	Egon Dobermann
6	Fiona Cruz
7	Gerd Beyerlein
8	Hildegard Ahlert
9	

Besser ist es, die Vor- und Nachnamen in zwei getrennte Spalten zu schreiben.

Bei einer überschaubaren Liste kann man das notfalls von Hand machen, aber es kostet unnötig Zeit. Wenn die Liste aber Hunderte von Namen umfasst, ist das keine sinnvolle Option. Hier kommt Excel Ihnen mit der in der deutschen Übersetzung etwas holprig benannten Funktion *Blitzvorschau* entgegen. (Im Original heißt sie *Flash Fill*, also eher »Blitz-Ausfüllen«, was es besser träfe.)

Hierbei handelt es sich um eine Funktion mit Mustererkennung. Sie liefern dem Programm ein Beispiel, wie Sie die vorhandenen Daten in einer Tabelle verändern möchten. Excel leitet aus dem Beispiel ein Muster ab und wendet es auf die weiteren Zellen an. Bei der oben abgebildeten Liste könnte das Muster etwa lauten: Nimm den Vornamen aus der Spalte links und schreibe ihn für sich in die Zelle rechts daneben.

1 Dazu markieren Sie zunächst die Zelle rechts neben dem ersten Listeneintrag, also im Beispiel B1.

2 Schreiben Sie in diese Zelle den Vornamen aus der nebenstehenden Zelle in der ersten Spalte, im Beispiel also *Alfons*, und bestätigen Sie die Eingabe mit der [↵]-Taste.

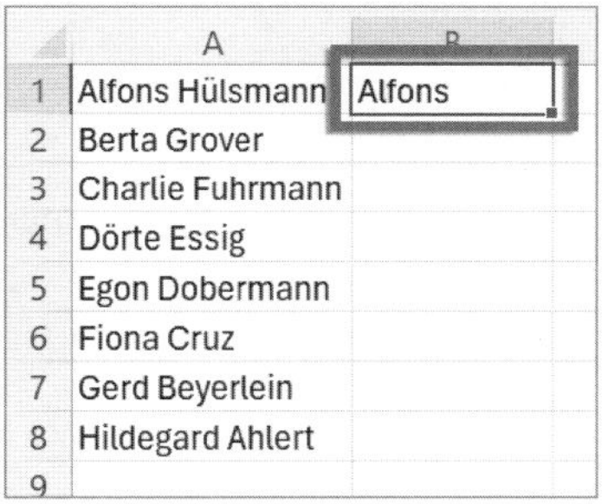

3 Markieren Sie nun die Zellen in Spalte B, in der die Vornamen aus Spalte A stehen sollen. Schließen Sie dabei die oberste Zelle, die Sie von Hand befüllt haben, als Muster mit ein. Prinzipiell können Sie auch die gesamte Spalte markieren, nur wird Excel dann spürbar länger für das Bearbeiten benötigen.

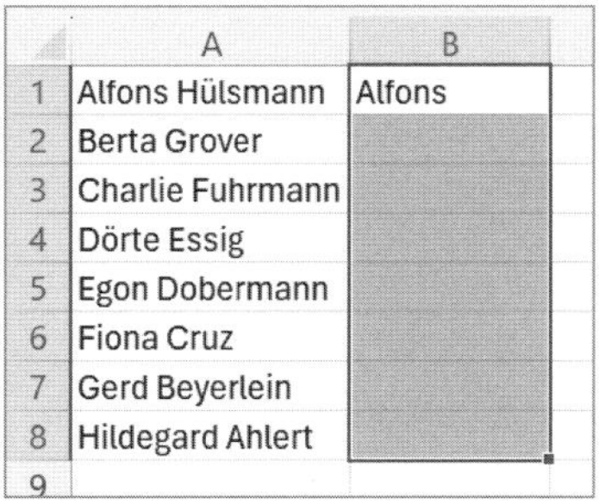

4 Drücken Sie die Tastenkombination [Strg]+[E]. Excel füllt die Spalte nun nach dem Muster aus Zelle B1 mit den Vornamen aus.

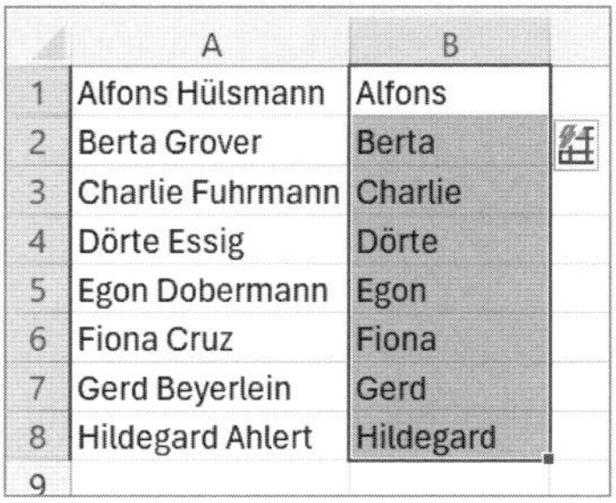

5 In gleicher Weise können Sie in Spalte C die Nachnamen separieren. Tragen Sie wiederum in der obersten Zelle C1 den ersten Nachnamen von Hand ein, markieren Sie dann alle Zellen einschließlich C1 und drücken Sie Strg+E.

	A	B	C
1	Alfons Hülsmann	Alfons	Hülsmann
2	Berta Grover	Berta	Grover
3	Charlie Fuhrmann	Charlie	Fuhrmann
4	Dörte Essig	Dörte	Essig
5	Egon Dobermann	Egon	Dobermann
6	Fiona Cruz	Fiona	Cruz
7	Gerd Beyerlein	Gerd	Beyerlein
8	Hildegard Ahlert	Hildegard	Ahlert

TIPP

Blitzvorschau im Menüband

Wer nicht gern mit dem Tastenkürzel Strg+E arbeitet, kann die Blitzvorschau auch über das Menüband abrufen. Die Schaltfläche dafür befindet sich auf der Registerkarte *Daten* im Bereich *Datentools*.

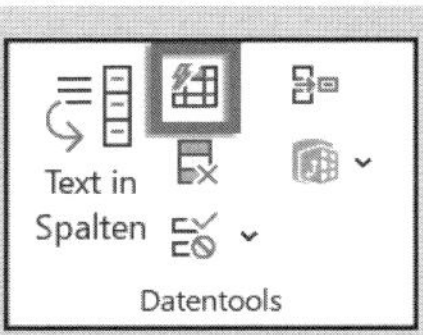

Das Separieren von Wörtern ist für die Mustererkennung sozusagen eine der leichtesten Übungen. Sie kann noch wesentlich mehr.

Wenn Sie Daten beispielsweise in einem ganz bestimmten Format benötigen, kann sie Ihnen auch viel Handarbeit ersparen. Leeren Sie für das folgende Beispiel ggf. zunächst die Spalten B und C wieder.

1 Tragen Sie in der obersten Zelle von Spalte B diesmal Folgendes ein:

	A	B
1	Alfons Hülsmann	Hülsmann, Alfons
2	Berta Grover	
3	Charlie Fuhrmann	
4	Dörte Essig	
5	Egon Dobermann	
6	Fiona Cruz	
7	Gerd Beyerlein	
8	Hildegard Ahlert	

2 Markieren Sie dann wiederum alle Zellen in Spalte B, für die es links daneben Namenseinträge gibt.

3 Drücken Sie dann [Strg]+[E] und Excel schreibt Ihnen zuerst den Nachnamen, gefolgt von einem Komma mit Leerstelle, und dann den Vornamen in Spalte B.

	A	B
1	Alfons Hülsmann	Hülsmann, Alfons
2	Berta Grover	Grover, Berta
3	Charlie Fuhrmann	Fuhrmann, Charli
4	Dörte Essig	Essig, Dörte
5	Egon Dobermann	Dobermann, Egon
6	Fiona Cruz	Cruz, Fiona
7	Gerd Beyerlein	Beyerlein, Gerd
8	Hildegard Ahlert	Ahlert, Hildegard

TIPP

Zahlen mit führenden Nullen separieren
Die Mustererkennung kann auch Zahlen separieren. Allerdings erkennt sie diese als solche und formatiert sie entsprechend. Wenn Sie also beispielsweise aus einer Zelle Postleitzahlen separieren möchten, würde die Mustererkennung beim PLZ-Bereich 0... die führende Null weglassen, was keine gültige Postleitzahl ergibt. Behelfen Sie sich in diesem Fall, indem Sie die Zellen vor dem automatischen Befüllen als Text formatieren. Am schnellsten geht das mit dem Auswahlfeld im Bereich *Zahl* der Menüband-Registerkarte *Start*.

So hilfreich die Mustererkennung auch ist, gibt es eine wichtige Einschränkung zu beachten. Es ist keine Funktion, die Zellen bei der Änderung eines Wertes automatisch aktualisiert. Wenn Sie in der Ausgangsliste etwas an den Namen ändern, werden die davon abgeleiteten Werte in Spalte B nicht angepasst, wie man es etwa von Formeln gewohnt ist. Wenn dies erforderlich ist, könnte eine Textfunktion Abhilfe schaffen, wie ich sie ab Seite 339 vorstelle.

4.3 Tabellen mit Formaten gestalten

Nachdem Sie Ihre Kalkulation mit den entsprechenden Formeln versehen haben, folgt als nächster Schritt die Formatierung der Zellen. Aus den kühlen Rechnungen wird nun eine möglichst übersichtliche und leicht zu lesende Tabelle.

Die richtige Reihenfolge bei der Erstellung einer Tabelle ist, zunächst die richtigen Formeln in die Zellen einzusetzen und sich erst dann mit der Formatierung zu beschäftigen. Sie sollten also nicht einen Wert oder eine Formel in eine Zelle schreiben und dann gleich danach diese Zelle mit den Formaten versehen, denn oft erkennt man erst beim Erstellen einer Tabelle, dass der eine oder andere Wert in eine andere Zelle muss – und dann beginnt man mit dem Formatieren von vorn.

Sie sollten sich an dieser Stelle schon mal klarmachen, dass in einer Excel-Zelle drei verschiedene Angaben verwaltet werden:

- die Formeln, die einen Wert berechnen,
- der Wert selbst, der aus der Formel berechnet wird,
- und die Formatierung, die für diese Zelle gilt.

Wenn's mal schnell gehen soll – Formatvorlagen

Formatvorlagen können und sollten Sie benutzen, wenn es wirklich schnell gehen soll. Mit wenigen Klicks kommen Sie damit zu mehr oder weniger brauchbaren Ergebnissen.

Nehmen Sie als Beispiel folgende Tabelle:

	A	B	C	D	E	F	G	H	I
1		Januar	Februar	März	April	Mai	Juni	Juli	August
2	Alfons Hülsmann	567,06	921,02	422,77	105,09	947,79	294,22	5,27	723,72
3	Berta Grover	399,66	21,59	394,57	592,39	881,99	344,44	691,66	141,43
4	Charlie Fuhrmann	683,20	833,61	168,49	589,07	180,49	449,55	34,15	641,74
5	Dörte Essig	268,74	580,65	360,66	6,41	66,21	50,31	590,82	849,62
6	Egon Dobermann	966,96	855,68	583,02	843,24	714,08	351,87	527,71	278,08
7	Fiona Cruz	8,16	166,12	115,36	263,13	141,36	100,84	573,64	266,14
8	Gerd Beyerlein	990,55	245,23	907,14	286,43	654,90	803,54	418,99	894,02
9	Hildegard Ahlert	531,51	248,13	440,65	469,09	854,56	302,94	362,33	976,45
10									

1. Markieren Sie die Zellen, die Sie schnell und ohne großen Aufwand formatieren möchten.
2. Öffnen Sie dann auf der Menüband-Registerkarte *Start* im Bereich *Formatvorlagen* die Auswahl *Zellenformatvorlagen*.

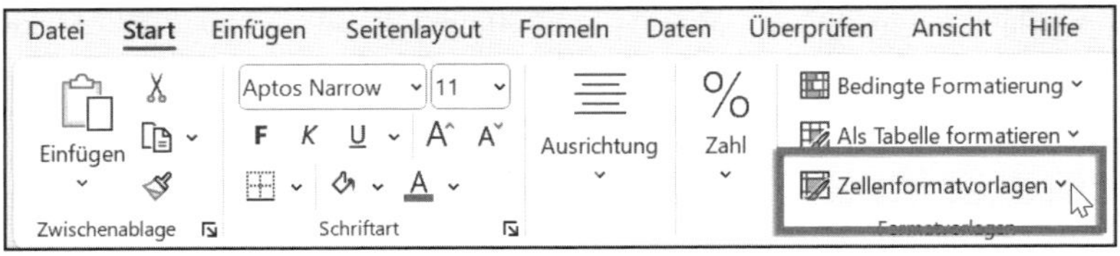

3 Nun genügt es, im Dialog über eine der vordefinierten Formatvorlagen zu fahren (Sie müssen nicht klicken), um zu schauen, wie das Format in der markierten Zelle wirkt. Die Zelle wird auf diese Weise nur temporär formatiert. Die Formatierung wird erst durch einen Klick als feste Formatierung übernommen.

4 Sie müssen das natürlich jetzt nicht für jede Zelle einzeln machen. Markieren Sie z. B. zuerst die Monatsnamen und wählen Sie das Format für diese Überschriften.

5 Dann markieren Sie alle Zellen, die Zahlen enthalten, und formatieren sie im Abschnitt *Zahlenformat* des Auswahlmenüs als *Währung*. Excel beschränkt solche Zahlen automatisch auf zwei Stellen nach dem Komma und setzt das in Europa übliche €-Symbol dahinter. Genaueres über solche Zahlenformate erfahren Sie im nachfolgenden Abschnitt.

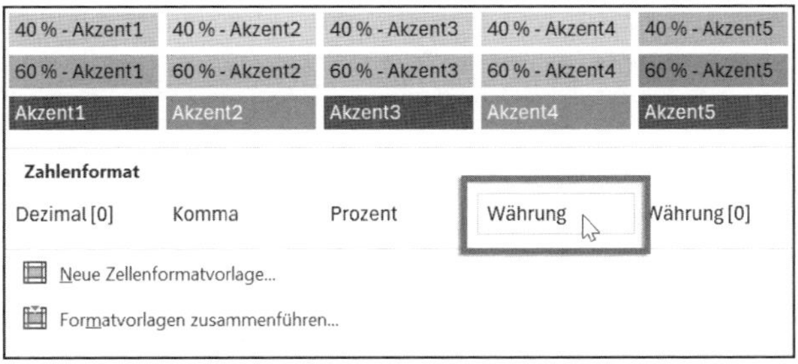

Mit wenigen Mausklicks können Sie so aus einer Zahlenwüste eine ansprechende Tabelle machen.

	A	B	C	D	E	F	G	H	I
1		**Januar**	**Februar**	**März**	**April**	**Mai**	**Juni**	**Juli**	**August**
2	*Alfons Hülsmann*	610,82 €	212,29 €	633,32 €	701,90 €	220,36 €	180,99 €	871,37 €	642,77 €
3	*Berta Grover*	908,77 €	560,59 €	715,88 €	664,28 €	204,39 €	891,44 €	356,79 €	557,69 €
4	*Charlie Fuhrmann*	830,05 €	647,16 €	678,48 €	996,94 €	752,34 €	311,75 €	995,62 €	405,64 €
5	*Dörte Essig*	851,72 €	817,24 €	65,01 €	919,67 €	905,66 €	737,27 €	366,74 €	482,88 €
6	*Egon Dobermann*	614,88 €	676,92 €	72,65 €	150,07 €	359,32 €	762,62 €	406,88 €	330,82 €
7	*Fiona Cruz*	811,66 €	240,84 €	818,72 €	342,28 €	272,20 €	159,31 €	709,19 €	685,40 €
8	*Gerd Beyerlein*	200,67 €	278,60 €	320,06 €	875,94 €	229,43 €	258,35 €	83,30 €	311,09 €
9	*Hildegard Ahlert*	81,47 €	652,70 €	772,17 €	471,36 €	642,45 €	974,95 €	602,61 €	855,73 €

Zahlen zweckmäßig formatieren

Excel bietet so viele unterschiedliche Möglichkeiten, Zahlen darzustellen, dass ich im Rahmen dieses Praxisbuches nicht auf alle eingehen kann. Aber es gibt einige oft benötigte Darstellungsvarianten, auf die ich eingehe. Speziellere Anforderungen Ihres Fachgebietes können Sie ggf. selbst erkunden. Dieser Abschnitt soll Ihnen aber die ersten wichtigen Schritte für das eigene Ausprobieren liefern. Da viele oft genutzte Formatierungen über die Registerkarte *Start* schnell zu erreichen sind, nehme ich zunächst diese Registerkarte in den Fokus.

TIPP

Markieren kommt vor Formatieren

Damit Sie sich das Leben mit Formaten erleichtern und auch das Formatieren schnell erledigt werden kann, sollten Sie vorher möglichst alle Zellen markieren, die das gleiche Format erhalten sollen. Welche Markierungsmöglichkeiten es gibt, lesen Sie weiter oben auf Seite 255.

Die Formatierungsleiste

Die Registerkarte *Start* in Excel unterteilt sich in mehrere Gruppen wie *Zwischenablage*, *Schriftart*, *Ausrichtung* usw. Die folgende Tabelle gibt einen Überblick der wichtigsten Elemente im Bereich *Ausrichtung*:

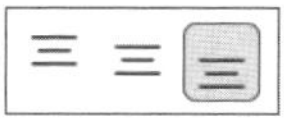	Mit diesen Symbolen können Sie die Zellinhalte nun auch schnell vertikal ausrichten
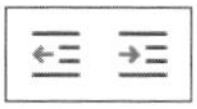	Mit diesen beiden Schaltflächen können Sie den Einzug vergrößern oder verkleinern. Der Inhalt rückt dementsprechend mehr zur Mitte oder zum Rand.

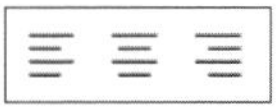	Standardmäßig setzt Excel Texte linksbündig und Zahlen rechtsbündig in die Zelle. Mit dem linken Symbol können Sie alles Markierte linksbündig in die Zelle setzen. Mit dem mittleren Symbol setzen Sie den Inhalt zentriert, mit dem rechten Symbol setzen Sie ihn rechtsbündig in die Zelle. Diese Formatierung benutzen Sie, um Überschriften und Zahlen die gleiche Ausrichtung zu geben.
	Wenn Sie das Orientierungssymbol anklicken, werden Befehle zur Orientierung von Zellinhalten aufgeklappt. Die Symbole sind selbsterklärend. Um den Befehl *Zellenausrichtung formatieren* wird es später noch ausführlicher gehen.

Die Anzahl der Dezimalstellen kontrollieren

Ein häufiges Thema bei der Darstellung von Werten sind Nachkommastellen. Diese schleichen sich beim Berechnen von Formeln gern ein und sind für die Genauigkeit der Ergebnisse auch unerlässlich.

In der Darstellung ist eine Tabelle voller Zahlen mit drei, vier und mehr Dezimalstellen allerdings unübersichtlich.

	A	B	C	D	E
1	3,3188537	862,635415	920,608541	283,943507	918,706212
2	216,235801	509,826139	706,133155	889,173464	461,897842
3	351,869285	756,652162	4,27219844	699,252484	595,584239
4	871,609528	324,326087	65,2201481	964,926321	788,910117
5	97,6168837	719,81492	9,63803716	555,1853	0,85652553
6	261,481545	99,7944329	811,904617	846,162806	820,398292
7	341,972013	599,832382	427,821308	794,289395	406,18357
8	913,715433	129,018871	718,6117	521,871419	873,233324

Die Möglichkeiten der Begrenzung von Dezimalstellen finden Sie auf der Registerkarte *Start* im Bereich *Zahl*.

	Jeder Klick auf diese Schaltfläche fügt eine weitere Dezimalstelle an eine Zahl an. Aus 5,67 wird durch einen Klick 5,670 usw.
	Jeder Klick auf diese Schaltfläche entfernt eine Dezimalstelle an einer Zahl. Aber es wird nicht nur einfach abgeschnitten, stattdessen rundet Excel die verbleibenden Zahlen kaufmännisch. Aus 5,678 wird durch einen Klick 5,68 usw.

	A	B	C	D
1	3,32	862,64	920,61	283,94
2	216,24	509,83	706,13	889,17
3	351,87	756,65	4,27	699,25
4	871,61	324,33	65,22	964,93
5	97,62	719,81	9,64	555,19
6	261,48	99,79	811,90	846,16
7	341,97	599,83	427,82	794,29
8	913,72	129,02	718,61	521,87

TIPP

Zahlen werden nur auf dem Bildschirm gerundet

Beim Formatieren geht es immer nur um die Darstellung von Werten, nicht um die Werte selbst. Die Zahlen werden also nicht tatsächlich gerundet, sondern nur am Bildschirm gerundet dargestellt. Wenn Sie eine Zelle mit einer gerundeten Zahl anklicken, sehen Sie in der Bearbeitungszeile den tatsächlichen Wert mit allen Nachkommastellen.

Unangenehm kann diese Eigenart von Excel werden, wenn Sie in einer Tabelle mit gerundeten Zahlen weiterrechnen und diese Tabelle dann beispielsweise ausdrucken. Hat jemand den Ausdruck der Tabelle in Händen und überprüft die Zahlen mit einem Taschenrechner, kann er dann durchaus zu etwas anderen Ergebnissen kommen. Sollen Werte tatsächlich gerundet werden, bietet Excel die Funktion RUNDEN (siehe Seite 352).

Potenzen und Indizes in Zellen verwenden

Oft ist es wünschenswert, in Beschriftungen Potenzen oder Indizes zu nutzen. Vielleicht brauchen Sie in einer Zelle die Abkürzung für Quadratmeter.

Das geht beispielsweise so:

1 Schreiben Sie zunächst an der gewünschten Stelle für die Maßeinheit *m2* in die Zelle, aber bestätigen Sie die Eingabe noch nicht.

2 Markieren Sie anschließend die *2* mit der Maus oder der Tastatur.

3 Klicken Sie danach in der Menüband-Registerkarte *Start* im Bereich *Schriftart* auf den kleinen Pfeil rechts unten.

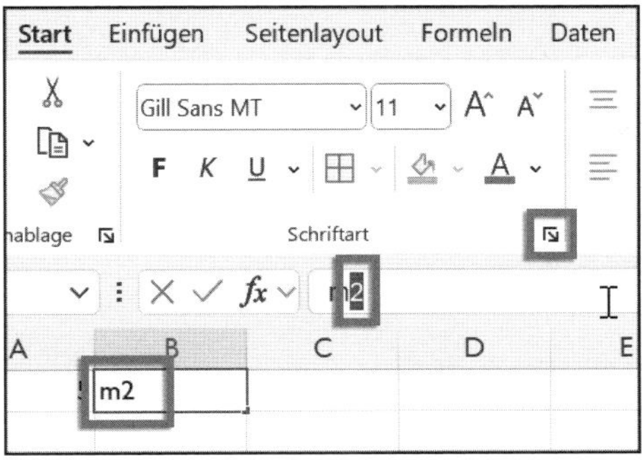

4 Ein kurzer Klick auf *Hochgestellt*, und *m2* wird zu *m^2*. Erst jetzt bestätigen Sie die Zelle wie gewöhnlich.

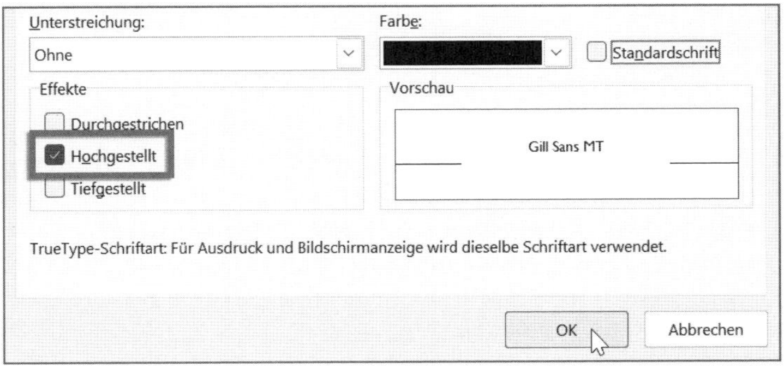

In gleicher Weise können Sie beispielsweise aus ki durch *Tiefgestellt* ein k_i machen.

Prozentangaben effizient darstellen

Bei der letzten Klausur an der Uni haben von 238 Studenten nur 116 die Klausur bestanden. Wie viel Prozent der Studenten sind also durchgefallen?

Mit Excel ist das ganz einfach auszurechnen. Sie dividieren 116 durch 238 und erhalten 0,48739496. Das sind natürlich noch keine Prozente. Sie müssen dieses Ergebnis noch mit 100 multiplizieren und sinnvollerweise auf wenige Nachkommastellen begrenzen.

Da hilft das Prozentzeichen, das Sie in der Menüband-Registerkarte *Start* im Bereich *Zahl* finden. Es multipliziert automatisch mit 100 und begrenzt die Nachkommastellen. Aus 0,48739496 wird somit 49 %.

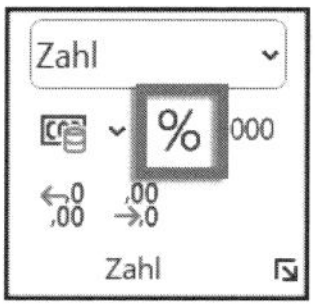

Sie tragen also in eine Excel-Zelle nur die Formel =116/238 oder mit Zellbezügen beispielsweise =A3/B3 ein und klicken dann auf das Prozentzeichen. Sollten Sie mehr Dezimalstellen benötigen, als Excel Ihnen hier zugesteht, können Sie mit den vorangehend beschriebenen Schaltflächen nach Belieben Dezimalstellen hinzufügen oder entfernen.

Zahlen mit Währungssymbolen versehen

Zum Erzeugen eines Währungssymbols finden Sie auf der Registerkarte *Start* in der Gruppe *Zahl* ein Symbol, das Geld darstellt. Klicken Sie auf den zum Symbol gehörenden Pfeil und wählen Sie die gewünschte Währung aus.

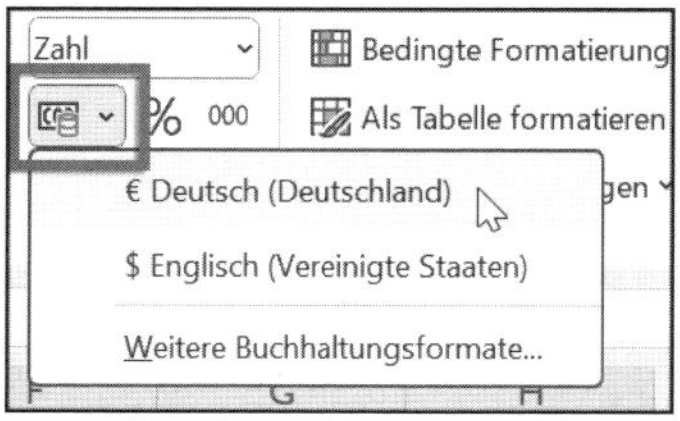

Das Währungssymbol setzt aber nicht nur das €-Zeichen hinter die Zahl, sondern die Zahl wird auch auf zwei Nachkommastellen begrenzt. Die Zahl wird, sofern sie mehr als zwei Stellen nach dem Komma hat, kaufmännisch gerundet, d. h., ab 5 wird auf-, ansonsten abgerundet. Zusätzlich werden, wenn nötig, Tausenderpunkte gesetzt. Aus 1234,5678 wird 1.234,57 €.

Dementsprechend gilt Folgendes:

Die Zahl ...	wird zu ...
5,67895	5,68 €
5,673438	5,67 €

Beim Einsatz des $-Zeichens bei Formatierungen wird mit den Zahlen ähnlich verfahren, es wird jedoch, wie in den USA üblich, vor die entsprechenden Zahlen gesetzt, und zwar linksbündig an den Zellenrand, während die Zahl selbst rechtsbündig gesetzt wird.

Um weitere Währungen zu erhalten, klicken Sie auf *Weitere Buchhaltungsformate*. Das bringt Sie in den Dialog *Zellen formatieren*, wo als Kategorie bereits

Buchhaltung ausgewählt ist. Hier finden Sie rechts bei *Symbol* praktisch alle Währungssymbole der Welt bis hin zur Krypto-Währung Bitcoin.

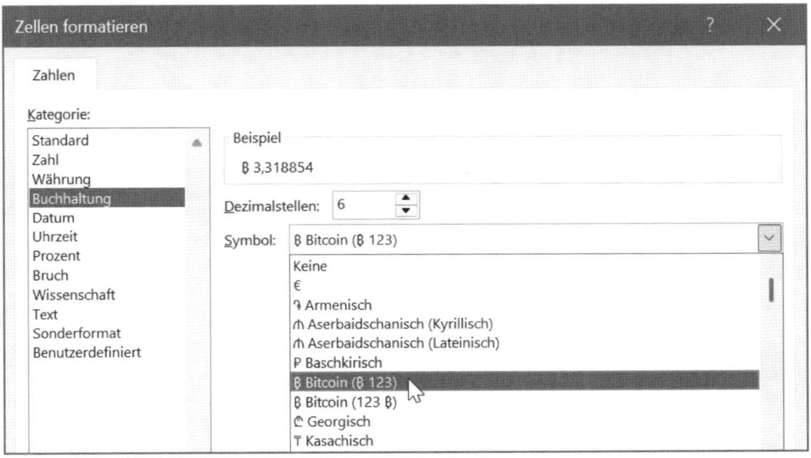

Hinweis: Auch wenn Sie eine andere Währung als beispielsweise Euro auswählen, bleiben die Zahlen an sich unverändert. Excel wird dadurch also keine Währungsumrechnung vornehmen. Das müssten Sie bei Bedarf anhand der aktuellen Kurse selbst machen.

Zahlenformate für Maßeinheiten und mehr

Grundsätzlich sollten in Excel Zahlen und Texte in verschiedene Zellen geschrieben werden. Wenn man Zahlen und Text in einer Zelle mischt, kann Excel diese nicht zuverlässig trennen und behandelt deshalb im Zweifelsfall die gesamte Zelle als Text. Dadurch kann diese Zelle nicht mehr für Berechnungen in Formeln herangezogen werden. Ein Bezug auf die Zelle würde zu einem Fehler führen.

Eine Ausnahme von dieser Regel zeigt der vorhergehende Abschnitt zum Thema Währungssymbole. Bei € und $ ist es durchaus möglich, dass diese als Einheit mit in einer Zelle stehen. Trotzdem kann Excel den eigentlichen Wert der Zelle erkennen und damit rechnen.

Der Trick dahinter erschließt sich, wenn Sie ein solche Zelle auswählen und dann einen Blick auf die Bearbeitungszeile richten: Dort sehen Sie, dass der Inhalt der Zelle tatsächlich nur eine Zahl ist, während in der Tabellenzelle der Geldbetrag mit passenden Nachkommastellen und Währungssymbol angezeigt wird. Das €-Symbol steht also in diesem Fall gar nicht in der Zelle, sondern es handelt sich um eine Formatierung, die nur bei der Darstellung des Zellinhalts hinzugefügt wird.

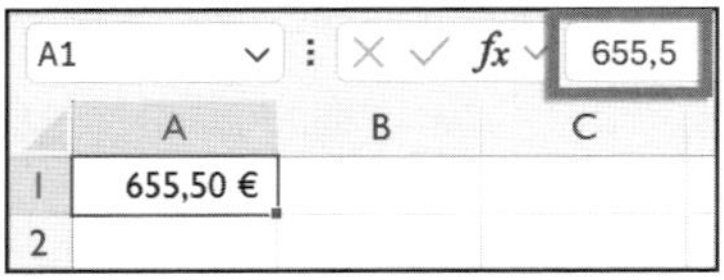

Excel kennt eine ganze Reihe solcher Symbole und Maßeinheiten, die Sie als Zahlenformate auf Zellen anwenden können. Und Sie können sogar beliebige eigene Formate definieren, wenn Ihnen die mitgelieferten für Ihre Zwecke nicht ausreichen.

Zahlen mit passenden Maßeinheiten darstellen

Excel bringt von Haus aus eine große Auswahl an Zahlenformaten mit, die sowohl die Darstellung der Zahl selbst als auch Ergänzungen wie Maßeinheiten umfassen. Für viele Zwecke werden Sie darunter bereits ein passendes Format finden, das sich mit wenigen Mausklicks wählen lässt.

1 Markieren Sie die betreffende Zelle in der Tabelle. Wenn gleich mehrere Zellen dasselbe Zahlenformat bzw. dieselbe Maßeinheit erhalten sollen, können Sie auch gleich alle diese Zellen auswählen.

2 Klicken Sie mit der rechten Maustaste auf eine markierte Zelle und wählen Sie im so geöffneten Kontextmenü recht weit unten *Zellen formatieren*. Alternativ klicken Sie in der Menüband-Registerkarte *Start* im Bereich *Zahl* auf das Auswahlfeld ganz oben. Hier können Sie einige der Zahlenformate direkt auswählen oder ganz unten auf *Weitere Zahlenformate* klicken.

3 Beide Varianten führen Sie im Dialog *Zellen formatieren* direkt in die Rubrik *Zahlen*. Hier finden Sie links unter *Kategorie* verschiedene Anwendungsbereiche wie *Währung*, *Datum*, *Wissenschaft* oder *Text*.

4 Je nach der Auswahl dort finden Sie rechts dann weitere Auswahlen und Optionen, mit denen Sie das Zahlenformat für die ausgewählten Zellen anpassen können. So finden Sie etwa für *Datum* und *Uhrzeit* eine Vielzahl von Darstellungsvarianten, aus denen Sie sich die bevorzugte aussuchen können.

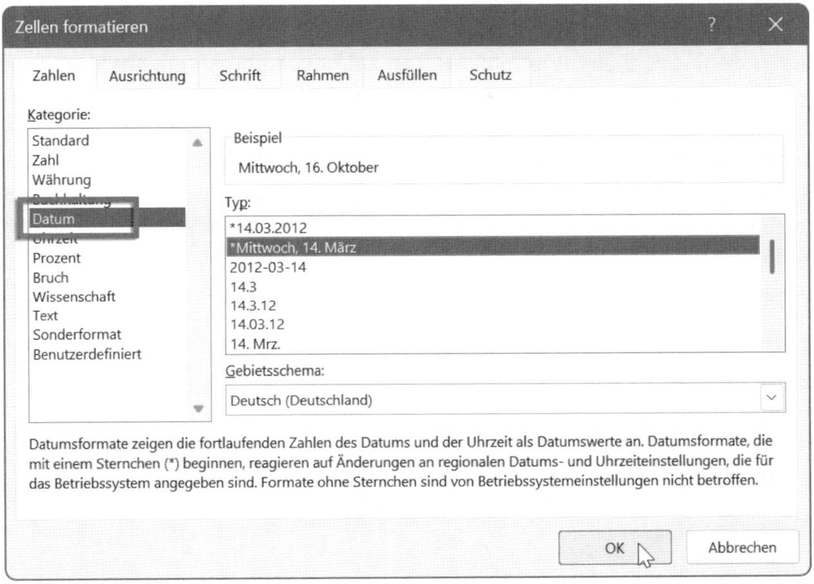

TIPP

Formate ändern nur die Darstellung, nicht den Wert

Gerade auch bei den vielen Varianten für Zeitangaben möchte ich nochmals deutlich machen, dass es sich dabei nur um Darstellungsvarianten handelt. Der Wert selbst wird dadurch nicht verändert. Wenn Sie in einer Zelle beispielsweise *12.05.2025* eingeben und dann das entsprechende Zahlenformat für diese Zelle wählen, wird als Inhalt der Zelle anschließend *Montag, 12. Mai* **angezeigt**. Excel fügt also automatisch den Wochentag hinzu und lässt das Jahr weg. Der **Wert** der Zelle ist aber weiterhin 12.05.2025. Das ist einerseits gut, weil der ursprüngliche Inhalt der Zelle erhalten bleibt. Andererseits kann es zum Problem werden, wenn man später mit dem Wert rechnet. Wenn Sie beispielsweise den Abstand in Tagen zwischen zwei Datumsangaben berechnen, kann dieser überraschend hoch sein. Das passiert dann, wenn die Daten mit verschiedenen Jahreszahlen eingegeben wurden, die Sie aber aufgrund der Formatierung in der Tabelle nicht sehen können.

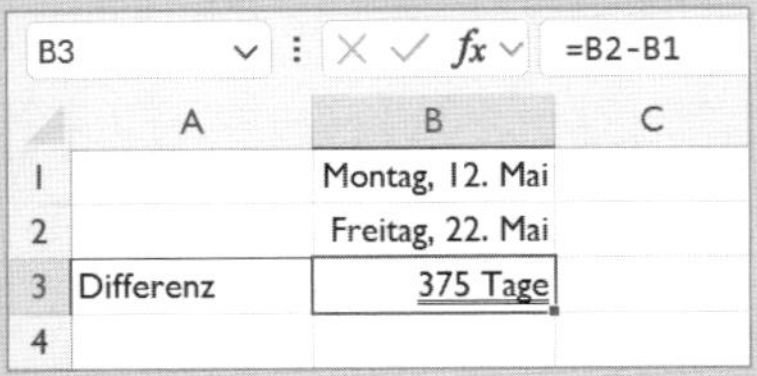

Benutzerdefinierte Zahlenformate

Auch wenn Excel eine Vielzahl von Zahlenformaten mitbringt, wird vielleicht nicht immer das gewünschte in exakt der richtigen Form dabei sein. Hier kommen die benutzerdefinierten Zahlenformate ins Spiel, dank derer Sie praktisch beliebige eigene Formatierungen für Zahlen festlegen können. Die Definition erfolgt allerdings in einer Art Code, mit dessen Feinheiten man sich zunächst vertraut machen muss. Wählen Sie dazu im Dialog *Zellen formatieren* in der *Kategorie*-Liste ganz unten *Benutzerdefiniert* aus.

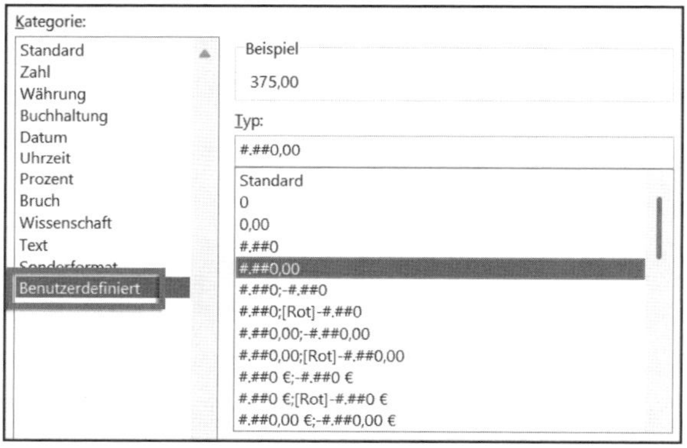

Ein erster Blick zeigt, dass viele der Formate aus den Platzhaltern 0 und # zusammengesetzt sind. Damit Sie mit diesen Symbolen eigene Formate erstellen können, sollten Sie die Bedeutung der beiden Zeichen kennen.

Schauen Sie sich einmal kurz die Formatdarstellungen in der Abbildung oder in Excel selbst an. Sie werden sicher dieses Format im Dialog sofort finden: *#.##0,00*. Nehmen Sie an, es gäbe auch noch dieses Format: *0.000,00*. Das Format gibt es zwar nicht, aber Sie könnten es gleich erstellen, wenn Sie möchten. Anhand dieser beiden Formate lässt sich die Wirkung der Zeichen 0 und # recht schön erklären.

Sie geben diese Zahl in eine Zelle ein	Bei dem Format #.##0,00 erhalten Sie	Bei dem Format 0.000,00 erhalten Sie
1234,56	1.234,56	1.234,56
1234,567	1.234,57	1.234,57
234,56	234,56	0.234,56
1,25	1,25	0.001,25

- Die Nullen in einem Format bedeuten: Gib so viele Stellen aus, wie Nullen im Format vorhanden sind. Hat die Zahl weniger Stellen, als Nullen vorhanden sind, fülle den Rest mit 0 auf. Das heißt, mit der Null können Sie ein Format erzeugen, das immer exakt die gleiche Anzahl Stellen aufweist.
- Anders ist es beim Nummernsymbol # (dieses wird oftmals auch als »Gartenzaun« bezeichnet). Hier wird der Rest nicht mit irgendetwas aufgefüllt, auch wenn weniger Stellen vorhanden sind.

Doch der »Gartenzaun« hat noch eine recht unangenehme Eigenschaft:

Sie geben diese Zahl in eine Zelle ein	Bei dem Format #,00 erhalten Sie	Bei dem Format 0,00 erhalten Sie
0,56	,56	0,56

Wenn Sie ein Format haben, das vor dem Komma nur aus dem Platzhalter # besteht, wird Excel bei Werten kleiner als 1 die führende Null ganz weglassen. Excel wird zwar weiterhin richtig rechnen, aber diese Zahlendarstellung ist sehr unübersichtlich. Aus diesem Grund sollten Sie bei eigenen Formaten stets mindestens eine 0 vor dem Komma haben.

Was aber geschieht mit der Zahl 154,56, wenn das Zahlenformat 0,00 ausgewählt wurde? Mit diesem Format teilen Sie Excel mit, dass vor dem Dezimalkomma nur eine einstellige Zahl stehen soll. Damit haben Sie aber vor dem Komma zu wenige Stellen, um die Zahl 154,56 darzustellen.

Doch keine Angst, Excel wird in diesem Fall nichts abschneiden oder sonst ein seltsames Verhalten an den Tag legen. Excel gibt in einem solchen Fall die eingegebene Zahl vollständig aus, Sie erhalten also tatsächlich 154,56, auch wenn im Format zu wenige Stellen vorhanden sind. Das gilt aber natürlich nur für die Stellen vor dem Komma. Zu wenige Stellen nach dem Komma führen zur Rundung der Zahl.

Zahlen mit eigenen Maßeinheiten versehen

Wenn man die Rolle der Platzhalter kennt, ist das Erstellen eigener Formate nicht kompliziert. Probieren Sie es beispielsweise mit dem Erstellen eines Formats, das einen Tausenderpunkt ausgibt und die Dezimalstellen auf zwei Stellen beschränkt. Zusätzlich soll hinter die Zahl automatisch *Liter* gesetzt werden.

1 Geben Sie im Bereich *Typ* die entsprechenden Platzhalter ein, oder wählen Sie ein vordefiniertes Format, das Ihren Wünschen am nächsten kommt, hier beispielsweise *#.##0,00*.

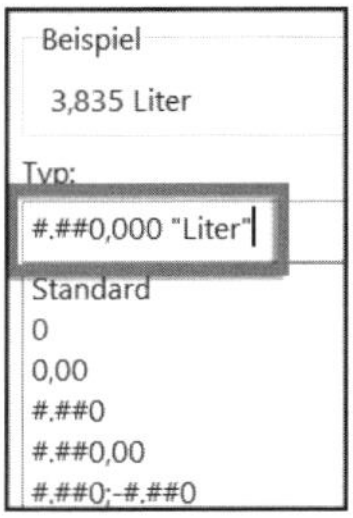

2 Damit Dezimalstellen auf drei und nicht wie vorgegeben auf zwei Stellen beschränkt werden, ergänzen Sie eine weitere Null am Ende.

3 Damit nun auch das Wort *Liter* in die Zelle geschrieben wird und Sie dennoch mit dieser Zelle rechnen können, schreiben Sie ans Ende des Formats das Wort *"Liter"* (mit den Anführungszeichen!).

4 Im Feld *Beispiel* direkt über dem Eingabebereich können Sie jederzeit kontrollieren, wie sich Ihre Formatierung auswirkt. Das funktioniert am besten, wenn in der Tabelle eine Zelle mit einem passenden Wert ausgewählt ist.

5 Sobald Sie das neue Format durch Klick auf *OK* bestätigt haben, können Sie in die Zelle, die Sie mit diesem Format formatiert haben, eine Zahl schreiben, und Excel wird automatisch das Wort *Liter* anfügen.

Einmal erstellte eigene Formate speichert Excel als benutzerdefinierte Formate. Sie finden sie ganz am Ende der Liste dieser Kategorie wieder. Dadurch sind Ihre eigenen Formate also auch wiederverwendbar. Das gilt allerdings immer nur für Tabellen innerhalb dieser Mappe (also für alle Tabellen in diesem Excel-Dokument).

TIPP

Formatschnüffler – so kommen Sie Excel auf die Schliche

Excel bringt viele fertige Zahlenformate mit, an denen man sich gern ein Beispiel nimmt oder sich einfach fragt, wie das geht. Diese Formate sind kein Hexenwerk, sondern verwenden den gleichen Mechanismus wie benutzerdefinierte Formate. Und man kann sich mit einem kleinen Trick anschauen, wie diese Formate funktionieren.

Wählen Sie irgendein Format in einer der Kategorien aus und wählen Sie weitere Optionen wie gewünscht. Klicken Sie nun links in der Kategorie-Liste auf *Benutzerdefiniert*. Der Dialog wechselt dann in diesen Bereich und zeigt Ihnen rechts im Feld *Typ* den Code des Formats an, das Sie zuvor ausgewählt und eingestellt hatten. Diesen können Sie direkt weiterbearbeiten oder sich einfach nur Tipps holen.

Der Wochentag zu einem gegebenen Datum

Durch benutzerdefinierte Formate können Sie der Darstellung einer Zelle nicht nur statische Maßeinheiten hinzufügen, sondern auch dynamische Bestandteile, die jeweils vom aktuellen Wert der Zelle abgeleitet werden. So kann es bei Datumsangaben hilfreich sein, wenn man auch den Wochentag zum Datum kennt.

Bei Excel ist das nur eine Frage der Formatierung mit den richtigen Platzhaltern. In Bezug auf Datumsangaben lauten diese T, M und J. Die Abkürzungen stehen für **T**ag, **M**onat und **J**ahr. Damit können Sie eigene Datumsformate definieren.

Wie Sie diese Platzhalter einsetzen können, entnehmen Sie der folgenden kleinen Tabelle.

T	Der Tag wird als einfache Zahl ohne führende Nullen dargestellt (also 0-31).
TT	Der Tag wird als Zahl mit führenden Nullen dargestellt (also 01-31).
TTT	Der Tag wird als Wochentag in abgekürzter Weise dargestellt (Montag wird zu Mo, Dienstag zu Di usw.).
TTTT	Der Wochentag wird ausgeschrieben.
M	Der Monat wird als Zahl ohne führende Nullen dargestellt (also 1-12).
MM	Der Monat wird als Zahl mit führenden Nullen dargestellt (also 01-12).
MMM	Der Monatsname wird abgekürzt (Januar wird zu Jan, Februar zu Feb usw.).
MMMM	Der Monatsname wird ausgeschrieben.
JJ	Das Jahr wird immer mit zwei Ziffern dargestellt (2022 wird zu 22, 2023 wird zu 23 usw.).
JJJJ	Das Jahr wird mit vier Ziffern dargestellt.

1 Tragen Sie in A1 einer Tabelle ein beliebiges Datum ein.

2 Dann erstellen Sie ein benutzerdefiniertes Format mit folgenden Platzhaltern:

```
TTTT, TT.MMMM JJJJ
```

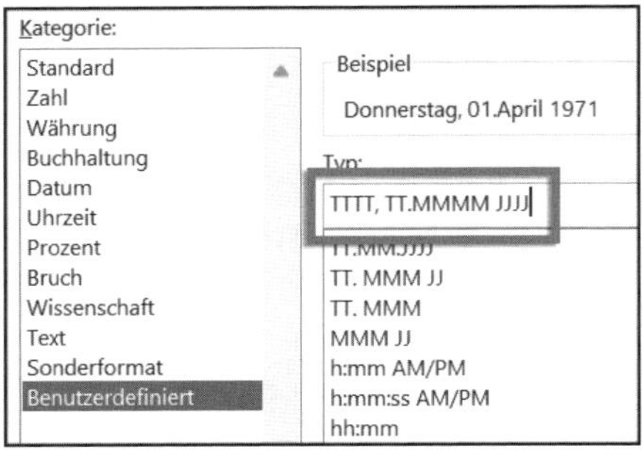

3 Klicken Sie dann unten rechts im Dialog auf *OK*. Anschließend sollte Ihre Zelle so aussehen (ggf. mit abweichendem Datum):

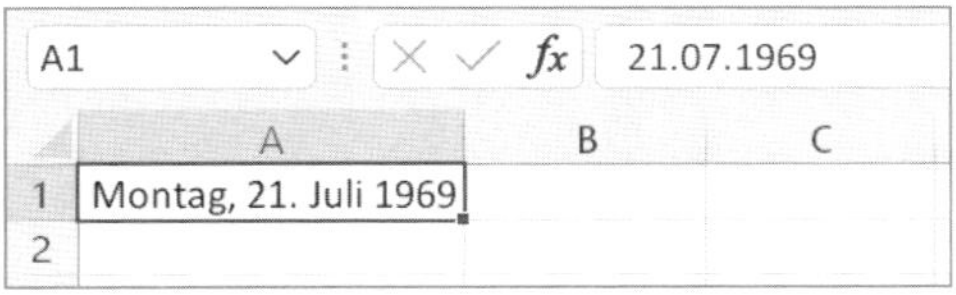

TIPP

Zellwerte hinterm Gartenzaun?

Falls Sie in der Zelle nur »Gartenzäune« sehen: Wenn eine Zelle durch veränderten Inhalt oder das Festlegen eines Formats nicht mehr breit genug für den Inhalt ist, passt Excel die Spaltenbreite meist automatisch an. Allerdings gelingt das nicht in allen Situationen zuverlässig. Dann kann der Inhalt nicht vollständig angezeigt werden. Und ehe eine Zahl verkürzt und damit womöglich falsch wahrgenommen wird, zeigt Excel dann lieber die auch als Gartenzaun bezeichneten Symbole # an. Die bedeuten nur, dass die Spalte breiter gemacht werden muss, damit der Inhalt sichtbar wird.

Vielleicht bevorzugen Sie die Variante, zu einem Datum den Wochentag in eine eigene Spalte zu schreiben? Auch das geht mit Excel ganz ohne aufwendige Rechenformeln in zwei Schritten:

1 Wenn das Datum in Zelle A1 steht, übergeben Sie es mit der Gleichsetzungsanweisung =A1 beispielsweise der Zelle B1.

2 Legen Sie für die Zelle B1 das benutzerdefinierte Format *TTTT* fest.

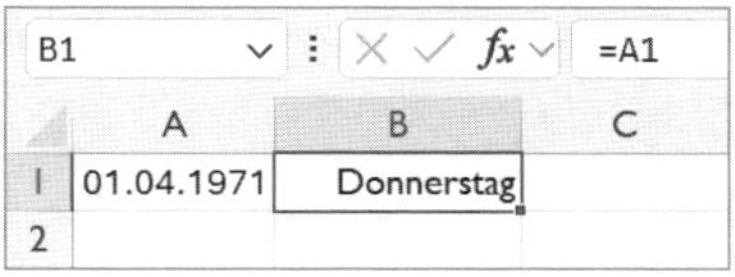

Negative Zahlen automatisch rot färben

Excel erlaubt es Ihnen, Zellinhalt und Hintergrund farbig zu gestalten. Mit bedingten Formatierungen (siehe Seite 320) ist sogar das Einfärben abhängig von Zellwerten möglich. Eine einfachere, aber sehr effektive Variante davon ist es, negative Werte auf den ersten Blick als solche erkennbar zu machen, indem sie rot eingefärbt werden. Auch das lässt sich durch Zahlenformate schnell und automatisiert realisieren.

1 Markieren Sie die Zellen, für die Sie diese Art der Formatierung einrichten möchten.

2 Wählen Sie in der Menüband-Registerkarte *Start* im Bereich *Zahl* oben in der Auswahl *Weitere Zahlenformate*.

3 Im so geöffneten Dialog wählen Sie links bei *Kategorie* den Eintrag *Zahl* aus.

4 Sie können nun rechts festlegen, wie *Negative Zahlen* formatiert werden sollen. Standardmäßig wird ein Minuszeichen vorangestellt. Sie können solche Werte aber auch – mit oder ohne Minuszeichen – rot einfärben.

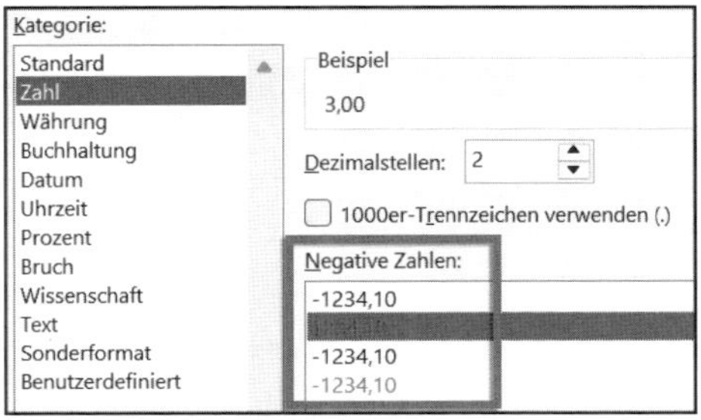

Noch mehr Farben für Zahlen

Zahlen einfärben können Sie aber nicht nur mit vorgefertigten Formaten. Auch benutzerdefinierte Zahlenformate können bunt werden, wenn Sie das möchten. Entscheidend dafür sind Farbbezeichner. Das folgende Format etwa färbt negative Zahlen rot ein und versieht sie mit einem Minuszeichen links davor:

```
#.##0,00 €;[Rot]-#.##0,00 €
```

Woher weiß Excel, dass dabei positive Zahlen in Schwarz, negative aber in Rot angezeigt werden sollen? Wenn Sie sich das obige Format genauer anschauen, sehen Sie, dass hier eigentlich zwei Formate vorhanden sind. Diese beiden Formate sind durch ein Semikolon voneinander getrennt. Für Excel bedeutet das:

- Wenn die Zahl positiv ist, wähle das Format vor dem Semikolon.
- Ist sie negativ, wähle das Format nach dem Semikolon.

Sie können also für positive und negative Zahlen verschiedene Formate erzeugen. Sie müssen sie lediglich durch ein Semikolon voneinander trennen, damit Excel die Unterscheidung vornehmen kann.

Selbstverständlich können Sie diese Formate Ihren Wünschen entsprechend anpassen. Möchten Sie vielleicht positive Zahlen in Blau und negative Zahlen in Grün anzeigen lassen, ist auch das kein Problem. Schreiben Sie die gewünschten Farben vor das jeweilige Zahlenformat und setzen Sie den Namen für die Farbe in eckige Klammern.

```
[Blau]#.##0,00 €;[Grün]-#.##0,00 €
```

TIPP

Wie erzeugen Sie diese eckigen Klammern?
Auf den Zahlentasten 8 und 9 finden Sie zusätzlich jeweils eine öffnende und eine schließende eckige Klammer. Drücken Sie zuerst die AltGr-Taste, halten Sie sie fest, und drücken Sie dann die 8, um eine öffnende eckige Klammer zu erhalten. Analog verfahren Sie für eine schließende Klammer.

Damit sind die Möglichkeiten aber noch nicht erschöpft. Auch das folgende Format ist möglich:

```
[Blau]#.##0,00 €;[Rot]-#.##0,00 €;[Gelb]-#.##0,00 €
```

Sie haben hier drei verschiedene Formate, jeweils durch ein Semikolon getrennt. Das erste Format bestimmt das Aussehen der positiven, das zweite das der negativen Zahlen. Aber wofür könnte der dritte Teil, das Gelb, stehen? Der dritte Teil steht für die Null, die ja bekanntlich weder positiv noch negativ ist.

Es gibt noch einen vierten Teil innerhalb des Zahlenformats. Dieser hat aber keinen der Platzhalter, denn der vierte Teil bestimmt die Farbe eines Textes in der Zelle.

```
[Schwarz]#.##0,00 €;[Rot]-#.##0,00 €;[Gelb]-#.##0,00 €;[Blau]
```

Diese Farben kennt Excel

Auf den vorangehenden Seiten haben Sie einige Beispiele für Farbwerte gesehen, die Sie in Zahlenformaten verwenden können. Leider kennt Excel nur einige Grundfarben beim Namen, sodass sie direkt eingegeben werden können, etwa Black, Weiß, Rot, Grün, Blau, Gelb, Zyan, Magenta und Grau. Weitere Farbtöne können nur als Farbcode in der Form [FarbeXY] eingegeben werden. Dunkelblau wäre beispielsweise [Farbe11].

Das Erscheinungsbild von Zellen, Zeilen und Spalten

Im vorangehenden Abschnitt ging es vor allem darum, den Inhalt von Zellen in die perfekte Form zu bringen. Aber auch die Zelle selbst sowie die Spalten und Zeilen können – unabhängig vom konkreten Inhalt – gestaltet werden. Wie das dank Layout-Vorlage mit wenigen Mausklicks geht, ist auf Seite 294 beschrieben. Aber es gibt noch mehr Einflussmöglichkeiten, die bei bestimmten Anforderungen hilfreich sein können.

Mehrzeilige Texte in Zellen

Excel ist keine Textverarbeitung und sollte auch nicht als solche missbraucht werden. Textinhalte in Tabellen sind trotzdem kein Problem, insbesondere wenn es nur um ein oder zwei Wörter pro Zelle geht. Aber es kann auch sein, dass Sie in einer Tabelle etwas umfangreichere Texte etwa zur Erläuterung von Werten benötigen. Auch das ist machbar, wenn Sie ein paar Besonderheiten beachten.

Im folgenden Beispiel sind Messinstrumente über mehrere Standorte verteilt. Die Tabelle soll neben den Gerätenamen auch jeweils den Standort angeben. In Spalte A sind also Messgeräte und ihre Standorte aufgelistet, die Spalten B und C geben die eigentlichen Messwerte an.

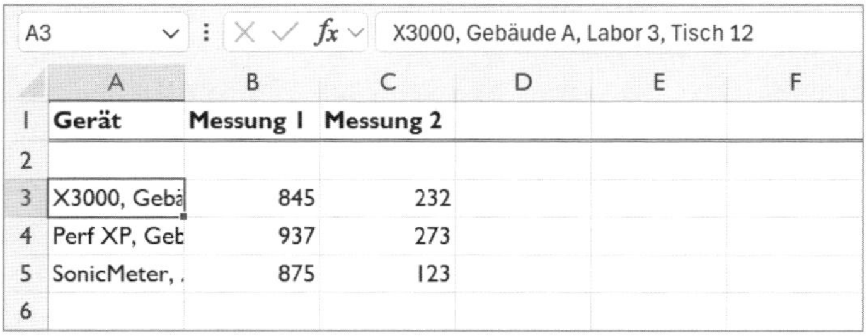

Die Texte in den Zellen A3 bis A5 sind deutlich länger als die Spaltenbreite. Das macht nichts, solange in den Spalten rechts daneben noch nichts steht. In dem Moment aber, wo Sie in Spalte B Messwerte eintragen, wird die Gerätespalte abgeschnitten.

Sie können nun die Spalte A verbreitern oder die Inhalte an die vorhandene Spaltenbreite anpassen, indem Sie die Inhalte der Zellen A3 bis A5 in mehreren Zeilen unterbringen. Letzteres dürfte in den meisten Fällen die bessere Lösung sein. Versehen Sie die entsprechenden Zellen dazu mit einem Textumbruch.

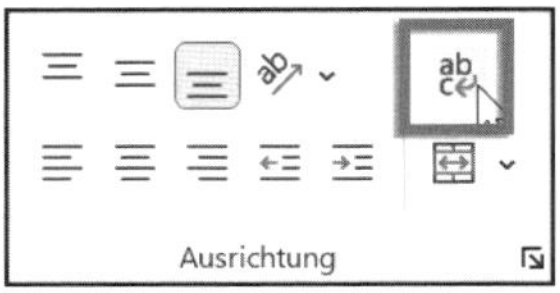

1 Markieren Sie hierzu die betreffenden Zellen (im Beispiel A3 bis A5).

2 Klicken Sie dann auf der Menüband-Registerkarte *Start* im Bereich *Ausrichtung* auf das in der Abbildung markierte Symbol *Textumbruch*.

3 Wenn die markierten Zellen bereits mit Inhalt befüllt sind, werden Sie direkt eine Veränderung bemerken: Excel bricht den Inhalt der Zeilen entsprechend der Spaltenbreite um. Dadurch verlängern sich die Zellen nach unten. Da dies immer auf die gesamte(n) Zeile(n) angewendet wird, kann sich das Aussehen der Tabelle also nachhaltig verändern.

Wo und wie der Textumbruch erfolgt, können Sie durch Verändern der Spaltenbreite bestimmen. So können Sie auch einen guten Kompromiss zwischen Spaltenbreite und -höhe finden.

TIPP

Spalten unnötig hoch?

Wenn Sie die Spaltenbreite verändern, passt Excel die Spaltenhöhe nicht immer gleich an die neuen Gegebenheiten an. Nach dem Verbreitern kann es deshalb passieren, dass die Zellen viel zu hoch sind und jede Menge Leerraum haben. Sie können nachhelfen, indem Sie die Zellen markieren und im Bereich *Ausrichtung* die Textausrichtung anpassen. Selbst wenn der Text bereits passend ausgerichtet ist, können Sie erneut auf die entsprechende Schaltfläche klicken. Excel wird bei der Gelegenheit die Spaltenhöhe anpassen, sodass kein Platz verschwendet wird.

Zellen unterstreichen

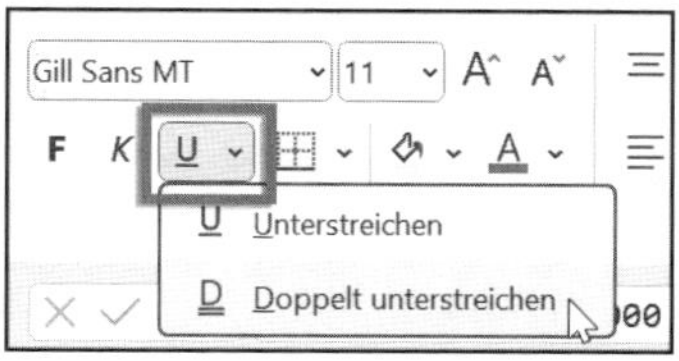

Es liegt nahe, zum Unterstreichen von Zahlen das bekannte Symbol im Bereich *Schriftart* der *Start*-Registerkarte zu nutzen. Wenn Sie auf das kleine Pfeilsymbol rechts daneben klicken, können Sie sogar auswählen, ob Sie einfach oder doppelt unterstreichen möchten. Das klappt im Prinzip auch, allerdings wird dabei nur der Inhalt der Zelle unterstrichen, nicht die Zelle als solche. Solange in einer Zelle nichts steht, wird auch nichts unterstrichen, selbst wenn das Symbol angeklickt wurde. Diese Methode ist also nicht dafür geeignet, eine ganze Zelle zu unterstreichen.

Möchten Sie eine Zelle unabhängig von ihrem Inhalt immer unterstreichen, geht das mithilfe einer Rahmenlinie am unteren Rand der Zelle.

1 Nutzen Sie dazu das Symbol *Rahmen*. Sie finden es auf der Registerkarte *Start* im Bereich *Schriftart*, rechts neben dem Unterstreichen-Symbol.

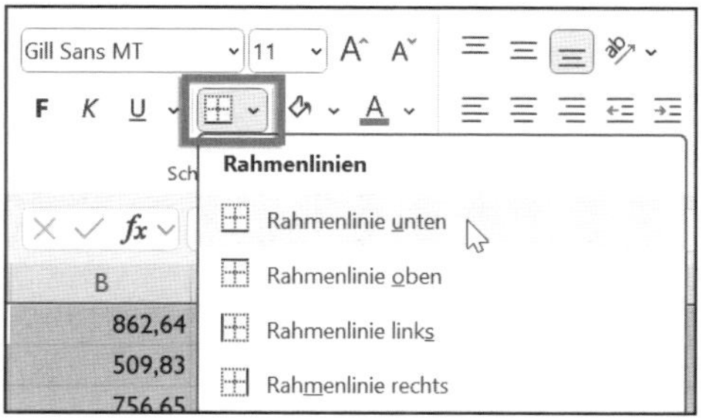

2 Durch einen Klick auf den kleinen Pfeil neben dem Symbol erhalten Sie eine Auswahl an möglichen Linien und Rahmen für eine Zelle.

3 Zum Unterstreichen der Zelle können Sie direkt oben in der Liste *Rahmenlinie unten* wählen.

4 Alternativ finden Sie weiter unten im Menü *Doppelte Rahmenlinie unten* oder *Dicke Rahmenlinie unten*.

Das Menü stellt Ihnen weitere Varianten wie Rahmenlinien oben und unten zur Auswahl. Es deckt aber nicht alle Kombinationen ab. Wenn Sie etwa eine senkrechte Linie links und eine weitere Linie rechts in der Zelle haben möchten, müssen Sie die Schritte zweimal abarbeiten und dabei jeweils den passenden Eintrag wählen. Die Rahmenlinien addieren sich bei Hinzufügen, sofern das möglich ist.

Unter *Weitere Rahmenlinien* ganz unten im Menü kommen Sie zu einem weiteren Dialog mit Linien, in dem nun auch die Beschränkung aufgehoben ist, nur eine Linie pro Arbeitsgang einstellen zu können.

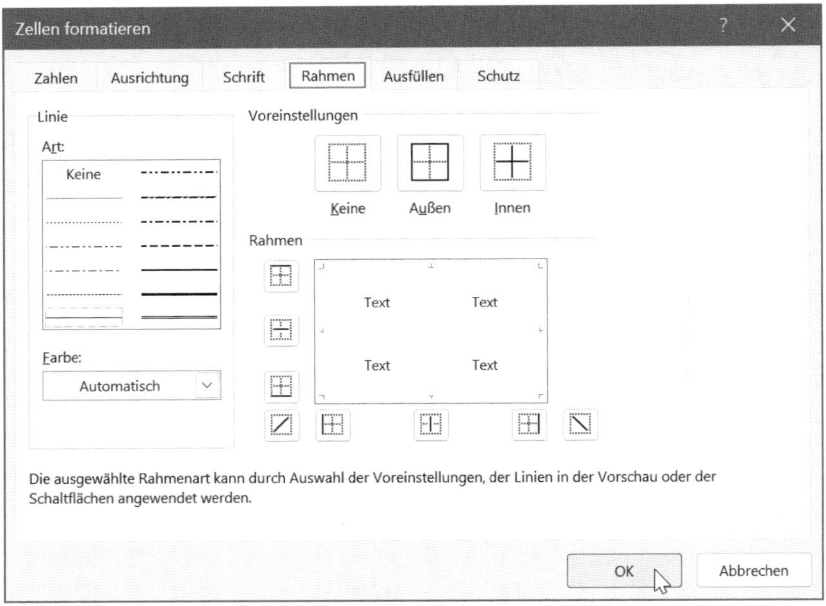

- Bei *Art* wählen Sie zuerst die Linienart aus, die Ihre Zelle erhalten soll.
- Dann klicken Sie bei *Rahmen* auf die entsprechenden Rahmensymbole. Alternativ können Sie auch die Bereiche bei *Text* direkt anklicken.
- Wenn Sie auf eine schon eingezeichnete Rahmenlinie klicken, machen Sie diese damit wieder rückgängig.

Haben Sie die ausgewählten Zellen nach Ihren Vorstellungen mit Rahmenlinien versehen, klicken Sie unten rechts auf OK, um diese zu übernehmen.

Werte und Zellhintergrund farbig gestalten

Auf der Registerkarte *Start* im Bereich *Schriftart* finden Sie Farbwähler, mit denen Sie sowohl Zellen als auch deren Inhalt einfärben können.

1 Mithilfe des Farbeimers machen Sie den Hintergrund Ihrer Zellen farbig. Ein Klick auf das kleine Pfeilsymbol neben dem Farbtopf, und Sie können eine beliebige Farbe für den Zellhintergrund wählen.

2 Sie müssen den Mauszeiger nur über dem entsprechenden Farbfeld schweben lassen, um die Wirkung der Farbe bei den ausgewählten Zellen bereits beurteilen zu können.

3 Erst wenn Sie die Farbe wirklich anklicken, wird sie auf die Zelle angewendet.

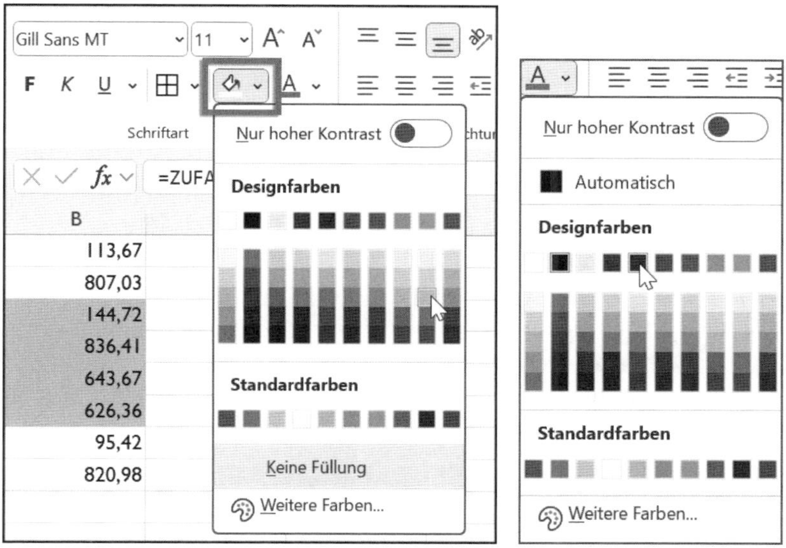

Das A-Symbol funktioniert ganz ähnlich und steuert die Farbe für den Zellinhalt. Die Handhabung dieses Symbols entspricht der Handhabung für den Zellhintergrund. Klicken Sie das Symbol direkt an, wird die angezeigte Farbe verwendet, unter dem zum Symbol gehörenden Pfeil wählen Sie weitere Farben aus.

TIPP

Einfärbungen rückgängig machen
Sollten Sie mit Ihren Zellen und Farben experimentieren und am Ende zu der Entscheidung gelangen, die Farbe Weiß wäre doch am besten, wählen Sie trotzdem nicht die Farbe Weiß, um Ihre Zelle in den Urzustand zurückzuversetzen. Die Farbe, die Sie hier auswählen, gilt nämlich sowohl für den Zellinhalt wie auch für die Gitternetzlinien. Dadurch entsteht in der Tabelle der Effekt, dass die Zelle praktisch unsichtbar wird (bis auf den Inhalt). Um Ihre Zelle in den Zustand zu versetzen, den Excel als Standard verwendet, wählen Sie im Farbmenü stattdessen den Punkt *Keine Füllung* bzw. für die Schrift *Automatisch*.

Sollten Ihnen die vordefinierten Möglichkeiten der beiden Farbwähler nicht reichen, können Sie auch ganz eigene Farben zusammenmischen. Über *Weitere Farben* kommen Sie zu einem Dialog mit zwei Registerkarten. Hier können Sie beliebig eigene Farben realisieren.

Weitere Formatierungsmöglichkeiten

Vorangehend wurden einige oft benötigte und schnell zu erreichende Formatierungen vorgestellt. Excel kann aber noch einiges mehr.

Zu diesen weiteren Formatierungen gelangen Sie, wenn Sie auf der Registerkarte *Start* in einem der Bereiche *Schriftart*, *Ausrichtung* oder *Zahl* den kleinen Pfeil rechts unten anklicken.

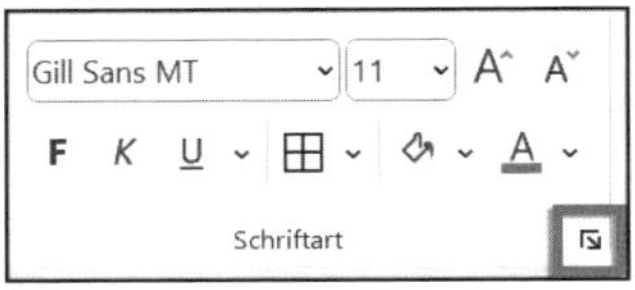

Damit öffnen Sie immer den gleichen Dialog *Zellen formatieren* mit erweiterten Gestaltungsmöglichkeiten – nur jeweils in einer anderen Rubrik. Sie müssen also im Dialog ggf. noch eine andere Registerkarte auswählen. Ein Klick auf den Pfeil in der Gruppe *Schriftart* etwa führt Sie zur Rubrik *Schrift*. Hier finden Sie Optionen zum Formatieren des Schriftbildes.

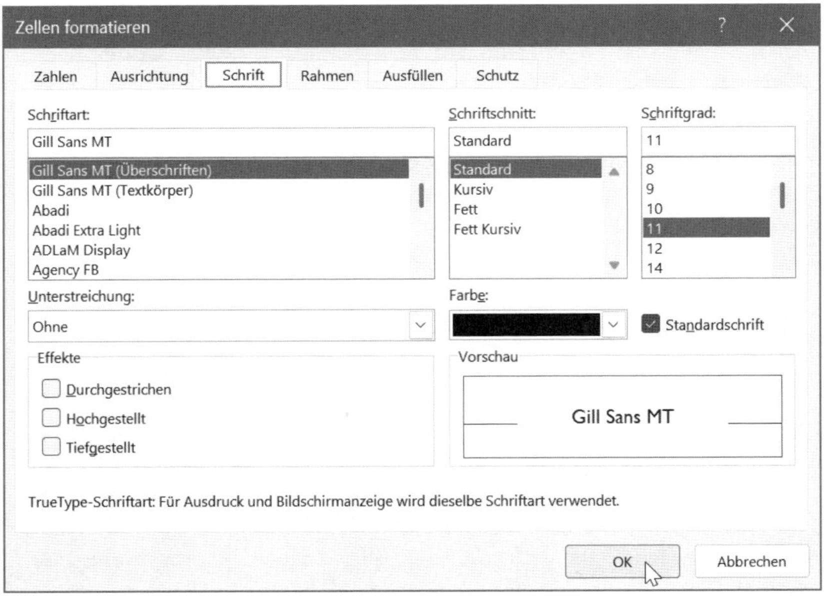

Zellen vor Änderungen schützen

Auf der Registerkarte *Schutz* des Dialogs *Zellen formatieren* haben Sie die Möglichkeit, die Zellen Ihrer Mappe vor Veränderungen zu schützen. Das kann sinnvoll sein, bevor Sie eine Tabellendatei in andere Hände weitergeben, um sicherzustellen, dass keine Daten darin verändert werden. Sie können damit aber auch für sich selbst Zellen, in denen mühsam erstellte und getestete Formeln stehen, vor versehentlichen Änderungen bewahren.

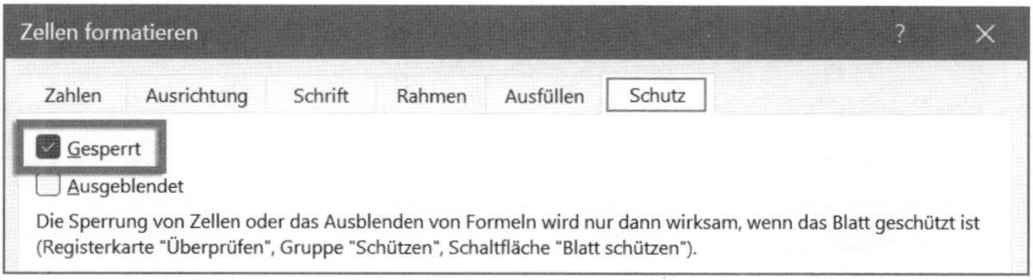

Dabei werden Sie feststellen, dass die Option *Gesperrt* schon standardmäßig eingeschaltet ist. Wie konnten Sie die Zellen aber verändern, wenn diese doch anscheinend gesperrt waren? Das liegt daran, dass Sie bislang kein Passwort festgelegt haben, wodurch der Schutz erst aktiviert wird. Wenn Sie also jetzt ein Passwort vergeben würden, wären alle Zellen im Dokument gesperrt. Das ist aber in den wenigsten Fällen wirklich sinnvoll, denn dadurch könnten Sie keine der Zellen ändern, also auch keine neuen Zahlen eintragen. Besser ist es deshalb, Excel vorher mitzuteilen, welche Zellen nicht gesperrt werden sollen. Dazu gehen Sie folgendermaßen vor:

1 Markieren Sie zunächst alle Zellen, die **nicht** gesperrt werden sollen. Das sind insbesondere Zellen, deren Werte jederzeit änderbar sein sollen.

2 Klicken Sie dann auf der Menüband-Registerkarte *Start* im Bereich *Zellen* auf *Format*.

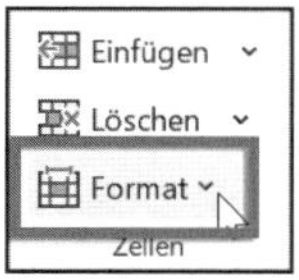

3 In der so geöffneten Auswahl erkennen Sie an dem Rahmen um das Symbol bei *Zelle sperren*, dass die ausgewählten Zellen derzeit mit einem Passwort gesperrt würden.

4 Klicken Sie auf *Zelle sperren*, um diese Eigenschaft für die ausgewählten Zellen zu ändern.

5 Jetzt muss nur noch das Passwort vergeben werden. Klicken Sie dazu erneut auf die Schaltfläche *Format*, um die Auswahl nochmals zu öffnen.

6 Wählen Sie diesmal *Blatt schützen*.

7 Damit öffnen Sie einen Dialog, in dem Sie festlegen, was in dieser Tabelle trotz Schutz noch gemacht werden darf. In der Regel brauchen Sie hier keine weitere Auswahl zu treffen, sondern können direkt oben im Eingabefeld ein *Kennwort zum Aufheben des Blattschutzes* eingeben.

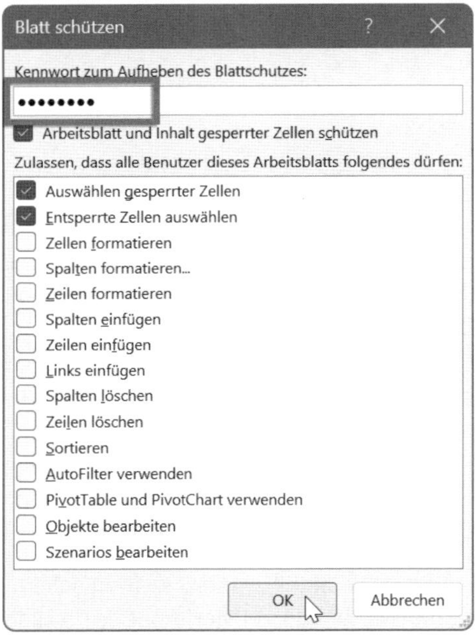

8 Haben Sie Ihr Kennwort mit *OK* bestätigt, wird Excel in einem weiteren Dialog zur Sicherheit das Kennwort noch einmal abfragen.

Sind beide Kennwörter identisch, werden sie von Excel akzeptiert. Von nun an können Sie nur in den nicht gesperrten Zellen die Inhalte ändern. Gerechnet wird aber wie bisher mit allen Zellen, auch mit den gesperrten! Versuchen Sie, eine gesperrte Zelle zu verändern, erhalten Sie folgende Fehlermeldung:

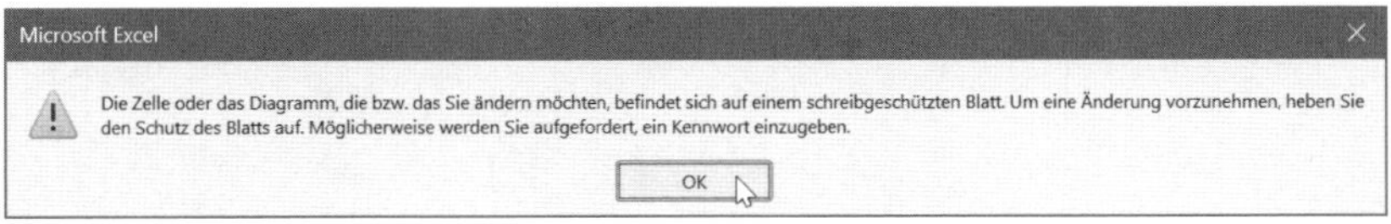

Soll der Schutz wieder aufgehoben werden, gehen Sie zurück zu Schritt 5. Dort sehen Sie nun die Option *Blattschutz aufheben*. Ein Klick darauf, und Excel erwartet von Ihnen das Passwort. Stimmt Ihre Passworteingabe, wird der Blattschutz aufgehoben, und Sie können die Tabelle wieder normal benutzen.

Formeln unsichtbar machen

Es gibt einige Gründe dafür, dass es manchmal ratsam ist, Formeln nicht in der Bearbeitungszeile sichtbar zu machen. Bei einem Gespräch mit einem Kunden etwa wäre es nicht gut, ihm zu zeigen, mit welcher Formel in Ihrer Firma die Gewinnmarge berechnet wird. Deshalb bietet Excel die Möglichkeit, Formeln unsichtbar zu machen. Dabei müssen Sie aber einige Dinge beachten:

- Formeln unsichtbar zu machen ergibt keinen Sinn, wenn Sie sie nicht wieder sichtbar machen können. Natürlich sollen nur Sie die Formeln wieder sichtbar machen können, und deshalb müssen Sie für Ihre Tabelle ein Passwort vergeben.
- Wenn Sie aber ein Passwort vergeben, gilt dieses Passwort nicht nur für das Ausblenden der Formeln, sondern es werden alle Zellen dadurch ebenfalls mit diesem Passwort geschützt. Sie vergeben also wie vorangehend beschrieben einen Blattschutz.
- Damit Ihre Tabelle trotz ausgeblendeter und geschützter Formeln noch sinnvoll nutzbar ist, sollten Sie – wie im vorangehenden Abschnitt beschrieben – zunächst die Zellen aus dem Zellschutz herausnehmen, die auch nach der Passwortvergabe noch veränderbar sein sollen.

Nachdem Sie also die erforderlichen Zellen aus dem Zellschutz herausgenommen haben, markieren Sie im nächsten Schritt alle Zellen, deren Formeln Sie unsichtbar machen möchten. Wenn alle Formeln der Tabelle unsichtbar gemacht werden sollen, markieren Sie die gesamte Tabelle durch Klick auf den Bereich links vor Spalte A. Wenn Sie nur einzelne Formeln verbergen möchten, markieren Sie die entsprechenden Zellen.

1 Gehen Sie dann über die Menüband-Registerkarte *Start* und öffnen Sie im Bereich *Zahl* durch Klick auf den Pfeil unten rechts den Dialog *Zellen formatieren*. Wechseln Sie in die Rubrik *Schutz*.

2 Hier setzen Sie durch Klick auf *Ausgeblendet* das Häkchen davor und geben Excel damit zu verstehen, dass Sie die Formeln in den markierten Zellen verbergen wollen, sobald Sie das Passwort eingegeben haben.

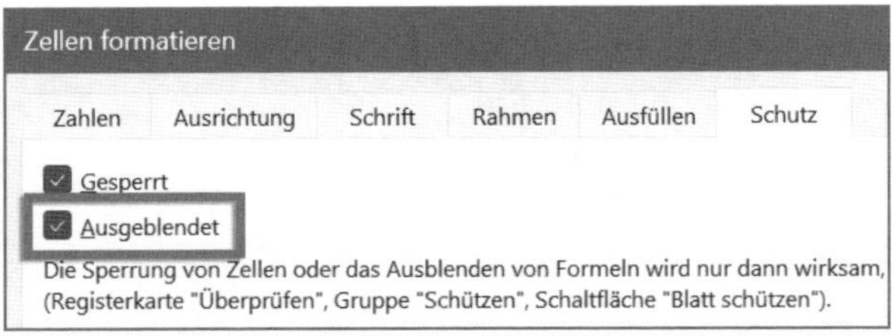

3 Nun müssen Sie als Nächstes noch das Passwort vergeben. Dieser Vorgang entspricht exakt der Vergabe eines Passwortes, wenn Sie Ihre Zellen schützen möchten, und ist mit den Schritten 5 bis 8 des vorangegangenen Abschnitts identisch.

Formatierung mit Bedingung

Wenn es um das Auswerten von Daten geht, ist Visualisierung immer eine gute Hilfe. Bei einer langen Zahlenreihe können Farbe oder Hintergrundfarbe der Zellen sofort auf Werte hinweisen, die Ausreißer sind oder eher am Rande des Verteilungsspektrums liegen. Excel kann das mit einer bedingten Formatierung für Sie erledigen. Sie wird deshalb so genannt, weil sie Formate aufgrund von Bedingungen vergibt. Eine solche Bedingung könnte etwa sein, all jene Werte rot zu formatieren, die weniger als z. B. 50 % eines Referenzwertes aufweisen.

Diese Beispieltabelle gibt die Ergebnisse einer Klausur wieder. Die maximal erreichbare Punktzahl beträgt 70 Punkte. 35 Punkte müssen mindestens erreicht werden, um die Klausur bestanden zu haben. Schön wäre es nun, wenn die entsprechenden Studenten sofort erkennbar wären, indem ihre Ergebnisse rot eingefärbt werden.

	A	B	C
1	**Maximale Punktzahl**	**70**	
2			
3	**Vorname**	**Nachname**	**erreichte Punktzahl**
4	Alfons	Hülsmann	55
5	Berta	Grover	17
6	Charlie	Fuhrmann	33
7	Dörte	Essig	67
8	Egon	Dobermann	68
9	Fiona	Cruz	70
10	Gerd	Beyerlein	49
11	Hildegard	Ahlert	34

1 Markieren Sie zunächst alle Zellen, die Sie mit der gleichen bedingten Formatierung versehen möchten, also z. B. in der Abbildung die Zellen C4 bis C11.

2 Klappen Sie in der Menüband-Registerkarte *Start* im Bereich *Formatvorlagen* die Auswahl *Bedingte Formatierung* aus.

3 Wählen Sie im Menü *Regeln zum Hervorheben von Zellen* und dann *Kleiner als*.

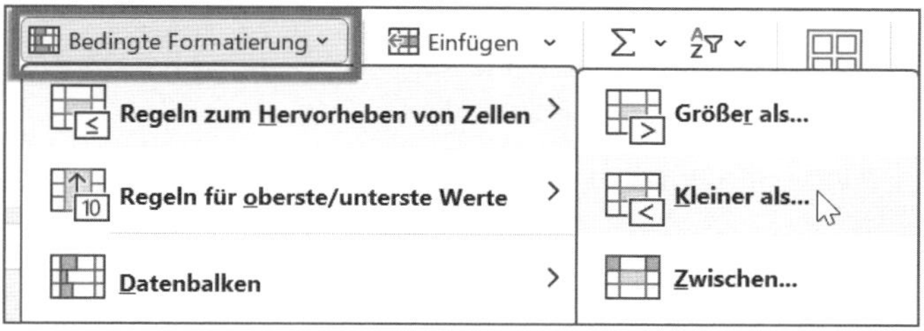

4 Damit öffnen Sie einen Dialog, in dem Sie den gewünschten Grenzwert eintragen können. Sobald Sie hier die Zahl *35* eintragen, zeigt Excel schon eine Voransicht der zu erwartenden Formatierung.

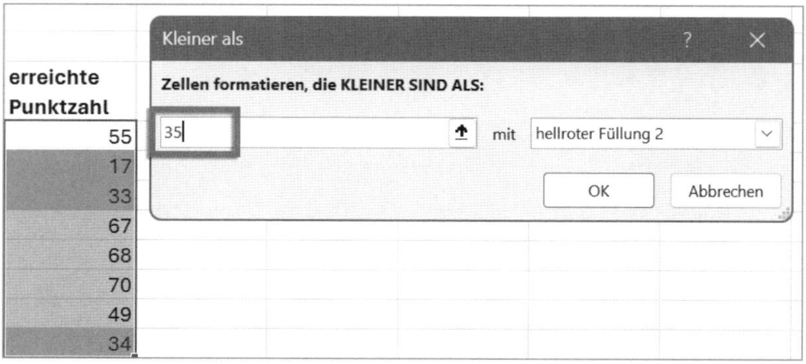

5 Wenn Ihnen die *hellrote Füllung 2* nicht zusagt, klappen Sie das Feld neben dem Wort *mit* auf und wählen eine andere Füllung.

6 Gefällt Ihnen hier auch keines der vorgegebenen Formate, wählen Sie ganz unten *Benutzerdefiniertes Format*. Den folgenden Dialog kennen Sie sicher schon. Hier wählen Sie im Bereich *Farbe* die gewünschte Farbe aus.

7 Excel wird nun bei allen Studenten, die weniger als 35 Punkte erreicht haben, diese Punkte in der gewählten Farbe kennzeichnen.

Möchten Sie auch eine Farbe für die anderen Punkte vergeben, gehen Sie analog vor, wählen aber diesmal *Größer als*. Es können problemlos mehrere Bedingungen parallel existieren. Sie sollten sich nur sinnhafterweise nicht überschneiden bzw. widersprechen. Im Zweifelsfall gilt stets die Regel, die Excel zuletzt abgearbeitet hat.

Sie können aber nicht nur nach Werten größer oder kleiner als ein bestimmter Wert suchen, sondern auch nach Werten, die zwischen bestimmten Grenzen liegen.

1. Dazu müssen Sie lediglich unter *Bedingte Formatierung* bei *Regeln zum Hervorheben von Zellen* auf *Zwischen* klicken.
2. Im Dialog geben Sie die Werte ein, zwischen denen sich die gesuchten befinden. *Zwischen* bedeutet in diesem Fall einschließlich der angegebenen Grenzen.

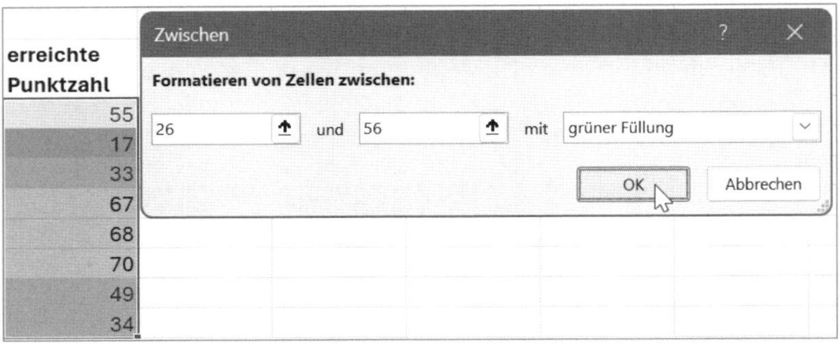

TIPP

Textzellen hervorheben

Nicht nur Zahlen lassen sich mit der bedingten Formatierung formatieren, sondern auch bestimmte Texte, die sich in den Zellen befinden. Wählen Sie dazu *Bedingte Formatierung/Regeln zum Hervorheben von Zellen/Textinhalt*. Im so geöffneten Dialog geben Sie das Textmuster ein, nach dem Excel suchen soll. Sie können dabei Platzhalter wie * und **?** verwenden (mehr dazu auf Seite 197).

Bedingte Formatierungen werden eine Formateigenschaft der Zelle. Sobald in die Zelle ein neuer Wert eingetragen wird, überprüft Excel, ob die Bedingung auch für diesen neuen Inhalt zutrifft. Wollen Sie eine bedingte Formatierung entfernen, wählen Sie im Menüband *Bedingte Formatierung/Regeln löschen* und entscheiden dann, ob Sie die Regeln nur in den ausgewählten Zellen oder gleich im gesamten Blatt löschen möchten.

Falsche Eingaben verhindern

Excel ist eine Tabellenkalkulation, bei der nicht nur Werte berechnet, sondern auch eingegeben werden. Für bestimmte Aufgaben ist es ein realistisches Szenario, dass bei einer Tabelle beispielsweise oben links einige Zellen zum Eingeben von Werten vorgesehen sind. Ist diese Eingabe erfolgt, führen die Formeln in der Tabelle basierend auf diesen Werten Berechnungen durch und zeigen die Ergebnisse an bzw. stellen sie ggf. grafisch dar.

Dabei kann es aber sehr wichtig sein, dass in den Eingabefeldern einer Tabelle nur bestimmte Arten von Werten eingegeben werden dürfen bzw. dass diese aus bestimmten Wertebereichen stammen, etwa wenn die definierten Formeln dies erfordern. Prüfen auf Richtigkeit ist deshalb ein wichtiges Stichwort. Beispielsweise werden im Bereich A1 bis B3 einer Tabelle Anfangswerte für eine Berechnung eingegeben:

	A	B
1	A2=	1,5
2	x=	3
3	C1=	1,7
4		

A2 darf aber nur Werte zwischen 1 und 2 erhalten. Die x-Werte müssen kleiner als 10 sein, und die C1-Werte sind immer größer als 20.

Alle drei Wertebereiche sind mit der WENN-Funktion und vielleicht dem UND- oder ODER-Operator überprüfbar. Der Nachteil: Die Werte müssen immer erst übernommen werden, bevor sie geprüft werden können. Und sie können nur von einer anderen Zelle überprüft werden. Eine Überprüfung einer Eingabezelle mit der WENN-Funktion ist nicht möglich, da die Funktion ja in der Zelle steht und bei einer Eingabe in die gleiche Zelle überschrieben werden würde.

Deshalb kennt Excel andere Möglichkeiten, Eingaben zu überprüfen.

1 Klicken Sie in die Zelle, die Sie während der Eingabe überprüfen möchten. Sie können für jede Zelle extra festlegen, was eine Falscheingabe ist. Die folgenden Schritte beziehen sich im Beispiel auf *B1*.

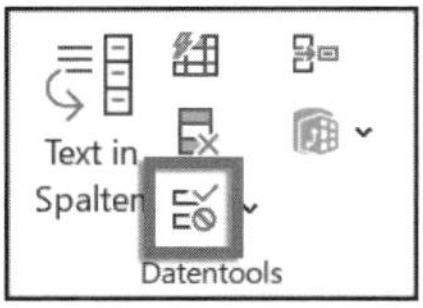

2 Klicken Sie auf der Menüband-Registerkarte *Daten* im Bereich *Datentools* auf *Datenüberprüfung*.

3 Im folgenden Dialog müssen Sie sich zunächst entscheiden, für welche Werte die Eingabedaten über-

prüft werden sollen. Da in unserem Beispiel auch Dezimalzahlen zugelassen und überprüft werden sollen, wählen Sie hier *Dezimal*.

4 Nun erwartet Excel die Auskunft darüber, ob nach größer, kleiner usw. gefragt werden soll. In unserem Beispiel soll A2 nur Werte zwischen 1 und 2 bekommen, also wählen Sie *zwischen* und tragen die beiden Grenzen ein.

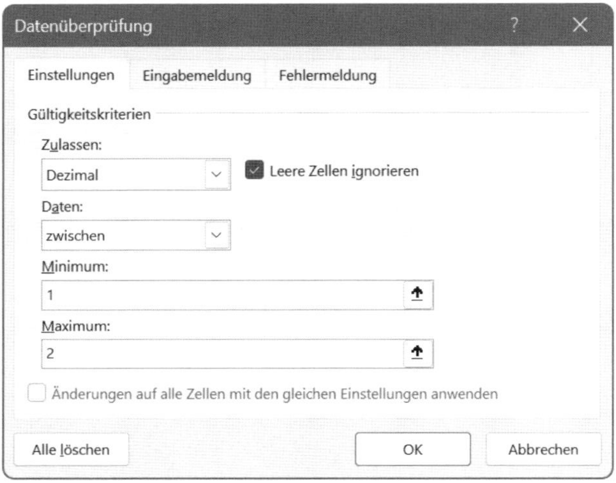

5 Gehen Sie nun auf die Registerkarte *Fehlermeldung*. Hier geben Sie die Meldung ein, die Excel Ihnen zeigen soll, wenn der Wert nicht zwischen 1 und 2 liegt. Dazu können Sie rechts den *Titel* und die *Fehlermeldung* beliebig formulieren. Wenn Sie diesen Schritt auslassen, würde Excel trotzdem eine Meldung ausgeben, nur eben ohne spezifische Hinweise.

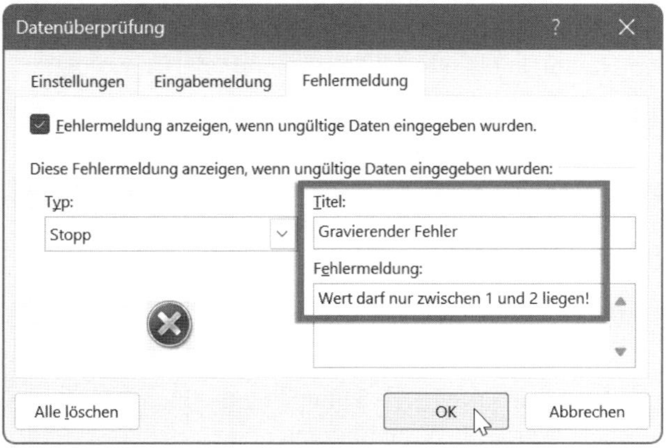

6 Wenn Sie das alles mit *OK* bestätigen, wird Excel jedes Mal, wenn Sie in Zelle B1 etwas eingeben, überprüfen, ob der Wert zwischen 1 und 2 liegt.

Wenn diese Überprüfung einmal eingerichtet ist, wird Excel ab diesem Zeitpunkt jede neue bzw. veränderte Eingabe in dieser Zelle überprüfen und mit den festgelegten Regeln abgleichen. Wenn diese nicht erfüllt sind, wird die Fehlermeldung ausgegeben und die Eingabe nicht akzeptiert.

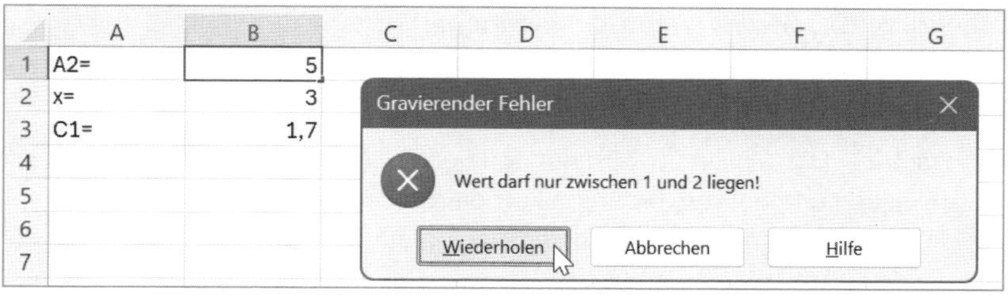

Auf die beschriebene Weise können Sie nun auch für die anderen Zellen die Eingaben überprüfen lassen. Wenn eine ganze Gruppe von Zellen die gleichen Wertegrenzen und Fehlermeldungen erhalten soll, können Sie sich den Weg vereinfachen:

1 Markieren Sie alle diese Zellen (einschließlich der schon festgelegten Zelle).

2 Öffnen Sie dann erneut den Dialog für die Datenüberprüfung.

3 Excel fragt automatisch nach, ob die vorhandene Datenüberprüfung auf die anderen Zellen erweitert werden soll.

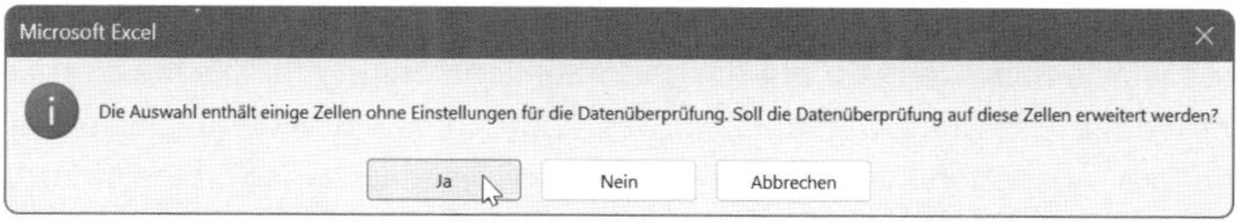

4 Wenn Sie hier mit *Ja* antworten, wird erneut der Dialog aus der vorhergehenden Anleitung angezeigt, wobei die Eingaben von der vorhandenen Datenüberprüfung übernommen wurden.

5 Sie brauchen also nur noch mit *OK* zu bestätigen, um die Datenüberprüfung auf die fehlenden Zellen in der Auswahl zu erweitern.

Typen von Fehlermeldungen

In den Eigenschaften jeder Datenüberprüfung können Sie in der Rubrik *Fehlermeldung* bei *Typ* festlegen, mit welchem Warnschild Sie bei einer Fehlermeldung beglückt werden möchten. Das bestimmt nicht nur das Symbol in der angezeigten Fehlermeldung, sondern hat auch Einfluss auf das Verhalten nach der Fehlerüberprüfung:

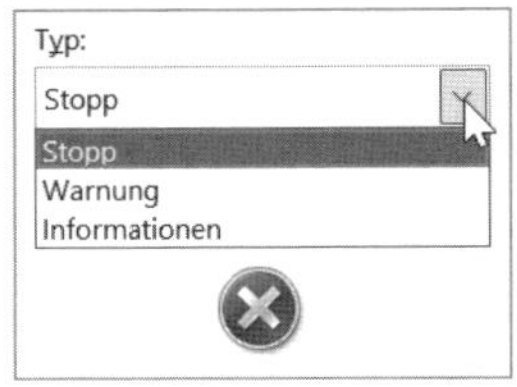

- *Stopp:* Excel wird falsch eingegebene Werte nicht akzeptieren und erst dann weitermachen, wenn ein richtiger Wert eingetragen wurde.
- *Warnung:* Der Anwender wird auf den Fehler hingewiesen und gefragt, ob er ihn korrigieren oder sich über die Warnung hinwegsetzen möchte.
- *Informationen:* Dem Benutzer wird nur ein Hinweis gezeigt, den er mit *OK* bestätigt.

4.4 Wichtige Excel-Funktionen an Beispielen erklärt

Excel bietet eine große Anzahl sehr mächtiger Funktionen, die in der Lage sind, komplexe Berechnungen durchzuführen. Im Rahmen dieses Buches ist es nicht möglich, alle diese Funktionen mit der gebührenden Tiefe und Komplexität zu besprechen. Viele dieser Funktionen können zudem ineinander verschachtelt werden, was den Wirkungskreis noch um ein Vielfaches steigert.

Ich werde mich deshalb auf die gebräuchlichsten und für die meisten Leser brauchbaren Funktionen konzentrieren und diese anhand von Beispielen erläutern. Ausgehend von diesen Grundfunktionen überlasse ich es Ihnen, weitere Varianten, Verschachtelungen und Einsatzmöglichkeiten speziell für Ihr Interessengebiet zu entdecken.

Einfache Funktionen – SUMME und MITTELWERT

Sie haben die Spenden Ihres gemeinnützigen Vereins säuberlich in eine Excel-Tabelle eingetragen und möchten am Jahresende nun wissen, wie viel Geld Sie pro Monat an Spenden eingenommen haben.

Dazu müssen Sie die Werte Ihrer Tabelle summieren.

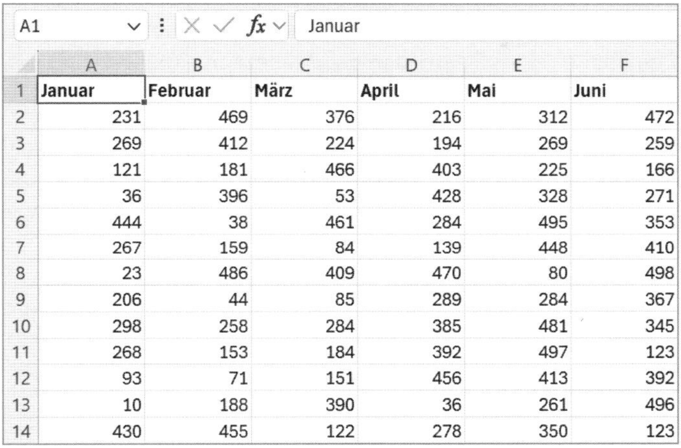

A1 | Januar

	A	B	C	D	E	F
1	Januar	Februar	März	April	Mai	Juni
2	231	469	376	216	312	472
3	269	412	224	194	269	259
4	121	181	466	403	225	166
5	36	396	53	428	328	271
6	444	38	461	284	495	353
7	267	159	84	139	448	410
8	23	486	409	470	80	498
9	206	44	85	289	284	367
10	298	258	284	385	481	345
11	268	153	184	392	497	123
12	93	71	151	456	413	392
13	10	188	390	36	261	496
14	430	455	122	278	350	123

Werte summieren

Um diese Werte zu summieren, könnten Sie beispielsweise in Zelle A15 folgende Formel eingeben:

`=A2+A3+A4+A5+A6+A7+A8+ usw.`

Das ist nicht nur mühsam, sondern auch unnötig. Für so etwas hält Excel die Funktion *SUMME* bereit.

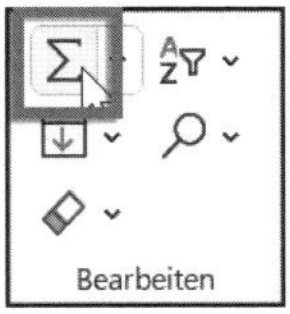

1 Markieren Sie zunächst die Zelle, in der die Summe stehen soll.

2 Dann klicken Sie in der Menüband-Registerkarte *Start* im Bereich *Bearbeiten* auf das Σ-Symbol (*Summe*).

3 Excel schreibt jetzt

`=SUMME(A2:A14)`

in die Zelle A15, wobei die beiden Zelladressen A2 und A14 markiert sind.

Aufgrund des Funktionsnamens *SUMME* weiß Excel, dass es etwas zu summieren gibt. Da solche Summen häufig unterhalb der zu addierenden Werte stehen, schlägt es als Bereich automatisch die Zellen darüber vor, in denen Zahlen stehen. Das Programm wird damit aufgefordert, alle Werte zu summieren, die sich in den Zellen A2 bis A14 einschließlich befinden.

Excel macht Ihnen also sinnvolle Vorschläge, was summiert werden könnte. Sollten das genau die Zellen sein, deren Werte summiert werden sollen, können Sie nun bestätigen. Sind es nicht die richtigen Zellen, können Sie dies durch Markieren oder direktes Bearbeiten der Zellbezüge anpassen und erst dann bestätigen.

Damit hat Excel die Werte der ersten Spalte addiert. Und da Sie in der Formel keine absoluten Zelladressen benutzt haben, können Sie diese Formel nun nach rechts kopieren, um auch die Summe aller anderen Monate zu erhalten.

TIPP

Wenn Sie nur zwei oder drei Zahlen zu summieren haben
Wollen Sie nur zwei oder drei Zahlen summieren, sollten Sie diese einfach mit einem Pluszeichen addieren. Die *SUMME*-Funktion ist eine ziemlich umfangreiche Funktion, und bei sehr großen Tabellen kann das ein gehöriger Zeitfaktor werden.

Mittelwert bilden

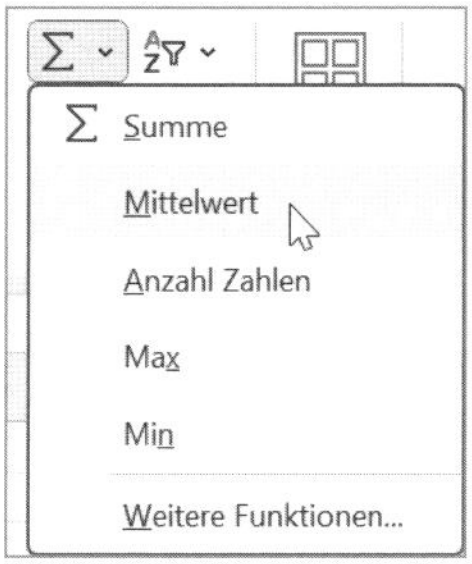

Wenn Sie statt direkt auf das Σ-Symbol auf das Pfeilsymbol rechts neben dem Σ-Symbol klicken, erhalten Sie eine Auswahl weiterer einfacher Funktionen.

Möchten Sie z. B. wissen, was Sie im Durchschnitt pro Monat an Spenden eingenommen haben, können Sie die Funktion *MITTELWERT* nutzen.

Die Handhabung ist ähnlich der *SUMME*-Funktion.

1 Sie klicken in die Zelle, in der das Ergebnis stehen soll, z. B. in Zelle A16.

2 Klicken Sie dann auf das Pfeilsymbol neben dem Σ-Symbol, und wählen Sie die Funktion *MITTELWERT*.

3 Auch hier schlägt Ihnen Excel mögliche Koordinaten vor. Sind das die richtigen, brauchen Sie nur noch mit ↵ zu bestätigen. Sind sie es nicht, markieren Sie die richtigen Zellen.

In der gleichen Art und Weise verfahren Sie, wenn Sie den maximalen oder minimalen Wert der monatlichen Spenden wissen möchten. Dazu dienen die Funktionen *MAX* und *MIN*. Mit *Anzahl Zahlen* zählt Excel die Anzahl der Zellen mit Werten. Beim Spendenbeispiel könnten Sie so die Anzahl an Einzelspenden pro Monat ermitteln. Das weitere Vorgehen mit diesen drei Funktionen ist identisch mit dem bisher besprochenen Verfahren.

Funktionen der Kategorie Datum & Zeit

Beim Erfassen und Aufbereiten von Daten spielt die Zeit meist eine wichtige Rolle. Excel bietet deshalb nicht nur vielfältige Formate, um Termine und Zeitangaben ansprechend und zweckmäßig darzustellen. Es gibt auch eine ganze Reihe von Funktionen, um mit Zeitangaben zu rechnen.

Die Kalenderwoche eines Datums bestimmen

Eine dieser Funktionen ist *ISOKALENDERWOCHE*. Angenommen, Sie möchten wissen, in welche Kalenderwoche der 1. April 2025 fällt.

1 Schreiben Sie das Datum in die Zelle A1 einer Tabelle, und markieren Sie dann die Zelle, in der das Ergebnis stehen soll.

2 Wählen Sie nun auf der Registerkarte *Start* im Bereich *Bearbeiten* das kleine Pfeilsymbol beim Σ-Symbol. Hier wählen Sie *Weitere Funktionen.*

3 Damit öffnen Sie einen Dialog mit allen Funktionen, die Excel Ihnen bietet. Wählen Sie bei *Kategorie auswählen* den Eintrag *Datum & Zeit.*

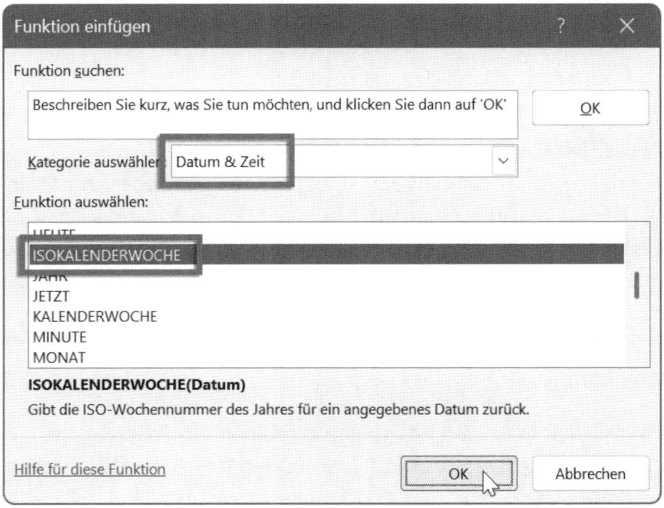

4 Nun entscheiden Sie sich darunter bei *Funktion auswählen* für *ISOKALENDERWOCHE* und bestätigen die Auswahl mit *OK.*

5 Im folgenden Dialog möchte Excel von Ihnen das Datum wissen. Sie könnten hier direkt ein Datum eintippen. Praktischer ist es aber, auf die entsprechende Zelle in der Tabelle zu klicken oder den Zellbezug per Tastatur einzutragen.

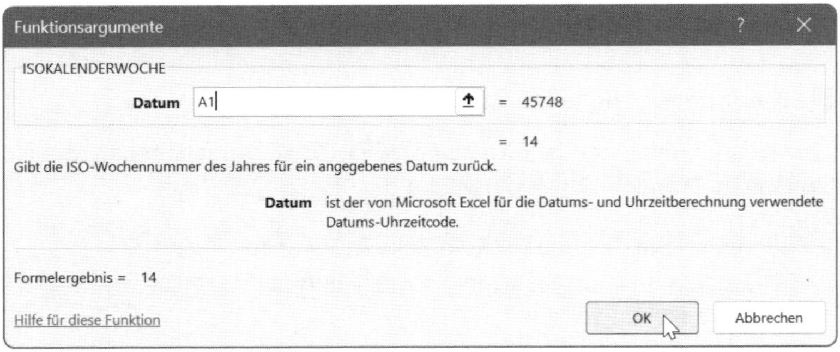

6 Bestätigen Sie zunächst einmal das Ganze mit *OK*.

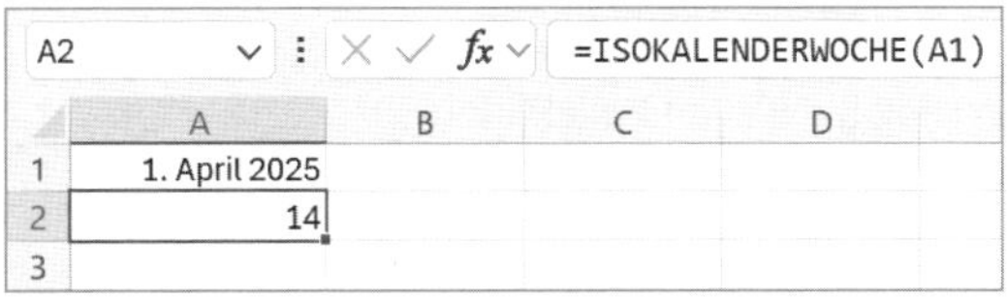

Als Ergebnis sollten Sie die Zahl 14 erhalten haben, denn der 1. April 2025 liegt in der 14. Kalenderwoche des Jahres 2025.

TIPP

ISOKALENDERWOCHE vs. KALENDERWOCHE

Möglicherweise ist Ihnen schon aufgefallen, dass Excel neben der ISOKALENDERWOCHE auch die Funktion KALENDERWOCHE anbietet. Beide machen das Gleiche, können aber trotzdem zu unterschiedlichen Ergebnissen kommen. ISOKALENDERWOCHE orientiert sich an der ISO 8601, die in Europa als Standard gilt. Danach beginnt die Woche am Montag und die erste Kalenderwoche muss mindestens vier der ersten sieben Januartage enthalten.

KALENDERWOCHE verwendet hingegen die amerikanischen Regeln, wonach die Woche am Sonntag beginnt und die erste Woche des Jahres immer die mit dem 1. Januar ist. Ich würde also im Zweifelsfall bei ISOKALENDERWOCHE bleiben, solange Sie nicht ausdrücklich die amerikanischen Regeln anwenden oder die zusätzlichen Optionen der anderen Variante nutzen möchten.

In der Kategorie *Datum & Zeit* kennt Excel noch einige weitere nützliche Funktionen. Da diese recht einfach in der Handhabung sind, möchte ich sie Ihnen nur in einer Tabelle vorstellen.

Wenn in Zelle A1 das Datum 12.05.2022 steht, führt die Funktion ...	**... zu folgendem Ergebnis**
=TAG(A1)	12
=MONAT(A1)	5
=JAHR(A1)	2022
=WOCHENTAG(A1)	1
=HEUTE()	aktuelles Datum

Die Funktion *WOCHENTAG* gibt Ihnen aber nicht den Wochentag als Wort aus, sondern als Zahl, d. h., ein Sonntag ergibt die Zahl 1, Montag = 2, Dienstag = 3 usw.

Wochenenden farblich hervorheben

Sie haben in Excel einen Terminkalender angelegt und möchten, dass die Wochenenden durch eine andere Färbung hervorgehoben werden. Dazu können Sie die bedingte Formatierung verwenden, wenn Sie noch über ein paar zusätzliche Informationen verfügen.

In der Spalte A einer Tabelle wurde der Anfangswert 1. Mai 2025 eingetragen und nach unten kopiert. Damit neben dem Datum auch der Wochentag angezeigt wird, wurde Spalte A mit diesem benutzerdefinierten Format (siehe Seite 304) versehen:

```
TTTT, TT. MMMM JJJJ
```

Ziel ist es, dass für alle Samstage und Sonntage die Zellen von Spalte A rot eingefärbt werden. Dazu brauchen Sie die Möglichkeiten der bedingten Formatierung.

1 Markieren Sie die Zellen A1 bis A31 (wie in der Abbildung zu sehen).

2 Öffnen Sie in der Menüband-Registerkarte *Start* im Bereich *Formatvorlage* die Auswahl *Bedingte Formatierung*.

3 Wählen Sie darin *Regeln zum Hervorheben von Zellen/Weitere Regeln.*

4 Im nun folgenden Dialog wählen Sie als Regeltyp *Formel zur Ermittlung der zu formatierenden Zellen verwenden.*

5 Tragen Sie in das entsprechende Feld darunter dann folgende Formel ein: =WOCHENTAG($A1)=7

6 Legen Sie über *Formatieren* eine Füllfarbe Ihrer Wahl fest.

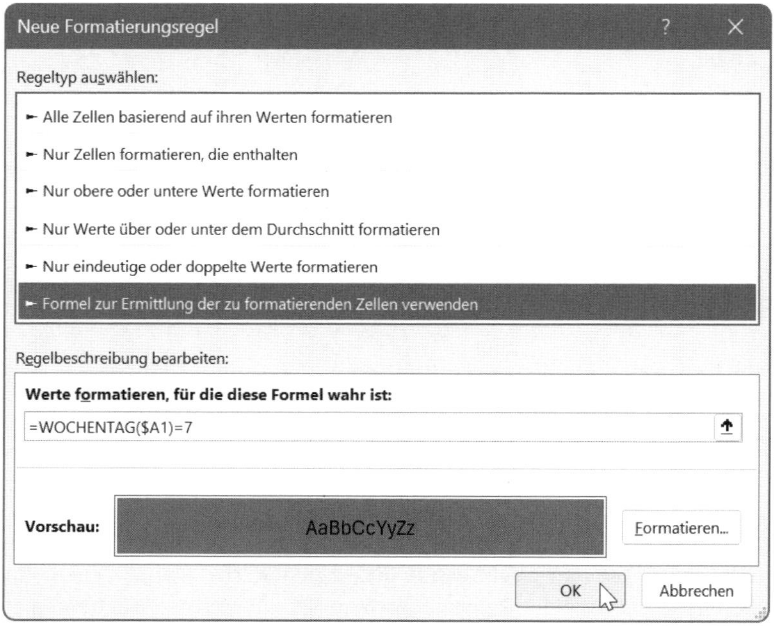

Nachdem Sie dann alle Dialoge mit *OK* bestätigt haben, können Sie sich das Ergebnis anschauen. Es wurden aber nur alle Samstage rot hervorgehoben, keine Sonntage. Das hat damit zu tun, was die Formel *=WOCHENTAG($A1)=7* genau macht.

Sie wissen, dass die Funktion *WOCHENTAG* aus einem Datum den Wochentag ermittelt, diesen aber nicht als Wort, sondern als Zahl ausgibt. Die Zahl 7 steht für den Samstag. Sie sagen Excel dadurch also, dass Sie einen Samstag suchen und die entsprechenden Zellen einfärben möchten. In der folgenden Tabelle sehen Sie die Werte für alle sieben Wochentage.

Wochentag	Zahl	Wochentag	Zahl
Sonntag	1	Donnerstag	5
Montag	2	Freitag	6
Dienstag	3	Samstag	7
Mittwoch	4		

Möchten Sie also auch die Sonntage rot einfärben, verwenden Sie in einem zweiten Durchlauf die Formel *=WOCHENTAG($A1)=1*, denn bei Excel beginnt die Woche mit dem Sonntag (*=1*).

Das Ganze lässt sich aber auch in nur einem Schritt ausführen. Dabei müssen Sie Excel allerdings mitteilen, dass nun zwei Bedingungen zutreffen müssen, nämlich *WOCHENTAG($A1)=7* oder *WOCHENTAG($A1)=1*. Dazu verknüpfen Sie die beiden Bedingungen mit dem logischen Operator ODER, der bei Excel folgendermaßen eingesetzt wird:

```
=ODER(Bedingung_1;Bedingung_2;...;Bedingung_n)
```

Die logischen Operatoren UND und ODER werden noch ausführlicher im Abschnitt über logische Funktionen ab Seite 366 behandelt. Deshalb an dieser Stelle ohne umfangreiche Erläuterungen nur die vollständige Formel zum Einfärben von Samstagen und Sonntagen:

```
=ODER(WOCHENTAG($A1)=7; WOCHENTAG($A1)=1)
```

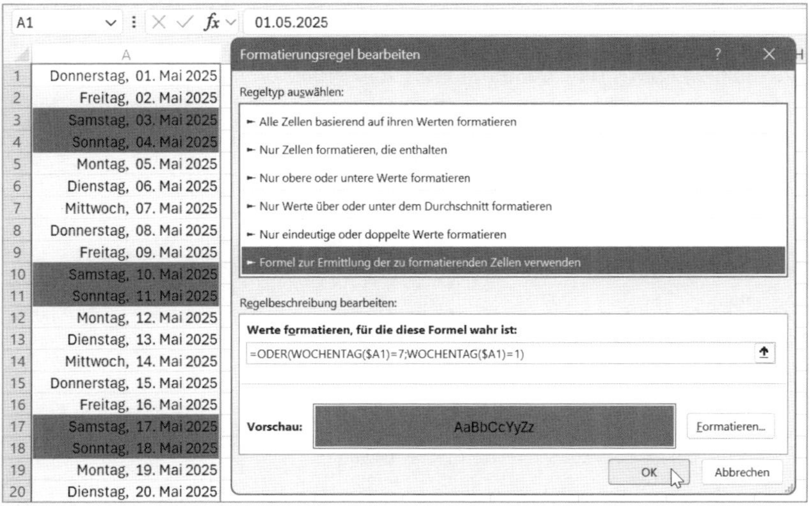

Rechnen mit Uhrzeiten

In Excel können Sie auch recht einfach mit Uhrzeiten rechnen, nur müssen Sie dabei wie immer ein paar Eigenarten von Excel berücksichtigen. Beim folgenden Beispiel geht es um die Zeiterfassung bei einer stundenweisen Beschäftigung. Die Tabelle enthält jeweils das Datum sowie Anfangs- und Endzeit der Tätigkeit. Sie möchten von Excel wissen, wie viele Stunden Sie pro Arbeitstag gearbeitet haben.

Dazu sind beispielsweise die folgenden Arbeitszeiten in einer Excel-Tabelle notiert. Um es zunächst einfach zu halten, sind erst einmal nur volle Stunden angegeben.

	A	B	C	D
1	Datum	Beginn	Ende	Arbeitszeit
2	13.04.2025	08:00	17:00	
3	14.04.2025	08:00	14:00	
4	16.04.2025	07:00	16:00	
5	17.04.2025	08:00	17:00	
6	20.04.2025	07:00	16:00	
7	22.04.2025	09:00	13:00	
8				

In der Excel-Tabelle ist in Spalte A das Datum eingetragen, in Spalte B der Beginn der Arbeit und in Spalte C das Arbeitsende. In Spalte D sollen nun die geleisteten Arbeitsstunden ausgerechnet werden. Dazu ziehen Sie in Zelle D2 die beiden Zeiten voneinander ab:

```
=C2-B2
```

Sie müssen immer den kleineren Wert vom größeren abziehen, um keine negativen Stunden zu erhalten. Diese Formel kopieren Sie für die weiteren Zeilen nach unten. Excel erkennt automatisch, dass Sie Uhrzeiten berechnen, und wählt entsprechend das richtige Format.

D2 | fx | =C2-B2

	A	B	C	D
1	Datum	Beginn	Ende	Arbeitszeit
2	13.04.2025	08:00	17:00	09:00
3	14.04.2025	08:00	14:00	06:00
4	16.04.2025	07:00	16:00	09:00
5	17.04.2025	08:00	17:00	09:00
6	20.04.2025	07:00	16:00	09:00
7	22.04.2025	09:00	13:00	04:00

Am Ende der Woche interessiert es Sie natürlich auch, wie viele Arbeitsstunden Sie insgesamt abgeleistet haben. Dazu können Sie auch bei Zeitangaben die *SUMME*-Funktion verwenden.

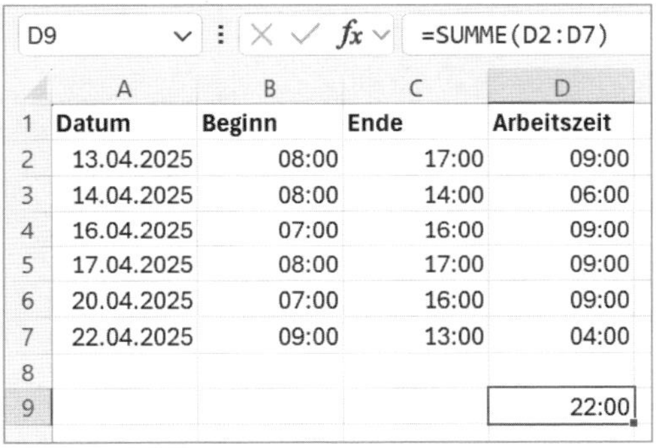
D9 =SUMME(D2:D7)

	A	B	C	D
1	**Datum**	**Beginn**	**Ende**	**Arbeitszeit**
2	13.04.2025	08:00	17:00	09:00
3	14.04.2025	08:00	14:00	06:00
4	16.04.2025	07:00	16:00	09:00
5	17.04.2025	08:00	17:00	09:00
6	20.04.2025	07:00	16:00	09:00
7	22.04.2025	09:00	13:00	04:00
8				
9				22:00

Nun sehen Sie aber sicher mit einem Blick, dass Excel hier etwas falsch macht. Laut den Zeiten in der Tabelle wurde sicher mehr als nur 22 Stunden gearbeitet. Falsch gerechnet hat das Programm aber trotzdem nicht, sondern es handelt sich mal wieder um eine Frage der richtigen Formatierung.

Da die Ausgangswerte für die Berechung die Uhrzeiten in den Spalten B und C waren, hat Excel die Ergebniszellen ebenfalls als Uhrzeiten formatiert. Eine Uhrzeit kann aber niemals größer als 23:59 Uhr werden, denn danach geht es wieder mit 00:00 Uhr los.

Was Sie in Zelle D9 sehen, ist die Anzahl an Stunden abzüglich der vollen Tage. In Wirklichkeit ist die Menge der Arbeitsstunden nämlich 24+22=46. Die ersten 24 Stunden hat Excel nur durch das Zellformat unter den Tisch fallen lassen.

Damit die Ausgabe passt, brauchen Sie für die Ergebniszelle also nur das Format zu ändern.

1 Markieren Sie durch Anklicken die Zelle, deren Formatierung Sie ändern möchten. Im Beispiel ist das die Zelle D9.

2 Öffnen Sie in der Menüband-Registerkarte *Start* im Bereich *Zahl* oben die Auswahl und wählen Sie in der Liste ganz unten *Weitere Zahlenformate*.

3 Im Dialog *Zellen formatieren* wählen Sie die Kategorie *Uhrzeit*.

4 Hier entscheiden Sie sich für das Format *37:30:55*. Wundern Sie sich nicht über die seltsamen Zahlen zur Veranschaulichung des Formats. Sie sollen lediglich deutlich machen, dass mit diesem Format Zeiten über 24 Uhr hinaus angezeigt werden können.

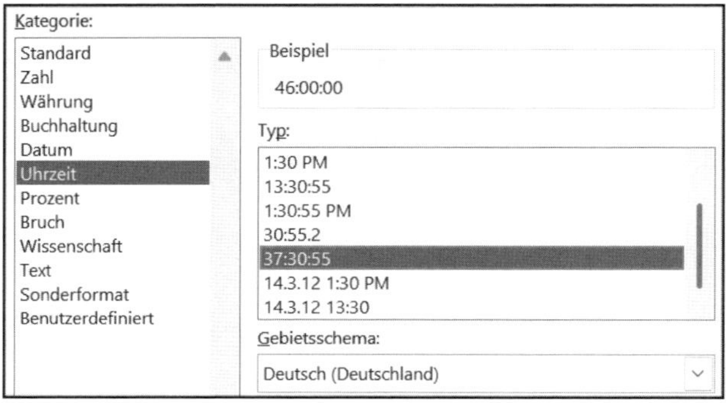

So sollte im Beispiel nun das korrekte Ergebnis mit 46 Stunden angezeigt werden.

D9 =SUMME(D2:D7)

	A	B	C	D
1	**Datum**	**Beginn**	**Ende**	**Arbeitszeit**
2	13.04.2025	08:00	17:00	09:00
3	14.04.2025	08:00	14:00	06:00
4	16.04.2025	07:00	16:00	09:00
5	17.04.2025	08:00	17:00	09:00
6	20.04.2025	07:00	16:00	09:00
7	22.04.2025	09:00	13:00	04:00
8				
9				46:00:00

Aber eigentlich besagt das Ergebnis, dass insgesamt 46 Stunden, 0 Minuten und 0 Sekunden gearbeitet wurde. Die Minutenangaben sind dabei noch ganz brauchbar, aber um Sekunden wird man mit dem Arbeitgeber nicht feilschen wollen. Es wäre deshalb gut, wenn die Sekundenbruchteile in Zelle D9 gar nicht erst angezeigt würden.

1 Klicken Sie auf die Zelle, deren Formatierung Sie ändern möchten. Im Beispiel ist das wieder die Zelle D9.

2 Öffnen Sie wie beschrieben den Dialog *Zellen formatieren*.

3 Wählen Sie darin als Kategorie nun *Benutzerdefiniert*. Ändern Sie bei *Typ* das Zahlenformat zu *[h]:mm* und bestätigen Sie mit *OK*.

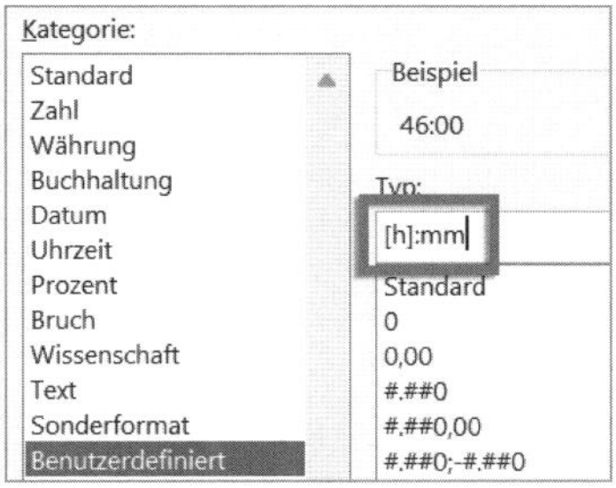

Berechnungen mit Zeitangaben

Im letzten Abschnitt haben Sie gesehen, dass Excel mit Zeitangaben gut zurechtkommt, wenn man einige Dinge beachtet. In diesem Abschnitt zeige ich beispielsweise, wie Sie mithilfe von Zeitangaben und Ihrem Stundenlohn den Verdienst ausrechnen können.

Vorweg: Wie zuvor beschrieben, sollten Sie vermeiden, dass Zeitangaben 24 Stunden überschreiten. Sie sollten deshalb nicht die Arbeitsstunden summieren und dann mit dem Stundenlohn multiplizieren. Berechnen Sie stattdessen zunächst den Verdienst pro Tag und summieren Sie daraus den Lohn.

Im folgenden Beispiel geht es nicht mehr nur um ganze Stunden, sondern es wird minutengenau abgerechnet. Sie erhalten beispielsweise einen Stundenlohn von 16,65 Euro und möchten ausrechnen, was Sie pro Tag verdient haben. Erweitern Sie zunächst Ihr Modell, um den Stundenlohn in eine separate Zelle eingeben zu können.

B1 fx 16,65

	A	B	C	D
1	**Stundenlohn:**	16,65 €		
2				
3	**Datum**	**Beginn**	**Ende**	**Arbeitszeit**
4	13.04.2025	08:00	16:45	08:45
5	14.04.2025	08:00	14:10	06:10
6	16.04.2025	07:00	16:00	09:00
7	17.04.2025	08:00	16:30	08:30
8	20.04.2025	07:30	16:30	09:00
9	22.04.2025	09:10	13:00	03:50
10				

In Spalte D ist bereits die Arbeitszeit pro Tag errechnet. Mithilfe der Funktionen *STUNDE* und *MINUTE* können Sie nun in den Spalten E bzw. F die Stunden von den Minuten separieren.

E4 =STUNDE(D4)

	A	B	C	D	E	F
3	**Datum**	**Beginn**	**Ende**	**Arbeitszeit**		
4	13.04.2025	08:00	16:45	08:45	8	45
5	14.04.2025	08:00	14:10	06:10	6	10
6	16.04.2025	07:00	16:00	09:00	9	0
7	17.04.2025	08:00	16:30	08:30	8	30
8	20.04.2025	07:30	16:30	09:00	9	0
9	22.04.2025	09:10	13:00	03:50	3	50

In Spalte G wird schließlich der Lohn errechnet. Hierzu multiplizieren Sie zunächst die Stundenzahl aus Spalte E mit dem Stundenlohn aus Zelle B1. Dabei muss die Referenz auf B1 unbedingt mit einem $ versehen werden, damit es ein absoluter Bezug wird. Schließlich soll diese Referenz sich nicht ändern, wenn Sie die einmal erstellte Formel in weitere Zeilen kopieren (ab Seite 272 können Sie dazu Näheres lesen).

```
=E4*$B$1
```

Im zweiten Teil der Formel in G4 wird dann mittels Dreisatz der Lohn für die geleisteten Minuten ausgerechnet.

```
=E4*$B$1+F4*$B$1/60
```

Tragen Sie diese Formel in Zelle G4 ein und kopieren Sie sie dann auf die Zeilen darunter. Jetzt brauchen Sie nur noch unten die Teilverdienste in Spalte G zum Gesamtverdienst zu summieren.

G4 =E4*$B$1+F4*$B$1/60

	A	B	C	D	E	F	G
1	**Stundenlohn:**	16,65 €					
2							
3	**Datum**	**Beginn**	**Ende**	**Arbeitszeit**			
4	13.04.2025	08:00	16:45	08:45	8	45	145,69 €
5	14.04.2025	08:00	14:10	06:10	6	10	102,68 €
6	16.04.2025	07:00	16:00	09:00	9	0	149,85 €
7	17.04.2025	08:00	16:30	08:30	8	30	141,53 €
8	20.04.2025	07:30	16:30	09:00	9	0	149,85 €
9	22.04.2025	09:10	13:00	03:50	3	50	63,83 €
10							753,41 €
11							

Textfunktionen

Auf Seite 290 stelle ich die *Blitzvorschau*-Funktion zum schnellen Ausfüllen vor. Diese Funktion leistet bei der Bearbeitung von Textelementen in Zellen hervorragende Dienste. Das einzige Problem bei der *Blitzvorschau*-Funktion ist die Tatsache, dass Excel den Inhalt der entsprechenden Zellen nicht ändert, wenn der Zellinhalt irgendeiner Zelle geändert wird. Und das schränkt den Wert der Funktion doch erheblich ein.

Die im Folgenden vorgestellten Textfunktionen haben diese Einschränkung nicht. Sie werden immer neu berechnet, wenn irgendeine Zelle in der Tabelle einen neuen Inhalt bekommt. Aus diesem Grund soll es nun um die Textfunktionen in Excel gehen.

Texte aus Zellen extrahieren

In eine Excel-Zelle kann man sowohl Zahlen als auch Texte eingeben. Man kann aber auch beides zusammen in eine Zelle eintragen. Excel wird Sie nicht daran hindern, in einer Adressverwaltung die Postleitzahl und die Stadt in eine Zelle zu schreiben. Auch wird Sie Excel nicht davon abhalten, den Vor- und den Nachnamen in eine einzige Zelle zu schreiben, obwohl das eigentlich ziemlich unsinnig ist.

	A	B	C
1	**Name**	**Straße**	**Ort**
2	Alfons Ahlmeyer	Prinzenplatz 2	81247 München
3	Bettina Borsig	Austernallee 45	01267 Dresden
4	Claus Cicero	Bruckner-Weg 12	60316 Frankfurt
5	Dieter Dachs	Hauptstr. 85	10365 Berlin
6	Erika Ehrlich	Am Deich 7	60433 Frankfurt
7	Gustav Grau	Pfeffergasse 35	80686 München
8	Henriette Hauser	Holzweg 9	60439 Frankfurt
9	Ingolf Irwisch	Sternplatz 3	21037 Hamburg
10	Jolante Juchzig	Taubengasse 17	80937 München

So etwas sollte man natürlich vermeiden, denn wenn Sie diese Liste für einen Serienbrief in Word nutzen möchten und Sie nur einen Brief an alle Frankfurter Mitglieder Ihres Vereins schicken möchten, wird es problematisch. Aber vielleicht hat Ihnen jemand eine solche Liste geschickt und Sie möchten nun die Vornamen von den Nachnamen trennen. Wie Sie das mit der *Blitzvorschau*-Funktion machen, lesen Sie auf Seite 290 ff.

Die Aufgabe lässt sich aber auch mit klassischen Excel-Funktionen wie *LINKS*, *RECHTS* und *TEIL* lösen. Das ist zwar zunächst etwas mehr Aufwand, aber dafür werden die Ergebnisse bei Änderungen an den Ausgangsdaten jederzeit aktualisiert.

Die Funktionen haben die Syntax:

```
=LINKS(Zelle;Anzahl_Zeichen)
```

```
=RECHTS(Zelle;Anzahl_Zeichen)
```

```
=TEIL(Zelle;Erstes_Zeichen;Anzahl_Zeichen)
```

LINKS schneidet in der *Zelle* die *Anzahl_Zeichen* von der linken Seite ab. *RECHTS* macht das Gleiche von der rechten Seite. *TEIL* schneidet beginnend bei *Erstes_Zeichen* die Menge an Zeichen ab, die *Anzahl_Zeichen* entspricht. Damit könnte man etwa die PLZ in eine eigene Spalte extrahieren. Sie steht links in der Zelle und ist immer genau fünf Zeichen lang:

```
=LINKS(C2;5)
```

Kopiert auf alle Zeilen, sieht das Ergebnis im Beispiel wie folgt aus:

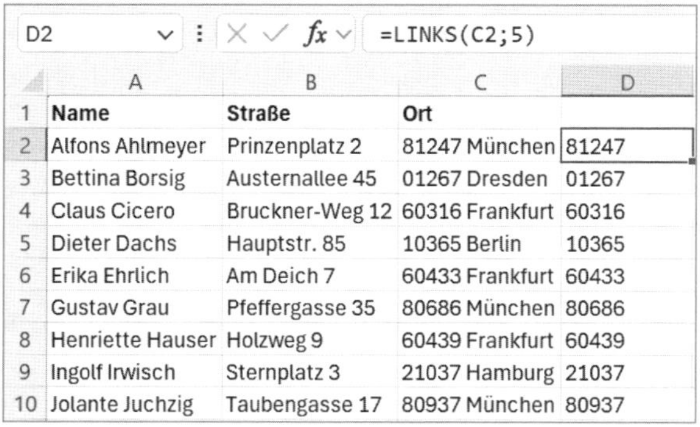
D2 | =LINKS(C2;5)

	A	B	C	D
1	**Name**	**Straße**	**Ort**	
2	Alfons Ahlmeyer	Prinzenplatz 2	81247 München	81247
3	Bettina Borsig	Austernallee 45	01267 Dresden	01267
4	Claus Cicero	Bruckner-Weg 12	60316 Frankfurt	60316
5	Dieter Dachs	Hauptstr. 85	10365 Berlin	10365
6	Erika Ehrlich	Am Deich 7	60433 Frankfurt	60433
7	Gustav Grau	Pfeffergasse 35	80686 München	80686
8	Henriette Hauser	Holzweg 9	60439 Frankfurt	60439
9	Ingolf Irwisch	Sternplatz 3	21037 Hamburg	21037
10	Jolante Juchzig	Taubengasse 17	80937 München	80937

Mit dem Namen der Stadt wird es schon etwas schwieriger. Da dieser immer rechts in der Zelle steht, bietet sich die Funktion *RECHTS* an. Aber wie groß soll die Anzahl an Zeichen sein, wenn die Städtenamen unterschiedlich lang sind?

Hier hilft die Textfunktion *LÄNGE* weiter, mit der man die Anzahl von Zeichen in einer Zelle ermitteln kann. Wenn man davon fünf für die Postleitzahl und eines für das Leerzeichen abzieht, sollte die Länge des Städtenamens übrig bleiben.

Insgesamt muss die Formel dann so lauten:

=RECHTS(C2;LÄNGE(C2)-6)

E2 | fx =RECHTS(C2;LÄNGE(C2)-6)

	A	B	C	D	E
1	**Name**	**Straße**	**Ort**		
2	Alfons Ahlmeyer	Prinzenplatz 2	81247 München	81247	München
3	Bettina Borsig	Austernallee 45	01267 Dresden	01267	Dresden
4	Claus Cicero	Bruckner-Weg 12	60316 Frankfurt	60316	Frankfurt
5	Dieter Dachs	Hauptstr. 85	10365 Berlin	10365	Berlin
6	Erika Ehrlich	Am Deich 7	60433 Frankfurt	60433	Frankfurt
7	Gustav Grau	Pfeffergasse 35	80686 München	80686	München
8	Henriette Hauser	Holzweg 9	60439 Frankfurt	60439	Frankfurt
9	Ingolf Irwisch	Sternplatz 3	21037 Hamburg	21037	Hamburg
10	Jolante Juchzig	Taubengasse 17	80937 München	80937	München

Sie merken vielleicht schon, es wird zunehmend komplizierter. In der Namenspalte stehen zwei Wörter von variabler Länge.

Hier müsste man an der Stelle die *FINDE*-Funktion bemühen und damit nach der Position des Leerzeichens zwischen den beiden Namen suchen. Diese könnte man dann als Parameter für *LINKS* und *RECHTS* verwenden.

Nutzer von Microsoft 365 können sich solche Umstände mittlerweile zum Glück sparen, denn für sie stellt Excel universell einsetzbare Funktionen bereit:

1 Wählen Sie eine leere Zelle in Zeile 2 aus, beispielsweise F2.

2 Klicken Sie in der Menüband-Registerkarte *Formeln* ganz links auf *Funktion einfügen*.

3 Stellen Sie bei *Kategorie auswählen* die Option *Text* ein.

4 Wählen Sie dann in der Liste darunter die Funktion *TEXTTEILEN* und bestätigen Sie mit *OK*.

5 Klicken Sie dann auf die Zelle A2 mit dem Namen, um diese als Quelle für den zu teilenden *Text* festzulegen.

6 Bei *Col_delimiter* geben Sie als Trennzeichen zwischen den Textteilen ein Leerzeichen an.

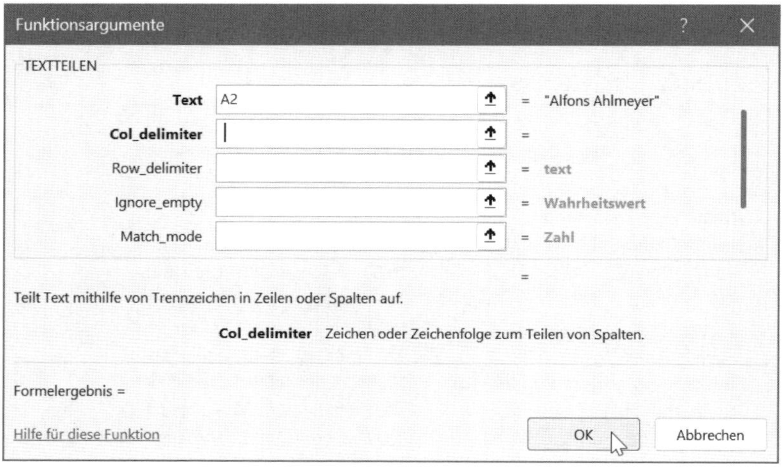

7 Die weiteren Eingabefelder sind optional und für das Beispiel unnötig, machen die Funktion aber universell einsetzbar:

- *Row_delimiter:* Wenn Sie hier das Trennzeichen eingeben, verteilt Excel die Bestandteile vertikal statt horizontal auf mehrere Zellen.
- *Ignore_empty:* Setzen Sie diesen Wert auf WAHR, wenn mehrere aufeinanderfolgende Trennzeichen als eines behandelt werden sollen.
- *Match_mode:* Geben Sie hier 1 an, wenn bei der Suche nach dem Trennzeichen die Groß- und Kleinschreibung ignoriert werden soll.

8 Klicken Sie abschließend unten auf *OK*.

Excel fügt daraufhin zwei neue Zellen ein: In der zuvor ausgewählten Zelle F2 steht nun der Vorname und rechts daneben in G2 der Nachname. Wenn Sie F2 auswählen, sehen Sie oben in der Bearbeitungsleiste die Formel, die Excel erzeugt hat. Wählen Sie G2, wird dieselbe Formel angezeigt, allerdings ausgegraut und nicht editierbar.

Diese spezielle Formel verbindet die Zellen F2 und G2 miteinander. Änderungen oder auch das Löschen der Formel kann nun nur noch über F2 erfolgen und wirkt sich dann automatisch auch auf G2 aus. Trotzdem können Sie auch diese Funktion wie gewohnt in die anderen Zeilen kopieren, um auch deren Namen aufzuteilen.

F2 =TEXTTEILEN(A2;" ")

	A	B	C	D	E	F	G
1	**Name**	**Straße**	**Ort**				
2	Alfons Ahlmeyer	Prinzenplatz 2	81247 München	81247	München	Alfons	Ahlmeyer
3	Bettina Borsig	Austernallee 45	01267 Dresden	01267	Dresden	Bettina	Borsig
4	Claus Cicero	Bruckner-Weg 12	60316 Frankfurt	60316	Frankfurt	Claus	Cicero
5	Dieter Dachs	Hauptstr. 85	10365 Berlin	10365	Berlin	Dieter	Dachs
6	Erika Ehrlich	Am Deich 7	60433 Frankfurt	60433	Frankfurt	Erika	Ehrlich
7	Gustav Grau	Pfeffergasse 35	80686 München	80686	München	Gustav	Grau
8	Henriette Hauser	Holzweg 9	60439 Frankfurt	60439	Frankfurt	Henriette	Hauser
9	Ingolf Irwisch	Sternplatz 3	21037 Hamburg	21037	Hamburg	Ingolf	Irwisch
10	Jolante Juchzig	Taubengasse 17	80937 München	80937	München	Jolante	Juchzig

Die so erzeugte Formel *=TEXTTEILEN(A2;" ")* ist so ziemlich die einfachste Variante dieser mächtigen Funktion. Anstelle des Leerzeichens können Sie auch beliebige andere Trennzeichen verwenden. Und Sie können auch mehrere Trennzeichen nutzen, um komplexere Ausdrücke zu zerlegen. Was wäre etwa, wenn in der Beispielliste Adressen aus verschiedenen Ländern stünden und den Postleitzahlen jeweils das Länderkürzel vorangestellt wäre?

```
Alfons Ahlmeyer D-81247 München Prinzenplatz 1

Bettina Borsig A-1090 Wien Austernalle 45

Claus Cicero CH-2037 Neuchatel Bruckner-Weg 12
```

Mit *TEXTTEILEN* lassen sich diese Texte in einem Schritt sauber in ihre Bestandteile zerlegen und auf einzelne Spalten aufteilen:

```
=TEXTTEILEN(A12;{" ";"-"})
```

D12 =TEXTTEILEN(A12;{" ";"-"})

	A	B	C	D	E	F	G	H	I	J
12	Alfons Ahlmeyer D-81247 München Prinzenplatz 2			Alfons	Ahlmeyer	D	81247	München	Prinzenplatz	2
13	Bettina Borsig A-1090 Wien Austernallee 45			Bettina	Borsig	A	1090	Wien	Austernallee	45
14	Claus Cicero CH-2037 Neuchatel Pfeffergasse 35			Claus	Cicero	CH	2037	Neuchatel	Pfeffergasse	35

Texte zusammenführen

Nun kann es aber auch einmal nötig sein, dass Sie zwei Textzellen zusammenführen möchten. Das kann etwa bei Serienbriefen vorkommen, wenn Sie unnötgie Leerzeichen zwischen dem Vor- und dem Nachnamen vermeiden möchten. Um Texte zusammenzufassen, gibt es den Verknüpfungsoperator &.

Am einfachsten lässt sich die Wirkungsweise anhand der folgenden Abbildung erklären:

C2 | fx =A2&" "&B2

	A	B	C	D
1	**Vorname**	**Nachname**		
2	Alfons	Ahlmeyer	Alfons Ahlmeyer	
3	Bettina	Borsig	Bettina Borsig	
4	Claus	Cicero	Claus Cicero	
5	Dieter	Dachs	Dieter Dachs	

In der Bearbeitungszeile der Zelle C2 steht der folgende Befehl:

=A2&" "&B2

Das heißt: Nimm den Inhalt der Zelle A2, und verknüpfe (&) diesen mit einem Leerzeichen (" "). Das Ganze verknüpfe (&) dann mit der Zelle B2.

Die unterschiedliche Wirkungsweise des Additionsoperators + und des Verknüpfungsoperators & sehen Sie in folgender Abbildung:

	A	B	C	D
1	5	3	8	=A1+B1
2			53	=A1&B1

In Spalte A und B wurden einfach Zahlen eingetragen. In Spalte D sehen Sie die Formeln, die zu den Ergebnissen in Spalte C führen. Während das +-Zeichen tatsächlich addiert, schreibt das &-Zeichen die beiden Zahlen einfach hintereinander.

Finanzmathematik

Finanzen sind vermutlich der Bereich, in dem Excel gerade von privaten Nutzern am meisten eingesetzt wird. Es ist ja auch ein praktisches und vielseitiges Werkzeug, um Finanzierungen, Zinsen, effektive Kosten oder auch Abschreibungen schnell durchzurechnen, darzustellen und zu vergleichen. Und Excel bringt für solche Aufgaben hilfreiche Funktionen mit.

Rückzahlungsraten und Zinsen schnell errechnen

Das neue Auto kostet 39.000 Euro und muss von einer Bank finanziert werden. 3 % Zinsen will die Bank jährlich von Ihnen und macht dazu noch die Auflage, dass das Darlehen innerhalb von 24 Monaten zurückgezahlt werden muss. Mit welcher monatlichen Belastung haben Sie zu rechnen?

Das ist mit einer der Standardfunktionen von Excel recht schnell und problemlos zu errechnen. Sie benötigen die Funktion *RMZ* (**r**egel**m**äßige **Z**ahlung). Die allgemeine Syntax der Funktion lautet:

RMZ(**Zins;Zzr;Bw;**Zw;F)

Sie können sie direkt in die Zelle eintippen oder aus der Funktionsliste auswählen und sich dann vom *Funktionsargumente*-Dialog bei der Zuordnung der Zellen helfen lassen.

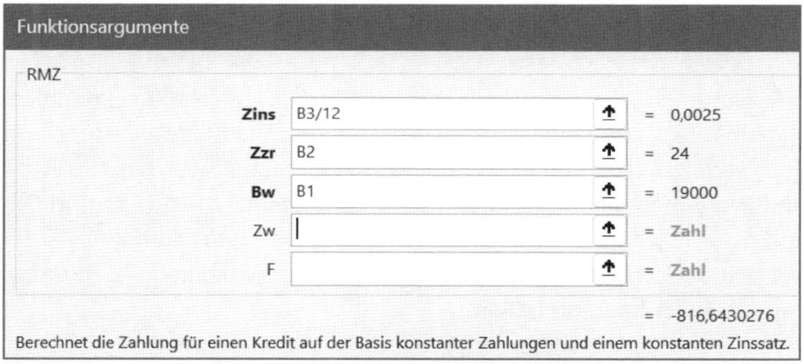

- **Zins:** Ist der Zinssatz pro Periode. Im Beispiel wären das 3 %. Und da die Laufzeit 24 Monate betragen soll, hier 3 % / 24, denn die Belastung pro Monat ist gefragt.
- **Zzr:** Ist die Anzahl der **Z**ahlungs**z**eit**r**äume. In unserem Beispiel soll alles nach 24 Monaten zurückgezahlt sein, Zzr ist also 24.
- **Bw:** Ist der **B**ar**w**ert der Anschaffung, in unserem Beispiel also der Preis des neuen Autos in Höhe von 19.000 Euro.
- **Zw**: Ist der **z**ukünftige **Wert** (= Endwert). Bei einem Darlehen, das am Ende der Laufzeit zurückgezahlt werden soll, ist das also der Wert null, der dann auch in der Formel weggelassen werden kann.
- **F**: Ist die **F**älligkeit. Dieser Wert kann nur 0 oder 1 annehmen und drückt aus, wann eine Zahlung erfolgen soll – am Ende einer Periode (=0) oder am Anfang einer Periode (=1). Lassen Sie diesen Wert weg, nimmt Excel automatisch 0.

Die in der allgemeinen Syntax fett gedruckten Elemente sind Pflichtteile, müssen also angegeben werden, die anderen sind optional.

Im Beispiel müssten Sie für Ihr schönes neues Auto also pro Monat 816,64 Euro für die Dauer von 24 Monaten zahlen:

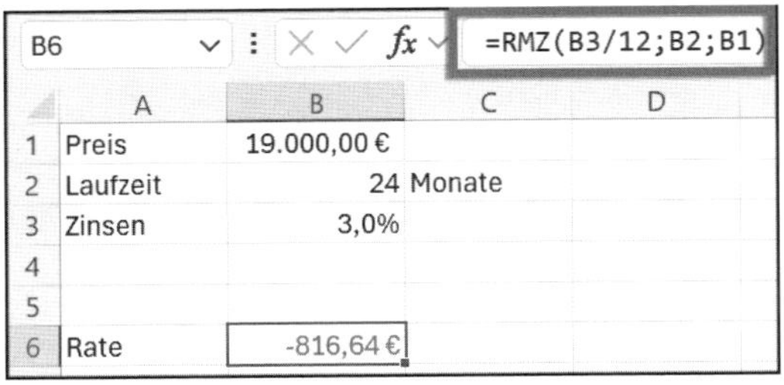

Die *RMZ*-Funktion kann aber noch viel mehr: Vielleicht möchten Sie in fünf Jahren endlich Ihre Traumreise antreten. Dafür haben Sie Kosten in Höhe von 30.000 Euro veranschlagt, und dieser Betrag soll angespart werden. Die Bank gibt Ihnen für die festgelegten fünf Jahre einen Zinssatz von 1,5 %, und Sie fragen sich, wie viel Sie monatlich sparen müssen, um nach fünf Jahren die benötigten 30.000 Euro für die Reise ausgezahlt zu bekommen. Auch dabei kann Ihnen die *RMZ*-Funktion helfen.

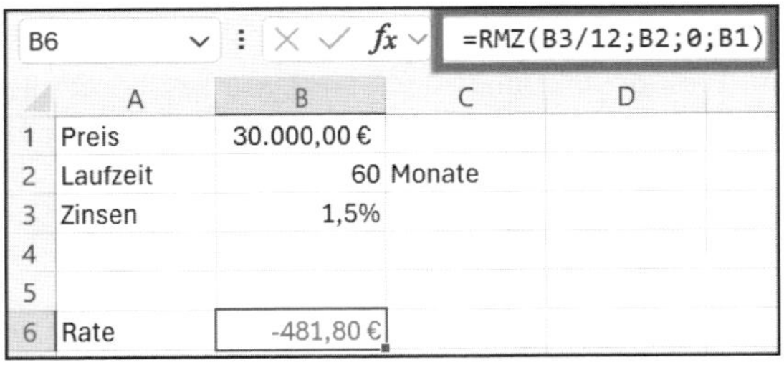

Sie müssten also 481,80 Euro jeden Monat einzahlen, um nach fünf Jahren ca. 30.000 Euro zu erhalten. Wenn Sie sich die Formel in der Abbildung anschauen, erkennen Sie sicher sofort, dass in diesem Beispiel vier Angaben gemacht wurden. Der Barwert (=Bw) ist jetzt natürlich 0, denn Sie fangen Ihr Sparbuch ja bei 0 an. Der zukünftige Wert, also das, was Sie nach Ablauf der Laufzeit haben wollen, ist jetzt 30.000 (=Zw).

TIPP

Achten Sie bei den Funktionen RMZ und ZZR auf passende Zeiteinheiten

Wenn es heißt, Sie zahlen die Zinsen pro Jahr, möchten aber das Ergebnis als Wert pro Monat haben, müssen Sie die Zinsen natürlich auch pro Monat berechnen. Achten Sie also streng auf gleiche Zeitangaben!

Wann ist ein Kredit abbezahlt?

Eine große Anschaffung kostet 20.000 Euro, die Bank verlangt 3 % Zinsen. Ihr Gehalt gestattet Ihnen eine monatliche Rückzahlung von 1.000 Euro. Wie lange müssen Sie bei der Bank zahlen, bis der Betrag zurückgezahlt ist? Dazu kann man die Funktion *ZZR* nutzen. Sie hat folgende allgemeine Syntax:

`ZZR(`**`Zins;Rmz;Bw`**`;Zw;F)`

Die einzelnen Angaben entsprechen den Elementen der *RMZ*-Funktion. *Rmz* ist in dieser Funktion der Betrag, der in einer Periode zurückgezahlt wird, im Beispiel also 1.000 Euro. Da die Rate zurückgezahlt wird, muss der Wert in B2 negativ sein. Der Betrag von 20.000 Euro ist nach rund 20,5 Monaten zurückgezahlt, wenn Sie pro Monat 1.000 Euro zurückzahlen.

B5 `=ZZR(B3/12;B2;B1)`

	A	B	C	D
1	Preis	20.000,00 €		
2	Rate	- 1.000,00 €		
3	Zinsen	3,0%		
4				
5	Laufzeit	20,54	Monate	

Andere Fragestellungen können Sie mit der *ZZR*-Funktion ebenfalls bearbeiten. Nehmen Sie beispielsweise folgendes Szenario an: Sie möchten Ihr Geschäft erweitern. 40.000 Euro ist Ihnen das Ganze wert. Diesen Betrag müssen Sie als Kredit mit 4 % Zinsen von der Bank leihen. Da Ihr bisheriger Umsatz im Geschäft eine Rückzahlung von höchstens 700 Euro pro Monat gestattet, fragen Sie sich, ob Sie nach vier Jahren den Kredit abbezahlt haben. Auch dafür können Sie die *ZZR*-Funktion gut einsetzen.

B5 `=ZZR(B3/12;B2;B1)/12`

	A	B	C	D	E
1	Preis	40.000,00 €			
2	Rate	- 700,00 €			
3	Zinsen	4,0%			
4					
5	Laufzeit	5,29	Monate		

Da Ihnen die Funktion, so wie sie hier benutzt wird, die Anzahl der Monate ausgibt, müssen Sie B6 noch durch 12 teilen, um auf die Jahre zu kommen. Und wie Sie sehen, brauchen Sie mehr als fünf Jahre, bis der Kredit vollständig zurückgezahlt ist.

Abschreibungen berechnen

Während man eine lineare Abschreibung im Kopf oder notfalls mit einer simplen Tabelle berechnen kann, sieht das beispielsweise bei der degressiven Doppelraten-Abschreibung anders aus.

Hierbei wird nur im ersten Jahr der Abschreibungsbetrag auf Basis der Anschaffungskosten berechnet. In den folgenden Jahren wird der Abschreibungsbetrag aus dem Restwert des Anlageguts errechnet. Bei dieser Methode wird der Abschreibungsbetrag zwar immer kleiner, aber die Anschaffung ist am Ende der geplanten Nutzungsdauer nicht vollständig abgeschrieben. Mit einem Beispiel wird das deutlicher.

Ihr kleines Geschäft floriert, und nun möchten Sie groß einsteigen und Ihr Sortiment erweitern. Dazu brauchen Sie mehr Ausstattung oder auch zusätzliche Geräte. Sie investieren also. Diese Investition kann steuerlich geltend gemacht werden. Im Jahr 2025 haben Sie sich eine Maschine zum Preis von 10.000 Euro angeschafft. Der Abschreibungsprozentsatz variiert zwischen dem zwei- oder dreifachen Wert der linearen Abschreibung. Genaueres darüber erfahren Sie von Ihrem Steuerberater oder Wirtschaftsprüfer.

Setzt man also die Formel für die lineare Abschreibung an, ergibt das einen Abschreibungssatz von 10 %. Bei der degressiven Abschreibung wird dieser Satz verdoppelt oder verdreifacht. Das folgende Beispiel geht vom dreifachen Satz aus, d. h., es können zehn Jahre lang pro Jahr 30 % des bilanzierten Wertes als Abschreibung abgezogen werden. Die Excel-Tabelle könnte somit wie hier gezeigt aussehen.

	A	B	C
1	Neupreis	10.000,00 €	
2	Nutzungsdauer	10	Jahre
3	Abschreibungssatz	0,3	(=30%)
4			
5			
6	Jahre	AB-Betrag	Restwert
7	1	3.000,00 €	7.000,00 €
8	2	2.100,00 €	4.900,00 €
9	3	1.470,00 €	3.430,00 €
10	4	1.029,00 €	2.401,00 €
11	5	720,30 €	1.680,70 €
12	6	504,21 €	1.176,49 €
13	7	352,95 €	823,54 €
14	8	247,06 €	576,48 €
15	9	172,94 €	403,54 €
16	10	121,06 €	282,48 €
17			
18	Abschreibung gesamt	9.717,52 €	
19			

Der Abschreibungssatz steht in Zelle B3. In Zelle B18 wurden die gesamten Abschreibungswerte addiert, und Sie sehen, dass Ihre Maschine nach zehn Jahren tatsächlich nicht vollständig abgeschrieben ist. Hier wird deshalb im letzten Jahr eine Sonderabschreibung in Höhe des Restwertes notwendig.

B18 =SUMME(B7:B16)

	A	B	C
1	Neupreis	10000	
2	Nutzungsdauer	10	Jahre
3	Abschreibungssatz	0,3	(=30%)
4			
5			
6	Jahre	AB-Betrag	Restwert
7	1	=B1*$B$3	=B1-B7
8	2	=C7*$B$3	=C7-B8
9	3	=C8*$B$3	=C8-B9
10	4	=C9*$B$3	=C9-B10
11	5	=C10*$B$3	=C10-B11
12	6	=C11*$B$3	=C11-B12
13	7	=C12*$B$3	=C12-B13
14	8	=C13*$B$3	=C13-B14
15	9	=C14*$B$3	=C14-B15
16	10	=C15*$B$3	=C15-B16
17			
18	Abschreibung gesamt	=SUMME(B7:B16)	
19			

Die Tabelle mit den verwendeten Formeln anstelle der Werte

Für die degressive Abschreibung gibt es aber ebenfalls eine fertige Excel-Funktion, mit der sich der Rechengang erheblich erleichtern lässt.

Die Funktion hat folgende Syntax:

```
=GDA(Basiswert;Restwert;Nutzungsdauer;Periode,Faktor)
```

Die Funktion liefert den Abschreibungsbetrag einer Investition in Höhe von *Basiswert* für die *Nutzungsdauer* pro *Periode*. Mit *Restwert* ist der Wert nach dem Ende der Abschreibungsdauer gemeint. Der *Restwert* kann auch 0 betragen. Der *Faktor* ist jener Faktor, mit dem der Abschreibungssatz der linearen Abschreibung multipliziert wird. Er ist optional, kann also auch weggelassen werden. Fehlt er in der Formel, geht Excel von einem Faktor 2 aus. Um beim Beispiel zu bleiben, muss hier also eine 3 angegeben werden.

Für das in diesem Abschnitt durchgerechnete Beispiel mit der neuen Maschine ergäben sich mit der GDA-Funktion folgende Werte:

B7 fx =GDA($B$1;0;$B$2;A7;3)

	A	B	C	D
1	Neupreis	10.000,00 €		
2	Nutzungsdauer	10		
3	Abschreibungssatz	0,3	(=30%)	
4				
5				
6	Jahre	AB-Betrag		
7	1	3.000,00 €		
8	2	2.100,00 €		
9	3	1.470,00 €		
10	4	1.029,00 €		
11	5	720,30 €		
12	6	504,21 €		
13	7	352,95 €		
14	8	247,06 €		
15	9	172,94 €		
16	10	121,06 €		
17				
18	Abschreibung gesamt	9.717,52 €		
19				

Die benutzte Formel sehen Sie in der Bearbeitungszeile der Abbildung. Beachten Sie dabei, dass die Bezüge zu Neupreis und Nutzungsdauer absolut sein müssen. Wenn Sie diese Formel dann für die weiteren neun Jahre nach unten kopieren, erhalten Sie wiederum dieselben Werte wie bei der etwas längeren Rechnung.

Mathematische Funktionen

Wenn Sie sich für die in diesem Abschnitt behandelten Funktionen interessieren, setze ich voraus, dass Sie mit Begriffen wie Potenz, Wurzel, trigonometrischen Funktionen oder Integralen vertraut sind. Im Rahmen dieses Buches können deren Konzepte nicht vollumfänglich dargestellt werden, sie werden nur insoweit erläutert, dass Sie die entsprechenden Funktionen in Excel sicher anwenden können.

Potenzen und Wurzeln

Excel ist nicht nur für die vier Grundrechenarten geschaffen, sondern Sie können auch potenzieren und Wurzeln ziehen. Angenommen, Sie möchten 2^6

ausrechnen lassen. Tragen Sie die 2 z. B. in die Zelle A1 einer Tabelle ein. In Zelle B1 kann dann folgende Formel stehen:

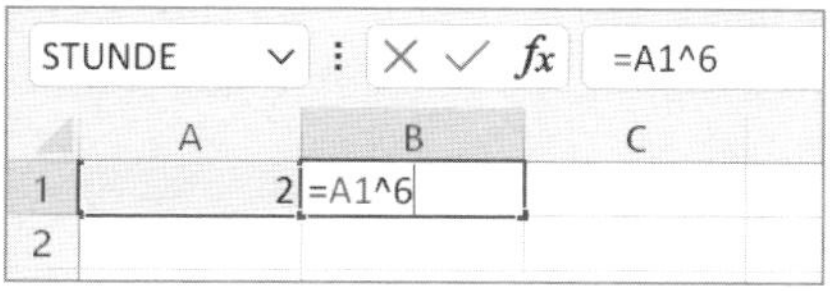

Das ^ finden Sie auf der Tastatur auf der linken Seite über der ⇆-Taste bzw. links neben der 1.

Um die quadratische Wurzel der Zahl 2 zu berechnen, benutzen Sie die Funktion *WURZEL*. Schreiben Sie in C1 die Formel

```
=WURZEL(A1)
```

und bestätigen Sie sie.

Natürlich können Sie nicht nur die quadratische Wurzel einer Zahl bilden, sondern auch die n-te Wurzel. Aber wenn Sie andere Wurzeln ziehen wollen als die Quadratwurzel, müssen Sie auf die allgemeine mathematische Umformung zurückgreifen:

$$\sqrt[n]{x} = x^{\frac{1}{n}}$$

Ein Beispiel:

$$\sqrt[5]{3125} = 3125^{\frac{1}{5}}$$

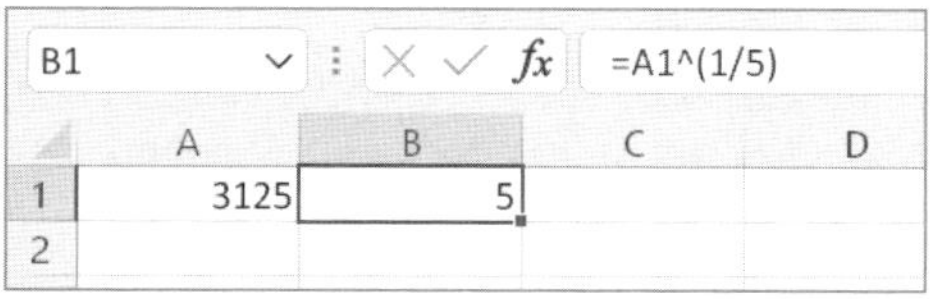

TIPP

Achten Sie auf die richtige Klammersetzung

Beim Eingeben solcher Formeln sollten Sie peinlich genau auf das richtige Setzen der Klammern achten, denn es gilt:

A1^1/B1 ist nicht gleich A1^(1/B1)

Die RUNDEN-Funktion

Im Abschnitt über Formatierungen habe ich darauf hingewiesen, dass die Formatierung einer Zahl mit vielen Dezimalstellen diese zwar für den Bildschirm rundet, aber trotzdem mit der nicht gerundeten Zahl weitergerechnet wird.

B1 | fx | =A1*2

	A	B	C
1	5,68	11,35	
2	5,68	11,36	
3			

Das kann zu seltsamen Situationen führen. In den Zellen A1 und A2 sind jeweils die gleichen Zahlen enthalten, und in B1 und B2 ist jeweils eine Formel, die den Wert der nebenstehenden Zelle mit 2 multipliziert. Warum zwei unterschiedliche Ergebnisse herauskommen, lässt sich erkennen, wenn man einen Blick auf die Formeln wirft.

	A	B
1	5,67711543	=A1*2
2	=RUNDEN(A1;2)	=A2*2

In Zelle A1 befindet sich eine Zahl mit vielen Dezimalstellen. Die Darstellung der Zahl ist aber auf zwei Dezimalstellen formatiert. In Zelle A2 wird diese Zahl mit der *RUNDEN*-Funktion auf zwei Stellen nach dem Komma gerundet. B2 rechnet nun mit der gerundeten Zahl 5,68, während B1 die ursprüngliche Zahl mit allen Nachkommastellen zum Berechnen nimmt.

Die Syntax der *RUNDEN*-Funktion ist recht simpel:

```
=RUNDEN(Zahl;Dezimalstellen)
```

Zahl gibt die Zelladresse an, in der die Zahl steht, die gerundet werden soll, und *Dezimalstellen* steht für die Anzahl der gewünschten Dezimalstellen.

Trigonometrische Funktionen

Excel beherrscht natürlich auch trigonometrische Funktionen wie *SIN*, *COS* usw. Bei der Eingabe dieser Funktionen ist nur zu beachten, dass diese Funktionen alle Winkelangaben im Bogenmaß benötigen.

Der Sinus eines Winkels lässt sich mit der Funktion

=SIN(A1)

berechnen, wenn der Winkel selbst in Zelle A1 steht. Sollten Sie aber die Winkelangaben im Gradmaß haben oder mit dem Gradmaß rechnen müssen, kennt Excel eine Funktion, das Gradmaß in Bogenmaß umzurechnen:

=BOGENMASS(A1)

Selbstverständlich lassen sich beide Funktionen zusammenfügen:

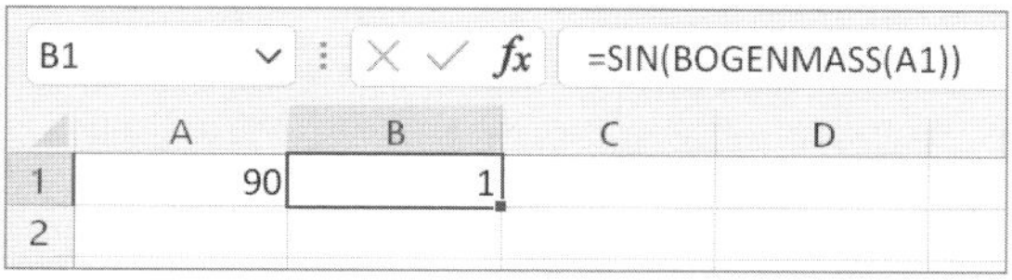

Sie können also auch die trigonometrischen Funktionen mit Gradmaßangaben versehen. Sie müssen diese Angaben jedoch vorher von Excel ins Bogenmaß umrechnen lassen. Und natürlich ist klar, dass die beiden Formeln

= SIN(BOGENMASS(A1))

= BOGENMASS(SIN(A1))

nicht gleich sind.

Natürlich gibt es viele Anwendungen, bei denen es einfach besser ist, Winkelangaben wirklich im Bogenmaß einzugeben, also in Bruchteilen oder Vielfachen von π. Dabei wäre es natürlich sehr ineffektiv, jedes Mal, wenn Sie π brauchen, die Zahl 3,141592654 einzutippen. Auch dafür kennt Excel eine Funktion. Sie heißt verständlicherweise *PI* und hat die Syntax

=PI()

Dabei darf in den beiden Klammern kein Wert stehen. Um also den Zahlenwert der Zahl π zu erhalten, tragen Sie einfach *=PI()* in eine Zelle ein und bestätigen.

Der Abschnitt über die grafische Darstellung von Tabellen wird noch einmal auf die trigonometrischen Funktionen zurückkommen und sie dort auch grafisch darstellen.

TIPP

Excel rechnet im Bogenmaß
Vergessen Sie bei allen Winkelfunktionen nicht, dass Excel standardmäßig die Winkeleingabe im Bogenmaß erwartet. Auch die Ergebnisausgabe erfolgt im Bogenmaß. Sie müssen also ggf. umrechnen.

Sollten Sie der Meinung sein, dass bei einer Rechnung das Ergebnis falsch ist, prüfen Sie zuerst, ob die Winkel tatsächlich im Bogenmaß eingegeben oder zumindest richtig umgerechnet wurden.

Römische Zahlen

Für diesen Fall gibt es in Excel schon eine vorgefertigte Funktion. Sie hat allgemein folgende Syntax:

```
=RÖMISCH(Zahl;Typ)
```

Dabei ist *Zahl* die Zahl, die umgewandelt werden soll. Der *Typ* gibt die verschiedenen Schreibweisen römischer Zahlen an. Lässt man den *Typ* weg, wird die bekannte klassische Schreibweise benutzt. Die folgende Abbildung soll diesen *Typ* etwas verdeutlichen. Dabei wird jeweils die Zahl in Spalte A umgewandelt.

	A	B	C
1	499	CDXCIX	klassisch
2	499	LDVLIV	Typ = 1
3	499	XDIX	Typ = 2
4	499	VDIV	Typ = 3
5	499	ID	Typ = 4
6			

Die Formeln dazu sehen folgendermaßen aus:

B1 =RÖMISCH(A1)

	A	B	C
1	499	=RÖMISCH(A1)	klassisch
2	499	=RÖMISCH(A2;1)	Typ = 1
3	499	=RÖMISCH(A3;2)	Typ = 2
4	499	=RÖMISCH(A4;3)	Typ = 3
5	499	=RÖMISCH(A5;4)	Typ = 4
6			

Leider sind mit dieser Funktion nicht beliebig große Zahlen möglich. Sie erhalten bei Zahlen größer als 3.999 wie auch bei negativen Zahlen den Fehlerwert *#WERT!* als Ergebnis in der Zelle. Wenn Sie eine Dezimalzahl mit Nachkommastellen umwandeln, lässt Excel den Teil hinter dem Komma wegfallen.

TIPP

Römische Zahlen in arabische umwandeln
Auch der umgekehrte Weg von römischen zu arabischen Zahlen ist in Excel möglich mit der Funktion *=ARABISCH(ZAHL)*.

Dezimale, binäre und hexadezimale Zahlen umwandeln

Sehr hilfreich sind einige Funktionen, die Zahlen von einem Zahlensystem in ein anderes übertragen können. Die folgende Tabelle zeigt Ihnen nur einige Möglichkeiten:

Umwandlung von -> nach	Funktion
dezimal -> binär (Dualzahl)	=DEZINBIN(Zahl;Stellen)
Dezimal -> hexadezimal	=DEZINHEX(Zahl;Stellen)
dezimal -> oktal	=DEZINOKT(Zahl;Stellen)
binär (Dualzahl) -> dezimal	=BININDEZ(Zahl)
hexadezimal -> dezimal	=HEXINDEZ(Zahl)
oktal -> dezimal	=OKTINDEZ(Zahl)

Der Parameter *Stellen* in den Funktionen gibt an, wie viele Stellen ausgegeben werden sollen. Lässt man *Stellen* weg, gibt Excel nicht mehr als die zur richtigen Darstellung der Zahl benötigten Ziffern aus. *Stellen* ist besonders dann wichtig, wenn man den Rückgabewert mit führenden Nullen haben möchte.

Am besten lässt sich das an kleinen Beispielen zeigen:

	A	B	C	D
1	**Zahl**	**beliebige Stellen**	**8 Stellen**	**Umrechnung**
2	123	1111011	01111011	dez -> bin
3	123	7B	0000007B	dez -> hex
4	123	173	00000173	dez -> okt
5				
6				
7	01111011	123		bin -> dez
8	0000007B	123		hex -> dez
9	00000173	123		okt -> dez
10				

Die Formeln dafür:

	A	B	C	D
1	**Zahl**	**beliebige Stellen**	**8 Stellen**	**Umrechnung**
2	123	=DEZINBIN(A2)	=DEZINBIN(A2;8)	dez -> bin
3	123	=DEZINHEX(A3)	=DEZINHEX(A3;8)	dez -> hex
4	123	=DEZINOKT(A4)	=DEZINOKT(A4;8)	dez -> okt
5				
6				
7	=C2	=BININDEZ(A7)		bin -> dez
8	=C3	=HEXINDEZ(A8)		hex -> dez
9	=C4	=OKTINDEZ(A9)		okt -> dez
10				

Denken Sie bei der Umrechnung von dezimal in binär daran, dass Sie umso mehr binäre Stellen benötigen, je größer die umzurechnende Zahl ist. Die Zahl 255 ist in binärer Schreibweise 11111111, braucht also acht binäre Ziffern. Die Umrechnung der Zahl 256 ist deshalb nur mit neun binären Stellen möglich.

Bei der Umwandlung eines Zahlensystems in das dezimale Zahlensystem (Zeilen 7 bis 9 in der Abbildung) ist die Angabe einer festen Stellenzahl nicht möglich. Benötigen Sie trotzdem eine feste Stellenanzahl, können Sie das nur mit den bekannten Formatierungen umsetzen. Sehen Sie sich dazu den Abschnitt über Formatierung ab Seite 296 an.

Alles nur zufällig? – Zufallszahlen

Zufallszahlen sind Zahlen, die zufällig erzeugt werden und nicht durch irgendein mathematisches Gesetz oder einen Algorithmus vorhergesagt werden können. Sie sind in der Statistik sehr wichtig. Doch muss man sich immer wieder klarmachen, dass die Zufallszahlen in Excel streng genommen nicht wirklich zufällig sind – zumindest nicht so zufällig wie Zahlen, die tatsächlich mit einem exakten Würfel erzeugt werden. Aber sie genügen für die meisten statistischen Verfahren, in denen Zufallszahlen gebraucht werden.

Zufallszahlen haben eine gleichmäßige Häufigkeitsverteilung und eine geringe Korrelation. Die beste Möglichkeit, wirklich genaue Zufallszahlen zu erzeugen, ist, zu würfeln. Das aber kann bei 1.000 Zufallszahlen recht lange dauern. Excel kennt deshalb eine Funktion, mit der Zufallszahlen erzeugt werden können.

=ZUFALLSZAHL()

Mit dieser Funktion erhalten Sie immer Zufallszahlen zwischen 0 und 1. In den beiden Klammern dürfen keine Parameter stehen, die Klammern müssen aber trotzdem angegeben werden.

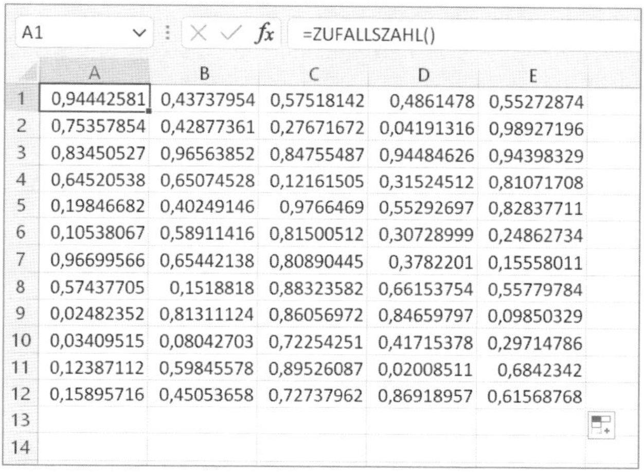

A1 =ZUFALLSZAHL()

	A	B	C	D	E
1	0,94442581	0,43737954	0,57518142	0,4861478	0,55272874
2	0,75357854	0,42877361	0,27671672	0,04191316	0,98927196
3	0,83450527	0,96563852	0,84755487	0,94484626	0,94398329
4	0,64520538	0,65074528	0,12161505	0,31524512	0,81071708
5	0,19846682	0,40249146	0,9766469	0,55292697	0,82837711
6	0,10538067	0,58911416	0,81500512	0,30728999	0,24862734
7	0,96699566	0,65442138	0,80890445	0,3782201	0,15558011
8	0,57437705	0,1518818	0,88323582	0,66153754	0,55779784
9	0,02482352	0,81311124	0,86056972	0,84659797	0,09850329
10	0,03409515	0,08042703	0,72254251	0,41715378	0,29714786
11	0,12387112	0,59845578	0,89526087	0,02008511	0,6842342
12	0,15895716	0,45053658	0,72737962	0,86918957	0,61568768
13					
14					

TIPP

Zufallszahlen ändern sich ständig
Wann immer Sie nun an Zellen mit Zufallsfunktionen etwas ändern, werden jedes Mal neue Zufallszahlen erzeugt. Möchten Sie mit einmal generierten Zahlenwerten weiterarbeiten, kopieren Sie die Werte und fügen sie an derselben oder einer anderen Stelle wieder ein. Verwenden Sie dabei aber die Variante *Einfügen/Inhalte einfügen* und lassen Sie anstelle der Formeln nur die ermittelten *Werte* einfügen.

Je nachdem, was Sie mit den so erzeugten Zufallszahlen anfangen möchten, sind Zahlen zwischen 0 und 1 vielleicht nicht unbedingt ideal. Aber Sie können die Funktion leicht modifizieren, um Werte aus bestimmten Zahlenbereichen zu erhalten:

```
=ZUFALLSZAHL()'100
```

multipliziert die Zufallswerte mit 100 und erzeugt so Zahlen zwischen 0 und 100.

```
=ZUFALLSZAHL()*90+10
```

multipliziert mit 90 und addiert 10 hinzu, was dazu führt, dass die erhaltenen Zahlen immer zwischen 10 und 100 liegen.

```
=GANZZAHL(ZUFALLSZAHL()*10)
```

erzeugt Zufallszahlen zwischen 0 und 10 und ermittelt davon den ganzzahligen Teil. Die so erhaltenen Zufallszahlen sind also ganze Zahlen zwischen 0 und 9. Die 10 wird nie dabei sein, weil *GANZZAHL* immer nur den Wert vor dem Komma nimmt und die überflüssigen Ziffern abschneidet. Die Zahl 9,999 wird also durch *GANZZAHL* zu 9.

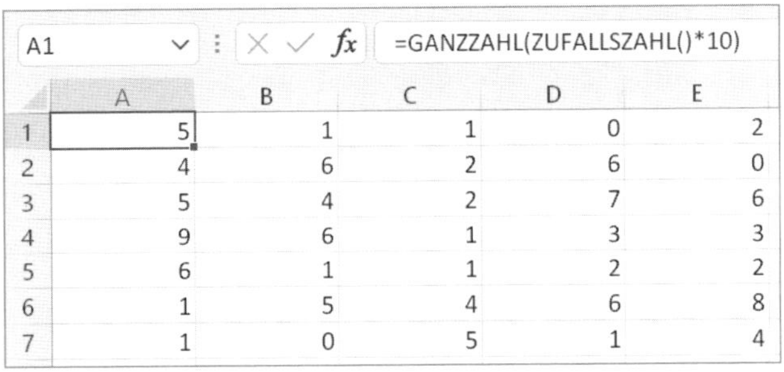
A1 =GANZZAHL(ZUFALLSZAHL()*10)

	A	B	C	D	E
1	5	1	1	0	2
2	4	6	2	6	0
3	5	4	2	7	6
4	9	6	1	3	3
5	6	1	1	2	2
6	1	5	4	6	8
7	1	0	5	1	4

Die Variante *ZUFALLSBEREICH* erleichtert es, Zufallszahlen aus einem ganz bestimmten Bereich zu erhalten, dessen Grenzen die Parameter *Untere_Zahl* und *Obere_Zahl* bestimmen. Diese dürfen auch negativ sein und gehören jeweils selbst noch mit zum definierten Bereich.

```
=ZUFALLSBEREICH(Untere_Zahl;Obere_Zahl)
```

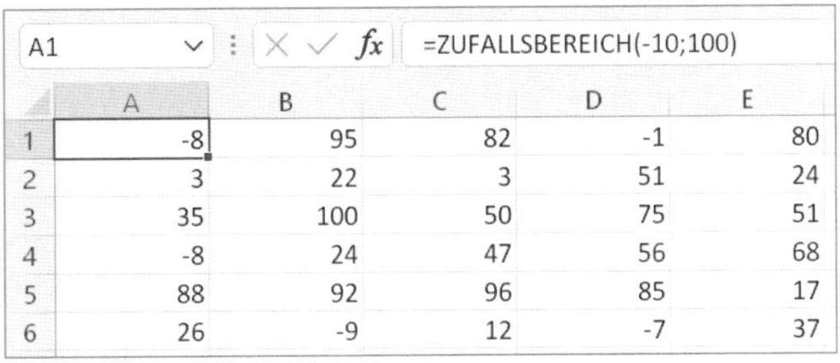
A1 =ZUFALLSBEREICH(-10;100)

	A	B	C	D	E
1	-8	95	82	-1	80
2	3	22	3	51	24
3	35	100	50	75	51
4	-8	24	47	56	68
5	88	92	96	85	17
6	26	-9	12	-7	37

Statistik

Statistische Auswertungen trifft man in wissenschaftlichen Arbeiten häufig und nicht nur in den Bereichen, in denen man es sofort erwartet. Auch in Sozialwissenschaften etwa werden häufig umfangreiche Daten erhoben, die man mithilfe von Excel erfassen, strukturieren, analysieren und präsentieren kann.

Die Anwendung bietet hierfür einige hilfreiche Funktionen.

Werte zählen

Bei einer umfangreichen Tabelle mit Zahlen, Text sowie leeren Zellen dazwischen möchten Sie wissen, in wie vielen Zellen Zahlen enthalten sind.

	A
1	5
2	8
3	text
4	6
5	3
6	text
7	9
8	34
9	
10	6
11	5

Dazu können Sie die Funktion *ANZAHL* nutzen. *Bereich* ist dabei der Bereich, der durchsucht und gezählt werden soll, im Beispiel also A1 bis A11.

```
=ANZAHL(Bereich)
```

Vielleicht interessiert es Sie, wie viele Zellen nicht leer sind. Dann benötigen Sie die Funktion in der Variante *ANZAHL2* mit der gleichen Syntax wie *ANZAHL*. Der Unterschied ist also, dass *ANZAHL* nur Zellen mit Zahlen berücksichtigt, während *ANZAHL2* alle nicht leeren Zellen zählt.

	A	B	C	D	E	F	G
1	5						
2	8						
3	text						
4	6						
5	3		Anzahl	8		=ANZAHL(A1:A11)	
6	text		Anzahl2	10		=ANZAHL2(A1:A11)	
7	9						
8	34						
9							
10	6						
11	5						

Nun kann es aber sein, dass Sie nicht nur leere Zellen oder Zellen mit einem beliebigen Inhalt zählen wollen, sondern Sie brauchen die Anzahl von Werten in Abhängigkeit von einer Bedingung:

	A	B	C	D	E	F	G	H	I	J	K
1		Noten									
2	2	3	1								
3	4	5	3		Note	1	2	3	4	5	6
4	6	6	2		Anzahl						
5	2	6	4								
6	3	2	2								
7	1	4	3								
8											

In den Zellen A2 bis C7 sind einzelne Noten eingetragen. Für einen Notenspiegel soll Excel nun in den Zellen F4 bis K4 die Anzahl pro Note ermitteln. Es soll beispielsweise ermittelt werden, wie oft die Note 1 vergeben wurde.

Dazu dient die Funktion *ZÄHLENWENN* mit der folgenden Syntax:

```
=ZÄHLENWENN(Bereich;Suchkriterium)
```

Bereich wäre im Beispiel der Bereich, in dem die Noten stehen, also A2 bis C7. *Suchkriterium* ist die Zelle mit der zu suchenden Note. Schreiben Sie also in die Zelle F4 folgende Formel:

```
=ZÄHLENWENN(A2:C7;F3)
```

und bestätigen Sie das Ganze. Excel sollte Ihnen augenblicklich die Zahl 2 in die Zelle schreiben, denn es gibt die Note 1 zweimal.

Die Formel müsste nun auch in die Zellen G4 bis K4. Der Bereich, der durchsucht werden soll, ist aber immer der gleiche, nur das Kriterium ändert sich. Legen Sie also zunächst den Bereich als absolute Zelladressen fest.

Die Formel in Zelle F4 lautet dafür:

```
=ZÄHLENWENN($A$2:$C$7;F3)
```

Damit haben Sie nun recht schnell einen Notenspiegel. Wenn in A2 bis C7 die Noten verändert werden, werden auch die Zellen F4 bis K4 neu berechnet.

Häufigkeitsverteilungen

Sie haben auf dem Wochenmarkt eine neue Sorte von getrocknetem Obst verkauft und damit folgende Einnahmen erzielt:

	A	B	C	D	E	F
1	41,00 €	40,00 €	11,00 €	29,00 €	11,00 €	15,00 €
2	15,00 €	22,00 €	20,00 €	45,00 €	47,00 €	50,00 €
3	47,00 €	6,00 €	37,00 €	34,00 €	7,00 €	11,00 €
4	50,00 €	25,00 €	40,00 €	5,00 €	44,00 €	16,00 €
5	27,00 €	50,00 €	45,00 €	13,00 €	13,00 €	46,00 €
6	37,00 €	46,00 €	7,00 €	42,00 €	13,00 €	6,00 €
7	26,00 €	2,00 €	32,00 €	45,00 €	49,00 €	49,00 €
8	45,00 €	35,00 €	11,00 €	3,00 €	36,00 €	31,00 €
9	2,00 €	33,00 €	24,00 €	24,00 €	22,00 €	49,00 €
10	21,00 €	49,00 €	21,00 €	41,00 €	26,00 €	16,00 €
11	21,00 €	9,00 €	23,00 €	32,00 €	47,00 €	49,00 €
12	19,00 €	30,00 €	19,00 €	19,00 €	5,00 €	34,00 €

Nun möchten Sie wissen, wie viele Kunden an diesem Sonntag z. B. von diesem neuen Produkt zwischen 20 und 25 Euro bzw. 26 und 30 Euro usw. eingekauft haben. Das Problem lässt sich auf vielfältige Weise lösen. Die mit Abstand einfachste Lösung ist eine spezielle Funktion: *HÄUFIGKEIT*. Sie hat folgende Syntax:

```
=HÄUFIGKEIT(Daten;Klassen)
```

Dabei sind *Daten* die Zelladressen, in denen die Werte zu finden sind. *Klassen* sind die Zelladressen, in denen sich die Werte befinden, die die Grenzen einer Klasse definieren. Denn eine Klasse ist in der Statistik der Bereich, in dem Werte gezählt werden sollen, im Beispiel wäre 20 bis 25 Euro eine Klasse, 26 bis 30 Euro eine weitere Klasse usw.

Bevor es an das große Szenario geht, zunächst ein kleineres, besser überschaubares Beispiel für die *HÄUFIGKEIT*-Funktion. Sie haben in Spalte A irgendwelche Zahlen und möchten wissen, wie viele Zahlen im Bereich zwischen 1 und 2, zwischen 3 und 4 sowie zwischen 5 und 6 liegen.

	A	B	C	D
1	1			
2	1			
3	2		Klassen	
4	1		2	
5	3		4	
6	4		6	
7	3			
8	2			
9	1			
10				

Für die Klassengrenze brauchen Sie nur die Klassenobergrenze einzugeben. Die Zelle C4 in der Abbildung bedeutet also: Zähle alle Werte kleiner oder gleich 2. In C5 steht: Zähle alle Werte, die kleiner oder gleich 4, aber größer als 2 sind.

TIPP

Der obere Grenzwert reicht

Wenn Sie die Funktion *HÄUFIGKEIT* einsetzen, müssen Sie immer die oberen Klassengrenzen nehmen.

Nun können Sie mit der *HÄUFIGKEIT*-Funktion die Verteilung berechnen lassen:

1. Markieren Sie die Zellen, in denen die Ergebnisse stehen sollen. In unserem Beispiel könnten das die Zellen D4 bis D6 sein.
2. Schreiben Sie *=H* in die Zelle. Sogleich öffnet sich der Dialog aller Excel-Funktionen, die mit H beginnen. Wählen Sie *HÄUFIGKEIT* aus, indem Sie die ↹-Taste drücken, nachdem Sie die Funktion markiert haben. Excel hat nun *=HÄUFIGKEIT(* in die Zelle geschrieben.
3. Markieren Sie jetzt ganz klassisch den Datenbereich A1 bis A9, und geben Sie ein Semikolon (;) ein.
4. Nun markieren Sie ebenso den Klassenbereich C4 bis C6.

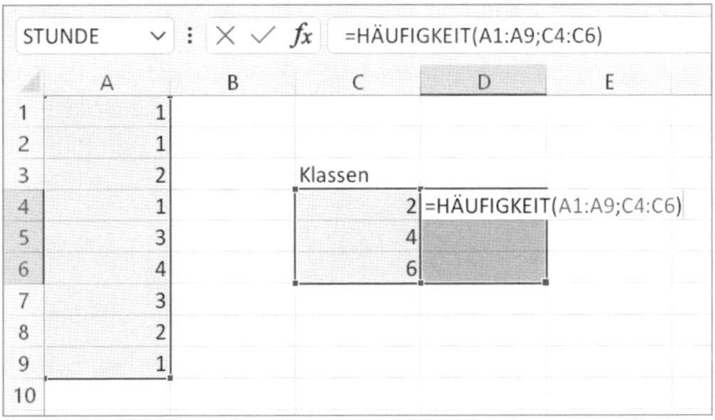

5 Da es sich bei der Funktion um eine sogenannte Matrixfunktion handelt, schließen Sie die Eingabe mit der Tastenkombination Strg+⇧+↵ ab.

STUNDE | {=HÄUFIGKEIT(A1:A9;C4:C6)}

	A	B	C	D	E
1	1				
2	1				
3	2		Klassen		
4	1		2	6	
5	3		4	3	
6	4		6	0	
7	3				
8	2				
9	1				
10					

Wie Sie nun leicht nachzählen können, hat Excel richtig gerechnet, und es kann an das große Beispiel gehen.

Im großen Beispiel der Obstsorte ist der Bereich A1 bis F12 der Datenbereich. Sie brauchen also nur noch den Klassenbereich in eine geeignete Spalte einzutragen und die *HÄUFIGKEIT*-Funktion richtig einzusetzen. Die gewünschten Klassen tragen Sie in die leere Spalte H ein.

I4 | =HÄUFIGKEIT(A1:F12;H4:H8)

	A	B	C	D	E	F	G	H	I
1	41,00 €	40,00 €	11,00 €	29,00 €	11,00 €	15,00 €			
2	15,00 €	22,00 €	20,00 €	45,00 €	47,00 €	50,00 €			
3	47,00 €	6,00 €	37,00 €	34,00 €	7,00 €	11,00 €		Klassen	Häufigkeit
4	50,00 €	25,00 €	40,00 €	5,00 €	44,00 €	16,00 €		10,00 €	10
5	27,00 €	50,00 €	45,00 €	13,00 €	13,00 €	46,00 €		25,00 €	24
6	37,00 €	46,00 €	7,00 €	42,00 €	13,00 €	6,00 €		30,00 €	5
7	26,00 €	2,00 €	32,00 €	45,00 €	49,00 €	49,00 €		40,00 €	12
8	45,00 €	35,00 €	11,00 €	3,00 €	36,00 €	31,00 €		50,00 €	21
9	2,00 €	33,00 €	24,00 €	24,00 €	22,00 €	49,00 €		60,00 €	0
10	21,00 €	49,00 €	21,00 €	41,00 €	26,00 €	16,00 €			
11	21,00 €	9,00 €	23,00 €	32,00 €	47,00 €	49,00 €			
12	19,00 €	30,00 €	19,00 €	19,00 €	5,00 €	34,00 €			

In die Zellen I4 bis I9 geben Sie nun die *HÄUFIGKEIT*-Funktion ein und bestätigen sie als Matrixfunktion.

Was sind Matrixfunktionen?

Matrixfunktionen stehen physisch nur in einer Zelle, können aber, im Gegensatz zu normalen Formeln, mehrere Berechnungen durchführen und dann entweder ein einzelnes Ergebnis oder auch mehrere Ergebnisse liefern. Diese Formelart ist nicht ganz einfach zu verstehen, weil Sie damit eine ganze Gruppe von Zellen gleichzeitig bearbeiten können.

Matrixformeln benötigen intern weniger Speicherplatz, da sie, anders als andere Formeln, nur in einer Zelle zu finden ist, die Ergebnisse aber auch in andere Zellen geschrieben werden können. Für wirklich große Tabellen lässt sich Rechenzeit und Arbeitsspeicher sparen. Sie können auch »normale« Formeln als Matrixformeln eingeben – dazu folgendes Beispiel:

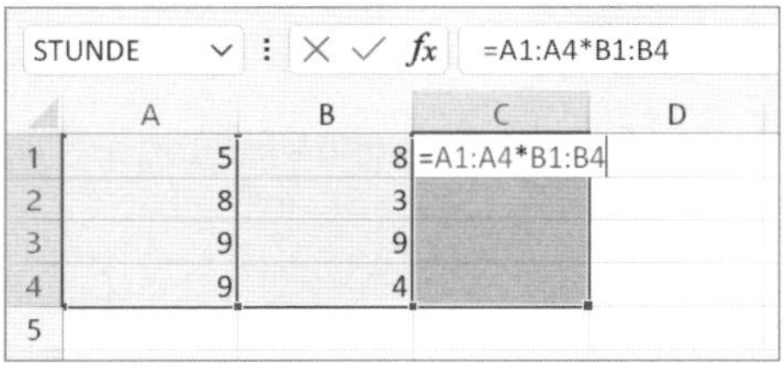

In Spalte C sollen jeweils die Zahlen aus A und B multipliziert werden. Markieren Sie zunächst die vier Zellen in Spalte C, in denen das Ergebnis stehen soll, und tippen Sie ein Gleichheitszeichen (=) ein. Nun können Sie die beiden Bereiche A1:A4 und B1:B4 markieren. Da Sie diese Bereiche multiplizieren wollen, setzen Sie zwischen die beiden Bereiche das Multiplikationszeichen. Um die Formel nun abzuschließen, bestätigen Sie nicht mit ↵, sondern mit Strg+⇧+↵. Dadurch macht Excel aus der Formel eine Matrixformel.

Streuung um einen Mittelwert – die Standardabweichung

Ein weiterer wichtiger statistischer Wert ist die Standardabweichung. Schauen Sie sich beispielsweise die folgenden Zahlenreihen an:

1	2	4	5
2,7	3,0	3,1	3,2

Wenn Sie für diese beiden Zahlenreihen jeweils mit der Funktion *MITTELWERT* den Mittelwert bilden, erhalten Sie 3.

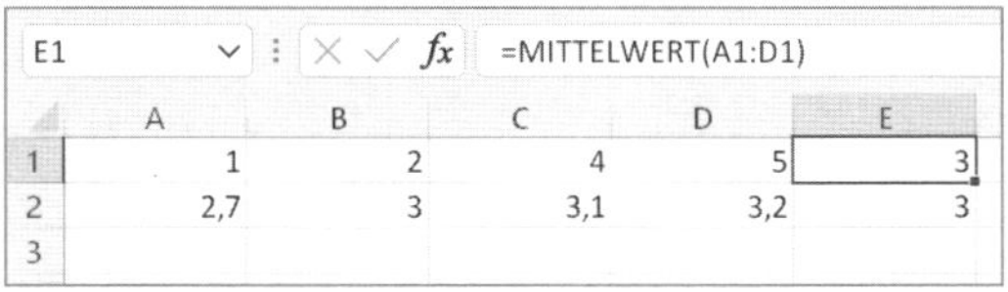

Das ist eigenartig, denn die Zahlen der ersten Reihe liegen viel weiter auseinander als die Zahlen der zweiten Reihe. Trotzdem kommen Sie zum gleichen Mittelwert. Wenn aber die Aussage über einen Mittelwert sinnvoll sein soll, müssen diese Unterschiede erfasst und dargestellt werden können. Sie brauchen also eine Zahl, die die Abweichung der Zahlenwerte vom Mittelwert misst.

Diese Maßzahl nennt man Varianz. Sie wird mit s^2 bezeichnet und lässt sich mit folgender Formel berechnen:

$$s^2 = \frac{1}{n-1}\sum_{i=1}^{n}(x_i - \bar{x})^2$$

X_i	Werte der Stichprobe
$\bar{x}$	Mittelwert
n	Anzahl der Werte in der Stichprobe

Die positive Wurzel aus dieser Varianz nennt man Standardabweichung s. Sie ist ein Maß für die Streuung der Werte einer Stichprobe um ihren Mittelwert. Die wilde Formel dafür brauchen Sie aber nicht in Excel einzutippen, um den Wert für die Standardabweichung zu erhalten. Dafür gibt es wie fast immer eine fertige Funktion: *STABW.S*.

Die Funktion hat folgende einfache Syntax, wobei *Bereich* die Zelladressen sind, für die die Standardabweichung berechnet werden soll:

```
=STABW.S(Bereich)
```

F2 fx =STABW.S(A2:D2)

	A	B	C	D	E	F
1					Mittelwert	Standardabweichung
2	1	2	4	5	3	1,825741858
3	2,7	3	3,1	3,2	3	0,21602469

Die Standardabweichung s der zweiten Stichprobe ist sehr viel kleiner als die der ersten Probe. Daraus lässt sich schließen, dass die Werte der zweiten Probe viel enger beieinanderliegen.

Logische Funktionen – WENN ... DANN ... SONST

In diesem Abschnitt geht es um logische Funktionen. Das sind Funktionen, die aufgrund definierter Bedingungen Entscheidungen treffen und davon abhängig verschiedene Berechnungen durchführen können. Diese logischen Funktionen sind eine sehr mächtige und komplexe Funktionengruppe und lassen sich in Excel-Tabellen vielseitig einsetzen.

Abfangen falscher Eingaben

Täglich müssen wir Entscheidungen treffen, die von irgendwelchen Bedingungen abhängen. Gehen wir bei schönem Wetter lieber ins Schwimmbad, oder lassen wir uns auf der Terrasse von der Sonne braten? Ist der Aktienwert hoch genug, um Aktien zu verkaufen? Viele solcher Entscheidungen, auch an der Börse, werden heute von Computern selbstständig getroffen. Im Hochfrequenzhandel entscheidet der Computer im Bruchteil von Millisekunden, wie viele von welchen Aktien verkauft bzw. gekauft werden.

Damit der Computer solche Entscheidungen treffen kann, benötigt er spezielle Funktionen. Eine davon ist die *WENN ... DANN ... SONST*-Funktion, die an einem einfachen Beispiel erklärt werden soll.

Angenommen, Sie haben einen Teeversandhandel mit den folgenden Teesorten:

	A	B	C
1	Kategorie	Name	Preis
2	1	Entspannung pur	10,50 €
3	1	Relaxing	12,50 €
4	1	Meditation	11,80 €
5	2	High Energy	5,60 €
6	2	Pure Energy	6,70 €
7	2	Energie und Entspannung	8,00 €
8	3	Täglische Frische	2,50 €
9			

Die Teesorten sind in drei Kategorien eingeteilt: Kategorie 1 sind die hochpreisigen Sorten, Kategorie 2 sind die mittelpreisigen Sorten und Kategorie 3 die besonders günstigen.

Was geschähe, wenn Sie in C2 nach einer Lieferung vom Großhändler als Verkaufspreis anstelle von 10,50 € den Wert 0,50 € eintragen würden? Der Kunde würde sich freuen, Sie wahrscheinlich weniger. Excel wird solche Eingaben nicht automatisch mit einer Fehlermeldung quittieren, da Excel ja nicht wissen kann, ob die Eingabe falsch ist. Deshalb müssen Sie dafür sorgen, dass Excel bei Falscheingaben entsprechend reagiert.

Excel soll also überprüfen, ob der eingetragene Wert in Zelle C2 unter zehn Euro liegt, und ggf. in Zelle D2 eine Fehlermeldung ausgeben. Da die Fehlermeldung in D2 ausgegeben werden soll, muss die entsprechende *WENN*-Funktion auch in dieser Zelle stehen. Die *WENN*-Funktion hat allgemein folgendes Aussehen:

```
=WENN(Bedingung;Dann_Zweig;Sonst_Zweig)
```

Mit Worten ließe sich die Tätigkeit der Funktion so beschreiben: Wenn irgendeine *Bedingung* zutrifft (die Sonne scheint), dann nimm den *Dann_Zweig* (dann gehe ins Schwimmbad), ansonsten nimm den *Sonst_Zweig* (sonst bleib zu Hause). Der *Sonst_Zweig* kann in manchen Fällen auch weggelassen werden. Dazu jedoch später mehr.

1 Im Bereich *Bedingung* geben Sie eine Bedingung in mathematischer Form ein, etwa: C2<10, was im Klartext bedeutet: Wenn in Zelle C2 ein Wert steht, der kleiner als 10 ist, dann tue das, was nach dem ersten Semikolon, also im *Dann_Zweig*, steht.

2 Der *Dann_Zweig* erhält die Information, was zu tun ist, wenn die Bedingung zutrifft. In unserem Beispiel heißt das, die Meldung *falsche Eingabe* soll ausgegeben werden.

3 Der *Sonst_Zweig* enthält die Information, was Excel tun soll, wenn die Bedingung nicht zutrifft. In unserem Fall heißt das *richtige Eingabe*.

Konkret gehört also in Zelle D2 die folgende Formel:

```
=WENN(C2<10;"falsche Eingabe";"richtige Eingabe")
```

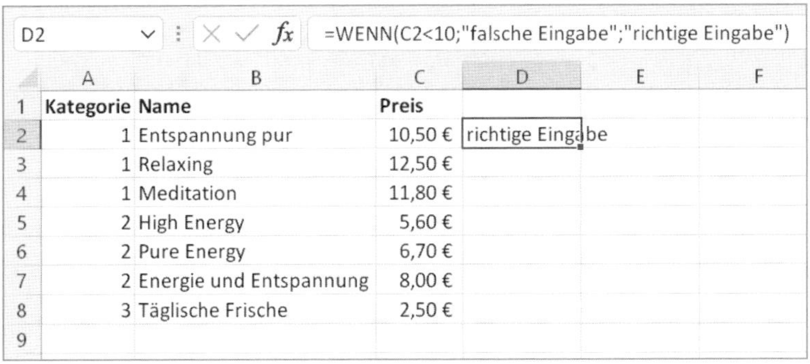

Tragen Sie nun in Zelle C2 einen Wert kleiner als 10 ein, wird Excel automatisch *falsche Eingabe* in die Zelle D2 schreiben.

TIPP

Texte in Anführungszeichen
Die Inhalte von *Dann_Zweig* und *Sonst_Zweig* sind, da es sich im Beispiel um Texte handelt, in Anführungszeichen geschrieben. Wann immer Sie also Texte in einem der Zweige ausgeben lassen wollen, müssen diese in Anführungszeichen stehen.

Aber so ganz optimal ist die Lösung noch nicht, denn es ist sicher übersichtlicher, nur bei einer falschen Eingabe eine Fehlermeldung zu bekommen, bei einer korrekten Eingabe sollte die Zelle D2 jedoch besser leer bleiben. Sie können erreichen, dass Zelle D2 leer bleibt, indem Sie den *Sonst_Zweig* dahingehend ändern, dass Excel, sofern die Bedingung nicht zutrifft, auch nichts ausgibt.

Das würde so aussehen:

```
=WENN(C2<10;"falsche Eingabe";"")
```

Im *Sonst_Zweig* stehen nur zwei Anführungszeichen. Das heißt für Excel so viel wie »tu nichts«.

Operatoren für Vergleiche

Für den Bereich *Bedingung* gibt es aber noch viele weitere Abfrageoperatoren.

Diese werden in der folgenden Tabelle aufgelistet:

Symbol	Funktion	Beispiel
>	Größer	C2>10 Excel wird den *Dann_Zweig* nur dann benutzen, wenn C2 größer als 10 ist. In allen anderen Fällen, auch wenn C2 gleich 10 ist, wird der *Sonst_Zweig* benutzt.
<	Kleiner	C2<10 Excel wird den *Dann_Zweig* nur dann benutzen, wenn C2 kleiner als 10 ist. In allen anderen Fällen, auch wenn C2 gleich 10 ist, wird der *Sonst_Zweig* benutzt.

Symbol	Funktion	Beispiel
=	Ist gleich	C2=10 Excel wird den *Dann_Zweig* nur dann benutzen, wenn C2 exakt gleich 10 ist. In allen anderen Fällen wird der *Sonst_Zweig* benutzt.
>=	Größer oder mindestens gleich	C2>=10 Excel wird den *Dann_Zweig* nur dann benutzen, wenn C2 gleich 10 oder größer ist. Bis 9,9999 und kleiner wird der *Sonst_Zweig* benutzt.
<=	Kleiner oder mindestens gleich	C2<=10 Excel wird den *Dann_Zweig* nur dann benutzen, wenn C2 gleich 50 oder kleiner ist. Ab 10,0001 und größer wird der *Sonst_Zweig* benutzt.
<>	Nicht gleich	C2<>10 Excel wird den *Dann_Zweig* nur dann benutzen, wenn C2 nicht gleich 10 ist.

Berechnungen mit Abhängigkeiten

Die *WENN*-Funktion kann nicht nur wie im vorhergehenden Beispiel Texte ausgeben. Sie kann ebenso Berechnungen mit beliebigen Formeln ausführen. Dabei können in jedem Entscheidungszweig völlig unterschiedliche Formeln oder auch verschiedene Ausgangswerte gewählt werden. So kann also der Wert für eine Zelle – abhängig vom Ergebnis eines WENN-DANN-SONST-Vergleichs – auf ganz unterschiedliche Arten bestimmt werden. Auch dazu ein Beispiel:

Jedes Jahr werden in Ihrem Verein um Weihnachten herum langjährige Mitglieder geehrt. Dieses Jahr gibt es einen Buchgutschein, dessen Höhe sich nach der Dauer der Vereinszugehörigkeit richtet. Pro Jahr gibt es 2 Euro, aber nur für Mitglieder, die mindestens 30 Jahre dabei sind. Alle anderen bekommen nichts. Ihre Aufgabe ist es nun, eine Excel-Tabelle zu erstellen, die die Höhe des Buchgutscheins für alle Mitglieder errechnet.

Der Einfachheit halber geht das Beispiel davon aus, dass alle Mitglieder am 1. Januar eines Jahres in den Verein eingetreten sind. Der Stichtag zur Berechnung der Zugehörigkeit wurde auf den 01.01.2022 festgelegt. Als Erstes müssten Sie die Dauer der Vereinszugehörigkeit ausrechnen lassen. Das geschieht mit der Funktion *JAHR* und der Spalte F.

F4 =JAHR($B$1)-JAHR(E4)

	A	B	C	D	E	F
1	Stichtag	01.01.2022				
2						
3	**Vereins_Nr.**	**Anrede**	**Vorname**	**Nachname**	**Eintritt**	**Dauer**
4	1	Frau	Emilie	Walter	01.01.1970	52
5	2	Herr	Lutz	Maier	01.01.1980	42
6	3	Herr	Stefan	Oberschnaller	01.01.1990	32
7	4	Frau	Linda	Weißbrot	01.01.1975	47
8	5	Herr	Carsten	Schmidt	01.01.1982	40
9	6	Herr	Anton	Adams	01.01.1978	44
10	7	Frau	Paula	Milde	01.01.1991	31
11	8	Frau	Luisa	August	01.01.2005	17
12	9	Herr	Klaus	Frommer	01.01.2021	1
13	10	Frau	Frauke	Berthold	01.01.1984	38

In der Formel wurde der Bezug zu Zelle B1 absolut gesetzt, da der Stichtag für alle Mitglieder derselbe ist und immer hier steht. Beim Kopieren darf sich B1 also nicht ändern. Sollten Sie hier noch unsicher sein, lesen Sie den Abschnitt über relative und absolute Bezüge (siehe Seite 272). Nun kann die Höhe des Buchgutscheins berechnet werden. Die Formel dafür erstellen Sie in Zelle G4 und kopieren sie dann für alle Mitglieder:

```
=WENN(F4>=30;F4*2;"")
```

- Im *Dann_Zweig* steht nun das, was Excel rechnen soll, wenn die Bedingung zutrifft. Für jedes Jahr der Mitgliedschaft gibt es 2 € (F4*2) für den Buchgutschein.
- Im *Sonst_Zweig* passiert durch die leeren Anführungszeichen gar nichts, denn wenn dieser Zweig angesprungen wird, ist die Person noch keine 30 Jahre Mitglied und bekommt deshalb keinen Buchgutschein.

G4 =WENN(F4>=30;F4*2;"")

	A	B	C	D	E	F	G
1	Stichtag	01.01.2022					
2							
3	**Vereins_Nr.**	**Anrede**	**Vorname**	**Nachname**	**Eintritt**	**Dauer**	**Buchgutschein**
4	1	Frau	Emilie	Walter	01.01.1970	52	104,00 €
5	2	Herr	Lutz	Maier	01.01.1980	42	84,00 €
6	3	Herr	Stefan	Oberschnaller	01.01.1990	32	64,00 €
7	4	Frau	Linda	Weißbrot	01.01.1975	47	94,00 €
8	5	Herr	Carsten	Schmidt	01.01.1982	40	80,00 €
9	6	Herr	Anton	Adams	01.01.1978	44	88,00 €
10	7	Frau	Paula	Milde	01.01.1991	31	62,00 €
11	8	Frau	Luisa	August	01.01.2005	17	
12	9	Herr	Klaus	Frommer	01.01.2021	1	
13	10	Frau	Frauke	Berthold	01.01.1984	38	76,00 €

In den Zweigen einer *WENN*-Funktion können ungeheuer komplexe Bedingungen und Formeln stehen.

```
=WENN(SUMME(A1:A10)>MITTELWERT(B1:B10)/SUMME(C1:C10);Dann_
Zweig;Sonst_Zweig)
```

Diese Formel hat im Augenblick keinen praktischen Bezug, sie soll lediglich demonstrieren, welche Möglichkeiten die *WENN*-Funktion bietet.

Bedingungen mit UND/ODER verknüpfen

Ihr Schachverein plant ein großes Jugendturnier für Jugendliche bis 16 Jahre. Sie haben die gemeldeten Jugendlichen mit ihrem Geburtstag und ihrer ILZ (der **i**nternen **L**eistungs**z**ahl) in eine Excel-Tabelle eingetragen.

G4 =JAHR($B$1)-JAHR(E4)

	A	B	C	D	E	F	G
1	Stichtag	01.01.2022					
2							
3	**Vereins_Nr.**	**Vorname**	**Nachname**	**Geschlecht**	**Geburtstag**	**ILZ**	**Alter**
4	1	Anja	Müller	w	07.03.2010	150	12
5	2	Volker	Keller	m	29.08.2008	210	14
6	3	Max	Schmidt	m	18.05.2013	123	9
7	4	Lisa	Hausen	w	05.01.2007	222	15
8	5	Pia	Kaiser	w	17.09.2012	167	10
9	6	Axel	Kusel	m	23.04.2009	240	13
10	7	Achim	Reiter	m	11.01.2006	260	16
11	8	Frieda	Karl	w	21.12.2005	189	17
12	9	Josie	Becker	w	07.02.2010	290	12
13	10	Jana	Mainhold	w	18.11.2006	125	16
14	11	Tom	Ehrmann	m	09.03.2009	260	13
15	12	Jessica	Kleine	w	10.10.2007	190	15
16	13	Igor	Orlowski	m	22.01.2006	200	16
17	14	Jens	Geiger	m	06.05.2009	145	13
18	15	Marco	Meyer	m	23.11.2010	196	12
19	16	Birgit	Reuter	w	09.02.2008	296	14
20	17	Ulrike	Zeidler	w	24.01.2009	200	13

Für das Turnier müssen die Jugendlichen in zwei Gruppen aufgeteilt werden. Jugendliche unter 14 Jahren spielen in Gruppe 1, die anderen in Gruppe 2. Sie müssen nicht zwischen Jungen und Mädchen unterscheiden. Aber Jugendliche mit einer ILZ größer als 200 spielen in Gruppe 2, auch wenn sie jünger als 14 Jahre sind. Der Stichtag aller Angaben ist der 01.01.2022.

Natürlich soll Excel die gesamte Auswertung automatisch machen. Das Alter der Jugendlichen in Spalte G auszurechnen, sollte kein Problem bereiten.

In G4 könnte z. B. die folgende Formel stehen:

```
=Jahr($B$1)-Jahr(E4)
```

Diese Formel in G4 kopieren Sie einfach nach unten (dabei auf die $-Zeichen für absolute Bezüge achten).

Die *WENN*-Funktion soll die Jugendlichen in die richtigen beiden Gruppen aufteilen. Dazu muss sie zwei Bedingungen gleichzeitig überprüfen, weil sowohl das Alter als auch die ILZ bei der Entscheidung eine Rolle spielen. Theoretisch müsste das in etwa so aussehen:

```
=WENN(G4<14 und F4>200; Dann Gruppe 2;Sonst_Zweig)
```

Diese *WENN*-Funktion fragt, ob Zelle G4 kleiner als 14 ist, und soll außerdem noch fragen, ob Zelle F4 größer 200 ist. Würde nämlich beides gleichzeitig zutreffen, wäre der Jugendliche in Gruppe 2. Um beide Bedingungen zu verknüpfen, gibt es den Operator UND, den man vor die Bedingungen setzen muss. Der Operator UND muss vor die beiden Bedingungen geschrieben und die beiden Bedingungen müssen von Klammern umschlossen werden.

```
=WENN(UND(G4<14;F4>200);2;Sonst_Zweig)
```

Für den Fall, dass beide Bedingungen nicht gleichzeitig zutreffen, fragen Sie im *Sonst-Zweig* mit einer weiteren *WENN*-Funktion ab, wie alt der Jugendliche ist.

```
=WENN(UND(G4<14;F4>200);2;WENN(G4<14;1;2))
```

Wenn also der Jugendliche nicht jünger als 14 ist und keine ILZ größer als 200 hat, muss die zweite *WENN*-Funktion nur noch das Alter abfragen, um die Gruppen einzuteilen. Diese Formel kopieren Sie wie gewohnt nach unten über alle Zeilen.

H4 fx `=WENN(UND(G4<14;F4>200);2;WENN(G4<14;1;2))`

	A	B	C	D	E	F	G	H
1	Stichtag	01.01.2022						
2								
3	Vereins_Nr.	Vorname	Nachname	Geschlecht	Geburtstag	ILZ	Alter	Gruppe
4	1	Anja	Müller	w	07.03.2010	150	12	1
5	2	Volker	Keller	m	29.08.2008	210	14	2
6	3	Max	Schmidt	m	18.05.2013	123	9	1
7	4	Lisa	Hausen	w	05.01.2007	222	15	2
8	5	Pia	Kaiser	w	17.09.2012	167	10	1
9	6	Axel	Kusel	m	23.04.2009	240	13	2
10	7	Achim	Reiter	m	11.01.2006	260	16	2

In Zeile 1 ist Anja Müller 12 Jahre alt und hat eine ILZ von weniger als 200, entsprechend spielt sie in Gruppe 1. Axel Kusel (Zeile 9) ist zwar erst 13 Jahre alt, müsste also eigentlich in Gruppe 1 spielen. Da er aber eine ILZ von mehr als 200 hat, kommt er in die stärkere Gruppe 2.

Es gibt in Excel nicht nur den UND-, sondern auch einen ODER-Operator. Die Syntax des ODER-Operators ist identisch mit der des UND-Operators. Der Unterschied ist nur, dass es bei ODER reicht, wenn lediglich eine der Bedingungen zutrifft, um den *Dann_Zweig* abzuarbeiten.

```
=WENN(ODER(Bedingung1;Bedingung2);Dann_Zweig;Sonst_Zweig)
```

Beim ODER-Operator ergibt es ein WAHR, wenn eine der Bedingungen zutrifft oder alle. Nur wenn keine der definierten Bedingungen zutrifft, ergibt er FALSCH. In manchen Situationen möchte man aber prüfen, ob genau eine der Bedingungen zutrifft. Dafür gibt es den XODER-Operator, wobei das X für **ex**klusiv steht. XODER kann genau wie ODER eingesetzt werden. Aber es liefert nur dann ein WAHR, wenn genau eine der formulierten Bedingungen zutrifft. Sobald mehr als eine Bedingung stimmt, reagiert sie mit einem FALSCH:

```
=WENN(XODER(Bedingung1;Bedingung2);Dann_Zweig;Sonst_Zweig)
```

Bei den UND-, ODER- und XODER-Operatoren sind Sie nicht wie in den bisherigen Beispielen auf nur zwei Bedingungen beschränkt, sondern können nahezu beliebig viele Konditionen (konkret: maximal 255 in einem Ausdruck) einfügen. Die einzelnen Bedingungen müssen Sie durch Semikolons trennen und mit einer Klammer umschließen.

```
UND(Bedingung_1;Bedingung_2 ... ;Bedingung_n)
```

Bedingungen als Parameter in Formeln

Sie haben drei Messgeräte, mit denen in einer bestimmten Zeit Messungen durchgeführt und in einer Excel-Tabelle gespeichert wurden. Für eine bestimmte Auswertung benötigen Sie die Häufigkeitsverteilung aber nur für Messwerte größer als 50, egal, auf welchem Gerät gemessen wurde. Die Häufigkeitsfunktion muss also mit einer WENN-Bedingung verknüpft werden. Falls Sie mit dem Thema Häufigkeitsverteilung nicht vertraut sind, erfahren Sie auf Seite 361 mehr darüber.

Da die Häufigkeitsverteilung nur Messwerte über 50 berücksichtigen soll, kann man am besten dort ansetzen, wo die Daten für die Häufigkeitsermittlung übergeben werden.

Ohne Bedingung würde die Funktionsdefinition beispielsweise so aussehen:

```
=HÄUFIGKEIT(B2:B16;D2;D7)
```

Die Messwerte befinden sich also in den Zellen B2:B16. Hier kann man nun ansetzen und Excel anweisen, aus B2:B16 nur die Zellen zu verwenden, deren Messwert größer als 50 ist. Dazu ersetzen Sie den Zellbezug durch die entsprechende WENN-Bedingung.

```
=HÄUFIGKEIT(WENN(B2:B16>50;B2:B16);D2;D7)
```

Die Bedingung bewirkt im Klartext: Excel schaut sich die Werte von B2 bis B16 der Reihe nach an. Werte über 50 werden als Eingabedaten an die *HÄUFIGKEIT*-Funktion übergeben. Bei Werten kleiner oder gleich 50 macht Excel nichts bzw. geht zur Prüfung des nächsten Wertes weiter.

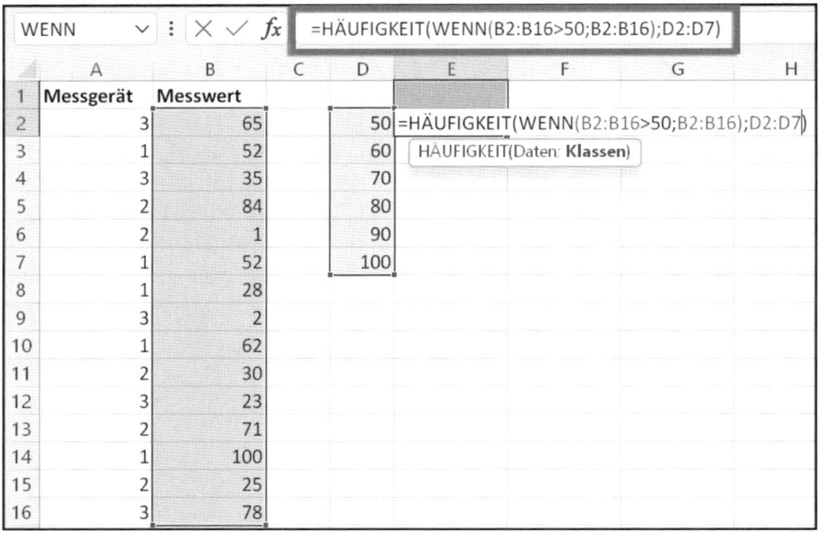

In der Abbildung sehen Sie die Formel für die mit WENN verknüpfte Häufigkeitsverteilung im praktischen Einsatz. Vergessen Sie nicht, die Formel mit Strg+⇧+↵ zu beenden, da es sich bei *HÄUFIGKEIT* um eine Matrixformel handelt.

Durch Verweise auf Tabellendaten zugreifen

Excel bietet die Möglichkeit, bestimmte Werte in einer Tabelle zu suchen und korrespondierende Werte dazu auszugeben. So könnten Sie beispielsweise eine bestimmte Produktnummer suchen, und Excel liefert Ihnen dazu automatisch Produktname und Preis. Das kann unter anderem das Erstellen von Rechnungen erleichtern. Aber die im Folgenden vorgestellten Funktionen eignen sich auch als Alternative, wenn komplexe Bedingungen durch verschachtelte WENN-Funktionen zu unübersichtlich würden.

Die SVERWEIS-Funktion

Ihre kleine Firma mit verschiedenen Brötchen, Tees und getrocknetem Obst soll die Waren nun auch ausliefern. Sie haben folgende Produkte im Angebot:

	A	B	C
1	Nummer	Sorte	Preis
2			
3	1	Mohnbrötchen	0,50 €
4	2	Roggenbrötchen	0,40 €
5	3	Zwiebelbrötchen	0,70 €
6	4	Laugenbrötchen	0,80 €
7	5	Vollkornbrötchen	0,60 €
8	6	Pfefferminztee	1,60 €
9	7	Kamillentee	2,60 €
10	8	Entspannungstee	2,90 €
11	9	Bananen, getrock.	3,50 €
12	10	Äpfel, getrock.	2,70 €

Nun ist es nötig, schnell und unkompliziert Rechnungen zu schreiben. Sie möchten in eine Zelle Ihrer Excel-Tabelle nur die Nummer des Produkts eingeben, und Excel soll automatisch den Produktnamen und den Preis in eine andere Zelle schreiben.

Man könnte zur Lösung dieses Problems durchaus mit der *WENN*-Funktion arbeiten. Ein paar Verschachtelungen, und die Sache wäre erledigt. Aber selbst bei nur zehn Produkten wäre eine solche Verschachtelungstiefe, wie sie mit der WENN-Funktion nötig wäre, sehr unübersichtlich. Deshalb kennt Excel für solche Zwecke eine weitere sehr mächtige Funktion, den *SVERWEIS*.

Die allgemeine Syntax der Funktion ist:

```
=SVERWEIS(Suchbegriff;Suchbereich;Spaltenindex)
```

- Der *Suchbegriff* ist das, was Excel suchen soll. In unserem Fall wäre das die Produktnummer in Spalte A.
- Der *Suchbereich* gibt an, wo Excel diese Nummer suchen soll, denn die *SVERWEIS*-Funktion ist leider nicht in der Lage, sämtliche Tabellen einer Arbeitsmappe zu durchsuchen. Man muss Excel also schon einen ungefähren Hinweis dazu geben, wo gesucht werden soll. In unserem Beispiel bestünde der Suchbereich aus den Zellen A3 bis C12, also der gesamten Tabelle.
- Wenn Excel den Suchbegriff in einer Zeile des Suchbereichs gefunden hat, entnimmt es in dieser Zeile aus der Zelle in Spalte *Spaltenindex* den Wert, den es als Antwort zurückliefert.

Das Ganze hört sich zunächst vielleicht etwas kompliziert an. Auf das Beispiel konkret angewendet, wird es aber sicher schnell klarer:

1. Damit nicht gleich eine Fehlermeldung erscheint, wenn Sie die Formel eintippen, schreiben Sie zunächst in die Zelle A16 eine beliebige Produktnummer zwischen 1 und 10.
2. In Zelle B16 soll Excel nun mit der *SVERWEIS*-Funktion den Namen des Produkts ausgeben. Deshalb müssen Sie die Funktion in diese Zelle schreiben. Tippen Sie hier also *=SVERWEIS(* und beginnen Sie dann, die Parameter der Funktion festzulegen.

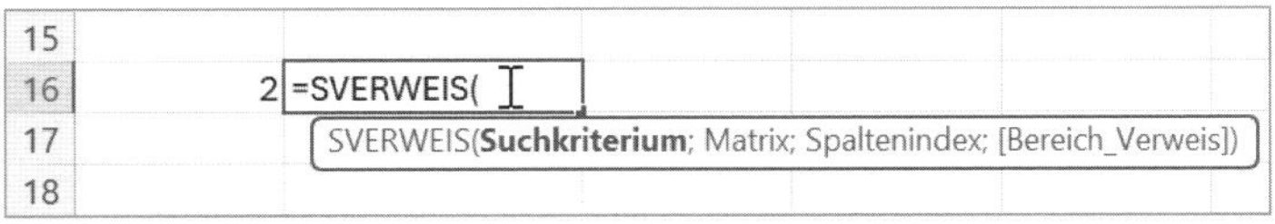

3. Als Erstes verlangt die Funktion die Adresse, unter der der *Suchbegriff* zu finden ist. Im Beispiel ist das die Zelle A16, wenn Sie die Produktnummer dort in Schritt 1 eingetragen haben.
4. Die nächste benötigte Angabe ist der *Suchbereich*, also der Bereich, den Excel nach der Nummer des Produkts durchsuchen soll. In unserem Beispiel sind alle Informationen im Bereich A3 bis C12 hinterlegt.
5. Wenn Excel den Suchbegriff (im Beispiel die Zahl 2) gefunden hat, bleibt es in der entsprechenden Zeile stehen und soll nun den Inhalt einer Zelle rechts daneben in derselben Zeile ausgeben. Der *Spaltenindex* bezieht sich dabei immer auf den zuvor definierten Suchbereich. Da die Produktnamen in Spalte 2 dieses Bereichs stehen, wählen Sie 2 als Spaltenindex.

6 Schreiben Sie also in B16 die Formel aus der Abbildung hinein und bestätigen Sie mit [↵].

B16 =SVERWEIS($A16;$A$3:$C$12;2)

	A	B	C	D	E
10	8	Yogitee	2,90 €		
11	9	Bananen, getrock.	3,50 €		
12	10	Äpfel, getrock.	2,70 €		
13					
14					
15					
16	2	Roggenbrötchen			

TIPP

Warum die vielen $-Zeichen?
Auch hier müssen wieder absolute Zellbezüge beachtet werden, wenn Sie die Formel anschließend in andere Zellen kopieren möchten. Der Suchbereich bleibt immer derselbe, deshalb sind hier Spalte und Zeile jeweils mit einem $ als absolut gekennzeichnet. Bei der Zelle mit dem Suchbegriff ist nur die Spalte mit einem $ versehen, da der Suchbegriff immer in derselben Spalte steht, aber in jeder Zeile ein anderer. Den Vorteil dieser Variante sehen Sie schon im nachfolgenden Schritt, wenn Sie die Formel eine Spalte nach rechts kopieren, um dort den Preis auszugeben. Der Verweis bleibt korrekt auf A16. Wenn Sie aber später beide Formeln in weitere Zeilen nach unten kopieren, wird korrekt auf A17, A18, A19 usw. angepasst.

7 Um auch den Preis des jeweiligen Produkts auszugeben, benötigen Sie einen weiteren *SVERWEIS*, diesmal in Zelle C16. Bei diesem *SVERWEIS* muss dann lediglich der Spaltenindex auf 3 geändert werden, da die Preisinformation jeweils in der dritten Spalte des Suchbereichs steht.

15			
16	2	Roggenbrötchen	0,40 €
17	4	Laugenbrötchen	0,80 €
18	7	Kamillentee	2,60 €
19		gesamt	3,80 €

Exakt suchen mit SVERWEIS

Obwohl Sie einen Suchbereich mit mehreren Spalten angegeben haben, sucht SVERWEIS nicht diesen ganzen Bereich ab, sondern immer nur in der ersten Spalte von oben nach unten. Findet Excel den Suchbegriff hier nicht, wird nicht in den anderen Spalten weitergesucht.

Was aber passiert, wenn der Suchbegriff in der ersten Spalte nicht gefunden wird? Probieren Sie es anhand des vorhergehenden Beispiels aus. Geben Sie in die Zellen A16 bis A18 andere Nummern außerhalb des Bereichs 1 bis 10 ein.

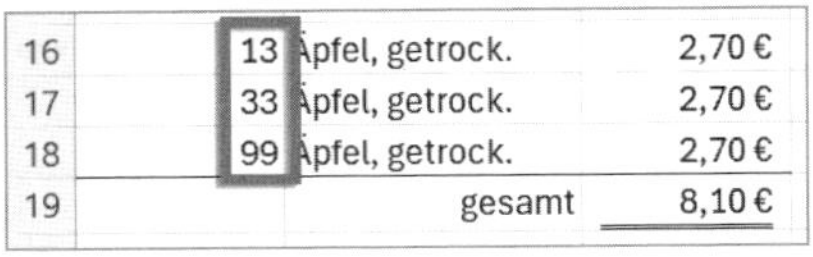

Gleichgültig, welche Zahl >10 Sie in A16 bis A18 eingeben, Sie erhalten immer die getrockneten Äpfel und den entsprechenden Preis dafür. Excel wird nämlich, wenn der exakte Suchbegriff nicht gefunden wird, den zu diesem Suchbegriff nächstniedrigeren Wert nehmen. Und da 13 im Suchbereich nicht vorkommt, wird Excel den im Suchbereich zu 13 nächsten Wert, nämlich 10, nehmen.

Diese Verhaltensweise von Excel ist für dieses Beispiel nicht optimal, denn wenn man versehentlich eine Nummer eintippt, die keinem Produkt zugeordnet ist, fällt das womöglich gar nicht auf. Sie werden später ein Beispiel kennenlernen, in dem das aber durchaus erwünscht ist.

Es gibt eine Möglichkeit zu verhindern, dass Excel den nächstniedrigeren Wert nimmt. Dazu taugt der vierte Paramter in der Syntax von SVERWEIS. Da er optional ist, habe ich ihn bisher zur Vereinfachung weggelassen:

```
=SVERWEIS(Suchbegriff;Suchbereich;Spaltenindex;Bereich_Verweis)
```

Die Bezeichnung *Bereich_Verweis* ist mal wieder eine unglücklich gewählte Übersetzung, denn dieser Paramter kann nur zwei Zustände annehmen: WAHR und FALSCH.

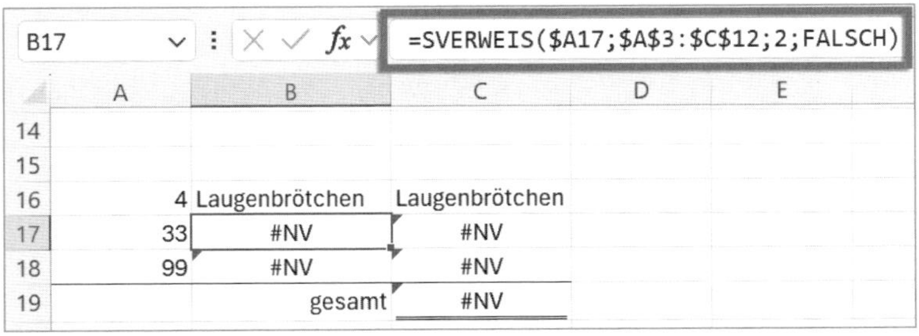

- Lassen Sie *Bereich_Verweis* ganz weg, geht Excel davon aus, dass hier eigentlich WAHR steht. Und *WAHR* heißt für Excel: Wenn der Begriff nicht gefunden wird, nimm den nächstniedrigeren Wert. In der Praxis findet man so ein möglichst ähnliches Ergebnis, auch wenn der exakte Suchbegriff nicht im Suchbereich enthalten ist.
- Schreiben Sie aber *FALSCH* in diesen Bereich hinein, sucht Excel nur nach dem genauen Begriff. Wenn dieser nicht gefunden wird, meldet Excel *#NV*, was so viel bedeutet wie »der Begriff ist nicht vorhanden«. Diese Variante liefert also nur exakt das gesuchte Ergebnis oder einen Fehlerhinweis.

TIPP

Das sollten Sie beim Umgang mit dem SVERWEIS beachten
Wenn *Bereich_Verweis* als *WAHR* oder gar nicht angegeben ist, sollte die erste Spalte – alphabetisch oder numerisch – sortiert sein. Andernfalls liefert die Funktion nicht unbedingt den nächstgelegenen Wert, wenn der genaue Suchbegriff nicht gefunden wird. Sortieren Sie also entweder die erste Spalte, oder verwenden Sie FALSCH für eine genaue Entsprechung.

Und denken Sie daran, den Suchbereich als absolute Zelladresse oder über einen Namen für den Zellbereich anzugeben, wenn Sie die Formel kopieren möchten.

SVERWEIS per Assistent

Sie können die *SVERWEIS*-Funktion direkt per Tastatur in die Zelle schreiben oder auch einen Assistenten benutzen:

1. Wählen Sie dazu auf der Menüband-Registerkarte *Start* den Bereich *Bearbeiten* und klicken Sie auf den kleinen Pfeil rechts neben dem Summen-Symbol.
2. Im so geöffneten Auswahlmenü klicken Sie auf *Weitere Funktionen*.
3. Dadurch öffnen Sie den Dialog *Funktion einfügen*, in dem Sie als Kategorie *Nachschlagen und Verweisen* auswählen.

4 Markieren Sie in der Liste darunter den Eintrag *SVERWEIS* und klicken Sie unten auf *OK*.

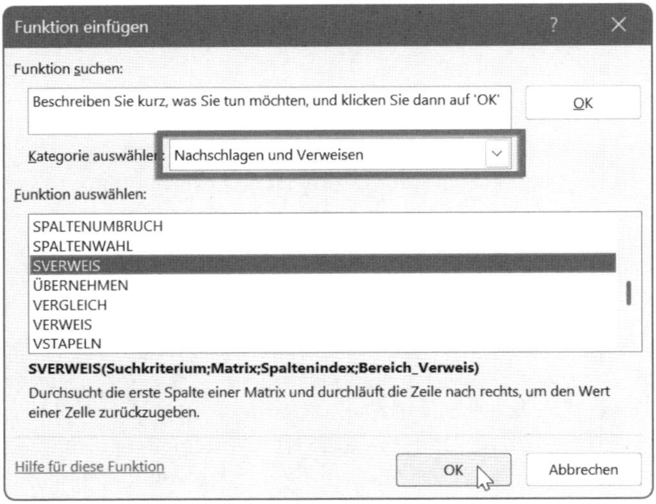

5 So erhalten Sie den Dialog *Funktionsargumente*, in dem Sie die verschiedenen Parameter von *SVERWEIS* bequem eingeben bzw. Bezüge zu Zellen oder Zellbereichen durch Auswählen in der Tabelle einfügen können.

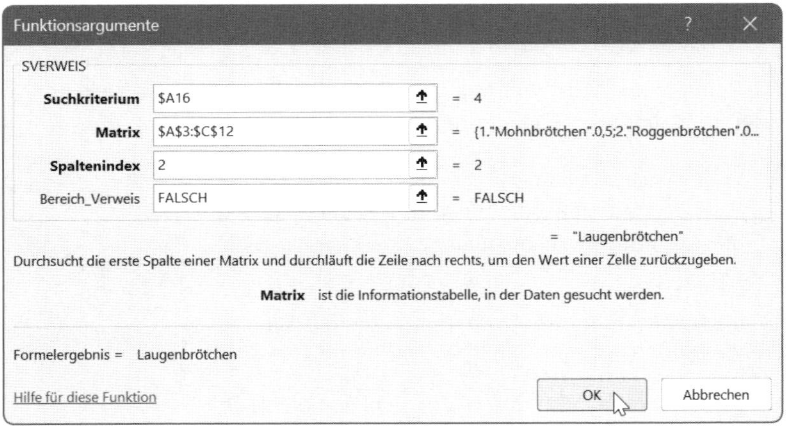

Hinweis: Anstelle der *Matrix* im Dialog habe ich im Buch den Begriff *Suchbereich* verwendet, da ich diesen treffender finde. Die fett gedruckten Elemente sind, wie immer beim Assistenten, Pflichtfelder, müssen also ausgefüllt werden, alles andere ist optional und kann leer bleiben.

Waagerecht suchen mit WVERWEIS

Eine ähnliche Funktion wie der *SVERWEIS* ist der *WVERWEIS*. Auch die Syntax ist sehr vergleichbar:

```
=WVERWEIS(Suchbegriff;Suchbereich;Zeilenindex;Bereich_Verweis)
```

Doch während der *SVERWEIS* (das S steht für **s**enkrecht) in der ersten Spalte des Suchbereichs sucht und den Wert der Spalte von *Spaltenindex* ausgibt, sucht der *WVERWEIS* (das W steht für **w**aagerecht) in der ersten Zeile des Suchbereichs und gibt die Zeile mit dem *Zeilenindex* aus. Ein kleines Beispiel dazu:

B8 =WVERWEIS(A8;$B$1:$F$4;2)

	A	B	C	D	E	F
1	Produktnummer	1	2	3	4	5
2	Sorte	Mohnbrötchen	Roggenbrötchen	Zwiebelbrötchen	Laugenbrötchen	Vollkornbrötchen
3	Preis	0,50 €	0,40 €	0,70 €	0,80 €	0,60 €
4	Lagermenge	10	20	25	10	30
5						
6						
7	Produktnummer	Sorte	Preis	Lagermenge		
8	3	Zwiebelbrötchen	0,70 €	25		
9						

Mit der *WVERWEIS*-Funktion suchen Sie jetzt waagerecht nach der Produktnummer und lassen sich den Preis und die Lagermenge ausgeben.

Senkrechte und waagerechte Suche gleichzeitig – die INDEX-Funktion

Die beiden Funktionen *SVERWEIS* und *WVERWEIS* sind an sich schon sehr mächtige Werkzeuge, sie haben aber beide einige Nachteile. Der größte Nachteil ist wahrscheinlich, dass sie nur nach rechts oder nach unten arbeiten. Man kann in einer Spalte etwas suchen und sich den entsprechenden Wert rechts oder unterhalb davon ausgeben lassen. Es ist nicht möglich, innerhalb einer Spalte zu suchen und sich den linken Wert ausgeben zu lassen oder sogar in zwei Richtungen gleichzeitig zu suchen. Für solche Anforderungen bietet Excel die Funktionen *INDEX* und *VERGLEICH*.

Als Beispiel dient die nebenstehende Liste. In Spalte C steht die Artikelbezeichnung, in Spalte B die Artikelnummer, und Spalte A zeigt an, in welchem Lager sich der Artikel befindet.

	A	B	C
1	**Lager**	**Artikelnr.**	**Artikel**
2	A	1	Hose
3	A	2	Hemd
4	A	3	Jacke
5	A	4	Socken
6	A	5	Strümpfe
7	B	6	Hut
8	B	7	Pullover
9	B	8	Gürtel
10	B	9	Schal
11	C	10	T-Shirt
12	C	11	Nachthemd
13	C	12	Pyjama
14	C	13	Schuhe

Sie könnten nun ganz klassisch die Artikelnummer eingeben, mit *SVERWEIS* diese Nummer in Spalte B suchen und sie sich in Spalte C ausgeben lassen. Sie haben aber keine Möglichkeit, die Artikelnummer zu suchen und sich dazu den Inhalt der Spalte A ausgeben zu lassen. Das geht aber mit den beiden Funktionen, die Sie jetzt kennenlernen:

- *VERGLEICH* ist die eigentliche Suchfunktion. Sie durchsucht einen Bereich und liefert als Ergebnis die Position in diesem Bereich, an der der Suchbegriff gefunden wurde.
- *INDEX* liefert aus einem Bereich den Wert, der sich an einer bestimmten Position dieses Bereichs befindet.

Kombiniert man diese beiden Funktionen, kann man in beliebiger Richtung nach einem bestimmten Wert suchen und sich aus der so ermittelten Spalte oder Zeile einen korrespondierenden Wert holen, der dort links, rechts, ober- oder unterhalb des gefundenen Wertes steht.

Die *VERGLEICH*-Funktion hat die folgende allgemeine Syntax:

```
=VERGLEICH(Suchbegriff;Suchmatrix;[Vergleichstyp])
```

Der *Suchbegriff* ist der gesuchte Wert oder der Bezug auf eine Zelle, in der dieser Wert steht. Die *Suchmatrix* gibt den Bereich an, in dem gesucht werden soll. Dieser kann sowohl vertikal (entsprechend *SVERWEIS*) als auch horizontal (entsprechend *WVERWEIS*) sein. Der *Vergleichstyp* bestimmt die Art, wie Excel sucht (siehe Tabelle).

Vergleichstyp	Wie wird verglichen?
1 oder nicht angegeben	VERGLEICH sucht nach dem größten Wert, der kleiner oder gleich dem Suchkriterium ist. Die Suchmatrix muss in aufsteigender Reihenfolge sortiert sein.
0	VERGLEICH sucht nach dem ersten Wert, der mit dem Suchkriterium übereinstimmt. Die Suchmatrix muss nicht sortiert sein.
-1	VERGLEICH sucht nach dem kleinsten Wert, der größer oder gleich dem Suchkriterium ist. Die Suchmatrix muss in absteigender Reihenfolge sortiert sein.

VERGLEICH gibt die Position in der Suchmatrix zurück, an der der Suchbegriff oder – je nach *Vergleichstyp* – der naheliegendste Wert gefunden wurde.

Die *INDEX*-Funktion hat allgemein folgende Syntax:

```
=INDEX(Matrix;Zeile;[Spalte])
```

Die *Matrix* bezeichnet den Bereich, in dem sich der gewünschte Wert befindet. Bei *Zeile* und *Spalte* erwartet Excel nun den Zeilen- und Spaltenindex, an dessen Position sich der gewünschte Wert in der Matrix befindet. Dabei ist die *Spalte* optional und wird nur benötigt, wenn die Matrix mehr als eine Spalte umfasst. *INDEX* gibt den Wert der Zelle zurück, die sich in der Matrix an der durch Zeile (und Spalte) festgelegten Position befindet.

Beide Funktionen lassen sich kombinieren, indem man *VERGLEICH* zum Ermitteln des Parameters *ZEILE* bei *INDEX* verwendet. Dabei sollten die Vorgaben für die Zeilen bei *Matrix* und *Suchbegriff* übereinstimmen, damit sich der von *VERGLEICH* in *Suchbegriff* ermittelte Index dann auch auf die entsprechende Zeile in *Matrix* bezieht.

```
=INDEX(Matrix;VERGLEICH(Suchbegriff,Suchbereich))
```

	A	B	C	D	E	F	G
1	Lager	Artikelnr.	Artikel				
2	A	1	Hose				
3	A	2	Hemd				
4	A	3	Jacke				
5	A	4	Socken				
6	A	5	Strümpfe				
7	B	6	Hut				
8	B	7	Pullover				
9	B	8	Gürtel				
10	B	9	Schal				
11	C	10	Shirt				
12	C	11	Nachthemd				
13	C	12	Pyjama				
14	C	13	Schuhe				
15							
16	**Artikelnr.**	4					
17	**Artikel**	Socken		=SVERWEIS(B16;B2:C14)			
18		Socken		=INDEX(C2:C14;VERGLEICH(B16;B2:B14))			
19	**Lager**	A		=INDEX(A2:A14;VERGLEICH(B16;B2:B14))			
20							

In Zelle B16 finden Sie die Artikelnummer, die als Suchbegriff verwendet werden soll. In Zelle B17 wurde die Suche mit dem *SVERWEIS* gelöst:

```
=SVERWEIS(B16;B2:B14)
```

In Zelle B18 wurde die *INDEX/VERGLEICH*-Funktion mit folgender Formel benutzt:

=INDEX(C2:C14;VERGLEICH(B16;B2:B14))

- C2:C14 ist der Matrixbereich, also der Bereich, in dem der Wert steht, der ausgegeben werden soll.
- In B16 befindet sich der Suchbegriff, den die *VERGLEICH*-Funktion in B2:B14 finden soll.
- Wird der Wert dort gefunden, wird der entsprechende Eintrag in der Matrix C2:C14 ausgegeben.

Damit wird wie beim *SVERWEIS* der Wert rechts ausgegeben – insofern also nichts Neues. Aber Zelle B19 zeigt, dass man sich mit *INDEX/VERGLEICH* auch den linken Wert ausgeben lassen kann.

=INDEX(A2:A14;VERGLEICH(B16;B2:B14))

Hier wurde lediglich im *INDEX*-Bereich eine andere Ausgabematrix eingesetzt, und schon gibt Excel den Lagerort aus.

Suchen in beide Richtungen

Aber *INDEX* und *VERGLEICH* können noch viel mehr. Sie können nämlich in zwei Richtungen gleichzeitig suchen. Auch das wird an einem Beispiel erklärt:

	A	B	C	D	E	F	G	H
1	Produktnummer	101-02			101-01	101-02	101-03	101-04
2	Jahrgang	2018		Jahrgang	Hutzelreuther	Lehnfelder	Merowinger	Moosfelder
3				2015	8,50 €	4,50 €	12,50 €	22,00 €
4	Bezeichnung	Lehnfelder		2016	9,60 €	5,00 €	14,50 €	22,50 €
5	Preis	6,00 €		2017	12,00 €	6,00 €	14,50 €	23,00 €
6				2018	12,50 €	6,00 €	17,00 €	25,00 €
7				2019	14,00 €	7,00 €	19,00 €	25,00 €
8				2020	14,00 €	8,00 €	20,00 €	26,00 €
9				2021	15,00 €	9,00 €	20,50 €	28,00 €

In den Spalten E bis H sind vier Weine aufgelistet. In E1 bis H1 finden Sie die Weinnummern und in D3 bis D9 den Jahrgang. In E3 bis H9 steht der entsprechende Preis für den Jahrgang und den Wein.

Ziel ist es, in Zelle B1 die Weinnummer und in Zelle B2 den Jahrgang einzutragen, und Excel zeigt uns in B4 den Weinnamen und in B5 den Preis. Welche Formel steht also in B4 zur Ausgabe des Weinnamens?

=INDEX($E$2:$H$2;VERGLEICH(B1;$E$1:$H$1))

$E$2:$H$2 ist der Bereich (die Matrix), der ausgegeben werden soll, in unserem Fall also der Weinname. Der *VERGLEICH(B1;$E$1:$H$1)* liest den Suchbegriff in B1 aus und sucht ihn im Bereich *$E$1:$H$1*. So weit also nichts wirklich Neues.

Bei der Suche nach dem Preis aber muss Excel in zwei Richtungen gleichzeitig suchen. Die *INDEX*-Funktion benötigt also gleich zwei *VERGLEICH*-Funktionen, eine für die Zeile und eine für die Spalte.

```
=INDEX($E$3:$H$9;VERGLEICH(B2;$D$3:$D$9);VERGLEICH(B1;$E$1:$H$1))
```

Es soll der Preis ausgegeben werden, deshalb ist die Matrix *$E$3:$H$9*. Der erste *VERGLEICH* sucht nach der entsprechenden Zeile, also nach dem Jahrgang: *VERGLEICH(B2;$D$3:$D$9)*, während der zweite *VERGLEICH* nach der entsprechenden Weinnummer sucht: *VERGLEICH(B1;$E$1:$H$1)*. Die Formeln sehen also so aus:

	A	B
1	Produktnummer	101-02
2	Jahrgang	2018
3		
4	Bezeichnung	=INDEX($E$2:$H$2;VERGLEICH(B1;$E$1:$H$1))
5	Preis	=INDEX($E$3:$H$9;VERGLEICH(B2;$D$3:$D$9);VERGLEICH(B1;$E$1:$H$1))
6		

TIPP

Anmerkungen zur INDEX- und VERGLEICH-Funktion

1. Damit die beiden Funktion richtig arbeiten, müssen sowohl die Werte in der Suchspalte der *VERGLEICH*-Funktion (im Beispiel Spalte A) als auch die Werte in der Suchzeile (im Beispiel Zeile 1) jeweils aufsteigend sortiert sein.

2. Findet Excel einen Wert nicht, wird, wie bei *SVERWEIS*, der zum Suchbegriff nächstniedrige Wert genommen.

3. Sie können als Suchbegriff auch einen Text benutzen. Wenn Sie nach Texten suchen, achten Sie auf die richtige Schreibweise. Sollte Ihr Wein »M**e**rowinger« heißen, Sie haben aber nach »M**ee**rowinger« gesucht, wird Excel nichts finden und deshalb den Preis für den »Lehnfelder« ausgeben, da das der nächstniedrige Wert ist.

4. Sie müssen immer zuerst den VERGLEICH für die Zeile und dann erst für die Spalte machen.

Suchen und Verknüpfungen über mehrere Tabellen

Verknüpfungen in Excel bedeuten, dass man eine Zelle einer Tabelle mit einer oder mehreren anderen Zellen einer anderen Tabelle oder sogar einer anderen Arbeitsmappe verbindet. Aber es ist immer eine Verknüpfung Zelle zu Zelle. Die folgende Tabelle soll in Zelle A1 von *Tabelle1* in der *Mappe1.xlsx* eine Verknüpfung zu einer Zelle B3 aufbauen.

Verknüpfung ...	Formel in der Zelle
... auf eine andere Zelle auf dem gleichen Tabellenblatt	=B3
... auf eine andere Zelle auf einem anderen Tabellenblatt, aber in der gleichen Mappe	=Tabelle2!$B$3
... auf eine andere Zelle auf einem anderen Tabellenblatt in einer anderen Mappe	='C:\Daten\[Mappe2.xlsx]Tabelle1'!$B$3

Sie können solche Verknüpfungen per Tastatur eingeben. Einfacher und weniger fehleranfällig ist es aber, wenn Sie sich die Referenz wie im nachfolgenden Beispiel zusammenklicken:

Als Kassenwart eines Vereins hat man viel zu tun. Zum Beispiel müssen Sie vielleicht jedes Jahr Spendenquittungen ausstellen. Dabei wäre es schön, wenn man das mit Excel automatisieren könnte. In diesem Abschnitt möchte ich Ihnen eine Möglichkeit dazu zeigen.

Für dieses Beispiel gehe ich davon aus, dass Sie in einer Tabelle die Adressen aller Mitglieder hinterlegt haben. In eine zweite Tabelle tragen Sie die Spendengelder eines Jahres ein. Eine weitere Tabelle könnte die Mitgliedsbeiträge verwalten. Ihre Aufgabe ist es nun, für die Mitglieder eine Spendenquittung auszustellen. Ihre Spendentabelle könnte so aussehen:

	A	B	C	D	E	F	G
1	Mitglied	Januar	Februar	März	April	Mai	Juni
2	20	50,00 €		60,00 €		20,00 €	
3	1	20,00 €					20,00 €
4	15	30,00 €		50,00 €		60,00 €	
5	10				30,00 €		
6	20		70,00 €				90,00 €
7	8			20,00 €			
8	15	10,00 €			10,00 €		20,00 €

Der Einfachheit halber verzichtet dieses Beispiel auf weitere wichtige Angaben wie etwa das Spendendatum. Es sind lediglich die Spendenmonate aufgeführt. In Spalte A stehen die Mitgliedsnummern der Mitglieder, die gespendet haben.

Der erste Schritt ist nun, die gespendeten Beträge pro Mitgliedsnummer zu summieren. Dazu kann man die Funktion *SUMMEWENNS* benutzen.

Sie hat folgende allgemeine Syntax:

```
=SUMMEWENNS(Summe_Bereich;Kriterien_Bereich;Suchkriterium)
```

Summe_Bereich ist der Bereich, der summiert werden soll, abhängig von einem Kriterium, das im *Kriterien_Bereich* zu finden ist. Das Kriterium selbst steht bei *Suchkriterium*.

Damit nicht gleich eine Fehlermeldung kommt, erweitern Sie Ihre Spendentabelle, indem Sie beispielsweise in Zelle A12 eine entsprechende Mitgliedsnummer eintragen.

Dann gehen Sie in Zelle B12 und geben dort folgende Formel ein:

A12 =SUMMEWENNS(B2:B8;$A$2:$A$8;$A$12)

	A	B	C	D	E	F	G	H
1	Mitglied	Januar	Februar	März	April	Mai	Juni	
2	20	50,00 €		60,00 €		20,00 €		
3	1	20,00 €					20,00 €	
4	15	30,00 €		50,00 €		60,00 €		
5	10				30,00 €			
6	20		70,00 €				90,00 €	
7	8			20,00 €				
8	15	10,00 €			10,00 €		20,00 €	
9								
10								
11	Mitglied							
12	15	=SUMMEWENNS(B2:B8;$A$2:$A$8;$A$12)						

Die $-Zeichen erzeugen wieder einen absoluten Bezug auf den Bereich, damit diese Formel umstandslos nach rechts für die weiteren Monate kopiert werden kann.

Damit summieren Sie für die Mitgliedsnummer 15 monatlich die Spenden dieses Mitglieds.

	A	B	C	D	E	F	G
1	**Mitglied**	**Januar**	**Februar**	**März**	**April**	**Mai**	**Juni**
2	20	50,00 €		60,00 €		20,00 €	
3	1	20,00 €					20,00 €
4	15	30,00 €		50,00 €		60,00 €	
5	10				30,00 €		
6	20		70,00 €				90,00 €
7	8			20,00 €			
8	15	10,00 €			10,00 €		20,00 €
9							
10							
11	**Mitglied**						
12	15	40,00 €	- €	50,00 €	10,00 €	60,00 €	20,00 €

Nun sollen in einer separaten Tabelle durch Eingabe einer beliebigen Mitgliedsnummer der Name des Mitglieds und die geleisteten Spenden pro Monat zusammengefasst werden. Erzeugen Sie dazu eine neue leere Tabelle, und geben Sie die Werte wie in der nebenstehenden Abbildung ein.

	A	B
1	Mitglied	15
2		
3		
4		
5		
6		Spende
7	Januar	
8	Februar	
9	März	
10	April	
11	Mai	
12	Juni	

In Zelle A3 soll nun automatisch der Name des Mitglieds stehen. Das lässt sich mit einem *SVERWEIS* erledigen. Da aber die Adressen in einer separaten Tabelle zu finden sind, muss der *SVERWEIS* mit einer anderen Tabelle verknüpft werden.

1. Klicken Sie in Zelle A3 und geben Sie dort ein:

   `=SVERWEIS(`

2. Das Suchkriterium steht in B1 der gleichen Tabelle. Es ist die Mitgliedsnummer, für die die Spendenquittung ausgestellt werden soll.

3. Klicken Sie auf B1, und geben Sie das Semikolon ein.

   `=SVERWEIS(B1;`

4. Nun klicken Sie auf Ihre Tabelle, in der die Adressen verwaltet werden. In diesem Fall heißt die Tabelle *Tabelle9*. Markieren Sie die gesamte Tabelle, und geben Sie als Spaltenindex eine *3* für den Vornamen ein.

   `=SVERWEIS(B1;Tabelle9!A1:G51;3)`

Angenommen, Ihre Adressentabelle sieht so aus:

A16 | fx 15

	A	B	C	D
1	**Vereins_Nr.**	**Anrede**	**Vorname**	**Nachname**
2	1	Frau	Emilie	Walter
3	2	Herr	Lutz	Maier
4	3	Herr	Stefan	Oberschnaller
5	4	Frau	Linda	Weißbrot
6	5	Herr	Carsten	Schmidt
7	6	Herr	Anton	Adams
8	7	Frau	Paula	Milde
9	8	Frau	Luisa	August
10	9	Herr	Klaus	Frommer
11	10	Frau	Frauke	Berthold
12	11	Frau	Sophie	Waldmann
13	12	Herr	Peter	Keller
14	13	Herr	Fritz	Kaiser
15	14	Herr	Norbert	Rühmann
16	15	Frau	Karin	Schulze
17	16	Herr	Joachim	Kirchner
18	17	Frau	Herta	Rosenstengel

5 Nachdem Sie die Eingabe bestätigt haben, wird in Ihrer Quittungstabelle der Vorname des Mitglieds stehen.

A3 | fx =SVERWEIS(B1;Tabelle9!A1:D18;3)

	A	B	C	D	E
1	Mitglied	15			
2					
3	Karin				
4					
5					
6		Spende			
7	Januar				
8	Februar				
9	März				
10	April				
11	Mai				
12	Juni				

6 In Spalte B3 können Sie jetzt das Gleiche für den Nachnamen durchführen. Wenn Sie es aber ganz professionell haben möchten, können Sie die Formeln für den Vor- und Nachnamen durch einen Verknüpfungsoperator (&) in eine Zelle bringen.

Die Formel, die Sie dazu brauchen, lautet:

=SVERWEIS($B$1;Tabelle9!$A$2:$G$51;3)&"
"&SVERWEIS($B$1;Tabelle9!$A$2:$G$51;4)

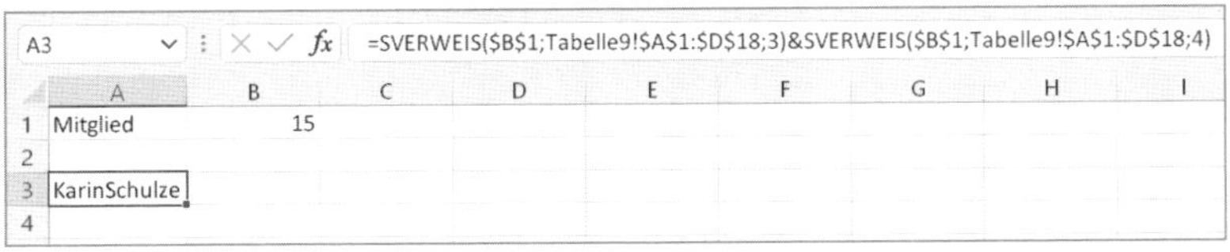

7 Das Konstrukt *&" "&* in der Formel verbindet die beiden SVERWEIS-Funktionen miteinander (&) und trennt die beiden Werte (Vor- und Nachname) durch ein Leerzeichen (" ").

8 Als Nächstes müssen Sie noch die Zellen, in denen die Spendenwerte stehen, mit den Zellen der Tabelle *Spenden* verknüpfen. Das ist am einfachsten, wenn Sie in eine Zelle klicken, ein Gleichheitszeichen eingeben und dann eine entsprechende Zelle in der Spendentabelle anklicken. Das machen Sie am besten für alle Felder des Bereichs B7 bis B12.

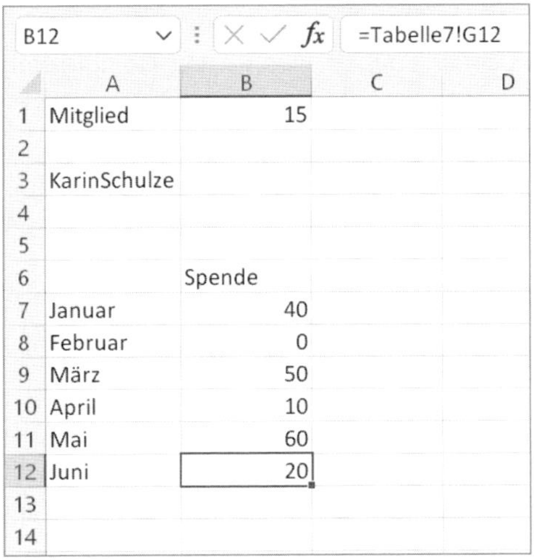

9 Eines fehlt noch. In der Spendentabelle haben Sie die Mitgliedsnummer für die Abfrage noch als fixe Zahl eingegeben. Ersetzen Sie diese durch eine Verknüpfung zum Feld B1 in der Tabelle für die Quittungen, also etwa *=Tabelle2!B1*.

Wenn Sie nun in der Quittungstabelle eine andere Mitgliedsnummer in B1 eingeben, holt Excel automatisch die gespendeten Beiträge und alle weiteren Angaben zum Mitglied. Damit haben Sie die Basis, um jederzeit mit geringem Aufwand Spendenquittungen zu generieren. Ich überlasse es Ihrer Kreativität, die Tabelle zu erweitern und ansprechend zu gestalten.

4.5 Daten in Diagrammen visualisieren

Ein ganz wichtiges Element innerhalb von Excel ist die Möglichkeit, Zahlen und komplexe Tabellen in sehr beeindruckenden Diagrammen darzustellen. Dabei beschränkt sich Excel nicht allein auf Balken- oder Kuchendiagramme, auch komplizierte mathematische Funktionen und Formeln lassen sich recht einfach und komfortabel zu Liniendiagrammen machen.

In diesem Abschnitt möchte ich mit Ihnen diesen faszinierenden Bereich von Excel erkunden. Dabei kann ich nicht auf alle Feinheiten eingehen, die Excel in diesem Bereich bietet. Vieles davon können Sie aber hoffentlich selbst erkunden und intuitiv erfassen. Deshalb konzentriere ich mich auf den folgenden Seiten auf Grundlegendes, gehe aber auch auf wichtige Elemente ein, die nicht ganz so offensichtlich sind.

Wenn es mal schnell gehen muss

Um den Verlauf von Zahlen schnell visualisieren zu können, gibt es in Excel viele gute Möglichkeiten. Angenommen, Sie haben eine Tabelle in dieser Art markiert:

	A	B	C	D	E	F	G
1		Januar	Februar	März	April	Mai	Juni
2	Alfons Ahlmeyer	267,56 €	113,41 €	526,54 €	396,25 €	284,14 €	786,18 €
3	Bettina Borsig	839,31 €	701,96 €	466,39 €	757,13 €	260,14 €	841,71 €
4	Claus Cicero	230,62 €	439,83 €	662,09 €	574,20 €	564,49 €	568,44 €
5	Dieter Dachs	522,12 €	405,55 €	926,46 €	194,94 €	786,56 €	932,57 €
6	Erika Ehrlich	791,57 €	629,71 €	786,70 €	388,31 €	698,65 €	669,91 €
7	Gustav Grau	503,88 €	939,01 €	688,92 €	544,73 €	725,83 €	835,48 €
8	Henriette Hauser	445,47 €	294,10 €	476,61 €	593,07 €	917,35 €	596,72 €
9	Ingolf Irwisch	245,88 €	489,96 €	593,69 €	833,93 €	307,96 €	760,25 €
10	Jolante Juchzig	861,71 €	666,20 €	483,53 €	616,28 €	469,99 €	806,79 €
11							
12							

Dann zeigt Excel an der rechten unteren Ecke der Auswahl automatisch das Schnellanalyse-Symbol an.

Ein Klick darauf eröffnet die folgende Auswahl:

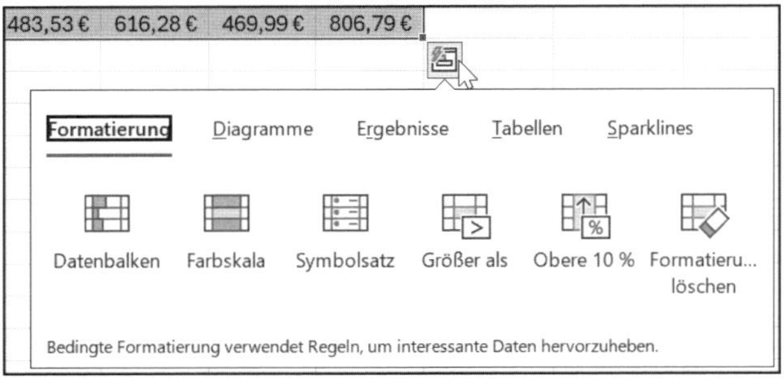

Hier reicht es vorerst, wenn Sie den Mauszeiger auf einer der Varianten schweben lassen. Excel zeigt dann in der Tabelle eine Vorschau an, wie sich diese Formatierung auswirken würde. Mit *Formatierung/Datenbalken* etwa erstellt Excel in allen Zellen farbige Balken entsprechend des Zellwertes, die Ihnen einen ersten visuellen Überblick über die Daten verschaffen. Dabei sind die Balken horizontal wie auch vertikal miteinander zu vergleichen.

	A	B	C	D	E	F	G
1		Januar	Februar	März	April	Mai	Juni
2	Alfons Ahlmeyer	267,56 €	113,41 €	526,54 €	396,25 €	284,14 €	786,18 €
3	Bettina Borsig	839,31 €	701,96 €	466,39 €	757,13 €	260,14 €	841,71 €
4	Claus Cicero	230,62 €	439,83 €	662,09 €	574,20 €	564,49 €	568,44 €
5	Dieter Dachs	522,12 €	405,55 €	926,46 €	194,94 €	786,56 €	932,57 €
6	Erika Ehrlich	791,57 €	629,71 €	786,70 €	388,31 €	698,65 €	669,91 €
7	Gustav Grau	503,88 €	939,01 €	688,92 €	544,73 €	725,83 €	835,48 €
8	Henriette Hauser	445,47 €	294,10 €	476,61 €	593,07 €	917,35 €	596,72 €
9	Ingolf Irwisch	245,88 €	489,96 €	593,69 €	833,93 €	307,96 €	760,25 €
10	Jolante Juchzig	861,71 €	666,20 €	483,53 €	616,28 €	469,99 €	806,79 €

Wandern Sie dann (ohne zu klicken!) zu *Symbolsatz*. Schon haben Ihre Zahlen kleine Pfeile. Welche Bedeutung diese Pfeile haben und was damit noch zu machen ist, lesen Sie im nächsten Abschnitt. Achtung: Gegebenenfalls muss noch die Spaltenbreite angepasst werden!

	A	B	C	D	E	F	G
1		Januar	Februar	März	April	Mai	Juni
2	Alfons Ahlmeyer	↓ 240,45 €	↑ 906,85 €	↓ 413,54 €	↑ 707,13 €	↓ 410,44 €	↓ 210,24 €
3	Bettina Borsig	→ 579,53 €	→ 590,16 €	↓ 214,87 €	↑ 750,99 €	→ 604,80 €	↓ 418,84 €
4	Claus Cicero	↓ 269,84 €	↑ 945,19 €	→ 480,85 €	↓ 346,13 €	↓ 408,92 €	→ 688,14 €
5	Dieter Dachs	→ 633,94 €	↓ 177,51 €	↑ 954,53 €	→ 495,89 €	↑ 960,53 €	→ 521,87 €
6	Erika Ehrlich	↑ 835,26 €	↓ 393,16 €	→ 530,50 €	↓ 408,24 €	↑ 737,60 €	↓ 373,99 €
7	Gustav Grau	↓ 260,79 €	→ 640,89 €	↑ 811,86 €	↑ 789,92 €	↑ 745,03 €	↓ 177,45 €
8	Henriette Hauser	↓ 148,38 €	→ 472,38 €	↑ 973,37 €	→ 564,85 €	→ 581,59 €	↑ 701,58 €
9	Ingolf Irwisch	↓ 217,65 €	↓ 350,82 €	↓ 151,80 €	↑ 825,07 €	↑ 729,56 €	↑ 734,10 €
10	Jolante Juchzig	→ 525,11 €	↓ 346,19 €	→ 497,10 €	↓ 192,59 €	↑ 775,62 €	↓ 374,31 €

Erkunden Sie ruhig einmal diese Schnellanalyse, und schauen Sie, was da alles möglich ist. Sie brauchen nicht zu klicken, ein Berühren des Symbols reicht völlig aus, um den Effekt in Ihrer Tabelle zu sehen. Zum Schluss klicken Sie auf *Sparklines* und deuten (zu klicken brauchen Sie nicht) auf *Linie*. Schon haben Sie kleine Linien, die den Verlauf Ihrer Zahlen visualisieren.

Januar	Februar	März	April	Mai	Juni	
240,45 €	906,85 €	413,54 €	707,13 €	410,44 €	210,24 €	
579,53 €	590,16 €	214,87 €	750,99 €	604,80 €	418,84 €	
269,84 €	945,19 €	480,85 €	346,13 €	408,92 €	688,14 €	
633,94 €	177,51 €	954,53 €	495,89 €	960,53 €	521,87 €	
835,26 €	393,16 €	530,50 €	408,24 €	737,60 €	373,99 €	
260,79 €	640,89 €	811,86 €	789,92 €	745,03 €	177,45 €	
148,38 €	472,38 €	973,37 €	564,85 €	581,59 €	701,58 €	
217,65 €	350,82 €	151,80 €	825,07 €	729,56 €	734,10 €	
525,11 €	346,19 €	497,10 €	192,59 €	775,62 €	374,31 €	

Diagramme von Excel empfehlen lassen

Sie möchten für eine Tabelle auf ein paar Standarddiagramme zugreifen, weil es schnell gehen soll? Klicken Sie auf der Menüband-Registerkarte *Einfügen* im Bereich *Diagramme* auf *Empfohlene Diagramme* für ein paar fertig formatierte Diagramme. Suchen Sie ein ansprechendes und zu Ihren Daten passendes aus und fügen Sie es mit einem Mausklick in Ihr Dokument ein.

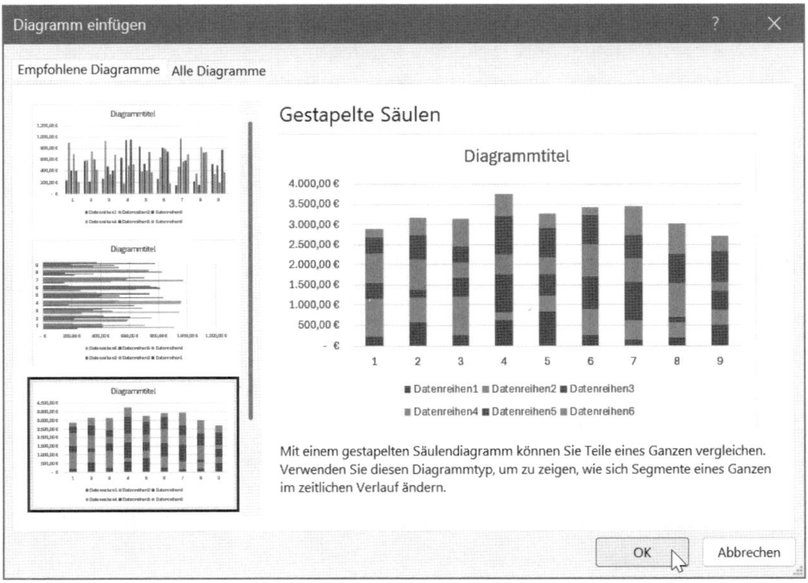

Tendenzsymbole an den Zahlen

Wie im vorangegangenen Abschnitt gezeigt, können Sie den Verlauf von Zahlen durch kleine Pfeile kenntlich machen. Was diese Pfeile bedeuten und wie Sie Einfluss darauf nehmen können, möchte ich in diesem Abschnitt erklären. Diese Gestaltungsvariante basiert auf einer bedingten Formatierung (siehe Seite 320).

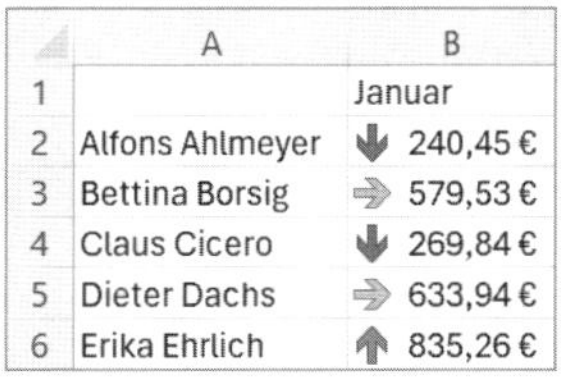

	A	B
1		Januar
2	Alfons Ahlmeyer	240,45 €
3	Bettina Borsig	579,53 €
4	Claus Cicero	269,84 €
5	Dieter Dachs	633,94 €
6	Erika Ehrlich	835,26 €

1 Wählen Sie auf der Registerkarte *Start* im Bereich *Formatvorlagen* mit der Auswahl *Bedingte Formatierung* die *Symbolsätze*.

2 In diesem Untermenü können Sie verschiedene vorkonfigurierte Formen direkt auswählen. Für die volle Kontrolle gehen Sie aber ganz nach unten und klicken auf *Weitere Regeln*.

3 Im so geöffneten Dialog können Sie eine Formatierung nach ganz individuellen Regeln erstellen:

- Unten bei *Symbol* können Sie zunächst die gewünschte Symbolart auswählen, etwa bunte Pfeile.
- Mit den Feldern unter *Wert* legen Sie verschiedene Wertebereiche fest, die steuern, welches Symbol wann angezeigt wird. In der Abbildung sehen Sie beispielsweise eine Drittelung des Wertebereichs: Was zum oberen Drittel gehört, bekommt einen grünen Pfeil nach oben, das mittlere Drittel erhält einen gelben Pfeil zur Seite und der Rest einen roten Pfeil nach unten.

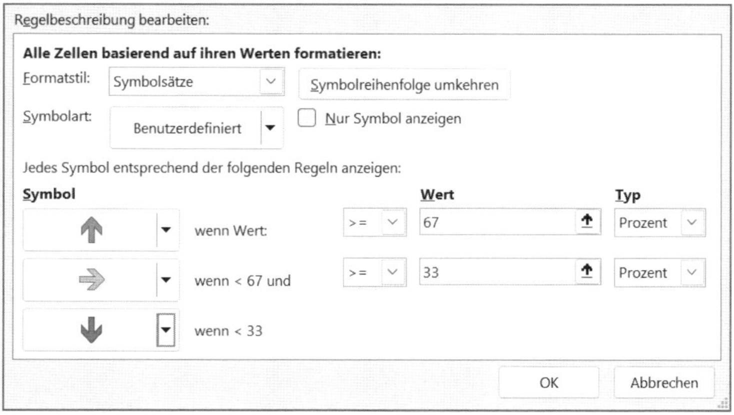

Wenn Sie hier mit Prozentwerten arbeiten, ermittelt Excel die entsprechende Zuordnung anhand der Werte in der Tabelle automatisch. Sie können aber auch ganz rechts den *Typ* auf *Zahl* ändern und dann mit festen eigenen Werten arbeiten.

Angenommen, ein monatlicher Gewinn ab 1.800 Euro sei super (Pfeil nach oben), ein Gewinn zwischen 600 und 1.799 Euro ganz gut (Pfeil nach rechts) und einer unter 600 Euro miserabel (Pfeil nach unten). Bei einer so formatierten Tabelle sehen Sie auf einen Blick, welche Monate richtig liefen und welche nicht so gut.

Werte in klassischen Diagrammen darstellen

Excel kann nicht nur über bedingte Formatierungen die Zellen aufhübschen. Sie können Ihren Tabellen auch ganz klassische Balken-, Linien- oder Tortendiagramme hinzufügen, die auf Werten in der Tabelle basieren, wie das folgende Beispiel zeigt.

Sie vertreiben ein Produkt, dessen Verkaufsmenge pro Quartal in den Zellen B6 bis B9 steht. Aus dieser Tabelle soll nun eine Balkengrafik gemacht werden. Aber die Stückzahlen sollen nicht in der Grafik erscheinen.

1 Markieren Sie die Tabelle, aber ohne den Bereich B6 bis B9 (der Schlüssel zum Auswählen nicht zusammenhängender Bereiche ist Strg).

	A	B	C	D	E
1	Verkaufspreis	16,80 €			
2	Stückkosten	9,50 €			
3					
4		**Stückzahl**	**Umsatz**	**Kosten**	**Gewinn**
5					
6	1. Quartal	35	588,00 €	332,50 €	255,50 €
7	2. Quartal	46	772,80 €	437,00 €	335,80 €
8	3. Quartal	87	1.461,60 €	826,50 €	635,10 €
9	4. Quartal	32	537,60 €	304,00 €	233,60 €
10					

2 Klicken Sie über die Menüband-Registerkarte *Einfügen* im Bereich *Diagramme* auf das Symbol *Säulen- oder Balkendiagramme*.

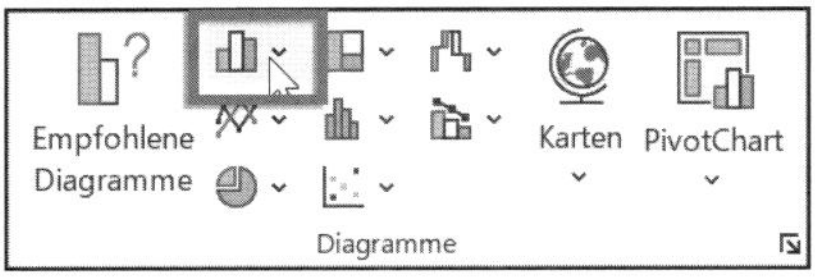

3 Im so geöffneten Auswahldialog können Sie genau wie bei der Schnellanalyse den Mauszeiger auf einer der Varianten schweben lassen, um nähere Informationen und eine Vorschau dieses Diagrammtyps mit Ihren konkreten Werten zu sehen.

4 Wenn Ihnen eine Diagrammart zusagt, klicken Sie darauf.

5 Sie erhalten dann das gewünschte Diagramm und an der Seite drei Symbole, mit denen Sie das Diagramm nachträglich verändern können. Klicken Sie auf das Pluszeichen rechts neben dem Diagramm.

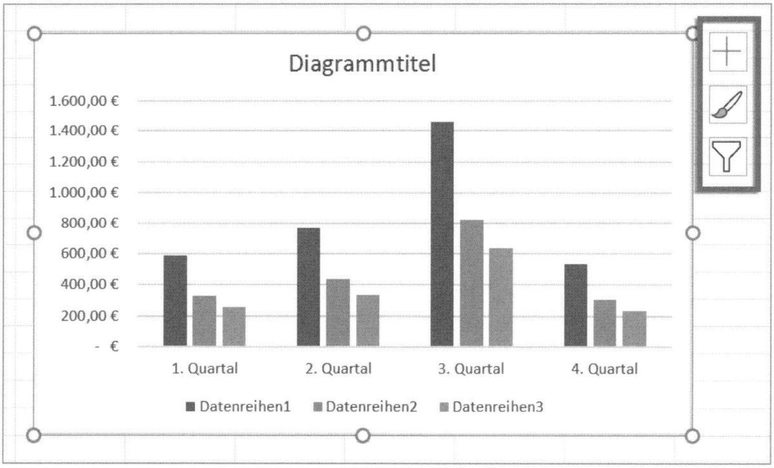

6 Im Dialog, der nun eingeblendet wird, lassen sich einzelne Diagrammelemente per Kontrollkästchen ein- oder ausblenden.

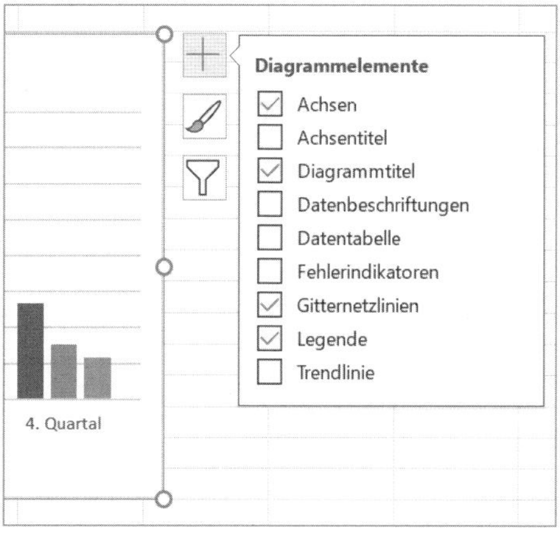

7 Auch in diesem Fall müssen Sie, um zu erfahren, was die einzelnen Elemente bedeuten, nicht klicken. Fahren Sie nur darüber. Bei *Datentabelle* sehen Sie etwa die Tabelle unter der Grafik.

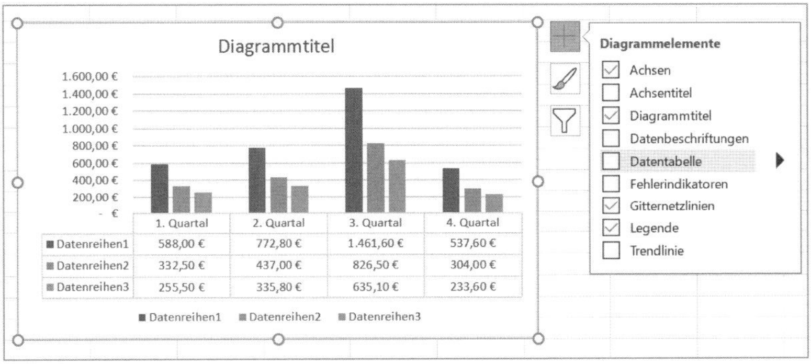

8 Sobald Sie beispielsweise bei *Achsentitel* ein Häkchen setzen, erscheint ein kleines schwarzes Pfeilsymbol, über das Sie entscheiden können, ob die Achsenbeschriftung horizontal oder vertikal oder beides sein soll.

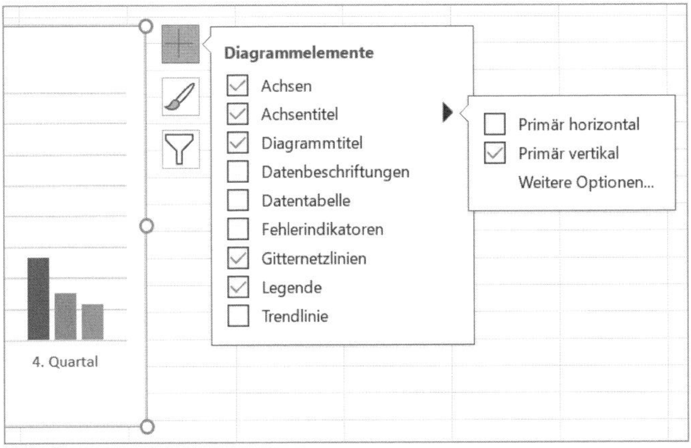

9 Klicken Sie dann auf das Pinsel-Symbol, und wählen Sie ein neues Aussehen für das Balkendiagramm.

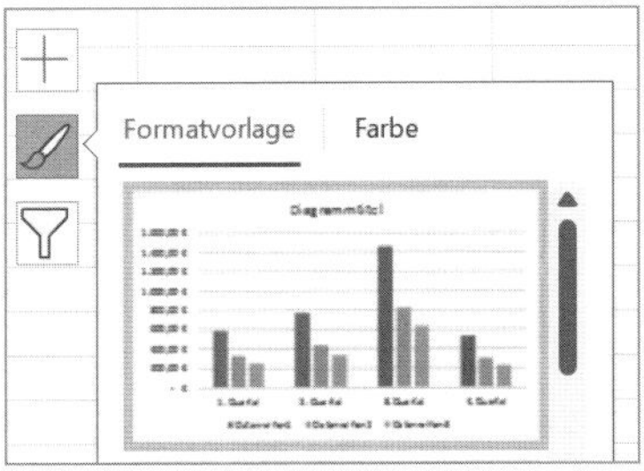

10 Und wenn Sie dann noch auf *Farbe* klicken, können Sie eine andere Farbpalette auswählen.

11 Schließlich gibt es noch das kleine Filtersymbol, mit dem Sie einzelne Balken filtern können.

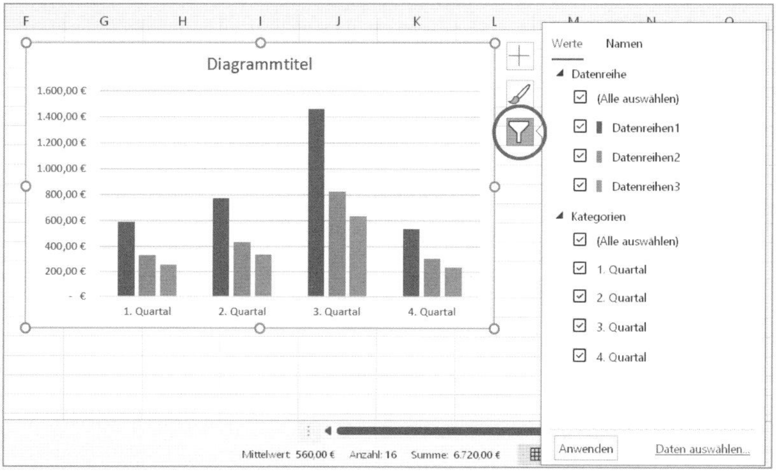

Wenn Sie nun, aus welchen Gründen auch immer, nur einen einzigen dieser Balken mit einer anderen Farbe belegen möchten, markieren Sie lediglich diesen einen Balken, indem Sie zweimal langsam auf den Balken klicken, also keinen Doppelklick, sondern zwei einfache Klicks hintereinander ausführen.

Mit einem Klick wird nämlich die gesamte Balkengruppe ausgewählt, mit einem weiteren Klick nur ein Balken.

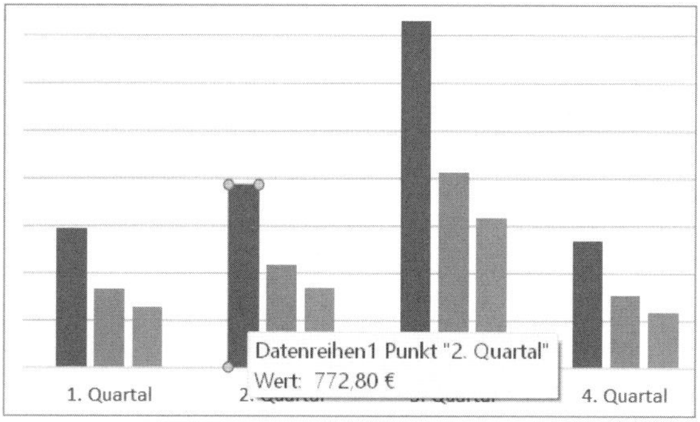

Dann klicken Sie mit der rechten Maustaste auf den markierten Balken und wählen *Füllung*.

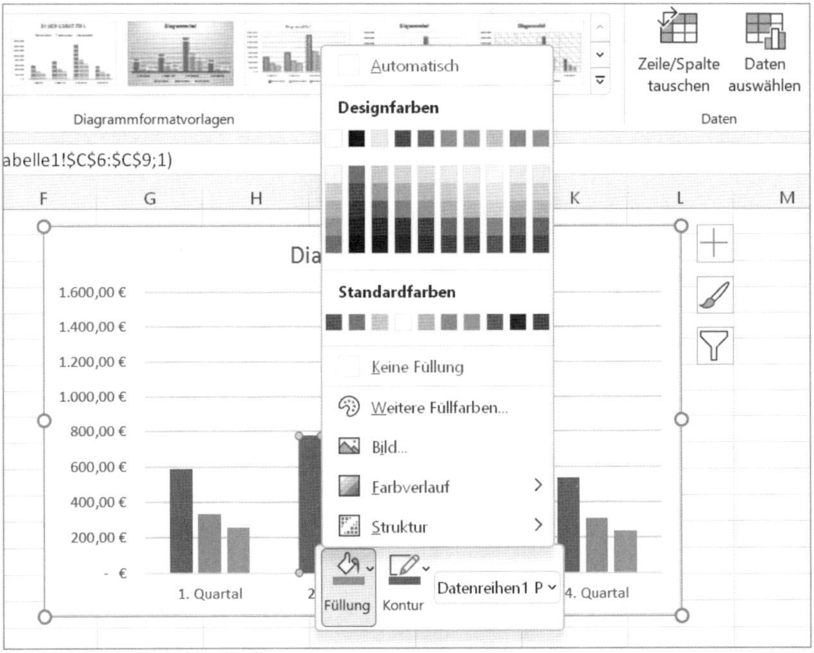

Diagrammtyp ändern

Kommen Sie nun zu der Erkenntnis, Balken seien zu langweilig, können Sie natürlich auch den Diagrammtyp nachträglich ändern. Dazu gibt es mehrere Möglichkeiten, aber hier soll eine genügen:

1 Um den Diagrammtyp zu ändern, klicken Sie auf das Diagramm und wählen im Menüband den Reiter *Diagrammentwurf*.

2 Hier wählen Sie im Bereich *Typ* die Schaltfläche *Diagrammtyp ändern*.

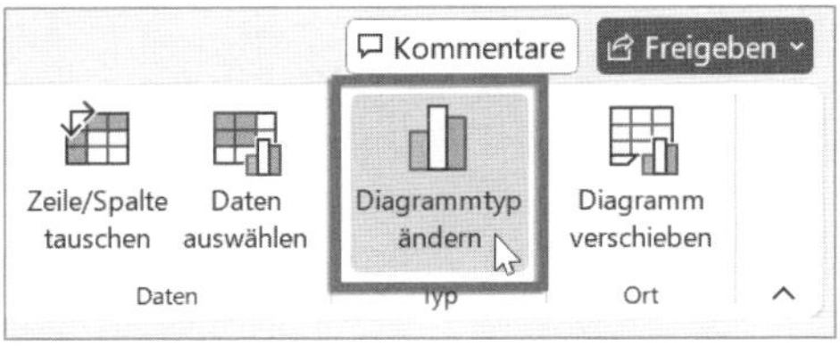

3 Wählen Sie im folgenden Dialog den neuen Diagrammtyp aus. Auch hier sehen Sie eine Live-Vorschau mit Werten aus Ihrer Tabelle.

4 Haben Sie Ihr neues Wunschdiagramm gefunden, bestätigen Sie mit *OK*. Das vorhandene Diagramm wird dann mit allen Eigenschaften durch das neue ersetzt.

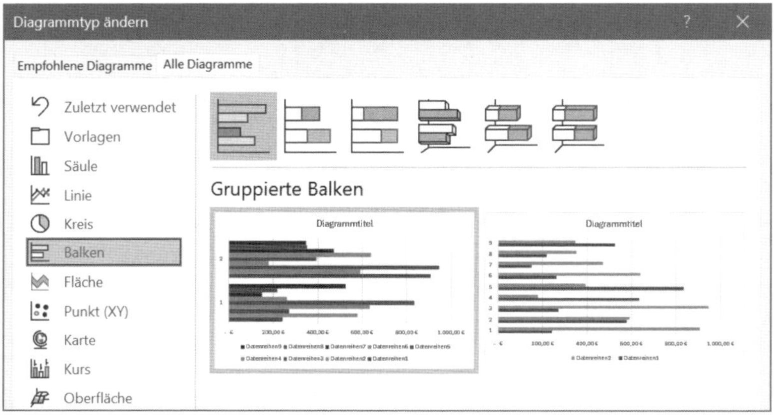

Kreise, Balken, Torten – Daten visualisieren

Nicht nur Balken- und Säulendiagramme sind in Excel möglich, sondern auch die bei Wahlen sehr beliebten Kreisdiagramme, um die Verteilung der Wählerstimmen auf die entsprechenden Parteien zu illustrieren. Hier sollen als Beispiel die Ergebnisse der Zweitstimmen bei den Landtagswahlen in Brandenburg von 2019 und 2024 dienen. Sie müssen nun für einen Vortrag diese Zahlen in einem ansprechenden Diagramm darstellen.

Ergebnisse der Landtagswahlen in Brandenburg		
	2024	**2019**
SPD	30,9 %	26,2 %
AfD	29,2 %	23,5 %
BSW	13,5 %	0 %
CDU	12,1 %	15,6 %
Grüne	4,1 %	10,8 %
Linke	3,0 %	10,7 %
BVB/FW	2,0 %	5,05 %

1 Beginnen Sie zunächst mit der Wahl von 2024. Stehen diese Werte bei Ihnen z. B. in den Zellen A3 bis B9, markieren Sie diese.

2 Am schnellsten geht das Erzeugen der Grafik wieder über das Schnellanalyse-Symbol rechts unten.

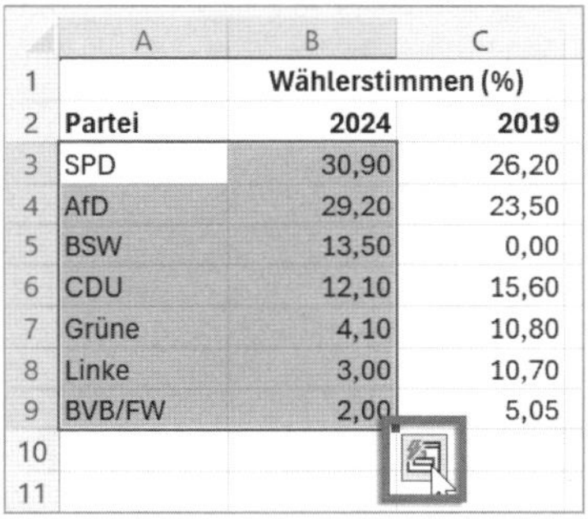

	A	B	C
1		Wählerstimmen (%)	
2	Partei	2024	2019
3	SPD	30,90	26,20
4	AfD	29,20	23,50
5	BSW	13,50	0,00
6	CDU	12,10	15,60
7	Grüne	4,10	10,80
8	Linke	3,00	10,70
9	BVB/FW	2,00	5,05
10			
11			

3 Wählen Sie nun *Diagramme/Kreis*.

4 In einer Vorschau sehen Sie, wie es aussähe, würden Sie auf *Kreis* klicken. Fahren Sie ruhig auch einmal über die anderen Symbole: *Gruppierte Säulen* und *Gruppierte Balken*, bevor Sie schließlich den *Kreis* anklicken.

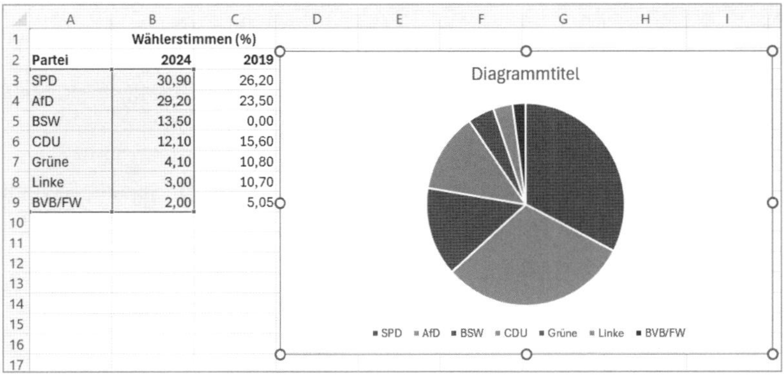

	A	B	C
1		Wählerstimmen (%)	
2	Partei	2024	2019
3	SPD	30,90	26,20
4	AfD	29,20	23,50
5	BSW	13,50	0,00
6	CDU	12,10	15,60
7	Grüne	4,10	10,80
8	Linke	3,00	10,70
9	BVB/FW	2,00	5,05

TIPP

Der lange, aber flexiblere Weg

Der lange Weg zum Kreisdiagramm führt über die Menüband-Registerkarte *Einfügen*. Wählen Sie dort in der Gruppe *Diagramme* das Kreisdiagramm aus. Nun klicken Sie zunächst auf den linken Kreis in der ersten Zeile des Katalogs. Sie können aus dem zweidimensionalen aber auch einen dreidimensionalen Kreis machen, indem Sie sich im Katalog für den *3D-Kreis* entscheiden.

Diagramme gestalten

Die von Excel erstellten Diagramme müssen Sie nicht so hinnehmen, wie das Programm sie auf Mausklick erzeugt. Fast alles daran lässt sich nachträglich verändern und an Ihre Vorstellungen anpassen. Bei Kreisdiagrammen etwa können Sie einzelne Kreissegmente herausziehen. Markieren Sie dazu ein Segment durch zweimaliges langsames Anklicken (kein Doppelklick!). Dann können Sie das so ausgewählte Segment mit gedrückter linker Maustaste ergreifen und aus dem Kreis ziehen.

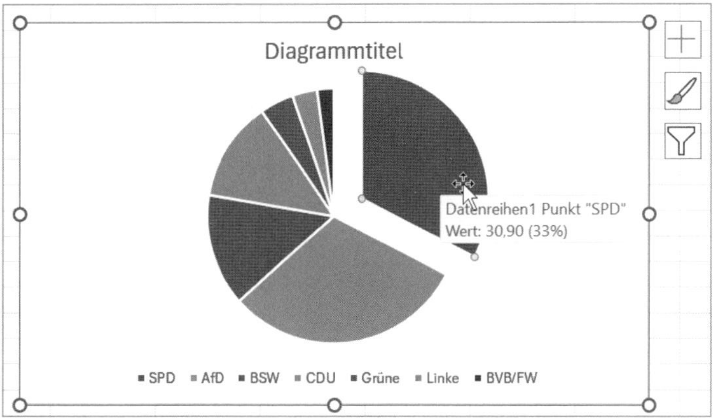

Im Beispieldiagramm hat jede Partei ihre eigene Farbe erhalten. Das hat natürlich den Nachteil, dass beim Ausdrucken auf einem Schwarz-Weiß-Drucker alles zu Grauschattierungen wird. Aber mit den Symbolen der Schnellanalyse können Sie das, wie das Wort schon sagt, schnell ändern. Spielen Sie einfach etwas mit diesen Schnellanalyse-Symbolen.

Sie können übrigens schnell von der 3D-Ansicht wieder auf einen 2D-Kreis wechseln. Dazu markieren Sie Ihre Kreisgrafik und wählen wieder im Menü *Einfügen* das Symbol für den Kreis. Dort klicken Sie einfach auf die gewünschte Ansicht.

Eigene Farben im Diagramm

Beim Benutzen des Kreisdiagramms fällt schnell auf, dass Excel die einzelnen Werte zwar automatisch in verschiedenen Farben darstellt, aber leider erhalten die Parteien nicht die Farbe, die ihnen normalerweise zugeordnet ist: Rot für die SPD, Schwarz für die Union, Grün für die Grünen usw. Hier müssen Sie also wieder selbst Hand anlegen.

1 Klicken Sie dazu den Kreis einmal kurz an. Nun ist der gesamte Kreis markiert. Sie möchten aber einer bestimmten Partei, etwa der SPD, eine andere Farbe zuordnen.

2 Klicken Sie deshalb nun auf das Segment mit dem Wert für die SPD.

3 Jetzt ist genau dieser eine Wert markiert. Nun klicken Sie mit der rechten Maustaste auf den Datenpunkt und wählen mit der linken Maustaste *Füllung.*

4 In der Kategorie *Füllung* können Sie Ihrer Kreativität jetzt freien Lauf lassen.

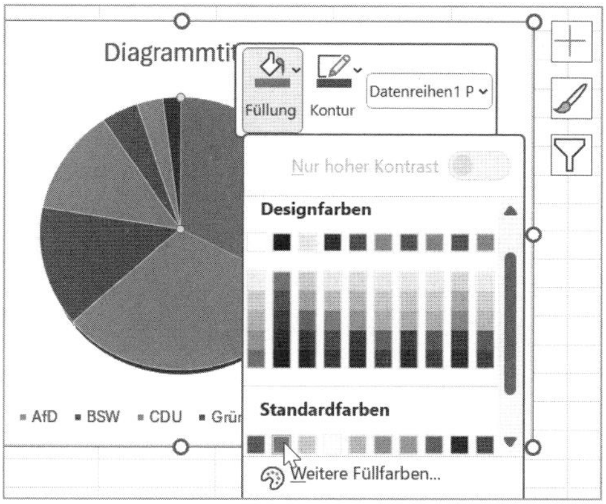

Möchten Sie den 3D-Kreis noch etwas drehen oder kippen? Kein Problem!

1 Klicken Sie mit der rechten Maustaste auf das Diagramm, und wählen Sie *3D-Drehung*.

2 Damit öffnen Sie rechts einen Seitenbereich. In der Kategorie *3D-Drehung* können Sie das Diagramm z. B. mehr in die y-Richtung kippen, indem Sie bei *Y:* zum Beispiel den Wert *30* eintragen, oder in x-Richtung drehen, indem Sie einen festen Winkel eintragen oder die Winkel mithilfe der kleinen Dreiecke hochzählen.

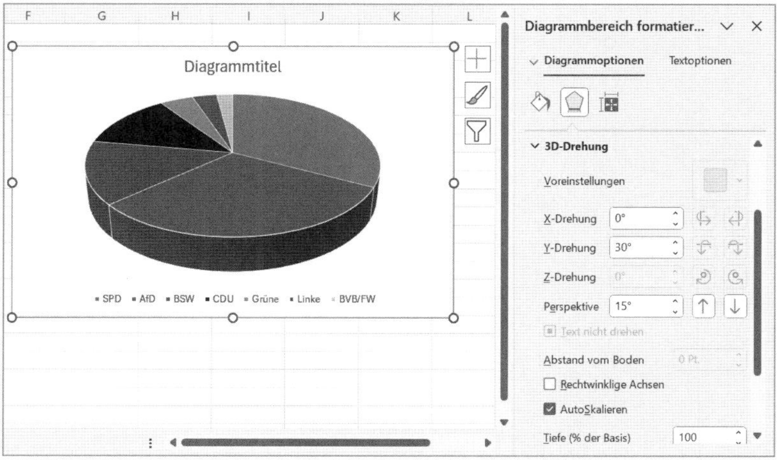

Gewinn-/Verlustrechung

Excel kann auch, wie an Wahlabenden so üblich, eine Gewinn-/Verlust-Grafik der Parteien erstellen:

1. Dazu wird die Wahl 2024 mit der von 2019 verglichen, und die Prozentzahlen werden in einer weiteren Spalte für jede Partei subtrahiert.
2. Markieren Sie diese neue Spalte und zugleich die, in denen die Parteinamen stehen (mit Strg).
3. Wählen Sie nun über das Menü *Einfügen* das Symbol für die Balkengrafik.

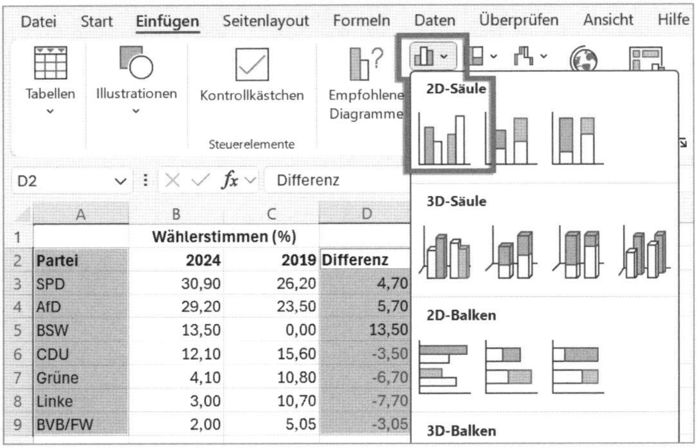

4. Zugegeben, das Ergebnis überzeugt noch nicht ganz:

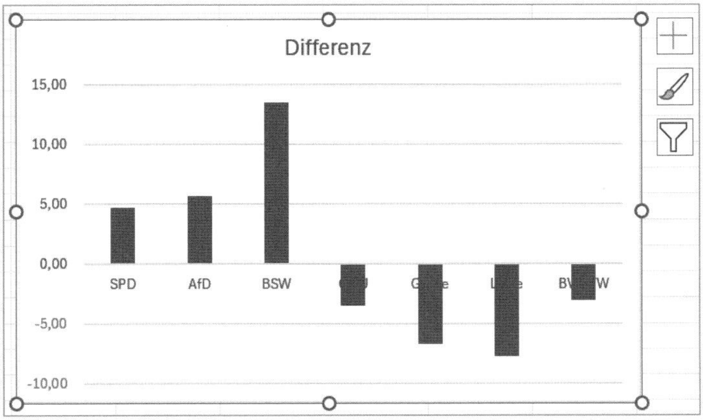

Zum einen stört, dass die Balken teilweise über den Parteinamen liegen, was die Lesbarkeit sehr einschränkt. Zum anderen wäre es auch gut, wenn die Nullpunktlinie kräftiger hervorgehoben würde.

5 Aber Excel wäre nicht Excel, wenn man das nicht ändern könnte. Machen Sie zunächst einen Doppelklick in Ihr Diagramm. Auf der rechten Seite erscheint nun eine große Fläche mit entsprechenden Kommandos.

6 Klicken Sie nun auf einen der Parteinamen. Damit markieren Sie alle Parteinamen oder, genauer, die x-Achse.

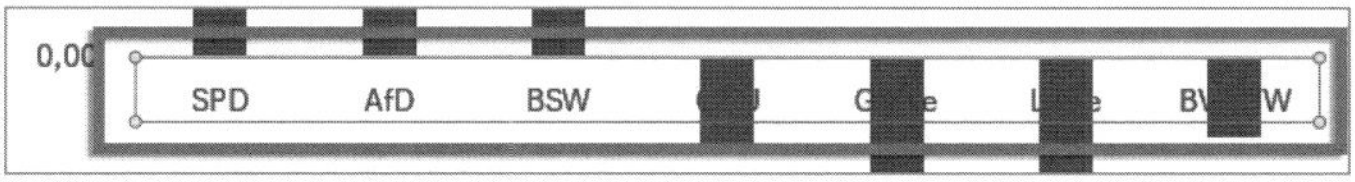

7 Nun können Sie auf der rechten Seite die umrandeten Einstellungen vornehmen, um die x-Achse kräftiger werden zu lassen.

Als Nächstes wählen Sie das Symbol *Achsenoptionen*, um die Beschriftung der Achse, also die Parteinamen, nach unten zu platzieren.

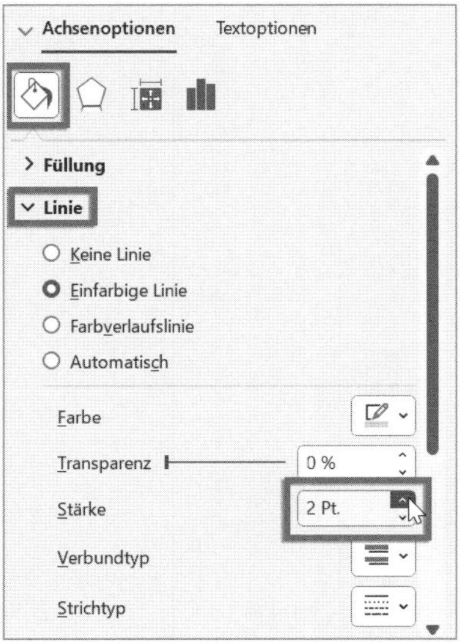

Nun sollte das Ganze sehr viel professioneller aussehen:

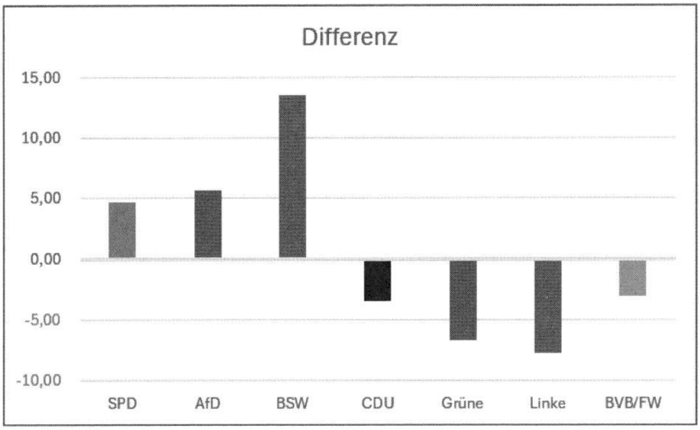

Schließlich möchten Sie sich vielleicht im Diagramm auch noch die einzelnen Werte anzeigen lassen. Am einfachsten geht das mithilfe von Schnelllayouts, die Sie auf der bei ausgewähltem Diagramm eingeblendeten Registerkarte *Diagrammentwurf* sehen. Bewegen Sie dort unter der Schaltfläche *Schnelllayout* den Mauszeiger auf ein Layout, um den Effekt direkt im Diagramm zu sehen.

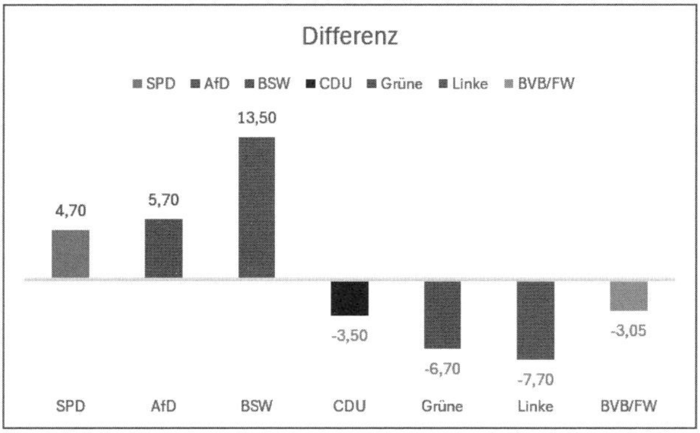

4.6 Pivot-Tabellen für komplexe Zusammenhänge

Pivot-Tabellen sind ein leistungsstarkes Werkzeug von Excel, das es ermöglicht, große Datenmengen zu analysieren und zusammenzufassen. Damit können Sie Daten reorganisieren und aggregieren, um Muster, Trends und Zusammenhänge leichter zu erkennen.

Konkret können Sie damit Folgendes tun:

- Daten nach verschiedenen Kriterien gruppieren und aggregieren, z. B. durch Summen, Durchschnitte oder Zählungen.
- Die Struktur der Pivot-Tabelle ändern, indem Sie Zeilen und Spalten anpassen, um verschiedene Perspektiven auf die Daten zu erhalten.
- Bestimmte Daten ausblenden oder nur relevante Informationen anzeigen.
- Daten klar und übersichtlich darstellen, um die Interpretation zu erleichtern.
- Interaktiv Berichte erstellen, die sich jederzeit aktualisieren lassen, wenn sich die zugrunde liegenden Daten ändern.

Damit sind Pivot-Tabellen ein nützliches Werkzeug für die Datenanalyse und -visualisierung in vielen geschäftlichen und wissenschaftlichen Anwendungsbereichen.

Pivot-Tabellen erstellen

Auch hier hilft ein konkretes Beispiel am besten, um die Möglichkeiten von Pivot-Tabellen zu veranschaulichen: Ihr Geschäft hat inzwischen vier Läden. Und zwar in Fürth, Frankfurt, Dresden und München. Vier spezielle Tees bieten Sie dort den Kunden an und haben die verkauften Jahresmengen in einer Excel-Tabelle zusammengefasst. Die Beispieltabelle enthält zur Vereinfachung nur eine Teesorte, aber das genügt, um Pivot-Tabellen erst einmal prinzipiell kennenzulernen.

	A	B	C	D
1	**Filiale**	**Teesorte**	**Verkauf (kg)**	**Quartal**
2	Fürth	Kamillentee	9,6	1
3	Frankfurt	Kamillentee	0,7	1
4	Dresden	Kamillentee	7,3	1
5	München	Kamillentee	2,6	1
6	Fürth	Kamillentee	6,4	2
7	Frankfurt	Kamillentee	3,2	2
8	Dresden	Kamillentee	4,6	2
9	München	Kamillentee	6,8	2
10	Fürth	Kamillentee	9,2	3
11	Frankfurt	Kamillentee	1,8	3
12	Dresden	Kamillentee	3,5	3
13	München	Kamillentee	3,9	3
14	Fürth	Kamillentee	2,8	4
15	Frankfurt	Kamillentee	3,1	4
16	Dresden	Kamillentee	5,5	4
17	München	Kamillentee	7,5	4
18				

Sie haben nun viele Fragen an Ihre Tabelle: Welche Filiale hat am meisten Tee verkauft, oder in welchem Quartal wurde am meisten Tee verkauft?

1 Als Erstes markieren Sie alle Werte der Tabelle, die Sie zu einer Pivot-Tabelle zusammenfassen möchten. In unserem Fall sind das die Zellen A1 bis D17. In manchen Fällen ist das Markieren nicht nötig. Haben Sie z. B. keine Leerzeilen in Ihrer Tabelle, genügt es, ein Feld der Tabelle anzuklicken, und Excel erkennt den Rest der Tabelle allein. Doch sobald eine Leerzeile in Ihrer Tabelle ist, wird Excel nur bis zu dieser Leerzeile die Werte zusammenfassen, deshalb empfehle ich, die Tabelle immer zu markieren. Das ist nie falsch.

2 Als Nächstes klicken Sie im Menüband in der Registerkarte *Einfügen* ganz links im Bereich *Tabellen* auf den oberen Teil der Schaltfläche *PivotTable*.

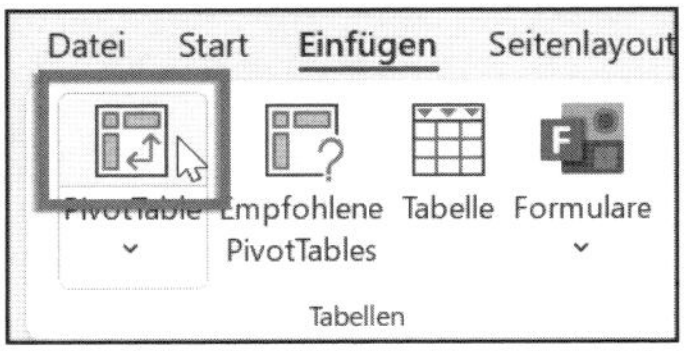

3 Im so geöffneten Dialog ist der markierte Bereich im Feld *Tabelle/Bereich* nun (hoffentlich) schon korrekt eingetragen. Andernfalls können Sie noch nachbessern oder auch eine externe Datenquelle verwenden.

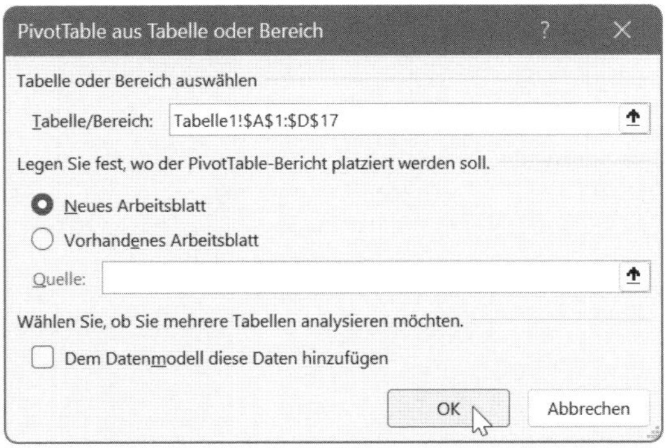

4 Weiterhin sollte die Pivot-Tabelle auf ein *Neues Arbeitsblatt*. Bestätigen Sie das Ganze mit einem Klick auf *OK*.

Excel fügt nun ein neues Tabellenblatt in Ihre Mappe ein. Auf der rechten Seite des neuen Tabellenblatts sehen Sie die Liste der Felder Ihrer Ausgangstabelle.

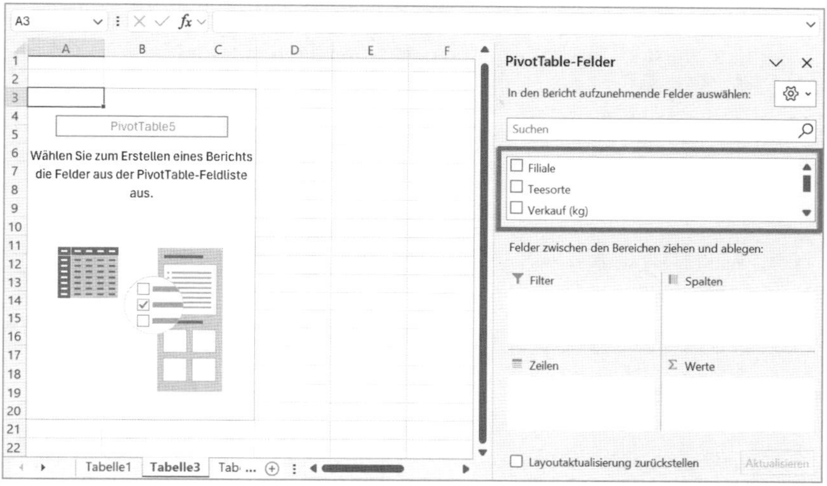

Zusammenfassungen definieren

Excel benutzt immer die erste Zeile des markierten Bereichs für die Überschriften. Sie sollten sich also angewöhnen, stets jede Spalte mit einer passenden Überschrift zu versehen. Im Seitenbereich erwartet Excel von Ihnen eine Aufteilung dieser Felder in Zeilen und Spalten, damit Excel die gewünschte Zusammenfassung erstellen kann.

1 Sie möchten vielleicht wissen, welche Filiale im Jahr am meisten Tee verkauft hat. Dazu setzen Sie zunächst das Häkchen vor *Filiale*. Excel fügt nun dieses Feld in den Bereich *Zeilen* ein und zeigt Ihnen schon mal die Filialen als Zeilen im Tabellenblatt.

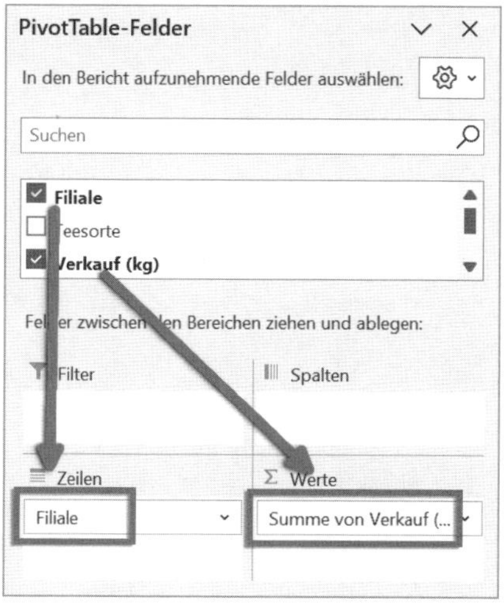

2 Die verkauften Kilogramm Tee (*Verkauf*) sollen nun pro Filiale zusammengefasst werden. Deshalb ziehen Sie dieses Feld mit der Maus in den Bereich *Werte*.

3 Und schon zeigt Ihnen Excel, welche Filialen wie viel Tee verkauft haben.

	A	B	C
1			
2			
3	**Zeilenbeschriftungen**	**Summe von Verkauf (kg)**	
4	Dresden	20,9	
5	Frankfurt	8,8	
6	Fürth	28	
7	München	20,8	
8	**Gesamtergebnis**	**78,5**	
9			
10			

Wenn die Tabelle nun auf verschiedene Teesorten erweitert wird, lässt sich auch die Zusammenfassung erweitern, um die verschiedenen Sorten zu berücksichtigen.

Hierzu setzen Sie im Seitenbereich zusätzlich ein Häkchen bei *Teesorte*. So bekommen Sie die Menge der verschiedenen Teesorten jeder einzelnen Filiale zugeordnet.

Das erhalten Sie ...

	A	B
1		
2		
3	**Zeilenbeschriftungen**	**Summe von Verkauf (kg)**
4	**Dresden**	**83,6**
5	Jasmintee	54,4
6	Pfefferminztee	29,2
7	**Frankfurt**	**35,2**
8	Entspannung pur	32,4
9	Jasmintee	2,8
10	**Fürth**	**112**
11	Jasmintee	38,4
12	Kamillentee	48
13	Pfefferminztee	25,6
14	**München**	**83,2**
15	Entspannung pur	30
16	Jasmintee	10,4
17	Pfefferminztee	42,8
18	**Gesamtergebnis**	**314**
19		

... bei diesen Einstellungen

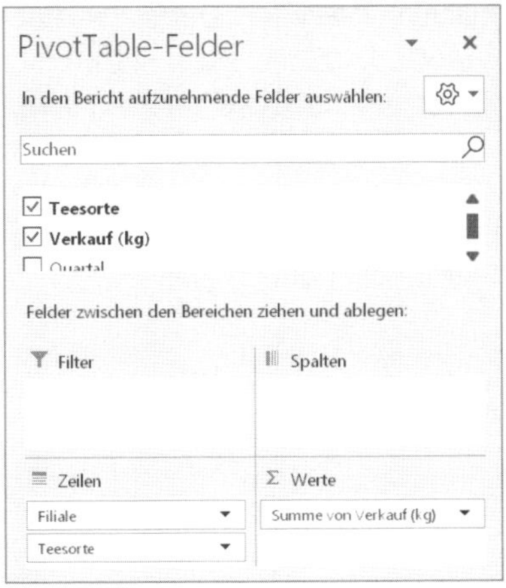

Möchten Sie nun vielleicht die Werte so zusammengefasst haben, dass die Teesorten als Spaltenüberschriften fungieren? Kein Problem! Ziehen Sie die Teesorten im Seitenbereich in den Bereich *Spalten*.

Das Ergebnis der Einstellungen würde so aussehen wie die Abbildung unten.

	A	B	C	D	E	F
1						
2						
3	**Summe von Verkauf (kg)**	**Spaltenbeschriftungen**				
4	**Zeilenbeschriftungen**	**Entspannung pur**	**Jasmintee**	**Kamillentee**	**Pfefferminztee**	**Gesamtergebnis**
5	Dresden		54,4		29,2	83,6
6	Frankfurt	32,4	2,8			35,2
7	Fürth		38,4	48	25,6	112
8	München	30	10,4		42,8	83,2
9	**Gesamtergebnis**	**62,4**	**106**	**48**	**97,6**	**314**
10						

TIPP

Feldplatzierungen in Pivot-Tabellen
Sie können die Felder über die entsprechenden Häkchen im Dialog in den richtigen Bereich setzen, Sie können das aber auch über das Ziehen der Felder machen. Ich persönlich finde das Ziehen nachvollziehbarer, denn dann weiß man sofort, was man erreicht hat.

Werte zählen statt addieren

Im Bereich *Werte* stehen die Elemente, die zusammengefasst werden sollen. Meist werden dort Summen gebildet. Nun kann es aber sein, dass Sie statt einer Summe einen anderen Wert bilden möchten, etwa die Anzahl der Verkäufe.

1 Klicken Sie dazu im Bereich *Werte* auf *Summe von Verkauf (kg)*.

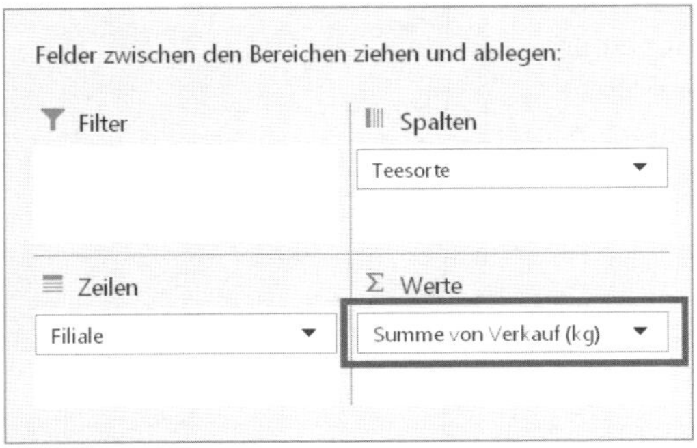

2 Dadurch klappen Sie ein Menü auf, in dem Sie ganz unten *Wertfeldeinstellungen* anklicken.

3 Im so geöffneten Dialog brauchen Sie nur noch *Anzahl* auszuwählen und auf *OK* zu klicken.

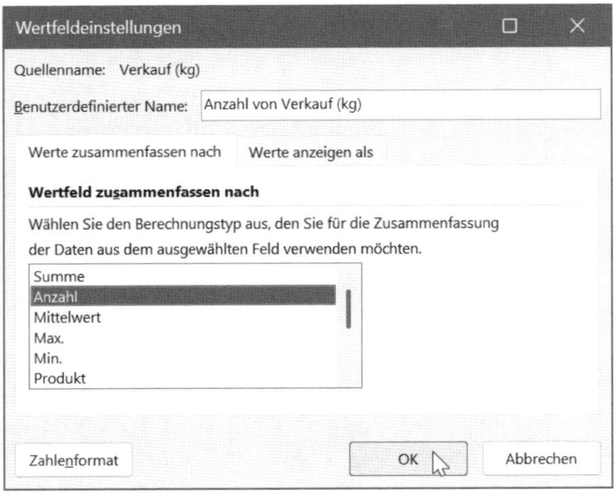

Schon sehen Sie statt der Mengensumme die Anzahl der Werte. Und vielleicht ist Ihnen im *Wertfeldeinstellungen*-Dialog auch schon aufgefallen, dass Ihnen hier noch weitere Berechnungstypen zur Verfügung stehen, etwa Mittelwert, Minimum und Maximum oder Varianz bzw. Standardabweichung.

Ebenso können Sie nachträglich die Inhalte der drei Bereiche beliebig miteinander vertauschen. Excel wird sofort eine neue Zusammenfassung erstellen. Daran kann man auch gut sehen, woher der Name Pivot-Tabelle kommt und was das eigentlich zu bedeuten hat. Das Wort »Pivot« entstammt dem englischen »Pivot« und bedeutet »Dreh- und Angelpunkt«. Um einen Pivot-Punkt dreht sich also alles, genau wie um die Feldelemente in einer Pivot-Tabelle, um die herum sich die Werte beliebig anordnen lassen.

Prozentzahlen ergänzen

Möchten Sie nun noch wissen, wie viel Prozent der Gesamtmenge auf die einzelnen Sorten entfallen sind? Mit Pivot sind Erkenntnisse wie »die Filiale Frankfurt hat wieder nur 0,7 kg Jasmintee verkauft« schnell gewonnen.

1 Klicken Sie auf ein Feld Ihrer Pivot-Tabelle und ziehen Sie dann das Feld *Verkauf* ein zweites Mal in den *Werte*-Bereich (das können Sie so oft tun, wie Sie wollen).

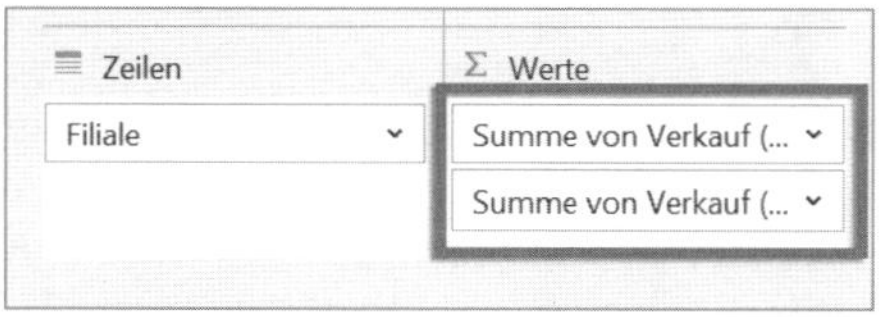

2 Als Nächstes klicken Sie mit der rechten Maustaste auf eines der Felder, in denen Sie die Prozentzahlen berechnet haben möchten, und wählen im Kontextmenü wiederum die *Wertfeldeinstellungen*.

3 In diesem Dialog wechseln Sie zur Registerkarte *Werte anzeigen als* und klappen dort das Auswahlfeld in der Mitte aus. Dort haben Sie das, was Sie suchen: *% des Gesamtergebnisses*.

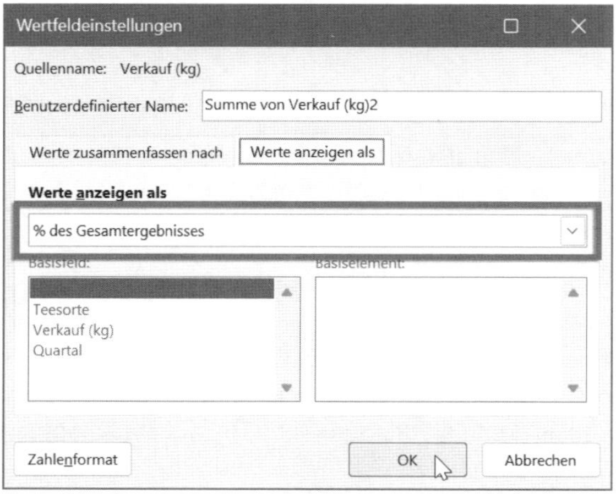

Und schon haben Sie die verkauften Mengen auch in den entsprechenden Prozentzahlen. Sie brauchen nur noch die Überschrift nach Wunsch anzupassen und zu formatieren.

	A	B	C
1			
2			
3	**Zeilenbeschriftungen**	**Summe von Verkauf (kg)**	**Summe von Verkauf (kg)2**
4	Entspannung pur	62,4	19,87%
5	Jasmintee	106	33,76%
6	Kamillentee	48	15,29%
7	Pfefferminztee	97,6	31,08%
8	**Gesamtergebnis**	**314**	**100,00%**
9			

Pivot-Tabellen aktualisieren

Das Interessante an Pivot-Tabellen ist auch, dass an der ursprünglich zugrunde liegenden Tabelle nichts verändert wird. So können Sie dort jederzeit Werte verändern und ergänzen. Excel wird diese neuen Werte in der Pivot-Tabelle neu zusammenfassen.

Beispielsweise wurden in der Filiale Frankfurt vom Jasmintee nicht 0,7 kg verkauft, sondern 70 kg. Diesen Wert ändern Sie jetzt ...

C3 fx 70

	A	B	C	D
1	**Filiale**	**Teesorte**	**Verkauf (kg)**	**Quartal**
2	Fürth	Jasmintee	9,6	1
3	Frankfurt	Jasmintee	70	1
4	Dresden	Pfefferminztee	7,3	1
5	München	Jasmintee	2,6	1

... und sehen mit Erstaunen, dass sich die Pivot-Tabelle nicht geändert hat. Es findet also anscheinend keine automatische Neuberechnung statt, wie es sonst bei Excel-Tabellen eigentlich üblich ist.

Das ist so gewollt, denn das Erstellen einer Pivot-Tabelle mit sehr großen und unübersichtlichen Tabellen kann durchaus einige Zeit beanspruchen. Wenn nun aber nach jedem neuen Eintrag automatisch eine erneute Berechnung stattfinden würde, würden Pivot-Tabellen Excel spürbar ausbremsen. Deshalb wird erst dann eine Aktualisierung stattfinden, wenn Sie auf ein entsprechendes Symbol klicken.

1 Ändern Sie also erst einmal alle Werte.

2 Wechseln Sie dann zur erstellten Pivot-Tabelle und klicken Sie dort in ein beliebiges Feld dieser Tabelle.

3 Dadurch wird oben im Menüband automatisch der Reiter *PivotTable-Analyse* eingeblendet.

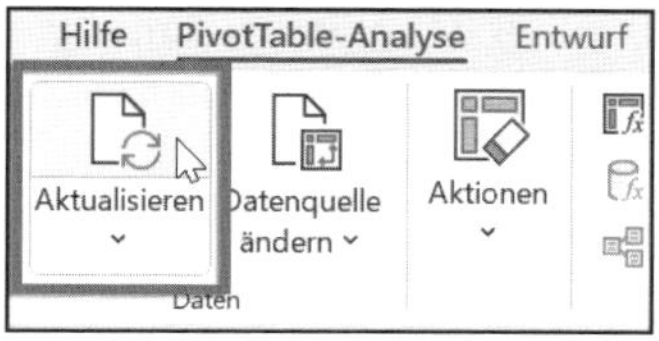

4 Öffnen Sie diese Registerkarte und klicken Sie im Bereich *Daten* auf *Aktualisieren*. Schon haben Sie die Auswertung mit den aktualisierten Werten.

Pivot-Tabellen gestalten

Ihre Pivot-Tabelle ist bisher gänzlich unformatiert. Sie können sie aber jederzeit mit den bereits bekannten Elementen formatieren. Im bereits kennengelernten Dialog *Wertfeldeinstellungen* können Sie den Zahlen der Pivot-Tabelle Formate zuordnen. Durch einen Klick auf die Schaltfläche *Zahlenformat* unten links kommen Sie in den schon bekannten Dialog zum Formatieren von Zellen.

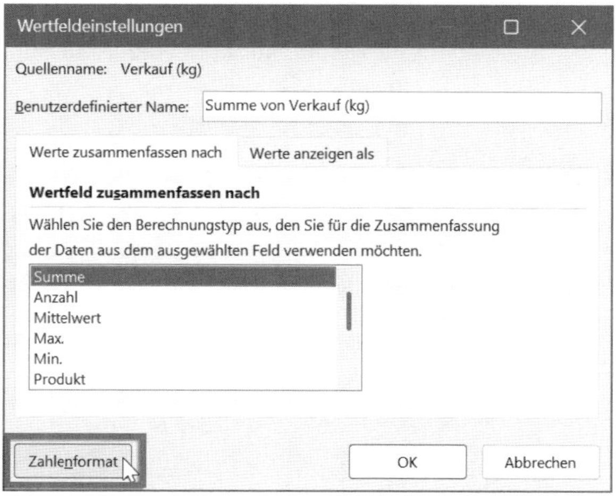

Eine Nebenwirkung von Pivot-Tabellen soll nicht verschwiegen werden: Je mehr Werte erfasst werden müssen und je komplexer Ihre Fragestellung ist, desto länger kann das Berechnen der Pivot-Tabelle dauern. Beim Basteln an den Feldern der Pivot-Tabelle kann es deshalb lästig sein, wenn Excel nach jedem Austausch der Felder alles neu berechnet.

Aus diesem Grund gibt es in der Pivot-Tabellen-Feldliste ganz unten ein Symbol, mit dem Sie Excel veranlassen, erst einmal das Layout nicht neu zu erstellen: Durch Klick auf *Layoutaktualisierung zurückstellen* wird Excel so lange mit der Neuberechnung warten, bis Sie mit dem Verschieben der Felder fertig sind und auf das Symbol *Aktualisieren* rechts davon klicken. Dieses Aktualisieren bezieht sich allerdings nur auf das Layout, nicht auf die Werte in der Tabelle.

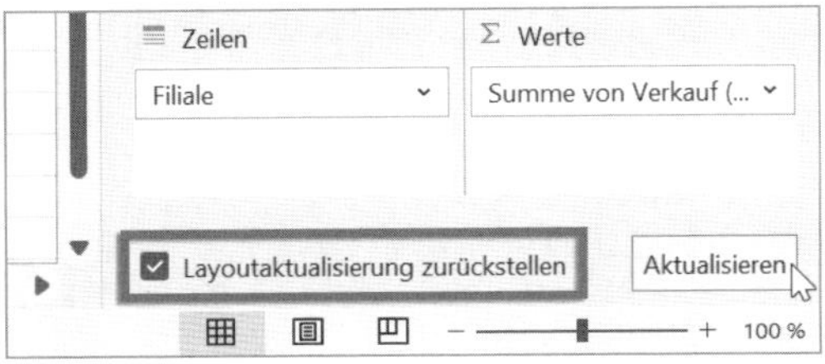

4.7 Tabellen drucken

Ein Diagramm oder eine Tabelle muss sicherlich gelegentlich auch mal ausgedruckt werden. Mit Unterstützung von Excel können Sie aber auf Maßnahmen wie Probeausdrucke weitgehend verzichten und zunächst einmal am Bildschirm sehen, wie Ihre Tabelle oder Ihr Diagramm dann später auf dem Papier aussehen wird.

Das Layout kontrollieren

Die *Seitenlayout*-Ansicht zeigt Ihnen Ihre Excel-Tabelle oder Ihr Diagramm, wie es dann wirklich auf Ihrem Papier aussehen wird. Um diese Ansicht aufzurufen, wählen Sie im Menüband die Registerkarte *Ansicht* und dann die Schaltfläche *Seitenlayout* (nicht verwechseln mit der verwirrenderweise gleich benannten Menüband-Registerkarte).

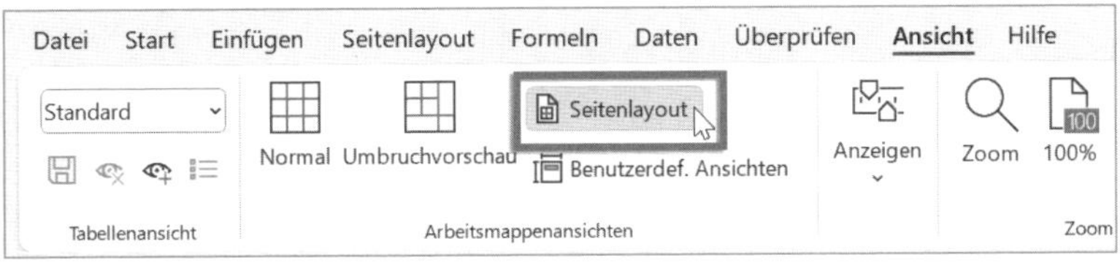

Und schon sehen Sie Ihre Tabelle, wie sie auf einer ausgedruckten Seite dargestellt werden würde, allerdings mit den beim Ausdruck standardmäßig unsichtbaren Gitternetzlinien.

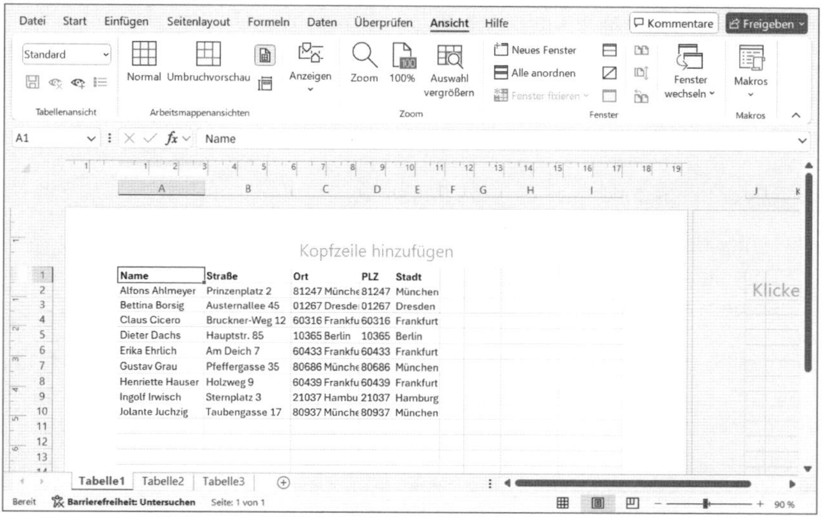

Um zur Druckansicht zu gelangen und schließlich den Ausdruck zu starten, wählen Sie *Datei* und dann *Drucken*. Um die Menüpunkte auf der linken Seite der Druckansicht soll es etwas später in diesem Abschnitt noch ausführlich gehen.

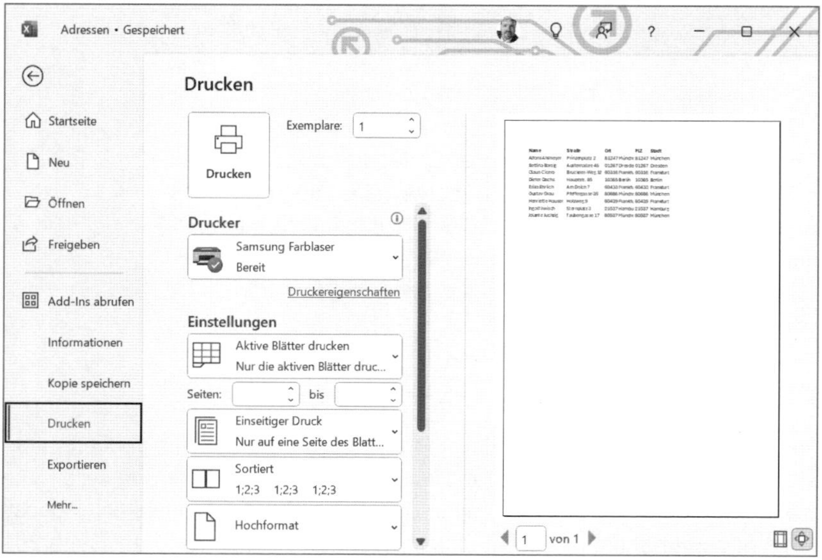

Wenn Ihre Tabelle sehr umfangreich ist, also mehrere Seiten umfasst, gelangen Sie mit dem Rädchen an Ihrer Maus oder mit den beiden Tasten Bild↑/Bild↓ auf der Tastatur zur entsprechenden Seite und zurück.

Ganz rechts unten finden Sie zwei wichtige Symbole:

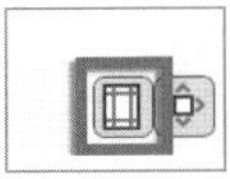

- Mit dem linken können Sie die *Seitenränder anzeigen.*
- Hinter der rechten Schaltfläche verbirgt sich eine Zoom-Funktion, mit der Sie den angezeigten Ausschnitt vergrößern und so besser erkennen können.

Wenn sich beispielsweise nur noch eine einzige Spalte auf der zweiten Seite befindet, können Sie versuchen, die anderen Spalten oder Seitenränder so zu verändern, dass diese eine Spalte doch noch auf die Seite passt. Blenden Sie dazu die Ränder mit der linken Schaltfläche ein und bewegen Sie einen der dunklen Spaltenbegrenzer mit der Maus an die gewünschte Position. So können Sie beispielsweise Spalten verkleinern. Sobald eine weitere Spalte auf diese Seite passt, wird Excel sie automatisch dorthin schieben.

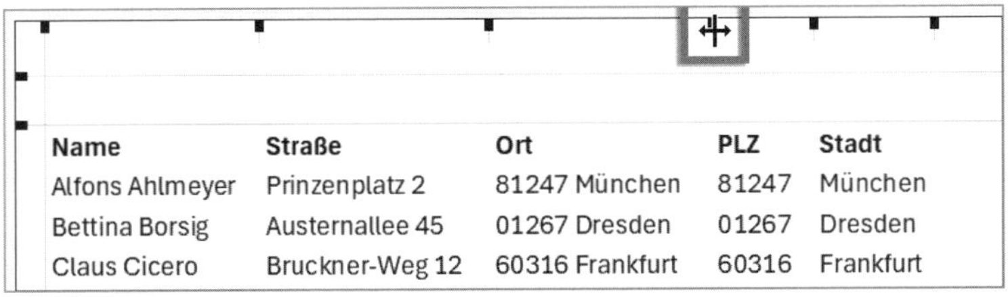

Name	Straße	Ort	PLZ	Stadt
Alfons Ahlmeyer	Prinzenplatz 2	81247 München	81247	München
Bettina Borsig	Austernallee 45	01267 Dresden	01267	Dresden
Claus Cicero	Bruckner-Weg 12	60316 Frankfurt	60316	Frankfurt

So können Sie nachträglich in der Seitenansicht die Spalten Ihrer Tabelle noch verändern. Beachten Sie aber, dass sich diese Veränderung nicht nur auf die Druckansicht auswirkt, sondern dauerhaft auf die Tabelle selbst. Zurück zur Bearbeitung der Tabelle gelangen Sie jederzeit mit dem Pfeil links oberhalb der Menü-Seitenleiste.

Den Druck steuern

Im Druck-Menü stehen Ihnen einige Optionen zur Auswahl, mit denen Sie flexibel steuern können, wie Ihre Tabellen zu Papier gebracht werden sollen. Die meisten der Einstellungen entsprechen denen der Word-Druckfunktion, sodass ich hier nicht nochmals darauf eingehe, sondern stattdessen auf Seite 251 verweise.

Hinter dem Link *Seite einrichten* ganz unten rechts verbergen sich allerdings einige speziell für Excel interessante Einstellungsmöglichkeiten.

Klicken Sie darauf, öffnet sich der folgende Dialog:

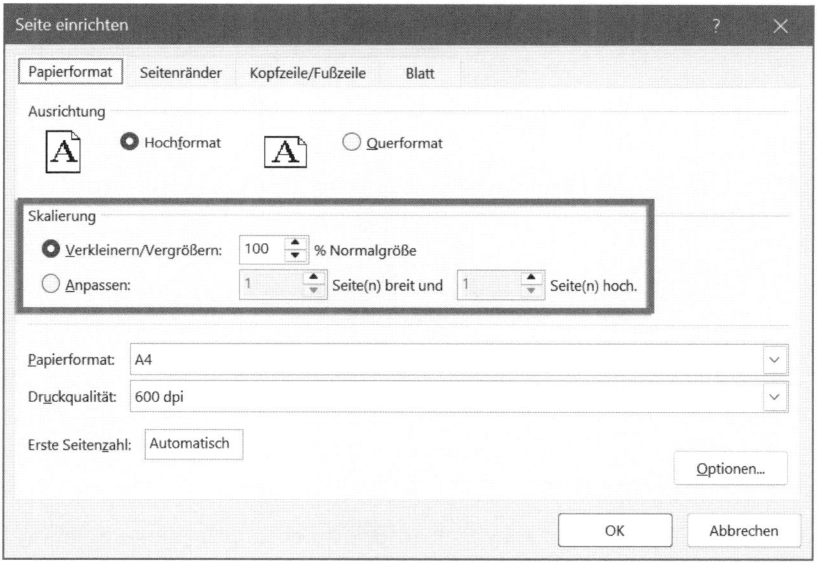

Papierformat und Tabellengröße

Zu Hoch- und Querformat muss wohl nichts mehr gesagt werden. Interessant ist aber im mittleren Bereich die *Skalierung*.

- Hier können Sie eine Tabelle prozentual *Verkleinern/Vergrößern*. Damit skalieren Sie die gesamte Tabelle einschließlich des Schriftgrads. Dadurch kann es recht einfach gelingen, eine Zeile oder Spalte, die sonst eine zweite Seite erfordern würde, noch auf die erste Seite zu »quetschen«.
- Auch das *Anpassen* an eine bestimmte Anzahl von Seiten kann bei umfangreichen Tabellen hilfreich sein. Damit gelingt es durchaus, eine riesige Tabelle auf nur eine Seite zu komprimieren. Allerdings werden die Inhalte dabei entsprechend verkleinert, sodass das Ergebnis im Extremfall vielleicht nur mit Lupe zu entziffern ist.

Seitenränder anpassen

Auch die Registerkarte *Seitenränder* ist annährend selbsterklärend. Hier können Sie die Seitenränder durch konkrete Zahlen verändern und müssen nicht ungenau schieben. Auch können Sie Ihre Tabelle auf der auszudruckenden Seite horizontal oder vertikal zentrieren.

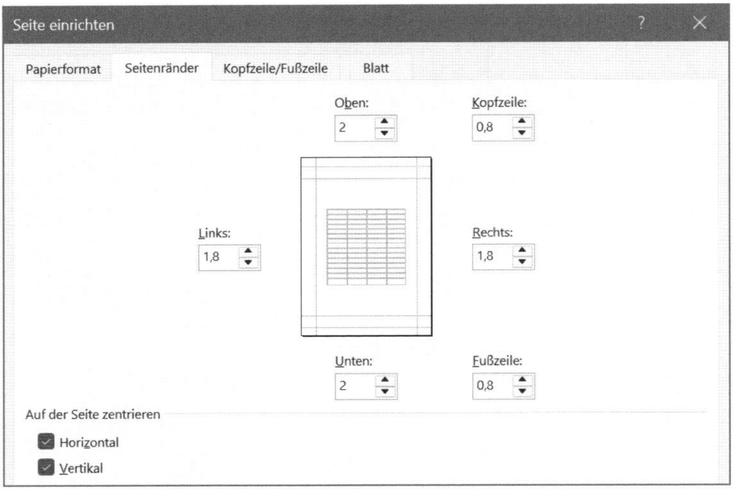

Kopf- und Fußzeilen

Bei großen Tabellen werden beim Ausdruck in der Regel mehrere Seiten benötigt. Damit aber jederzeit ein eindeutiger Bezug zur entsprechenden Tabelle hergestellt werden kann, können Sie die einzelnen Seiten nicht nur mit einer Seitennummerierung, sondern auch mit einer Kopf- oder Fußzeile versehen. Ich gehe hier nur auf Kopfzeilen ein, da die Fußzeilen analog funktionieren.

1 Öffnen Sie im Dialog *Seite einrichten* die Rubrik *Kopfzeile/Fußzeile*.

2 Klicken Sie dort in der Mitte auf die Schaltfläche *Benutzerdefinierte Kopfzeile*.

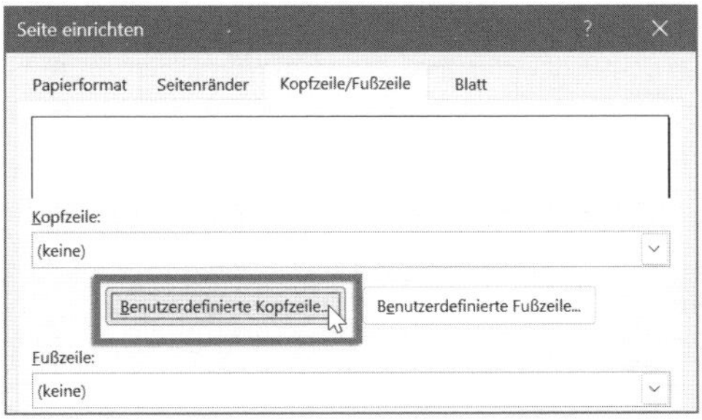

3 Damit öffnen Sie einen weiteren Dialog mit vielen Symbolen und drei Eingabebereichen: *Linker Abschnitt*, *Mittlerer Abschnitt* und *Rechter Abschnitt* werden bei Word mit *Linksbündig*, *Zentriert* und *Rechtsbündig* bezeichnet. Klicken Sie in den Bereich, in dem die Information in der Kopfzeile stehen soll.

4 In jeden der Bereiche können Sie Text und mithilfe der Symbole darüber dynamische Informationen wie etwa Seitennummern, das Datum oder den Dateinamen einfügen. Die einzelnen Symbole und ihre Bedeutung sind in der folgenden Tabelle zusammengefasst.

Symbol	Funktion	Bemerkungen
A		Damit formatieren Sie die Inhalte der Kopf- und Fußzeilen.
	&[Seite]	Damit fügen Sie die Seitennummerierung für Ihre Tabelle ein. Excel wird nun bei Tabellen die einzelnen Seiten beim Ausdruck nummerieren.
	&[Seiten]	Gibt beim Ausdrucken die Gesamtzahl aller Seiten Ihrer Tabelle an.
 	&[Datum] &[Zeit]	Damit erhalten Sie beim Ausdrucken das aktuelle Datum bzw. die aktuelle Uhrzeit. Denken Sie daran, es ist das aktuelle Datum bzw. die aktuelle Uhrzeit und nicht das Datum oder die Uhrzeit, an dem bzw. zu der die Tabelle erstellt wurde.
	&[Pfad]&[Datei]	Mit dem Befehl *Dateipfad* fügen Sie in Ihre Kopf- oder Fußzeile den Pfad ein, der zeigt, wo auf der Festplatte sich diese Excel-Mappe befindet. Gleichzeitig wird auch der Dateiname mit eingefügt.
	&[Datei]	Mit *Dateiname* wird nur der Dateiname eingefügt, nicht aber der Pfad. Der Dateiname ist der Name der Excel-Mappe.
	&[Register]	Damit wird der Name der Tabelle eingefügt.
	&[Grafik]	Mit diesem Symbol können Sie von Ihrer Festplatte oder aus dem Internet Bilder in die Kopfzeile von Excel einfügen.
	Grafik formatieren	Damit können Sie die eingefügte Grafik bezüglich Größe oder Helligkeit noch formatieren.

5 Mit den beiden Symbolen *&[Seite]* und *&[Seiten]* können Sie beispielsweise etwas wie *Seite 3 von 12* anzeigen lassen, auf der nächsten Seite *Seite 4 von 12* usw. Geben Sie dazu in einen Bereich die in der Abbildung gezeigte Zeile ein. Dazu klicken Sie für *&[Seite]* auf das entsprechende Symbol darüber, ebenso bei der Funktion *&[Seiten]*. Alles andere ist normaler Text.

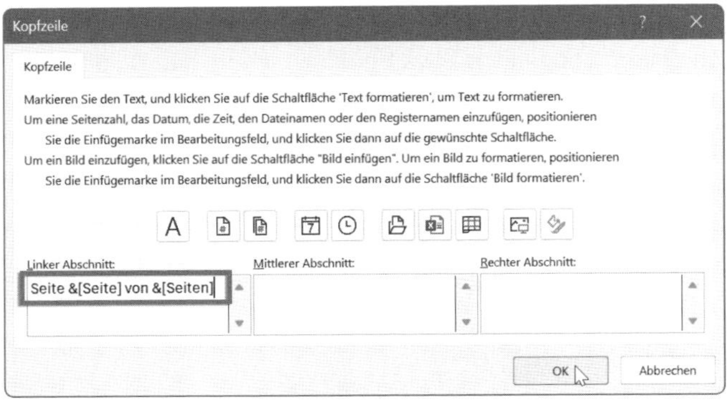

6 Haben Sie alles eingegeben, klicken Sie zweimal auf *OK*, um die Wirkung zu sehen.

> **TIPP**
>
> **Die Grafik ist nicht in der Normalansicht zu sehen**
> Wenn Sie zur Normalansicht wechseln, werden Sie eine eingebundene Grafik nicht mehr am Bildschirm sehen, da Kopf- und Fußzeilen nur in der Seitenlayoutansicht bzw. Druckansicht angezeigt werden. Beim Ausdrucken werden sie mit ausgedruckt, auch wenn sie in der Normalansicht nicht zu sehen sind.

Spezielle Druckoptionen für Tabellenblätter

In der Rubrik *Blatt* des Dialogs *Seite einrichten* finden Sie eine Reihe von Optionen speziell für das Ausdrucken von Tabellenblättern, von denen ich die wichtigsten hier kurz erläutern möchte:

- Standardmäßig druckt Excel Tabellen ohne Linien zwischen den Spalten und Zeilen aus. Wenn Sie solche Linien bevorzugen, setzen Sie das Häkchen bei *Gitternetzlinien*.
- Wenn Sie einen Farbdrucker verwenden, können Sie mit der Option *Schwarzweißdruck* Farbe sparen. Auch bei virtuellen Druckern erreichen Sie damit eine monochrome Ausgabe Ihrer Tabelle. Wenn Sie hingegen einen Schwarz-Weiß-Drucker nutzen, ist diese Option bedeutungslos.

- Mit der Option *Entwurfsqualität* drucken Sie schneller und mit weniger Materialverbrauch. Gerade bei umfangreichen Tabellen birgt das erhebliches Sparpotenzial, wenn es nicht auf letzte Feinheiten ankommt.
- Es ist umständlich, in einer ausgedruckten Tabelle beispielsweise auf die Zelle E6 zu verweisen. Um sie zu finden, müsste man zählen. Lassen Sie deshalb die *Zeilen- und Spaltenüberschriften* mit ausdrucken, um sich auf konkrete Angaben beziehen zu können.

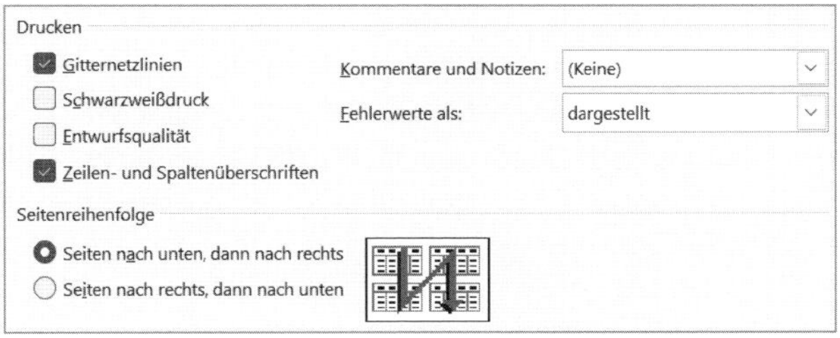

- Wenn Ihr Dokument *Kommentare und Notizen* enthält, können Sie mit dieser Auswahl entscheiden, ob und wo diese mit ausgedruckt werden sollen.
- Sollten in der Tabelle beim Ausdruck Felder mit Fehlern vorhanden sein, können Sie bei *Fehlerwerte als* eine einheitliche Ausgabe dieser Felder steuern.
- Wenn Ihre Tabelle mehrere Druckseiten umfasst, legen Sie im Abschnitt *Seitenreihenfolge* die Sortierung nach Ihren Vorlieben oder praktischen Erwägungen fest.

Name	Straße	Ort	PLZ	Stadt
Anton Adams	Prinzregentenplatz 8	81675 München	81675	München
Gisela Beck	Münchhausenstraße 13	81247 München	81247	München
Dieter Bielefelder	Windmühlenstr. 78	01257 Dresden	01257	Dresden
Günther Braun	Luisenplatz 66	60316 Frankfurt	60316	Frankfurt
Franz Clemens	Weiße Taube 7	10365 Berlin	10365	Berlin
Klaus-Peter Ehrmann	Langheckenweg 66	60433 Frankfurt	60433	Frankfurt
Emilie Emmermann	Tatenberger Deich 112	21037 Hamburg	21037	Hamburg
Renate Federweiß	Dohlenweg 6	80937 München	80937	München
Reginald Fischbeck	Nördlinger Str. 56	80686 München	80686	München
Walter Flamme	Dillgasse 26	60439 Frankfurt	60439	Frankfurt

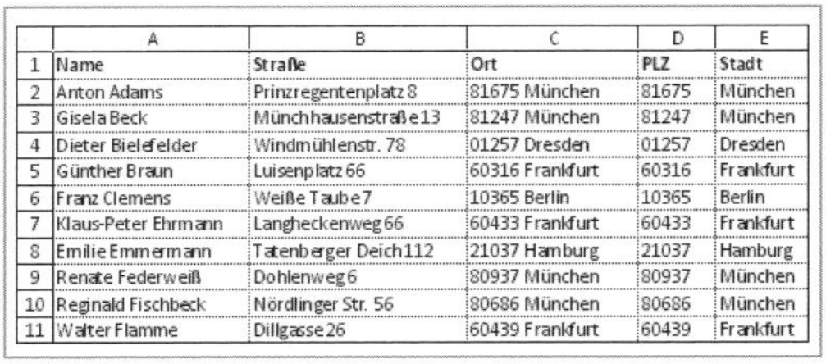

	A	B	C	D	E
1	Name	Straße	Ort	PLZ	Stadt
2	Anton Adams	Prinzregentenplatz 8	81675 München	81675	München
3	Gisela Beck	Münchhausenstraße 13	81247 München	81247	München
4	Dieter Bielefelder	Windmühlenstr. 78	01257 Dresden	01257	Dresden
5	Günther Braun	Luisenplatz 66	60316 Frankfurt	60316	Frankfurt
6	Franz Clemens	Weiße Taube 7	10365 Berlin	10365	Berlin
7	Klaus-Peter Ehrmann	Langheckenweg 66	60433 Frankfurt	60433	Frankfurt
8	Emilie Emmermann	Tatenberger Deich 112	21037 Hamburg	21037	Hamburg
9	Renate Federweiß	Dohlenweg 6	80937 München	80937	München
10	Reginald Fischbeck	Nördlinger Str. 56	80686 München	80686	München
11	Walter Flamme	Dillgasse 26	60439 Frankfurt	60439	Frankfurt

Oben ohne Gitternetzlinien, Zeilen- und Spaltenüberschriften, unten mit

Was soll gedruckt werden?

Zum Aufrufen der Druckansicht und zum anschließenden Ausdrucken einer Tabelle wählen Sie, wie Sie bereits wissen, *Datei* und dann *Drucken*. Excel wird Ihnen nun eine endgültige Seitenvorschau liefern.

Hier können Sie auch wählen, was genau gedruckt werden soll. Dafür ist bei den Einstellungen das oberste Feld zuständig. Dabei wird unterschieden zwischen dem Inhalt der Tabelle und den gedruckten Seiten:

- Mit der oberen Einstellung wählen Sie, was von der Tabelle Sie drucken möchten. Hier können Sie entscheiden, ob Sie nur die aktiven Tabellen oder die gesamte Mappe ausdrucken wollen. Wenn Sie hier nichts ändern, druckt Excel nur die Tabelle, die Sie gerade bearbeiten. Daraus ergeben sich eine oder mehrere Druckseiten.

- Bei der unteren Einstellung geben Sie an, welche dieser Druckseiten dann auch tatsächlich zu Papier gebracht werden sollen.

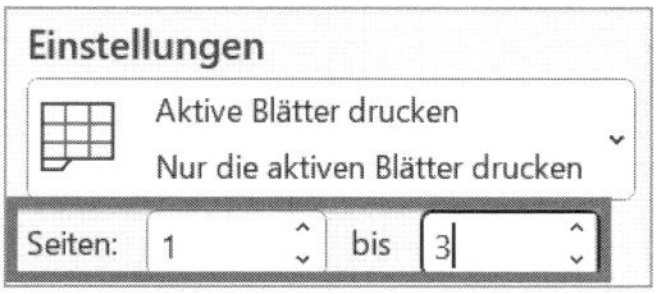

Diese Unterteilung erlaubt maximale Flexibilität und bietet oftmals verschiedene Möglichkeiten, um zum gewünschten Ziel zu gelangen. So können Sie oben die gesamte Arbeitsmappe auswählen, davon dann aber nur die erste Seite drucken lassen. Oder Sie wählen von vornherein nur den Teil eines Blattes aus, der dann ohnehin auf eine Seite passt (siehe dazu auch den nachfolgenden Abschnitt).

Mit Druckbereichen nur das Wesentliche drucken

Nicht immer möchte man eine Tabelle in voller Größe ausdrucken. Manchmal kommt es vielleicht nur auf einige wesentliche Daten an. Oder ein Tabellenblatt enthält zur Berechnung von Formeln Hilfsspalten, die beim Ausdruck verborgen bleiben sollen. Excel bietet je nach der Situation verschiedene Möglichkeiten, das zu erreichen.

Nur ausgewählte Bereiche drucken

Wenn Sie einmalig nur einen bestimmten Ausschnitt einer Tabelle benötigen oder wenn sich dieser Ausschnitt regelmäßig ändert, können Sie sich am besten mit einer Auswahl behelfen.

1 Markieren Sie dazu jeweils die Zellen in Ihrer Tabelle, die Sie drucken möchten.

2 Wählen Sie dann den Reiter *Datei* und klicken Sie auf *Drucken.*

3 Sie sehen rechts in der Vorschau zunächst die gesamte aktive Tabelle. Links im Abschnitt *Einstellungen* steht bei der obersten Option standardmäßig *Aktive Blätter drucken.*

4 Klappen Sie diese Einstellung auf und wählen Sie hier stattdessen *Auswahl drucken.*

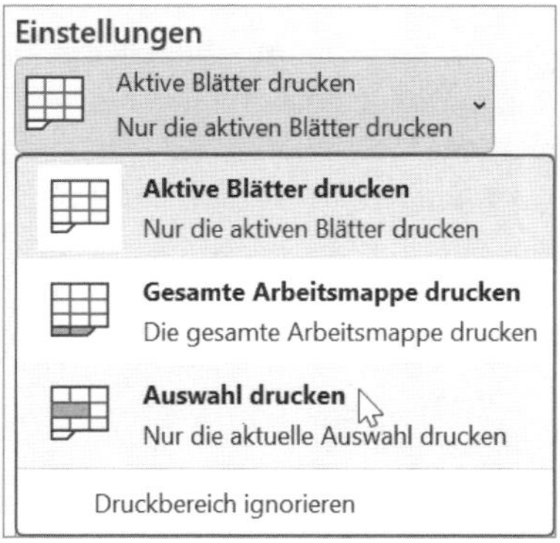

5 Damit teilen Sie Excel mit, dass Sie nur den markierten Teil Ihrer Tabelle drucken möchten. Das Ergebnis sehen Sie direkt rechts in der Vorschau.

6 Wenn Sie nun auf *Drucken* klicken, wird nur dieser Bereich ausgegeben.

Den Druckbereich einer Tabelle dauerhaft festlegen

Aufwendige Tabellen enthalten neben dem »offiziellen« Teil oftmals Hilfsberechnungen, Referenzlisten und andere Angaben, die beim Drucken keinesfalls mit ausgegeben werden sollen. In solchen Fällen bietet es sich an, einen Druckbereich für die Tabelle festzulegen. Dann geht Excel beim Drucken grundsätzlich davon aus, dass nur dieser Bereich der Tabelle ausgegeben werden soll. Damit sparen Sie sich Aufwand und vermeiden, dass doch mal versehentlich Inhalte gedruckt werden, die dafür nicht vorgesehen sind.

1 Markieren Sie in der Tabelle genau den Bereich, der immer ausgedruckt werden soll.

2 Wechseln Sie dann im Menüband zur Registerkarte *Seitenlayout*.

3 Klicken Sie dort im Bereich *Seite einrichten* auf *Druckbereich*. Im so geöffneten Menü wählen Sie *Druckbereich festlegen*.

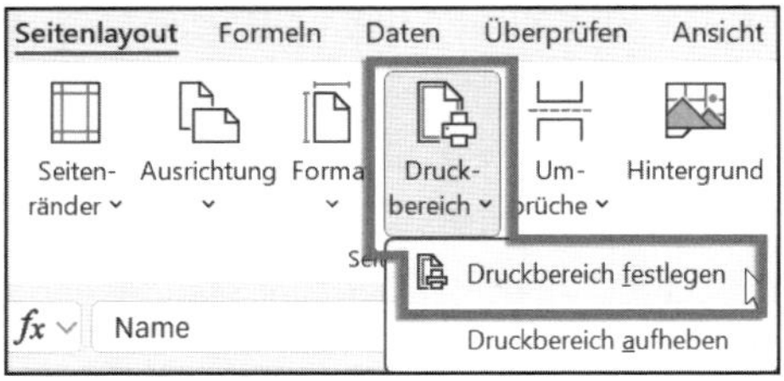

Damit weiß Excel, welcher Bereich dieser Tabelle zum Ausdruck vorgesehen ist. Sie können für jedes Tabellenblatt eines Dokuments genau einen solchen Druckbereich definieren. Auf die beschriebene Weise können Sie nachträglich weitere Bereiche *Zum Druckbereich hinzufügen* oder den *Druckbereich aufheben.*

TIPP

Der Druckbereich ist ein Namensbezug

Der Druckbereich basiert auf dem Mechanismus, mit dem Sie beliebigen Zellen oder Zellbereichen Namen zuweisen können, um sich darauf beziehen zu können (siehe Seite 276). Wenn Sie einen Druckbereich zugewiesen haben, können Sie diesen deshalb auch jederzeit über das Auswahlfeld ganz rechts in der Bearbeitungsleiste auswählen und ansteuern.

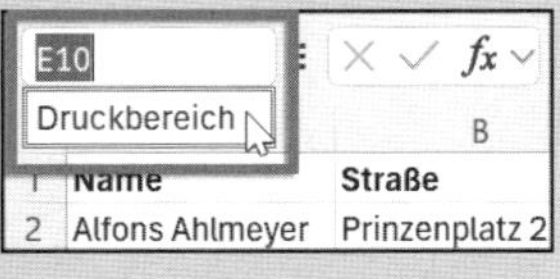

5 Mit PowerPoint beeindruckende Präsentationen erstellen

PowerPoint ist der Programmteil des Office-Pakets, mit dem Sie von ein paar einfachen Folien mit Stichpunkten bis hin zu professionell gestalteten, animierten Darbietungen nahezu beliebige Präsentationen gestalten können. Dabei bieten die Menge und Vielfalt von Werkzeugen und Elementen sowohl Chancen als auch Gefahren.

Denn man sollte Präsentationen nicht nach dem Motto erstellen, dass jedes Feature, das PowerPoint beherrscht, auch immer vorkommen muss. Sonst läuft man Gefahr, das Publikum zu überfordern oder Folien so sehr mit Informationen zu überfrachten, dass die Zuhörer gar nicht alles aufnehmen können.

Es geht bei Präsentationen ja in den wenigsten Fällen darum, dem Betrachter zu zeigen, wie gut Sie das Werkzeug PowerPoint beherrschen. Vielmehr sollte das Thema der Präsentation im Mittelpunkt stehen, und davon ausgehend sollte die Frage lauten, mit welchen Mitteln von PowerPoint man dieses Thema in der erforderlichen Breite und Tiefe am besten darstellen kann.

Es ist also unbedingt lohnenswert, sich zum Aufbau von Präsentationen und den verwendeten Mitteln ein paar grundsätzliche Gedanken zu machen. Aber anders als im Straßenverkehr, wo man stets Regeln genau einhalten muss, um sich und andere nicht zu gefährden, sind diese Präsentationsregeln nicht so zu verstehen, dass es nicht manchmal Gründe geben kann, die eine oder andere dieser Regeln zu brechen.

Da dies jedoch ein Praxisbuch ist, verlege ich solche theoretischen Überlegungen weiter nach hinten, um zunächst die Oberfläche und die wesentlichen Funktionen von PowerPoint vorzustellen.

5.1 Oberfläche und Basisfunktionen

Nachdem Sie PowerPoint gestartet haben, müssen Sie eine erste Entscheidung treffen. Welches Layout möchten Sie verwenden?

Auf solche vordefinierten Layouts gehe ich in Abschnitt 5.8 genauer ein. Um die Basisfunktionen von PowerPoint kennenzulernen, sollten Sie an dieser Stelle zunächst einmal ganz oben links auf *Leere Präsentation* klicken.

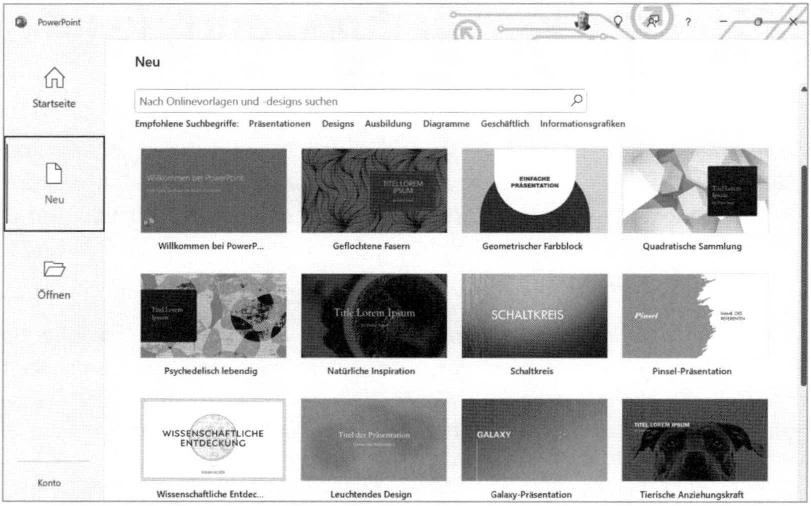

Dadurch erhalten Sie erst mal nur eine leere Folie, auf der Sie Text, Bilder, Videoclips und mehr platzieren können.

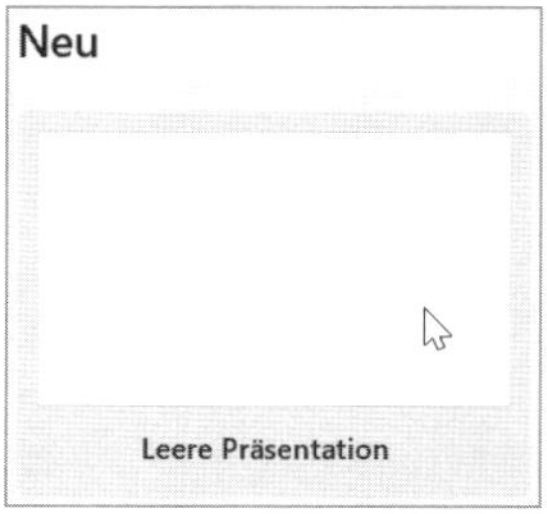

Folien in PowerPoint

In PowerPoint sind Folien die einzelnen Seiten oder »Leinwände«, auf denen Inhalte für eine Präsentation erstellt werden. Jede Folie kann Text, Bilder, Videos, Diagramme, Animationen und andere Elemente enthalten, die benötigt werden, um eine Botschaft zu vermitteln. Das Layout jeder Folie kann individuell angepasst werden, um Elemente wie Titel, Textfelder, Bilder und Diagramme anzuordnen.

Darüber hinaus stehen zahlreiche Designvorlagen und Themes zur Verfügung, mit denen das Erscheinungsbild der Folien gestaltet werden kann. Animationen können hinzugefügt werden, um Text oder Bilder einzublenden, und Übergänge können festgelegt werden, um den Wechsel von einer Folie zur nächsten zu steuern. Jede Folie kann zudem Notizen enthalten, die während der Präsentation nur für den Vortragenden sichtbar sind.

Am linken Seitenrand neben der aktuellen Folie sehen Sie in einer Seitenleiste alle Folien Ihrer Präsentation. Hier können Sie recht schön kontrollieren, ob Ihre Präsentation einen roten Faden hat und logisch aufgebaut ist oder nicht. Wenn Sie PowerPoint starten, geht das Programm davon aus, dass Sie wirklich eine Präsentation und nicht nur eine einzige Folie erstellen wollen, obwohl Ihre Präsentation natürlich auch aus einer einzigen Folie bestehen kann.

Da es jetzt zunächst einmal nur um die Basisfunktionen gehen soll, stören diese Vorgaben. Sie brauchen zunächst lediglich eine einzelne leere Folie. Das erreichen Sie am schnellsten, indem Sie die Layout-Vorgaben löschen. Markieren Sie, sofern noch nicht geschehen, mit Strg+A alle Standardelemente auf dieser PowerPoint-Folie, und löschen Sie sie mit der Entf-Taste.

TIPP

Lineal einblenden
PowerPoint bietet eine praktische Positionierungshilfe in Form eines vertikalen und eines horizontalen Lineals. Damit lassen sich Objekte auf der Folie ganz exakt platzieren. Sollten Sie diese Lineale nicht sehen, schalten Sie sie unbedingt ein, da man anders kaum wirklich exakt arbeiten kann. Wählen Sie dazu im Menüband die Registerkarte *Ansicht* und setzen Sie dort im Bereich *Anzeigen* das Häkchen vor *Lineal*.

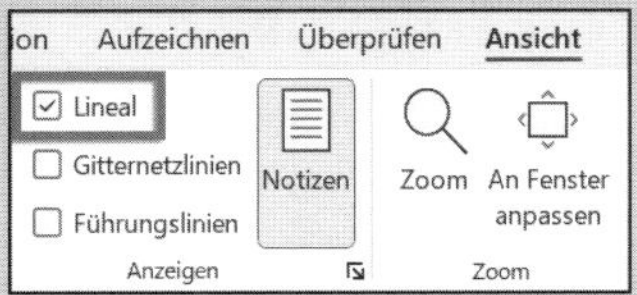

Das Seitenverhältnis anpassen

Vielleicht fällt Ihnen sofort das sehr breite Format der Folie auf, das kein übliches DIN A4 ist. PowerPoint ist in der Lage, Breitbildfolien im Format 16:9 zu verarbeiten. Das ist das gängige Format vieler aktueller Monitore und Fernsehgeräte. Auch aktuelle Beamer können in der Regel damit umgehen. Es sind jedoch auch immer noch ältere Beamer in Verwendung, die dieses Format nicht unterstützen. In diesem Fall möchten Sie vielleicht lieber mit dem älteren Standardformat 4:3 arbeiten. So stellen Sie das Format um:

1 Öffnen Sie im Menüband auf der Registerkarte *Entwurf* im Bereich *Anpassen* die Auswahl *Foliengröße*.

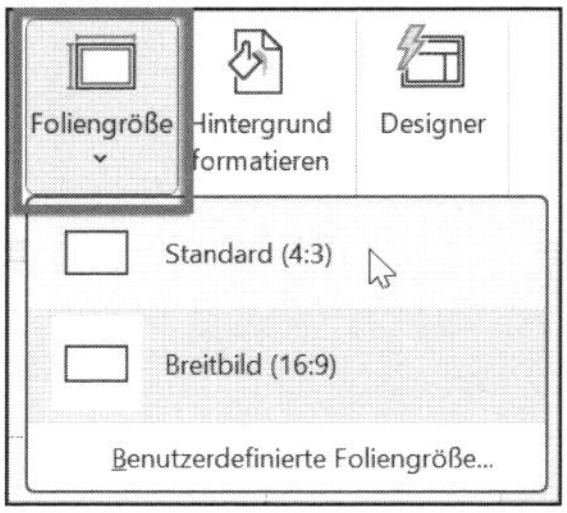

2 Wählen Sie in der so geöffneten Liste *Standard (4:3)*.

3 Bei einer zuvor bereits in einem anderen Format gestalteten Präsentation muss PowerPoint den Folieninhalt ggf. passend skalieren. Wenn das nicht ohne Weiteres klappt, wird ein zusätzlicher Dialog angezeigt.

4 Hier müssen Sie entscheiden, ob die Inhalte die gleiche Größe behalten sollen. In diesem Fall können am Rand einige Objekte abgeschnitten werden. Mit *Passend skalieren* wird PowerPoint alles so verkleinern, dass es in das neue Format passt.

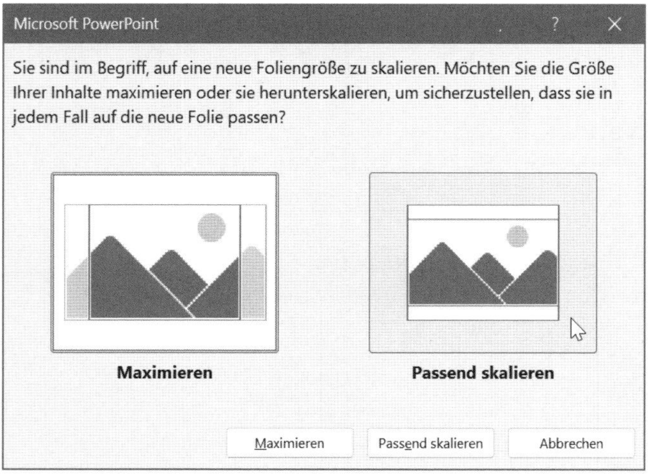

In der gleichen Art und Weise ändern Sie das 4:3-Verhältnis wieder zum 16:9-Format. Sie sollten aber möglichst von Anfang an die richtige Foliengröße wählen. Zwar können Sie jederzeit umschalten, aber damit ändern Sie die Größe der Folien, was auf die Objekte auf der Folie großen Einfluss hat. Wenn Sie z. B. von Breitbild auf Standard ändern, könnten eventuell einige Elemente Ihrer Folie nicht mehr sichtbar sein. Oder Sie müssen die Folie kleiner skalieren, sodass zwar alles auf der Folie zu sehen ist, aber in einem kleineren Maß.

Legen Sie deshalb die Bildgröße fest, bevor Sie eine wichtige Präsentation beginnen. Wenn Sie nicht genau wissen, welche Größe Sie nehmen sollen, ist die Standardgröße immer noch die beste Einstellung.

Immer in der richtigen Ansicht arbeiten

Rechts am unteren Fensterrand von PowerPoint finden Sie verschiedene Symbole zum Verändern der Ansicht Ihrer Folien. Für jeden Arbeitsschritt beim Erstellen einer Präsentation ist hier die richtige Darstellungsvariante dabei.

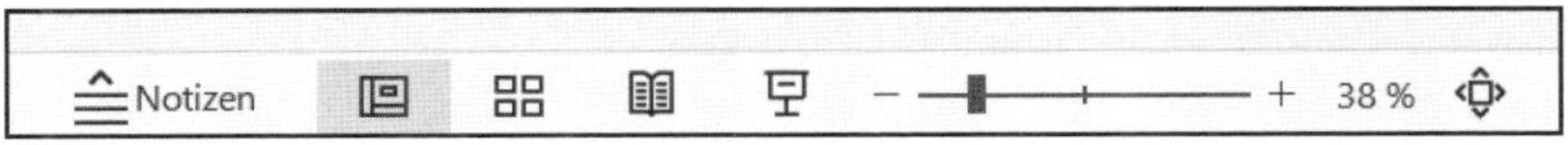

Die folgende Tabelle zeigt die Bedeutung dieser Symbole im Einzelnen:

Symbol	Wirkung
	Damit schalten Sie von jeder anderen Ansicht in die Normalansicht zurück.
	Dies ist die Foliensortierung. Damit erhalten Sie alle Folien Ihrer Präsentation und können sie durch Ziehen mit der Maus in der Reihenfolge ändern.
	Die Leseansicht können Sie verwenden, wenn Sie die Präsentation nicht einem großen Publikum vorführen, sondern nur mit einigen Kollegen oder Freunden am Bildschirm anschauen möchten.
	Damit starten Sie die Bildschirmpräsentation mit der ersten Folie.
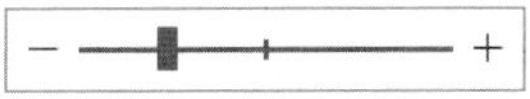	Damit können Sie die Folien am Bildschirm zoomen, also vergrößern oder verkleinern, um z. B. exakt positionieren zu können.
	Dieses Symbol passt die Foliengröße dem aktuellen Dialog an.

Symbol	Wirkung
	Damit können Sie sich Notizen zu Folien machen, sodass Sie auch noch nach Jahren wissen, was Sie zu dieser Folie sagen wollten. Um solche Notizen geht es in Abschnitt 5.7 ausführlicher.

Texte in Folien

Bei aller grafischen Spielerei wird bei den meisten Präsentationen ein erheblicher Teil der Information wohl auch durch Text transportiert werden. Sicher will niemand seitenweise Fließtext vor sich sehen, aber Überschriften, Aufzählungen, Gliederungen und Anmerkungen sind doch bewährte Gestaltungsmöglichkeiten.

In den nachfolgenden Abschnitten werde ich auch einige wichtige grundlegende Richtlinien der Textaufbereitung für Präsentationen vorstellen. Hier soll es erst mal nur um die reine Texteingabe und die Fallstricke gehen, die damit verbunden sein können.

Textfelder einfügen

Text wird bei PowerPoint nicht einfach direkt auf eine Folie getippt. Stattdessen fügt man zuvor immer ein Textfeld an der Stelle ein, an der Text stehen soll. Dieses wählt man dann zum Bearbeiten aus und gibt den gewünschten Text dort ein.

Das hat den Vorteil, dass Texte im Prinzip genauso Objekte sind wie Formen, Bilder und andere Elemente. Man kann sie nachträglich nahezu beliebig verschieben, verändern und gestalten. Der enthaltene Text bleibt dabei erhalten und PowerPoint sorgt dafür, dass etwa der Zeilenumbruch bei Änderungen an der Form des Felds stets angepasst wird.

1 Um Texte einzufügen, klicken Sie im Menüband in der Registerkarte *Einfügen* im Bereich *Text* auf das Symbol *Textfeld.*

2 Die Einfügemarke verwandelt sich daraufhin in ein spezielles Kreuzsymbol.

3 Bewegen Sie dieses an eine Ecke des gedachten Textbereichs und drücken Sie dort die linke Maustaste.

4 Halten Sie die Taste gedrückt, ziehen Sie den Mauszeiger zur gedachten gegenüberliegenden Ecke des Bereichs und lassen dort los.

5 PowerPoint erstellt daraufhin ein leeres Feld, das die gleichen Merkmale und Bearbeitungsmöglichkeiten aufweist wie andere Objekte auch. Zusätzlich können Sie aber jederzeit hineinklicken und Text eintippen.

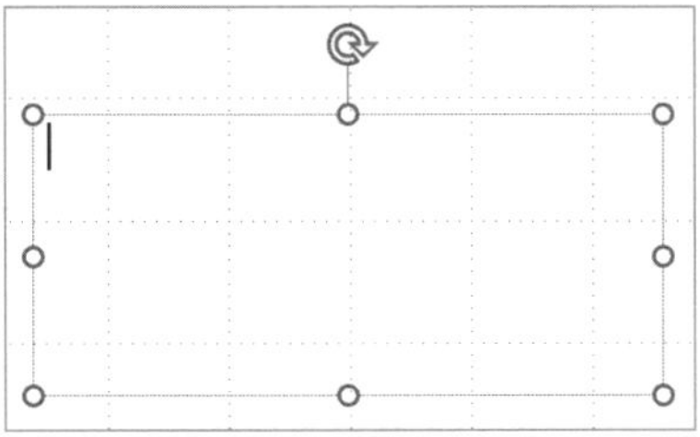

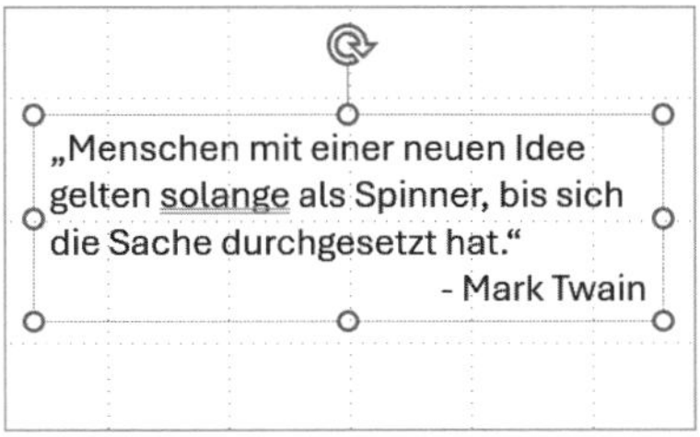

Schrift in Textfeldern gestalten

Wie von Office gewohnt, können Sie Schrift in den Textfeldern Ihrer PowerPoint-Präsentation praktisch beliebig gestalten. Allerdings sollte man es im Sinne der Lesbarkeit nicht übertreiben. Schließlich sollen Folien ggf. auch in größeren Räumen in der letzten Reihe noch gut lesbar und schnell zu erfassen sein. Deshalb sollten Sie in PowerPoint auf Serifen (die kleinen Abschlüsse an Buchstaben) und allzu viel Schnickschnack verzichten. Hüten Sie sich auch vor den hübschen Zierschriften. Sie mögen noch so schön aussehen und noch so gut zum Geist Ihrer Präsentation passen, aber für einen Zuschauer sind sie selbst im Nahbereich kaum lesbar.

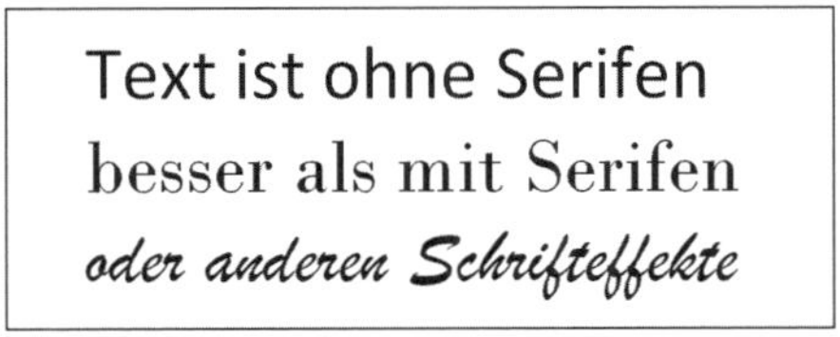

- Idealerweise sollten Sie in der gesamten Präsentation die gleiche Schriftart nutzen. Es wirkt sehr unruhig und wenig professionell, wenn Sie auf jeder Folie eine andere Schriftart nehmen.
- Überschriften dürfen und sollten sich vom restlichen Text durch die Größe und durchaus auch durch eine Variation der Schriftart abheben. Aber auch dabei ist Einheitlichkeit auf allen Folien erstrebenswert.
- Welche Schriftgröße Sie wählen, hängt auch von dem Raum ab, in dem der Vortrag stattfindet. In der Allianz Arena in München dürfte eine Schriftgröße von 20 pt auf den hinteren Rängen kaum zu lesen sein, in einem Klassenraum wäre es aber eine durchaus sinnvolle Größe.

Es gibt mehrere Möglichkeiten, Schriftart und Schriftgröße zu ändern. Eine Möglichkeit finden Sie im Menüband auf der Registerkarte *Start.* Dort können Sie im Bereich *Schriftart* sowohl die Schriftart als auch die Schriftgröße ändern sowie Effekte wie Fett, Kursiv oder Unterstrichen hinzufügen (die man bei Präsentationen aber ebenfalls eher sparsam einsetzen sollte).

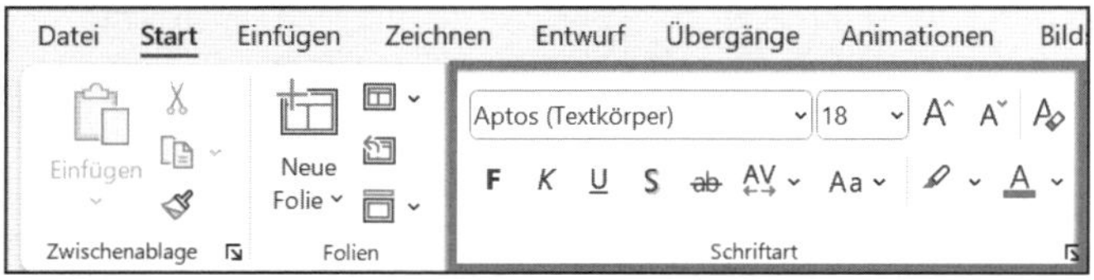

TIPP

Die Schriftgröße schnell ändern

Mit der Tastenkombination [Strg]+[⇧]+[.] (Punkt) können Sie die Schrift um jeweils einen Schritt vergrößern. Mit der Tastenkombination [Strg]+[⇧]+[,] (Komma) können Sie sie wieder um jeweils einen Schritt verkleinern. Der Text muss aber vorher markiert sein.

Texte mit Vorlagen gestalten

Wenn Sie Schrift wie vorangehend beschrieben über die Auswahlfelder in der *Start*-Registerkarte gestalten, fällt in der Auswahlliste für Schriftarten der oberste Abschnitt *Designschriftarten* auf. Darunter stehen zwei Schriftarten, die rechts jeweils mit der Ergänzung *(Überschriften)* und *(Textkörper)* gekennzeichnet sind. Das sind sozusagen die zwei Standardschriftarten, die in der jeweiligen Präsentation für Überschriften und für andere Texte verwendet werden. Diese müssen Sie nicht benutzen, aber es hat Vorteile:

- Durch das Einsetzen der Standardschriftarten geraten Ihre Präsentationen automatisch einheitlich, da überall die gleichen Schriftarten verwendet werden.
- Wenn Sie diese Standardschriftarten konsequent verwenden, können Sie die Schriftarten oder das gesamte Design einer Präsentation auch nachträglich noch mit wenigen Mausklicks verändern. Aufgrund der Zuordnung zu Überschrift oder Textkörper weiß PowerPoint, welche Art von Text wo steht, und kann die Schriftart automatisch entsprechend anpassen.

Im Menüband finden Sie in der Registerkarte *Entwurf* links die *Designs*. Dabei handelt es sich um Vorlagen für Präsentationen, die Sie beliebig verwenden können. Diese bringen auch jeweils eigene Vorgaben für Überschriften und Textkörper mit. Rechts daneben im Bereich *Varianten* können Sie ebenfalls Schriftarten in Ihrer gesamten Präsentation verändern.

1 Klicken Sie dazu auf das Symbol in der unteren rechten Ecke, um das Auswahlmenü aufzuklappen.

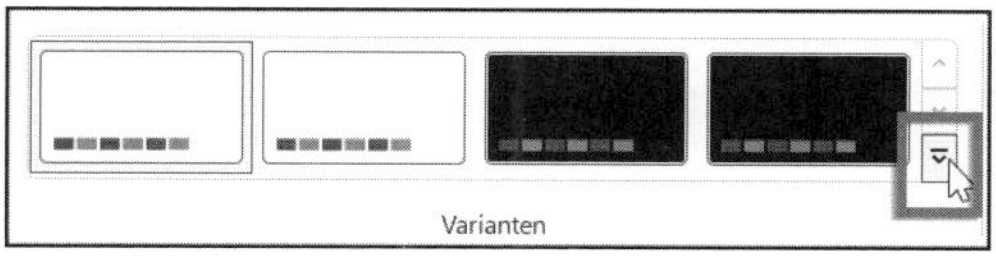

2 Wählen Sie im Menü den Punkt *Schriftarten* für das entsprechende Untermenü.

3 Damit öffnen Sie eine Auswahlliste mit verschiedenen Einträgen, die jeweils die Standardschriftart sowohl für Überschriften als auch den Textkörper verändern. Die vorgefertigten *Varianten* bieten dabei gut aufeinander abgestimmte Abwandlungen einer Schriftart.

4 Wenn Sie den Mauszeiger auf einem Eintrag verharren lassen, sehen Sie in der aktuell angezeigten Folie eine Vorschau, anhand derer Sie die Wirkung überprüfen können.

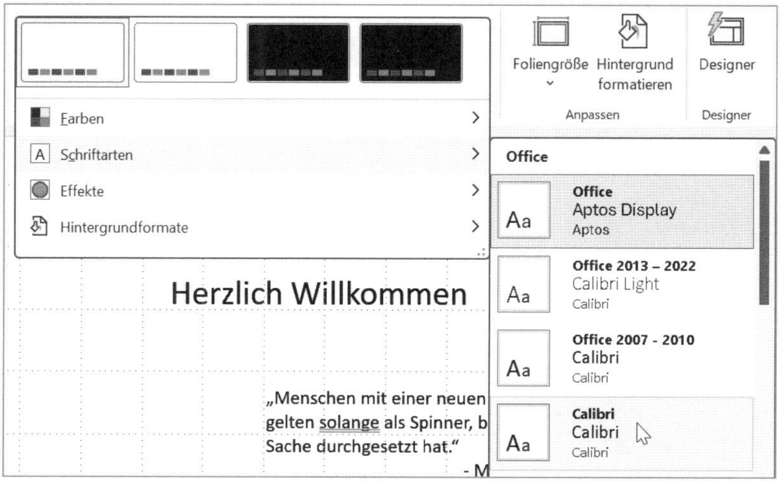

5 Erst wenn Sie auf einen Eintrag klicken, wird die Änderung für die gesamte Folie übernommen.

Ein anderes Design oder eine Schriftartvariante wirkt sich immer nur auf die Texte aus, denen Sie eine der Designschriftarten zugewiesen haben. Wenn Sie an einzelnen Stellen aus wichtigen Gründen Schrift anders formatiert haben, bleibt diese unverändert.

Das soll an dieser Stelle reichen, um Ihre Folien sinnvoll mit Überschriften und Texten zu versehen. Weitere Gestaltungsmöglichkeiten mit Text finden Sie in Abschnitt 5.2.

Folien mit Formen gestalten

Die Elemente zum Gestalten von Folien sind bei PowerPoint in der Menüband-Registerkarte *Einfügen* versammelt. Hier können Sie annähernd alles auswählen, was in eine Folie integriert werden kann. Im Bereich *Illustrationen* etwa verbirgt sich hinter der unscheinbaren *Formen*-Schaltfläche eine große Auswahl an Elementen wie Linien, Pfeile, geometrische Figuren, Symbole und Schaltflächen, mit denen Sie Folien beliebig visuell aufwerten können. Die Formen finden Sie übrigens alternativ auch auf der Registerkarte *Start* im Bereich *Zeichnen*.

Einen Pfeil zeichnen

Die Vorgehensweise soll hier am Beispiel eines einfachen Pfeils demonstriert werden. Er kann vielfältig eingesetzt werden, etwa um Beziehungen zwischen verschiedenen Bereichen einer Folie darzustellen oder auf wichtige Aspekte besonders hinzuweisen.

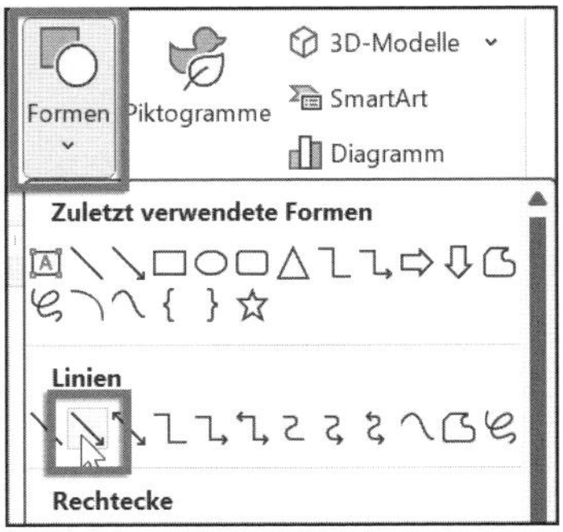

1 Klicken Sie auf die vorangehend beschriebene *Formen*-Schaltfläche, um die Auswahl aufzuklappen.

2 Entscheiden Sie sich dort im Abschnitt *Linien* für das Symbol *Linienpfeil* (zweites von links).

3 Mit dem Klick darauf wird das Menü ausgeblendet, und der Mauszeiger verwandelt sich in ein Fadenkreuz.

4 Bewegen Sie den Mauszeiger auf der Folie an die Stelle, an der Sie mit dem Zeichnen beginnen möchten.

5 Drücken Sie die linke Maustaste am Endpunkt des Pfeils und halten Sie sie gedrückt.

6 Wenn Sie die Maus nun bewegen, folgt die Pfeilspitze dem Mauszeiger. Platzieren Sie den Pfeil auf diese Weise wie gewünscht und lassen Sie die Maustaste dann los. Allzu präzise müssen Sie dabei nicht sein, denn Sie können alle Eigenschaften des Objekts später noch beliebig anpassen.

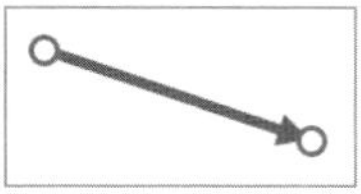

Der eingefügte Pfeil hat an beiden Enden kleine Kreise erhalten. Das sind nur vorübergehende Hilfsmarkierungen, die bedeuten, dass dieses Objekt gerade ausgewählt ist und verändert werden kann.

Symbol	Das können Sie tun
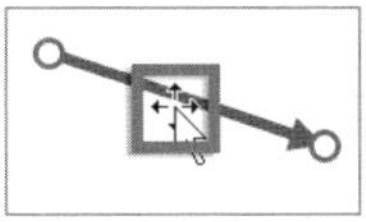	Halten Sie irgendwo auf dem Pfeil die Maustaste fest, erscheint ein Achsenkreuz. Damit können Sie das Objekt an eine andere Position schieben, indem Sie die linke Maustaste festhalten, während Sie das Objekt verschieben.
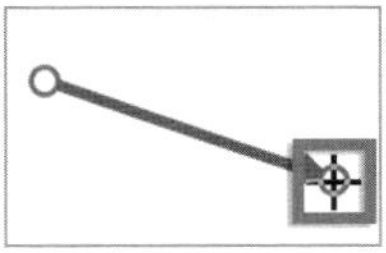	Halten Sie die linke Maustaste jedoch auf einem der Kreise an den Enden fest, können Sie Ihr Objekt vergrößern, verkleinern oder auch die Richtung ändern.

Sobald Sie ein gezeichnetes Objekt markiert haben, wird im Menüband zusätzlich die Registerkarte *Formformat* angeboten. Hier können Sie im Bereich *Formenarten* die visuellen Eigenschaften der ausgewählten Form wie Farbe, Stärke oder Kontur beeinflussen. Wenn Sie den Mauszeiger auf eines der Elemente in dieser Gruppe bewegen, zeigt PowerPoint Ihnen die Wirkung dieses Elements am markierten Objekt direkt als Vorschau. Aber erst, wenn Sie auf eine Formatierung klicken, wird diese übernommen.

- Soll die Art oder die Stärke der Linie verändert werden, klicken Sie auf das Objekt und wählen auf der Registerkarte *Formformat* in der Gruppe *Formenarten* den Befehl *Formkontur*. Dort entscheiden Sie sich bei *Stärke* für eine Linienstärke.

- Soll auch das Aussehen der Linie verändert werden – wollen Sie etwa keine durchgezogene Linie, sondern Punkte –, hilft Ihnen bei *Formkontur* das Untermenü *Striche* weiter.

- Spannend ist auch das Element *Formeffekt*, mit dem Sie zahlreiche optische Effekte wie etwa einen Schattenwurf der Objekte auf den Hintergrund einfügen können.

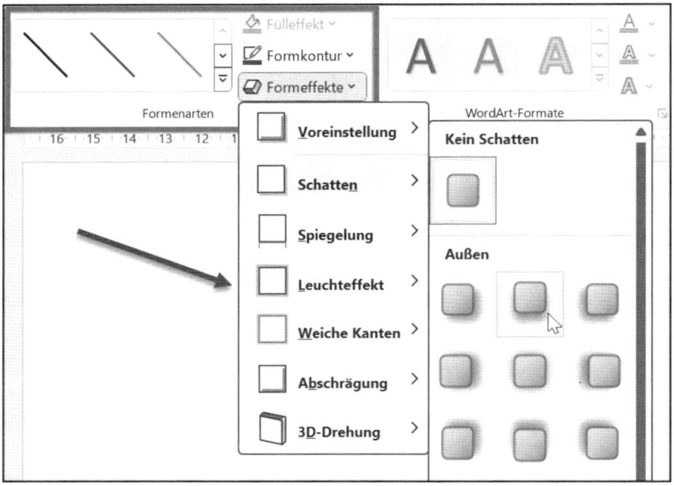

Möchten Sie eingefügte Elemente wieder von der Folie entfernen, markieren Sie sie und drücken die [Entf]-Taste.

Hilfreiche Varianten beim Einfügen von Formen

Wenn Sie ein Objekt wie einen Kreis einfügen (den finden Sie in der *Formen*-Auswahl im Abschnitt *Standardformen*), wird deutlich, dass die beschriebene Methode zum Einzeichnen ihre Beschränkungen hat. Das Zeichnen von Objekten beginnt immer in einer der Ecken und führt zur diagonalen Ecke. Dabei ist es aber schwierig, beispielsweise einen exakt runden Kreis einzuzeichnen. Ebenso umständlich kann es sein, einen Kreis an einer ganz bestimmten Stelle zu platzieren, da sich der Mittelpunkt ja erst durch die Größe des Kreises ergibt. Dazu zwei Tipps:

- Wenn Sie einen wirklich exakten Kreis und keine Ellipse haben wollen, halten Sie beim Zeichnen [⇧] gedrückt. Oder anders gesagt: Wenn Sie während des Zeichnens [⇧] halten, verändert PowerPoint die Breite und Höhe des Objekts immer im gleichen Verhältnis, sodass keine Verzerrung der ursprünglichen Form auftreten kann. Aber aufgepasst: Wenn Sie mit der Form zufrieden sind, lassen Sie zuerst die Maustaste los und dann erst [⇧].

- Um den Mittelpunkt eines Kreises (oder auch einer anderen Form) von vornherein ganz klar zu verorten, halten Sie, bevor Sie zu zeichnen beginnen, gleichzeitig Strg und ⇧ gedrückt. Damit veranlassen Sie PowerPoint, Ihr Objekt von der Bildmitte aus zu zeichnen. Dabei müssen Sie allerdings auch die Vorgehensweise ändern: Platzieren Sie den Mauszeiger zu Beginn am gewünschten Mittelpunkt. Drücken Sie dann Strg+⇧ und schließlich die linke Maustaste. Dann ziehen Sie die Maus in eine beliebige Richtung, bis die Form die gewünschte Größe hat. Abschließend lassen Sie erst die Maus und dann die Tasten los.

Formen nachträglich verändern

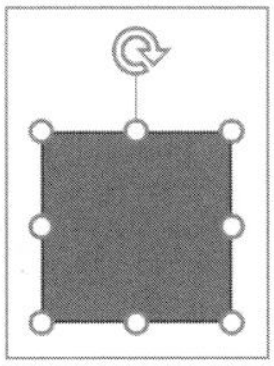

Haben Sie Ihr Objekt gezeichnet und markiert, erhalten Sie weitere Markierungselemente. Diese können Sie mit gedrückter linker Maustaste erfassen und dann ziehen, um die Form nachträglich anzupassen. Die folgende Tabelle fasst die Möglichkeiten zusammen.

Das können Sie damit tun	Wirkung
Durch Ziehen an den kleinen Kreisen in der Mitte der linken und rechten Objektseite machen Sie Ihr Objekt dünner oder dicker. Ziehen Sie an den Kreisen oben und unten, strecken oder stauchen Sie es.	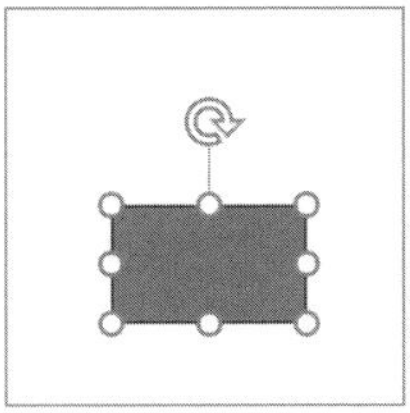
Durch Ziehen der Elemente in der Ecke können Sie Ihr Objekt in beide Richtungen gleichzeitig verkleinern oder vergrößern. Soll es aber proportional verändert werden, halten Sie die ⇧-Taste gedrückt, während Sie ziehen.	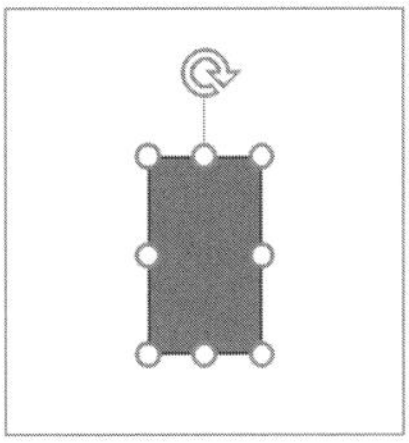
Mithilfe der Drehmarke oben am ausgewählten Objekt drehen Sie dieses Objekt.	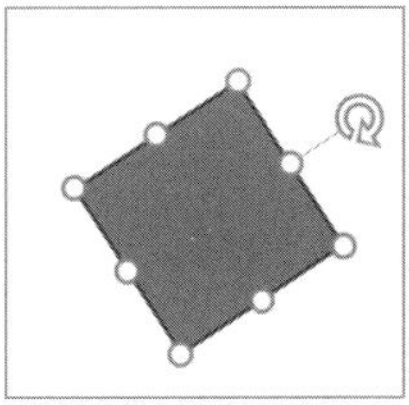

Das können Sie damit tun	Wirkung
Durch Ziehen bei gedrückter Maustaste verschieben Sie das Objekt an eine andere Stelle auf der Folie. Wenn Sie beim Verschieben die Strg-Taste festhalten, kopieren Sie das Objekt.	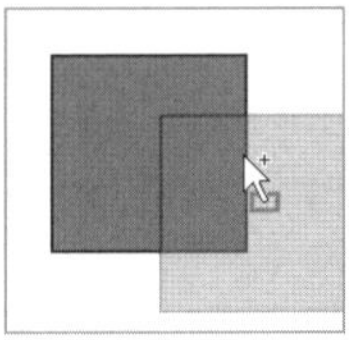
Mit dem gelben Kreis am Mund dieser Smiley-Form (ebenfalls im Abschnitt *Standardformen* zu finden) können Sie die Richtung der Linie verändern – vom lustigen zum traurigen Smiley.	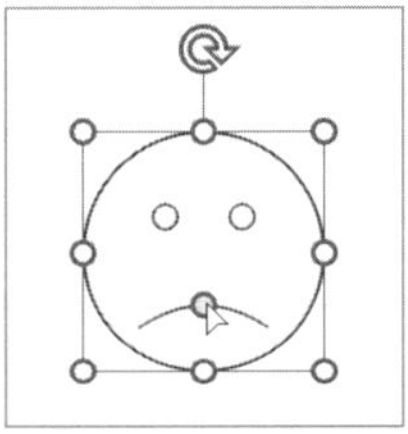

Punkte bearbeiten

PowerPoint wartet außerdem mit einer Zeichenfunktion auf, die man eigentlich bei großen Grafikprogrammen erwartet: das Ändern einzelner Punkte einer Linie. Ein Beispiel soll das verdeutlichen.

1 Wählen Sie in der *Formen*-Auswahl im Bereich *Linien* das *Kurve*-Symbol aus.

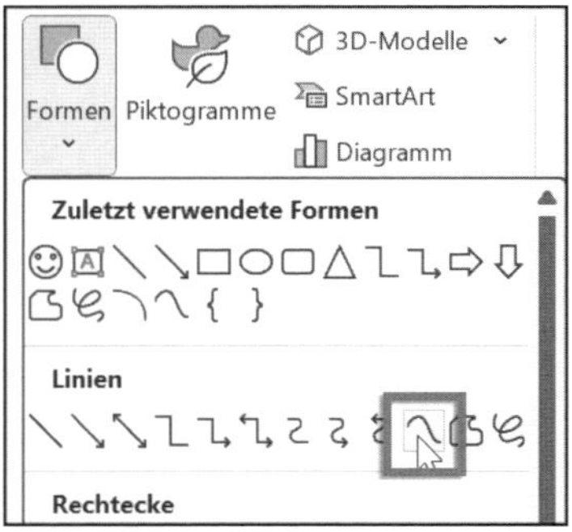

2 Beginnen Sie nun mit einem Mausklick, die Kurve einzuzeichnen. Mit jedem weiteren Klick können Sie die Richtung der Kurve ändern. Sind Sie fertig, verlassen Sie die Funktion mit einem Doppelklick. Kleiner Tipp: Blenden Sie für genaues Zeichnen auf der Registerkarte *Ansicht* und dort in der Gruppe *Anzeigen* die *Gitternetzlinien* ein.

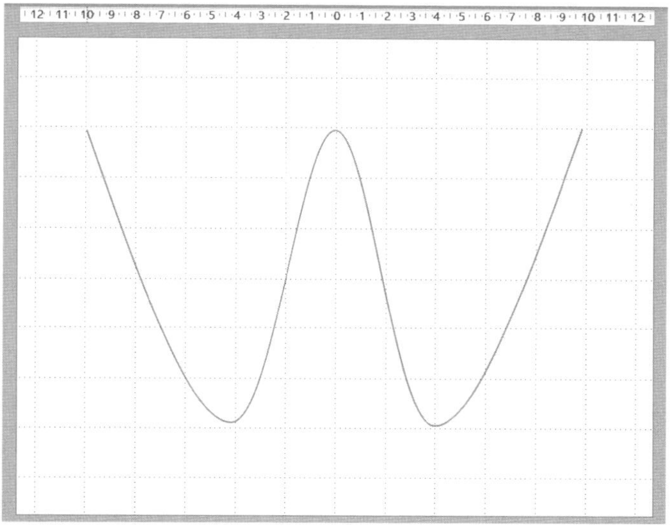

3 Klicken Sie die fertige Kurvenform nun mit der rechten Maustaste an und wählen Sie im Kontextmenü *Punkte bearbeiten.*

4 Die Form wird dadurch erneut mit den Punkten versehen, die Sie beim Erstellen der Kurve geklickt hatten. Sie können jeden einzelnen Punkt erneut mit der linken Maustaste ergreifen, um die Form zu verändern.

5 Klicken Sie einen der Punkte nur kurz an, wird an dieser Stelle eine Tangente angezeigt. Sie können dann deren Endpunkte nehmen, um die Steigung der Tangente und damit auch den Verlauf der Kurve an dieser Stelle zu verändern.

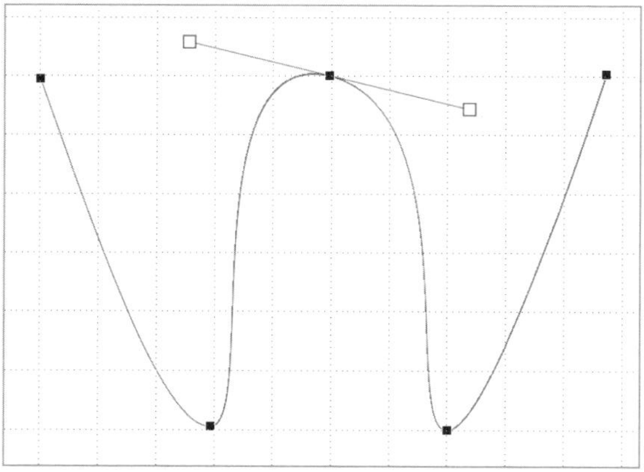

Aber das ist noch nicht alles. Sie können nicht nur die Richtung der Punkte ändern, die Sie eingegeben haben, sondern Formen nachträglich weitere Punkte hinzufügen und sie so nahezu beliebig verformen:

1 Fügen Sie ein Rechteck ein, klicken Sie es an, und wählen Sie mit der rechten Maustaste *Punkte bearbeiten*. Das Rechteck wird nun nur mit vier Punkten an den Ecken versehen, die Sie verändern können.

2 Sie können aber auf eine beliebige Stelle auf einer der Linien klicken und diese mit gedrückter linker Maustaste nach unten oder oben bzw. links oder rechts ziehen.

3 An dieser Stelle wird dann ein neuer Punkt eingefügt, der den Verlauf der Linie verändert. Gleichzeitig wird auch hier eine Hilfslinie angezeigt, mit der Sie die Krümmung der Linie(n) beeinflussen können. So lassen sich die harten Grenzen eines Rechtecks schnell in weiche Rundungen umwandeln.

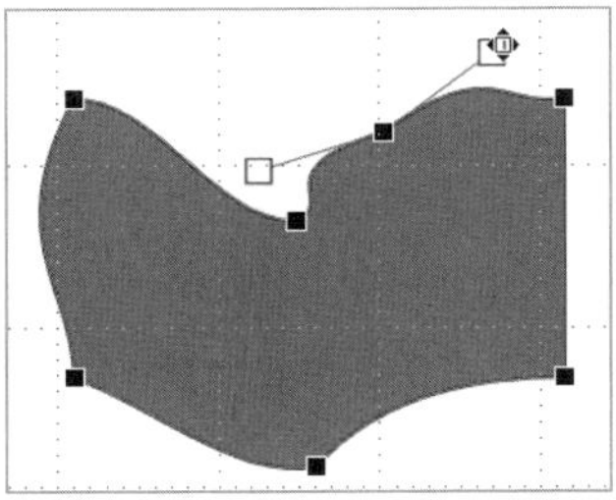

Objekte farblich verändern

Eingezeichnete Formen erhalten immer eine festgelegte Farbe. Diese Farbe können Sie natürlich jederzeit ändern.

1 Markieren Sie das Objekt oder die Objekte.

2 Wechseln Sie im Menüband zur angezeigten Registerkarte *Formformat*.

3 Hier finden Sie im Bereich *Formenarten* die Auswahlfelder *Fülleffekt, Formkontur* sowie *Formeffekte*. Diese Dialoge bieten Ihnen eine wahre Fülle von Möglichkeiten, die farbliche und sonstige Gestaltung Ihrer Formen zu verändern. Die einzelnen Punkte erklären sich von selbst, sodass ich hier nicht auf jeden einzelnen Punkt eingehe.

- Wählen Sie eine beliebige Farbe aus oder gehen Sie auf *Weitere Füllfarben*, um sich eine eigene Farbe zu kreieren.

- Finden Sie für das Objekt nur eine einzige Farbe zu langweilig, wählen Sie *Farbverlauf* und suchen eine andere Farbe aus. Hier ist es am besten, die verschiedenen Möglichkeiten am Bildschirm selbst einmal auszuprobieren.
- Und wenn Sie Ihr Objekt gar mit einem Muster füllen möchten, wählen Sie *Struktur*.

Objekte exakt positionieren

Bisher haben Sie die Objekte einfach nur irgendwo auf die Folie gelegt und verschoben. Meist wird es aber so sein, dass Sie Ihre Objekte exakt platzieren müssen. Und dazu gibt es in PowerPoint verschiedene Möglichkeiten.

Das Zeilenlineal

Das Zeilenlineal sollten Sie eigentlich, wie bereits an anderer Stelle kurz erwähnt, immer einblenden und auch eingeblendet lassen. Es hilft bereits bei der ersten schnellen Positionierung. Sollte es bei Ihnen noch nicht eingeschaltet sein, setzen Sie auf der Registerkarte *Ansicht* im Bereich *Anzeigen* bei *Lineal* durch Klick ein Häkchen.

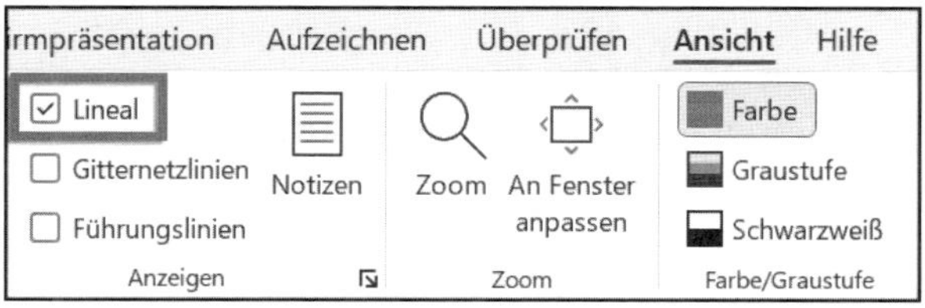

Nun haben Sie sowohl ein waagerechtes als auch ein senkrechtes Zeilenlineal bekommen. Wenn Sie jetzt ein Objekt verschieben, wandern in beiden Zeilenlinealen kleine Striche mit, die es Ihnen erlauben, das Objekt richtig zu positionieren.

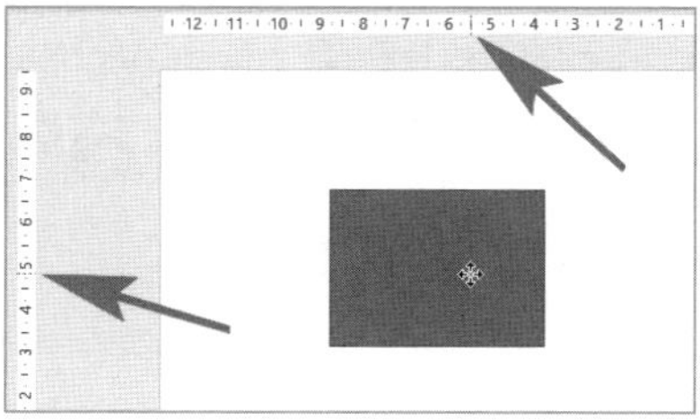

Diese kleinen Striche sind nicht besonders gut zu sehen, deshalb gibt es zwei weitere Möglichkeiten, um exakt zu positionieren.

Gitternetzlinien

Das Raster aus Gitternetzlinien bietet schon wesentlich bessere und genauere Möglichkeiten. Die Gitternetzlinien müssen Sie aber erst einmal einschalten. Über die Registerkarte *Ansicht* setzen Sie in der Gruppe *Anzeigen* bei *Gitternetzlinien* durch Klick ein Häkchen. Fortan haben Sie auf Ihrer Folie ein Gitternetz, das Sie zum exakten Positionieren benutzen können.

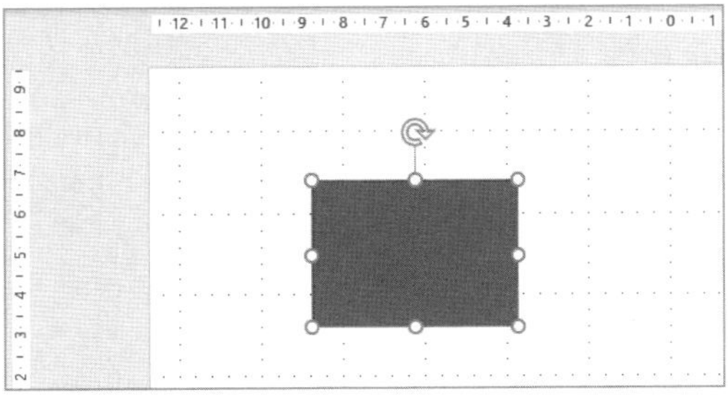

Die Abstände der Gitternetzlinien können Sie an Ihre Erfordernisse anpassen:

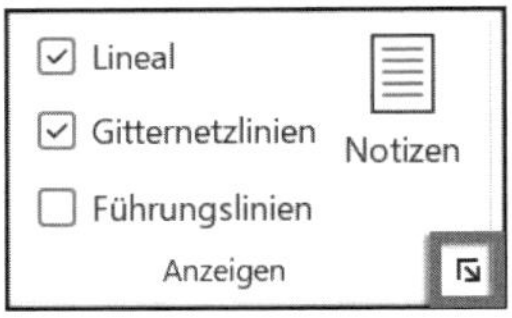

1 Klicken Sie dazu im Menüband auf der Registerkarte *Ansicht* im Bereich *Anzeigen* auf den kleinen Pfeil unten rechts.

2 Damit öffnen Sie den Dialog für *Raster und Führungslinien*. Hier können Sie im Abschnitt *Gitternetzeinstellungen* für die Abstände der Linien einen anderen Wert festlegen.

3 Außerdem sollten Sie sicherstellen, dass oben die Option *Objekte am Raster ausrichten* aktiviert ist. Das sorgt dafür, dass Objekte beim Platzieren per Maus jeweils an der nächstgelegenen Rasterlinie andocken.

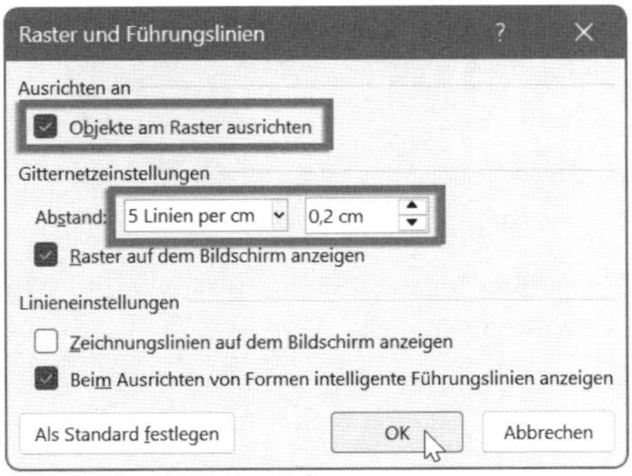

Mit Führungslinien positionieren

Führungslinien bieten eine weitere Möglichkeit, Objekte exakt auf der Folie zu positionieren. Die einfachste Variante davon können Sie jederzeit nutzen: Wann immer zwei Objekte senkrecht oder waagerecht exakt zueinander ausgerichtet sind, blendet PowerPoint automatisch eine dynamische Führungslinie ein. Das ist eine dünne gestrichelte rote Linie zwischen zwei Objekten, die die Kanten zweier Elemente verlängert und verbindet und so anzeigt, dass diese exakt in einer Flucht liegen. So können Sie Objekte ohne große Umstände perfekt aneinander ausrichten.

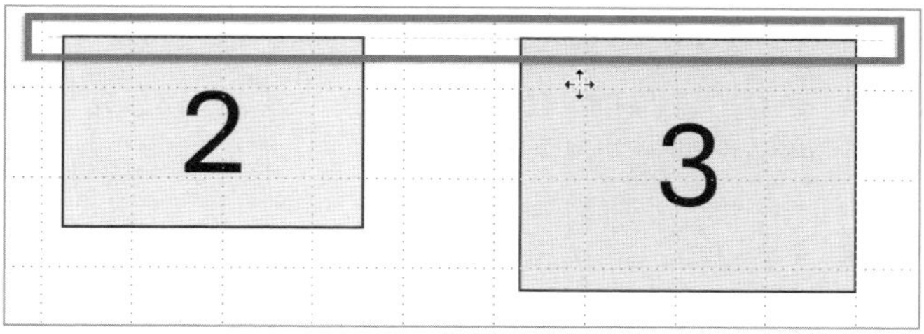

Neben solchen ad hoc eingeblendeten Linien können Sie Führungslinien auch systematisch anstelle oder als Ergänzung zu Rasterlinien nutzen. Dazu müssen Sie sie allerdings zunächst anzeigen lassen. Wählen Sie dazu wiederum im Menüband die Registerkarte *Ansicht* und versehen Sie im Bereich *Anzeigen* die Option *Führungslinien* mit einem Häkchen.

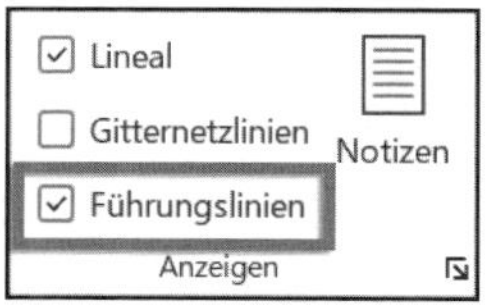

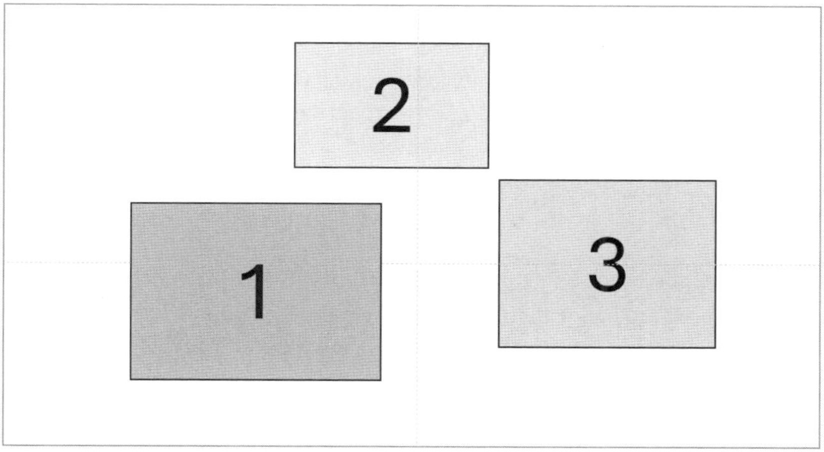

Auf Ihren Folien werden daraufhin dauerhaft eine senkrechte und eine waagerechte gestrichelte Linie angezeigt. Diese können Sie beliebig verschieben, indem Sie den Mauszeiger direkt darüber platzieren, sodass er sein Symbol verändert und Sie die jeweilige Linie damit bewegen können. Dabei wird gleichzeitig die exakte Position (bezogen auf das entsprechende Lineal) angezeigt. Beim Verschieben gibt es drei Varianten:

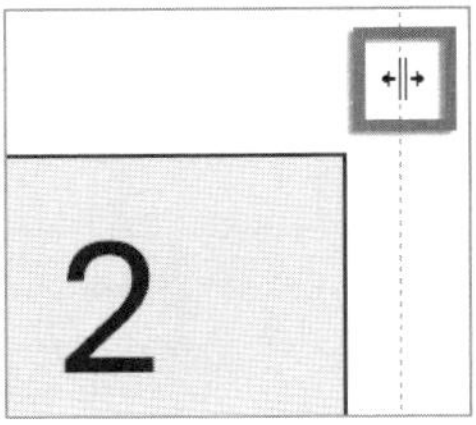

- Wenn Sie die Linie beliebig im freien Raum verschieben, bewegt sie sich in Schritten von 0,2 cm.
- Halten Sie dabei Alt gedrückt, können Sie noch kleinere, präzisere Schritte machen.
- Wenn Sie die Linie an die Kante eines Objekts heranführen, rastet sie automatisch ein und richtet sich daran aus.

TIPP

Eine Linie für alle Folien

Die Führungslinien gelten für alle Folien einer Präsentation. Sie können die Linien also an den Objekten auf einer Folie ausrichten und dann zu einer anderen Folie wechseln, um deren Inhalte an der Führungslinie zu orientieren. So können Sie beispielsweise sicherstellen, dass sich Elemente auf verschiedenen Folien exakt an derselben Position befinden.

Wenn Sie Objekte an die Führungslinien heranschieben, werden sie wie durch Magnete an diese Linien gezogen und docken daran an. Auf diese Weise können Sie Elemente exakt in Relation zu anderen Elementen platzieren.

Falls Sie mehr als zwei Führungslinien benötigen, halten Sie Strg gedrückt, während Sie eine der Linien verschieben, um stattdessen an der neuen Position eine weitere Linie einzufügen. Diese zusätzlichen Führungslinien werden mit der PowerPoint-Präsentation gespeichert und bleiben so dauerhaft erhalten. Um sie wieder zu entfernen, ziehen Sie sie ganz aus der Folie heraus und lassen dort los.

TIPP

Eine Kurzversion zum Einblenden der Positionierungshilfen

Ein kürzerer Weg zum Einblenden von Gitternetz, Lineal und Führungslinien ist, mit der **rechten** Maustaste auf einen leeren Bereich Ihrer Folie zu klicken und dann *Raster und Führungslinien* oder *Lineal* mit der linken Maustaste zu wählen.

Objekte gruppieren

Oftmals brauchen Sie mehrere Formen, um ein bestimmtes Objekt zu erhalten. Zum Beispiel wurde dieser Schlüssel aus einem Oval und drei Rechtecken zusammengesetzt.

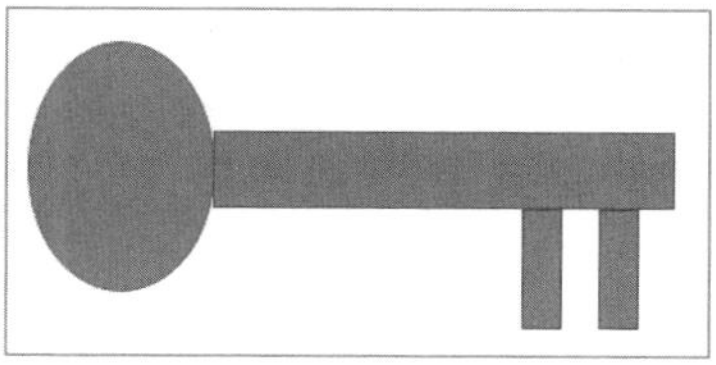

Wenn Sie dieses Objekt auf der Folie verschieben wollen, müssen Sie zunächst alle Einzelteile markieren und sie dann erst zusammen verschieben. Das Markieren von Elementen kann bei sehr komplexen Objekten einen ziemlichen Aufwand bedeuten. Deshalb gibt es verschiedene Möglichkeiten zum Markieren.

So markieren Sie	
Sie markieren alle gewünschten Objekte, indem Sie die ⇧-Taste festhalten, während Sie alle zu markierenden Objekte anklicken.	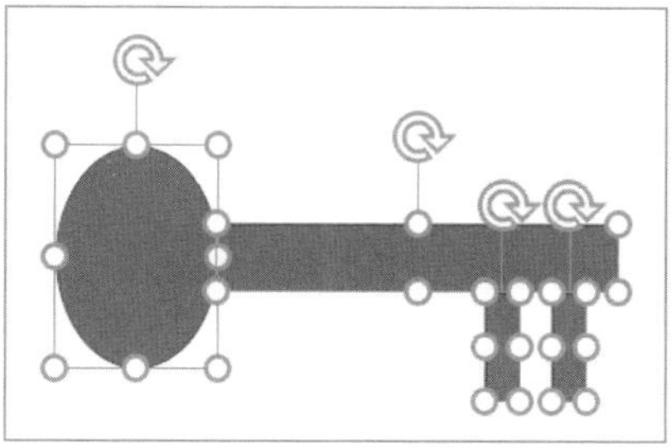
Sie werfen eine Art Lasso um alle Objekte. Dazu gehen Sie zur linken oberen Ecke Ihrer Objekte, halten die linke Maustaste gedrückt und ziehen diagonal nach rechts unten. Wenn Sie nun die Maustaste loslassen, werden alle Objekte markiert, die innerhalb dieser grauen Fläche liegen.	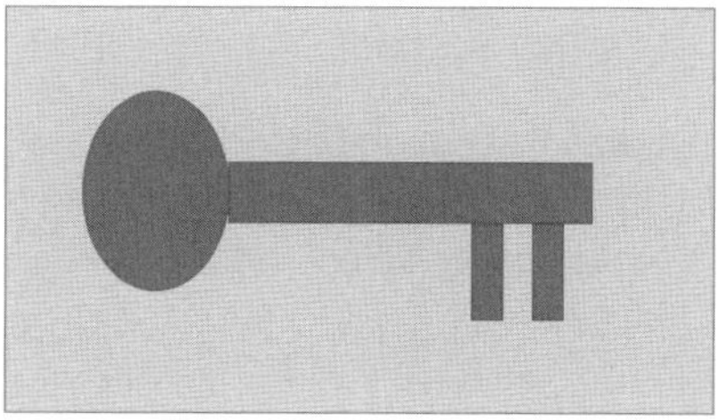
Strg+A	Damit markieren Sie alle Objekte auf Ihrer Folie.

Bevor Sie die ausgewählten Elemente nun verschieben oder kopieren, ist es sinnvoll, sie zu einem Objekt zusammenzufassen, sodass Sie das Objekt zukünftig nur einmal anzuklicken brauchen, um es zu markieren.

1 Markieren Sie alle Objekte, die Sie zusammenfassen möchten, in unserem Beispiel also alles, was zum Schlüssel gehört.

2 Klicken Sie dann mit der rechten Maustaste auf eines der markierten Objekte. Klicken Sie aber erst, wenn Sie das Achsenkreuz sehen.

3 Wählen Sie nun *Gruppieren* und dann noch einmal *Gruppieren*.

4 Nun wurden alle einzelnen Objekte Ihrer Zeichnung zu einem ganzen Objekt zusammengefasst. Sie sehen das, wenn Sie das Objekt nun kurz durch einen Klick markieren.

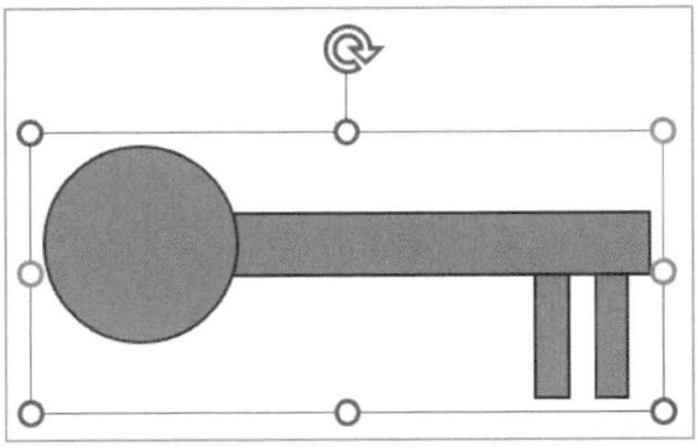

Alles, was Sie nun mit diesem Objekt tun, hat Auswirkungen auf das gesamte Objekt. Wenn Sie also z. B. die Linienstärke ändern, ändern Sie sämtliche Linienstärken. Für PowerPoint sind die einzelnen Objekte zu einem ganzen Objekt geworden.

Möchten Sie aber einzelne Teile des Objekts nachträglich ändern, müssen Sie die Gruppierung aufheben. Klicken Sie dazu mit der rechten Maustaste auf das Objekt und wählen Sie *Gruppieren/Gruppierung aufheben*.

Formen kombinieren

Auf den vorangehenden Seiten haben Sie gesehen, dass PowerPoint Ihnen weitgehende Freiheiten beim Einfügen und Gestalten von Objekten erlaubt. Es geht sogar noch weiter, indem Sie verschiedene Objekte so miteinander verbinden können, dass daraus etwas ganz Neues entsteht. Das Zauberwort heißt *Formen kombinieren* (und ist nicht zu verwechseln mit dem *Gruppieren* von Formen).

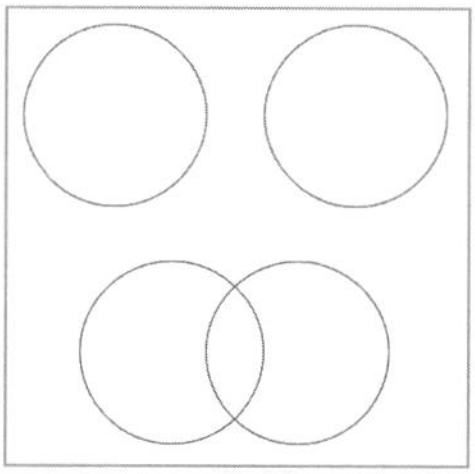

Mit einem klassischen Beispiel aus der Mathematik lässt sich die Vorgehensweise gut veranschaulichen. Hier stellt man gern zwei Mengen als Kreise dar, und wo zwei Kreise sich überlappen, ist die Schnittmenge.

Mit PowerPoint ist es einfach, die Schnittmenge, also den Bereich, in dem sich die beiden Kreise schneiden, hervorzuheben. Dazu zeichnen Sie einen Kreis auf Ihre Folie. Sie erinnern sich: Einen exakten Kreis zeichnen Sie, wenn Sie [⇧] gedrückt halten. Dann benötigen Sie noch einen zweiten Kreis, der genau die gleiche Größe haben soll wie der erste (das ist aber kein Muss, es dient nur dazu, Ihnen noch schnell zu zeigen, wie man Objekte kopieren kann).

- Die schnellste Methode ist, Sie klicken das Objekt an und halten [Strg] fest, während Sie das zu kopierende Objekt an eine andere Position schieben.
- Die zweite Möglichkeit: Mit der bereits bekannten Tastenkombination [Strg]+[C] kopieren Sie das Objekt in die Zwischenablage, mit [Strg]+[V] holen Sie es wieder heraus. Mit dieser Methode kopieren Sie Objekte auch zwischen den Folien.
- Die dritte Möglichkeit: Sie markieren das Objekt und drücken [Strg]+[D]. Damit duplizieren Sie Objekte auf der gleichen Folie.

TIPP

Was ist [Strg]+[D]?
Diese Tastenkombination dient zum Duplizieren von Objekten. Mit den Tastenkombinationen [Strg]+[C] (Kopieren) und [Strg]+[V] (Einfügen) haben Sie wahrscheinlich bisher kopiert. Und das war auch richtig. Sie hätten das in diesem Fall auch machen können. Aber es gibt einige Unterschiede zwischen [Strg]+[D] und den beiden anderen Tastenkombinationen. [Strg]+[D] dupliziert z. B. nur innerhalb einer Folie. Sie können damit keine Objekte auf eine andere Folie kopieren. Das müssen Sie mit den beiden anderen Tastenkombinationen machen.

1 Wie auch immer – kopieren Sie den Kreis, und lassen Sie ihn farblich wie vorgegeben. Schieben Sie den einen Kreis über den anderen, sodass eine Schnittmenge entstehen kann. Sie sehen die dynamischen Führungslinien zum exakten Positionieren?

2 Wenn Sie nun die beiden Kreise markieren, wird im Menüband automatisch ein Reiter für die Registerkarte *Formformat* angezeigt.

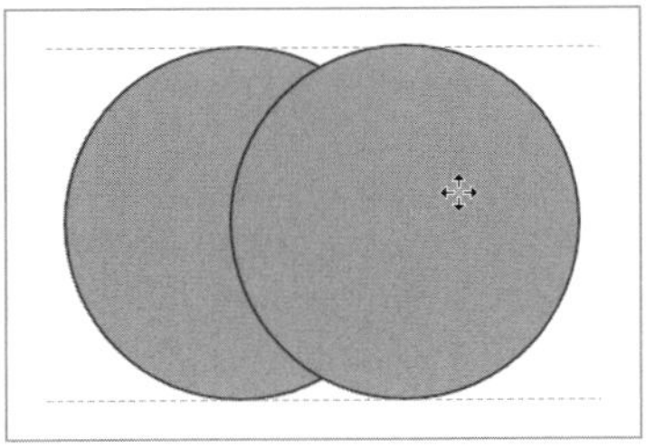

3 Wechseln Sie zu diesem und wählen Sie dort im Bereich *Formen einfügen* unter dem Symbol *Formen zusammenführen* den Befehl *Kombinieren.*

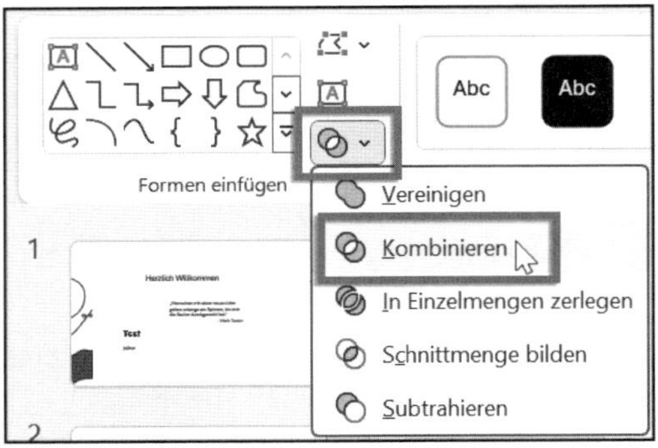

4 Und schon hat PowerPoint die Schnittmenge ausgeschnitten.

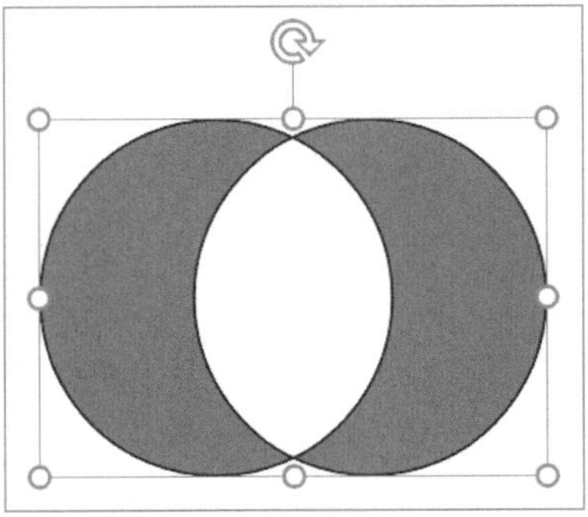

Wenn Sie nun meinen, das sei schon mal ganz ordentlich – es geht noch mehr. Zeichnen Sie noch einmal zwei Kreise, die sich überlappen, und markieren Sie sie wieder (oder machen Sie den letzten Schritt mit Strg+Z rückgängig).

1 Nun wählen Sie auf der Registerkarte *Formformat* unter dem Symbol *Formen zusammenführen* den Befehl *In Einzelmengen zerlegen*.

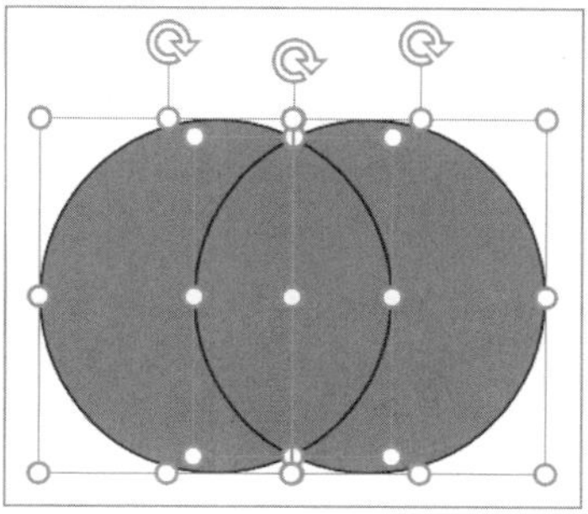

2 Was ist nun der Unterschied? Zunächst sehen Sie, dass der Ausschnitt für die Schnittmenge nicht ausgeschnitten wurde – oder doch?

3 Klicken Sie auf die Schnittmenge.

4 Die Schnittmenge ist zu einem separaten Objekt geworden und kann nun auch separat mit Farbe gefüllt werden.

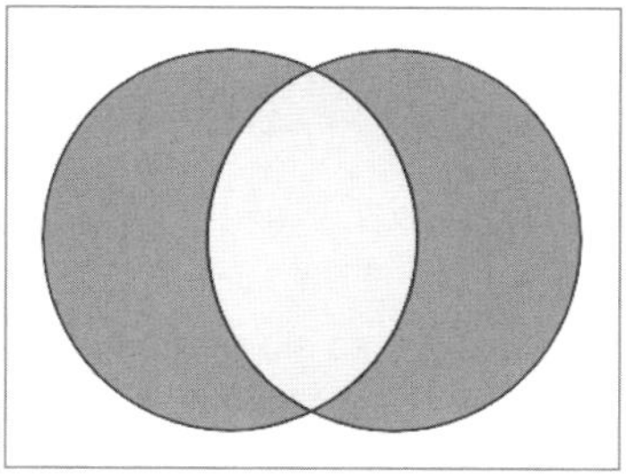

Und auch das ist nocht nicht alles. Ich möchte Ihnen noch zwei weitere Befehle aus diesem Bereich vorstellen. Dazu komme ich auf das Beispiel mit dem Schlüssel aus dem Abschnitt über das Gruppieren zurück. Aus der linken schematischen Darstellung soll in wenigen Schritten der dreidimensionale Schlüssel rechts entstehen.

1 Zeichnen Sie folgende Objekte, und schieben Sie sie zu einem Schlüssel zusammen.

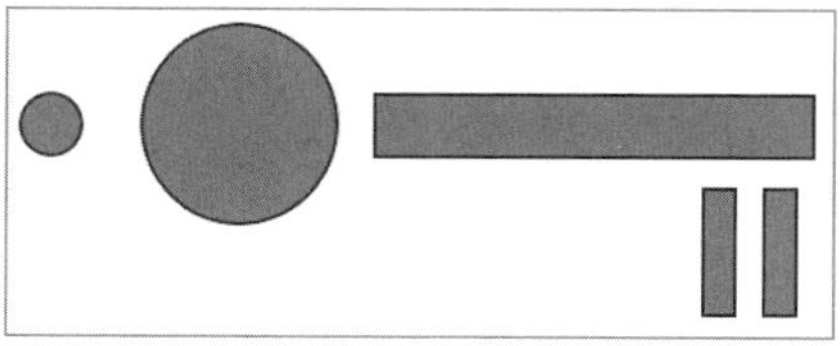

2 Markieren Sie alles, und vereinigen Sie die Teile, indem Sie auf der Registerkarte *Formformat* unter dem Symbol *Formen zusammenführen* den Befehl *Vereinigen* wählen.

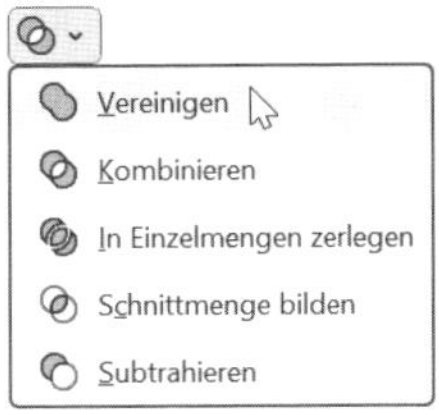

3 Nun zeichnen Sie in den vorhandenen großes Kreis einen weiteren kleinen Kreis und an den »Schlüsselbart« einige kleine Dreiecke.

4 Schieben Sie diese wie in der Abbildung einzeln über die Bereiche des Schlüssels. Die kleinen Dreiecke dienen später zur Simulation der Zacken am Schlüsselbart. Sollte Sie beim exakten Platzieren das Raster stören, schalten Sie es durch Drücken der Alt-Taste während des Ziehens von Objekten aus. Denken Sie daran, durch Drücken der Alt-Taste wird das Raster nur so lange ausgeschaltet, wie die Taste gedrückt wird.

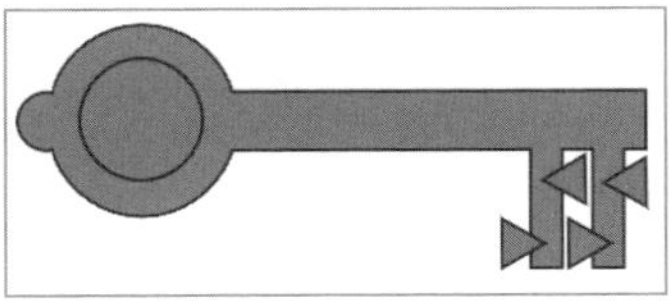

5 Nun wird es ein wenig knifflig, denn jetzt ist die Reihenfolge beim Markieren wichtig. Markieren Sie zuerst den Schlüssel als Ganzes. Die Einzelteile wurden in Schritt 2 ja schon zu einem ganzen Körper vereinigt. Danach drücken Sie die ⇧-Taste und markieren dann das kleinere Oval und nacheinander die Dreiecke.

6 Nun wählen Sie auf der Registerkarte *Zeichnung* unter *Formen zusammenführen* den Befehl *Subtrahieren*.

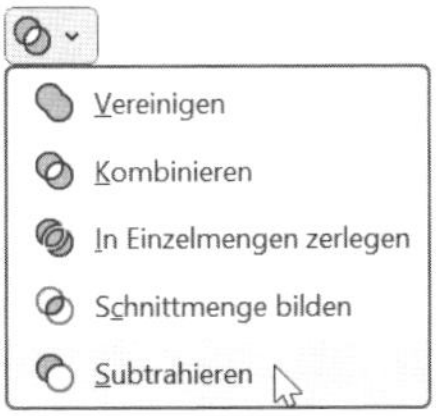

7 Damit zieht PowerPoint die zuletzt markierten Teile vom zuerst markierten Teil ab, und so entsteht die Form des Schlüssels.

8 Als Nächstes folgen nun die 3D-Schritte. Wählen Sie die Schlüsselform aus und wenden Sie sich im Menüband wieder der Registerkarte *Formformat* zu.

9 Klappen Sie im Bereich *Formenarten* die *Formeffekte* auf und wählen Sie bei *3D-Drehung* das in der Abbildung gezeigte Symbol für *Von Achse 1: nach oben*.

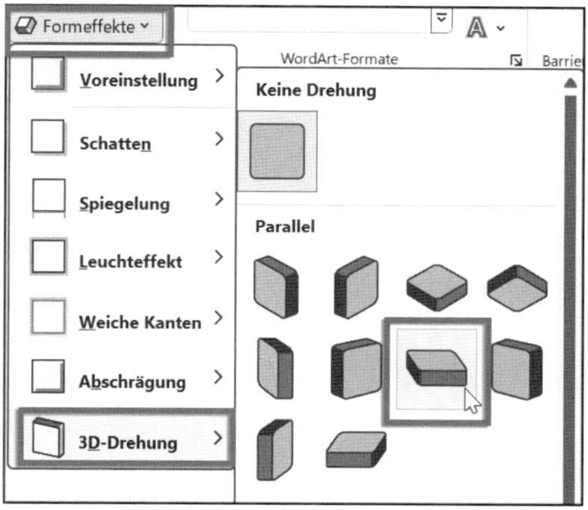

10 Bei den *Formeffekten* wählen Sie als Nächstes im Bereich *Abschrägung* das in der Abbildung gezeigte Symbol *Weiche Abrundung*.

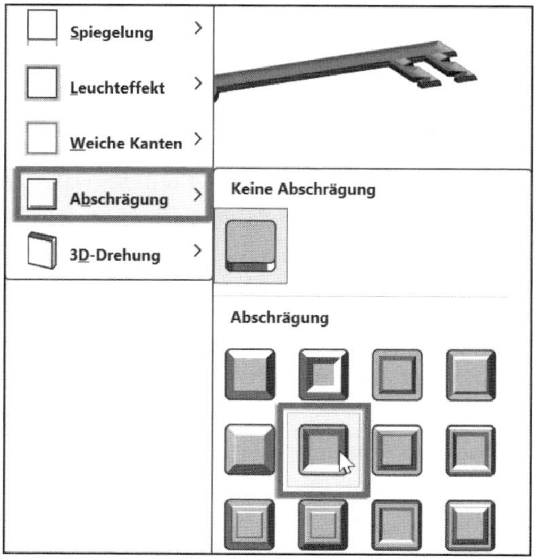

11 Zum Schluss drehen oder kippen Sie das Objekt mach Wunsch. Dazu wählen Sie unter *Formeffekte* in der Gruppe *3D-Drehung* ganz unten die 3D-Drehungsoptionen.

12 Im so eingeblendeten Seitenbereich können Sie das Objekt in die gewünschte Ausrichtung drehen. Suchen Sie einfach nach einem Winkel, in dem es für Sie gut aussieht.

Ebenen – die Reihenfolge der Objekte

Wann immer zwei oder mehr Objekte sich einen Bereich auf der Folie teilen, kommen Ebenen ins Spiel. Diese entscheiden, welches Objekt wo sichtbar ist, wenn es zu einer Überdeckung eines Elements durch ein anderes kommt.

Alles, was Sie auf eine Folie legen, liegt auf einer bestimmten Ebene. Dadurch können sich Objekte überdecken und überlappen. Dabei kann man grundsätzlich sagen: Je älter das Objekt ist, das auf der Folie liegt, desto tiefer in den Ebenen ist es zu finden. Das ist etwa wie bei einer Collage aus verschiedenen Textschnipseln. Die Ausschnitte, mit denen Sie begonnen haben, liegen ganz unten. Was später hinzugekommen ist, wird darübergeklebt.

Nun wird bei PowerPoint aber nichts geklebt, sondern Sie können alle diese Eigenschaften jederzeit so anpassen, wie es Ihnen beliebt. Also auch ältere Objekte nach vorne holen, damit sie unter allen Umständen sichtbar sind usw.

Die folgende Abbildung zeigt drei Rechtecke. Rechteck 1, zuerst gezeichnet, liegt auf der untersten Ebene 1. Rechteck 2 wurde später gezeichnet, aber vor Rechteck 3. Deshalb liegt die Nummer 2 in Ebene 2. Und Rechteck 3 liegt auf der letzten gezeichneten Ebene 3.

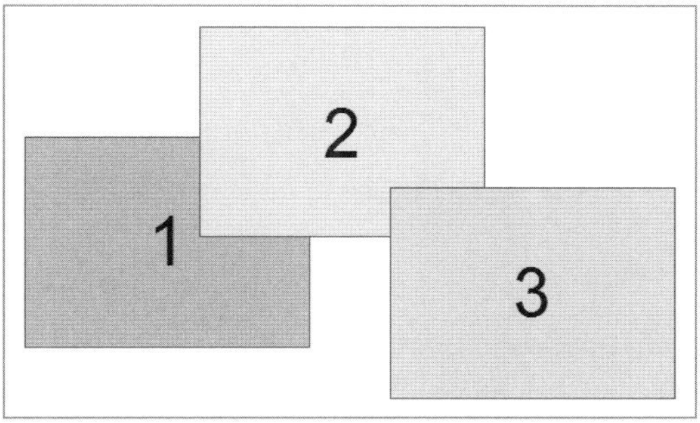

Nun soll die Reihenfolge der Ebenen der Objekte verändert werden:

1 Markieren Sie dazu das Rechteck, das Sie auf eine andere Ebene verschieben möchten. Angenommen, Rechteck 2 soll in die oberste Ebene und somit Rechteck 3 teilweise überdecken. Klicken Sie also mit der linken Maustaste auf Rechteck 2.

2 Als Nächstes klicken Sie mit der **rechten** Maustaste auf Rechteck 2.

3 Wählen Sie mit der linken Maustaste *In den Vordergrund* und dann noch mal *In den Vordergrund*.

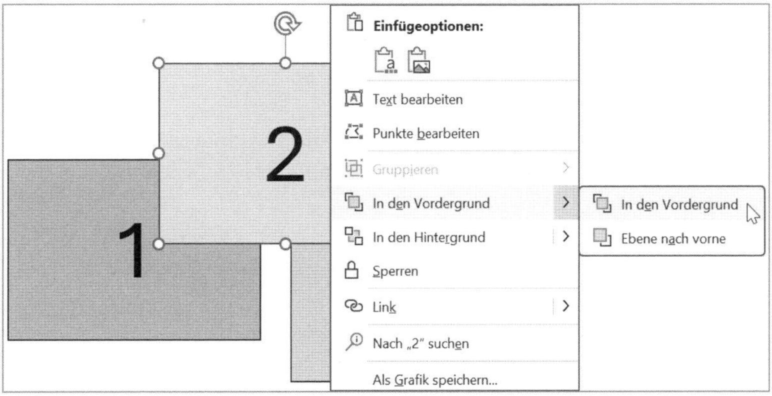

4 Nun sollte Rechteck 2 im Vordergrund sein und 1 sowie 3 teilweise überdecken.

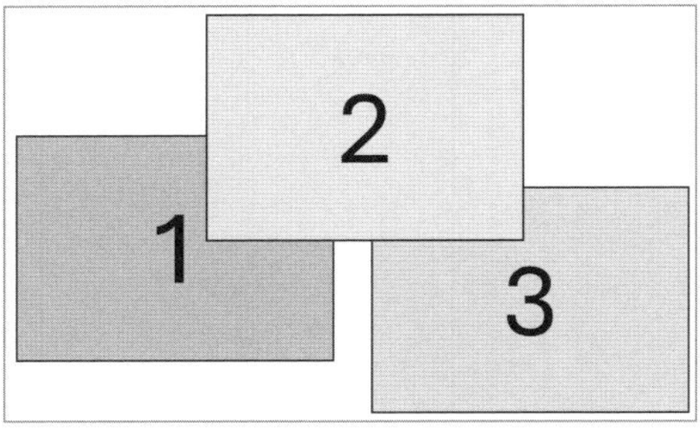

5 Nun soll Rechteck 1 noch vor Rechteck 3, aber hinter Rechteck 2. Das erreichen Sie, wenn Sie Rechteck 1 mit der rechten Maustaste anklicken und *In den Vordergrund* sowie *Ebene nach vorne* wählen.

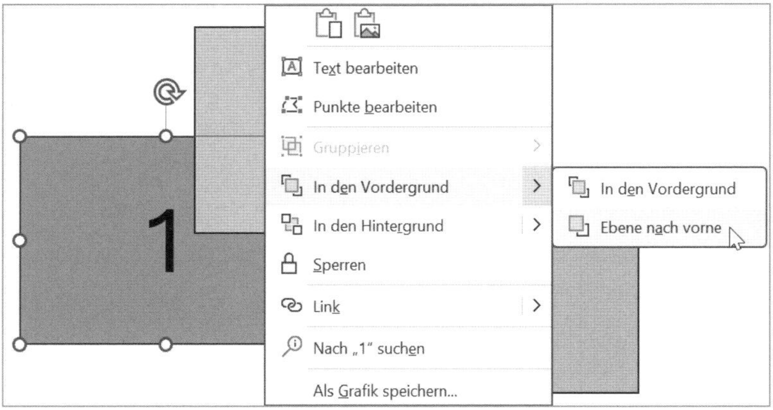

So können Sie Ihre Objekte beliebig auf die verschiedenen Ebenen legen, was manchmal zur korrekten Darstellung auf der Folie wichtig ist.

5.2 Aus Texten einfach mehr machen

PowerPoint ist keine Textverarbeitung, sondern ein Präsentationsprogramm. Und in eine Präsentation gehören nun mal keine umfangreichen Prosatexte, sondern knappe und einprägsame Sätze, die man notfalls schnell mitschreiben kann und die idealerweise die Quintessenz dessen sind, was Sie ausführlich vorgetragen haben.

Überschriften für Folien

Man hört und liest zu Präsentationen immer wieder den Tipp, dass jede Folie eine Überschrift bekommen muss. Im Prinzip ist das richtig, weil die Überschrift dem Zuhörer bei der Orientierung und Einordnung hilft. Trotzdem würde ich das eher als eine sinnvolle Richtlinie denn als ehernes Gesetz betrachten, das man ausnahmslos befolgen muss. Versetzen Sie sich bei allem, was Sie tun, in die Situation der Zuhörenden. Wie lange haben die Zeit, sich in die Folie einzudenken? Schließlich sollen sie doch eigentlich Ihnen zuhören und die Folien sollen dabei unterstützen und nicht ablenken.

Wenn Sie nicht mit einem standardisierten Layout arbeiten, sondern die Vorteile einer leeren Folie ausnutzen möchten, werden Sie auf vielen Folien Überschriften mit einem Textfeld zu schreiben haben.

Das Textfeld finden Sie auf der Registerkarte *Einfügen* in der Gruppe *Textfeld*. Wie man prinzipiell Text einfügt und was bei Schriftarten zu beachten ist, wurde auf Seite 432 bereits erläutert.

Ein Text, den Sie als Überschrift verwenden möchten, sollte in der Regel im oberen Teil der Folie zentriert werden. Zum Zentrieren eines Textfelds können Sie das Lineal, Führungslinien oder auch das Raster benutzen. Trotzdem kann es immer noch recht fummelig sein, die Überschrift genau mittig zu platzieren. Wenn Sie aber nicht fummeln möchten, gibt es einen kleinen Trick, mit dem Sie das Zentrieren auch einfacher schaffen.

1 Ziehen Sie dazu den Textbereich vom linken zum rechten Rand über die gesamte Folie.

2 Schreiben Sie die Überschrift hinein.

3 Richten Sie den Text dann mit dem *Zentrieren*-Symbol mittig aus. Da das Textfeld genauso breit wie die Folie ist, steht die Überschrift nun automatisch genau in der Mitte.

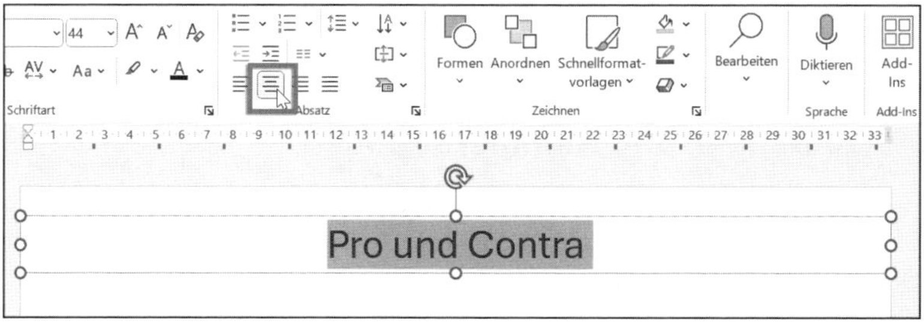

Die meisten Symbole aus der Gruppe *Schriftart* kennen Sie schon aus dem Word- bzw. Excel-Teil dieses Buches. Deshalb möchte ich hier nur auf die noch nicht besprochenen Elemente eingehen.

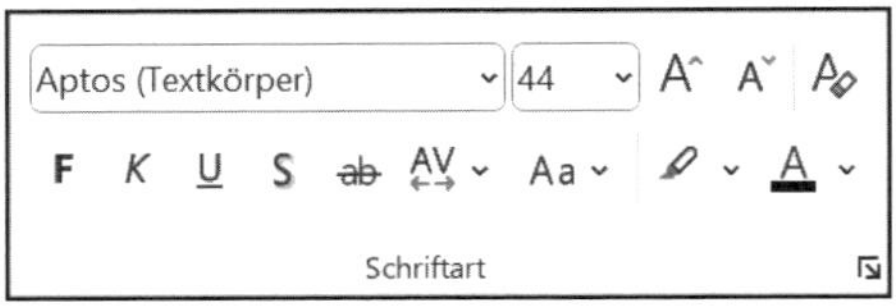

Symbol	Erklärung/Wirkung
S	Erzeugt einen Schatten an Ihrem Text.
ab	Streicht den Text durch.
AV ⌄	Vergrößert oder verkleinert den Zeichenabstand. 
Aa ⌄	Texte werden in Groß- oder Kleinbuchstaben auf die Folie geschrieben. 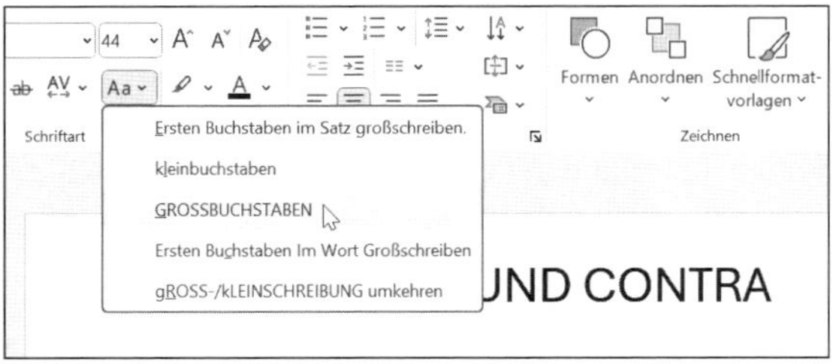

Aufzählungen und Nummerierungen

Eine Überschrift ist eine Sache, viel häufiger werden Sie aber sicher einfache und prägnante Sätze für Ihre Präsentation brauchen. Oder vielleicht möchten Sie auf einer Folie den Zuhörern zunächst einmal zeigen, was Sie im Vortrag alles erzählen werden.

Aufzählungszeichen

Sie planen einen Vortragszyklus über Physik für interessierte Laien. Deshalb möchten Sie den Teilnehmern zunächst mitteilen, welche großen Themen in dem Zyklus behandelt werden. Das kann man sehr schön mit einem Textfeld und Aufzählungszeichen realisieren.

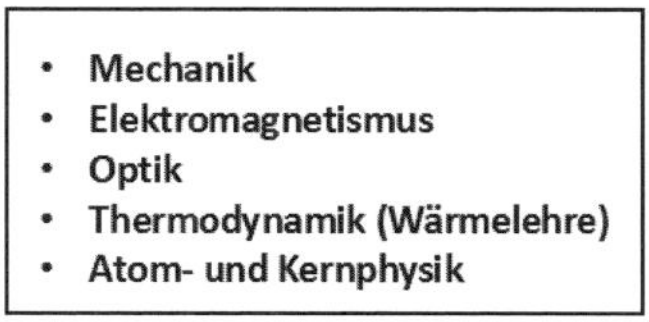

1 Dazu ziehen Sie ein Textfeld auf und notieren zunächst einmal die fünf Themenbereiche, die besprochen werden sollen. Jeder Themenbereich kommt in eine neue Zeile, d. h., nach jedem Thema erfolgt ein [↵].

2 Nun markieren Sie die fünf Themenbereiche, da diese mit Aufzählungszeichen versehen werden sollen.

3 Zum Schluss fügen Sie durch einen Klick auf das Symbol für die Aufzählungszeichen diese Ihren Themenbereichen hinzu. Sie finden die Aufzählungszeichen auf der Registerkarte *Start* in der Gruppe *Absatz*.

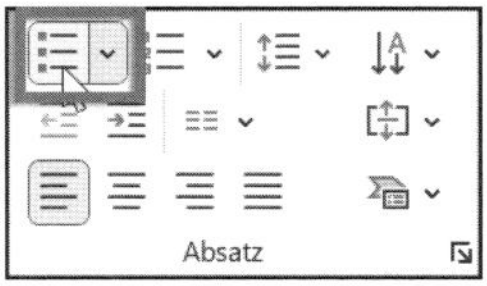

Nun hat PowerPoint Ihren Themenbereichen neutrale Aufzählungszeichen hinzugefügt. Vielleicht stehen aber die Aufzählungszeichen und die Texte für Ihren Geschmack etwas zu nahe beieinander oder sind zu weit voneinander entfernt.

Mithilfe der aus Word bekannten Symbole für das Einrücken von Texten können Sie das ändern.

1 Sollten bei Ihnen die entsprechenden Symbole nicht zu sehen sein, schalten Sie Ihr Zeilenlineal ein oder markieren das Textelement.

2 Markieren Sie die Vortragsthemen (erschrecken Sie nicht, wenn die Aufzählungszeichen selbst nicht mit markiert werden, das ist normal).

3 Abhängig davon, ob die Texte weiter oder weniger weit von den Aufzählungszeichen entfernt sein sollen, schieben Sie nun das untere Dreieck nach rechts oder links.

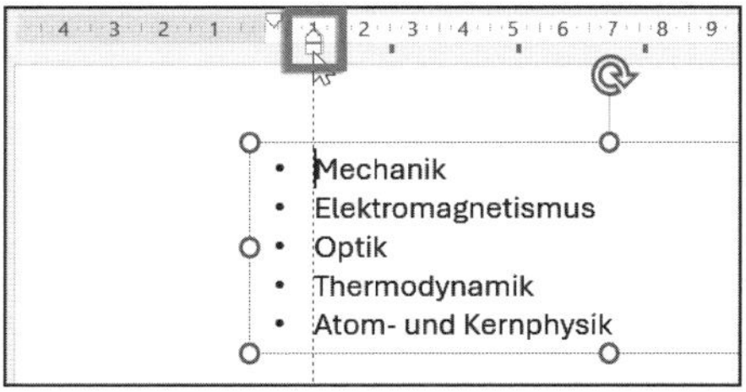

Möchten Sie noch ein weiteres Thema zu den bisherigen Themen hinzufügen, klicken Sie an das Ende des Themas, unter dem Sie ein weiteres einfügen möchten, und drücken dort die ↵-Taste. Sofort hat PowerPoint ein weiteres Aufzählungszeichen hinzugefügt. Tippen Sie das neue Thema ein.

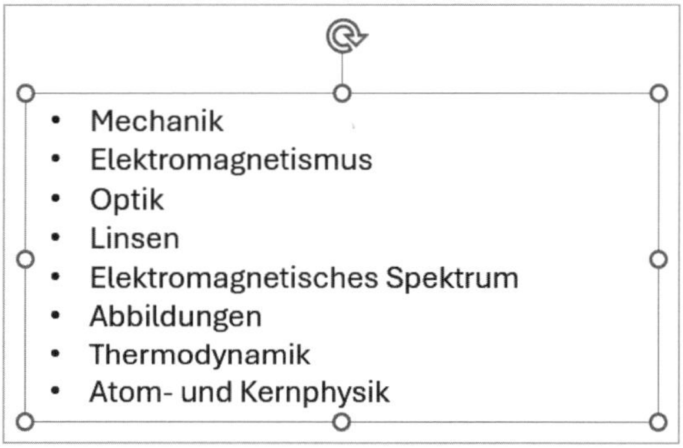

Nun sind aber die nachträglich hinzugefügten Punkte *Elektromagnetisches Spektrum*, *Linsen* und *Abbildungen* eigentlich Unterpunkte der Optik, sie müssten also etwas eingerückt und auch mit einem anderen Aufzählungszeichen versehen werden.

Kein Problem. Drücken Sie bei den drei Unterpunkten die ⇆-Taste, und schon rückt das Ganze ein.

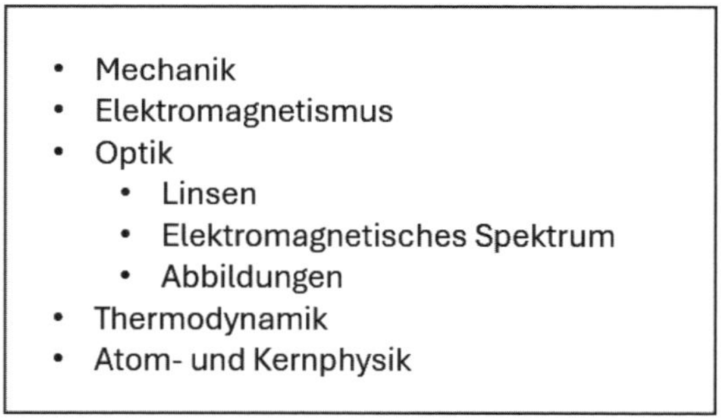

Nun sollen die drei eingerückten Begriffe aber andere Aufzählungszeichen bekommen.

Auch kein Problem: Markieren Sie die Unterpunkte, klicken Sie das kleine Pfeilsymbol neben dem Aufzählungssymbol im Menüband an und wählen Sie dort die gewünschte Variante aus.

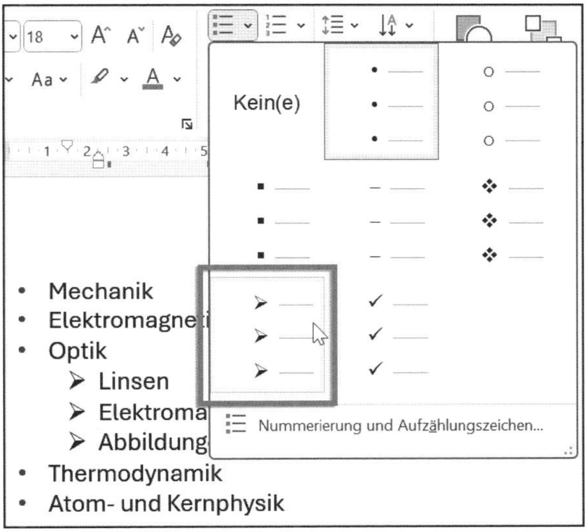

Alternativen für strukturierte Aufzählungen

Sie werden vielleicht auch erkennen, dass es schnell unübersichtlich wird, wenn Sie noch weitere Unterpunkte hinzufügen oder womöglich auch noch bei anderen Hauptpunkten Unterpunkte erstellen. Eine Alternative zu solchen Unterpunkten sind Stichwörter ohne irgendwelche Aufzählungszeichen.

Wenn Sie einen Unterpunkt einfügen möchten, ohne dass PowerPoint ein Aufzählungszeichen erstellt, nutzen Sie die Tastenkombination ⇧+↵.

- **Mechanik**
- **Elektromagnetismus**
- **Optik**
  Linsen, Elektromagnetisches Spektrum, Abbildungen
- **Thermodynamik**
  Temperatur, Entropie, Wärmekapazität
- **Atom- und Kernphysik**
  Bohrsches Atommodell, Schalen, Quantenzahlen

Hier wurde hinter Optik nicht ↵ gedrückt, sondern ⇧+↵. Das bedeutet für PowerPoint: Erzeuge eine neue Zeile, aber setze keine Aufzählungszeichen.

Wenn Sie für diese Stichwörter dann noch eine etwas kleinere Schrift als für die Hauptpunkte wählen, sieht das schon ganz ordentlich aus.

Nummerierte Aufzählungen

Sie können anstelle der neutralen Aufzählungszeichen auch sortierte Nummerierungen verwenden. Markieren Sie die Texte, die Sie nummerieren möchten, und klicken Sie im Menüband auf das Nummerierungssymbol. Alternativ können Sie auch auf das Pfeilsymbol rechts neben der Schaltfläche klicken, um die Auswahl der Nummerierungszeichen zu öffnen.

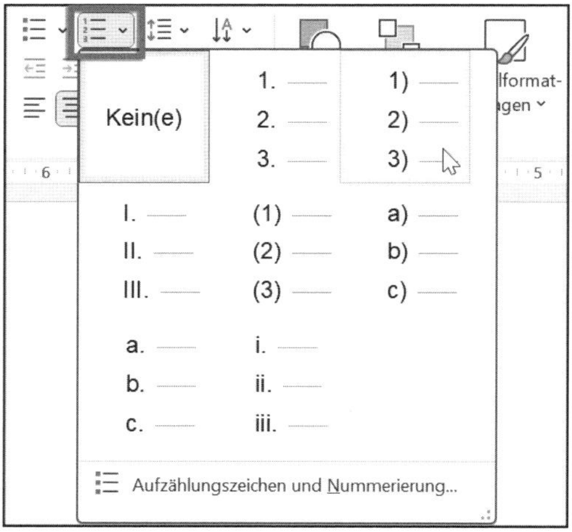

Der Rest des Nummerierens verläuft analog zu dem, was bei den neutralen Aufzählungszeichen gesagt wurde.

Gliederungen visuell aufwerten

Schön wirkt es auch, wenn Sie solche Listen optisch aufpeppen. Dazu dienen die SmartArt-Grafiken, die ich in einem späteren Abschnitt ausführlich vorstellen werde. An dieser Stelle möchte ich nur schon mal zeigen, wie Sie Aufzählungen und Listen damit schnell in attraktive visuelle Elemente verwandeln.

1 Platzieren Sie die Einfügemarke in einer Liste oder Aufzählung Ihrer Präsentation oder markieren Sie genau den Bereich, den Sie umgestalten möchten.

2 Lokalisieren Sie im Menüband auf der Registerkarte *Start* den Bereich *Absatz*.

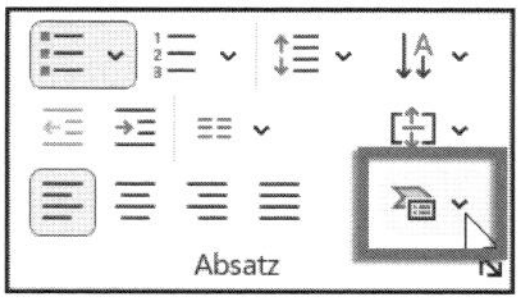

3 Klicken Sie hier unten rechts auf das Symbol *In SmartArt konvertieren*.

4 Wählen Sie im so geöffneten Auswahlkatalog eine passende SmartArt-Grafik aus. Wie bei Office üblich, erhalten Sie eine Vorschau direkt im Dokument, wenn Sie den Mauszeiger über einem Katalogeintrag schweben lassen. Erst wenn Sie klicken, wird die Umwandlung ausgeführt.

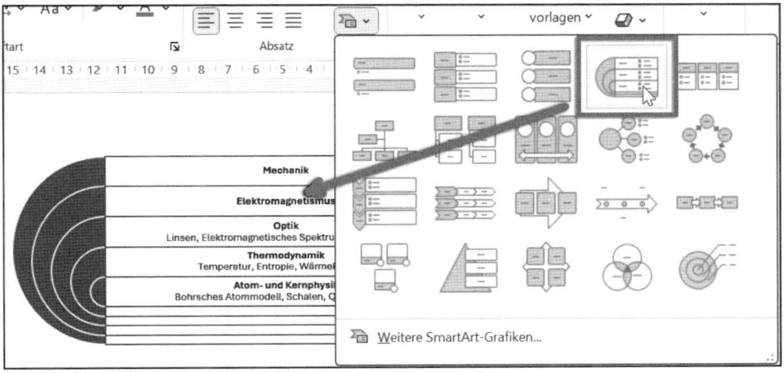

Überschriften und Titel mit WordArt

Bisher haben Sie kleine Texte auf Ihrer Folie verarbeitet und am Anfang eine Folie mit dem Titel Ihrer Präsentation erstellt. Der Titel einer Präsentation sollte immer größer als der Text auf den restlichen Folien sein. Und diese Titelfolie sollte auch etwas fürs Auge bieten. Probieren Sie für diesen Zweck ruhig einmal die WordArt-Funktion aus. Gut gemacht, bleibt das Auge daran hängen – oder wie es neudeutsch so schön heißt: Sie haben einen Eyecatcher erstellt.

1 Klicken Sie im Menüband in der Registerkarte *Einfügen* im Bereich *Text* auf die Schaltfläche *WordArt*.

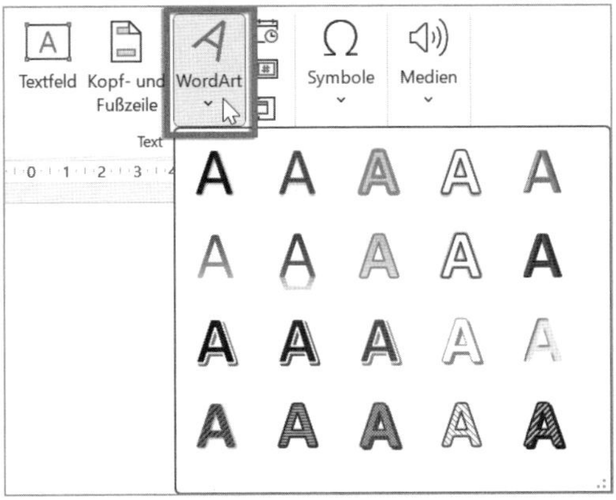

2 Suchen Sie sich in der so geöffneten Auswahl ein Design aus und klicken Sie darauf. PowerPoint fügt daraufhin ein Textelement in die Folie ein, in dem der generische Platzhalter *Hier steht Ihr Text.* im gewählten Stil zu sehen ist.

3 Ersetzen Sie den Platzhalter mit dem gewünschten Titel und vergrößern Sie ggf. das Element durch Ziehen der Markierungselemente an den Seiten.

4 Sollte Ihnen nachträglich das gewählte Layout nicht gefallen, können Sie über die eingeblendete Registerkarte *Formformat* bei *WordArt-Formate* auf *Weitere* klicken.

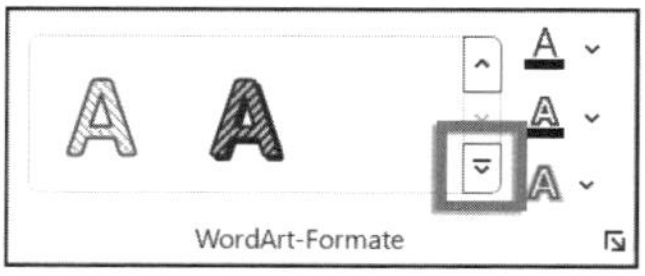

5 Eine riesige Auswahl an verschiedenen Layouts wird angezeigt. Auch hier können Sie wieder von der dynamischen Vorschau bei Office profitieren: Bewegen Sie den Mauszeiger auf ein neues Layout, wird die Veränderung im Dokument temporär angezeigt. Erst wenn Sie klicken, wird sie dauerhaft übernommen.

6 Und wenn Ihnen das immer noch zu langweilig ist, können Sie auf der Registerkarte *Formformat* im Bereich *WordArt-Formate* die drei Auswahlen rechts anklicken:

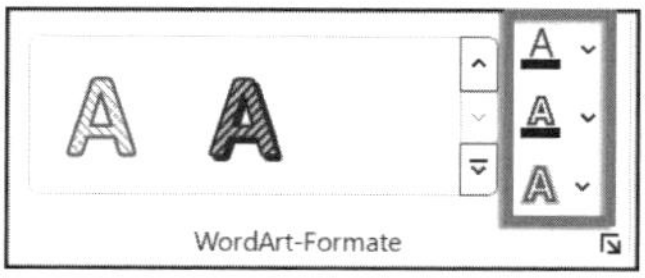

- Mit *Textfüllung* legen Sie Farben, Farbverläufe oder Texturen für den Text fest.
- Die *Textkontur* kann unabhängig von der Textfarbe festgelegt werden, um den Umriss der Schrift zu betonen.
- *Texteffekte* stellt eine Vielzahl von Gestaltungsmöglichkeiten wie Schatten, Spiegelung oder Leucht- und 3D-Effekte bereit.

Mit dem untersten Auswahlpunkt *Texteffekte/Transfomieren* können Sie den Verlauf der Überschrift insgesamt in zahlreichen Varianten aufregend gestalten. Hier können Sie einfach mal ein paar Dinge ausprobieren. Behalten Sie dabei aber stets die Lesbarkeit im Auge und denken Sie daran, dass solche grafischen Spielereien bei manchen Themen auch unangemessen oder wenig seriös wirken könnten.

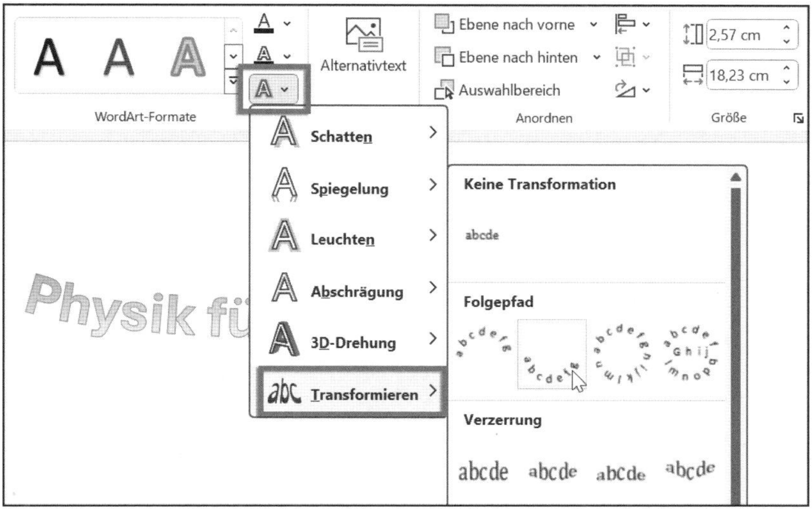

5.3 Präsentationen mit Bildern aufwerten

Präsentationen, deren einzelne Folien ausschließlich Text enthalten, werden schnell langweilig. Bilder, Grafiken oder Symbole bieten dem Auge Abwechslung und lassen die Darbietung interessanter und professioneller wirken. Wann immer es möglich und sinnvoll ist, sollten Sie Ihre Folien deshalb mit Bildern oder grafischen Elementen auflockern. PowerPoint bietet verschiedene Werkzeuge, um Ihnen das so leicht wie möglich zu machen.

Bilder einfügen

PowerPoint kann Bilder in praktisch allen gängigen Bildformaten einlesen und in Ihre Folien einbinden. Um Bilder lokal von Ihrer Festplatte zu verwenden, gehen Sie folgendermaßen vor:

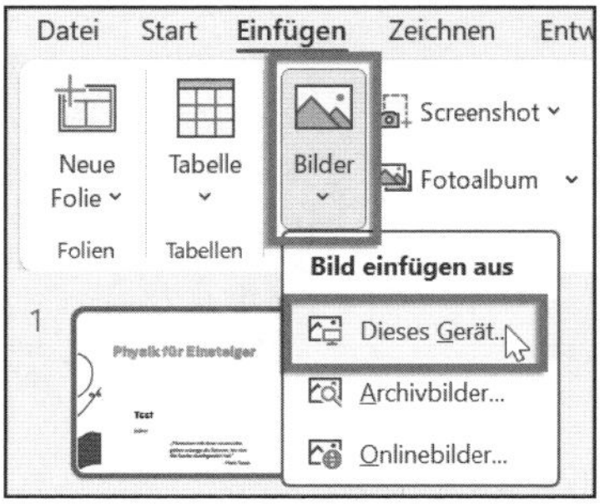

1 Klicken Sie im Menüband auf der Registerkarte *Einfügen* im Bereich *Bilder* auf *Bilder*.

2 Wählen Sie im dann folgenden Menü *Bild einfügen aus* den obersten Punkt *Dieses Gerät*.

3 Navigieren Sie in der Ordnerstruktur Ihrer Festplatte zu dem Verzeichnis, in dem sich die gewünschten Bilder befinden.

4 Wählen Sie eines aus und klicken Sie auf *Einfügen*.

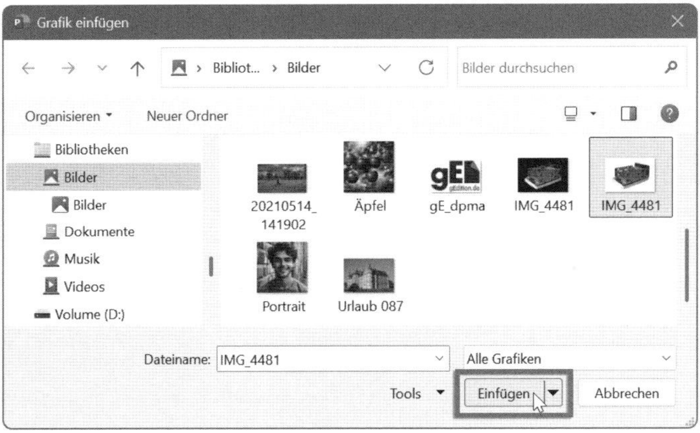

PowerPoint fügt nun das entsprechende Bild ein. Wie bei allen Objekten können Sie auch Bilder anschließend beliebig in die Folie einpassen:

- Mit den Anfassern an den Ecken und Seiten können Sie das Bild vergrößern oder verkleinern. Verkleinern ist dabei bedenkenlos möglich, solange der Inhalt noch erkennbar bleibt. Beim Vergrößern sollten Sie aber bedenken, dass Bilder nicht beliebig über ihre Auflösung hinaus skaliert werden können, ohne dass es zu sichtbaren Qualitätsverlusten kommt.

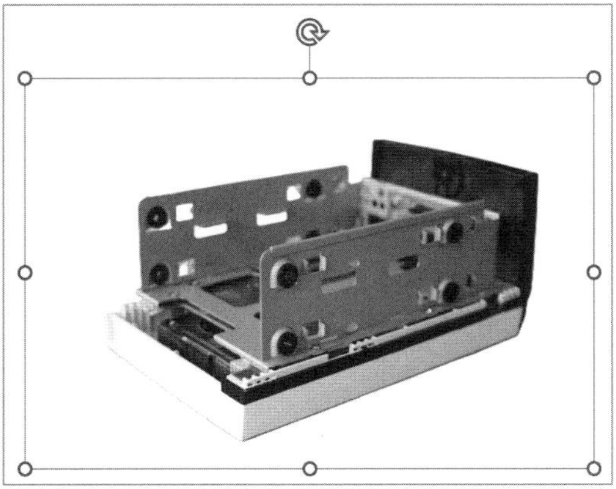

- Um ein Bild unter Beachtung der Proportionen zu verändern, ziehen Sie an einem der vier Eckpunkte. Nur diese Eckpunkte lassen die Seitenverhältnisse unverändert.
- Durch Ziehen der Drehmarkierung oben können Sie das Bild drehen.
- Wenn Sie das Bild irgendwo in der Mitte mit der Maus anfassen, können Sie es auch noch beliebig auf der Folie verschieben.

Verknüpfen statt einfügen

Durch Ihren Klick auf *Einfügen* wurde das Bild Bestandteil Ihrer PowerPoint-Datei. Das heißt aber auch, dass Ihre Datei riesig werden kann, wenn Sie mit vielen Bildern arbeiten. Und wenn Sie gar Bilder mit besonders hoher Auflösung einfügen, wird Ihre Datei schnell gigantische Ausmaße annehmen. Auch wenn die Computer heute sehr schnell sind, sollten Sie darauf achten, Dateien möglichst klein zu halten.

Damit nicht jedes Bild, das Sie einfügen, Bestandteil Ihrer PowerPoint-Datei wird, können Sie die Bilder alternativ auch mit der Folie verknüpfen. Dadurch wird in der Folie nicht das Bild selbst gespeichert, sondern nur der Pfad zur Bilddatei.

Dazu müssen Sie die Vorgehensweise beim Einbinden von Bildern nur ein wenig ändern:

1 Klicken Sie im Menüband auf der Registerkarte *Einfügen* im Bereich *Bilder* auf *Bilder*.

2 Wählen Sie im dann folgenden Menü *Bild einfügen aus* den obersten Punkt *Dieses Gerät*.

3 Navigieren Sie in der Ordnerstruktur Ihrer Festplatte zu dem Verzeichnis, in dem sich die gewünschten Bilder befinden.

4 Am Ende des Vorgangs wählen Sie im Dialog *Grafik einfügen* nicht den Befehl *Einfügen*, sondern klicken auf das kleine Pfeilsymbol rechts daneben.

5 Es wird eine kleine Liste aufgeklappt, in der Sie *Mit Datei verknüpfen* wählen.

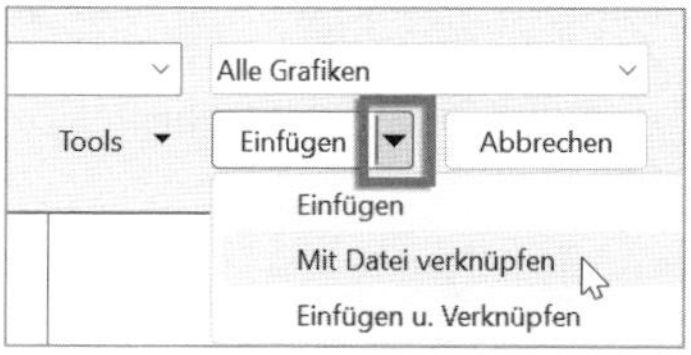

Dadurch wird das Bild zwar kein physischer Bestandteil der PowerPoint-Datei, aber PowerPoint hat sich den Pfad zum Objekt auf Ihrer Festplatte gemerkt und wird nun immer das Bild von Ihrer Festplatte holen.

TIPP

Einbinden vs. Verknüpfen – Licht und Schatten

Wenn Sie konsequent verknüpfen statt einfügen, bleiben Ihre PowerPoint-Dateien erstaunlich schlank. Und die Methode hat den positiven Nebeneffekt, dass verknüpfte Bilder aktualisiert werden, wenn sich die Bilddatei verändert hat. Aber es gibt auch Nachteile. Da PowerPoint nur den Pfad zur Bilddatei auf Ihrer Festplatte kennt, muss das Bild jedes Mal von dort nachgeladen werden, wenn Sie die Präsentation wiedergeben oder bearbeiten möchten.

Haben Sie aber zwischenzeitlich Ihre Festplatte aufgeräumt oder Ihre Bilddatei umbenannt, wird PowerPoint das Objekt vergeblich suchen und Ihnen stattdessen ein leeres Rechteck zeigen. Das wird dann besonders unangenehm, wenn Sie einen Vortrag halten müssen und vergessen haben, neben der Präsentation selbst ebenfalls alle verknüpften Bilddateien auf Notebook oder USB-Stick zu kopieren.

Wägen Sie also gut ab, ob Sie die Bilder mithilfe von *Mit Datei verknüpfen* oder durch Klick auf *Einfügen* physisch in die PowerPoint-Präsentation einbinden. Die nachfolgende Tabelle fasst die Vor- und Nachteile noch mal kompakt zusammen.

Einfügen	Mit Datei verknüpfen
Die Datei wird sehr groß.	Die Datei bleibt erstaunlich klein.
Langsameres Bearbeiten der Datei.	Schnelleres Bearbeiten der Datei.
Die Bilder in der Präsentation sind immer vorhanden.	Die Bilder der Präsentation liegen auf der Festplatte Ihres Rechners und müssen jeweils mit auf Notebook oder USB-Stick kopiert werden.
Das Bild wird nicht aktualisiert. Wenn es also eine Grafik aus Excel ist, wird nicht das Bild mit den neusten Daten genommen.	Es wird immer das aktuelle Bild verwendet. Das kann interessant sein, wenn Sie etwa Grafiken aus Excel einbinden, die regelmäßig aktualisiert werden.

Teile des Bildes mit einer transparenten Form versehen

Eine besondere Herausforderung ist das Kombinieren von Bildern mit Text. Prinzipiell können Sie jederzeit ein Textfeld auch über ein Bild legen und darin einen Text eintippen. Allerdings sieht das Ganze unter Umständen nicht sehr hübsch aus und ist vor allem auch nicht gut lesbar.

Das liegt nicht nur an der vielleicht zu klein gewählten Schrift. Alles wirkt etwas unruhig, und das Auge springt ständig zwischen Text und Bild hin und her. Da nützt es auch nichts, eine andere Farbe als Schwarz zu wählen.

Die beste Lösung wäre, den Text mit einem transparenten Hintergrund zu versehen, sodass das Bild noch zu sehen ist, der Text aber auch in Ruhe gelesen werden kann.

1 Sie fügen das Bild und den entsprechenden Text mit einem Textfeld in gewohnter Weise ein. Für das Textfeld klicken Sie auf der Registerkarte *Einfügen* auf *Textfeld* und schreiben Ihren Text.

2 Sie klicken auf den Rahmen des Textfelds, um es zu markieren.

3 Öffnen Sie die Registerkarte *Formformat* und klicken Sie im Bereich *Formenarten* unten rechts auf den kleinen Pfeil.

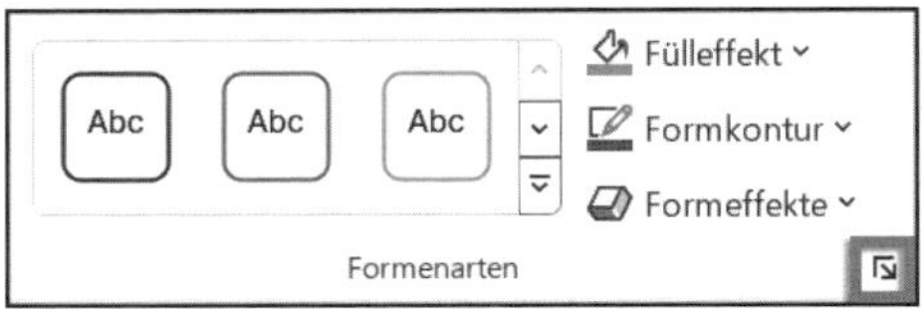

4 Rechts wird nun der Seitenbereich *Form formatieren* eingeblendet. Klappen Sie darin den Abschnitt *Füllung* aus und wählen Sie die Option *Einfarbige Füllung*.

5 Nun können Sie im unten angezeigten Bereich *Farbe* eine Farbe auswählen.

6 Stellen Sie darunter bei *Transparenz* einen Prozentwert ein, der angibt, wie durchsichtig der Hintergrund der Form werden soll. Verwenden Sie dabei die dynamische Vorschaufunktion, um sofort zu sehen, wann Sie eine gute Kombination von Farbe und Transparenz erreicht haben, sodass der Text gut lesbar ist.

Bilder nur in Teilen verwenden

Nicht immer braucht man das ganze Bild in seiner Präsentation. Häufig genügt auch ein bestimmter Teil davon. PowerPoint bietet verschiedene Möglichkeiten, Ausschnitte von Bildern zu erstellen oder sogar Motive in Bildern freizustellen, sodass störendes Beiwerk entfernt wird.

Bildausschnitte erstellen

Anstatt ein Bild so wie eingefügt zu verwenden, können Sie jederzeit auch nur einen ganz bestimmten Ausschnitt davon herstellen:

1 Markieren Sie das Bild mit einem Klick. Dadurch zeigt PowerPoint automatisch oben im Menüband den Reiter *Bildformat* an.

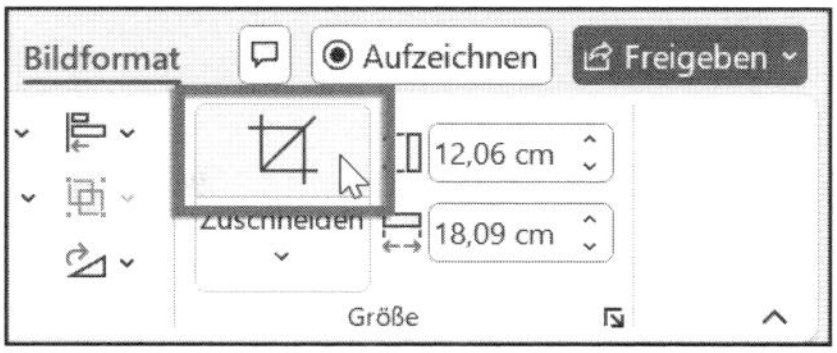

2 Klicken Sie in der Registerkarte *Bildformat* rechts im Bereich *Größe* auf den oberen Teil der Schaltfläche *Zuschneiden*.

3 Am Bildobjekt auf der Folie werden nun zusätzliche schwarze Seitenelemente angezeigt, mit denen Sie das Bild zuschneiden können.

4 Klicken Sie auf eines dieser Symbole, halten Sie die Maustaste gedrückt, und ziehen Sie den Punkt nach innen. Dadurch wird der sichtbare Bereich dieses Bildes von dieser Seite verringert. Der nicht mehr sichtbare Teil wird grau unterlegt.

5 Wenn Sie die Strg-Taste festhalten, bevor Sie zu schneiden beginnen, können Sie gleichzeitig auch den gegenüberliegenden Rand schneiden, um ein symmetrisches Ergebnis zu erhalten.

6 Entspricht der Bildausschnitt Ihren Vorstellungen, drücken Sie ↵ oder klicken auf einen leeren Bereich Ihrer Folie. PowerPoint entfernt dann den ausgegrauten abgeschnittenen Bereich des Bildes, nur der gewählte Ausschnitt bleibt übrig.

Formen als Schnittschablonen

Sie können bei PowerPoint aber nicht nur mit geraden Linien zuschneiden, sondern beliebige Formen als Vorlage für den Zuschnitt verwenden:

1 Klicken Sie dazu auf der Menüband-Registerkarte *Bildformat* auf den unteren Teil der Schaltfläche *Zuschneiden*.

2 Im so geöffneten Auswahlmenü entscheiden Sie sich für die Aktion *Auf Form zuschneiden*.

3 Wählen Sie dann eine der angebotenen Formen aus.

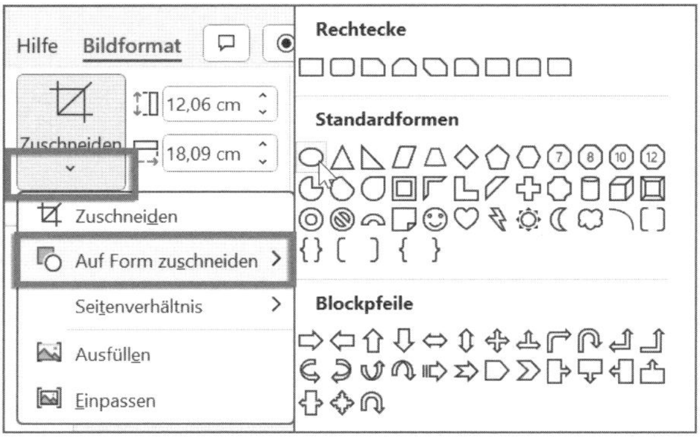

4 PowerPoint wendet diese Form auf das Bild an und entfernt alle Bereiche des Bildes, die nicht zur Form gehören.

Bildmotive freistellen

Eine weitere praktische Möglichkeit bietet die *Freistellen*-Funktion. Sie ist nützlich, wenn Sie ein Bild von einem bestimmten Gegenstand oder Motiv vor einem Hintergrund oder in Kombination mit anderen Objekten haben, die Sie nicht abbilden möchten. Dann kann PowerPoint Ihnen dabei helfen, das gewünschte Motiv freizustellen und den Hintergrund oder anderes störendes Beiwerk zu entfernen.

1 Fügen Sie das Bild zunächst ein, so wie es ist.

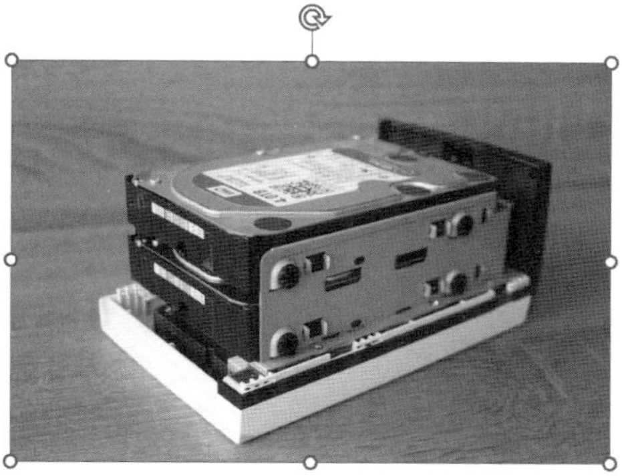

2 Klicken Sie es dann in der Folie an. Dadurch wird oben im Menüband automatisch der Reiter *Bildformat* angezeigt.

3 Klicken Sie dort ganz links auf *Freistellen*.

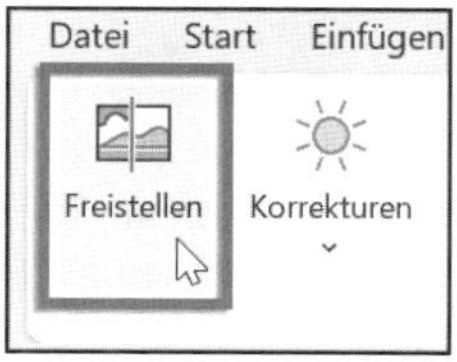

4 PowerPoint macht Ihnen nun einen Vorschlag, wie es mit dem Bild umgehen würde. Das freigestellte Objekt hat die bekannten Farben, während der Teil, den PowerPoint entfernen würde, eingefärbt ist.

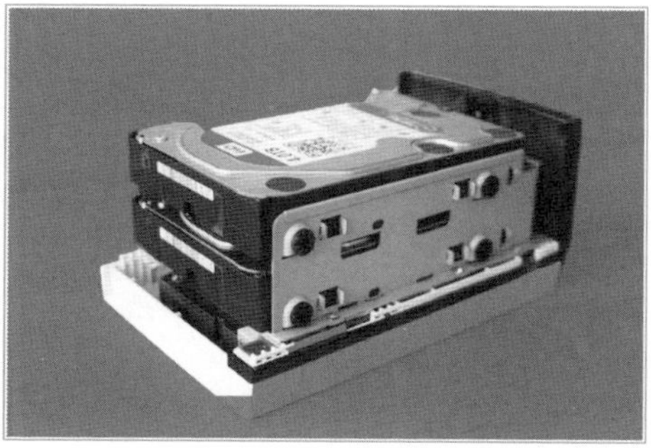

5 Das Beispielbild hat PowerPoint auf Anhieb ganz gut hinbekommen, aber am unteren Bereich ist es etwas zu übereifrig. Das wird Ihnen bei Ihren Bildern häufiger mal passieren.

6 Zum Korrigieren klicken Sie im Menüband auf *Zu behaltende Bereiche markieren* bzw. *Zu entfernende Bereiche markieren*.

7 Zeichnen Sie nun mit der Maus Markierungen für die zu behaltenden bzw. zu entfernenden Bereiche. Wann immer Sie absetzen, analysiert die Funktion Ihre Eingabe und berechnet die freizustellende Fläche neu. Das ist teilweise etwas fummelig, aber das Ergebnis kann sich meist sehen lassen.

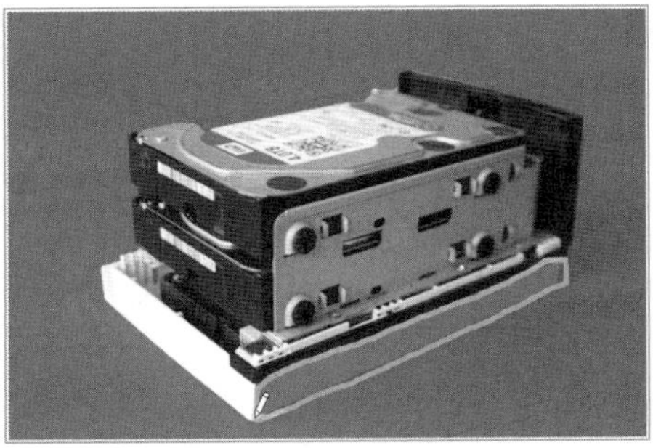

8 Sind Sie mit dem freigestellten Motiv zufrieden, klicken Sie oben im Menüband auf *Änderungen beibehalten*.

Das Motiv ist nun freigestellt, d. h., es wurde lediglich der Hintergrund entfernt. Das Bild selbst ist noch genauso groß wie vorher, nur eben jetzt mit weißem Hintergrund. Den können Sie natürlich genauso ändern wie bisher. Auch können Sie das Bild noch auf die wirkliche Größe des Motivs zuschneiden, dieses vergrößern und frei drehen usw.

Illustrationen aus dem Netz

Wenn Ihnen passendes Bildmaterial fehlt oder Sie sich langes Stöbern im Privatarchiv ersparen möchten, können Sie auch Bilder über den Microsoft-Suchdienst Bing finden, herunterladen und in Ihre Präsentation einfügen.

1 Klicken Sie dazu im Menüband auf der Registerkarte *Einfügen* bei *Bilder* auf *Onlinebilder.*

2 Geben Sie im so geöffneten Dialog im Bing-Suchfeld einen Suchbegriff ein, beispielsweise *Smiley*, und drücken Sie [↵].

3 Sie erhalten eine Auswahl an Smileys, mit denen Sie trockene Informationen etwas auflockern können. Allerdings ist diese Auswahl womöglich überraschend klein. Das liegt daran, dass standardmäßig die Option *Nur Creative Commons* aktiviert ist, was mit Lizenzfragen zu tun hat (siehe Hinweiskasten).

4 Deaktivieren Sie ggf. *Nur Creative Commons*, wenn das für Ihre Präsentation infrage kommt. In vielen Fällen werden Sie die Anzahl der Ergebnisse so erheblich erhöhen.

5 Haben Sie ein geeignetes Bild gefunden, klicken Sie es per Mausklick an und gehen dann unten auf *Einfügen*.

TIPP

Lizenzrechte bei Bildern aus dem Internet

Bei Bildern und sonstigem Material aus dem Internet sollten Sie unbedingt Urheberrecht und Lizenzbedingungen beachten. Für private Zwecke darf man zwar alles nutzen, aber Präsentationen sind selten rein privat. Verwenden Sie deshalb nur Bilder, bei denen das ausdrücklich zugelassen ist. Deshalb nutzt PowerPoint im Dialog für Onlinebilder auch standardmäßig die Option *Nur Creative Commons*. Auch dies kann allerdings an Bedingungen geknüpft sein, wie etwa das Nennen des Urhebers in einer angemessenen Form.

Weitere Quellen für Bilder

Wem die vorangehend vorgestellten Möglichkeiten (und PowerPoints eigene Formen) nicht reichen, für den gibt es noch weitere Varianten, optische Highlights zu setzen:

- Ebenso wie in Word und den anderen Office-Programmen können Sie Piktogramme einfügen. Das sind Vektorgrafiken, die Sie beliebig skalieren können, um Ihre Präsentation grafisch aufzuwerten. Zum Einfügen eines Piktogramms wählen Sie in der Menüband-Registerkarte *Einfügen* im Bereich *Illustrationen* das *Piktogramme*-Symbol. Suchen Sie nach einem passenden Piktogramm, wählen es aus und bestätigen mit *Einfügen*.

- Microsoft-365-Abonnenten steht außerdem Microsofts Bilderarchiv mit hochwertigen Fotos und Grafiken aus vielfältigen Themenbereichen zur Verfügung. Im Gegensatz zu Onlinebildern brauchen Sie sich dabei keine Gedanken über Urheberrechte und Lizenzbedingungen zu machen, da Microsoft seinen Kunden diese Medien ausdrücklich zur Nutzung überlässt.

TIPP

Gewöhnungsbedürftige Archivsuche
Die Suche im Bildarchiv funktioniert etwas anders, als man es mittlerweile gewohnt ist: Wenn Sie einen Begriff eintippen, verringert sich nicht automatisch die Auswahl der Bilder immer weiter. Stattdessen müssen Sie immer den gesamten Suchbegriff eingeben, um fündig zu werden. Beispiel: Wenn Sie »Drohn« eintippen, meldet das Archiv, dass nichts Passendes gefunden werden konnte. Ergänzen Sie noch ein e zu »Drohne«, gibt es aber auf einmal jede Menge passende Bilder. Möglicherweise liegt hierbei auch ein Fehler vor, den Microsoft in Zukunft behebt.

3D-Modelle einbinden

Eine besondere Form der Onlinebilder sind in Office die 3D-Modelle. Diese zeichnen sich, wie der Name schon sagt, dadurch aus, dass sie dreidimensional sind – Sie können sie in einer Office-Datei aus einer beliebigen Perspektive betrachten.

Das Einfügen erfolgt ähnlich wie bei den Onlinebildern:

1 Sie wählen im Menüband die Registerkarte *Einfügen* und klicken im Bereich *Illustrationen* auf die Schaltfläche *3D-Modelle*.

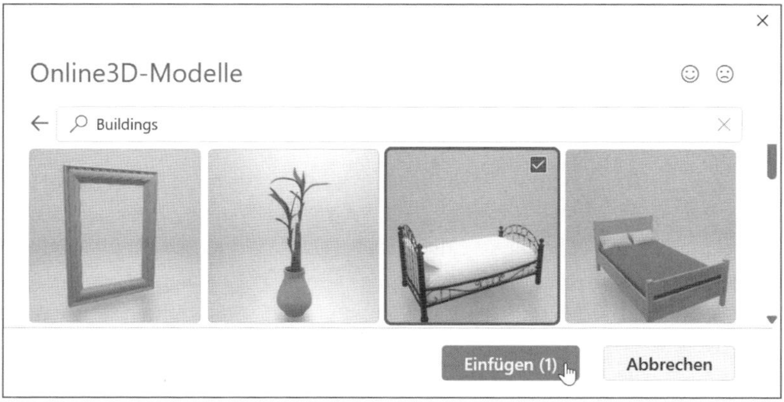

2 Der so geöffnete Dialog kommt Ihnen nun vielleicht schon bekannt vor. Allerdings stellt er Ihnen hier eine Vielzahl von dreidimensionalen Modellen aus verschiedenen Bereichen zur Auswahl.

3 Wählen Sie eines der 3D-Modelle aus und bestätigen Sie mit *Einfügen*. Soweit alles wie bekannt.

4 Wenn Sie beim eingefügten 3D-Modell nun aber das Symbol genau in der Mitte anklicken und die Maustaste gedrückt halten, können Sie durch Ziehen die von Ihnen gewünschte Perspektive auf das Objekt frei wählen.

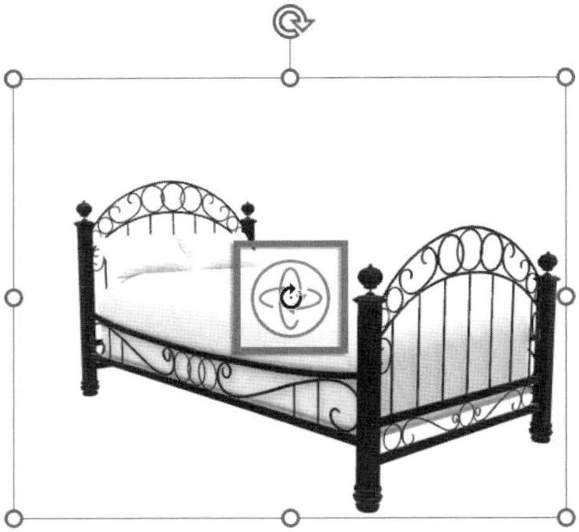

5.4 Auch Tabellen können wirken

Immer wieder liest und hört man, dass Tabellen in einer Präsentation nichts zu suchen haben, da die Teilnehmer nicht die Zeit hätten, sich in Tabellen hineinzudenken. Daraus wird der Schluss gezogen, Tabellen dürften allenfalls grafisch aufbereitet präsentiert werden.

Das so pauschal zu sagen, ist sicher übertrieben. Nicht umsonst bietet PowerPoint in der *Einfügen*-Registerkarte des Menübands einen eigenen Bereich für Tabellen. Es kann durchaus sinnvoll sein, in einer Präsentation kleinere Tabellen zu zeigen, etwa damit Seminarteilnehmer ein paar konkrete Zahlen sehen. Aber es ist auch richtig, dass man in Präsentationen sparsam mit Tabellen umgehen sollte. Die visuelle Darstellung in Form eines Diagramms ist oftmals viel beeindruckender und einprägsamer als die Präsentation einer Zahlenreihe.

Tabellen aus Excel importieren

Da Excel nun mal der Platzhirsch bei Tabellen ist, übernehme ich eine Beispieltabelle von dort nach PowerPoint:

1 Starten Sie Excel, nehmen Sie eine Tabelle, und markieren Sie die Werte, die Sie nach PowerPoint kopieren möchten. Kopieren Sie mit Strg+C oder den anderen Kopiermöglichkeiten.

	A	B	C	D	E
1	Verkaufspreis/kg	12,70 €			
2	Einkaufspreis/kg	9,80 €			
3					
4		Stückzahl	Umsatz	Kosten	Gewinn
5					
6	1. Quartal	35	4.445,00 €	343,00 €	4.102,00 €
7	2. Quartal	28	3.556,00 €	274,40 €	3.281,60 €
8	3. Quartal	49	6.223,00 €	480,20 €	5.742,80 €
9	4. Quartal	51	6.477,00 €	499,80 €	5.977,20 €
10					
11	Summe	163	20.701,00 €	1.597,40 €	19.103,60 €

2 Gehen Sie auf eine PowerPoint-Folie, und drücken Sie dort die rechte Maustaste. Es öffnet sich ein Dialog mit Eingabeoptionen. Fahren Sie einmal über sämtliche Optionen, um zu sehen, was dahintersteckt. Erst wenn Sie auf eine der Optionen klicken, wird die Excel-Tabelle eingefügt.

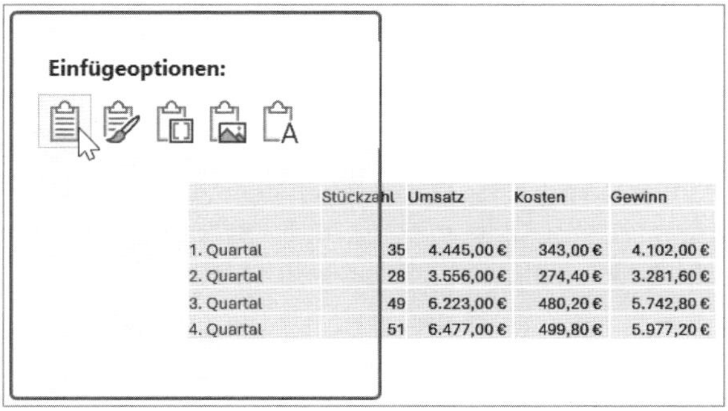

3 Nun haben Sie die Tabelle auf Ihrer Folie und können sie dort noch verändern. Wann immer Sie eine Tabelle auswählen bzw. markieren, zeigt PowerPoint oben im Menüband die zusätzlichen Reiter *Tabellenentwurf* bzw. *Tabellenlayout* an.

4 Klicken Sie in der Registerkarte *Tabellenentwurf* im Bereich *Tabellenformatvorlagen* auf das kleine Symbol unten rechts neben der Auswahl.

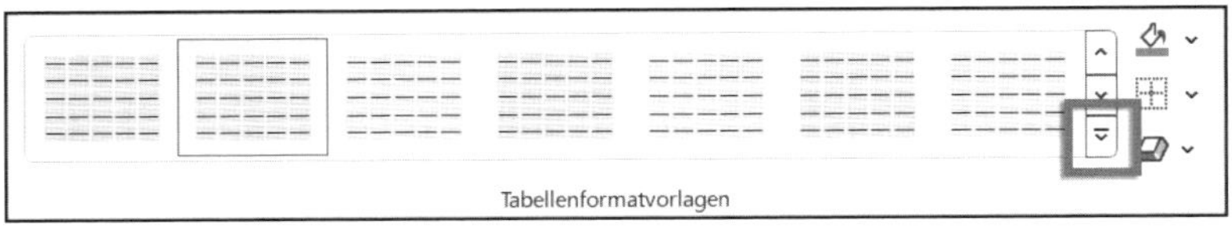

5 Damit zeigt PowerPoint Ihnen den gesamten Vorlagenkatalog für Tabellen an. Ähnlich wie bei Excel können Sie damit das Aussehen einer Tabelle mit wenigen Mausklicks ganz grundlegend und vielfältig umgestalten, sodass sie sich gut in Ihre Präsentation einpasst.

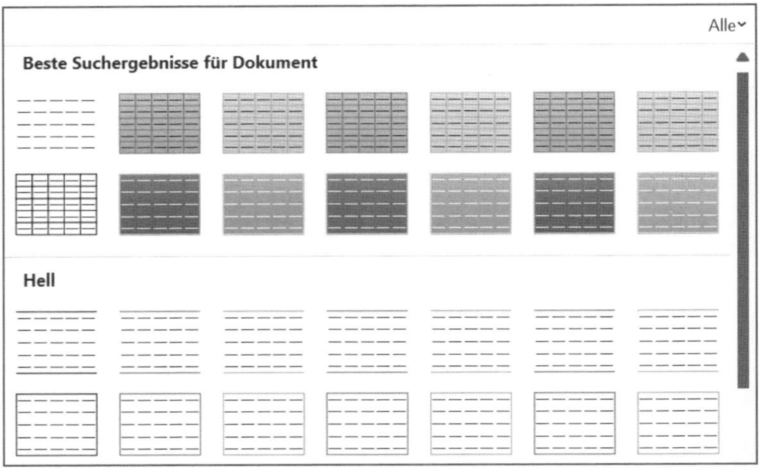

6 Falls Ihnen von den vordefinierten Formaten keines zusagt, markieren Sie die entsprechenden Zeilen oder Spalten und formatieren sie per Hand. Um z. B. eine Spalte zu markieren, gehen Sie über die Spalte, bis ein schwarzer Pfeil erscheint, und klicken dann mit der linken Maustaste.

Denken Sie an dieser Stelle daran, dass die Tabelle in PowerPoint nun nicht mehr weiß, woher sie ursprünglich kam, d. h., Änderungen an der Excel-Tabelle haben keine Auswirkungen auf diese PowerPoint-Tabelle. Sie können aber analog zu der Beschreibung für Word (siehe Seite 128) auch bei PowerPoint eine Excel-Tabelle als Objekt in eine Präsentation einbinden, die dann ggf. auch mit neueren Zahlen aktualisiert wird.

Tabellen mit Bordmitteln erstellen

Sie können Tabellen auch direkt in PowerPoint erstellen. Dabei sollte nur klar sein, dass solche Tabellen einen rein darstellenden Charakter haben.

Selbst wenn Sie Zahlen in die Zellen schreiben, können Sie keine Formeln einfügen, die aus diesen Zahlen etwas berechnen würden. Aber wenn Inhalte sich tabellarisch gut vermitteln lassen, spricht nichts dagegen, Tabellen in Ihren Folien zu verwenden, beispielsweise für einen Stundenplan.

1 Gehen Sie dazu im Menüband auf der Registerkarte *Einfügen* auf *Tabelle* und wählen Sie durch Markieren eine Tabelle mit sieben Spalten und sieben Zeilen.

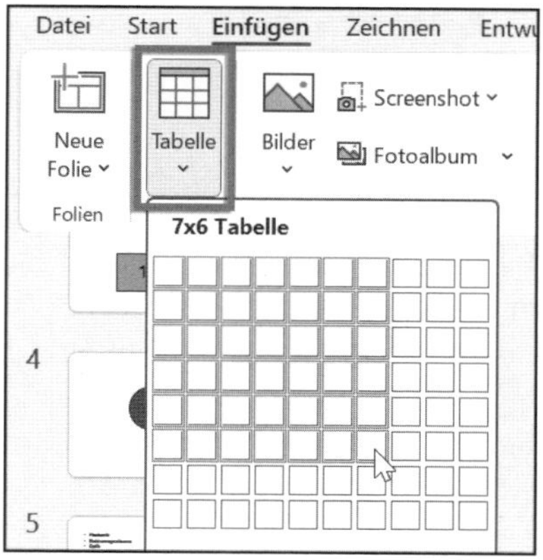

2 Tragen Sie die Tage einer Woche als Spaltenüberschriften und links die Uhrzeiten ein. Sollte die Spalte für die Uhrzeiten zu klein sein, vergrößern Sie einfach die ganze Tabelle an den entsprechenden Markierungselementen.

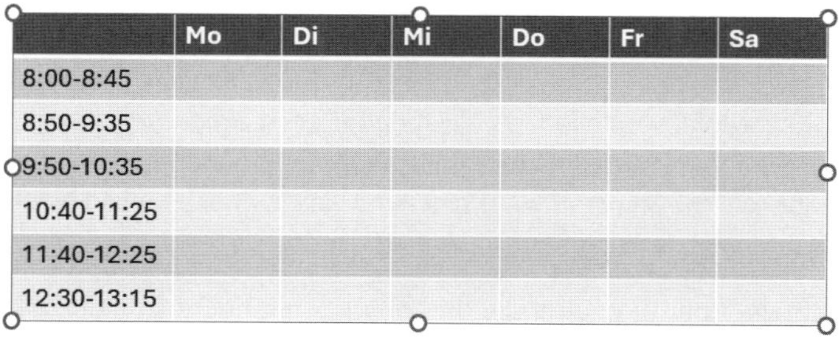

	Mo	Di	Mi	Do	Fr	Sa
8:00-8:45						
8:50-9:35						
9:50-10:35						
10:40-11:25						
11:40-12:25						
12:30-13:15						

3 Anschließend füllen Sie den Stundenplan mit Inhalt und formatieren diesen nach Belieben.

4 Wenn Sie mit der rechten Maustaste in eine Zelle klicken, wird oberhalb des Kontextmenüs ein spezieller Bereich zum Formatieren und Bearbeiten der Zelle angezeigt. Hier können Sie etwa bei Bedarf weitere Zeilen oder Spalten einfügen, indem Sie die *Einfügen*-Auswahl aufklappen und dann entscheiden, was eingefügt werden soll.

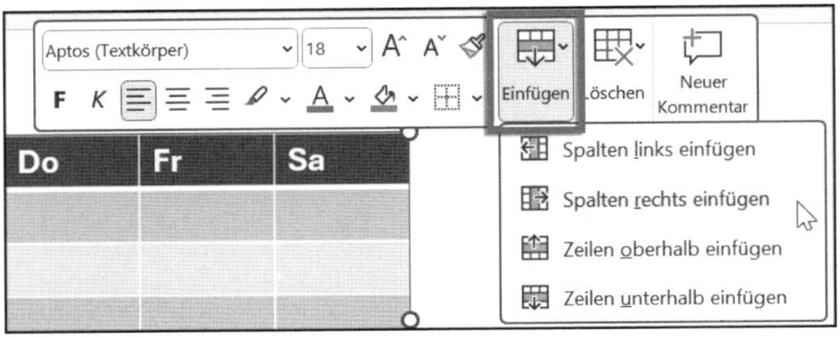

Sie sehen also, kleinere Tabellen mit überschaubarem Inhalt lassen sich auch in PowerPoint schnell erstellen. Bei umfangreicheren oder komplexeren Daten oder wenn Sie von den Excel-Eingabehilfen wie AutoAusfüllen oder dem systematischen Kopieren profitieren möchten, würde ich Tabellen aber jeweils in Excel erstellen und dann nach PowerPoint übernehmen.

5.5 Daten und Informationen als Diagramme

Wenn es um das Präsentieren von Zahlen geht, schlägt ein Diagramm eine Tabelle in den meisten Fällen. Menschen können mit der grafischen Aufbereitung von Zahlenbergen nun mal wesentlich mehr anfangen. Deshalb sollten Sie, wann immer es geht, Zahlen grafisch aufbereiten.

In diesem Abschnitt möchte ich Ihnen nicht nur die grafische Darstellung von Zahlen in PowerPoint vorstellen, sondern dabei auch einige Anregungen vermitteln, wie Sie Ihre Diagramme mit verschiedenen Bildelementen aufwerten können. Dabei gilt wie immer: PowerPoint kann vieles, aber es muss nicht alles in einer einzigen Präsentation zu sehen sein.

Wer das Kapitel über Excel bereits durchgearbeitet hat, wird sich vielleicht fragen, weshalb Sie in PowerPoint eine Grafik erstellen sollten, wenn Ihre Daten in Excel enthalten sind und Sie auch dort tolle Grafiken erzeugen können. Warum also nicht gleich die Grafik in Excel bauen und das fertige Produkt dann über die Zwischenablage nach PowerPoint kopieren?

Wenn Sie mit Excel gut vertraut sind und auch sonst Diagramme dort erstellen, würde ich Ihnen diesen Weg auch unbedingt nahelegen. Falls Diagramme aber eher Neuland sind und Sie Excel ohnehin nicht gut kennen, besteht keine Notwendigkeit, sich nur für diesen Zweck damit vertraut zu machen. Dann können Sie auch gleich bei PowerPoint bleiben und Ihre Zahlen mit dessen Bordmitteln aufwerten.

Ein Diagramm in PowerPoint erstellen

Wie Sie eine Tabelle aus Excel nach PowerPoint kopieren können, haben Sie in diesem Kapitel schon erfahren. Hier soll aber alternativ eine Tabelle in PowerPoint erstellt und deren Werte grafisch aufbereitet werden.

1 Klicken Sie dazu im Menüband auf der Registerkarte *Start* im Bereich *Folien* auf den unteren Teil (!) der Schaltfläche *Neue Folie*.

2 Wählen Sie in der so ausgeklappten Übersicht beispielsweise *Titel und Inhalt*.

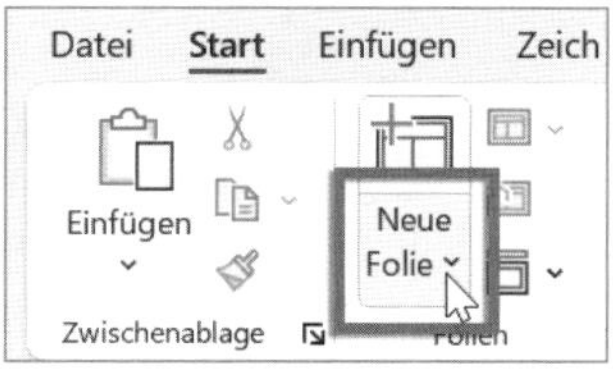

3 Wenn Sie ein Diagramm erstellen möchten, klicken Sie nun in der Folie unter *Text hinzufügen* auf das Diagramm-Symbol.

4 Wenn Sie den Excel-Teil dieses Buches schon gelesen haben, wird Ihnen der folgende Dialog bekannt vorkommen. Wählen Sie hier zunächst die Ihnen angebotene einfache Säulengrafik und klicken Sie auf *OK*.

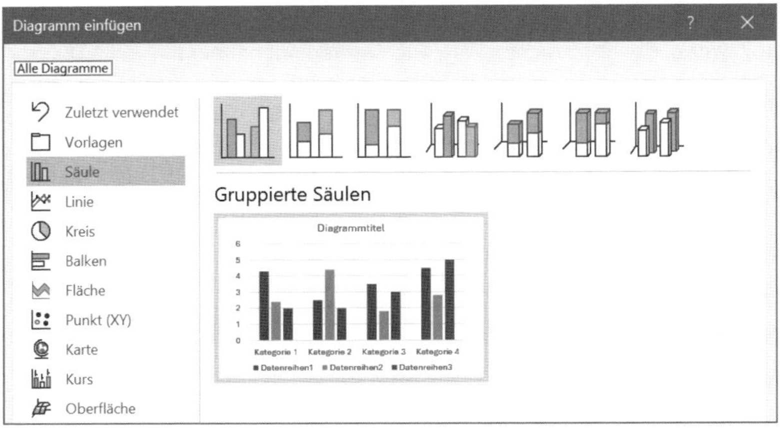

5 PowerPoint fügt daraufhin ein – generisches – Diagramm in die Folie ein und zeigt gleichzeitig einen zusätzlichen Dialog an. Darin finden Sie eine Tabelle mit den in der Folie verwendeten generischen Werten.

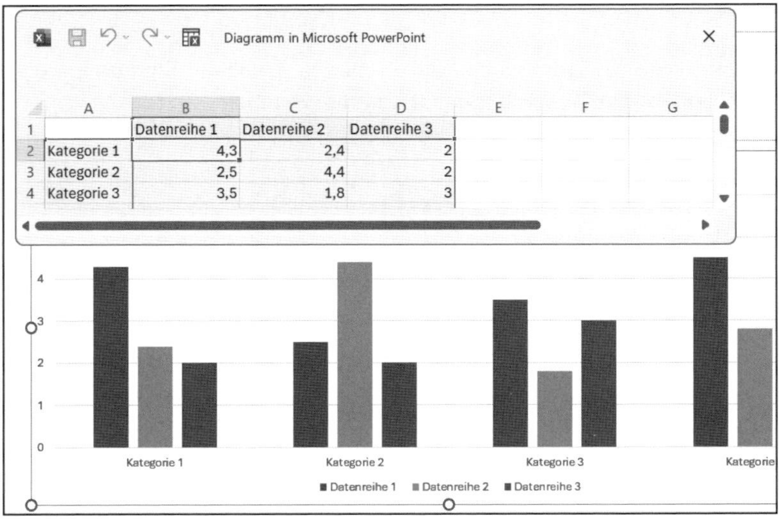

6 Das Datenblatt werden Sie sicher leicht als Excel-Tabelle erkennen. Nun brauchen Sie eigentlich nur Ihre Daten in das Datenblatt einzutragen oder zu kopieren. Vergessen Sie die Beschriftungen für die Zeilen und Spalten nicht.

Sobald Sie etwas in das Datenblatt eintragen, wird das Diagramm in der Folie aktualisiert.

7 Da die Tabelle zum Diagramm von Excel gehandhabt wird, können Sie auch Funktionen zum Rechnen nutzen. Geben Sie beispielsweise Zahlen für Umsatz und Kosten ein und subtrahieren Sie die Werte in Spalte D genauso, wie Sie es in Excel machen würden.

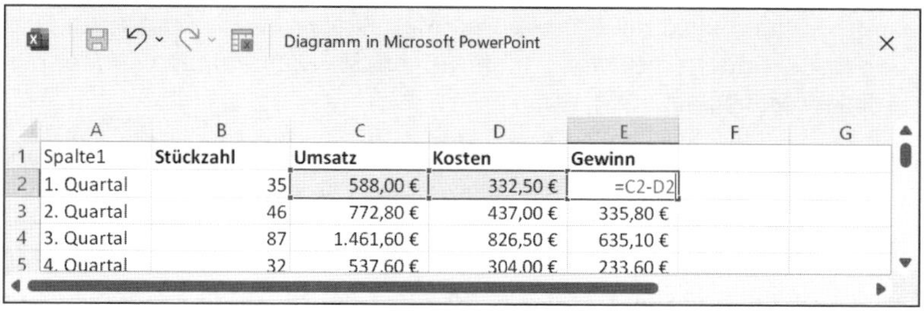

8 Zum weiteren Bearbeiten des Diagramms können Sie das Datenblattfenster jederzeit durch Klick auf das entsprechende Windows-Symbol schließen.

Um nachträglich Ergänzungen oder Korrekturen an den Werten für ein Diagramm vorzunehmen, können Sie die Diagrammtabelle jederzeit erneut öffnen:

1 Klicken Sie hierzu Ihr Diagramm auf der Folie an. PowerPoint wechselt im Menüband daraufhin automatisch zur Registerkarte *Diagrammentwurf*.

2 Klicken Sie dort auf den oberen Teil der Schaltfläche *Daten bearbeiten*, um die Diagrammtabelle erneut anzuzeigen.

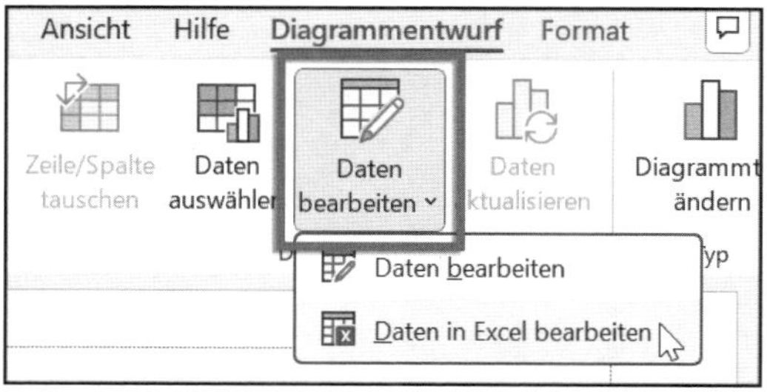

3 Möchten Sie die Tabelle stattdessen lieber mit allen Funktionen und Möglichkeiten in Excel bearbeiten, klicken Sie auf den unteren Teil der Schaltfläche und wählen im so geöffneten Menü *Daten in Excel bearbeiten*.

Den passenden Diagrammtyp wählen

Simple Säulendiagramme sind bei Weitem nicht alles, was PowerPoint an Diagrammen zu leisten vermag. Wie bei Excel können Sie den Diagrammtyp auch nachträglich noch ändern.

Dazu gibt es wieder mehrere Möglichkeiten:

- Sie können etwa mit der **rechten** Maustaste auf das Diagramm klicken, das Sie ändern möchten. Dann wählen Sie *Diagrammtyp ändern* mit der linken Maustaste aus.
- Oder Sie klicken auf der Registerkarte *Diagrammentwurf* im Menüband im Bereich *Typ* auf das Symbol *Diagrammtyp ändern.*

Wie Sie es machen wollen, ist reine Geschmackssache. Auf jeden Fall erhalten Sie den schon bekannten Dialog, aus dem Sie nach Herzenslust einen neuen Diagrammtyp auswählen können.

Säulen- oder Balkendiagramme werden häufig eingesetzt, wenn es darum geht, Daten zu vergleichen, denn dieser Diagrammtyp zeigt die Unterschiede zwischen absoluten Werten. Sie können diesen Diagrammtyp auch dann einsetzen, wenn Sie eine Reihenfolge von Werten darstellen möchten. Aber bei sehr vielen Werten pro Kategorie wird dieser Diagrammtyp sehr schnell sehr unübersichtlich.

In der folgenden Abbildung wurde der tägliche DAX-Kurs in seinen Anfangsjahren dargestellt.

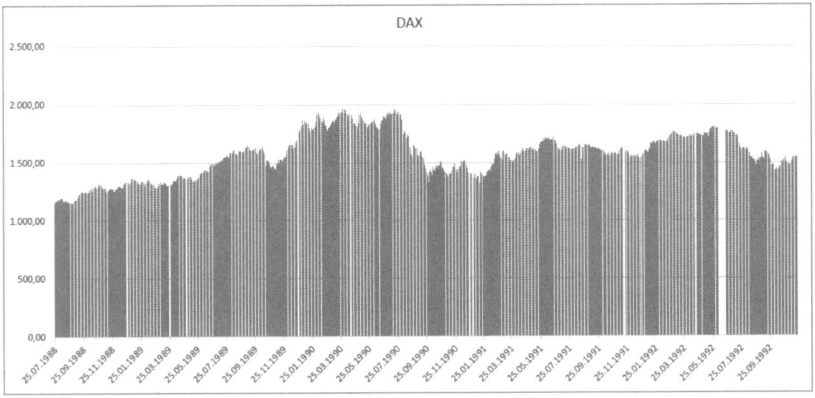

Das sind nun so viele Werte, dass die Darstellung unübersichtlich ist. Hier sollte man besser ein Liniendiagramm auswählen.

Linien- und Flächendiagramme eignen sich sehr gut, um Trends aufzuzeigen. Damit können auch sehr große Datenmengen übersichtlich dargestellt werden.

Kreisdiagramme bieten sich an, wenn es darum geht, Teile eines großen Ganzen zu visualisieren. Im Businessbereich könnte man diesen Diagrammtyp nehmen, um etwa zu zeigen, welche prozentuale Aufteilung die Gesamtkosten einer Firma aufweisen oder in welchen Stärken einzelne Parteien bei einer Wahl abgeschnitten haben.

Sie sollten bei diesem Diagrammtyp jedoch beachten, dass nicht zu viele Teilmengen dargestellt werden müssen. Die Aussagekraft der DAX-Werte in einem Kreisdiagramm wäre praktisch gleich null.

Verteilung mit Kreisdiagrammen visualisieren

Strom wird hierzulande aus unterschiedlichen Energieträgern gewonnen. Folgende Werte haben Sie recherchiert (die Zahlen erheben keinen Anspruch auf Richtigkeit und sollen nur als Beispiel dienen).

	A	B
1		Strom (in %)
2	Wind	33,3
3	Kohle	20,9
4	Erdgas	14,6
5	Biogas	6,4
6	Photovoltaik	13,9
7	Wasserkraft	5
8	Sonstige	5,9

Hier drängt sich ein Kreisdiagramm förmlich auf, denn Sie möchten die einzelnen Werte im Verhältnis zum Ganzen sehen. Darüber hinaus haben Sie nur eine einzige Datenreihe.

1 Ein Kreisdiagramm erstellen Sie ähnlich wie die gerade besprochenen Säulendiagramme. Auf der Menüband-Registerkarte *Einfügen* klicken Sie im Bereich *Illustrationen* auf das Symbol *Diagramm*.

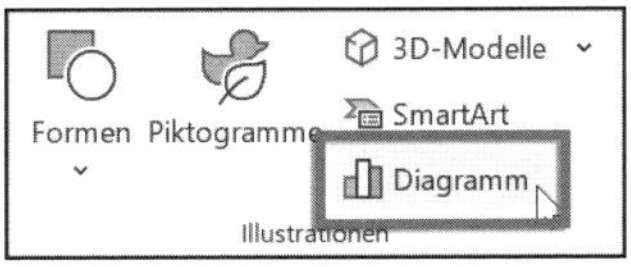

2 Wählen Sie anschließend im Dialog *Diagramm einfügen* die Rubrik *Kreis* und darin einen einfachen *Kreis* aus.

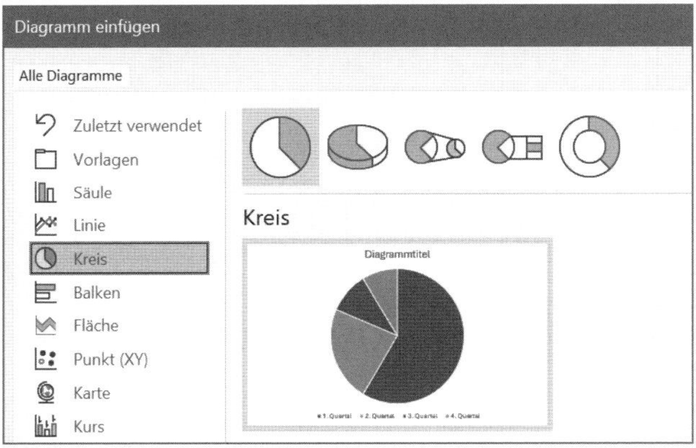

3 PowerPoint fügt ein generisches Diagramm ein und zeigt dazu die Diagrammtabelle an. Darin sehen Sie nur eine Datenreihe, da Sie pro Kreisdiagramm auch nur eine Datenreihe verarbeiten können. Tragen Sie hier Ihre Werte (bzw. die aus dem Beispiel) ein.

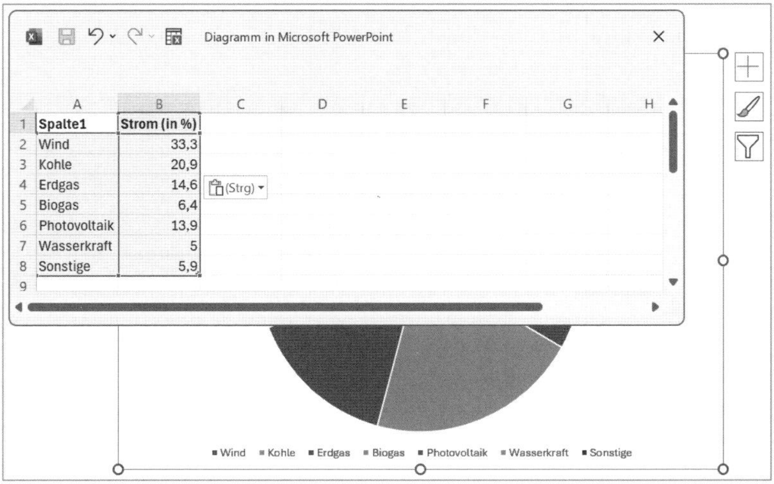

4 Wenn Sie nun das Datenblattfenster schließen, haben Sie Ihr Kreisdiagramm in voller Größe.

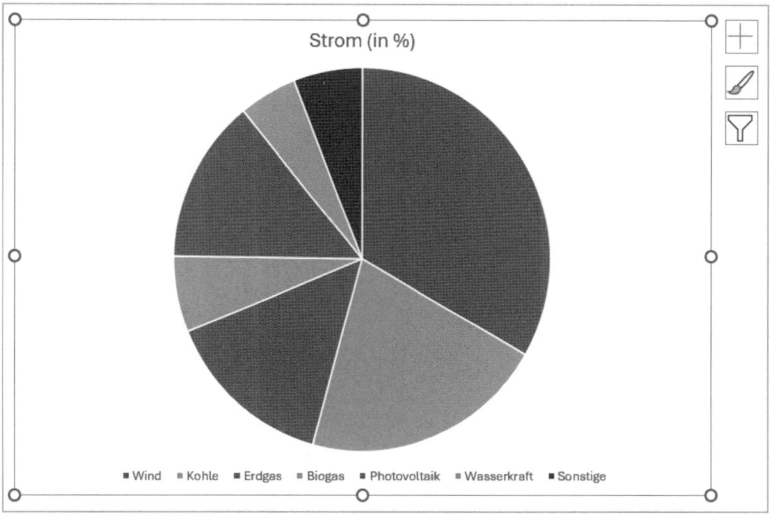

Falls Ihnen die automatisch gewählten Farben der einzelnen Segmente nicht zusagen, können Sie diese selbstverständlich ändern. Klicken Sie dafür wie bei Excel ein Diagrammelement zweimal langsam hintereinander an, um es auszuwählen. Dann können Sie mit der rechten Maustaste darauf klicken und unter *Füllung* eine beliebige Farbe wählen.

Alternativ finden Sie im Menüband in der Registerkarte *Diagrammentwurf* im Bereich *Diagrammformatvorlagen* ganz links die Schaltfläche *Farben ändern*. Dort können Sie aus einer großen Auswahl von Farbschemata dem gesamten Diagramm eine Farbkombination zuweisen, die Ihnen besser gefällt.

Organigramme und Flussdiagramme (Flowcharts)

SmartArt-Grafiken können dabei helfen, Strukturen und Abläufe bildlich darzustellen.

Theoretisch geht das auch mit den schon besprochenen Formen in Abschnitt 5.1 (Seite 436). Das kann aber ein ziemlicher Aufwand werden, und es sieht wahrscheinlich bei Weitem nicht so professionell aus wie mit den Grafiken von SmartArt.

Ich möchte Ihnen die grundlegenden Methoden und Werkzeuge für Organigramme mit PowerPoint an einem einfachen Beispiel vorstellen: Die Universität Musterhausen hat viele Fachbereiche. Sie haben die Aufgabe, diese Fachbereiche anschaulich darzustellen. Dabei wird es zu Demonstrationszwecken aber nur um einige Fachbereiche mit den entsprechenden Arbeitsgruppen gehen.

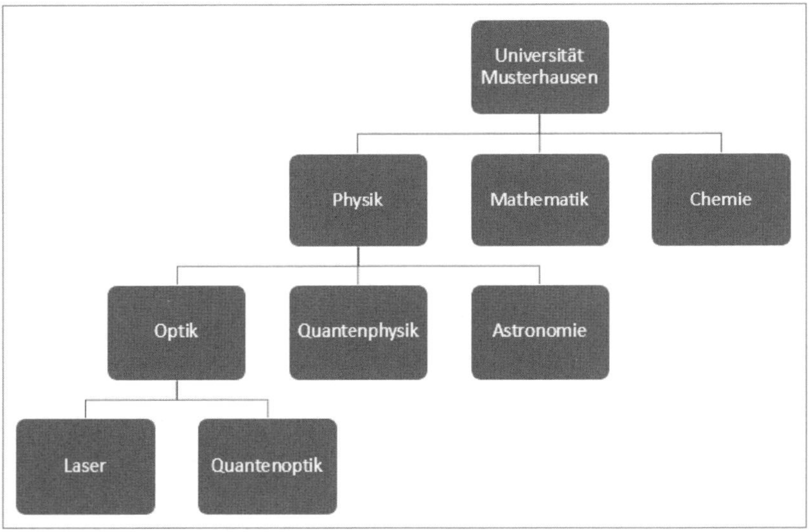

SmartArt-Grafiken einfügen

Im ersten Schritt geht es immer darum, aus dem SmartArt-Katalog eine Grundstruktur einzufügen, die für die zu visualisierenden Informationen möglichst gut geeignet ist. Im weiteren Verlauf kann diese dann an den konkreten Zweck angepasst und mit Inhalten gefüllt werden.

1 Klicken Sie im Menüband in der Registerkarte *Einfügen* im Bereich *Illustrationen* auf die Schaltfläche *SmartArt*.

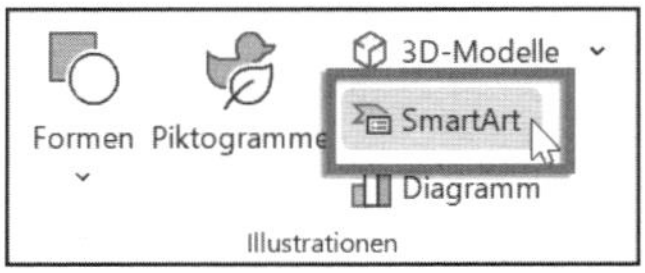

2 Wählen Sie im Dialog *SmartArt-Grafik auswählen* links die Rubrik *Hierarchie* und dann rechts das Organigramm oben links aus. Klicken Sie auf *OK*.

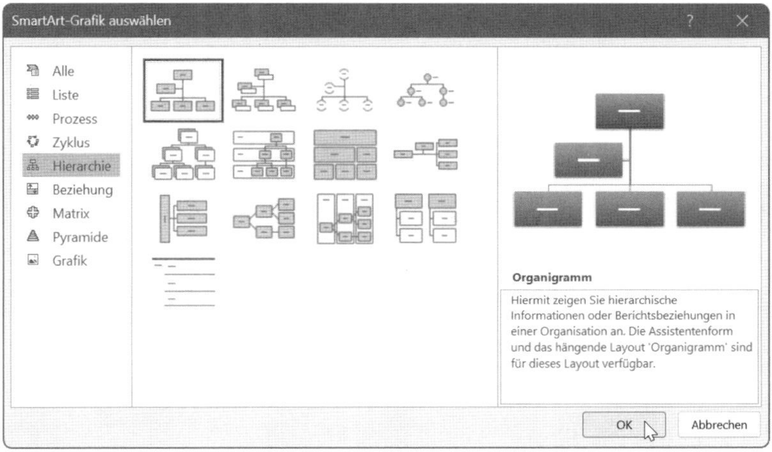

3 Sie erhalten in Ihrer Folie eine entsprechende leere Struktur.

4 Zusätzlich wird ggf. ein separater Textbereich angezeigt. Diesen können Sie beispielsweise nutzen, wenn die benötigten Informationen Ihnen etwa als Liste vorliegen. Es wird ständig mit der Struktur auf der Folie synchronisiert. Nutzen Sie also zum Bearbeiten jeweils den Weg, der Ihnen gerade mehr zusagt.

5 Falls der zusätzliche Dialog Sie eher stört, können Sie ihn auch schließen. Die Sichtbarkeit wird in der Menüband-Registerkarte *SmartArt-Design* ganz links mit *Textbereich* gesteuert.

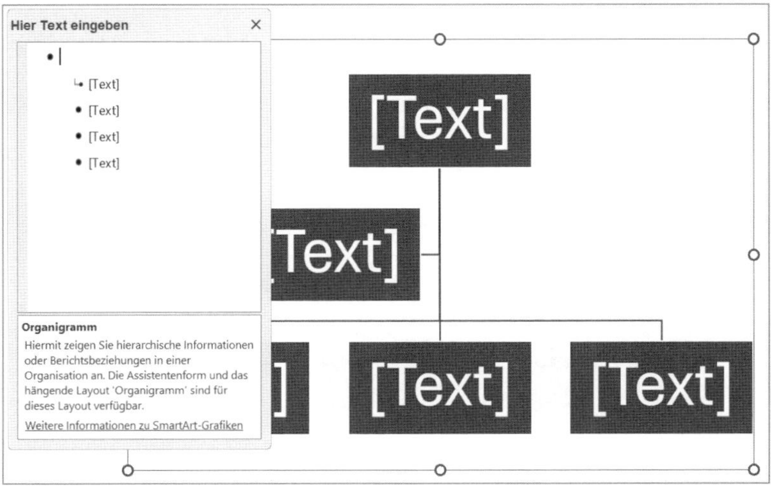

SmartArt-Grafiken bearbeiten

Bei eingefügter SmartArt handelt es sich stets um Muster, die Sie nicht nur mit Inhalt füllen, sondern auch in der Struktur verändern können. Nicht benötigte Elemente können entfernt werden. Ebenso können Sie weitere Elemente hinzufügen, um Informationen angemessen abbilden zu können.

1 Elemente, die Sie nicht brauchen, klicken Sie an und drücken dann [Entf]. PowerPoint entfernt dann diesen Teil der Struktur und passt den Rest entsprechend an, sodass keine Spuren verbleiben.

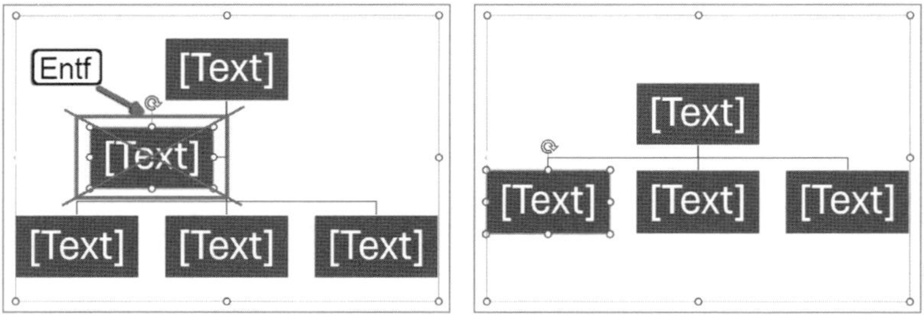

2 Das obere Kästchen soll die allgemeine Überschrift *Universität Musterhausen* tragen. Die anderen drei Kästchen füllen Sie mit den Namen von drei Fachbereichen. Sie können die Texte direkt eingeben oder den *Textbereich*-Dialog verwenden. Vielleicht fällt Ihnen dabei schon auf, was an den SmartArts (unter anderem) so smart ist: Der Schriftgrad wird automatisch einheitlich so angepasst, dass der längste Text noch bequem in eines der Elemente passt.

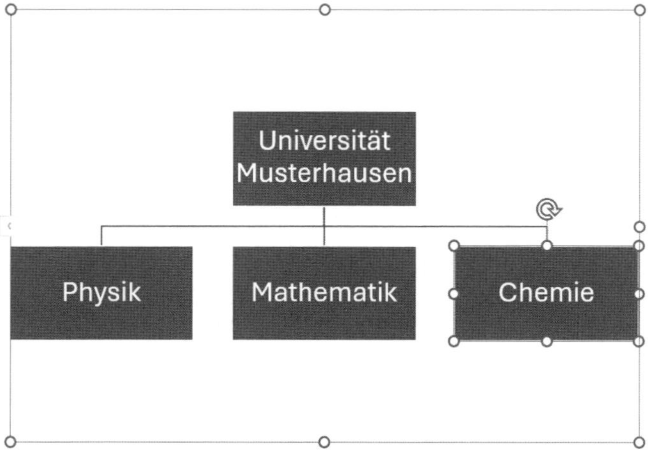

3 Der Fachbereich Physik besteht aus den Arbeitsgruppen Optik, Quantenphysik und Astronomie. Dafür ist eine neue Hierarchie-Ebene mit drei Kästchen erforderlich. Aktivieren Sie dazu das Kästchen *Physik* und wählen Sie im Menüband auf der Registerkarte *SmartArt-Design* ganz links bei *Form hinzufügen* die Option *Form darunter hinzufügen*.

4 Damit wird ein neues Kästchen eingefügt, das in der Hierarchie eine Ebene unter dem aktuell gewählten steht. Füllen Sie das Kästchen mit dem Wort *Optik*.

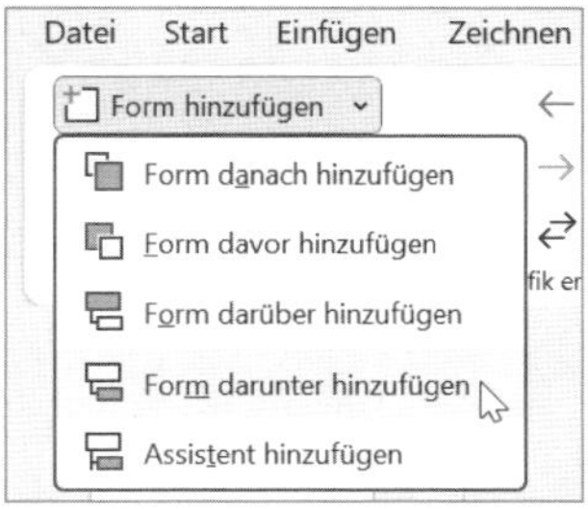

5 Zur Physik gehört auch die Arbeitsgruppe Quantenphysik. Da Sie noch im Bereich Optik stehen, wählen Sie nun *Form hinzufügen/Form danach hinzufügen*. So erhalten Sie ein weiteres Element rechts auf derselben Hierarchie-Ebene. Füllen Sie dieses mit dem Wort *Quantenphysik*.

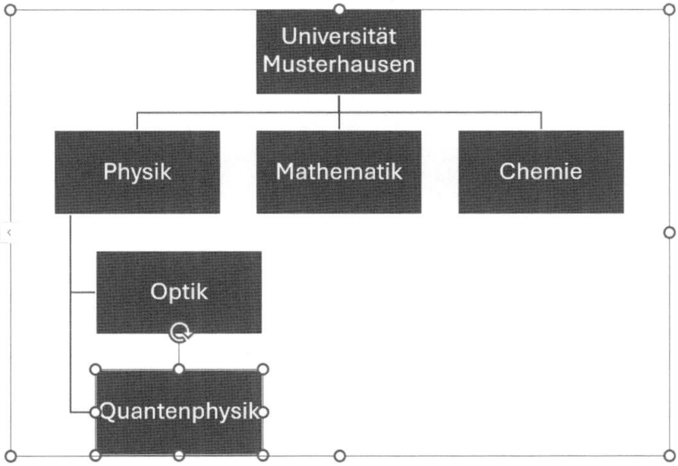

6 Fügen Sie auf gleiche Weise noch die letzte Arbeitsgruppe *Astronomie* hinzu.

7 Die Arbeitsgruppe *Optik* unterteilt sich noch in die Arbeitsgruppen *Laser* und *Quantenoptik*. Also fügen Sie ausgehend vom Kästchen mit dem Wort *Optik* auf die beschriebene Weise noch zwei weitere Kästchen ein, die dann darunter angeordnet werden.

Ihre SmartArt-Grafik sollte anschließend so aussehen:

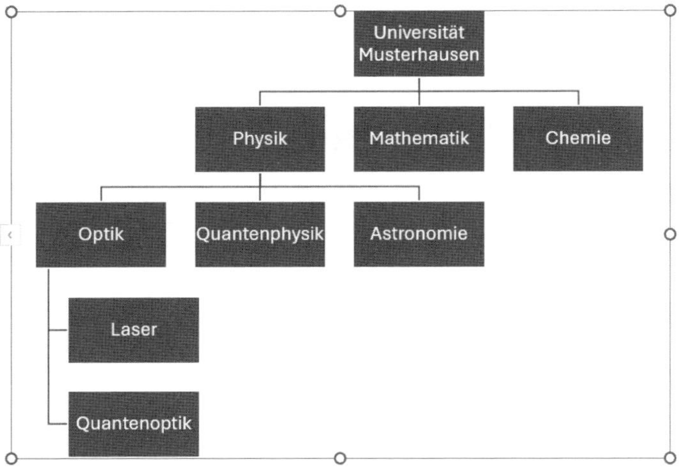

8 Leider hat PowerPoint diese beiden letzten Kästchen untereinander platziert. Schöner und einheitlicher wäre es, wenn auch diese Kästchen nebeneinander angeordnet wären. Wählen Sie deshalb auf der Registerkarte *SmartArt-Design* die *Layouts*. Klappen Sie diese Auswahl mit dem zugehörigen Pfeilsymbol aus und wählen Sie das in der Abbildung markierte Layout.

9 Das sollte zu folgendem Aussehen führen:

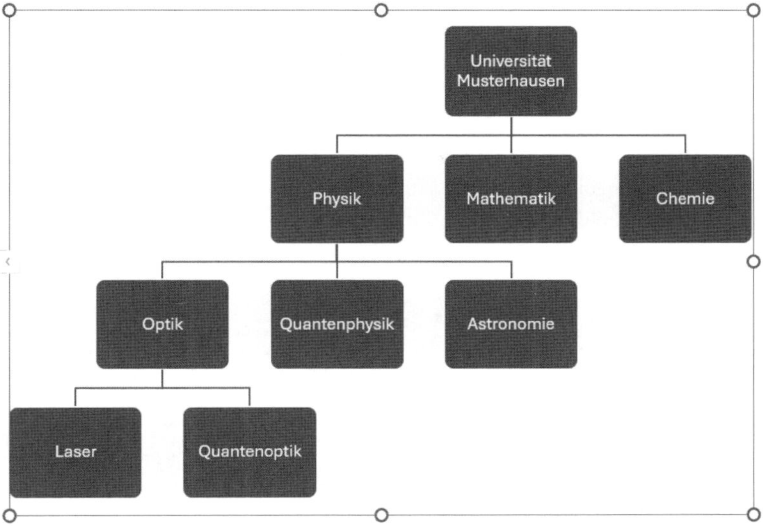

Wem das Aussehen noch zu langweilig ist, der kann auf der Registerkarte *SmartArt-Design* in die *SmartArt-Formatvorlagen* oder bei *Farben ändern* reinschauen. Dort finden sich zahlreiche Möglichkeiten, die einmal erstellte Grundform bunter und spektakulärer zu gestalten – wie immer mit Live-Vorschaueffekt.

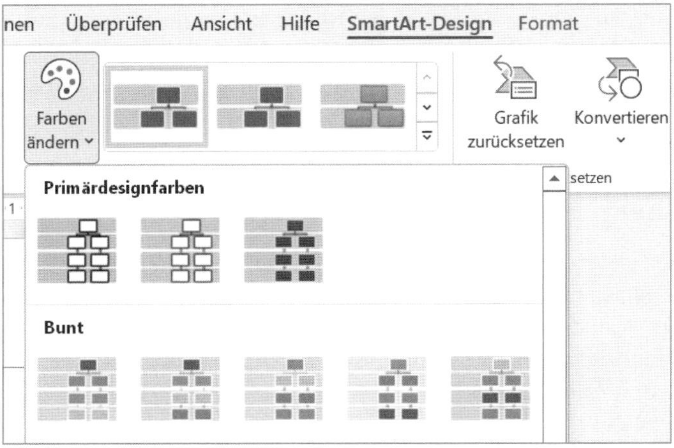

5.6 Sound- und Videoclips einfügen

Mit kleinen Videos oder Audioeffekten können Sie Ihre gesamte Präsentation gehörig aufpeppen. Bei naturwissenschaftlichen Vorträgen etwa können kurze Videosimulationen einen schwierigen Sachverhalt anschaulich machen. Geht es hingegen nur darum, die Zuschauer während der Präsentation immer mal wieder wachzurütteln oder für einen kurzen Auflockerungsmoment zu sorgen, genügt vielleicht ein animiertes GIF. Solche GIF-Bildchen lassen sich wie ganz normale Bilder einbinden. Zu erkennen sind diese GIF-Bilder an der Dateiendung *.gif*.

TIPP

Abspielen von Videos und Musikstücken
Das Abspielen von Video- und Musikdateien bedingt ggf. spezielle Abspielprogramme. In der Regel haben Sie diese sicher zu Hause auf Ihrem Rechner. In vielen Fällen genügen dazu die mit Windows gelieferten Video- und Musik-Apps. Wenn Sie aber Ihre Präsentation nicht auf Ihrem Notebook haben, sondern auf einem USB-Stick, weil sie auf einem anderen Rechner abgespielt werden soll, müssen Sie sicherstellen, dass auf dem Abspielrechner ebenfalls die entsprechende Abspielsoftware vorhanden ist. Wenn Sie Video- und Musikdateien in Ihre Präsentation integriert haben, genügt nur PowerPoint auf dem anderen Rechner nicht immer.

Nicht nur deshalb sollten Sie sich angewöhnen, vor der eigentlichen Veranstaltung die ganze Präsentation probeweise auf dem Rechner abzuspielen, auf dem dann die eigentliche Vorführung laufen soll. So ersparen Sie sich Stress und Nervosität, wenn bereits 100 Teilnehmer im Saal sitzen, während Sie noch schweißgebadet versuchen, die wichtigen Videoclips in der Präsentation zum Laufen zu bringen. Nervenschonender ist es allemal, wenn man die Vorführung auf dem eigenen Notebook zeigt.

Fallstricke beim Einsatz von Video- und Musikclips

Es tummeln sich viele Videodateiformate auf dem Markt, und für jedes Format gibt es auch Abspielsoftware. Aber verlassen Sie sich niemals darauf, wenn man Ihnen sagt: »Natürlich haben wir eine geeignete Abspielsoftware. Machen Sie sich mal keine Sorgen.« Oft erfahren Sie erst vor Ort, dass die Abspielsoftware dann doch nicht geeignet ist.

Halten Sie sich auch möglichst fern von exotischen Videoformaten. Die folgende Liste erhebt keinen Anspruch auf Vollständigkeit und dient nur dazu, die wichtigsten Videoformate beim Namen zu nennen.

Videoformat	Beschreibung
WMV: (*.*mwv*) (**W**indows **M**edia **V**ideo)	Entwickler: Microsoft. Die Dateien haben eine hohe Kompression, dabei aber noch eine recht gute Qualität, d. h., die Dateien sind klein, und die Filme haben eine gute Auflösung.
MPEG I und II: (*.*mpg*) MPEG IV: (*.*mp4*) (**M**oving **P**ictures **E**xperts **G**roup)	Die Dateien sind recht klein und haben eine gute Qualität. Dabei sind MPEG-II-Videos in der Bildqualität besser als MPEG-I-Videos. MPEG-IV-Videos sind noch deutlich stärker komprimiert, stellen aber hohe Anforderungen an die Abspielrechner, da die Dateien vor dem Abspielen noch schnell dekomprimiert werden müssen.
AVI: (*.*avi*) (**A**udio **V**ideo **I**nterleaved)	AVI ist ein weiteres Medienformat. Fast jeder Rechner ist in der Lage, dieses Format abzuspielen. So manche digitale Fotokamera zeichnet Videos im AVI-Format auf. Es hat einen sehr hohen Speicherbedarf – gut 20-mal höher als bei MPEG oder WMV.
MOV: (*.*mov*) (**Mov**ie)	Die Standardabspielsoftware für MOV-Dateien ist QuickTime von Apple. Die Vor- und Nachteile sind mit denen von MPEG IV zu vergleichen.

Die aktuelle Version von PowerPoint versteht diese und noch einige weitere Videoformate. Aber wie gesagt, auf einem fremden Rechner sollten Sie vor der eigentlichen Präsentation immer prüfen, ob Ihr Video von PowerPoint auch tatsächlich wiedergegeben werden kann.

Videodateien werden nicht in die PowerPoint-Präsentation eingebunden, sondern nur verknüpft, d. h., der Film ist nicht wirklich physisch in der Präsentation, sondern nur der Pfad zum Video auf der Festplatte. Vergessen Sie also diese Videodateien nicht, wenn Sie Ihre Präsentation an verschiedenen Orten vorführen wollen. Und sie müssen im gleichen Ordner liegen wie auf Ihrem Rechner zu Hause, denn PowerPoint hat sich ja nur den Pfad zum Video gemerkt. Wenn also der Pfad falsch ist, findet PowerPoint nichts.

TIPP

Urheberrechte beachten

Auch für Videos und Musik aus dem Internet gelten dieselben Regeln in puncto Urheberrechte und Lizenzregeln. Da das Problem wirklich exakt dasselbe ist, möchte ich an dieser Stelle nicht erneut darauf eingehen, sondern mit dem Hinweis auf Seite 476 nur nochmals darauf hinweisen.

Videoclips in eine Präsentation einbinden

Es ist heute recht einfach, mit dem Smartphone oder einer Digitalkamera eigene Videos zu machen und diese in eine Präsentation einzufügen. Aber vielleicht haben Sie auch eine andere Quelle für themengerechte Filmchen. Diese sollten idealerweise in einem gängigen Format auf Ihrer Festplatte vorliegen.

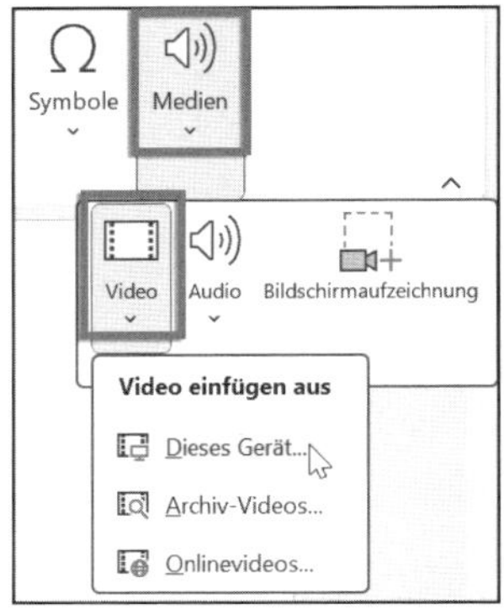

1 Klicken Sie im Menüband auf der Registerkarte *Einfügen* ganz rechts auf *Medien* und dann auf *Video*.

2 Wählen Sie im so geöffneten Menü *Dieses Gerät* und anschließend auf der Festplatte den Ordner, in dem sich Ihr Videoclip befindet. Klicken Sie ihn an und bestätigen Sie dann mit *Einfügen*.

Sie sehen an den Markierungspunkten, dass Sie den Film auch skalieren und drehen können. Interessant ist ebenfalls, dass der Film noch zugeschnitten werden kann. Das heißt, Sie können den Film an den Seiten etwas abschneiden, z. B. wenn dort Personen auftauchen, die eigentlich gar nicht in den Film gehören. Das Abschneiden der Ränder eines Films funktioniert wie das Schneiden bei Bildern.

Im unteren Teil des Videos sehen Sie das Symbol für die Wiedergabe. Diese Videostartleiste wird aber nur angezeigt, wenn das Video entweder markiert ist oder Sie mit der Maus über das Video fahren.

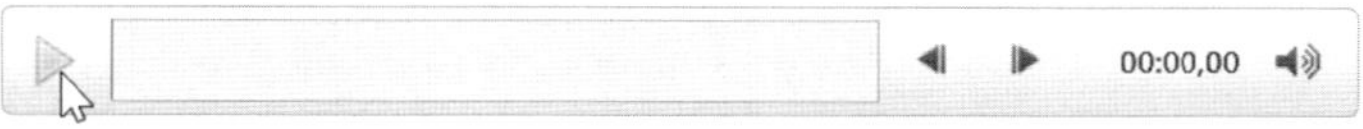

Die Wiedergabe des Films anpassen

Bei der Präsentation werden Videos standardmäßig nicht automatisch gestartet, sondern erst nach einem Klick darauf. So können Sie den Zeitpunkt für das Abspielen selbst bestimmen. Es kann aber auch Situationen geben, in denen ein eingebundenes Video sofort starten soll, wenn die entsprechende Folie erreicht ist. Dazu können Sie das Startverhalten bei jedem Video individuell anpassen:

1 Markieren Sie das Video durch Anklicken. PowerPoint zeigt dann im Menüband automatisch einen Reiter für die Registerkarte *Wiedergabe* an.

2 Klicken Sie darin im Bereich *Wiedergabeoptionen* auf das Auswahlfeld *Start*.

3 Wählen Sie hier die gewünschte Option. *Automatisch* bedeutet, dass das Video sofort gestartet wird, wenn die Folie erscheint.

In der Menüband-Registerkarte *Wiedergabe* finden Sie einige weitere interessante Optionen für das Abspielen Ihrer Videos.

Befehl	Beschreibung
Endlos wiedergeben	Wenn Sie diffizile Simulationen zeigen, ist es manchmal nötig, den Film mehrmals anzuschauen um den Vorgang wirklich sehen zu können. Mit dieser Schaltfläche führt PowerPoint den Film so lange vor, bis Sie zur nächsten Folie gehen.
Nach Wiedergabe zurückspulen	Damit wird der Film ein einziges Mal abgespielt. Danach wird auf das erste Filmbild gesprungen, und der Film wird angehalten.

Befehl	Beschreibung
Im Vollbildmodus wiedergeben	Damit wird der Film bildschirmfüllend vorgeführt. Mit der [Esc]-Taste verlassen Sie den Vollbildmodus wieder. Sie sollten diesen Modus aber nur wählen, wenn Ihr Film in einer entsprechend hohen Auflösung vorliegt und Sie einen wirklich schnellen Vorführrechner haben. Ansonsten wird er für die Zuschauer zur Qual.
Lautstärke	Hier regeln Sie die Lautstärke des Tons Ihres Videos.
Ausblenden, wenn keine Wiedergabe erfolgt	Sollte aus welchen Gründen auch immer keine Wiedergabe des Videos erfolgen, wird es ausgeblendet. Aber Achtung: Das Video muss dazu automatisch starten, sonst sehen Sie während der Vorführung gar nichts.

Musik in eine Präsentation einbinden

Ähnlich wie einen Videoclip können Sie auch Musikstücke und andere Soundclips in Ihre Präsentation einbinden.

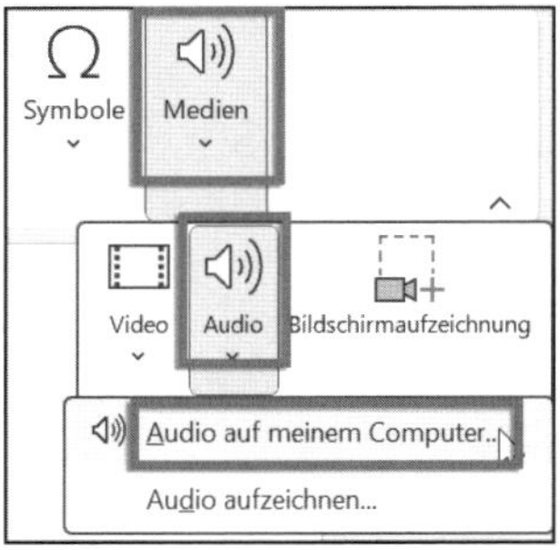

1 Klicken Sie im Menüband auf der Registerkarte *Einfügen* im Bereich *Medien* auf *Audio* und dann auf *Audio auf meinem Computer*.

2 Wählen Sie auf der Festplatte den Ordner, in dem sich Ihre Audiodatei befindet, und klicken Sie auf *Einfügen*.

3 PowerPoint legt nun in der Mitte Ihrer Folie ein Lautsprecher-Symbol ab. Schieben Sie das Symbol an die richtige Stelle auf Ihrer Folie.

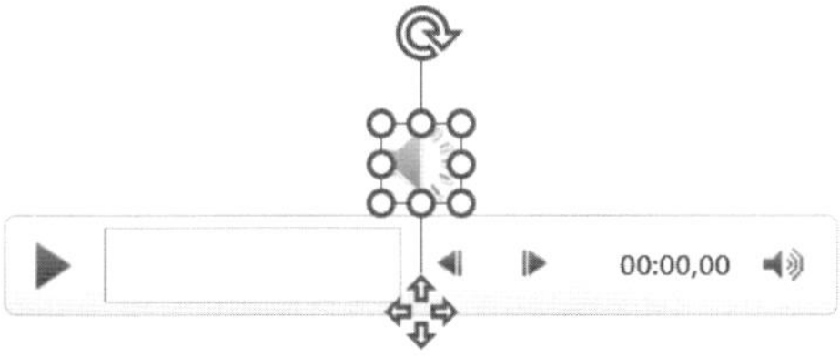

4 Soll der Klang automatisch starten, wählen Sie, wie schon für Videos beschrieben, auf der Registerkarte *Wiedergabe* bei *Start* die Option *Automatisch*.

In der *Wiedergabe*-Registerkarte finden Sie im Bereich *Audiooptionen* einige interessante Einstellungsmöglichkeiten, mit denen Sie die Wiedergabe von Klängen oder Musik flexibel steuern können:

- Das Symbol für einen Audioclip ist standardmäßig auch während der Präsentation auf Ihrer Folie zu sehen. Um das zu vermeiden, aktivieren Sie die Option *Bei Präsentation ausblenden.*
- Sobald Sie zur nächsten Folie gehen, wird die Musik abrupt beendet. Durch Setzen des Häkchens bei *Folienübergreifend wiedergeben* wird die Musik auch während der nächsten Folien weitergespielt, bis der Clip beendet ist (Ausnahme: Endloswiedergabe).
- Wenn Sie *Endlos wiedergeben* markieren, wird die Sounddatei während der gesamten Präsentation weiter abgespielt. Sollte der Clip vorher zu Ende sein, beginnt die Wiedergabe von vorne.

TIPP

Klänge nur für bestimmte Folien abspielen

Sie möchten beispielsweise ein Musikstück abspielen, aber nur während der nächsten zwei oder drei Folien? Um das festzulegen, klicken Sie das Soundsymbol an, wählen im Menüband die Registerkarte *Animationen* und klicken dort auf den Pfeil rechts unten in der Gruppe *Animation*. Im folgenden Dialog geben Sie bei *Wiedergabe beenden* die Anzahl der Folien an, nach denen die Sounddatei gestoppt werden soll. Hierbei zählen Sie die Folie mit, auf der die Wiedergabe beginnt.

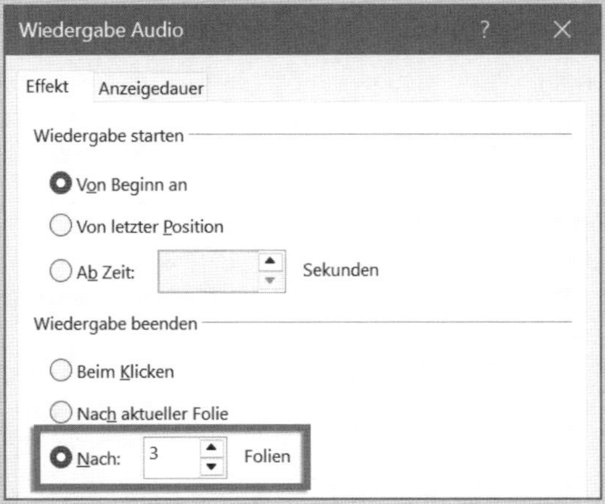

5.7 Überzeugende Präsentationen gestalten

Nachdem Sie jetzt die wesentlichen Elemente von PowerPoint-Präsentationen kennengelernt haben, möchte ich ein klein wenig grundsätzlich werden. Denn eine gelungene Präsentation ist mehr als nur das Aneinanderreihen von Folien.

Müssen Sie häufiger präsentieren, lohnt es sich, etwas länger darüber nachzudenken, wie Sie Ihre Folien gestalten, um einen gewissen Wiedererkennungswert zu erzielen. Corporate Identity nennt man so etwas im Business-Sprachgebrauch.

Nun wird an dieser Stelle oft eingewendet, dass man solche Überlegungen doch auch anstellen kann, wenn die Präsentation bereits fertig ist. Man kann in PowerPoint doch alles auch noch nachträglich ändern – warum also nicht zuerst die Folien erstellen und danach klären, wie alles prinzipiell aussehen soll?

Vorsicht! Auch wenn Sie in PowerPoint noch alles ändern können, ist der Aufwand, 30 oder 40 Folien vom Design her nachträglich abzuwandeln, sehr groß – und er ist vermeidbar, wenn Sie sich vorher Gedanken darüber machen.

Ein paar wichtige Fragen als Vorbereitung

Um schnell mal eben eine Folie zu erstellen, müssen Sie sich nicht unbedingt sehr große Gedanken darüber machen, welchen Hintergrund und welches Design Sie verwenden sollen, obwohl es auch hier nichts schadet, sich zu überlegen, wie Sie auf dieser einen Folie Ihr Anliegen am besten transportieren können.

Wenn Sie aber eine vollständige Präsentation mit 50 bis 60 Folien (so viele könnten Sie unter Umständen für einen 90-minütigen Vortrag brauchen) bewältigen wollen, sollten Sie dies gut planen. So wäre zuerst zu überlegen:

1. Für wen erstellen Sie die Präsentation?
Ein Kassenbericht für den nächsten Vereinsabend läuft nach anderen Gesetzen ab als eine Präsentation der Umsatzzahlen für den Vorstand eines großen Unternehmens oder die Pressekonferenz zur Eröffnung der neuen Disco. Es wird also nicht funktionieren, einfach Ihre Gedanken auf eine Folie zu pressen und vorzuführen. Wie Ihre Gedanken verpackt sind, ist ebenso für den Erfolg ausschlaggebend.

Je mehr Sie über die Zielgruppe Ihrer Präsentation wissen, desto besser können Sie die Präsentation aufbauen, um das Interesse der Zuhörer zu wecken und zu halten.

2. Wie lange soll Ihre Präsentation dauern?

Angenommen, Sie sollen einen 45-minütigen Vortrag über ein bestimmtes Thema halten. Nun rechnen Sie: 45 Minuten, jede Folie ca. 1 Minute präsentiert, macht 45 Folien. Also erstellen Sie 45 Folien und lassen diese stakkatoartig von PowerPoint vorführen.

Bei der Eröffnung der neuen Disco im Ort mag das vielleicht noch in Ordnung sein. Aber es funktioniert nicht, wenn Sie wichtige Informationen weitergeben wollen. Sie werden Ihre Zuhörer schnell abhängen.

45 Folien mit jeweils neuem Inhalt können für einen 90-minütigen Vortrag unter Umständen sogar schon zu viel sein. Bedenken Sie, dass Sie zu jeder Folie etwas sagen müssen. Jawohl, müssen! Jede Ihrer Folien muss bei einem Vortrag von Ihnen erläutert werden. Das kostet Zeit. Rechnen Sie am besten gute zwei bis drei Minuten pro Folie an Vortragszeit ein. Besser Sie rechnen mit einer längeren Redezeit.

Menschen können sich Wahrnehmungen unterschiedlich gut einprägen. Eine bewährte Faustregel besagt, Menschen behalten

- 10 % des Gelesenen,
- 20 % des Gehörten und
- 30 % des Gesehenen

Eine gute Präsentation besteht also aus Sprache, Schrift und Bild. Und all das muss in einem Tempo vorgeführt werden, bei dem ein normales Gehirn noch mitdenken kann.

Auch wenn wir es noch so gern glauben möchten: Wir sind nicht in der Lage, mehrere Dinge gleichzeitig bewusst zu tun. Zwar können wir während des Autofahrens ein Hörbuch hören, aber machen Sie einmal den Test und fragen sich nach einer Stunde Fahrt, was Sie an Information aus dem Hörbuch behalten haben und was links und rechts am Straßenrand während der Fahrt geschah. Sie werden sich nur an eines davon wirklich erinnern können.

3. Ist die Präsentation Bestandteil eines Vortrags?

Vielleicht fragen Sie nun nach dem Sinn dieser Vorüberlegung, denn natürlich wird eine Präsentation in der Regel von einem Vortrag begleitet.

Aber das muss nicht sein. Innerhalb von PowerPoint haben Sie auch die Möglichkeit, eine Präsentation zu erstellen, die z. B. auf Messen vorgeführt werden kann und die den ganzen Tag automatisch abläuft. Bei einer solchen Präsentation gibt es keine erläuternden Worte, die einzelnen Folien müssen also selbsterklärend und deshalb auch ausführlicher sein als bei einem Vortrag vor Publikum.

4. Welches Ziel möchten Sie mit der Präsentation erreichen?
»Wer kein Ziel hat, für den ist jeder Weg der falsche«, sagt eine Lebensweisheit. Nur wenn Ihnen ganz klar ist, was Sie mit der Präsentation erreichen wollen, werden Sie auch einen roten Faden finden.

Ein kleines Reiseunternehmen braucht für eine Floßreise über den Amazonas noch ein paar Kunden, die genug Abenteuerlust im Blut haben, damit sie die Reise buchen. Hier werden Sie natürlich mehr mit Freiheit und Abenteuer arbeiten, als wenn es nur darum geht, wie der Bürgermeister im letzten Jahr das Altersheim eingeweiht hat.

5. Haben Sie alles im Kopf?
Dies ist eine der wichtigsten Fragen. Müssen Sie während des Vortrags in Ihre Unterlagen schauen, oder haben Sie alles, was Sie sagen wollen, im Kopf? Wenn Sie in die Unterlagen schauen müssen, gibt es im Vortragsraum genügend Licht? Oder ist Ihr Notebook in der Nähe des Mikrofons, sodass Sie vielleicht mit der Notizenseite von PowerPoint arbeiten können? Dann nämlich kann der Vortragsraum auch vollständig dunkel sein. Am besten ist es aber, wenn Sie Ihren gesamten Vortrag im Kopf haben, dann nämlich können Sie Augenkontakt zum Publikum halten und dessen Reaktionen berücksichtigen.

6. Welchen grundsätzlichen Aufbau für die Folien sollten Sie wählen?
Ihre Folien sollten einheitlich sein. Es ist schlechter Stil, die Folien 1 bis 5 mit einem roten Hintergrund zu versehen, die Folien 6 und 7 mit einem blauen usw.

7. Wie groß ist der Raum, in dem Sie vorführen? Wie viele Teilnehmer erwarten Sie?
In einem Saal mit 200 Personen müssen Sie die Schrift und die Bilder größer wählen als in einem kleinen Raum mit nur 20 Teilnehmern. Und in einem großen Saal ist ein dunkler Hintergrund für Folien mit einer hellen Schrift schlechter zu sehen als in einem kleinen Raum.

8. Verwenden Sie möglichst die gleiche Schrift für alle Folien!
Verwenden Sie serifenlose Schriften. Die sind einfach besser lesbar, gerade auch in großen Räumen. Benutzen Sie auch stets jeweils die gleiche Schriftgröße für Titel und Text.

9. Haben Sie Mut zur Lücke!

Kleistern Sie Ihre Folie nicht bis zum letzten Millimeter zu. Auch wenn Sie die vorhandenen Elemente einzeln auf der Folie erscheinen lassen, sollten auf den Folien noch leere Flächen erkennbar sein.

Notizen für Ihren Vortrag

Erstellen Sie ein Manuskript für Ihren Vortrag oder halten Sie ihn auswendig? Jeder gute Vortragende sollte natürlich alles im Kopf haben und nicht an seinem Manuskript kleben. Was aber, wenn Sie den gleichen Vortrag ein oder zwei Jahre später noch einmal halten sollen? Haben Sie dann auch noch alles parat? Dann stellt sich oft die Frage: Was wollte ich genau zu dieser Folie eigentlich sagen? Und deshalb lautet meine Empfehlung: Nutzen Sie ausgiebig die Notizenseite der Folien.

Nehmen Sie als Beispiel eine Folie über den deutschen Dichterfürsten Johann Wolfgang von Goethe. Während der Vorführung könnte die Folie so aussehen:

Was aber wollten Sie zu diesem Herrn sagen? Besonders im Zusammenhang mit Ihrer restlichen Präsentation? Hier hilft die Notizenseite von PowerPoint.

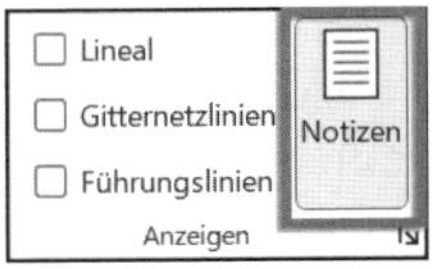

1 Wählen Sie im Menüband auf der Registerkarte *Ansicht* im Bereich *Anzeigen* das Symbol *Notizen*.
2 Alternativ können Sie jederzeit unten in der Fußzeile von PowerPoint auf das *Notizen*-Symbol klicken.
3 Dadurch wird unterhalb jeder Folie ein Textbereich angezeigt, in dem Sie Anmerkungen, Ideen und sonstige Informationen zur Folie eingeben können.

Diese Informationen werden im PowerPoint-Dokument gespeichert. Während der Präsentation werden sie den Zuschauern nicht angezeigt. Wenn Sie einen eigenen zweiten Monitor etwa von Ihrem Notebook haben, können Sie sie dort aber sehen.

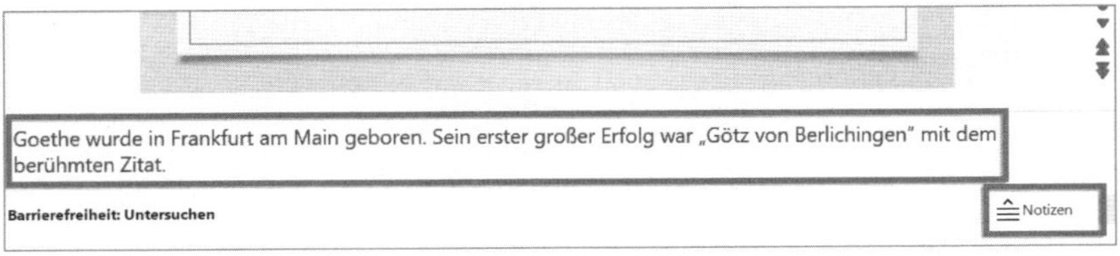

So haben Sie immer Ihr Manuskript sichtbar bzw. wissen stets, was Sie zu einer bestimmten Folie sagen möchten. Selbst wenn Sie die Präsentation nicht in der Nähe Ihres Rechners halten, können Notizen eine sinnvolle Hilfe sein, denn Sie können Ihre Notizen auch ausdrucken. Schauen Sie dann vor dem Vortrag diese Notizenseiten durch und Sie wissen, was wann und wie zu sagen ist.

Mehr dazu im Abschnitt über das Ausdrucken von Präsentationen am Ende dieses Kapitels.

Kommentare zu Folien

Nicht zu verwechseln mit den Notizen sind Kommentare zu Folien, die während einer Präsentation ebenfalls nicht angezeigt werden. Gerade wenn eine Präsentation in der Cloud gespeichert ist, können mehrere Beteiligte sich mit Kommentaren untereinander austauschen.

Auch wenn Sie eine fertige Präsentation jemandem zum Gegenlesen geben, können Anmerkungen als Kommentare verfasst werden. Aber auch, wenn Sie allein arbeiten, können Sie diese Funktion für Anmerkungen oder als To-do-Liste nutzen.

1 Kommentare sind immer mit einer Folie oder einem konkreten Element auf einer Folie verknüpft. Klicken Sie mit der rechten Maustaste auf die Folie oder das Element, das Sie mit einem Kommentar versehen möchten.

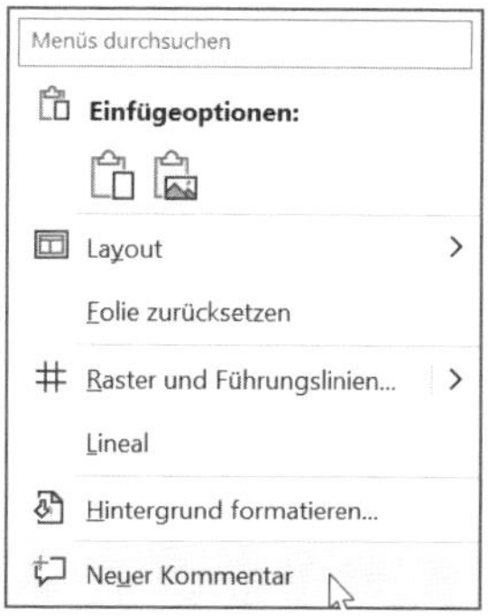

2 Wählen Sie im so geöffneten Kontextmenü ganz unten den Eintrag *Neuer Kommentar*.

3 Rechts wird nun die *Kommentare*-Seitenleiste eingeblendet. Geben Sie Ihren Kommentar hier ein und senden Sie ihn mit dem Pfeilsymbol darunter ab. Ihre Mitstreiter können den Kommentar dann sehen und ggf. beantworten.

Um keine Kommentare zu übersehen, gibt es verschiedene Möglichkeiten:

- Liegt auf einer Folie ein Kommentar vor, ist dies im Folienbereich durch ein Sprechblasensymbol links neben der jeweiligen Folienvorschau gekennzeichnet. Die Zahl in der Blase gibt die Anzahl der Kommentare an. Durch Klick auf diese Kommentarwolke öffnen Sie den Kommentarbereich und können die Anmerkungen lesen.

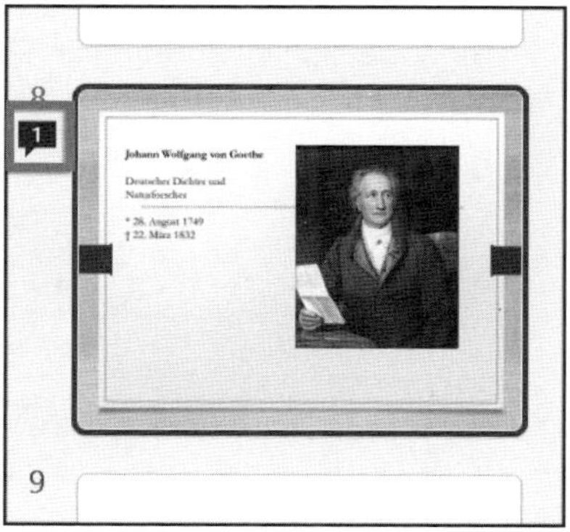

- Die Seitenleiste mit den Kommentaren lässt sich auch jederzeit über das Sprechblasensymbol rechts oben im Menüband ein- und wieder ausblenden.

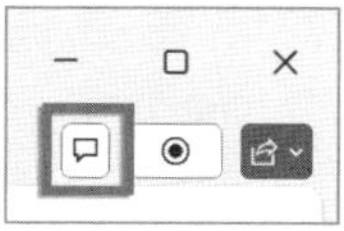

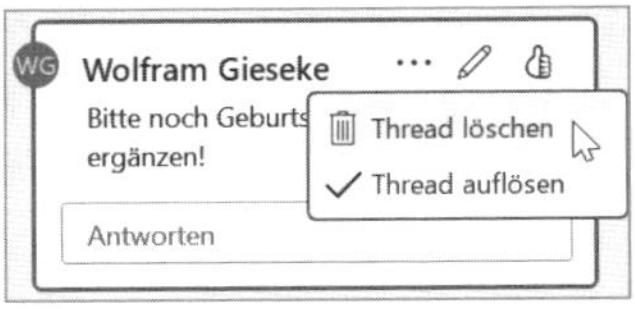

- Zum Löschen eines Kommentars klicken Sie bei dem Kommentar im Kommentarbereich auf das Symbol mit den drei Punkten und wählen *Thread löschen*. Wählen Sie stattdessen *Thread auflösen*, wird diese Anmerkung damit als erledigt gekennzeichnet. Sie findet sich zwar weiter in der Seitenleiste, aber in der Folienübersicht links werden gelöste Kommentare nicht mehr angezeigt.

5.8 Arbeiten mit den PowerPoint-Vorlagen

Eine Präsentation besteht in der Regel aus mehreren Folien, und auf jeder dieser Folien können Sie Texte, Grafiken, Bilder, Videoclips und Sounddateien integrieren, um die Präsentation für einen Betrachter ansprechend zu machen. Diese Elemente können Sie auf einer leeren Folie beliebig platzieren. Doch eigentlich sollte das Layout Ihrer Folien einheitlich sein oder zumindest einen hohen Wiedererkennungswert besitzen.

Vorgefertigte Layouts nutzen

Microsoft hat sich selbst schon viele Gedanken über perfekte Foliengestaltung gemacht und liefert die Ergebnisse in Form von fertigen Vorlagen mit. Diese Designs können Sie als Grundlage für Ihre eigene Präsentation nutzen und sie nach Ihren Bedürfnissen verändern.

1 Wenn Sie sich beim Start von PowerPoint oder einer neuen Präsentation für *Neu* entscheiden, werden Sie eine Menge Vorlagen sehen:

2 Sollte hier kein passendes Layout dabei sein, können Sie im Suchfeld *Nach Onlinevorlagen und -designs suchen* einen Suchbegriff wie beispielsweise *Natur* eintippen.

3 PowerPoint sucht jetzt online nach weiteren Designs und zeigt Ihnen nach kurzer Wartezeit meist einige schöne und ansprechende Layout-Vorschläge.

4 Wenn Sie eines davon anklicken, erhalten Sie eine größere Vorschau. Mit den Pfeilen links und rechts können Sie sich hier durch die verschiedenen Designs klicken.

5 Haben Sie sich für eines entschieden, klicken Sie auf die Schaltfläche *Erstellen*, um eine neue Präsentation in diesem Stil anzulegen.

Layouts anwenden und anpassen

Anhand der eher schlichten Vorlage *Naturpräsentation „Ausgeglichenheit"* möchte ich Ihnen im Folgenden zeigen, wie Sie vorgefertigte Layouts nutzen und selbst anpassen können.

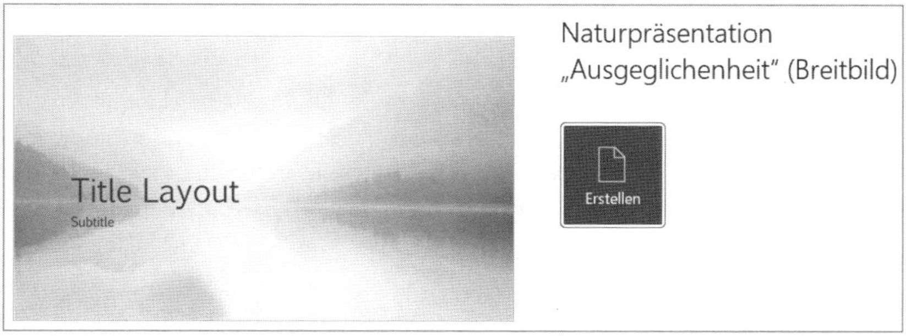

1 Zum Verwenden des Layouts wählen Sie dieses in der Übersicht aus und klicken dann auf *Erstellen*.

2 PowerPoint lädt das Layout herunter und erstellt eine Präsentation in dem dadurch vorgegebenen Stil.

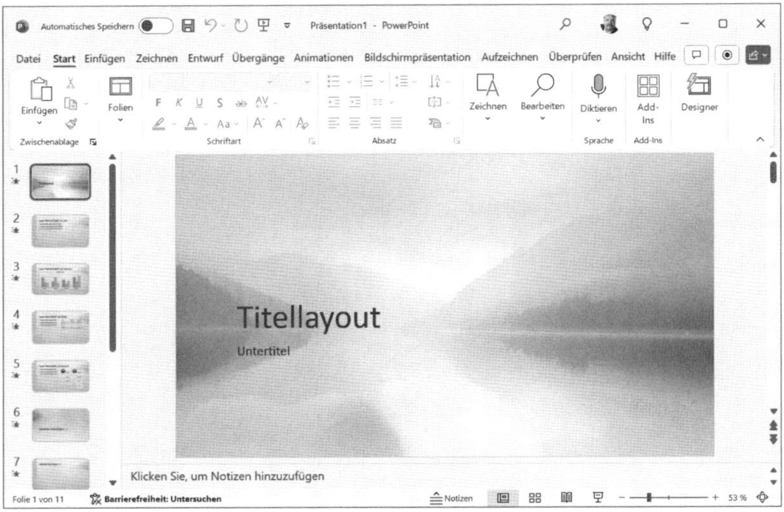

3 Bestimmen Sie danach zunächst auf der Menüband-Registerkarte *Entwurf* im Bereich *Anpassen* bei *Foliengröße*, ob Sie die Präsentation im Standardformat oder im Breitbildformat erstellen möchten. Ich entscheide mich in diesem Fall für *Breitbild (16:9)*, da die Vorlage auch für diese Breite erstellt wurde.

4 Bei vielen Vorlagen, so auch hier, sehen Sie links eine bestimmte Anzahl aufbereiteter Folien. Diese können Sie mit Leben füllen, indem Sie, wie in diesem Kapitel bereits beschrieben, Texte, Bilder, Videos usw. einfügen. Wenn Sie eine der Folien nicht brauchen, klicken Sie diese im linken Seitenbereich an und löschen sie mit Entf.

5 Angenommen, Sie möchten zunächst die Zahlen des zurückliegenden Jahres als Balkengrafik darstellen. Wählen Sie dazu das Diagramm-Layout in der Folienansicht im linken Seitenbereich, um diese Folien rechts zum Bearbeiten anzuzeigen.

6 Klicken Sie dann das Balkendiagramm an. Dadurch zeigt PowerPoint automatisch im Menüband rechts den Reiter *Diagrammentwurf* an. Öffnen Sie diese Registerkarte und klicken Sie dort auf den oberen Teil der Schaltfläche *Daten bearbeiten*.

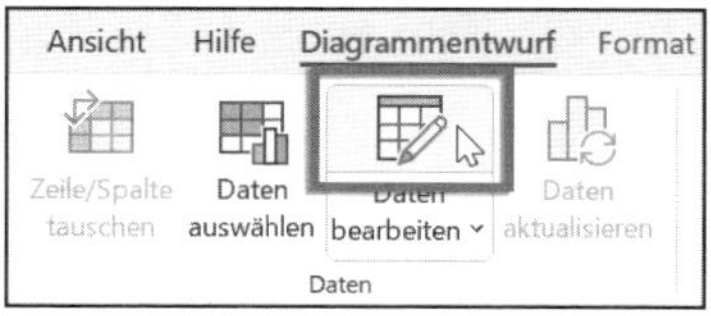

7 Geben Sie in die Tabelle die entsprechenden Daten ein.

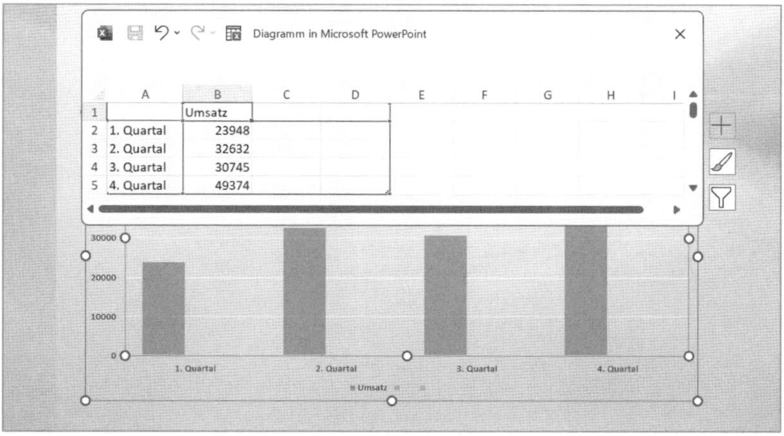

TIPP

Folien duplizieren

Wenn Sie die mit dem Layout mitgelieferten Folien durchschauen, sehen Sie, dass Sie zunächst nur eine Folie mit einer Balkengrafik bekommen. Brauchen Sie eine zweite, kopieren Sie eine der Folien, die Sie zusätzlich brauchen. Dazu klicken Sie in der linken Seitenleiste mit der Folienübersicht die gewünschte Folie mit rechts an und wählen im Kontextmenü *Folie duplizieren*. Dadurch wird eine Kopie der gewählten Folie direkt unterhalb in der Liste eingefügt. Diese können Sie selbstverständlich mit anderen Werten befüllen.

Auf diese Weise können Sie die Folien einer Vorlage mit Leben füllen und ggf. weitere Folien im selben Stil ergänzen. Am Ende der Folien aus einer Vorlage finden Sie meist leere Folien, die Sie beliebig gestalten können. Aber auch die vorausgefüllten Folien können Sie beliebig anpassen, nicht benötige Elemente entfernen sowie eigene Elemente ergänzen. Kurz gesagt: Eine Designvorlage ist nur ein grober Rahmen, an dem Sie sich genau in dem Maße orientieren, wie Sie möchten.

Das Design nachträglich wechseln

Das nachträgliche Ändern des einmal gewählten Designs ist zwar grundsätzlich möglich, aber Sie sollten immer damit rechnen, dass Sie dann die Inhalte auf den Folien möglicherweise anpassen müssen. Um diesen eventuellen Zusatzaufwand zu sparen, empfiehlt es sich also immer, die Entscheidung für ein konkretes Design möglichst frühzeitig und wohlüberlegt zu treffen.

Wenn Ihnen das ursprünglich gewählte Design aber irgendwann doch nicht mehr zusagt, können Sie es jederzeit über die Menüband-Registerkarte *Entwurf* ändern. Im Bereich *Designs* klappen Sie alle Möglichkeiten auf und wählen Ihren neuen Favoriten aus. Wie üblich können Sie sich dabei von einer Live-Vorschau unterstützen lassen, die die Änderungen vorübergehend anzeigt, wenn Sie die Maus über einem der Designs schweben lassen.

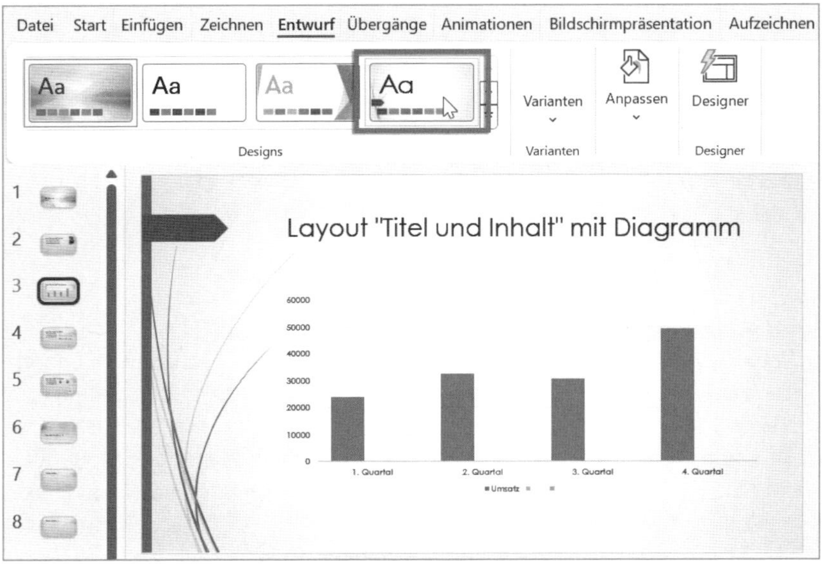

Anschließend sollten Sie sich allerdings unbedingt die Zeit nehmen, alle Folien einmal in Ruhe durchzuschauen. Kontrollieren Sie, ob die Position oder Größe von Objekten eventuell angepasst werden muss, ob alle Texte noch vollständig lesbar sind usw.

5.9 Einheitlich gestalten mit Masterfolien

Die vorgefertigten Layouts sehen teilweise toll aus, sind aber oft nicht hundertprozentig so, wie man sie haben möchte. Selbst wenn man nur Kleinigkeiten wie etwa ein Firmenlogo auf allen Folien ergänzen möchte, kann das schnell in Arbeit ausarten.

Deshalb macht man das auch nicht, indem man auf jeder Folie dasselbe Bild an derselben Position von Hand einfügt. Stattdessen baut man das Bild einmal in einen Folienmaster ein. PowerPoint sorgt dann dafür, dass alle Elemente dieser Vorlage automatisch für alle Folien der Präsentation übernommen werden.

Der Begriff Folienmaster ist mal wieder eine etwas unglückliche Übersetzung aus dem Englischen. Der Begriff leitet sich vom englischen »Master«, auf Deutsch etwa »Meister«, her. Der Folienmaster ist also der »Meister aller Folien«, der bestimmt, wie die Folien einer Präsentation aussehen. Verwirrend kommt noch hinzu, dass es bei PowerPoint drei Master gibt:

- Der **Folienmaster** beinhaltet das grundlegende Design Ihrer Präsentation. In diese Vorlage gehören also all jene Elemente, die später auf allen Folien zu sehen sein sollen. Zugleich können basierend darauf speziellere Layouts für bestimmte Zwecke oder Inhalte definiert werden.
- Der **Handzettelmaster** dient als Grundlage aller Folien, die Sie als Handzettel den Kursteilnehmern mitgeben wollen. Diese werden aus den PowerPoint-Folien erzeugt, das konkrete Layout dafür wird aber nicht vom Folienmaster, sondern eben vom Handzettelmaster übernommen. So können die Handzettel ein anderes Design als die Folien haben (mehr dazu im Abschnitt über das Drucken).
- Als dritte Masterfolie bildet der **Notizenmaster** die Layout-Grundlage für die Notizenseite einer Präsentation.

Der Folienmaster

Mit dem Folienmaster definieren Sie das grundlegende Erscheinungsbild Ihrer Präsentation unabhängig von konkreten Inhalten. Hier werden die Eigenschaften festgelegt, die sich in allen Folien Ihrer Präsentation wiederfinden sollen, also beispielsweise Hintergründe, Farben, Schriftgestaltung, ein Logo oder die Foliennummer.

So können Sie auf unkomplizierte Weise Einheitlichkeit gewährleisten:

- Das Verwenden des Folienmasters sorgt automatisch dafür, dass Elemente wie Schriftarten und Farben einheitlich verwendet werden. Trotzdem können Sie in Einzelfällen davon abweichen, um beispielsweise an einer bestimmten Stelle eine andere Schriftart zu verwenden.
- Änderungen im Folienmaster wirken sich automatisch auf die gesamte Präsentation aus. Sollten Sie nachträglich ein anderes Hintergrundbild verwenden, die Schriftart wechseln oder ein Logo einfügen wollen, ist das auf diesem Weg leicht möglich.

Masterlayout und Folienlayouts

Die grundlegenden Designelemente für alle Folien werden jeweils in einem Masterlayout festgelegt. Davon kann es aber auch mehrere geben. In der Praxis wird man eher selten mit mehr als einem Masterlayout arbeiten. Aber wenn eine Präsentation beispielsweise aus mehreren Abschnitten bestehen soll, die klar voneinander getrennt sein sollen, kann das sinnvoll sein.

Vom Masterlayout lassen sich verschiedene Folienlayouts ableiten, etwa für Titelseiten, Zwischenüberschriften, Folien mit Text, Folien mit Bildern, Folien mit mehreren Spalten, Folien mit Tabellen oder Diagrammen usw. Diese Folienlayouts können dann beim Erstellen einer Präsentation als Vorlage für konkrete Folien verwendet werden.

Das klingt möglicherweise erst mal verwirrend, aber ein konkretes Beispiel soll das Prinzip veranschaulichen: Sie möchten den ersten Geburtstag Ihres Meditationszentrums feiern und planen einen Tag der offenen Tür, bei dem Sie auch einen Vortrag über Ihr Zentrum halten wollen. Sie haben sich die folgende Hauptgliederung überlegt:

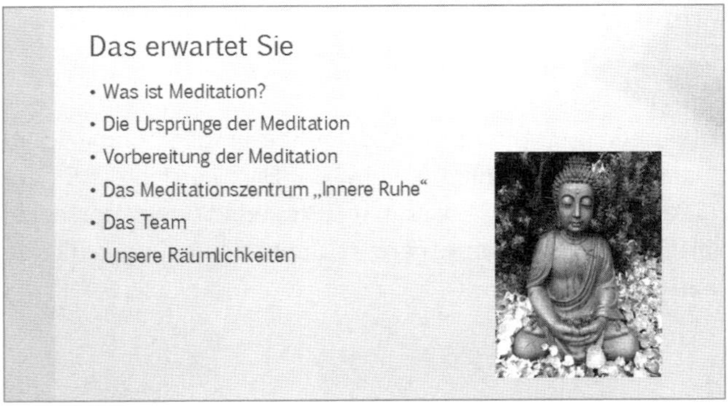

Jedes Mal, wenn Sie zu einem anderen Punkt Ihrer Gliederung kommen, können Sie das mit einer Folie ankündigen, die eine entsprechende Überschrift trägt, etwa:

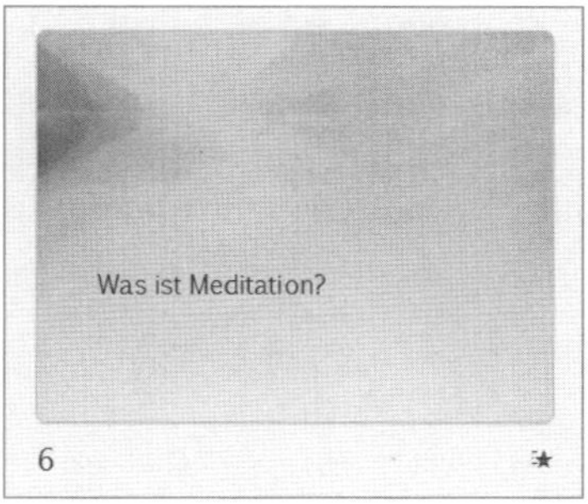

Selbstverständlich sollen alle Folien der Präsentation ein einheitliches Aussehen haben, also dasselbe Hintergrundbild, die gleiche Schriftart und -größe usw. Das gilt auch für die Folien mit Zwischenüberschriften. Bei diesen soll aber zusätzlich sichergestellt werden, dass sich die Überschrift immer an derselben Stelle wiederfindet. Würden Sie das Textfeld dazu auf jeder Folie von Hand einfügen, müssten Sie es jeweils mühsam ausrichten, um das zu gewährleisten.

Stattdessen erstellen Sie basierend auf dem Masterlayout ein Folienlayout für Zwischenüberschriften. Dieses übernimmt alle Designelemente vom Masterlayout und enthält zusätzlich ein Textfeld an der gewünschten Stelle. Wenn Sie dann in Ihrer Präsentation eine Zwischenüberschrift anzeigen möchten, fügen Sie eine neue Folie mit dem Folienlayout für Zwischenüberschriften ein. Dann brauchen Sie nur noch die jeweilige Überschrift in das vorhandene Textfeld einzutippen und schon ist die Zwischenfolie in perfektem Design fertig. Nach dem gleichen Prinzip können Sie Folienlayouts für andere Arten von Inhalten erstellen.

Folienmaster bearbeiten

Grundsätzlich verwendet jede PowerPoint-Präsentation einen Folienmaster. Selbst wenn Sie eine neue leere Präsentation erstellen, verfügt diese über ein entsprechendes Grundgerüst.

1 Um das zu bearbeiten, klicken Sie im Menüband auf der Registerkarte *Ansicht* im Bereich *Masteransichten* auf die Schaltfläche *Folienmaster*.

2 Sie sehen nun im linken Seitenbereich anstelle Ihrer Folien den Folienmaster und die dazugehörenden Folienlayouts.

3 Wenn Sie eine der Folienvorschauen in der Liste anklicken, wird rechts das entsprechende Layout angezeigt und kann auch bearbeitet werden.

4 Dazu können Sie die einzelnen Elemente wie bei einer normalen Folie markieren, um z. B. eine andere Schriftart oder Schriftgröße zu verwenden. Sie können die Layouts also genauso bearbeiten, wie in den vorangegangenen Abschnitten besprochen.

Folien nummerieren

Es kann durchaus sinnvoll sein, die Folien einer Präsentation zu nummerieren. Das hilft bei der Orientierung, nicht nur bei der Präsentation selbst, sondern auch bei der Arbeit daran oder wenn man die Folien etwa als Handzettel an die Zuhörer ausgibt.

Ein Platzhalter für die Foliennummerierung ist in den entsprechenden Masterfolien schon integriert, Sie müssen ihn also nur noch aktivieren.

1 Klicken Sie im Menüband auf der Registerkarte *Einfügen* im Bereich *Text* auf *Kopf- und Fußzeile*.

2 Im entsprechenden Dialog wählen Sie die Registerkarte *Folie* und setzen hier ein Häkchen bei *Foliennummer*.

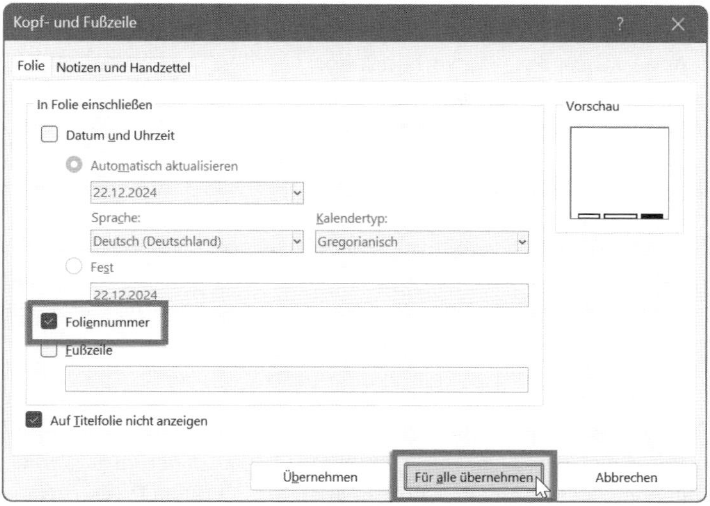

3 Oben rechts wird eine kleine Vorschau angezeigt. Darin ist nun das Feld unten rechts als aktiv gekennzeichnet. Das ist die Position, an der die Foliennummer angezeigt wird.

4 Wenn die Titelfolie auf eine Nummer verzichten soll, aktivieren Sie zusätzlich ganz unten die Option *Auf Titelfolie nicht anzeigen*.

5 Wichtig: Damit die Nummer auf allen Seiten Ihrer Präsentation (außer ggf. der Titelfolie) angezeigt wird, klicken Sie unten auf die Schaltfläche *Für alle übernehmen*. Mit *Übernehmen* würde die Nummer nur auf der aktuellen Folie angezeigt werden.

In diesem Dialog können Sie auf Wunsch auch das Datum oder eine einheitliche Fußzeile auf allen Folien anzeigen lassen.

TIPP

Die Position der Foliennummer ändern

Wenn Sie die Foliennummer nicht unten rechts, sondern an einer anderen Stelle der Folien anzeigen möchten, dann verändern Sie im Folienmaster den Platzhalter für die Foliennummer entsprechend. Ebenso können Sie dort auch Schriftart und -größe anpassen. Solche Änderungen wirken sich automatisch auf alle darauf basierenden Folien aus.

Eigene Layouts ergänzen

Neben den standardmäßig vorhandenen Layouts können Sie weitere Folienlayouts ergänzen. Dazu finden Sie in der *Folienmaster*-Registerkarte im Bereich *Master bearbeiten* die Schaltfläche *Layout einfügen.*

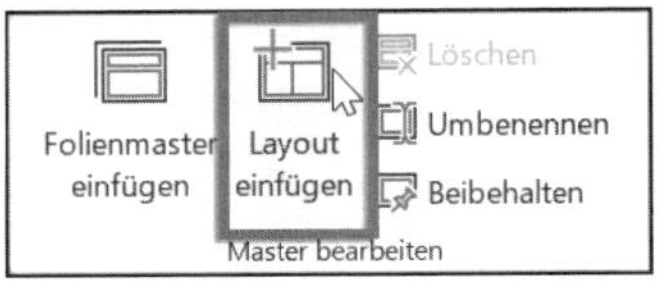

Eine gleichnamige Aktion verbirgt sich auch im Kontextmenü, wenn Sie in der Masteransicht irgendwo auf den Seitenbereich links klicken. Allerdings fügen Sie auf diese Weise immer eine »leere« Layout-Vorlage ein, die nur die Eigenschaften und Inhalte des Masterlayouts enthält.

Wollen Sie ein bereits vorhandenes Folienlayout übernehmen und darauf basierend ein angepasstes Layout erstellen, klicken Sie stattdessen besser mit der rechten Maustaste auf die Vorschau dieses Layouts links im Seitenbereich und wählen im Kontextmenü *Layout duplizieren.* So erstellt PowerPoint praktisch eine Kopie dieses Layouts unmittelbar unterhalb davon in der Liste. Diese können Sie nun nach Ihren Vorstellungen anpassen.

TIPP

Folienlayouts umbenennen
Die Layouts erhalten standardmäßig generische Namen. Es empfiehlt sich, diese durch für Sie eindeutige Bezeichnungen zu ersetzen. Klicken Sie dazu in der linken Seitenleiste auf den Eintrag eines Layouts und wählen Sie *Layout umbenennen.* Im anschließenden Dialog ersetzen Sie den bestehenden Layoutnamen durch einen Ihrer Wahl. Das macht es leichter, die Layouts später wiederzufinden und beispielsweise Ihren Folien passend zuzuweisen.

Ein Logo auf allen Folien

Ein Firmen- oder Vereinslogo, einheitlich auf allen Folien in einer der Ecken platziert, ist ein beliebtes Gestaltungsmittel. Mithilfe des Folienmasters können Sie das in wenigen Schritten umsetzen:

1 Elemente, die auf allen Folien erscheinen sollen, werden in den Folienmaster eingefügt. Öffnen Sie also – soweit noch nicht geschehen – über die *Ansicht*-Registerkarte im Menüband den *Folienmaster.*

2 Stellen Sie in der Seitenleiste links sicher, dass in der Liste der oberste Eintrag für den Folienmaster ausgewählt ist, sodass dieser rechts zum Bearbeiten angezeigt wird.

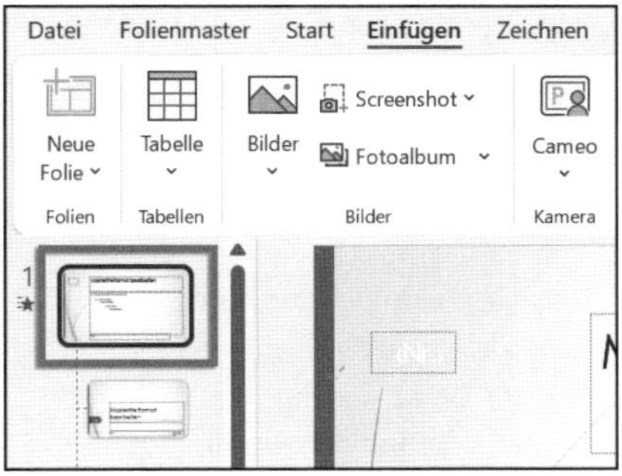

3 Wechseln Sie zur Registerkarte *Einfügen* und klicken Sie dort auf *Bilder/ Dieses Gerät.*

4 Wählen Sie mit dem so geöffneten Dialog das Bild mit Ihrem Logo darin aus und *Öffnen* Sie es, um es in die Folie einzufügen.

5 Verwenden Sie nun die Maus, um das eingefügte Logo beispielsweise in die obere rechte Ecke der Folie zu verschieben.

6 Passen Sie die Größe ggf. so an, dass das Logo gut sichtbar, aber nicht aufdringlich ist. Je nach Beschaffenheit des Logos kann es auch hilfreich sein, in der Registerkarte *Bildformat* im Bereich *Anpassen* eine leichte *Transparenz* einzustellen.

Soweit unterscheidet sich der Vorgang nicht besonders vom Einfügen eines Bildes direkt in eine Folie. Wenn Sie nun aber den Blick wieder zur Seitenleiste wenden und die Folienlayouts unterhalb des Folienmasters betrachten, werden Sie erkennen, dass das eingefügte Logo automatisch auch auf allen Folienlayouts zu erkennen ist.

Und wenn Sie im Menüband in der Registerkarte *Folienmaster* ganz rechts auf *Masteransicht schließen* klicken, um wieder zu den normalen Folien zu wechseln, wird Ihr Logo nun auch auf allen Folien sichtbar sein, die bereits zuvor vorhanden waren.

Platzhalter in Layouts

Die Folienlayouts umfassen nicht nur Designelemente und Bilder, sondern auch Platzhalter für Inhalte.

Platzhalter deshalb, weil in den Layouts nur in Ausnahmefällen tatsächliche Texte für die Präsentation stehen sollten. Platzhalter anstelle der späteren Inhalte sind aber absolut sinnvoll, weil so die Positionierung dieser Elemente von vornherein einheitlich festgelegt ist. Diese Vorzüge hatte ich bereits am Beispiel einer Folienvorlage für Zwischenüberschriften demonstriert.

Auch für dynamische Elemente wie Foliennummer oder Datum werden Platzhalter verwendet. Diese legen fest, wo und wie solche Informationen auf jeder Folie zu sehen sind. Der konkrete Inhalt wird dann durch die eigentliche Folie selbst bestimmt.

1 Wenn Sie also nicht konkrete Inhalte (wie etwa ein Logo), sondern nur Platz für Inhalte (etwa auf einer Folie Platz für ein Bild links und Text rechts) festlegen möchten, dann verwenden Sie nicht die Registerkarte *Einfügen*, sondern öffnen stattdessen in der Registerkarte *Folienmaster* im Bereich *Masterlayout* die Auswahl *Platzhalter einfügen*.

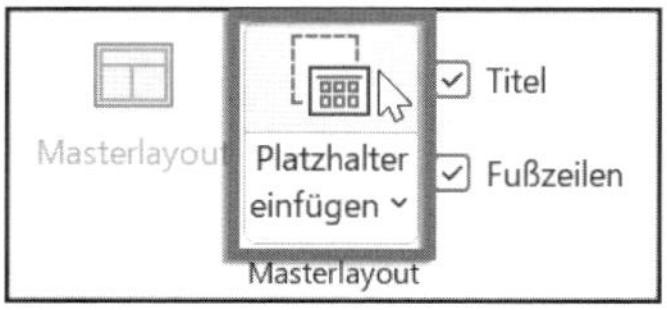

2 Diese bietet Ihnen die bekannten Elemente an, nur dass eben nicht ein konkreter Text oder ein ganz bestimmtes Bild eingefügt wird.

Vielmehr legen Sie so einen Bereich auf der Folie fest, in dem dann eine bestimmte Art von Inhalt eingefügt wird.

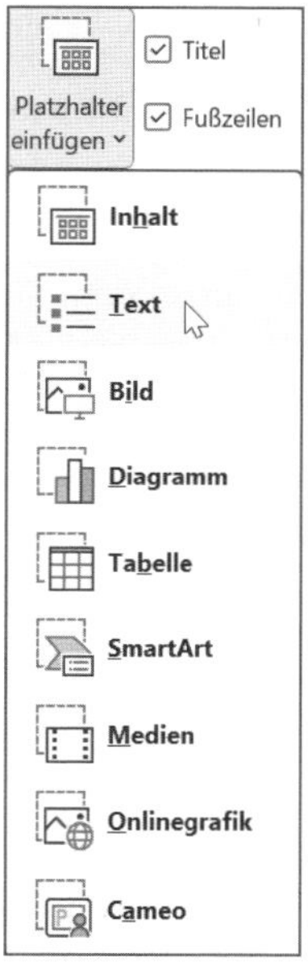

3 Platzhalter können Sie wie alle Elemente bei PowerPoint beliebig auf der Folie verschieben und mit den Anfassern an den Seiten und Ecken vergrößern und verkleinern. Ebenso können Sie Platzhalter auf verschiedenen Ebenen anordnen, Rahmen und Hintergrundfarben bestimmen usw.

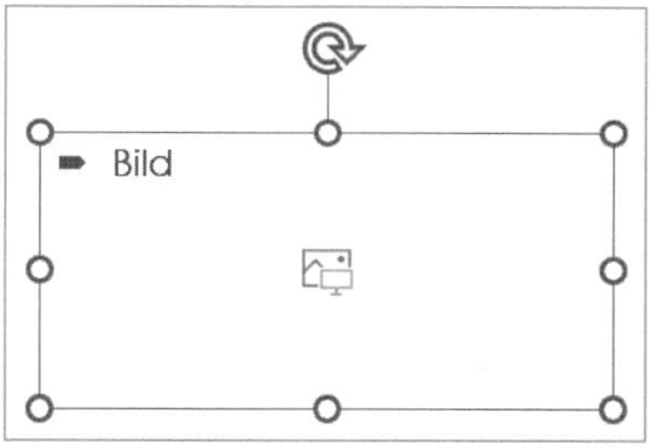

TIPP

Der allgemeine Platzhalter für Inhalt
Eine besondere Rolle spielt der oberste Platzhalter *Inhalt* in der Liste. Er gibt keinen bestimmten Inhalt vor, sondern kann später beliebig Text, Bilder, Tabellen usw. enthalten. Er dient ausdrücklich nur der Positionierung bzw. Begrenzung. Selbst wenn Sie in einer Folienvorlage sonst keine Platzhalter vorgeben, können Sie damit beispielsweise den Bereich der Folie kennzeichnen, der für Inhalt vorgesehen ist. So haben alle Folien den gleichen Inhaltsbereich und Sie vermeiden bei der Präsentation unangenehme Sprünge des Inhalts.

Layouts für neue Folien wählen

Wenn Sie verschiedene Folienlayouts definiert haben, können Sie für jede Folie Ihrer Präsentation wählen, welches der Layouts diese verwenden sollen. Das geht grundsätzlich auf zwei verschiedene Arten.

In der Menüband-Registerkarte *Einfügen* finden Sie ganz links das Symbol *Neue Folie*. Ein Klick darauf öffnet eine Auswahl aller vorhandenen Folienlayouts. Wählen Sie hier das gewünschte Layout der neuen Folie aus. Mit einem Klick darauf wird hinter der aktiven Folie eine neue mit dem gewählten Layout eingefügt.

Eine alternative Möglichkeit können Sie ebenfalls jederzeit einsetzen:

1 Klicken Sie mit der rechten Maustaste irgendwo auf den Seitenbereich mit der Folienliste.

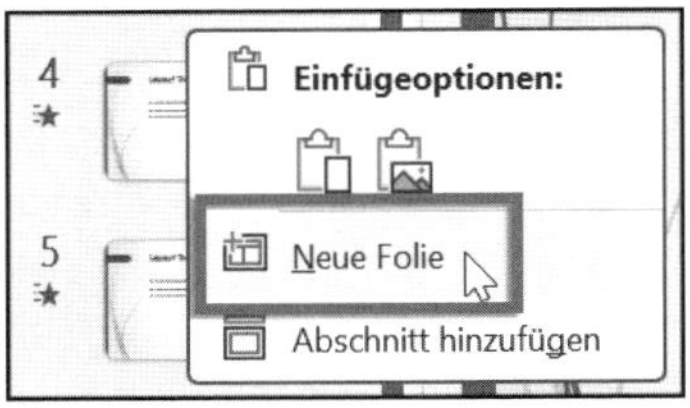

2 Im so geöffneten Kontextmenü finden Sie stets die Aktion *Neue Folie*, mit der Sie eine weitere leere Folie einfügen.

3 Diese wird an der Position des Mausklicks oder – wenn Sie auf eine andere Folie geklickt haben – unterhalb der angeklickten Folie eingefügt.

4 Klicken Sie anschließend nochmals mit der rechten Maustaste auf die Vorschau der neu hinzugefügten Folie im Seitenbereich.

5 Wählen Sie im Kontextmenü diesmal *Layout* und entscheiden Sie sich in der so geöffneten Auswahl für das gewünschte Layout.

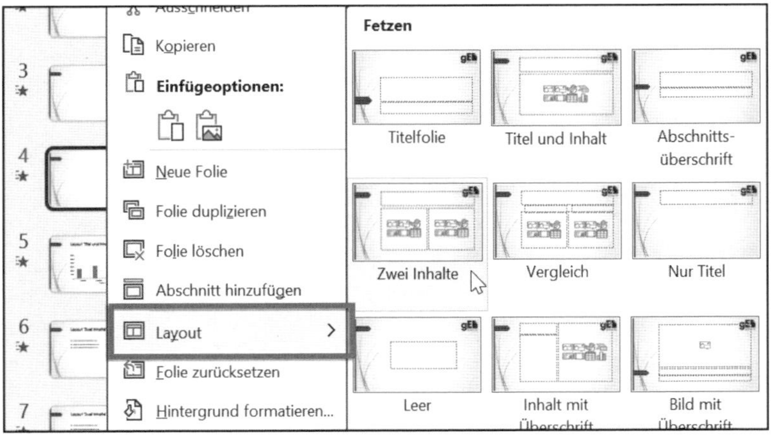

Der Notizenmaster

Auf Seite 505 beschreibe ich die Möglichkeit, zu den Folien einer Präsentation Notizen zu hinterlegen. Diese sind nur für den Vortragenden sichtbar und sollen als Hilfestellung und Merkhilfe dienen.

Idealerweise können nur Sie diese Notizen beispielsweise auf Ihrem Notebook sehen, während die Zuhörer etwa über einen Beamer nur die eigentlichen Folien ohne Notizen zu Gesicht bekommen.

Sie können Notizen aber nicht nur für sich selbst erstellen, sondern auch als Anmerkungen und Ergänzungen zu den Folien anlegen und dann aus den Folien und den dazugehörenden Notizen Merkzettel erstellen, die Sie an Interessierte verteilen oder auch zum Download bereitstellen. Um steuern zu können, wie solche Seiten gestaltet werden, gibt es einen Notizenmaster.

Um diesen zu öffnen, klicken Sie auf der Menüband-Registerkarte *Ansicht* im Bereich *Masteransichten* auf das Symbol für den *Notizenmaster*.

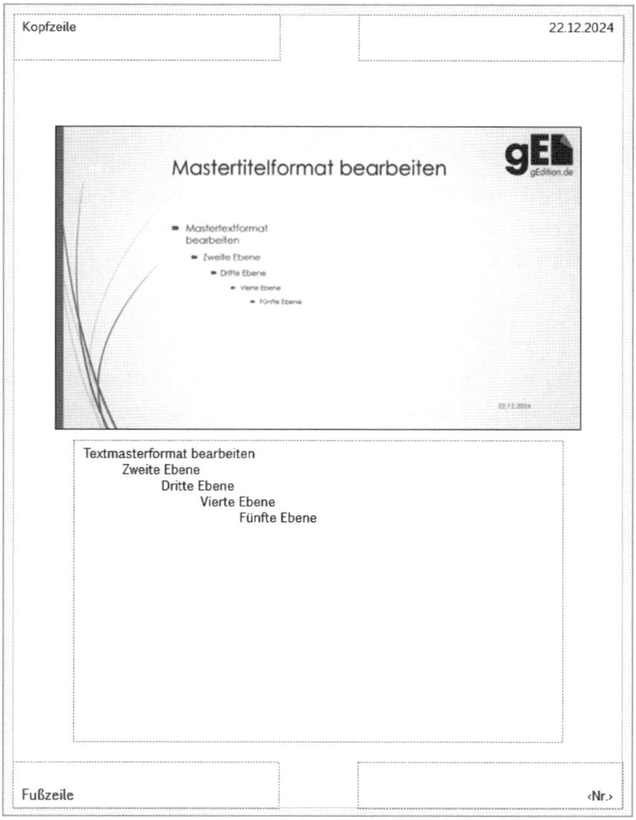

Der Notizenmaster ist nicht so komplex wie die verschiedenen Folienmaster. Sie bekommen nur eine einzige Masterfolie.

- Hier können Sie unter anderem die Schriftart und -größe ändern.
- Sie können im Menüband die *Notizseitenausrichtung* ins Querformat ändern.

- Sie können auch die vordefinierten Bereiche für Folien und Notizen verändern. Wenn Sie pro Folie nur wenige Notizen haben, kann es sinnvoll sein, das Querformat zu verwenden und dann den Folienbereich zu vergrößern und den Notizbereich zu verkleinern.
- Bei vielen Notizen würde ich es hingegen eher umgekehrt machen und den Platz für die Folien zugunsten des Notizbereichs verkleinern.

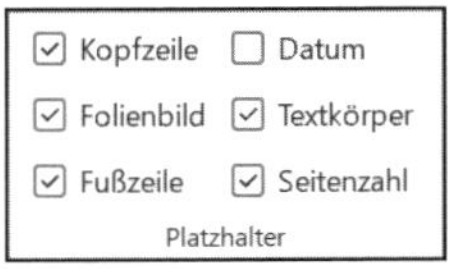

Wenn Sie den Notizenmaster bearbeiten, zeigt PowerPoint im Menüband automatisch die gleichnamige Registerkarte an. Hier können Sie im Bereich *Platzhalter* die Elemente abwählen, die nicht Teil Ihrer Notizenseiten werden sollen. Die Auswirkung sehen Sie unmittelbar im Notizenmaster selbst.

So können Sie beispielsweise die verschiedenen Elemente der Kopf- und Fußzeile ausblenden. Aber auch das Folienbild können Sie verbannen, wenn Sie stattdessen nur Ihre Notizen ausdrucken möchten.

Notizen mit Kopf und Fußzeilen ausdrucken

Es gibt im Notizenmaster wie bei den anderen Masterfolien auch eine Kopf- und eine Fußzeile. Wenn Sie also die Folien und die entsprechenden Notizen für die Teilnehmer ausdrucken möchten, können Sie hier in die Fußzeile beispielsweise den Namen Ihrer Firma setzen, damit auch noch nach Jahren klar ist, wessen geistiges Eigentum diese Präsentation ist. Klicken Sie also etwa in die Fußzeile, und tragen Sie dort ein, was beim Ausdrucken auf der Notizenseite erscheinen soll.

Aber Achtung: Obwohl Platzhalter für Kopf- und Fußzeile vorhanden sind, werden sie erst wirklich gedruckt oder angezeigt, wenn sie aktiviert werden. So haben Sie immer die Chance, die Kopf- oder Fußzeile auszublenden, ohne den Platzhalter löschen zu müssen.

1. Gehen Sie dazu im Menüband auf die Registerkarte *Einfügen*, und klicken Sie im Bereich *Text* auf *Kopf- und Fußzeile*.
2. Im folgenden Dialog wechseln Sie in die Rubrik *Notizen und Handzettel*.
3. Aktivieren Sie hier durch Häkchen die Elemente, die beim Druck berücksichtigt werden sollen.

4 Klicken Sie dann unten auf *Für alle übernehmen*.

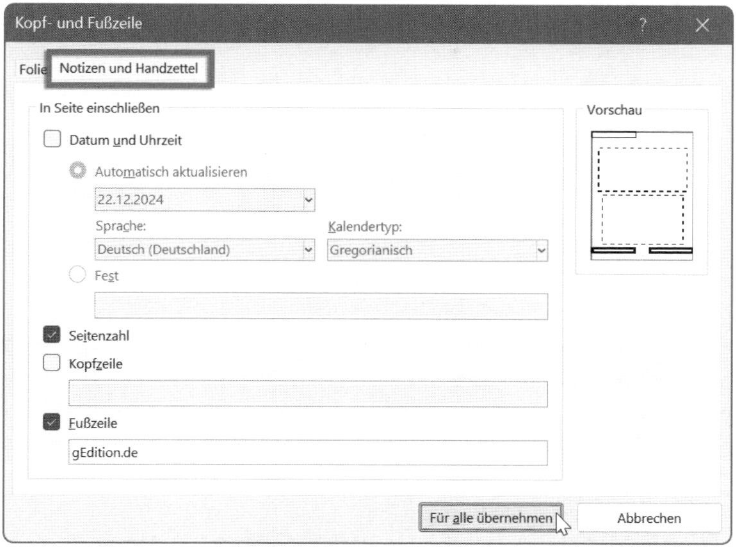

Der Handzettelmaster

Eine andere Möglichkeit, Zuhörern Ihrer Präsentation etwas Dauerhaftes mit an die Hand zu geben, ist ein Ausdruck der Folien. Das geht direkt über das Druckmenü, das dabei einige Flexibilität erlaubt. Noch besser aber können Sie für solche Fälle die Handzettel-Funktion von PowerPoint nutzen. Das sind Ausdrucke, bei denen Sie mehrere Folien verkleinert auf eine DIN-A4-Seite bekommen. Außerdem können Sie solche Handzettel nach Wunsch mit einheitlichen Kopf- und Fußzeilen versehen, die etwa Ihren Namen, Thema und Datum des Vortrags oder eine fortlaufende Nummerierung der Seiten enthalten.

Auch für diese Handzettel gibt es eine entsprechende Masterfolie. Sie öffnen sie mit einem Klick auf *Handzettelmaster* im Menüband in der Registerkarte *Ansicht* und dort im Bereich *Masteransichten*. Neben der Vorlage für Handzettel öffnen Sie damit zugleich die Registerkarte *Handzettelmaster* mit den Gestaltungsmöglichkeiten.

- Hier können Sie die *Handzettelausrichtung* sowie die *Foliengröße* anpassen.
- Besonders spannend ist – in Kombination mit den ersten beiden Einstellungen – die Anzahl der *Folien pro Seite*. Gerade bei umfangreicheren Präsentationen lassen sich damit ordentlich Druckkosten sparen.

Allerdings sollten Sie es auch nicht so weit übertreiben, dass der Inhalt nicht mehr erkennbar ist.

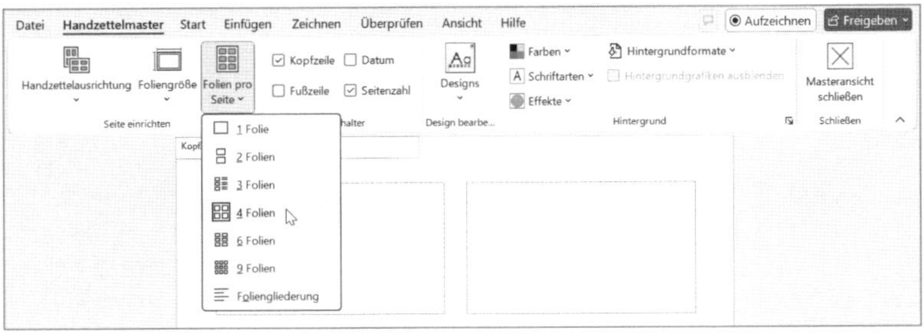

- Kopf- und Fußzeilen funktionieren genauso wie beim Notizenmaster. Welche der Elemente im Master angezeigt werden sollen, wählen Sie im Menüband im Bereich *Platzhalter*. Was davon dann ausgedruckt wird, steuern Sie zusätzlich im Dialog *Kopf- und Fußzeile* im Bereich *Notizen- und Handzettel*.

5.10 Folienübergänge und Animation

Mit Folienübergängen und Animationen bringen Sie Bewegung in Ihre Präsentation und bieten den Anwesenden eine gute Show.

- Folienübergänge sind die Übergänge zwischen den einzelnen Folien.
- Mit Animationen können Sie einzelne Objekte auf einer Folie animieren und nacheinander einblenden.

Solche visuellen Effekte, sparsam eingesetzt, können durchaus didaktischen Nutzen haben. Vor allem aber erfreuen sie das Auge und lassen Ihre Darbietung professionell und kompetent wirken. Die Menge der möglichen Effekte birgt aber die Gefahr, dass Sie alles und jedes irgendwie animieren möchten. Damit Ihre Präsentation nicht ein einziges Blinken, Rollen und Zucken wird, gilt auch hier: Weniger ist oftmals mehr.

Animationen

Mit Animationen können Sie die einzelnen Elemente auf einer Folie einzeln sichtbar machen, sodass sich die Folie langsam und didaktisch aufbaut, während Sie die einzelnen Schritte erläutern. Nehmen Sie beispielsweise an, Sie möchten in einem Physikvortrag zeigen, wie zwei Vektoren grafisch addiert werden. Vektoren sind mathematische Größen, die eine Richtung und eine Länge haben.

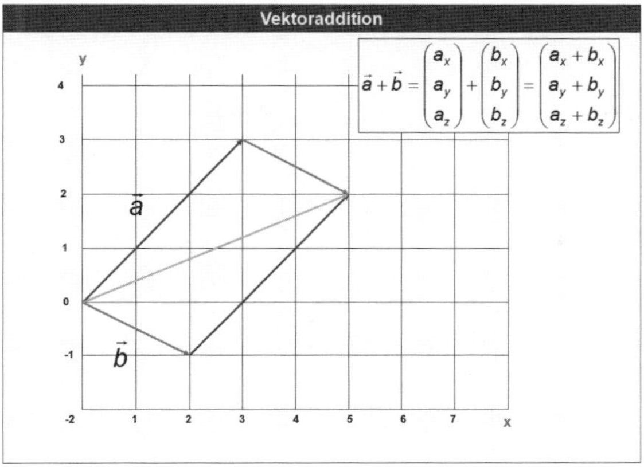

TIPP

Formeln in PowerPoint

Das Eingeben mathematischer Formeln wie im Beispiel ist in Kapitel 3 zu Word beschrieben. Bei PowerPoint gehen Sie dazu entsprechend vor. Klicken Sie in der Menüband-Registerkarte *Einfügen* rechts auf die untere Hälfte von *Symbole* und wählen Sie in der so geöffneten Auswahl *Formeln*. Klicken Sie dann in das eingefügte Element, damit PowerPoint im Menüband die Registerkarte *Formel* anzeigt. Darin finden Sie die Elemente, aus denen Sie Ihre Formeln zusammensetzen können.

Wenn Ihre Folie so angezeigt wird, ist das für die meisten Teilnehmer, die noch keine Ahnung von Vektoren haben, verwirrend. Wie viel didaktischer wäre es, wenn die einzelnen Elemente jeweils erst dann auf der Folie erschienen, wenn Sie mit ein paar Zwischenerläuterungen fertig sind?

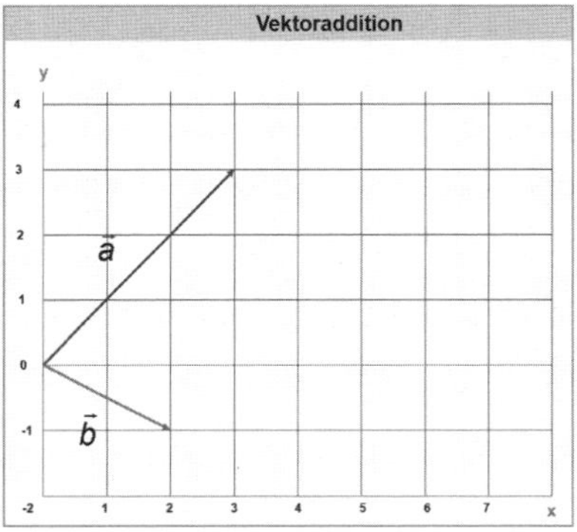

1

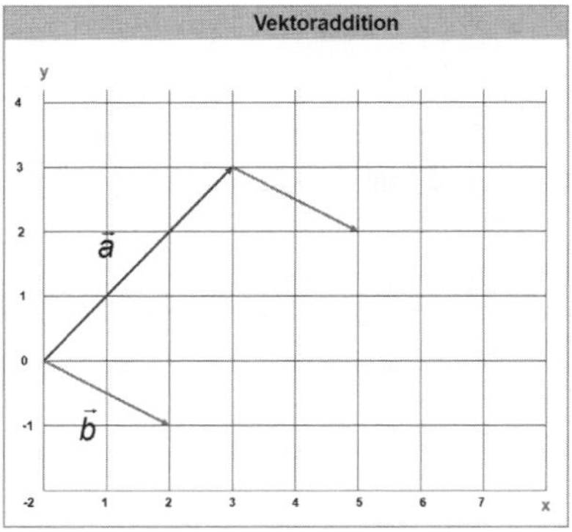

2

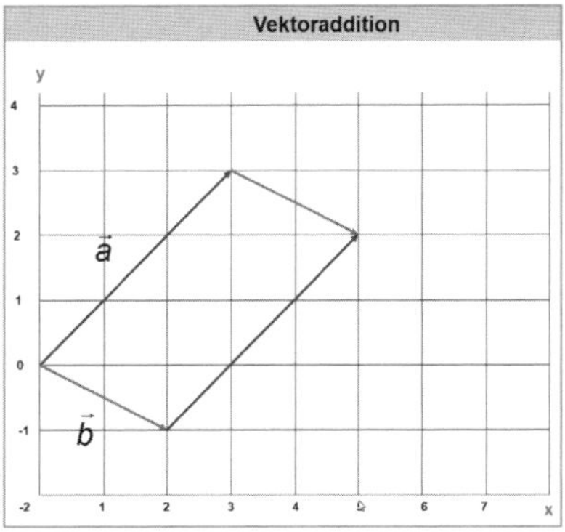

3

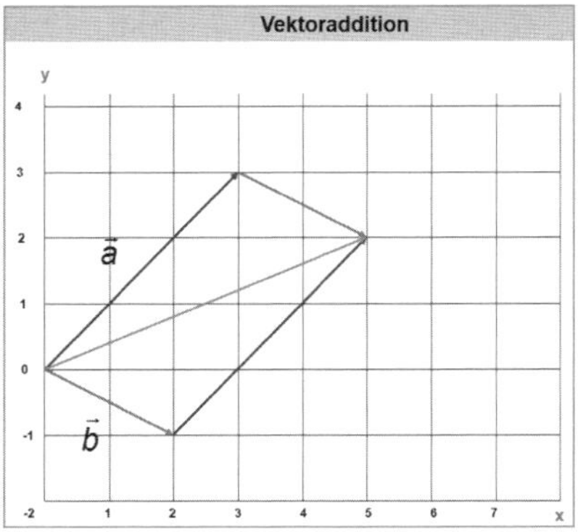

4

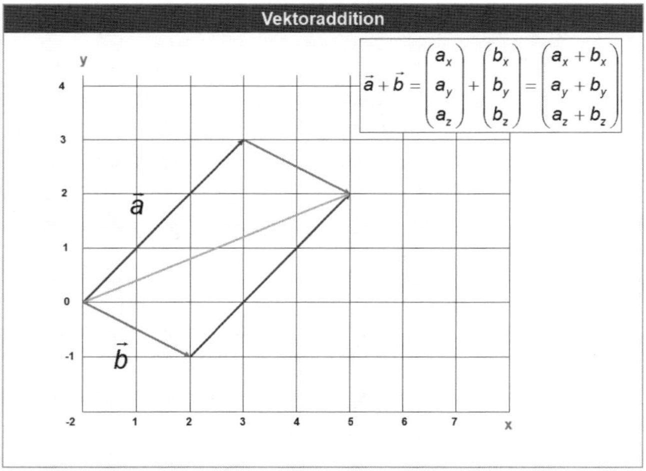

5

Das könnte man mit fünf aufeinanderfolgenden Folien lösen, die jeweils ein weiteres Element enthalten. Sie können aber ebenso die einzelnen Elemente auf ein und derselben Folie nacheinander einblenden lassen.

Die Zahlen in der nachfolgenden Abbildung geben an, in welcher Reihenfolge die Pfeile auf der Folie animiert werden sollen.

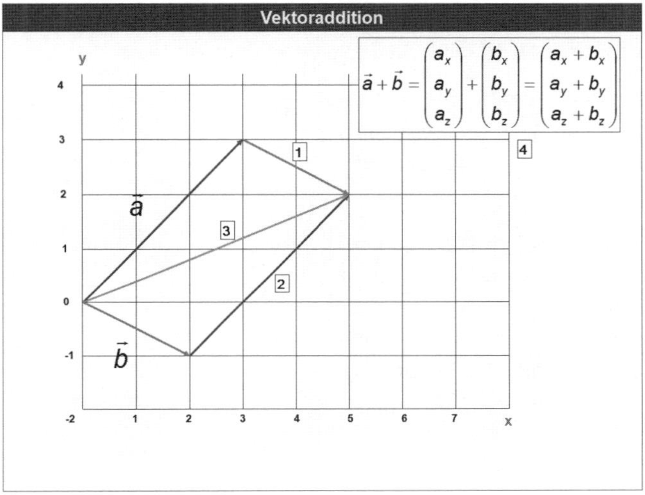

Um eine Folie zu animieren, erstellen Sie zunächst alle Elemente, die endgültig auf dieser Folie enthalten sein sollen.

1 Öffnen Sie dann über die Menüband-Registerkarte *Animationen* den *Animationsbereich*. Dieser wird am rechten Rand als Seitenleiste angezeigt. Hier sollte bislang noch nichts eingetragen sein.

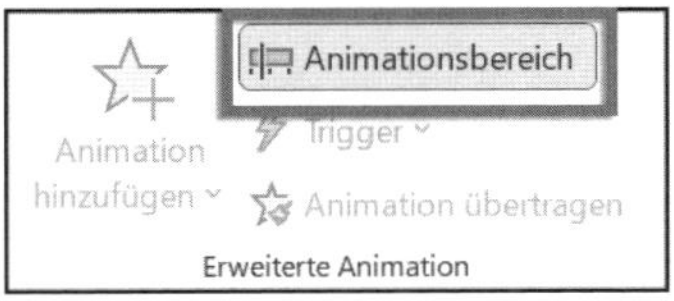

2 Klicken Sie auf das Objekt Ihrer Folie, das zuerst animiert werden soll, sodass es ausgewählt ist.

3 Dann klicken Sie im Bereich *Animation* auf das in der Abbildung markierte Symbol, um einen Katalog mit allen möglichen Animationseffekten aufzurufen.

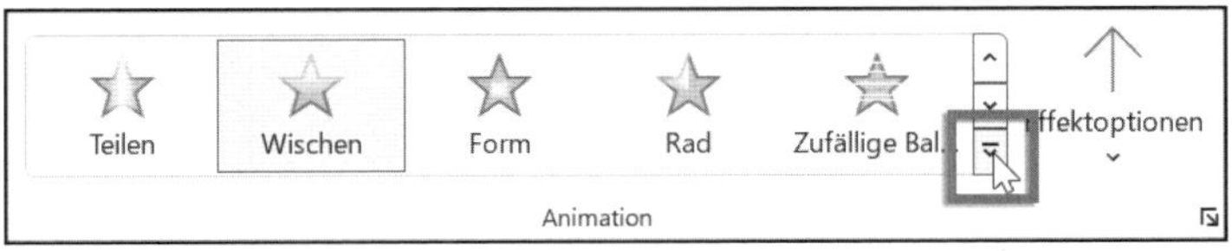

4 Der mit der Nummer 1 bezeichnete Pfeil soll von links oben nach rechts unten eingeblendet werden. Wählen Sie dazu den Effekt *Wischen*.

5 Wenn Sie nun im Animationsbereich das Element markieren und auf *Wiedergeben ab* klicken, sehen Sie, dass der Pfeil noch nicht wie gewünscht »hereinfliegt«.

6 Sie müssen also ggf. noch festlegen, aus welcher Richtung der Animationseffekt erfolgen soll. Klicken Sie dazu oben in der *Animationen*-Registerkarte auf das Symbol *Effektoptionen* und wählen Sie in der so geöffneten Liste die passende Richtung.

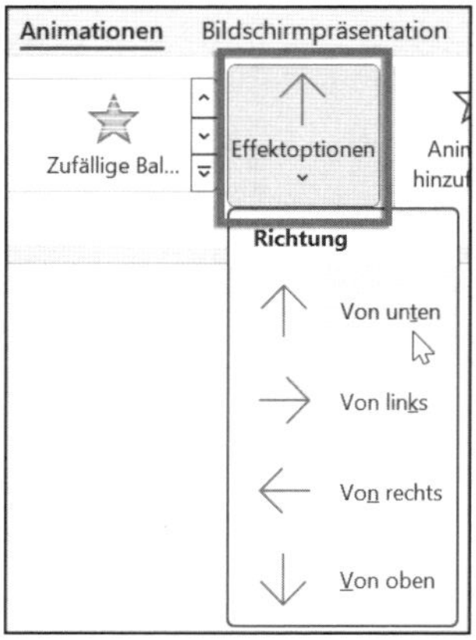

Genauso legen Sie die Animation für Pfeil Nummer 2 an. Hier sollten Sie die Animation *Von unten* nehmen. Als Nächstes animieren Sie Pfeil Nummer 3 mit der Richtung *Von unten*. Als Effekt wählen Sie immer *Wischen*. Zum Schluss lassen Sie die Formel einblenden. Hierfür können Sie auch einen der anderen Effekte wählen. Spielen Sie ruhig ein wenig mit den Effekten, um sie kennenzulernen. Wie alles später in der Präsentation wirkt, können Sie durch Klicken auf das Projektionssymbol in der Fußleiste sehen.

Effekte optimieren

Ihre animierten Objekte haben durch die zugewiesenen Effekte Nummern bekommen, die in der Folie direkt neben den Elementen stehen (aber bei der Präsentation später selbstverständlich nicht zu sehen sind). Diese Zahlen geben die Reihenfolge der Animation an. Gleichzeitig finden Sie diese Zahlen auch an der rechten Seite im Animationsbereich wieder.

Hier können Sie nachträglich die Reihenfolge verändern, indem Sie eines der Objekte und seine Position in der Liste per Klick auf die schwarzen Pfeilsymbole oben rechts verändern. Dadurch ändern sich auch die Nummern an den Elementen der Folie. Mit der Wiedergabe-Schaltfläche oben links können Sie die Animation(en) jederzeit testen.

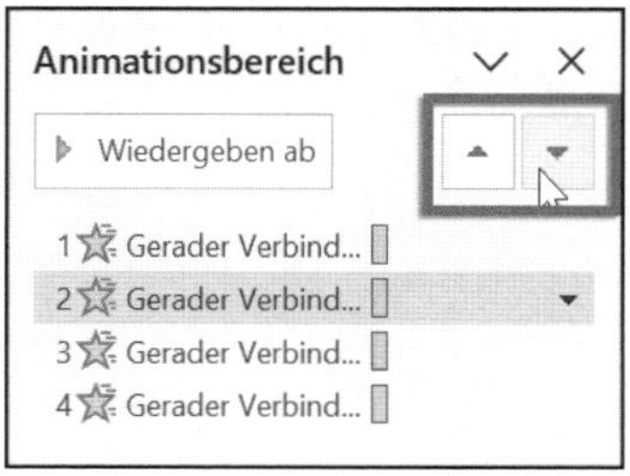

Läuft die Animation noch nicht so wie gewünscht ab, wenden Sie Ihre Aufmerksamkeit dem Bereich *Anzeigedauer* in der Registerkarte *Animationen* zu.

- Hier können Sie bei *Dauer* die zeitliche Länge der Animation bestimmen. Das beeinflusst beispielsweise, ob der Pfeil langsam oder schnell von links oben nach rechts unten fliegen soll.
- Zusätzlich können Sie eine *Verzögerung* einstellen, wodurch die Animation nicht unmittelbar beginnt. Das ist vor allem interessant in Verbindung mit abweichenden Startmethoden.
- Bei der Auswahl *Start* ist standardmäßig *Beim Klicken* eingetragen. Es ist also für jede Animation jeweils ein Mausklick erforderlich. Sie können hier aber auch zwei andere Startmethoden wählen.

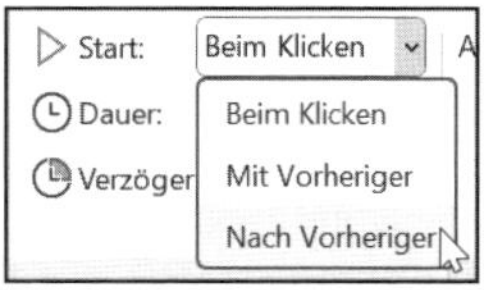

- *Mit Vorheriger* heißt, diese Animation wird gleichzeitig mit der vorherigen gestartet. So können Sie also zwei Effekte zugleich ausführen lassen.
- *Nach Vorheriger* bedeutet, diese Animation wird unmittelbar nach Abschluss der vorherigen ausgeführt. So lässt sich ein Automatismus einrichten, der mehrere Animationen hintereinander abspielt. Soll zwischen diesen vorprogrammierten Schritten eine Pause erfolgen, erreichen Sie das durch Angeben einer *Verzögerung* (s. o.).

Textfelder animieren

Auch Textfelder können Sie sehr didaktisch animieren. So lassen sich etwa Listen oder Gliederungen schön in einzelnen Schritten aufbauen.

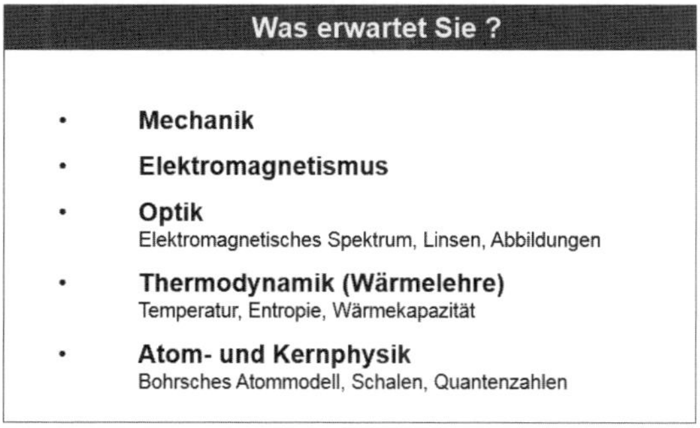

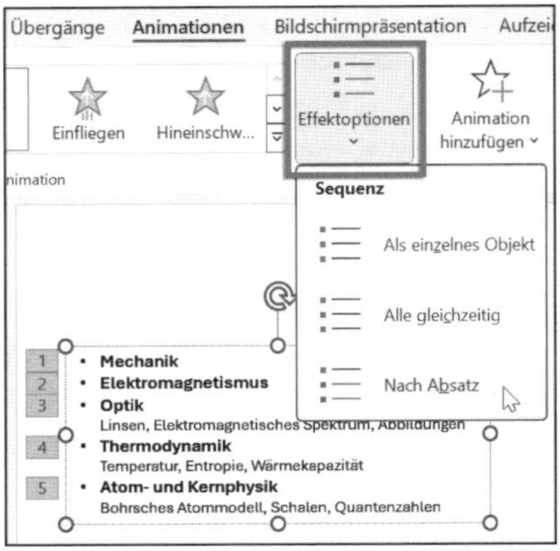

1 Klicken Sie das Textfeld an.

2 Wählen Sie im Menüband in der Registerkarte *Animationen* einen passenden Effekt aus. Eine nicht zu aufdringliche Animation ist etwa *Verblassen*.

3 Dadurch wird allerdings das gesamte Textfeld auf einmal mit diesem Effekt angezeigt. Klicken Sie deshalb oben im Menüband auf *Effektoptionen* und wählen Sie in der Liste die Option *Nach Absatz*.

4 Im Textfeld erhält daraufhin jeder Absatz eine eigene Animationsnummer. Somit wird jeder Absatz mit einer eigenen Animation angezeigt. Mit der standardmäßigen Startoption *Beim Klicken* wird bei dieser Folie dann zunächst nur der oberste Absatz des Textfelds angezeigt. Für jeden weiteren Absatz klicken Sie einmal, wenn Sie mit Ihren Ausführungen so weit sind.

5 Sie können auch eine andere Startvariante wie etwa *Nach Vorheriger* wählen und dann durch geschickte Werte für *Dauer* und *Verzögerung* dafür sorgen, dass der Text sich beim Anzeigen der Folie automatisch nach und nach aufbaut.

Sie können alles animieren, was Sie in eine Folie integrieren können, also auch Bilder. Leider lässt sich die Wirkung der verschiedenen Animationen in einem Buch nicht darstellen. Deshalb probieren Sie einfach ein wenig herum.

Objekte mit Animationspfaden bewegen

Animationen bieten Ihnen neben verschiedenen vorgefertigten Effekten auch die Möglichkeit, Elemente einer Folie praktisch beliebig auf dieser zu bewegen. Dazu können Sie einen Pfad festlegen, dem das Objekt folgen soll.

Das folgende Beispiel soll diese eindrucksvolle Möglichkeit anhand einer Kugel demonstrieren, die eine schiefe Ebene herabrollt.

1 Zunächst wird eine Kugel benötigt. Dazu zeichnen Sie einen ganz normalen Kreis mit *Einfügen/Formen*. Wenn Sie beim Zeichnen ⇧ gedrückt halten, wird es immer ein exakter Kreis.

2 Wählen Sie diesen Kreis dann aus und öffnen Sie auf der Registerkarte *Formformat* die *Formeffekte*. Darin wählen Sie *Abschrägung* und dann ganz unten die *3D-Optionen*.

3 Im so angezeigten Seitenbereich verändern Sie, wie die Abbildung zeigt, die *Abschrägung oben* und die *Abschrägung unten*. Die Werte hängen von der Größe Ihres Kreises ab. Erhöhen Sie die Werte bei *Abschrägung oben*, bis der Kreis zu einer Kugel geworden ist. Nehmen Sie dann die gleichen Werte für die *Abschrägung unten*. So bekommen Sie eine perfekte Kugel mit 3D-Effekt.

4 Zeichnen Sie nun über *Einfügen/Formen* ein Dreieck als schiefe Ebene und platzieren Sie Ihre Kugel obendrauf, sodass die Folie in etwa wie in der folgenden Abbildung aussieht.

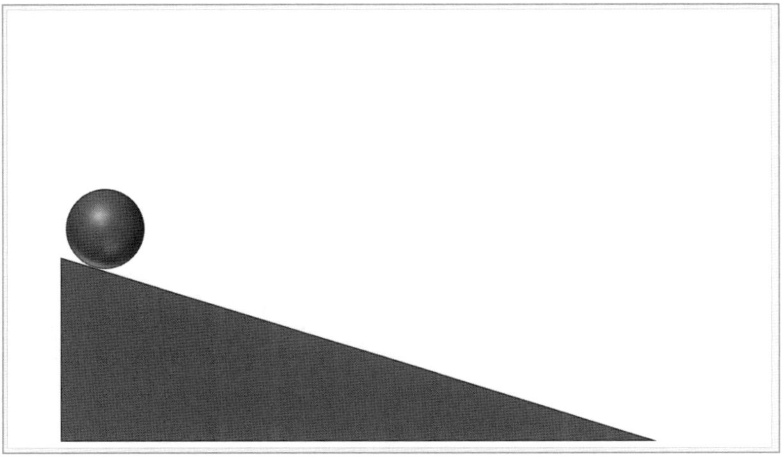

Damit ist die Bühne vorbereitet und Sie können nun beginnen, die Kugel so zu animieren, dass sie die Schräge herunterrollt.

1 Dazu markieren Sie die Kugel, wählen auf der Menüband-Registerkarte *Animationen* im Bereich *Erweiterte Animation* das Symbol *Animation hinzufügen*.

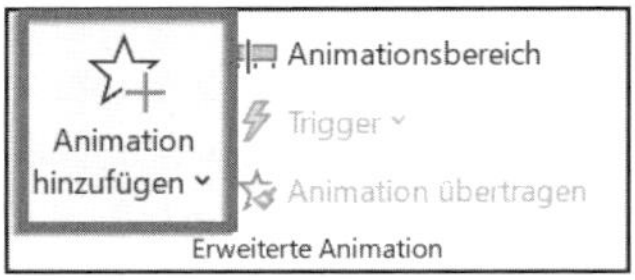

2 Gehen Sie im so geöffneten Auswahlkatalog ganz nach unten zum Abschnitt *Animationspfade* und wählen Sie darin den Eintrag *Linien*.

3 Die Kugel bekommt dadurch eine Linie nach unten. Das ist die standardmäßige Richtung für Linienanimationspfade. Gleichzeitig wird unter der Kugel der Umriss einer weiteren Kugel angezeigt. Dieser veranschaulicht allerdings nur den – derzeitigen – Endpunkt der Animation.

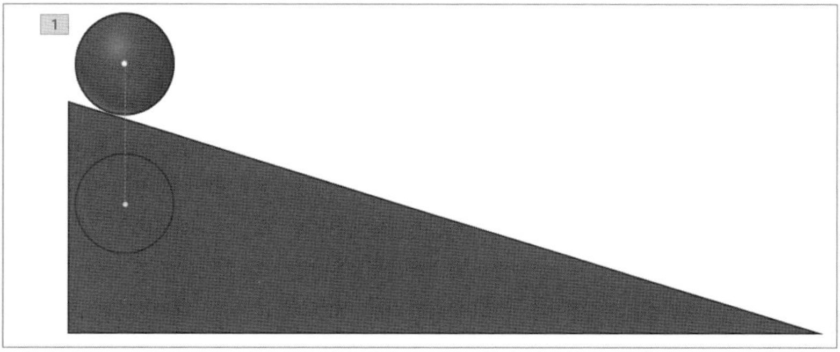

4 Um den Endpunkt der Animation zu verändern, ziehen Sie den kleinen roten Punkt in der Mitte des Kreises an die gewünschte Stelle. Im Beispiel sollte er also dorthin, wo sich die Kugel befinden soll, wenn sie die Schräge herabgerollt ist.

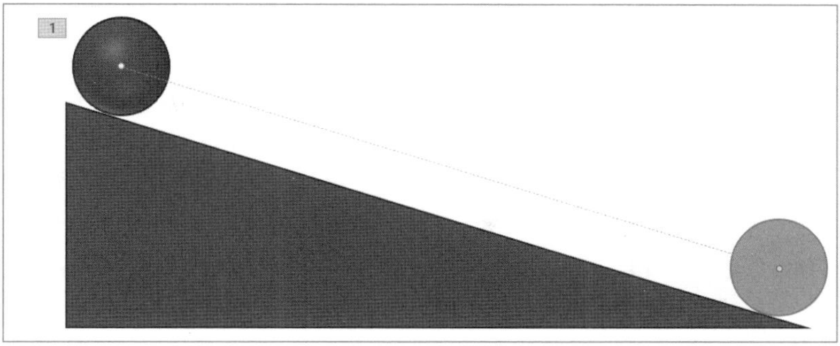

5 Wenn Sie nun in der *Animationen*-Registerkarte ganz links auf *Vorschau* klicken oder sich die Folie mit dem kleinen Projektionsschirm-Symbol in der Fußzeile anzeigen lassen, rollt die Kugel die schiefe Ebene hinab.

6 Die Geschwindigkeit können Sie über die Eigenschaft *Dauer* im Bereich *Anzeigedauer* der *Animationen*-Registerkarte beeinflussen.

Die leichten Beschleunigungs- und Abbremseffekte am Anfang und am Ende der Bewegung fügt PowerPoint automatisch ein. Falls Sie diese verändern möchten, klicken Sie im *Animationsbereich* mit der rechten Maustaste auf den Eintrag für diese Animation und wählen im Kontextmenü die *Effektoptionen*. Im so geöffneten Dialog können Sie einige zusätzliche Eigenschaften Ihrer Animation steuern. So etwa auch *Gleiten Start* und *Gleiten Ende*. Wenn Sie diese Werte jeweils auf 0 setzen, wird die Animation von Anfang bis Ende mit einer konstanten Geschwindigeit durchgeführt. Eine weitere interessante Möglichkeit in diesem Dialog ist im Abschnitt *Erweiterungen* das Hinzufügen eines Sounds, der passend zur Animation abgespielt wird.

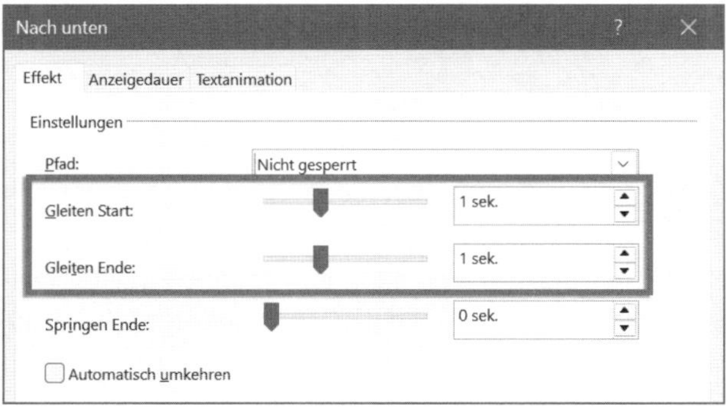

Wenn Sie einen anderen Animationspfad als Linien wählen, können Sie Ihre Kugel fast beliebige Wege rollen lassen. Probieren Sie es einfach aus.

Sortieren der Folien einer Präsentation

Wenn Sie Ihre Präsentation fertiggestellt haben und bevor Sie sich ggf. an die Übergangseffekte machen, sollten Sie den Ablauf gründlich überprüfen. Achten Sie darauf, ob das Ganze auch einen roten Faden hat oder ob die Folien mehr oder weniger zusammenhanglos aneinandergereiht sind. Das kann beim Erstellen einer Präsentation durchaus passieren.

Deshalb sollten Sie am Ende der Bearbeitung, bevor Sie die eigentlichen Showeffekte erzeugen, die Reihenfolge Ihrer Folien als Gesamtschau einmal genauer betrachten.

1 Dazu dient unter anderem die *Foliensortierung*, die Sie rechts unten in der Fußleiste des PowerPoint-Fensters aufrufen können.

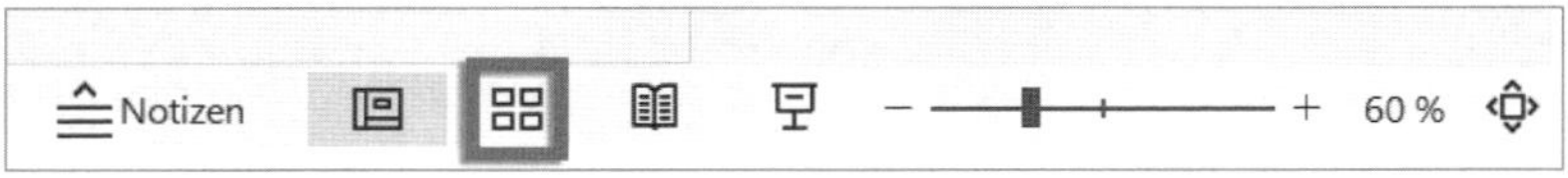

2 Mit einem Klick auf dieses Symbol erhalten Sie eine Übersicht aller Folien der Präsentation. Hier wird beispielhaft eine Übersicht über eine physikalische Präsentation dargestellt.

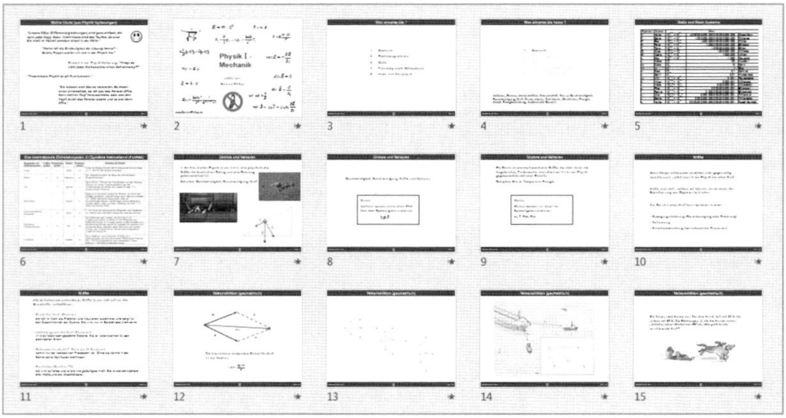

3 In dieser Ansicht können Sie die Reihenfolge der Folien jederzeit verändern. Sie brauchen nur die Folie mit der Maus an den gewünschten Platz zu verschieben.

4 Hier können Sie Folien auch sehr schnell löschen. Klicken Sie in der Foliensortierung auf eine Folie und drücken Sie die Entf-Taste.

5 Sollten Sie einmal eine Folie oder ein Objekt auf Ihrer Folie versehentlich gelöscht haben, können Sie alles mit *Rückgängig* wieder zurückholen. Alternativ funktioniert auch die Tastenkombination Strg+Z.

6 Wenn Sie mit der Reihenfolge zufrieden sind, gehen Sie zurück zu einer bestimmten Folie, indem Sie diese doppelt anklicken. Alternativ können Sie auch das entsprechende Symbol für die Normalansicht unten in der Statusleiste anklicken.

Folienübergänge gestalten

Die vorhergehend beschriebenen Animationen gelten immer für Objekte innerhalb einer Folie. Ein Folienübergang hingegen ist eine Animation, mit der von einer Folie zur nächsten gewechselt wird. Hier legen Sie fest, wie eine Folie die vorherige ablöst oder von der Bildfläche verschwindet.

1 Auch hierfür bietet die Folienübersicht die beste Möglichkeit, solche Übergänge für die einzelnen Folien festzulegen.

2 Hier sehen Sie nämlich jetzt alle Folien Ihrer Präsentation, können diese markieren und mit einem Übergang versehen.

3 Zeigen Sie dazu im Menüband die Registerkarte *Übergänge* an. Im Bereich *Übergang zu dieser Folie* legen Sie einen Übergangseffekt für die aktuell ausgewählte(n) Folie(n) fest.

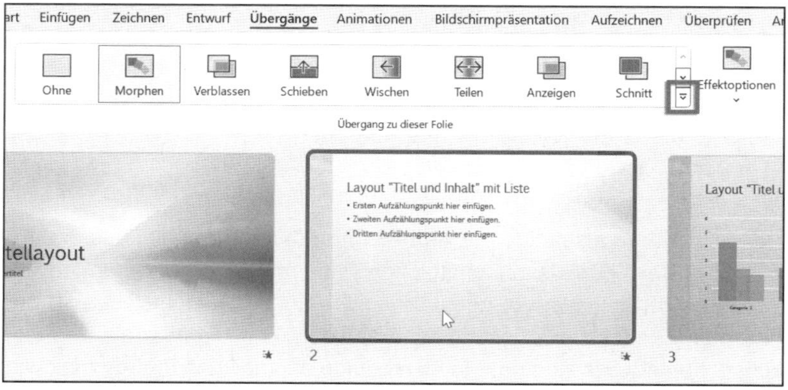

4 Direkt im Menüband wird nur eine kleine Auswahl der Übergangseffekte angezeigt. Wenn Sie auf das kleine Pfeilsymbol unten rechts klicken, öffnen Sie die vollständige Liste.

5 Mit der Schaltfläche *Effektoptionen* im Menüband können Sie bei vielen Effekten genauer festlegen, wie diese angewendet werden. So lässt sich häufig die Bewegungsrichtung eines Effekts steuern. Welche Einstellungen genau möglich sind, hängt jeweils vom gewählten Effekt ab.

6 Rechts daneben können Sie die Dauer des Übergangs definieren sowie ggf. einen Sound-Effekt festlegen (wovon ich eher abraten möchte).

7 Nach jeder Änderung eines Effekts oder einer Effektoption wird in der Folienübersicht eine Vorschau der Wirkung wiedergegeben. Außerdem können Sie jederzeit ganz links auf *Vorschau* klicken, um den Effekt bei den gewählten Folien zu überprüfen.

TIPP

Einheitliche Übergänge für alle Folien

Wenn Sie einen passenden Übergang für eine Folie gewählt haben und diesen für alle anderen einheitlich übernehmen möchten, klicken Sie in der *Übergänge*-Registerkarte im Bereich *Anzeigedauer* auf die Schaltfläche *Auf alle anwenden*. Diese Funktion übernimmt Übergang, Effekte und die Anzeigedauer-Einstellungen der aktuell gewählten Folie für alle anderen Übergänge der Präsentation.

Bei den Übergangseffekten sollten Sie Ihre Zielgruppe nicht aus den Augen verlieren. Bei einer wissenschaftlichen Präsentation an einer Uni etwa wäre ich etwas zurückhaltender und würde mich auf einen einheitlichen und eher dezenten Effekt für alle Folien beschränken. Wenn Sie aber als Motivationskünstler unterwegs sind oder jungen Leuten den neusten Energydrink verkaufen möchten, greifen Sie ruhig etwas tiefer in die Trickkiste.

5.11 Hilfsmittel für eine erfolgreiche Präsentation

Um eine PowerPoint-Präsentation vor einem größeren Publikum vorzuführen, brauchen Sie zusätzliche Geräte wie etwa einen (großen) Bildschirm oder einen Beamer. Wenn Sie Ihr Notebook an ein externes Wiedergabegerät anschließen, können Sie z. B. Ihre Folien darüber dem Publikum vorführen, während Sie gleichzeitig auf dem Notebook die Präsentation steuern und Ihre Notizen im Auge behalten können. Wie das im Einzelnen geht, möchte ich Ihnen in diesem Abschnitt zeigen.

TIPP

Spezielle Geräte für Präsentationen
Wenn Sie bei Ihrer Präsentation mit der Maus oder Tastatur von einer Folie zur nächsten blättern, fesselt Sie das an Ihr Notebook. Eine Präsentation wirkt jedoch viel persönlicher, wenn Sie in der Nähe des Publikums sind und nicht in der Nähe des Computers. Und vielleicht ist es auch für Sie angenehmer, wenn Sie herumlaufen und mit dem Publikum in Kontakt treten können.

Für solche Zwecke gibt es sogenannte Presenter, mit denen Sie per Funk zwischen den Folien wechseln können. Entsprechende Produkte finden Sie u. a. von Logitech, Kensington oder Keyspan. Damit können Sie sich bis zu 30 m von Ihrem Notebook entfernen und trotzdem auf Knopfdruck zur nächsten Folie oder auch zurückblättern. Zum Gerät gehört ein Empfänger, den Sie in eine USB-Buchse an Ihrem Notebook stecken.

Mit einem solchen Sender in der Hand können Sie sich frei im Raum bewegen. Die meisten haben zusätzlich einen Laserpointer integriert, mit dem Sie direkt auf wichtige Bereiche Ihrer Präsentation zeigen können.

Die Präsentation steuern

Sie haben Ihre Präsentation endlich fertiggestellt und möchten sie nun halten oder zumindest einen echten Testlauf durchführen. Dazu finden Sie in der Menüband-Registerkarte *Bildschirmpräsentation* die erforderlichen Funktionen.

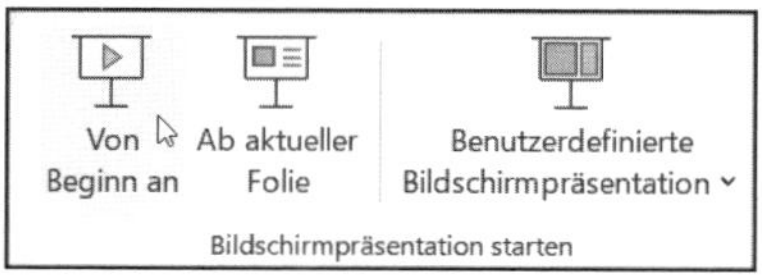

Mit den beiden Schaltflächen ganz links können Sie die Präsentation *Von Beginn an* oder *Ab aktueller Folie* starten. Ab dann gibt es verschiedene Möglichkeiten, per Tastatur oder Maus jeweils zur nächsten Folie zu gelangen, etwa ↵,

Leer oder ein kurzer Klick mit der linken Maustaste. Ebenso können Sie die Pfeiltasten oder das Mausrad verwenden, um sich in beide Richtungen durch Ihre Folien zu bewegen. Die nachfolgende Tabelle zählt diese und weitere Möglichkeiten auf.

Tasten	Bildschirmpräsentation
N, Leer, →, ↓, ↵, Bild↓, Linksklick	nächste Folie oder Animation
P, ⇐, ←, ↑, Bild↑	vorherige Folie oder Animation
G, -, Strg+-, Mausrad runter	Übersicht aller Folien anzeigen
+, Strg++, Mausrad hoch	Zoom
Strg+S	Dialog *Alle Folien* anzeigen
F5	Starten der Show von der ersten Folie an
Foliennummer + ↵	Sprung zur Folie <Foliennummer>
B	Anzeigen eines schwarzen Bildschirms und Zurückkehren vom schwarzen Bildschirm zur Präsentation
W	Anzeigen eines weißen Bildschirms und Zurückkehren vom weißen Bildschirm zur Präsentation
Esc	Beenden der Präsentation

Projektor oder externer Bildschirm

Das Wichtigste, das Sie bei der Arbeit mit einem fremden Beamer oder Bildschirm beachten sollten, ist, dass Sie das Gerät vor der eigentlichen Präsentation mit Ihrem Notebook zusammen testen. Idealerweise sind Sie frühzeitig genug vor Ort. Andernfalls scheuen Sie sich nicht, auch schon mal die ersten Folien probeweise anzuzeigen, während der Saal sich langsam füllt. Das ist allemal besser, als später einem ungeduldigen Publikum erklären zu müssen, warum Sie noch nicht anfangen können.

TIPP

Seien Sie für alle Fälle gewappnet
Nehmen Sie am besten Ihre gesamte Präsentation als PowerPoint- und als PDF-Datei auf einem USB-Stick mit. Schlimmstenfalls können Sie sich dann vor Ort ein zum Projektor passendes Notebook leihen. Und selbst wenn auf diesem Notebook kein PowerPoint installiert ist, können Sie zumindest Ihre PDF-Datei zeigen. Das ist immerhin besser, als gar nichts zeigen zu können.

Moderne Notebooks haben in der Regel einen HDMI- oder DisplayPort-Anschluss – ebenso wie zeitgemäße Beamer. Auf Anschlüsse im klassischen D-Sub-Format (VGA) trifft man immer seltener, dieser Technologie gehört sicher nicht die Zukunft. Was bei Ihrem Notebook vorhanden ist, sollten Sie wissen. Ebenso sollten Sie im Vorfeld erfragen, welchen Anschluss der Projektor hat. Wenn Ihr Notebook nur eine Anschlussart bietet, würde ich darüber nachdenken, mir einen Adapter für die jeweils andere Variante zuzulegen, um auf der sicheren Seite zu sein. Wenn Ihr Gerät beispielsweise aus Platzgründen einen Mini-Anschluss im jeweiligen Format bietet, empfiehlt sich ein Adapter auf einen regulären HDMI- bzw. DisplayPort-Anschluss. Ein ausreichend langes Kabel sollte in der Regel am Beamer vorhanden sein, aber es kann nicht schaden, ein eigenes dabeizuhaben.

Schließen Sie also den Beamer an das Notebook an und schalten Sie ihn danach ein. Wenn Sie auf Nummer sicher gehen wollen, starten Sie zuerst den Beamer und fahren anschließend das Notebook hoch. Windows erkennt das externe Gerät in der Regel automatisch und nutzt es als zweiten Bildschirm.

Anzeige auf das zweite Ausgabegerät erweitern

Falls das externe Wiedergabegerät das gleiche Bild anzeigt wie das Notebook-Display, müssen Sie zunächst die Anzeige-Einstellungen verändern.

1 Öffnen Sie dazu die Windows-Einstellungen in der Rubrik *System/Bildschirm*.

2 Hier wird ganz oben nur ein Bildschirm mit der Beschriftung *1|2* angezeigt. Klicken Sie darunter rechts auf die Schaltfläche *Diese Anzeige duplizieren* und wechseln Sie zu *Diese Anzeige erweitern*.

3 Bestätigen Sie das Umschalten mit *Beibehalten*.

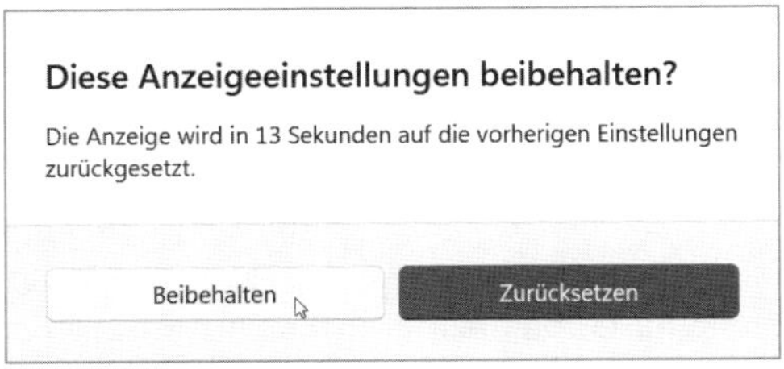

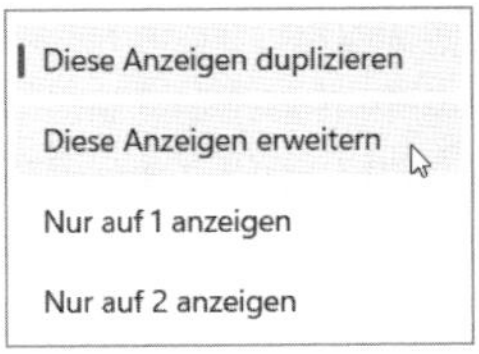

4 Nun werden die Symbole für zwei Bildschirme angezeigt. Klicken Sie darunter auf *Identifizieren*, um auf beiden Anzeigen eine Ziffer zu sehen.

5 Wählen Sie anhand dieser Zahl das Symbol für Ihr Notebook-Display aus und aktivieren Sie darunter auch die Option *Diese Anzeige als Hauptanzeige verwenden*.

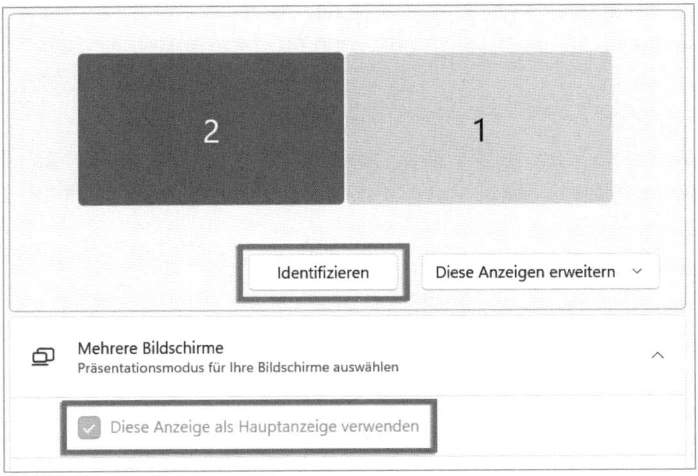

Anschließend sollte der Bildschirm Ihres Notebooks wie gewohnt aussehen, während das externe Gerät einen leeren Desktop anzeigt. Mit dieser Konfiguration sind Sie für die Präsentation der Folien auf dem externen Gerät gut gerüstet.

Präsentation auf externem Gerät

Ist ein Beamer oder externer Bildschirm angeschlossen und eingerichtet, können Sie Ihre Präsentation so steuern, dass die Folien nur auf diesem ausgegeben werden. Auf dem Hauptbildschirm Ihres Notebooks können Sie währenddessen beispielsweise Ihre Notizen ansehen.

1 Klicken Sie vor dem Start der Präsentation in der Menüband-Registerkarte *Bildschirmpräsentation* auf das Symbol *Bildschirme*, um diese Auswahl aufzuklappen.

2 Im Menü *Bildschirm* wählen Sie das Ausgabegerät, auf dem die Folien angezeigt werden sollen. Haben Sie alles wie vorhergehend beschrieben eingerichtet, sollte der Hauptbildschirm das Display Ihres Notebooks sein. Wählen Sie also das andere Gerät, das hier üblicherweise mit seiner Modellbezeichnung aufgeführt wird.

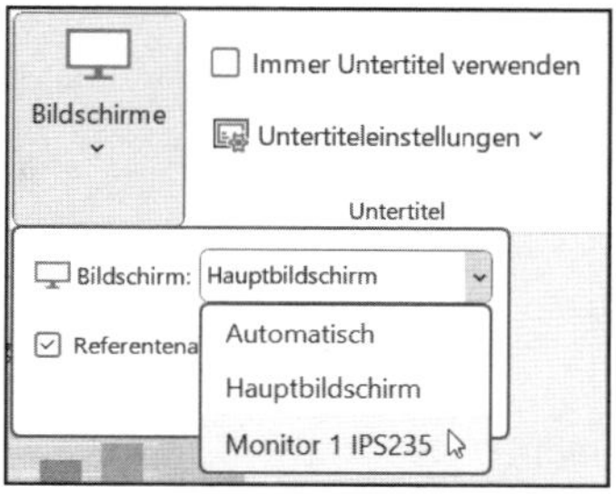

3 Weiterhin finden Sie im Dialog die Option *Referentenansicht*. Wenn Sie diesen speziellen Modus von PowerPoint nutzen möchten, setzen Sie hier ein Häkchen.

Wenn Sie ohne Referentenansicht präsentieren, können Sie den Hauptbildschirm während der Präsentation beliebig nutzen. Sie dürfen PowerPoint nicht beenden, aber Sie können die Anwendung minimieren. Wenn eine andere Anwendung den Fokus bekommt, können Sie die Präsentation allerdings nicht mehr durch Tastendrücke steuern.

Die Referentenansicht

Wenn Sie ein externes Anzeigegerät für die Folien verwenden, bietet es sich an, auf dem Hauptbildschirm die Referentenansicht zu nutzen. Diese erlaubt Ihnen das komfortable Steuern der Präsentation und das Nutzen zusätzlicher Funktionen. Wenn Sie Notizen zu Folien hinterlegt haben, können Sie diese hier ebenfalls bequem ablesen.

- In der Referentenansicht sehen Sie jeweils links die aktuelle Folie groß. Das ist das, was auch die Zuschauer auf dem externen Display sehen. Darunter finden Sie Elemente zum Steuern der Präsentation.
- Oben rechts sehen Sie die nächste Folie in der Reihenfolge.
- Darunter finden Sie die Notizen, die Sie zur jeweils links angezeigten Folie hinterlegt haben. Mit den Symbolen darunter links können Sie die Schrift jederzeit größer oder kleiner einstellen.

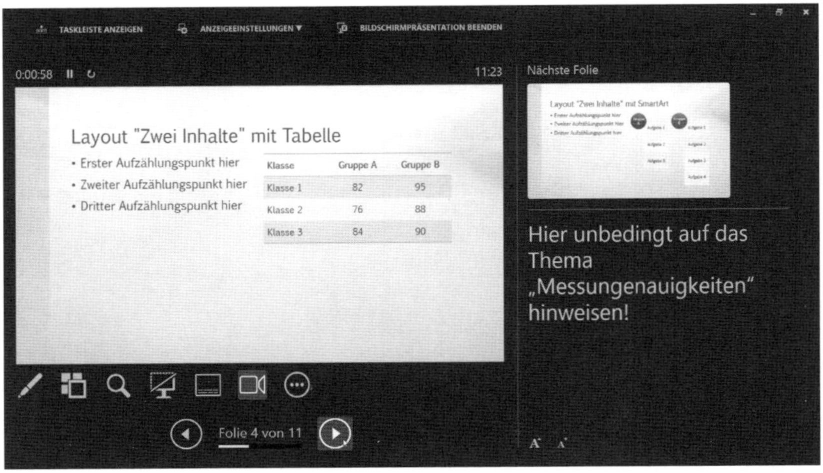

In der Symbolleiste unterhalb der aktuellen Folie links finden Sie einige praktische Funktionen, die Sie während der Präsentation nach Bedarf einsetzen können.

Symbol	Wirkung
	Hiermit können Sie einen virtuellen Laserpointer, einen Stift oder einen Textmarker aktivieren. Diese sind sowohl in der Referentenansicht auf der aktuellen Folie als auch für die Zuschauer sichtbar. Sie können sie also während der Präsentation nutzen, um Sachverhalte hervorzuheben oder Markierungen auf den Folien vorzunehmen.
	Hiermit zeigen Sie eine Übersicht aller Folien an und können darin beispielsweise direkt zu einer anderen Folie springen, die in der Reihenfolge eigentlich woanders steht. Wichtig: Die Übersicht wird nur in der Referentenansicht angezeigt, nicht auf dem externen Bildschirm oder Projektor. Wenn Sie in der Übersicht eine andere Folie anklicken, wird diese dann aber den Zuschauern gezeigt.
	Hinter dem Lupensymbol verbirgt sich eine Zoom-Funktion. Damit können Sie einen Teil der Folie auswählen, der für die Zuschauer dann entsprechend vergrößert dargestellt wird. Den Zoom-Ausschnitt können Sie mit der Maus bequem verschieben. Um den Zoom zu beenden, klicken Sie erneut auf das Symbol oder gehen zur nächsten Folie weiter.

5.12 Drucken der Präsentation

Um eine Präsentation zu Papier zu bringen – z. B. als Handzettel für Ihr Publikum –, wählen Sie in der Menüleiste ganz links *Datei* und anschließend *Drucken*. Das bringt Sie ins Druckmenü, wo Sie rechts eine Vorschau auf die zu druckenden Folien sehen. Das ist insbesondere in Bezug auf spezielle Anforderungen wie etwa Seitenzahlen oder Kopf- und Fußzeile von Bedeutung. Überprüfen Sie, ob hier alles angezeigt wird, was auch ausgedruckt werden soll. Links daneben finden Sie im Druckmenü eine Reihe von Einstellungsmöglichkeiten, die in der folgenden Tabelle erläutert werden.

Symbol	Bedeutung
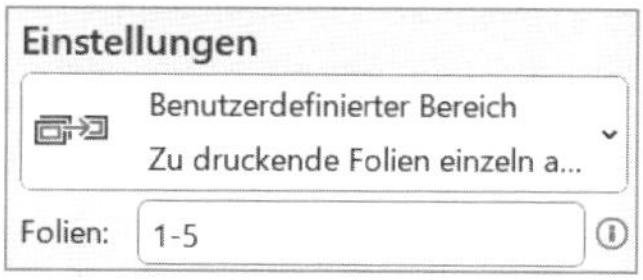	Hier entscheiden Sie, ob Sie alle Folien oder nur einige ausdrucken möchten. Bei *Folien* tragen Sie die Foliennummern ein, die Sie ausdrucken möchten. Diese Nummern müssen mit Semikolons getrennt werden. Beispiel: 1;5;13;17. Für zusammenhängende Bereiche können Sie auch Bindestriche verwenden, also etwa 1-5 für die ersten fünf Folien.
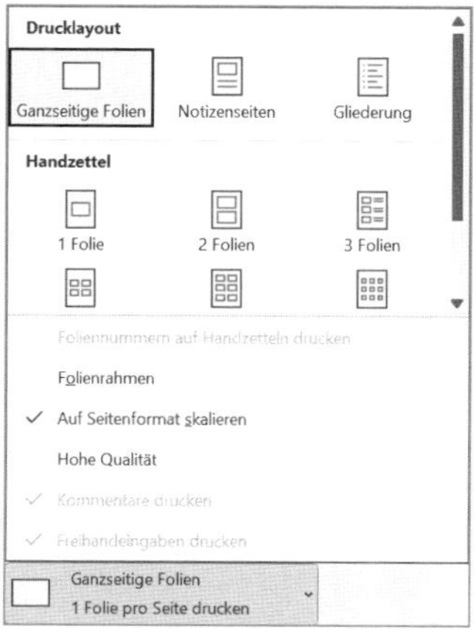	Hier legen Sie fest, was Sie drucken möchten: Folien, Notizen, Gliederung oder Handzettel. Bei Letzterem können Sie zusätzlich wählen, wie viele Folien Sie auf einer DIN-A4-Seite unterbringen wollen. Darunter finden Sie einige weitere Optionen wie *Folienrahmen* oder *Hohe Qualität*, die Sie nach Bedarf wählen können.
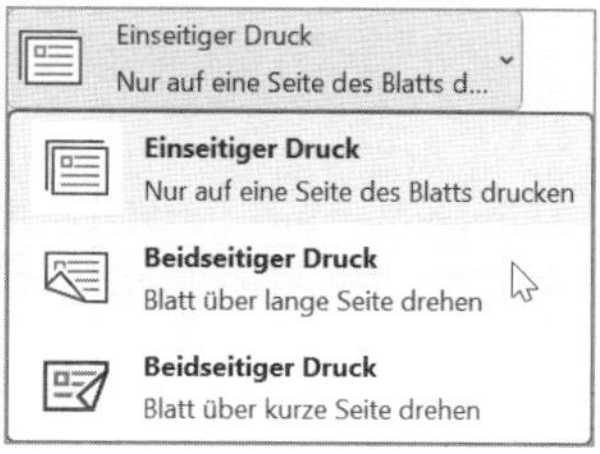	Bei einseitigem Druck wird eine Folie auf die Vorderseite eines Blattes gedruckt. Um Papier zu sparen, können Sie aber auch die Rückseite bedrucken. Wählen Sie dazu *Beidseitiger Druck* und dabei die bevorzugte Variante, wie umgeblättert werden soll, damit die Rückseite richtig sichtbar ist.

Symbol	Bedeutung
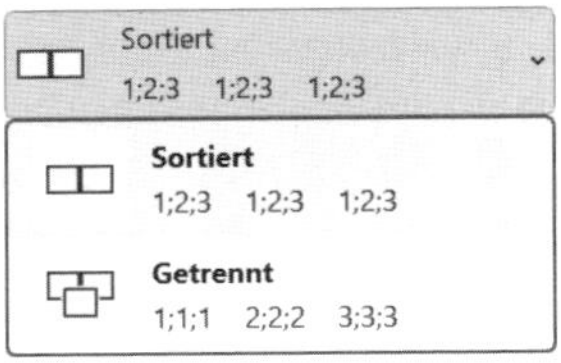	Wenn Sie gleich mehrere Exemplare drucken, können Sie hier festlegen, in welcher Reihenfolge gedruckt werden soll. *Sortiert* druckt fertig sortierte Exemplare aus, braucht dafür aber länger. Bei vielen Exemplaren geht es schneller, wenn Sie mit *Getrennt* erst zehnmal die erste Seite, dann zehnmal die zweite Seite usw. drucken und die Zettel dann von Hand passend sortieren.
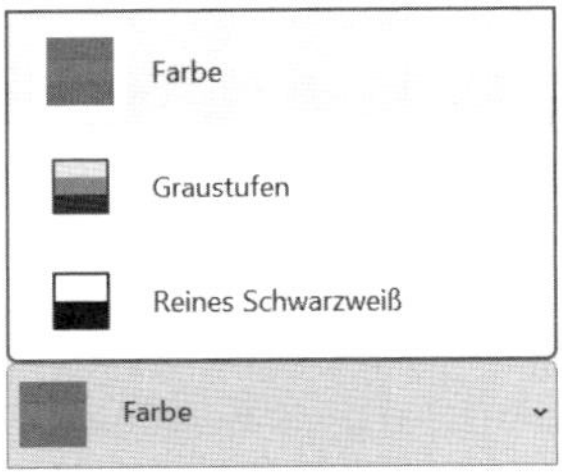	Eine farbige Präsentation auf einem Schwarz-Weiß-Drucker auszudrucken, wirkt nicht besonders schön. Besser ist es, hier *Reines Schwarzweiß* auszuwählen. Das gilt natürlich nur für den Ausdruck, die Präsentation bleibt farbig.
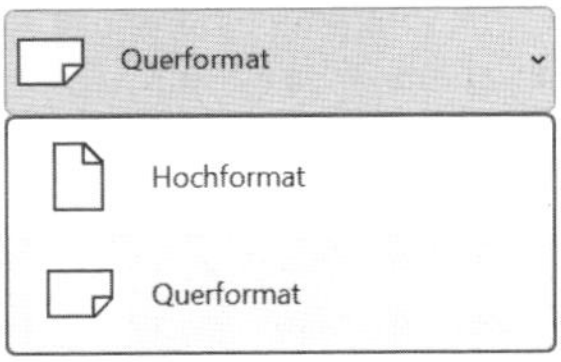	Beim Drucken von Notizen, Handzetteln oder einer Gliederung können Sie hier die Ausrichtung der Seiten wählen. Folien werden grundsätzlich im Querformat ausgegeben, sodass diese Einstellung hier nicht angeboten wird.
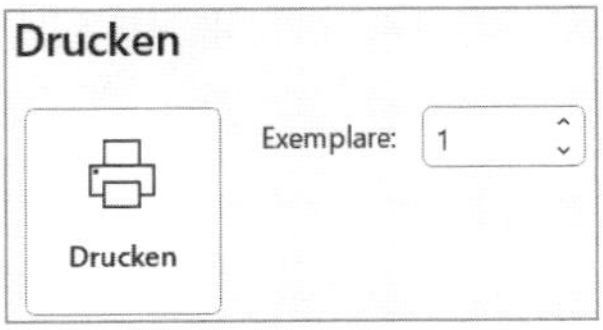	Wenn alle Einstellungen stimmen, führt dieser Klick ganz oben zum Druck. Rechts können Sie ggf. noch festlegen, wie viele Exemplare Ihrer Präsentation ausgedruckt werden sollen.

Notizen und Handzettel drucken

Wenn Sie Ihre Folien mitsamt Notizen ausdrucken möchten, wählen Sie im *Drucken*-Menü bei den *Einstellungen* den Bereich *Ganzseitige Folie* und klappen das Listenfeld auf. Hier wählen Sie *Notizenseiten*.

Wenn Sie jetzt drucken, bekommen Sie oben auf dem Papier Ihre verkleinerte Folie und darunter die entsprechenden Notizen. Beachten Sie hierzu auch den Abschnitt zum *Notizenmaster* (siehe Seite 522).

Ebenso können Sie *Handzettel* ausdrucken, indem Sie sich im gleichnamigen Bereich der Auswahl für eine der Varianten entscheiden. Diese unterscheiden sich durch die Anzahl der Folien, die sie auf einer Seite zusammenfassen. Die Wahl ist identisch mit der entsprechenden Einstellung im *Handzettelmaster* (siehe Seite 525).

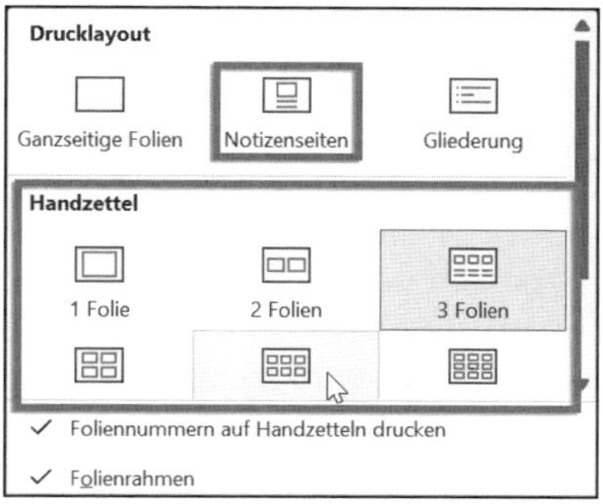

Unterhalb der Druckeinstellungen finden Sie noch den unscheinbaren Link *Kopf- und Fußzeile bearbeiten*. Der öffnet den entsprechenden Dialog, auf den ich beim Thema Masterfolien schon eingegangen bin. Hier haben Sie direkt vor jedem Druck noch mal die Chance, entsprechende Einstellungen vorzunehmen, um etwa Handzettel mit dem aktuellen Datum der Veranstaltung auszudrucken.

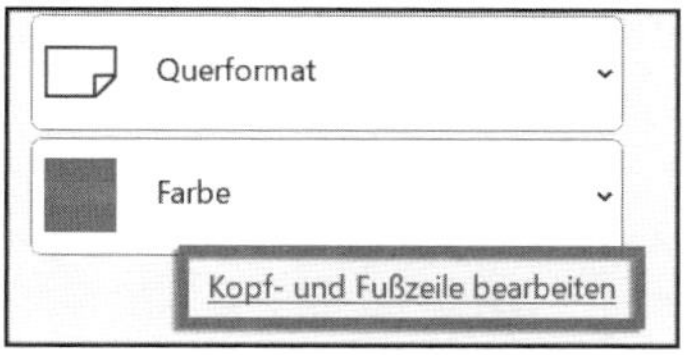

Folien als PDF exportieren

Möchten Sie die Folien Ihrer Präsentation online bereitstellen, empfiehlt sich dafür nicht das PowerPoint-eigene Format einer PPTX-Datei. Das könnte nur öffnen, wer PowerPoint oder zumindest ein kompatibles Viewer-Programm hat. Besser eignet sich dafür ein universelles Format wie PDF, für das es auf praktisch allen Plattformen kostenlose Betrachter gibt (im Zweifelsfall reichen dafür aktuelle Webbrowser).

1 Klicken Sie auf den Reiter *Datei* und dann unten auf *Exportieren*.

2 Wählen Sie in den *Exportieren*-Einstellungen den Punkt *PDF/XPS-Dokument erstellen* und klicken Sie dann rechts auf die gleichnamige Schaltfläche.

3 Dadurch wird ein klassischer Dateiauswahldialog angezeigt. Navigieren Sie damit zu dem Ordner Ihrer Wahl und geben Sie einen Namen für die zu erstellende PDF-Datei an. Die Endung können Sie dabei weglassen.

4 Möchten Sie noch nähere Einstellungen für den Druck vornehmen, klicken Sie unten auf die Schaltfläche *Optionen* (siehe im Folgenden).

5 Ist alles vorbereitet, klicken Sie ganz unten auf *Veröffentlichen*.

Einstellungen für das Exportieren

Vor dem Speichern einer PDF-Datei können Sie im Dateiauswahldialog mit der Schaltfläche *Optionen* einen Dialog für verschiedene Einstellungen öffnen:

- Oben im Abschnitt *Bereich* legen Sie fest, welcher Teil der Präsentation exportiert werden soll. Standardmäßig sind hier *Alle* Folien gewählt. Sie können aber auch nur die *Aktuelle Folie* oder eine *Auswahl* festlegen. Sollten Sie eine zielgruppenorientierte Auswahl definiert haben, steht diese hier ebenfalls zur Wahl.

- Im Bereich *Veröffentlichungsoptionen* können Sie ebenso wie im Druckmenü auswählen, was genau Sie exportieren möchten. So sind neben den eigentlichen Folien auch Handzettel, Notizen oder eine Textgliederung möglich. Die meisten der weiteren Optionen sind selbsterklärend und in ähnlicher Weise vom Druckmenü bekannt.
- Ganz unten bei den *PDF-Optionen* würde ich die Option *PDF/A-kompatibel* ausgeschaltet lassen. Das ist eine spezielle PDF-Variante zur Langzeit-Archivierung, die in der Regel nicht erforderlich ist.
- Die unterste Option zum Speichern von Text als Bitmap kann hingegen sinnvoll sein, insbesondere wenn Sie ungewöhnliche Schriftarten verwenden.

6 Mit Outlook mailen und organisieren

Outlook ist ein Kommunikations- und Organisationstalent, das als E-Mail-Client, Kalender und Aufgabenplaner dient. Es ist vor allem in Unternehmen weitverbreitet, wird aber auch von Privatanwendern für die persönliche Kommunikation genutzt. Mit Outlook können Sie Ihre E-Mails verwalten, Termine und Besprechungen planen, Kontakte speichern und Aufgaben organisieren. Es bietet auch Funktionen wie E-Mail-Filterung, automatische Antworten und die Zusammenarbeit mit anderen Microsoft-Diensten wie OneDrive und Microsoft Teams. Als E-Mail-Client unterstützt es eine Vielzahl von E-Mail-Diensten einschließlich Microsoft Exchange.

In diesem Kapitel über Outlook werde ich mich insbesondere hinsichtlich des Einrichtens von E-Mail-Konten am typischen Privatanwender orientieren, der Outlook in Verbindung mit einem Postfach bei einem der vielen E-Mail-Dienste nutzt. Wenn Sie ein Postfach beim Exchange-Server Ihres Unternehmens haben, wird sich in der Regel auch die IT-Abteilung darum kümmern, dass Ihr Outlook dazu passend konfiguriert ist. Für die Nutzung macht es letztlich keinen Unterschied, ob am anderen Ende ein öffentlicher Mailserver oder der Exchange-Server eines Unternehmens werkelt.

6.1 Erste Schritte

Outlook ist ein Programm, das unter anderem zum Versenden und Empfangen von E-Mails über kommerzielle E-Mail-Versender wie Gmail, GMX, T-Online oder andere zum Einsatz kommt. Sie brauchen im privaten Bereich für das Versenden von E-Mails also nicht nur Outlook, sondern auch einen sogenannten Provider. Der Provider verschickt die E-Mails und empfängt sie auch, während Ihr Computer ausgeschaltet ist. Outlook holt eigentlich nur die E-Mails bei Ihrem Provider ab und liefert Ihre E-Mails zum Verschicken an ihn.

Heute gibt es eine Vielzahl von Unternehmen, die Ihnen kostenlos eine E-Mail-Adresse anbieten. Das Postfach, das Ihnen dabei zur Verfügung gestellt wird, kann unterschiedlich groß sein. Stellen Sie sich das wie ein normales Postfach vor: Wenn Sie bezahlen, bekommen Sie auch ein größeres Postfach. Vielleicht werden Sie jetzt sagen, die Größe des Postfachs sei für Sie nicht so ausschlaggebend, da Sie nie mehr als zehn oder 20 E-Mails pro Tag erhalten.

Eine durchschnittliche E-Mail ohne Anhang ist etwa 10 bis 50 KB groß, d. h., ein Postfach mit z. B. 1 GB Speicherplatz verträgt also rund 20.000 bis 100.000 E-Mails. Aber diese Rechnung ist Theorie, denn sobald Sie ein Bild oder einen anderen Dateianhang per E-Mail zugeschickt bekommen, wird die Größe des Postfachs wichtig, weil eine E-Mail durch Anhänge schnell ziemlich groß wird. Stellen Sie sich einmal vor, Sie bekommen von Ihrem Sohn oder Ihrer Tochter fünf Bilder des Enkelkinds oder Sie möchten den neuen Großeltern Bilder schicken, und das Postfach ist zu klein. Wenn dann die Postfachgröße einmal überschritten ist, können keine weiteren E-Mails mehr im Postfach gespeichert werden, und Sie können mit Outlook keine mehr abholen. Also erkundigen Sie sich bei Ihrem Provider nach der Größe des Postfachs.

POP3, IMAP, SMTP

Bevor Sie Outlook auf Ihrem Computer einrichten, sollten Sie einige wichtige Begriffe kennen, die im Laufe des Einrichtungsprozesses auftauchen.

Um Daten zwischen Outlook und dem Provider austauschen zu können, benötigen beide ein sogenanntes Protokoll. In einem Protokoll sind Anweisungen zusammengefasst, damit jeder am Datenaustausch Beteiligte weiß, wie die Daten aufgefasst werden sollen. Im Computerbereich gibt es Hunderte verschiedener Protokolle. Glücklicherweise müssen Sie diese nicht kennen, sondern nur Ihr Computer. Und es ist klar, dass Ihr Computer die gleiche Sprache (Protokoll) sprechen muss wie der Computer Ihres Providers. Die wichtigsten Protokolle im E-Mail-Verkehr sind POP3, IMAP und SMTP.

POP3

Das **P**ost **O**ffice **P**rotocol (POP) ist ein Übertragungsprotokoll zwischen einem E-Mail-Computer und einem E-Mail-Server. Die 3 im Protokollnamen steht für die dritte Version des Protokolls. Der Vorteil dieses Protokolls ist, dass keine ständige Verbindung zwischen dem Client-Computer, also Ihrem Rechner, und dem Server bestehen muss. Die Verbindung wird aufgebaut, die E-Mails werden abgerufen, und dann wird die Verbindung wieder beendet. Obwohl POP3 in seinem Funktionsumfang sehr beschränkt ist und nur das Auflisten, Abholen und Löschen von E-Mails am E-Mail-Server erlaubt, unterstützen die meisten Provider dieses Protokoll. Insbesondere bei kostenlosen Postfächern ist es meist die einzige Option für den E-Mail-Abruf.

Vorteile von POP3:

- Offline-Verfügbarkeit: E-Mails werden vom Server auf das lokale Gerät heruntergeladen, wodurch sie auch ohne Internetverbindung verfügbar sind.
- Speicherplatz: Da die E-Mails vom Server gelöscht werden, wird der Speicherplatz auf dem Server entlastet.
- Einfache Verwaltung: geeignet für Benutzer, die ihre E-Mails auf nur einem Gerät verwalten möchten.

Wenn Sie mehr als ein Gerät für den Mailabruf verwenden – beispielsweise PC und Smartphone –, kann es mit POP3 umständlich werden. Wenn Sie Nachrichten abrufen und dann vom Server löschen, sind sie auf dem anderen Gerät nicht mehr verfügbar. Belassen Sie die Mails hingegen auf dem Server, kann das andere Gerät sie ebenfalls abrufen, aber Sie haben dann praktisch zwei Kopien einer E-Mail und müssen eine Mail beispielsweise auf beiden Geräten entfernen, um sie zu löschen. Auch beim Versenden von Nachrichten können Sie an jedem Gerät immer nur die E-Mails sehen, die Sie damit verschickt haben. Andere Geräte bekommen davon nichts mit. Mit solchen Szenarien können Alternativen wie IMAP besser umgehen.

Diese Daten benötigen Sie für POP3:

- IP-Adresse des POP3-Servers: der Name, unter dem der Server erreichbar ist, beispielsweise pop.server.de.
- Portnummer: die zu verwendende Portnummer, beispielsweise 110 (unverschlüsselt), 995 (SSL/TLS-Verschlüsselung).
- Verschlüsselung: die Art der Verschlüsselung, beispielsweise SSL.
- Benutzername und Passwort: die für das Postfach festgelegten Zugangsdaten.

Wenn Sie die Wahl haben, sollten Sie aus Sicherheitsgründen immer die höhere Portnummer mit Verschlüsselung wählen.

IMAP

Wenn Ihr E-Mail-Programm mehr können soll als das Auflisten, Abholen und Löschen von E-Mails, müssen andere Protokolle eingesetzt werden. Eines davon ist IMAP (**I**nternet **M**essage **A**ccess **P**rotocol). Im Gegensatz zu POP3 ermöglicht IMAP das Synchronisieren von E-Mails zwischen dem Mailserver und mehreren Endgeräten, was besonders nützlich ist, wenn Sie Ihre Nachrichten auf verschiedenen Geräten verwalten möchten. Dabei werden die Nachrichten genauso wie bei POP3 vom Server auf das jeweilige Gerät abgerufen. Aber Änderungen an den Nachrichten werden zugleich an den Server zurück und von diesem an andere beteiligte Geräte übermittelt.

Wenn Sie eine neue, ungelesene Nachricht auf dem Smartphone lesen, wird diese automatisch auf dem Mobilgerät und zugleich (ggf. mit wenigen Sekunden Verzögerung) auf dem PC als gelesen markiert. Auch wenn Sie Nachrichten löschen, verschieben oder mit zusätzlichen Informationen versehen, wird dies automatisch auf allen konfigurierten Endgeräten synchronisiert.

Und auch beim Versenden von E-Mails können Sie alle verschickten Nachrichten auf allen beteiligten Geräten einsehen. Der Postausgangsordner ist für IMAP auch nur einer von mehreren Ordnern zum Verwalten Ihrer E-Mails, die mit allen Geräten synchronsiert werden.

Vorteile von IMAP:

- Synchronisation: Änderungen an E-Mails (wie das Lesen, Löschen oder Verschieben von Nachrichten) werden auf allen Geräten synchronisiert.
- Mehrere Geräte: Sie können von mehreren Geräten aus auf Ihre E-Mails zugreifen, und die E-Mails bleiben auf dem Server gespeichert.
- Ordnerverwaltung: IMAP unterstützt die Verwaltung von E-Mails in verschiedenen Ordnern direkt auf dem Server.
- Datenintegrität: Da die E-Mails auf dem Server verbleiben, gehen sie nicht verloren, wenn ein Gerät beschädigt wird oder verloren geht. Auch bei einem Gerätewechsel (neuer PC bzw. neues Smartphone) muss nichts migriert werden.

Das alles erfordert allerdings, dass beim Verwalten der E-Mails eine kontinuierliche Verbindung zum Mailserver vorhanden ist. Ebenso kann der Speicherbedarf größer sein, da alle E-Mails auf dem Server verbleiben, bis Sie sie ausdrücklich löschen. Wer sein Postfach als Mail-Archiv zweckentfremdet, könnte also irgendwann Probleme mit Speicherknappheit bekommen.

Diese Daten benötigen Sie für IMAP:

- IP-Adresse des IMAP-Servers: der Name, unter dem der Server erreichbar ist, beispielsweise imap.server.de.

- Portnummer: die zu verwendende Portnummer, beispielsweise 143 (unverschlüsselt), 993 (SSL/TLS-Verschlüsselung).
- Verschlüsselung: die Art der Verschlüsselung, beispielsweise SSL.
- Benutzername und Passwort: die für das Postfach festgelegten Zugangsdaten.

Wenn Sie die Wahl haben, sollten Sie aus Sicherheitsgründen immer die höhere Portnummer mit Verschlüsselung wählen.

SMTP

POP3 und IMAP sorgen dafür, dass Sie empfangene E-Mails vom Server abrufen und verwalten können. Sie kümmern sich aber nicht um das Versenden Ihrer Nachrichten. Dafür ist ein weiteres Protokoll zuständig, das Ihnen vielleicht als Buchstaben über den Weg laufen könnte: Das **S**imple **M**ail **T**ransfer **P**rotocol (SMTP) definiert die Regeln und Verfahren, um E-Mails von einem Absender zu einem Empfänger zu transportieren. SMTP wird hauptsächlich für den Versand und das Weiterleiten von E-Mails verwendet und arbeitet normalerweise in Verbindung mit anderen Protokollen wie IMAP oder POP3, die für das Abrufen von E-Mails zuständig sind.

SMTP ist hauptsächlich ein »Push«-Protokoll, das E-Mails vom Absender zum Empfänger schickt. Dabei kümmert es sich automatisch um das Weiterleiten von E-Mails zwischen Mailservern, bis die Nachricht ihr endgültiges Ziel erreicht.

Diese Daten benötigen Sie für SMTP:

- IP-Adresse des SMTP-Servers: der Name, unter dem der Server erreichbar ist, beispielsweise mail.server.de.
- Portnummer: die zu verwendende Portnummer, beispielsweise 25 (ungesichert), 465 (SSL-Verschlüsselung), 587 (STARTTLS-Verschlüsselung).
- Verschlüsselung: die Art der Verschlüsselung, beispielsweise SSL oder STARTTLS, sollte zur Portnummer passen.
- Benutzername und Passwort: die für das Postfach festgelegten Zugangsdaten.

Wenn Sie die Wahl haben, sollten Sie aus Sicherheitsgründen immer eine der höheren Portnummern mit Verschlüsselung wählen.

TIPP

POP3 und SMTP oder IMAP und SMTP
Um E-Mails empfangen und versenden zu können, benötigen Sie eine Kombination aus POP3 und SMTP oder IMAP und SMTP. SMTP muss also immer dabei sein. Wenn IMAP zur Wahl steht, würde ich diese Variante immer bevorzugen. Und wenn Ihr E-Mail-Anbieter sowohl ungesicherten als auch verschlüsselten Zugang zu seinen Mailservern anbietet, sollten Sie immer die Variante mit Verschlüsselung wählen.

E-Mail-Postfächer einrichten

Das Einrichten ist eine wirklich schnelle Sache, besonders wenn Sie bereits mit einer älteren Outlook-Version gearbeitet haben. In diesem Fall wird Outlook nämlich alle Ihre Einstellungen übernehmen. Wenn Sie Outlook aber zum ersten Mal benutzen, startet erst mal ein Assistent, der Ihnen ein leichtes Konfigurieren ermöglicht. Dabei bietet Ihnen Outlook die automatische Konfiguration Ihres Providers an. Das funktioniert in der Regel erstaunlich gut. Wenn es sich um einen bekannten E-Mail-Anbieter handelt, brauchen Sie nur Ihre E-Mail-Adresse und das Kennwort einzugeben. Alles Weitere erledigt Outlook automatisch.

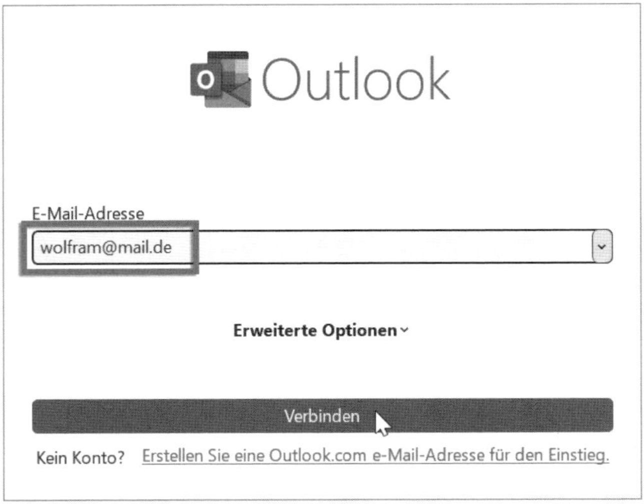

Falls Sie noch nicht über eine E-Mail-Adresse verfügen sollten, können Sie eine Outlook.com-Adresse über den Assistenten einrichten. Dazu klicken Sie ganz unten auf *Erstellen Sie eine Outlook.com e-Mail-Adresse für den Einstieg.*

TIPP

Outlook (new) oder Outlook (classic)?

Wenn Sie Outlook über das Startmenü öffnen wollen, stoßen Sie möglicherweise auf mehr als eine Version. Bei Outlook (new) handelt es sich um die Outlook-App, die Microsoft allen Anwendern zur Verfügung stellt. Das ist eine einfache E-Mail-Anwendung, die in der Tradition von Live Mail und der vorherigen Windows-Mail-App steht. Im Vergleich zur Outlook-Anwendung aus dem Office-Paket ist sie im Funktionsumfang deutlich abgespeckt. Achten Sie also darauf, das klassische Outlook zu öffnen, wenn Sie den vollen Funktionsumfang nutzen möchten.

Sollte die automatische Installation nicht funktionieren, oder wenn Sie ein Postfach von einem eigenen Server oder einem Firmenserver nutzen möchten, können Sie den Zugang manuell einrichten.

Dazu benötigen Sie die im vorangehenden Abschnitt beschriebenen Daten zum Posteingangs- und Postausgangsserver.

1 Geben Sie auch in diesem Fall im Assistenten Ihre E-Mail-Adresse ein.

2 Klappen Sie dann aber *Erweiterte Optionen* aus und setzen Sie ein Häkchen bei *Ich möchte mein Konto manuell einrichten*, bevor Sie unten auf *Verbinden* klicken.

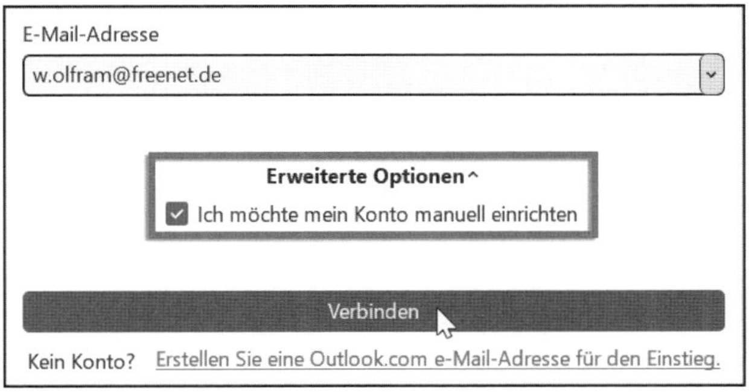

3 Legen Sie im nächsten Schritt fest, um was für eine Art von Postfach es sich handelt. Häufig wird es dabei um POP oder IMAP gehen. Outlook bietet aber auch spezielle Unterstützung für Dienste wie Exchange oder Google. Klicken Sie auf das passende Symbol.

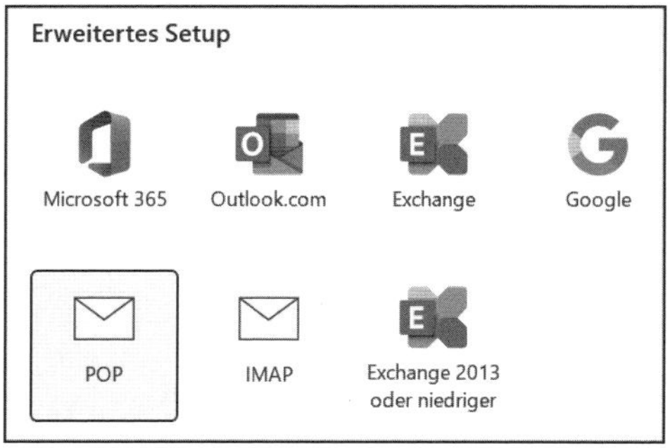

4 Sollte der Assistent anhand der E-Mail-Adresse die korrekten Zugangsdaten für das Postfach ermitteln können, brauchen Sie nur noch das Kennwort anzugeben. Andernfalls öffnet er den Dialog für die Kontoeinstellungen.

5 Geben Sie hier im Abschnitt *Eingehende E-Mail* den *Server*-Namen und den *Port* des Posteingangsservers an. Aktivieren Sie außerdem die Option *Server erfordert eine verschlüsselte Verbindung* (sofern Ihr Anbieter dies unterstützt).

6 Darunter im Abschnitt *Ausgehende E-Mail* machen Sie das Gleiche mit den Daten des Postausgangsservers. Klicken Sie dann unten auf *Weiter*.

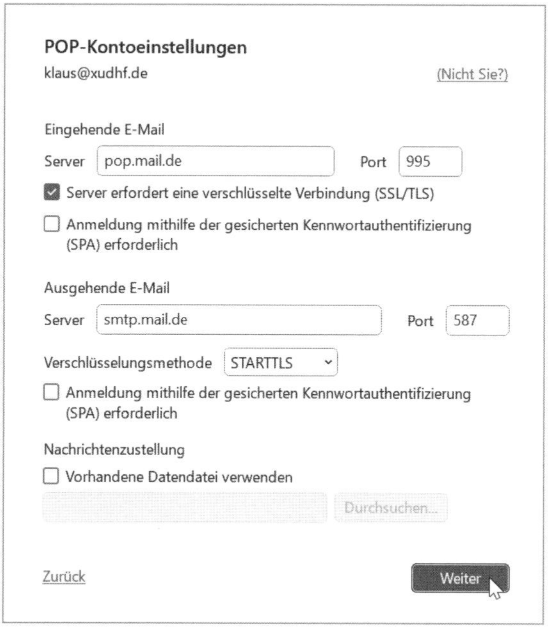

7 Geben Sie nun das Kennwort für das Postfach ein. Outlook überprüft dann, ob der Zugriff mit diesen Daten gelingt, und versendet bei der Gelegenheit eine Testnachricht an die E-Mail-Adresse.

8 Hat alles geklappt, erhalten Sie den Bestätigungsdialog. Hier können Sie weitere E-Mail-Adressen hinzufügen oder das Einrichten mit *Vorgang abgeschlossen* beenden.

Anschließend präsentiert sich Outlook in seiner Standardoberfläche und Sie können endlich loslegen. Falls Sie zu einem späteren Zeitpunkt noch weitere Postfächer hinzufügen möchten, geht das jederzeit über das *Datei*-Menü und dann rechts *Konto hinzufügen*.

Die Outlook-Oberfläche

Nachdem Sie sich mit einem E-Mail-Konto angemeldet haben, wird Ihnen die Oberfläche des Programms Outlook angezeigt, und zwar in der Kategorie *E-Mail*. Auf den ersten Blick erkennen Sie ein im Vergleich mit den anderen Office-Programmen »vereinfachtes Menüband«.

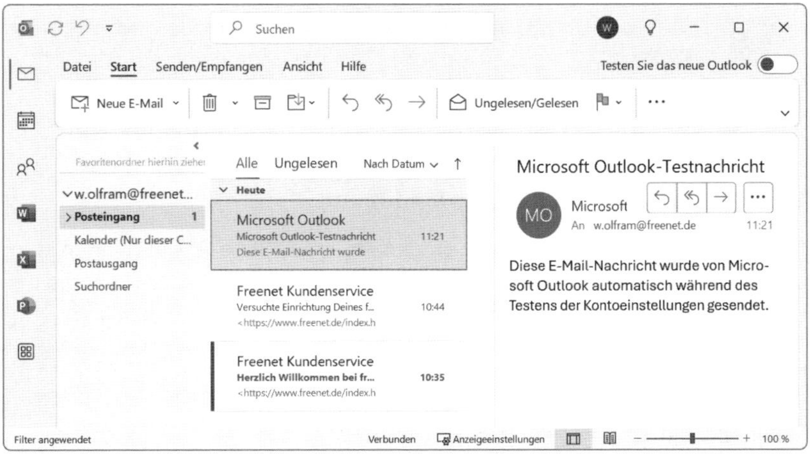

Das Hauptfenster von Outlook ist standardmäßig in drei Bereiche unterteilt:

- Auf der linken Seite finden Sie den Ordnerbereich. Dort finden Sie unter anderem den *Posteingang* mit den aktuellen E-Mails, aber ggf auch andere Ordner. Wenn Sie mehr als ein Konto einrichten, wird jedes einzeln mit seinen Ordnern aufgelistet.

- In der Mitte des Fensters finden Sie die Nachrichten-Übersicht. Dort sehen Sie alle Ihre empfangenen und noch nicht gelöschten E-Mails. Wenn Sie hier eine E-Mail anklicken, können Sie diese E-Mail im rechten Bereich lesen.
- Der Bereich ganz rechts ist also der Lesebereich. Hier wird jeweils der Inhalt der E-Mail angezeigt, die Sie links daneben in der Übersicht ausgewählt haben.

Für schnelles Lesen reicht der Lesebereich meist völlig aus. Sie können aber auch jede E-Mail durch einen Doppelklick in der Nachrichten-Übersicht in einem separaten Dialog öffnen. So können Sie bei umfangreicheren Nachrichten die gesamte Bildschirmbreite nutzen.

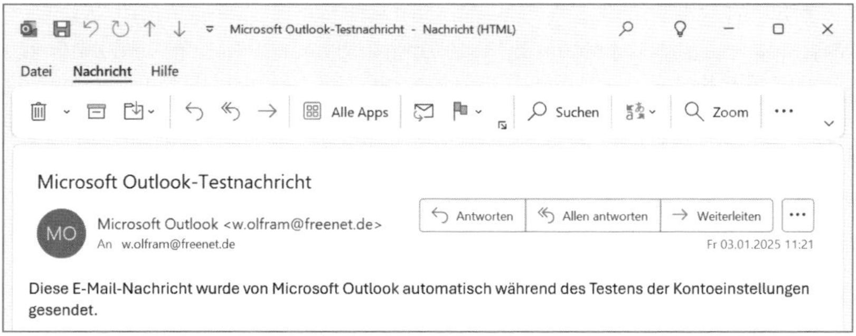

Vereinfachtes oder klassisches Menüband

Outlook verwendet im Gegensatz zu den anderen Office-Anwendungen standardmäßig ein vereinfachtes Menüband. Dieses beschränkt sich auf die wesentlichen Funktionen und ist dafür platzsparender und übersichtlicher.

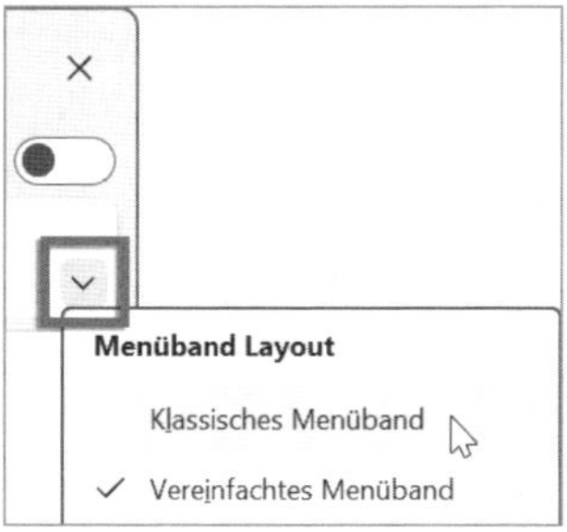

Falls Ihnen dieses nicht zusagen sollte, klicken Sie auf das Pfeilsymbol ganz unten rechts im Menüband. Im so geöffneten Menü können Sie die Option *Klassisches Menüband* wählen, um auch bei Outlook ein umfangreiches Menüband »mit allem Drum und Dran« zu verwenden. Da die vereinfachte Variante bei Outlook für viele typische Aufgaben in der Praxis völlig ausreichend ist, werde ich im Folgenden überwiegend diese verwenden. Sie können die Beschreibung aber auch mit dem klassischen

Menüband umsetzen. Die Symbole für die verschiedenen Funktionen sehen gleich aus und finden sich auch in etwa an derselben Position. Lediglich das *Ordner*-Register findet sich ausschließlich im klassischen Menüband.

Vereinfachtes Menüband

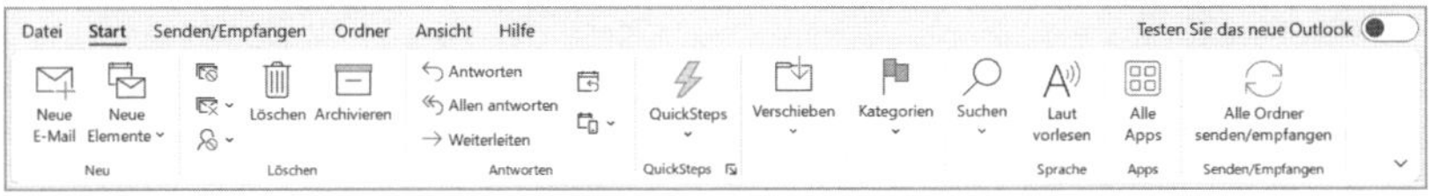

Die klassische Variante

Wichtige Grundeinstellungen

Bevor es nun ans Mailen geht, möchte ich Sie noch auf einige wenige Grundeinstellungen von Outlook hinweisen, die Sie am besten von Anfang an vornehmen, um die Anwendung optimal nutzen zu können.

Outlook als Standard für E-Mails

Sie können unter Windows eine Vielzahl von Mail-Apps nutzen. Windows selbst stellt die Mail-App bzw. neuerdings die abgespeckte »neue« Outlook-App zur Verfügung. Wenn Sie mehr als eine E-Mail-Software installiert haben, sollten Sie Ihre bevorzugte Anwendung als Standardprogramm für E-Mail konfigurieren. Dies kommt beispielsweise dann zum Tragen, wenn Sie auf einer Internetseite durch einen Klick auf einen Link eine E-Mail an den Seitenbetreiber schicken wollen. Aber auch wenn Sie Windows-Funktionen zum Versenden von Dokumenten oder zum Teilen per Mail nutzen, wird dann Outlook dafür geöffnet.

1. Öffnen Sie in den Windows-Einstellungen die Rubrik *Apps/Standard-Apps*.
2. Die folgende Vorgehensweise ist bei Windows 10 und Windows 11 unterschiedlich:
   - Unter Windows 10 prüfen Sie im Abschnitt *E-Mail*, ob hier *Outlook* als Standardprogramm eingetragen ist. Steht hier ein anderer Name oder *Standard wählen*, klicken Sie darauf und wählen in der so geöffneten Liste den Eintrag *Outlook* – nicht *Outlook (new)*!

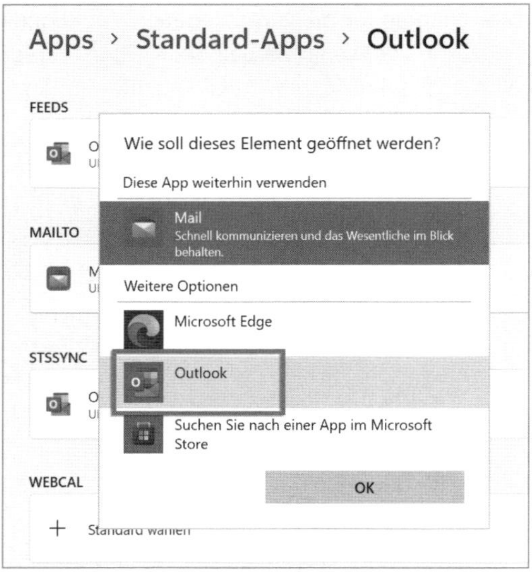

- Unter Windows 11 lokalisieren Sie hingegen in der App-Liste den Eintrag *Outlook* – nicht *Outlook (new)*! – und entscheiden dann, für welche Aktivitäten Outlook zuständig sein soll. Ich würde hier zumindest die *Mailto*-Funktion wählen. Wenn Sie Outlook auch als Kalender und RSS-Feed-Reader einsetzen möchten, sollten Sie auch *Feeds* und *Webcals* ergänzen. Klicken Sie auch hier ggf. auf den Eintrag des anderen Programms bzw. *Wählen Sie einen Standard aus*. In der so geöffneten Liste wählen Sie *Outlook*.

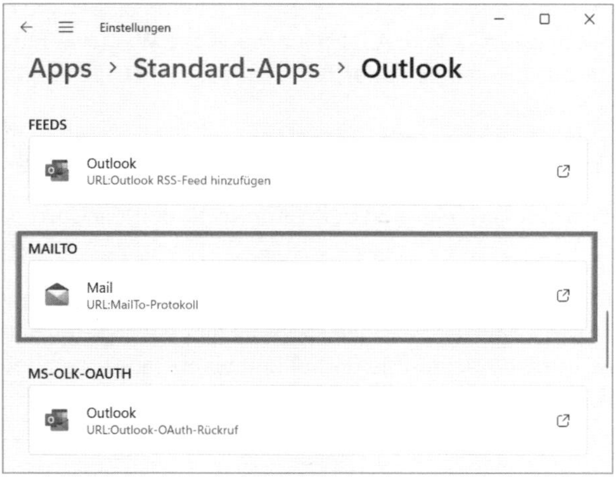

E-Mail-Format und Rechtschreibprüfung

Sie können in Ihre E-Mails die tollsten Gestaltungselemente einbauen und sie dann verschicken. Doch leider gibt es auch heute noch – wenn auch immer weniger – E-Mail-Anbieter, die solche formatierten E-Mails nicht korrekt darstellen können. Dann wäre es sinnvoll, Ihre E-Mails als unformatierten Text zu verschicken. Prinzipiell gibt es dabei zwei verschiedene Ansätze:

- Sie können Outlook generell Nachrichten mit allen Formatierungsmöglichkeiten erstellen lassen und nur in Einzelfällen davon abweichen und Nachrichten ohne Formatierung versenden.
- Sie arbeiten grundsätzlich ohne spezielle Formatierungen und wählen nur bei einzelnen Nachrichten, wo Sie vielleicht wissen, dass Formate kein Problem darstellen, spezielle Formatierungen.

Welche Variante Sie verwenden, hängt von Ihren persönlichen Vorlieben und vielleicht auch davon ab, mit welchen Personen oder Organisationen, Unternehmen, Behörden Sie überwiegend per E-Mail korrespondieren. Entscheiden Sie das also nach Ihrem Bauchgefühl. Sie können sich jederzeit wieder umentscheiden, da es sich eben nur um eine Voreinstellung handelt. Wie auch immer, sollten Sie Outlook wissen lassen, welche Formatierung standardmäßig zum Einsatz kommen soll.

1 Öffnen Sie mit *Datei/Optionen* die Einstellungen und darin die Rubrik *E-Mail.*

2 Lokalisieren Sie rechts den Abschnitt *Nachrichten verfassen.*

3 Wählen Sie bei *Nachricht in diesem Format verfassen* das standardmäßig zu verwendende Format:

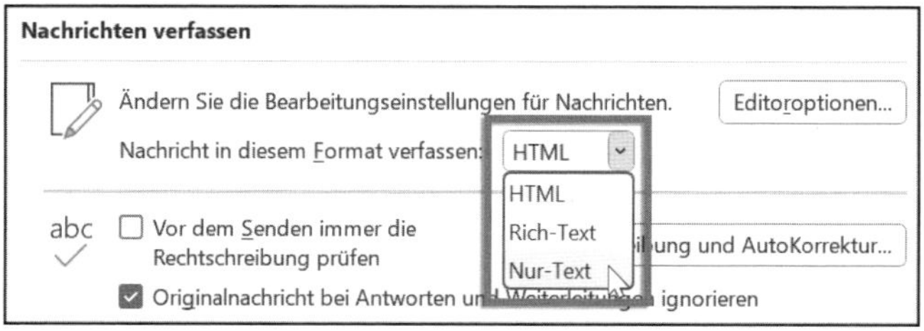

- *HTML*: Hiermit versenden Sie standardmäßig HTML-Mails mit allen Gestaltungsoptionen. Ein Empfänger, dessen E-Mail-Anwendung das nicht unterstützt, bekäme dann allerdings nur den rohen HTML-Code zu sehen und müsste sich den Inhalt daraus mühsam zusammensuchen.

- *Rich-Text*: Ein Kompromiss, der zumindest grundlegende Formate wie Fett, Kursiv oder Unterstrichen zulässt. Der dabei entstehende Code ist selbst mit einem Programm, das keinen Rich-Text beherrscht, noch einigermaßen lesbar.
- *Nur-Text*: Hiermit wird auf alle Formatierungsoptionen verzichtet und nur der reine Text versendet, der dafür garantiert von jedem uneingeschränkt gelesen werden kann.

Selbst wenn Sie sich an dieser Stelle für *Nur-Text* entscheiden, müssen Sie nicht für alle Zeiten auf verrückt formatierte E-Mails verzichten. Wie auf Seite 576 beschrieben wird, können Sie bei jeder E-Mail, die Sie schreiben, jeweils wählen, in welchem Format diese verschickt werden soll.

TIPP

Rechtschreibprüfung vor dem Senden
Im gleichen Bereich direkt darunter können Sie auch festlegen, dass Outlook vor dem Versenden einer E-Mail diese auf Rechtschreibung überprüfen soll. Das Häkchen bei *Vor dem Senden immer die Rechtschreibung prüfen* ist standardmäßig nicht gesetzt, Ihre E-Mail würde also ohne Rechtschreibprüfung verschickt werden. Wenn Sie dieses Häkchen setzen, wird Outlook jede Ihrer E-Mails automatisch überprüfen und sich ggf. melden, wenn darin etwas Fragwürdiges zu finden ist.

Ordner »Gelöschte Elemente« leeren

Wenn Sie erhaltene Nachrichten entfernen, werden diese nicht wirklich gelöscht, sondern in den Ordner *Gelöschte Elemente* verschoben. Das kann man als praktische Rückversicherung oder auch als Archiv nutzen. Aber im Laufe der Zeit kann dieser Ordner recht umfangreich werden. Wer das nicht möchte, kann den Bereich *Gelöschte Elemente* von Outlook selbstständig leeren lassen – und zwar jedes Mal, wenn Sie Outlook beenden.

1 Unter dem Reiter *Datei* klicken Sie auf *Optionen*.

2 Hier wählen Sie die Kategorie *Erweitert*.

3 Setzen Sie im Abschnitt *Starten und Beenden von Outlook* ein Häkchen bei *Beim Beenden von Outlook die Ordner "Gelöschte Elemente" leeren*.

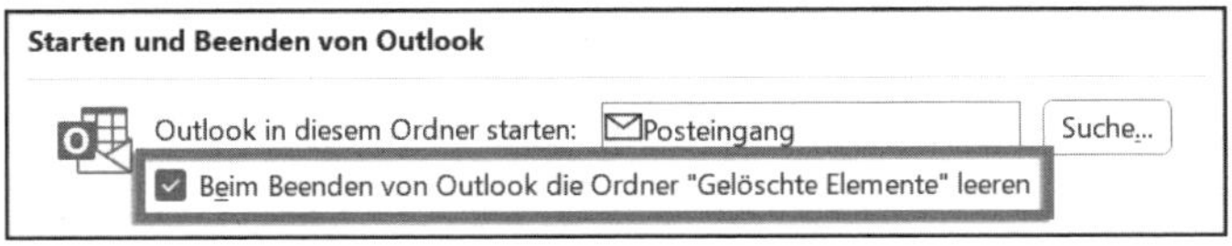

Setzen Sie hier das Häkchen aber nur, wenn Sie absolut sicher sind, dass Sie einmal gelöschte Nachrichten niemals zurückhaben möchten. Andernfalls lassen Sie die gelöschten Elemente unangetastet und räumen dort gelegentlich von selbst auf.

Die erste E-Mail

Nachdem Sie Ihr Postfach eingerichtet und Outlook grundlegend konfiguriert haben, können Sie nun direkt Ihre erste E-Mail schreiben. Ich beschreibe an dieser Stelle zunächst nur die grundlegenden Schritte. Auf Feinheiten wie Formatierungen und spezielle E-Mail-Funktionen gehen spätere Abschnitte noch ausführlicher ein.

1 Zum Schreiben einer E-Mail klicken Sie im Menüband in der Registerkarte *Start* ganz links auf *Neue E-Mail*.

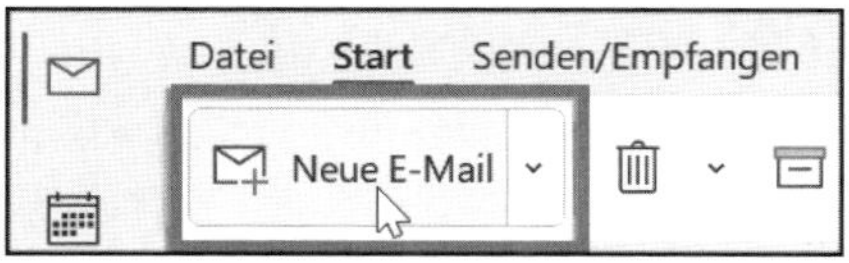

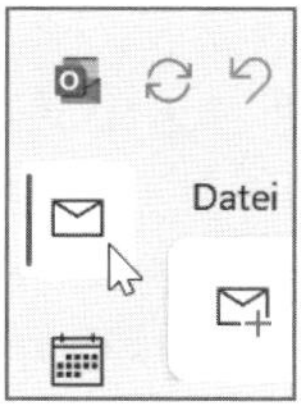

Schaltfläche für neue E-Mail fehlt? TIPP
Sollten Sie den Befehl *Neue E-Mail* nicht sehen, befinden Sie sich vielleicht nicht im E-Mail-Bereich von Outlook. Vergewissern Sie sich dann, dass in der Navigationsleiste am linken Rand der Bereich *E-Mail* ausgewählt ist.

2 Damit öffnen Sie ein Formular, in dem Sie Ihre E-Mail Schritt für Schritt erstellen können.

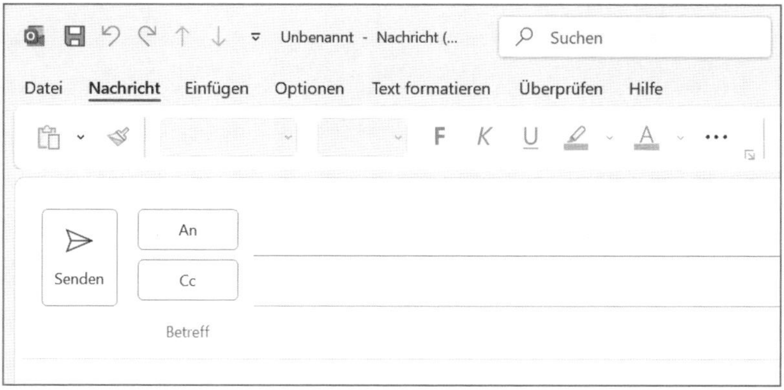

3 Wie jeder Brief braucht auch eine E-Mail einen Empfänger. Dessen E-Mail-Adresse geben Sie oben im Feld *An* ein. Achten Sie dabei auf die exakte Schreibweise der E-Mail-Adresse. Jeder kleinste Punkt ist wichtig. Groß- und Kleinschreibung spielen hingegen keine Rolle. Wenn Sie an Personen schreiben, für die Sie einen Kontakt angelegt haben, können Sie auch den Namen eingeben oder komfortabel aus dem Adressbuch auswählen (siehe Seite 574).

4 Im *Cc*-Feld darunter könnten Sie einen weiteren Empfänger eingeben, aber dazu später mehr.

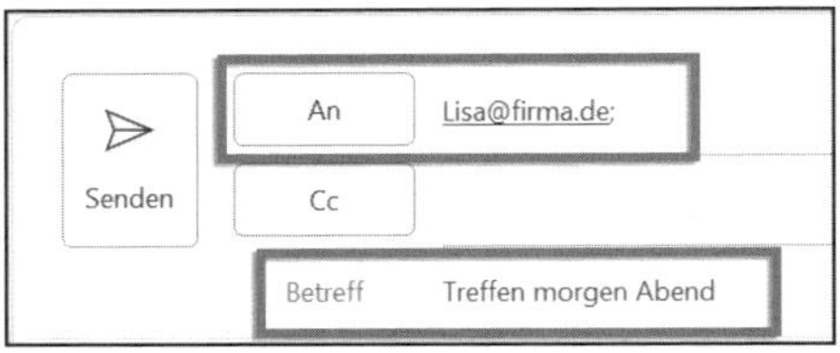

5 Als Nächstes sollten Sie einen sinnvollen *Betreff* angeben. So kann der Empfänger sofort sehen, worum es in der E-Mail geht.

6 Und nun bleibt der große Eingabebereich darunter für das Schreiben des eigentlichen Textes übrig.

7 Haben Sie Ihre Nachrichten vollständig eingetippt, können Sie auf die Schaltfläche *Senden* klicken, um die E-Mail abzuschicken.

6.2 Anlegen von Kontakten

Auch das Verwalten Ihrer Kontakte kann Outlook für Sie übernehmen, und es empfiehlt sich, diese Möglichkeit auch wahrzunehmen. So werden E-Mails automatisch den richtigen Personen zugeordnet und Sie brauchen nicht mehr mühsam kryptische E-Mail-Adressen einzutippen, sondern können mit den richtigen Namen arbeiten oder Empfänger bequem im Adressbuch auswählen.

Zu jeder Person können Sie neben der E-Mail-Adresse auch alle weiteren Adress- und Kontaktdaten speichern. Dabei sind auch mehrere Adressen (etwa beruflich und privat) möglich. Ebenso können Sie erweiterte Informationen wie Spitzname, Geburtstag, Details zur beruflichen Position oder Partnern hinterlegen. Notizen erlauben es darüber hinaus, weitere Informationen über Personen zu erfassen. Welche Gesprächsthemen sollte man vermeiden, welches Essen mag jemand bzw. welches nicht. Das ist zwar nicht unbedingt die Kernkompetenz von Outlook, aber man kann es dafür nutzen, alles Wissenswerte über Bekannte, Kollegen oder Geschäftspartner zu hinterlegen.

Kontakte erstellen

Für das Erstellen und Bearbeiten von Kontakten verfügt Outlook über einen eigenen Kontakte-Bereich. Diesen öffnen Sie jederzeit, indem Sie links in der Navigationsleiste auf das Symbol mit den zwei Köpfen klicken. Ähnlich wie Outlook die E-Mail-Nachrichten zeigt dieser Ihre Kontakte in einer Dreiteilung an:

- In der linken Spalte sehen Sie eine grobe Struktur Ihres Adressbuchs. Das ist vor allem wichtig, wenn Sie die Kontakte in verschiedene Gruppen einsortieren (siehe nachfolgenden Abschnitt).
- Mittig finden Sie eine alphabetisch sortierte Liste der Personen, die der links ausgewählten Gruppe angehören.
- Ganz rechts finden Sie die Details des Kontaktes, den Sie links daneben in der Liste jeweils ausgewählt haben.

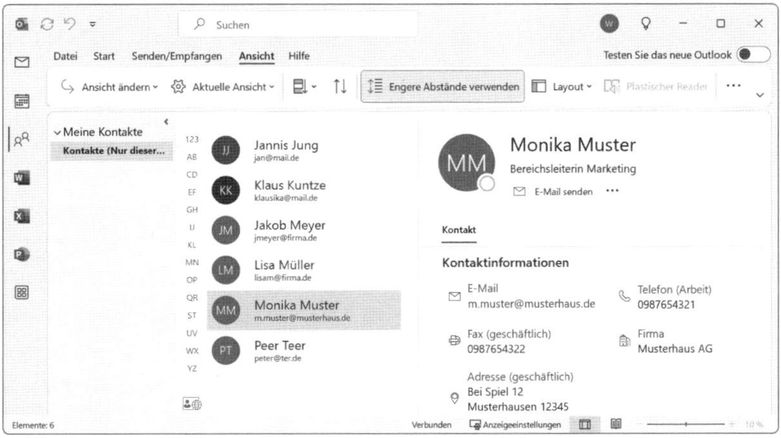

Neue Kontakte erstellen

Die einfachste Möglichkeit, in den zunächst leeren Kontakte-Bereich etwas einzugeben, ist ein Klick im Menüband in der Kategorie *Start* ganz links auf *Neuer Kontakt*. Damit öffnen Sie ein Kontaktformular, in das Sie die entsprechenden Inhalte zu der Person eintragen können.

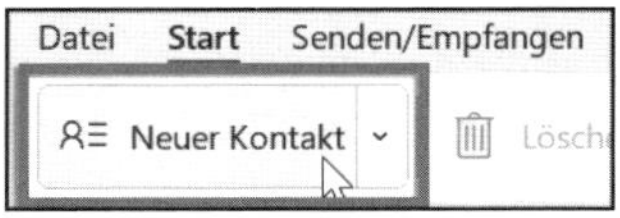

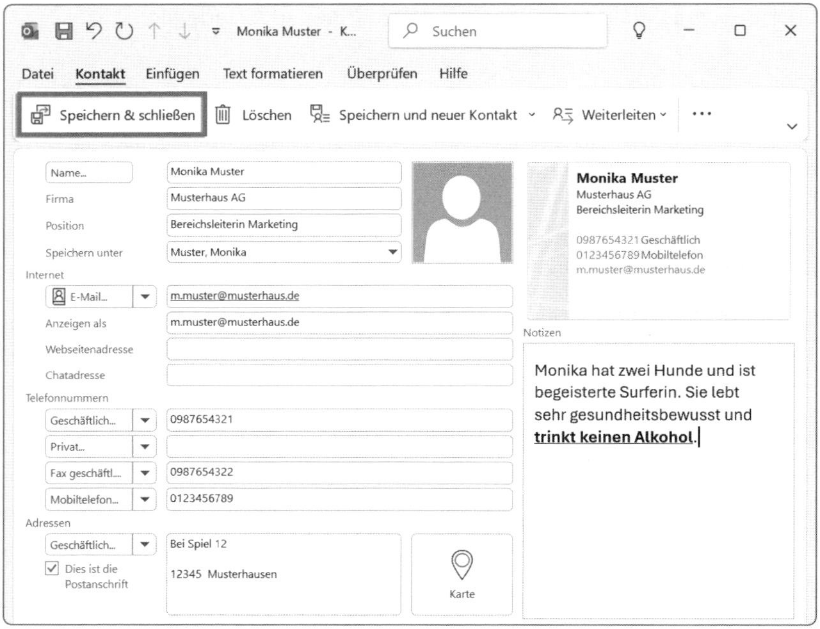

Dieses umfasst eine Vielzahl von Feldern, deren Bezeichnungen jeweils angeben, womit die Felder zu füllen sind, also z. B. Name, Telefonnummern, Adressen usw.

- Bei Telefonnummern und Adressen können Sie jeweils verschiedene Daten erfassen und etwa dem geschäftlichen oder privaten Bereich zuordnen. Wenn man mit einer Person sowohl beruflich als auch privat zu tun hat, kann das sehr hilfreich sein.
- Auch E-Mail-Adressen können Sie mehrere angeben, wenn Sie mit einem Kontakt sowohl privat als auch geschäftlich Nachrichten austauschen. Dann kann Outlook beide Arten von Nachrichten dieser Person zuordnen.

- Ins Feld *Notizen* geben Sie ein, was Sie sich darüber hinaus zu der betreffenden Person merken wollten. Hier ist also Platz für persönliche Anmerkungen und Wissenswertes, das in den anderen Feldern nicht erfasst werden kann.
- Das Notizfeld können Sie mithilfe der Menüband-Registerkarte *Text formatieren* formatieren, die Sie bereits aus Word kennen, allerdings werden die Formatierungen nur angezeigt, wenn Sie den Kontakt öffnen.

Haben Sie alle Daten zum neuen Kontakt eingegeben, klicken Sie oben links im Menüband in der Kategorie *Kontakt* auf *Speichern & schließen.*

Kontakte aus E-Mail-Adressen erstellen

Sie können neue Kontakte auch direkt aus einer empfangenen E-Mail heraus erstellen. Das hat den Vorteil, dass Sie die E-Mail-Adresse nicht mühsam abtippen oder via Zwischenablage übernehmen müssen. Stattdessen füllt Outlook die verfügbaren Informationen bereits automatisch für Sie aus.

1 Bei jeder erhaltenen E-Mail zeigt Outlook oben unterhalb des Betreffs die Namen (soweit bekannt) und E-Mail-Adressen von Absender und Empfänger an.

2 Um den Absender als Kontakt zu speichern, klicken Sie mit der rechten Maustaste auf dessen Adresse und wählen im Kontextmenü *Zu Outlook-Kontakten hinzufügen.*

3 Outlook öffnet daraufhin das bekannte Formular für einen neuen Kontakt. Allerdings ist zumindest die E-Mail-Adresse bereits korrekt ausgefüllt.

4 Wenn der Absender auch seinen Namen übermittelt hat, wird auch dieser mit ausgefüllt.

5 Überprüfen Sie die eingefügten Daten und passen Sie sie ggf. in Ihrem Sinn an. Klicken Sie dann oben rechts auf *Speichern & schließen.*

Kontakte mit Bildern versehen

Wenn Sie ein eher visueller Mensch sind oder die persönliche Note mögen, können Sie Kontakte auch mit einem Bild versehen. Dann wird dieses anstelle des generischen Kreises mit den Initialen angezeigt.

1 Öffnen Sie einen Kontakt in der Liste mit Doppelklick zum Bearbeiten.

2 Klicken Sie das Porträt-Symbol rechts neben der Namensangabe mit der linken Maustaste an.

3 Navigieren Sie mit dem so geöffneten Dateiauswahldialog zu der Bilddatei, die ein Porträt oder geeignetes Symbolbild für diesen Kontakt enthält. Wählen Sie das Bild mit *OK* aus.

4 Direkt im Anschluss wird das gewählte Bild in den Kontaktdaten angezeigt. Klicken Sie wiederum oben links auf *Speichern & schließen*, um diese Änderung des Kontaktes zu bestätigen.

Weitere Details zu Personen

Im bislang verwendeten Formular können Sie neben den eigentlichen Kontaktdaten nur wenige zusätzliche Angaben machen. Wie bereits erwähnt, kann Outlook aber noch weitere Informationen zu einem Kontakt speichern.

1 Um weitere Informationen wie etwa den Geburtstag anzugeben, klicken Sie beim Bearbeiten eines Kontaktes oben im Menüband in der Registerkarte *Kontakt* auf *Details* (beim klassischen Menüband finden Sie diese Option ebenfalls unter *Kontakt* in der Gruppe *Anzeigen*).

2 Outlook wechselt dann zu einem anderen Formular, in dem Sie eine Reihe zusätzlicher Angaben machen können. Rechts unten finden Sie dabei auch den Geburtstag. Ebenso können Sie hier nach Bedarf weitere Angaben zu Spitzname, Partnern, Assistenten, Manager, Arbeitsplatz usw. machen.

3 Noch mehr und speziellere Informationen können Sie hinterlegen, wenn Sie an derselben Stelle im Menüband *Alle Felder* wählen.

4 Entscheiden Sie sich ganz oben bei *Auswählen aus* für die Option *Alle Kontaktfelder*.

5 So erhalten Sie eine Liste mit allen Feldern, die Outlook einem Kontakt zuordnen kann.

6 Und wenn Ihnen noch eine ganz spezielle Angabe fehlt, können Sie diese ganz unten links mit *Neu* definieren und so ergänzen.

Kontakte gruppieren

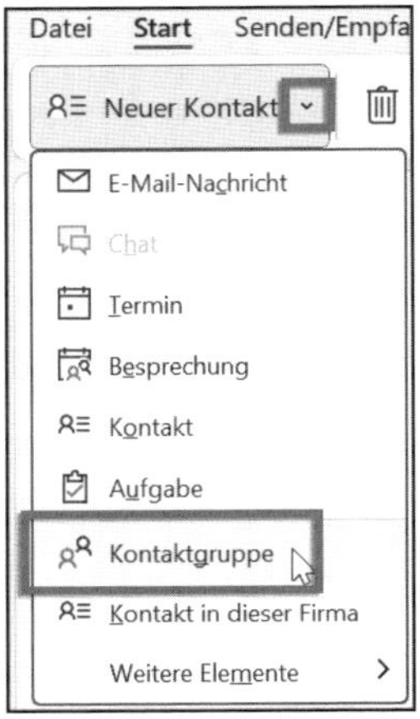

Wenn Sie häufig E-Mails gleichen Inhalts an dieselben Personen schicken, etwa an ein Team in Ihrer Firma oder an die Mitglieder Ihres Gartenbauvereins, bietet es sich an, diese Personen zu einer Kontaktgruppe zusammenzufassen. Solche Kontaktgruppen können Sie dann als Empfänger in die E-Mails eintragen und brauchen so nicht mehr die einzelnen Personen auszuwählen.

1 Um eine neue Kontaktgruppe zu erstellen, klicken Sie in der Kontaktverwaltung auf der Menüband-Registerkarte *Start* auf den zur Schaltfläche *Neuer Kontakt* gehörenden Pfeil und wählen im Menü den Eintrag *Kontaktgruppe*.

2 Geben Sie der Gruppe einen passenden Namen, sodass Sie optimalerweise schon am Namen erkennen können, welche Personen sich darin befinden.

3 Klicken Sie im Menüband in der Kategorie *Kontaktgruppe* auf *Mitglieder hinzufügen* und entscheiden Sie sich, aus welchem Bereich Sie Personen hinzufügen möchten. In der Regel wird es die Gruppe *Aus Outlook-Kontakten* sein.

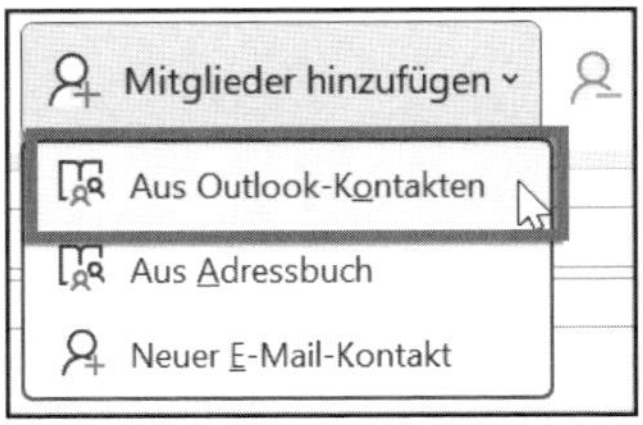

4 Anschließend wählen Sie in der angezeigten Liste die Personen, die Sie zu einer Gruppe zusammenfassen möchten. Markieren Sie dazu einen oder mehrere Einträge und drücken Sie ↵. Die gewählten Kontakte werden dann unten in das *Mitglieder*-Feld übernommen.

5 Wiederholen Sie das so lange, bis im Feld unten alle gewünschten Teilnehmer der Gruppe stehen. Klicken Sie darunter auf *OK*, um diese Zusammensetzung zu speichern.

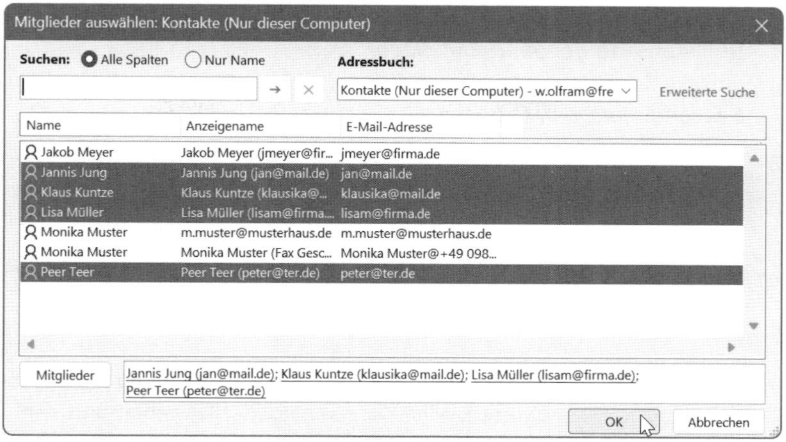

6 Nun stehen die Adressen in Ihrer neuen Kontaktgruppe, und Sie können die Gruppe mit *Speichern & schließen* sichern.

6.3 Senden und Empfangen von E-Mails

Mit einem gut eingerichteten Outlook und den hinterlegten Kontaktdaten Ihrer Kommunikationspartner können Sie dem E-Mail-Alltag nun gelassen entgegentreten.

E-Mails empfangen

Die technischen Details beim Senden und Empfangen von E-Mails nimmt Outlook Ihnen ab. Dazu meldet es sich bei Ihrem E-Mail-Betreiber an, holt sich dort die eingegangenen E-Mails ab, speichert sie auf Ihrer Festplatte und meldet sich dann wieder ab. Dieser Vorgang geschieht regelmäßig und automatisch, solange Outlook (im Hintergrund) geöffnet ist.

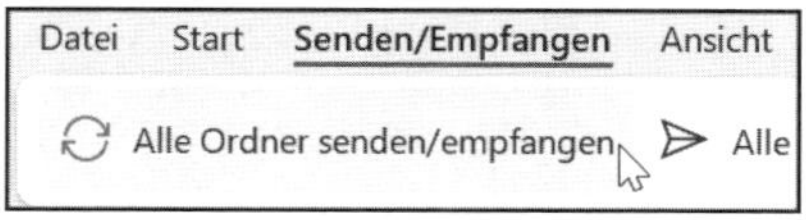

Der Standardwert für das Empfangen und Senden ist 30 Minuten. Outlook schaut also alle 30 Minuten nach der Post. Wenn Ihnen das zu lang ist, können Sie die Anwendung jederzeit mit F9 oder der Schaltfläche *Alle Ordner senden/empfangen* in der Menüband-Kategorie *Seden/Empfangen* manuell zum Nachschauen veranlassen. Sie können auch das vorgegebene Intervall anpassen, wenn es Ihnen zu lang ist.

1 Gehen Sie dazu auf die Menüband-Registerkarte *Senden/Empfangen* und klicken Sie auf die Schaltfläche *Senden-Empfangen-Gruppen*.

2 Wählen Sie in der so geöffneten Liste *Senden-Empfangen-Gruppen definieren*.

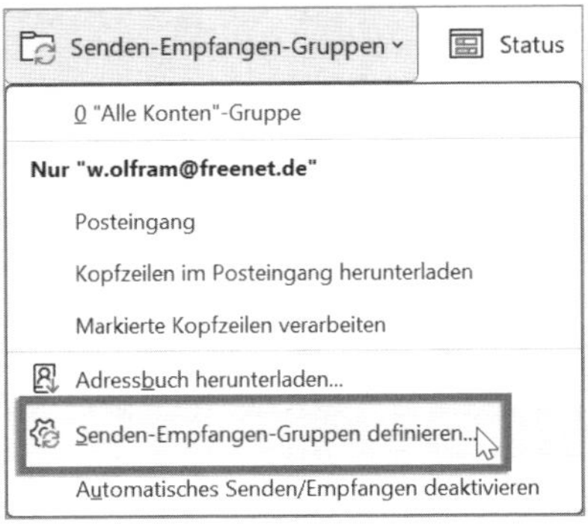

3 Standardmäßig ist im anschließenden Dialog nur der Eintrag *Alle Konten* zu sehen. Falls Sie mehrere E-Mail-Konten eingerichtet haben und dafür abweichende Abrufintervalle festlegen möchten, können Sie hier ggf. eigene Gruppen definieren.

4 Darunter sehen Sie die Einstellungen für die oben ausgewählte Gruppe. Bei *Automatische Übermittlung alle* wählen Sie beispielsweise *10 Minuten* (oder einen Wert, den Sie bevorzugen).

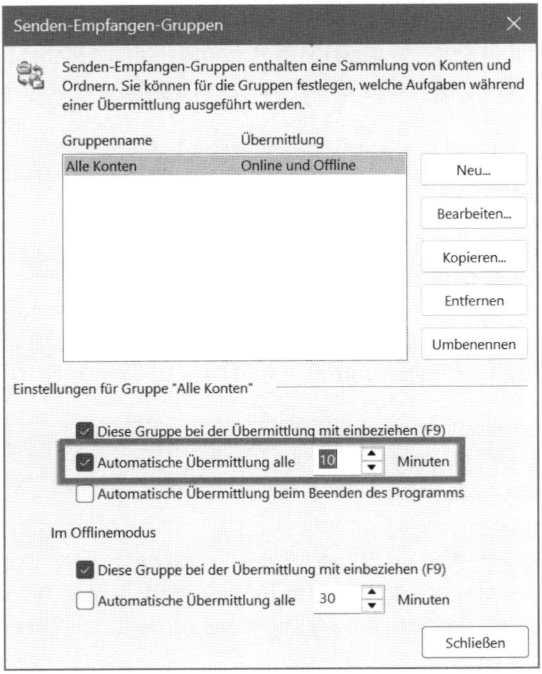

Die Ordner Ihres Postfachs

Die vom Server abgerufenen E-Mail-Nachrichten finden Sie in Ihrem Posteingang vor. Der enthält eine Reihe von Unterordnern. Welche das genau sind und wie sie heißen, hängt vom Betreiber des Postfachs ab. Im Folgenden bekommen Sie eine Übersicht der typischen Ordner, deren Namensvarianten und Bedeutung. In einem typischen Posteingangsfach, etwa in E-Mail-Programmen oder -Diensten, gibt es verschiedene Ordner, die zur Organisation von Nachrichten dienen. Hier sind einige gängige Ordner:

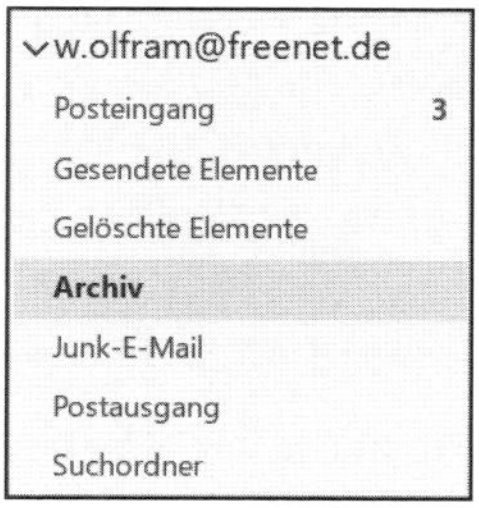

- *Posteingang:* der Hauptordner für eingehende E-Mails.
- *Gesendet/sent:* enthält alle E-Mails, die Sie gesendet haben.
- *Entwürfe/drafts:* Hier werden unvollendete E-Mails gespeichert, die Sie später bearbeiten und senden können.
- *Papierkorb/Trash*: enthält gelöschte E-Mails, die möglicherweise wiederhergestellt werden können.
- *Spam/Spamverdacht/Junk:* filtert unerwünschte oder verdächtige E-Mails.
- *Virenverdacht/virus:* E-Mails, die möglicherweise Viren oder ähnliche für Ihren PC potenziell gefährliche Elemente enthalten.
- *Archiv/archive:* für ältere E-Mails, die nicht mehr im Posteingang sein müssen, aber aufbewahrt werden sollen.
- *Wichtig/Markiert/Favoriten:* ein Filter für E-Mails, die als wichtig markiert wurden.
- *Postausgang/outbox:* Nachrichten, die für den Versand bereitstehen, aber noch nicht versendet wurden (etwa weil der PC gerade offline ist). Nach dem erfolgreichen Versand werden die Nachrichten automatisch in den Ordner *Gesendet* verschoben.

TIPP

Eigene Ordner

Zusätzlich können Sie auch eigene Ordner erstellen, um Ihre E-Mails nach bestimmten Kriterien zu organisieren (z. B. nach Projekten, Absendern oder Themen). Dafür wechseln Sie aber am besten zum klassischen Menüband, das dafür die eigene Registerkarte *Ordner* anbietet.

Alternativ können Sie aber auch das Kontextmenü in der Ordnerliste nutzen, um mit *Neuer Ordner* einen eigenen Ordner anzulegen. Beachten Sie, dass diese eigenen Ordner lokal auf Ihrem PC gespeichert werden.

E-Mails flexibel adressieren

Wie Sie eine E-Mail grundsätzlich schreiben, ist auf Seite 563 beschrieben. An dieser Stelle möchte ich auf die Möglichkeiten beim Adressieren einer E-Mail eingehen. Wenn Sie Ihre Kommunikationspartner als Kontakte eingepflegt haben, ergeben sich dadurch komfortable Möglichkeiten. Und Sie können eine E-Mail auch an mehr als einen Empfänger adressieren, wobei es einige Feinheiten zu beachten gilt:

E-Mails an Kontakte senden

Wenn Sie Ihre Empfänger als Kontakte angelegt haben, können Sie Adressen bequem aus der Adressenliste in Ihr E-Mail-Formular einfügen:

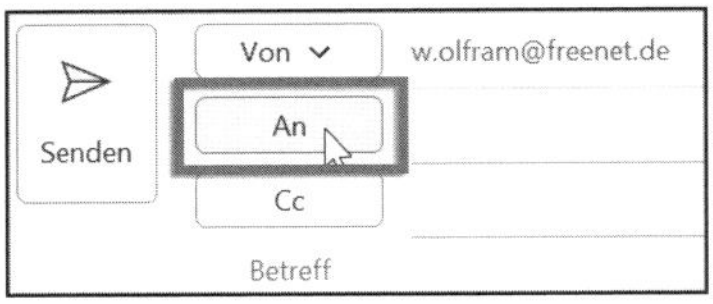

1 Klicken Sie im Formular auf die Schaltfläche *An* links neben dem Adressfeld.

2 Im so geöffneten Dialog wählen Sie durch Klick den gewünschten Empfänger aus. Sie sehen in diesem Dialog übrigens auch alle Ihre angelegten Gruppen, wie etwa die Kontaktgruppe *Gartenbauverein* hier im Beispiel.

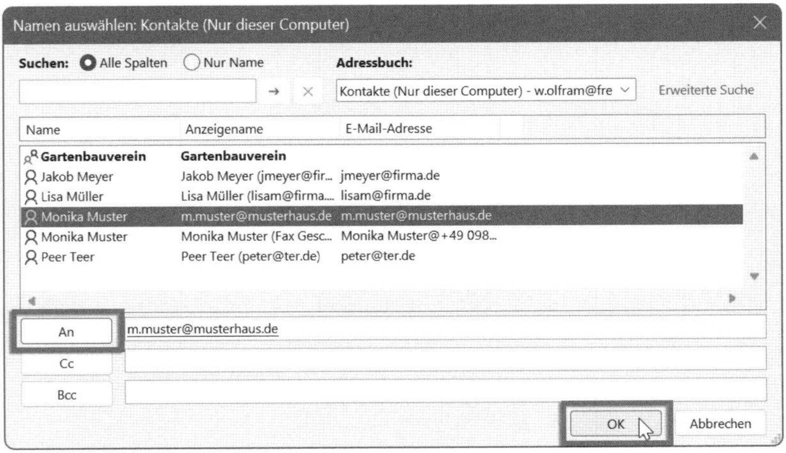

3 Klicken Sie dann unten auf *An*, um diese Person als Empfänger einzutragen.

4 Diesen Vorgang können Sie mehrfach wiederholen, um die Nachrichten an mehrere Empfänger zu versenden.

5 Alternativ können Sie hier auf gleiche Weise auch *Cc*-und *Bcc*-Empfänger eintragen (mehr dazu im Folgenden).

6 Sind der oder die gewünschten Empfänger festgelegt, klicken Sie ganz unten auf *OK*, um diese Adresse(n) in das E-Mail-Formular zu übernehmen.

TIPP

Kontakte direkt im Adressfeld
Die für Kontakte hinterlegten E-Mail-Adressen können Sie auch für komfortables Vervollständigen direkt im Adressbereich des E-Mail-Formulars nutzen. Tippen Sie hier den Beginn einer E-Mail-Adresse ein. Outlook zeigt Ihnen dann automatisch alle Adressen aus Ihren Kontakten an, deren Adressen oder Namen zur bislang getippten Zeichenkombination passen. Aus den angezeigten Vorschlägen können Sie mit der Maus oder den Pfeiltasten und [↵] auswählen.

Eine E-Mail an mehrere Empfänger

Wie vorangehend beschrieben, können Sie mehr als einen Empfänger für eine E-Mail angeben. Der Mailserver sorgt dann dafür, dass jeder Empfänger eine Kopie der Nachricht erhält.

Hierbei gibt es verschiedene Varianten:

- Mehrere Empfänger im *An*-Feld: Wenn eine Nachricht an mehrere Empfänger gehen und diese darauf ggf. antworten sollen, tragen Sie deren Adressen ins *An*-Feld ein, ggf. mit einem Semikolon getrennt. Nutzen Sie die Kontaktliste oder das Autovervollständigen, wird das Trennzeichen automatisch eingefügt. Jeder der Empfänger erfährt hierbei von allen anderen Empfängern, hat dadurch aber auch die Möglichkeit, Ihnen und allen anderen zugleich zu antworten.
- Zusätzliche Empfänger im *Cc*-Feld: Sollen weitere Empfänger eine E-Mail nur zur Information erhalten, tragen Sie diese Personen ins *Cc*-Feld ein. Cc steht für **C**arbon **C**opy. So nannte man im alten Briefverkehr einen Durchschlag, der nur zur Information oder zur Kenntnisnahme übersandt wurde. Das stammt noch aus den Zeiten ohne Kopiergerät oder Computer. Auch hierbei erfahren die eigentlichen Empfänger von den »Mitlesern« in Cc.

- Zusätzliche Empfänger im *Bcc*-Feld: Soll eine E-Mail zusätzlich an eine Adresse gehen, ohne dass die eigentlichen Empfänger das wissen, erreichen Sie das mit dem *Bcc*-Feld. Die Abkürzung steht für **B**lind **C**arbon **C**opy und bedeutet, dass die eigentlichen Empfänger nicht erfahren, dass und wer eine Kopie der Nachricht als *Bcc*-Empfänger erhalten hat.

E-Mails formatieren

Wenn Sie in das Texteingabefeld im E-Mail-Formular klicken oder darin tippen, werden oben im Menüband in der Registerkarte *Nachricht* die Symbole im Bereich *Text* aktiviert. Und wenn Sie in die Registerkarte *Text formatieren* wechseln, finden Sie noch viel mehr Gestaltungselemente für Ihre Nachricht.

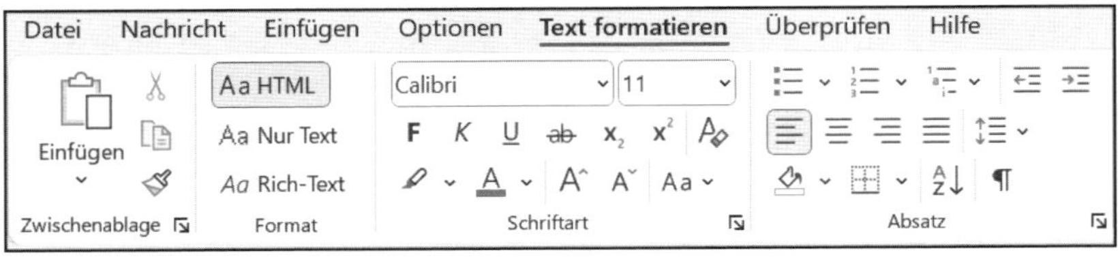

Wichtige Voraussetzung dafür ist allerdings das für die Nachricht gewählte Format. Sollten Sie in den grundlegenden Einstellungen (siehe Seite 561) als E-Mail-Format *Nur-Text* gewählt haben, sind viele Formatierungen nicht anwählbar. Dieses Format erzeugt Nachrichten, die garantiert von jedem Empfänger lesbar sind. Dafür verzichtet es aber auf fast alle Gestaltungsmöglichkeiten, da nicht jedes E-Mail-Programm diese wie beabsichtigt darstellen kann.

Um stattdessen zum E-Mail-Format *Rich-Text* oder *HTML* zu wechseln, mit denen Ihnen mehr Formatierungsmöglichkeiten zur Verfügung stehen, klicken Sie rechts auf der Registerkarte *Text formatieren* auf das Symbol mit den drei Punkten und entscheiden sich unter *Nachrichtenformat* für den entsprechenden Eintrag *HTML*.

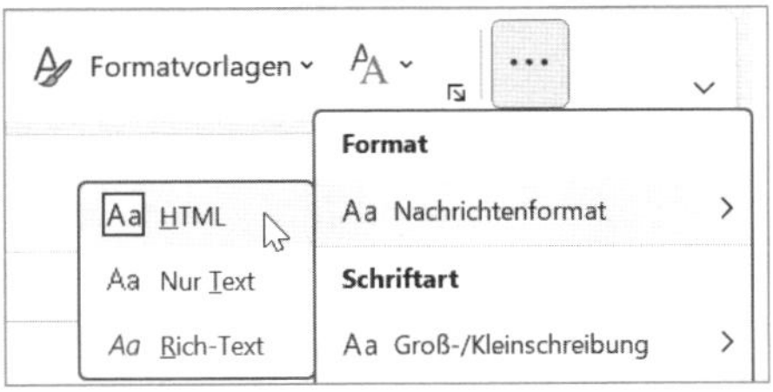

Wenn Sie die klassische Menüband-Variante nutzen, können Sie diese Wahl direkt im Bereich *Format* vornehmen.

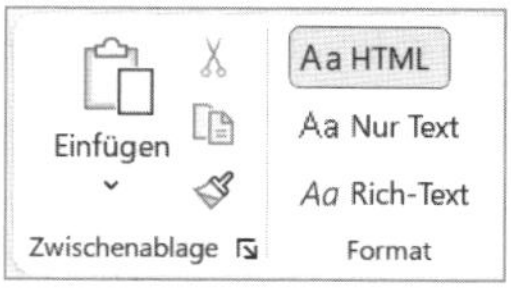

Behalten Sie bei der Entscheidung für das richtige Format immer im Auge, dass es hierbei nicht darum geht, Sie in den Gestaltungsmöglichkeiten Ihrer E-Mails mutwillig einzuschränken. Sinn der verschiedenen Format-Varianten ist, dass Ihre Nachricht für den Empfänger möglichst genauso angezeigt wird, wie Sie sie geschrieben haben. Wenn Sie eine Nachricht im HTML-Format erstellen, das E-Mail-Programm des Empfängers aber nur reine Textnachrichten anzeigt, dann wird Ihre Nachricht kaum zu entziffern sein, weil der eigentliche Inhalt in einer Vielzahl von HTML-Elementen untergeht. Überlegen Sie sich also gut, wem Sie Nachrichten in welchem Format senden.

Bei »offizieller« Kommunikation mit Behörden, Unternehmen usw. würde ich eher auf *Nur-Text* setzen. Teilweise erlauben deren Mailprogramme vielleicht allein aus Sicherheitsgründen das Darstellen von HTML-Nachrichten nicht. Bei Nachrichten unter Kollegen, Freunden und Familie hingegen kann man meist auf das HTML-Format setzen. Selbst wenn ein Empfänger damit mal Probleme haben sollte, wird er oder sie sich im Zweifelsfall melden und Sie das wissen lassen. Dann können Sie in Zukunft einfache Textnachrichten an diese Person senden.

Auf eine E-Mail antworten

Wenn Sie selbst eine E-Mail erhalten, können Sie dem Absender antworten, allen E-Mail-Empfängern antworten sowie eine E-Mail an andere Personen weiterleiten. Dazu stehen im Menüband und im Lesebereich oberhalb der E-Mail entsprechende Symbole zur Verfügung. Haben Sie die E-Mail per Doppelklick in einem eigenen Dialog geöffnet, finden Sie die Symbole im Menüband auf der Registerkarte *Nachricht*.

Für eine Antwort an den E-Mail-Absender wählen Sie den einfachen nach links gebogenen Pfeil. Möchten Sie auch andere Personen in die Antwort einbeziehen, die die E-Mail ebenfalls erhalten haben, wählen Sie den doppelten nach links gebogenen Pfeil. Sie erhalten dann den folgenden Dialog:

Dieses Antwortformular ist schon so weit wie möglich vorausgefüllt:

- Im *Von*-Feld ist Ihre E-Mail-Adresse eingetragen. Sollten Sie mehr als ein Postfach eingerichtet haben, verwendet Outlook in diesem Fall die Adresse, unter der die ursprüngliche Nachricht empfangen wurde.
- Bei *An* ist die E-Mail des Empfängers angegeben. Hierfür wird die Adresse genutzt, die bei der ursprünglichen E-Mail als Absender bzw. als bevorzugte Antwortadresse angegeben war.
- War die ursprüngliche E-Mail an mehr als einen Empfänger gerichtet und Sie haben *Allen antworten* gewählt, werden neben dem Absender auch alle weiteren Empfänger der ursprünglichen Nachricht (außer Sie selbst) als Empfänger der Antwort eingetragen.
- Der Betreff wurde von der ursprünglichen Nachricht übernommen, allerdings wird ihm ein *AW:* vorangestellt, um die E-Mail als **A**nt**W**ort zu kennzeichnen.
- Unterhalb des Eingabebereichs wird die ursprüngliche Nachricht als Zitat eingefügt. Das gehört zum guten Ton, damit der Empfänger einer Antwort weiß, worauf Sie sich beziehen. Sie können dieses Zitat aber auch löschen oder zumindest aufs Wesentliche kürzen, wenn es sehr umfangreich sein sollte.

Die Einfügemarke für Ihren Antworttext steht automatisch oberhalb des Zitats im Formular. Und genau dort sollte Ihre Antwort geschrieben werden. Das heißt, der neuste Beitrag zu einem E-Mail-Austausch gehört immer oben in das Fenster. Das ist deshalb wichtig, weil Outlook bei jeder Antwort die ganzen alten Nachrichten dieses Betreffs mit in die E-Mail einfügt. So kann man jederzeit nachvollziehen, worüber man bisher diskutiert hat.

TIPP

RE und FW statt AW und WG
Sie korrespondieren viel mit internationalen Partnern, die mit deutschen Kürzeln wie *AW* und *WG* nichts anfangen können. Dann können Sie Outlook dazu bringen, stattdessen standardmäßig die internationalen Kürzel *RE* für Reply (Antwort) und *FW* für Forwarded (Weitergeleitet) zu verwenden: Öffnen Sie dazu mit *Datei/Optionen* die Einstellungen, wechseln Sie dort zur Rubrik *Erweitert* und setzen Sie ein Häkchen im Abschnitt *Internationale Optionen* bei *Nachrichtenköpfe von Antworten und Weiterleitungen sowie von Weiterleitungsbenachrichtigungen in Englisch*.

Nachrichten weiterleiten

Möchten Sie eine erhaltene E-Mail an eine andere Person weiterleiten, klicken Sie auf den nach rechts weisenden Pfeil. Auch in diesem Fall wird die ursprüngliche Nachricht in ein neues E-Mail-Formular eingefügt und die Eingabemarke blinkt oben. Im Gegensatz zur Antwort auf eine E-Mail müssen Sie aber auch noch den oder die Empfänger der weitergeleiteten E-Mail eintragen. Der Betreff wird von der ursprünglichen Nachricht übernommen, aber standardmäßig mit einem vorangestellten *WG:* für **W**eiter**G**eleitet ergänzt.

Beim Thema »E-Mail weiterleiten« noch eine kurze Anmerkung zu einem oft unterschätzten Aspekt: Die Inhalte von E-Mails unterliegen ebenso wie klassische Papierpost dem Briefgeheimnis. Da sich E-Mails mit wenigen Mausklicks weiterleiten lassen, übersieht man das schnell. Wenn Sie eine E-Mail an einen Dritten weiterleiten, sollten Sie sich jedes Mal die Frage stellen, ob das auch im Sinn des ursprünglichen Verfassers ist bzw. dieser damit einverstanden wäre.

Wichtige Nachrichten

Bei manchen E-Mails werden Sie vielleicht schon auf der Ecke des Stuhls sitzen und hoffen, dass der Empfänger bald antwortet. Um einem Empfänger schon vorab klarzumachen, ob die E-Mail wirklich wichtig ist, gibt es in Outlook zwei Optionen.

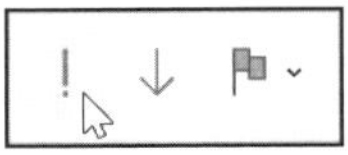

Bevor Sie eine Nachricht verschicken, können Sie dem Empfänger durch das rote Ausrufezeichen auf der Registerkarte *Nachricht* signalisieren, dass die E-Mail wichtig ist. Durch Klick auf den nach unten weisenden blauen Pfeil zeigen Sie hingegen an, dass es Wichtigeres auf der Welt gibt als diese E-Mail.

Dieses rote Ausrufezeichen heißt nun aber nicht, dass beim Empfänger alle Alarmglocken läuten oder dass sein Computer so lange gesperrt ist, bis er auf die E-Mail geantwortet hat. Der Empfänger sieht nur ein kleines rotes Ausrufezeichen an seiner empfangenen E-Mail. Und das auch nur, wenn er ebenfalls Outlook oder ein anderes E-Mail-Programm nutzt, das diese Funktion unterstützt. Da sie nicht zum grundlegenden E-Mail-Protokoll gehört, gilt das nicht für alle E-Mail-Anwendungen.

Zustell- und Lesebestätigungen

»Ich habe deine E-Mail leider nicht bekommen« ist eine beliebte Ausrede, wenn der Inhalt der E-Mail für den Empfänger unangenehm oder mit zusätzlicher Arbeit verbunden ist. Tatsächlich gehen E-Mails nur sehr selten spurlos verschwunden. Kann eine Nachricht nicht zugestellt werden, bekommt der Absender sie mit einer entsprechenden Fehlermeldung zurück. Eher werden Nachrichten fälschlich als Spam klassifiziert und automatisch im entsprechenden Ordner abgelegt. Auch hier ist es aber Aufgabe des Empfängers, dafür Sorge zu tragen, dass das nicht passiert. Wenn alle Beteiligten Outlook oder ein anderes E-Mail-Programm verwenden, das Bestätigungen unterstützt, kann man aber auch mit faulen Ausreden Schluss machen:

- **Zustellungsbestätigungen** werden gesendet, wenn eine Nachricht erfolgreich im Postfach des Empfängers zugestellt wurde. Sie beziehen sich auf den rein technischen Bereich des E-Mail-Transports.
- **Lesebestätigungen** werden ausgestellt, wenn ein Empfänger die Nachricht in seinem Outlook oder einem anderen kompatiblen E-Mail-Programm geöffnet hat. Liegt eine Lesebestätigung vor, wissen Sie also, dass und wann der Empfänger Ihre Nachricht zur Kenntnis genommen hat.

Bevor Sie eine E-Mail versenden, gehen Sie auf die Registerkarte *Optionen* und klicken dort unter dem Symbol mit den drei Punkten auf *Zustellunsgbestät. anfordern* bzw. *Lesebestät. anfordern.*

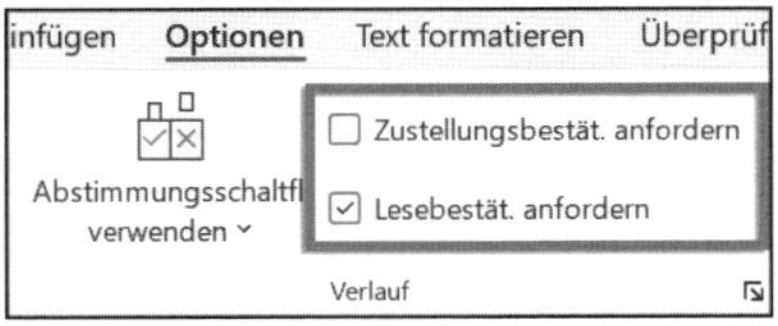

Beim klassischen Menüband finden Sie entsprechende Auswahlkästchen direkt im Bereich *Verlauf* dieser Registerkarte. Wenn Sie diese Funktion regelmäßig nutzen möchten, sollten Sie darüber nachdenken, dauerhaft zum klassischen Menüband zu wechseln.

Wenn der Empfänger eine solche E-Mail öffnet, auch im Vorschaumodus, wird Ihnen, sofern der Empfänger dies gestattet, eine Lesebestätigung übermittelt. Aber wichtig: Es gibt viele E-Mail-Programme, die mit dieser Funktion nichts anfangen können. Und jeder Nutzer kann konfigurieren, ob sein E-Mail-Programm solche Bestätigungen ausstellt. Wundern Sie sich also nicht, wenn Sie keine Lesebestätigung erhalten.

Selbst Bestätigungen versenden

Wie vorangehend beschrieben, kann jeder Anwender selbst wählen, ob Outlook den Empfang und das Lesen von Nachrichten bestätigen soll.

1 Öffnen Sie dazu mit *Datei/Optionen* die Einstellungen und wechseln Sie dort in die Rubrik *E-Mail*.

2 Lokalisieren Sie rechts den Abschnitt *Verlauf*.

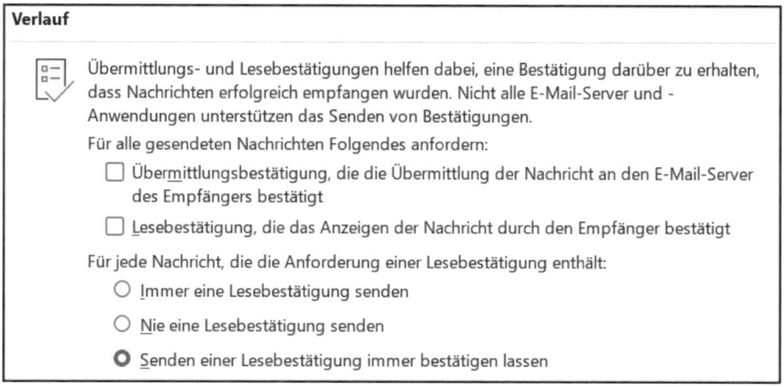

3 Mit den Optionen unter *Für alle gesendeten Nachrichten Folgendes anfordern* können Sie festlegen, dass Outlook standardmäßig für alle von Ihnen verschickten E-Mails Bestätigungen anfordern soll. Über die Optionen im Menüband können Sie es dann immer noch fallweise unterdrücken.

4 Darunter bei *Für jede Nachricht, die die Anforderung einer Lesebestätigung enthält* konfigurieren Sie, wie Outlook sich verhalten soll, wenn eingehende E-Mails Bestätigungen anfordern:

- *Immer eine Lesebestätigung senden:* Outlook kommt Bestätigungsanforderungen immer automatisch nach.
- *Nie eine Lesebestätigung senden:* Outlook ignoriert Bestätigungsanforderungen automatisch.
- *Senden einer Lesebestätigung immer bestätigen lassen:* Wenn eine E-Mail mit einer Bestätigungsanforderung eintrifft, fragt Outlook jeweils nach, ob diese Bestätigung übermittelt werden soll.

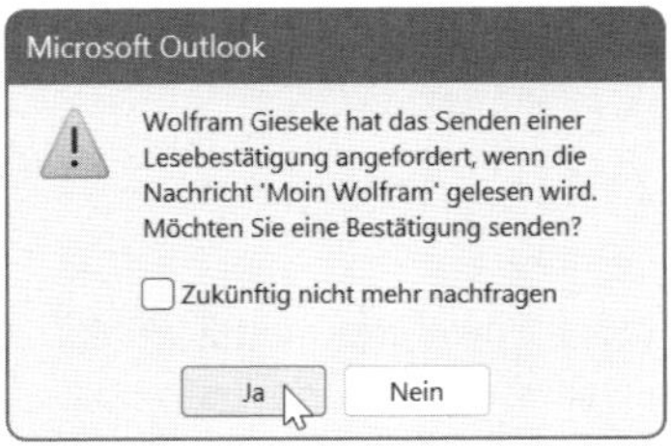

Visitenkarten verschicken

Um beispielsweise einem neuen Bekannten oder Geschäftspartner alle relevanten Informationen schnell und einfach zu übermitteln, können Sie mit Outlook Ihre Kontaktdaten als virtuelle Visitenkarte verschicken. Das geschieht im sogenannten vCard-Format, das viele E-Mail-Programme verstehen. Der Empfänger einer solchen Visitenkarte kann diese sehr einfach in seine Kontakte, etwa in Outlook, übertragen und muss die Informationen nicht per Hand eintippen.

Wichtig: Um eine solche Visitenkarte mit Ihren eigenen Kontaktdaten verschicken zu können, müssen Sie in Ihrem Outlook-Adressbuch einen entsprechenden Eintrag für sich selbst erstellen. Wie das prinzipiell geht, ist auf Seite 565 beschrieben. Sollten Sie das bislang noch nicht gemacht haben, legen Sie also zunächst einen Kontakt für sich selbst an, der alle Informationen umfasst, die Sie Ihren Kommunikationspartnern bereitstellen möchten.

Dann können Sie diesen Kontakt jederzeit als Visitenkarte in eine E-Mail einfügen:

1 Öffnen Sie dazu im Menüband die Registerkarte *Einfügen*.

2 Wählen Sie im vereinfachten Menüband ganz rechts unter dem Symbol mit den drei Punkten den Eintrag *Visitenkarte*. Im klassischen Menüband finden Sie das gleichnamige Symbol im Bereich *Einschließen*.

3 Wenn Sie Ihre Kontaktdaten schon einmal auf diese Weise versendet haben, können Sie in der so geöffneten Liste direkt Ihren Namen wählen. Andernfalls nehmen Sie *Andere Visitenkarten*.

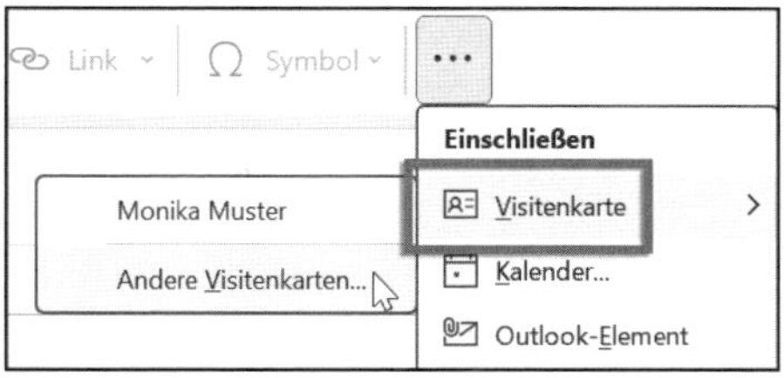

4 Klicken Sie im folgenden Dialog auf den Kontakt, dessen Visitenkarte Sie versenden möchten.

5 Wenn Sie dann mit *OK* bestätigen, fügt Outlook die Visitenkarte in die E-Mail ein.

Wenn Sie selbst eine E-Mail mit einer Visitenkarte erhalten, sehen Sie nicht nur die geöffnete Visitenkarte, sondern auch die entsprechende Datei. Machen Sie einen Doppelklick auf den Dateinamen, um die Visitenkarte zu öffnen. Bestätigen Sie ggf. die Rückfrage, ob Outlook dem E-Mail-Anhang vertrauen darf.

Outlook öffnet sofort ein neues Kontaktformular und trägt die Daten der Visitenkarte ein. Sie können nun ggf. noch weitere Angaben oder Notizen ergänzen.

Sie müssen die Übernahme in die Liste Ihrer Kontakte nur noch durch einen Klick auf *Speichern & schließen* bestätigen.

Signaturen als virtuelles Briefpapier

Wenn Sie eine E-Mail nicht nur mit Ihrem Namen beenden wollen, sondern stets mit Ihrer gesamten Anschrift einschließlich aller Telefonnummern, wäre es sehr umständlich, das alles jedes Mal eintippen zu müssen. Auch das Kopieren dieser Inhalte wäre auf Dauer äußerst lästig. Dafür gibt es in Outlook Signaturen. Das sind Textelemente, die auf Wunsch oder auch ganz automatisch ans Ende jeder E-Mail gesetzt werden.

Eine Signatur erstellen

Am einfachsten erstellen Sie eine neue Signatur, als wenn Sie ganz klassisch eine neue E-Mail schreiben würden.

1 Sie klicken also auf *Neue E-Mail* auf der Menüband-Registerkarte *Start*.

2 Im neuen E-Mail-Formular klicken Sie auf der Registerkarte *Einfügen* auf die Schaltfläche *Signatur* und wählen dann *Signaturen.*

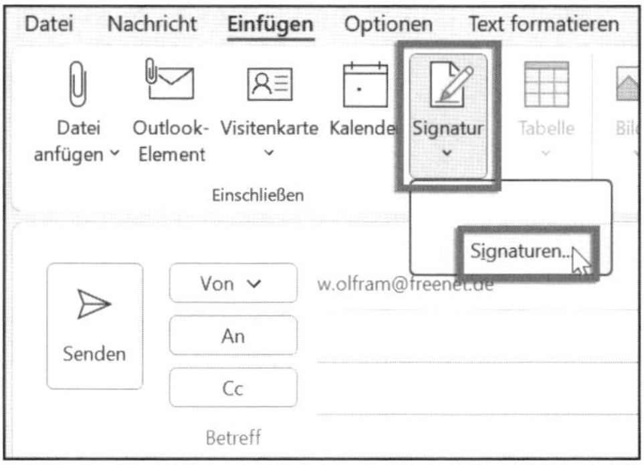

3 Im folgenden Dialog klicken Sie auf *Neu*, wählen einen sinnvollen Namen und bestätigen mit *OK*.

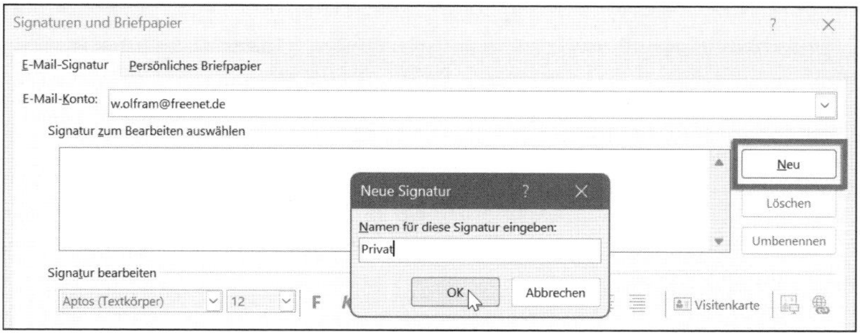

4 Nun tragen Sie unter *Signatur bearbeiten* die Informationen ein, die Sie als Signatur weitergeben möchten.

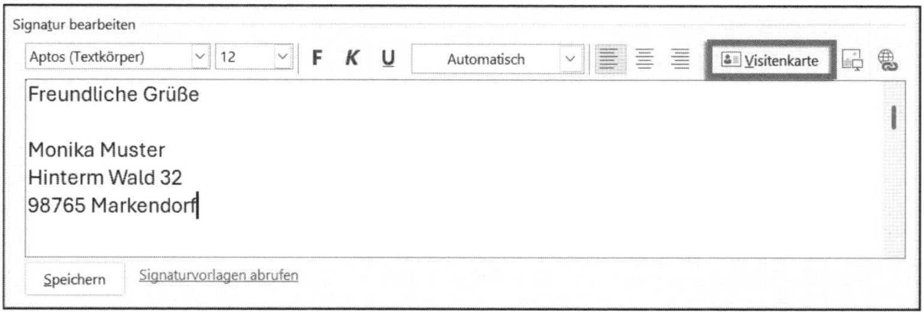

5 Anstatt alles noch mal einzugeben, können Sie über die Schaltfläche *Visitenkarte* auch Ihre gesamte Visitenkarte als Signatur einfügen.

6 Wenn Sie fertig sind, bestätigen Sie das Signaturfenster mit *OK*.

Sie können noch weitere Signaturen anlegen, je nachdem, für welche E-Mail sie eingesetzt werden sollen. Für E-Mails an Freunde brauchen Sie sicher nicht die gesamte Anschrift, und einen Freund verabschieden Sie auch nicht mit »Mit freundlichen Grüßen«. Erstellen Sie also vielleicht für ein paar typische Einsatzzwecke passende Signaturen.

Signaturen einfügen

Wenn Sie nun eine E-Mail mit Ihrer Signatur beenden möchten, klicken Sie im E-Mail-Formular auf der Registerkarte *Einfügen* auf *Signatur* und wählen Ihre Signatur aus. Signaturen wählen Sie also über ein Menü aus. Der Vorteil der Auswahl ist, dass Sie immer die passende Signatur auswählen können. Und wenn Sie keine Signatur brauchen, müssen Sie auch keine auswählen.

Natürlich können Sie Outlook auch dazu veranlassen, bei jeder E-Mail eine Standardsignatur einzufügen. Treffen Sie dazu im Dialog aus Schritt 4 im Bereich *Standardsignatur auswählen* Ihre Auswahl, indem Sie ggf. zunächst das E-Mail-Konto bestimmen, für das die Signatur verwendet werden soll, und dann unter *Neue Nachrichten* bzw. *Antworten/Weiterleitungen* die gewünschte Standardsignatur festlegen.

Damit setzt Outlook immer die ausgewählte Signatur ans Ende einer E-Mail. Aber wenn Sie eine andere einsetzen wollen, müssen Sie die Standardsignatur löschen, deshalb überlegen Sie es sich sehr gründlich, ob Sie eine Signatur als Standard festlegen wollen.

Bilder in E-Mails einfügen

Sie können in eine E-Mail auch Bilder einfügen oder andere Dateien, etwa aus Word oder Excel, an die E-Mail anhängen, um diese zu verschicken.

Grundsätzlich verläuft das Einfügen von Bildern ähnlich wie das, was in Kapitel 3 (Word) zum Einfügen von Bildern gesagt wurde.

1 Sie klicken auf der Registerkarte *Start* auf *Neue E-Mail*, fügen dann die Adresse und den Betreff ein und schreiben den Text.

2 Nun gehen Sie an die Stelle, an der das Bild platziert werden soll, und wählen auf der Registerkarte *Einfügen* den Befehl *Bilder* und dann erneut *Bilder.*

3 Gehen Sie dann in den Ordner, in dem sich das Bild befindet, wählen Sie es durch einen Klick aus und klicken Sie auf *Einfügen.* Alternativ können Sie auf den Dateinamen des Bildes auch doppelklicken.

4 Die *Layoutoptionen* auf der rechten Seite des Bildes wurden im Word-Kapitel dieses Buches schon besprochen.

5 Als Letztes brauchen Sie die E-Mail nur noch wie gewohnt zu verschicken.

Dateianhänge senden und empfangen

Andere Dateien, z. B. Word-, Excel- oder PowerPoint-Dateien, können Sie natürlich auch quer durch die Welt schicken. Nur müssen Sie solche Dateien anders verschicken als Bilder – nämlich als Dateianhang.

1 Sie schreiben über die Registerkarte *Start* und *Neue E-Mail* ganz klassisch Ihre E-Mail.

2 Klicken Sie auf der Menüband-Registerkarte *Nachricht* auf das Büroklammer-Symbol. Alternativ finden Sie es auch ganz links auf der Registerkarte *Einfügen*.

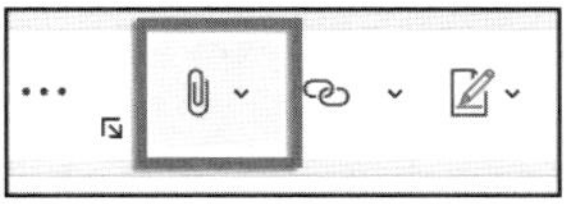

3 Die so aufgeklappte Auswahlliste zeigt Ihre zuletzt verwendeten Dokumente an. Ist die gewünschte Datei nicht dabei, wählen Sie ganz unten *Diesen PC durchsuchen*.

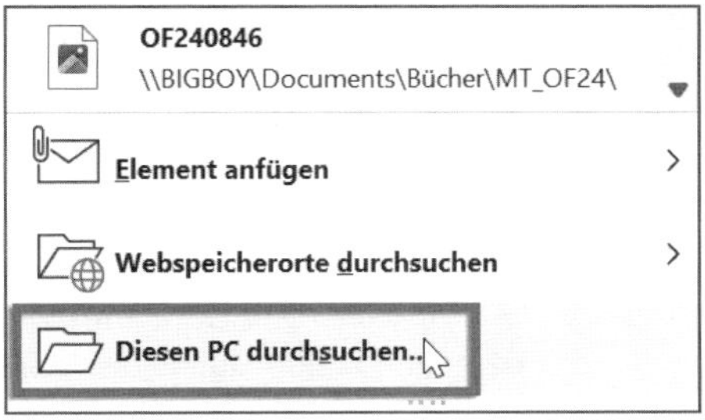

4 Im so geöffneten Dateiauswahldialog navigieren Sie zu dem Ordner mit der gewünschten Datei, wählen diese aus und können sie dann per Mausklick *Einfügen*.

5 Outlook fügt dem E-Mail-Formular dann einen weiteren Bereich mit dem Dateianhang hinzu. Um weitere Anhänge einzufügen, wiederholen Sie die Schritte.

Sie können als Anhang aber nicht nur Word-, Excel- oder PowerPoint-Dateien mitschicken, sondern auch Bilder. Oder auch einen Mix aus allem.

TIPP

Dateigröße bei E-Mail-Anhängen
Die maximale Größe von Dateianhängen, die man problemlos per E-Mail verschicken kann, variiert je nach E-Mail-Anbieter. Allgemein liegt die Grenze häufig zwischen 20 MB und 25 MB pro E-Mail. Wenn die Datei größer ist, kann man sie alternativ über Cloud-Dienste wie Google Drive, Dropbox oder OneDrive teilen und den Link zur Datei in der E-Mail senden. Es ist auch ratsam, die Dateigröße zu komprimieren (z. B. im ZIP-Format), um sie innerhalb der Grenzen zu halten.

Dateien per E-Mail empfangen

Wenn Sie selbst eine E-Mail mit Dateianhängen bekommen, können Sie diese auf Ihrer Festplatte speichern. Dazu klicken Sie in der E-Mail mit der rechten Maustaste auf den Dateianhang und wählen *Speichern unter*. Dann können Sie per Auswahldialog festlegen, wo die Datei im lokalen Dateisystem abgelegt werden soll.

Vorsichtsmaßnahmen bei E-Mail-Anhängen

Öffnen Sie keine unangefordert zugesandten E-Mail-Anhänge! Dies gilt insbesondere für Office-Dokumente wie Word-Texte und Excel-Tabellen. Deren aktive Inhalte machen es besonders leicht, einen PC zu manipulieren. Aber auch bei Formaten wie PDF werden immer wieder Sicherheitslücken bekannt.

Lassen Sie sich auch von dramatischen Formulierungen wie »Letzte Mahnung« nicht verunsichern. Solche Dokumente bedürfen nach wie vor der Schriftform. Auch über Lotteriegewinne oder Erbschaften wird man in der Regel nicht per E-Mail informiert.

Lassen Sie grundsätzlich die Finger von Dateianhängen, deren Bedeutung Sie nicht kennen! Es gibt eine Vielzahl von Dateiendungen, hinter denen sich letztlich ausführbare Inhalte verbergen können. Wenn Sie nicht sicher sind, worum es sich handelt, sollten Sie es vor dem Öffnen in Erfahrung bringen. Oder einfach ganz darauf verzichten.

Lassen Sie sich dabei auch nicht von ZIP-Archiven täuschen. Diese werden gern als Vehikel eingesetzt, dessen Inhalt von Scannern nicht überprüft werden kann (insbesondere, wenn er mit einem Kennwort geschützt ist).

TIPP

Social Hacking mit der Chef-Masche
Vergessen Sie auch niemals, dass E-Mails an sich nicht fälschungssicher sind. Bei der beliebten »Chef-Masche« informieren Angreifer sich zunächst aus öffentlichen Quellen über die Strukturen eines Unternehmens. Dann kontaktieren sie mithilfe gefälschter Mails beispielsweise einen Mitarbeiter der Buchhaltung und geben sich als Mitglied der Managementebene aus. Die individualisierte Nachricht schmeichelt dem Empfänger (»Sie wurden mir als sehr vertrauenswürdig empfohlen«) und bittet dann um Mithilfe bei einer wichtigen Transaktion, die aber vorläufig noch streng geheim gehalten werden muss, beispielsweise eine Firmenübernahme. Dazu müsse der Mitarbeiter umgehend eine Überweisung veranlassen. Bei einer anderen Variante bekommt man eine Mail von einem namentlich bekannten Mitarbeiter der IT-Abteilung mit der Bitte, zu Wartungszwecken eine bestimmte Software zu installieren.

Wann immer E-Mails mit ungewöhnlichen, überraschenden Anfragen oder unerwarteten Dateien oder Downloadlinks kommen, sollten Sie also skeptisch sein und im Zweifelsfall lieber mit einem kurzen Anruf klären, ob damit alles seine Richtigkeit hat.

Nachrichten in eigenen Ordnern verwalten

Wenn Sie Ihre E-Mails aufbewahren möchten, bräuchten Sie eigentlich nichts zu tun, denn im Posteingang bleiben sie so lange liegen, bis Sie sie löschen oder archivieren. Aber diese Lösung wird auf Dauer ziemlich unübersichtlich, selbst wenn Sie zwischendurch nicht ganz so wichtige E-Mails löschen.

Viel sinnvoller ist es, sich für die E-Mails eine eigene Ordnerstruktur aufzubauen, in der Sie Ihre Nachrichten verwalten. Sie können diese Ordner im Posteingang erstellen oder auf einer etwas höheren Ebene in Ihrem persönlichen Ordner.

Klicken Sie also im Navigationsbereich links mit der rechten Maustaste entweder auf das E-Mail-Konto oder auf den *Posteingang* und wählen Sie dann *Neuer Ordner*. Geben Sie einen sinnvollen Namen für den Ordner ein.

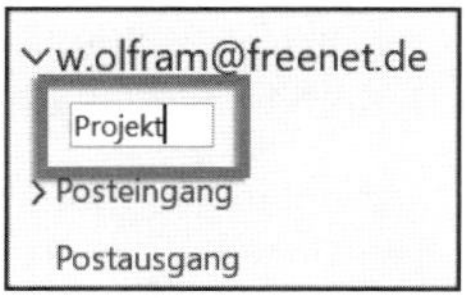

Nun können Sie beispielsweise per Drag-and-drop den Ordner mit entsprechenden E-Mails füllen.

1 Klicken Sie dazu eine Nachricht in der Liste mit der linken Maustaste an.

2 Ziehen Sie den Mauszeiger dann mit gedrückt gehaltener Taste auf den gewünschten Ordner.

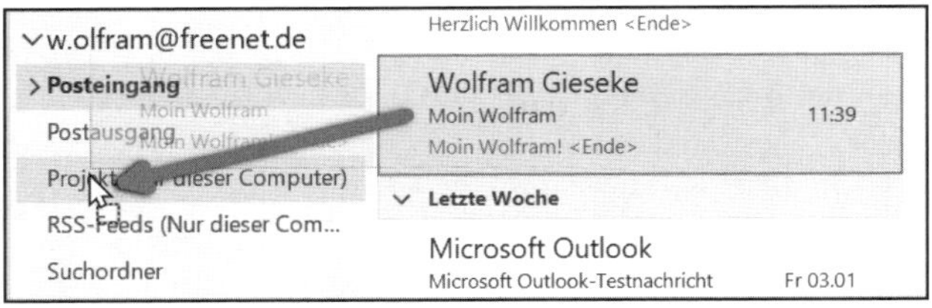

3 Dort lassen Sie die Maustaste los.

TIPP

Synchronisierte vs. lokale Ordner

Bei den selbst angelegten Ordnern gibt es einen wichtigen Unterschied: Bei POP-E-Mail-Konten werden solche Ordner nicht mit dem E-Mail-Server synchronisiert. Die Ordner und ihr Inhalt befinden sich stattdessen nur auf Ihrem lokalen PC. Solche Ordner versieht Outlook mit dem Hinweis *(Nur dieser Computer)*. Bei solchen Ordnern müssen Sie sich ggf. selbst um Backups kümmern. Bei IMAP-Konten hingegen erlauben es die meisten Anbieter, eigene Ordner auch zu synchronisieren. Die Ordner werden mitsamt Inhalt also auch auf dem E-Mail-Server und ggf. anderen Geräten synchronisiert, was noch mal erheblich mehr Flexibilität ermöglicht.

E-Mails ausdrucken

Eigentlich sollen E-Mails ja die Papierflut eindämmen. Bei wichtigen E-Mails kann es aber durchaus nötig oder wünschenswert sein, diese auch mal auszudrucken, um sie zuverlässig abheften oder jemandem ohne E-Mail in die Hand geben zu können.

1 Markieren Sie die E-Mail, die Sie ausdrucken möchten, in der Nachrichtenliste. Sie können auch mehrere E-Mails auswählen, um etwa einen ganzen Kommunikationsverlauf zu dokumentieren.

2 Wählen Sie dann unter dem Reiter *Datei* die Option *Drucken*.

3 So öffnen Sie den *Drucken*-Dialog, der im Vergleich zu den anderen Office-Dokumenten etwas abgespeckter daherkommt:

- Links wählen Sie den Drucker aus, der für die Ausgabe verwendet werden soll.

- Mit der Schaltfläche *Druckoptionen* öffnen Sie bei Bedarf einen Dialog mit detaillierten Druckeinstellungen, wo Sie etwa das Format anpassen, Kopf- und Fußzeilen konfigurieren oder die auszudruckenden Seiten angeben können.
- Bei *Einstellungen* können Sie lediglich zwischen *Tabellenformat* für die Liste der Nachrichten und *Memoformat* für die Nachricht selbst wählen. In der Regel sollten Sie hier das *Memoformat* wählen, um die E-Mail möglichst originalgetreu zu Papier zu bringen. In den *Druckoptionen* können Sie bei Bedarf weitere Formate spezifizieren.
- Auf der rechten Seite sehen Sie eine Druckvorschau.

4 Klicken Sie oben auf die *Drucken*-Schaltfläche, um den Druckvorgang mit den gewählten Einstellungen zu beginnen.

E-Mails als PDF dokumentieren

Wenn Sie E-Mails veränderungssicher dokumentieren, aber nicht gleich auf Papier ausdrucken wollen, ist das PDF-Format ein guter Kompromiss. Outlook bietet zwar keine direkte Funktion zum Exportieren von Nachrichten in dieses Format.

Aber Sie können sich hierfür den mit Windows ausgelieferten *Print to PDF*-Druckertreiber zunutze machen:

1 Markieren Sie die Nachricht in der Liste und klicken Sie dann auf *Datei/Drucken*.

2 Wählen Sie im Druckmenü bei *Drucker* die Option *Microsoft Print to PDF*.

3 Stellen Sie sicher, dass bei *Einstellungen* das *Memoformat* gewählt ist und klicken Sie dann oben auf *Drucken*.

4 Dadurch öffnet sich automatisch der Dialog *Druckausgabe speichern unter*. Navigieren Sie damit zum gewünschten Ordner und geben Sie bei *Dateiname* eine passende Bezeichnung an. Der *Dateityp* ist bereits korrekt als PDF vorausgewählt.

5 Klicken Sie dann auf *Speichern*, um die PDF-Datei mit der E-Mail-Nachricht an der gewählten Stelle zu erstellen.

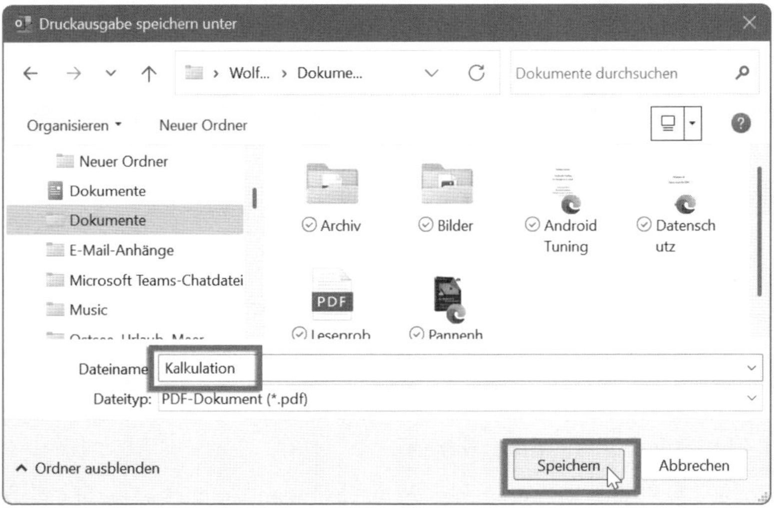

Ein so erzeugtes PDF-Dokument enthält neben dem eigentlichen Inhalt der E-Mail auch immer den Nachrichtenkopf mit Absender, Empfänger, Betreff und Zeitpunkt und eignet sich so gut zur dauerhaften Dokumentation.

6.4 Outlook als Terminmanager

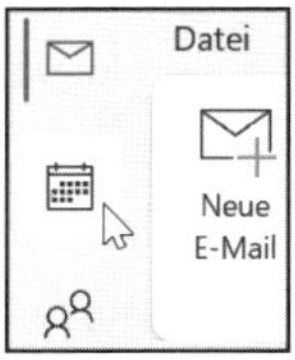

Outlook ist nicht nur ein Programm zum Senden und Empfangen von E-Mails, sondern bietet auch eine großartige Möglichkeit, Ihre Termine zu verwalten. Dazu klicken Sie im unteren Bereich des Navigationsfensters auf das Kalendersymbol.

Damit öffnen Sie Ihren Kalender, der standardmäßig mit einer Monatsübersicht startet.

Der Kalender kennt aber verschiedene Ansichten, zwischen denen Sie ganz nach Bedarf jederzeit wechseln können.

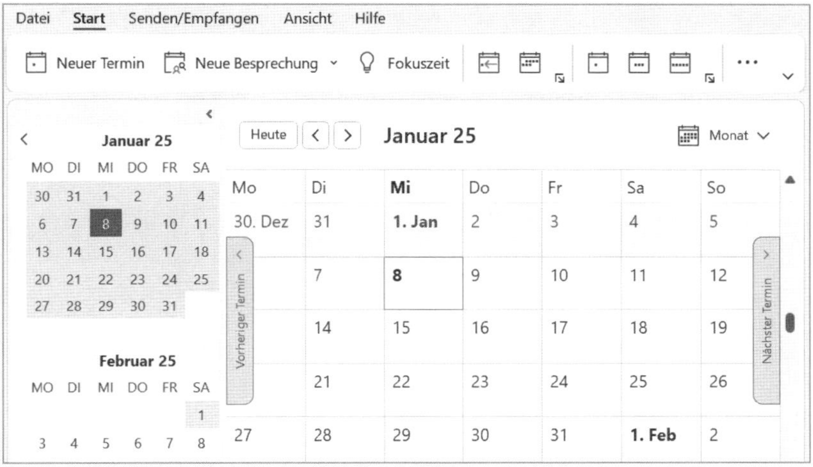

Die Symbole dafür finden Sie im Menüband im Register *Start* (und ebenso *Ansicht*):

- *Tagesansicht:* zeigt einen einzelnen Tag mit stündlicher Aufteilung an. Ideal für die Planung von Terminen und Meetings innerhalb eines Tages.
- *Arbeitswoche:* zeigt nur die Wochentage (standardmäßig Montag bis Freitag) an und ist nützlich für berufliche Planungen.
- *Woche:* zeigt eine Woche an, typischerweise von Sonntag bis Samstag oder Montag bis Sonntag. Diese Ansicht ist nützlich, um die Woche im Detail zu planen.
- *Monat:* zeigt den gesamten Monat an, sodass man alle Termine und Ereignisse auf einen Blick sehen kann.
- *Planungsansicht:* listet alle bevorstehenden Termine und Aufgaben in einer einfachen Liste nach Datum sortiert auf.

Outlook-Kalender individuell anpassen

Sie haben beim Durchgehen der verschiedenen Ansichten vielleicht bemerkt, dass der Kalender mit einigen Standardvorgaben versehen wurde. So verwendet er in der Tagesansicht eine Arbeitszeit, außerhalb derer keine Termine angezeigt werden. Und auch eine Arbeitswoche nur von Montag bis Freitag passt nicht zu jedem Job. Es ist also sinnvoll, diese Standardvorgaben an die eigenen Bedürfnisse anzupassen.

1 Das können Sie tun, indem Sie mit *Datei/Optionen* die *Einstellungen* öffnen. Entscheiden Sie sich dann links für die Kategorie *Kalender*.

2 Hier können Sie im oberen Teil im Abschnitt *Arbeitszeit* Beginn und Ende Ihres Arbeitstages ändern.

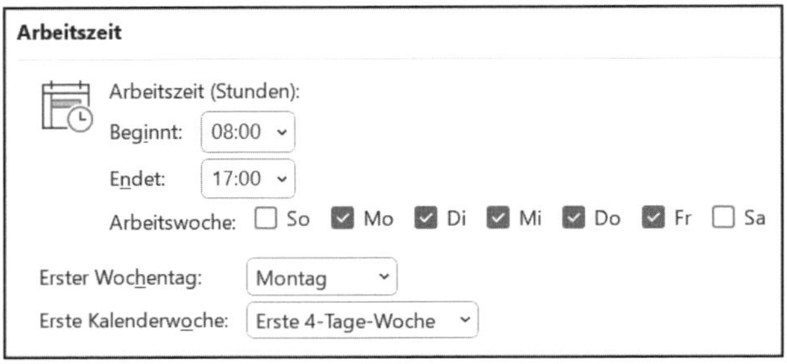

3 Darunter geben Sie an, welche Tage bei Ihnen eine Arbeitswoche umfasst und mit welchem Tag die Arbeitswoche beginnt. Stellen Sie zudem ggf. ein, welche Woche im Jahr als *Erste Kalenderwoche* gewertet werden soll (siehe hierzu auch Seite 330). Diese Angaben sind für das richtige Zählen der Wochen des Jahres wichtig.

4 Interessant ist noch die Option, Feiertage in den Kalender eintragen zu lassen. Klicken Sie dazu im Bereich *Kalenderoptionen* auf die Schaltfläche *Feiertage hinzufügen*.

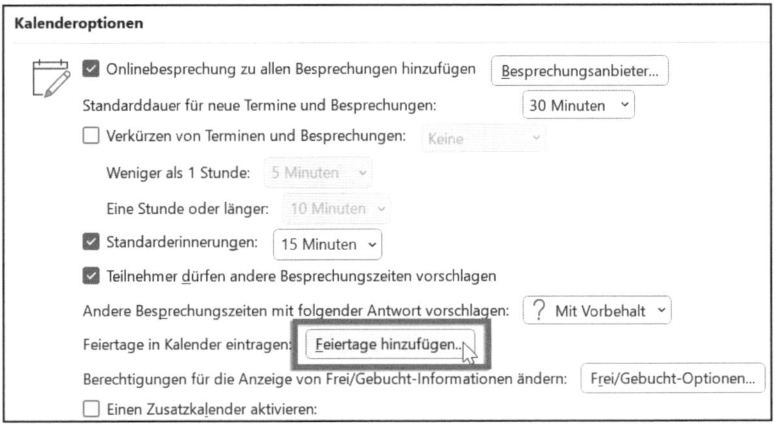

5 Wählen Sie im folgenden Dialog z. B. *Deutschland, Österreich* und die *Schweiz* aus. Sie können über diesen Dialog aber auch noch die Feiertage weiter entfernter Länder in den Kalender eintragen lassen.

6 Nachdem die Feiertage hinzugefügt wurden, sollten Sie sich auch noch die *Wochennummern in der Monatsansicht und im Datumsnavigator anzeigen* lassen, sodass Sie immer wissen, in der wievielten Kalenderwoche Sie sind. Dies erfolgt per Kontrollkästchen im Bereich *Anzeigeoptionen*.

Termine erstellen

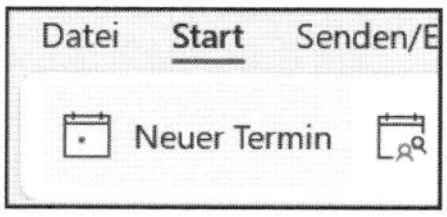

Um einen Termin zu erstellen, können Sie die Schaltfläche *Neuer Termin* nutzen, die ganz rechts im Menüband in der Registerkarte *Start* zu finden ist. In vielen Situationen gibt es aber eine bessere Variante: Suchen Sie den entsprechenden Tag im Kalender (wenn Sie ihn nicht ohnehin schon vor sich sehen) und doppelklicken Sie auf den entsprechenden Zeitpunkt. Wenn Sie das in der Monatsansicht machen, wird das Datum für den Termin dadurch schon direkt ausgefüllt. Wenn Sie in einer der anderen Ansichten die gewünschte Uhrzeit doppelt anklicken, finden Sie auch dieses Detail schon vorausgefüllt im Terminformular.

- Im Terminformular geben Sie ganz oben bei *Titel* ein, worum es bei diesem Termin geht. Das ist der Text, der Ihnen im Kalender sowie ggf. in Benachrichtigungen angezeigt wird.
- Darunter sind bei *Beginn* und *Ende* Datum und Uhrzeit ggf. schon korrekt vorausgefüllt. Andernfalls geben Sie die Daten an dieser Stelle ein oder passen sie ggf. an. Sie können die Daten direkt eintippen, wobei Sie sich allerdings in etwa an das vorgegebene Format halten müssen. Oder Sie klicken auf das kleine Symbol jeweils ganz rechts im Eingabefeld, um bequem auswählen zu können.

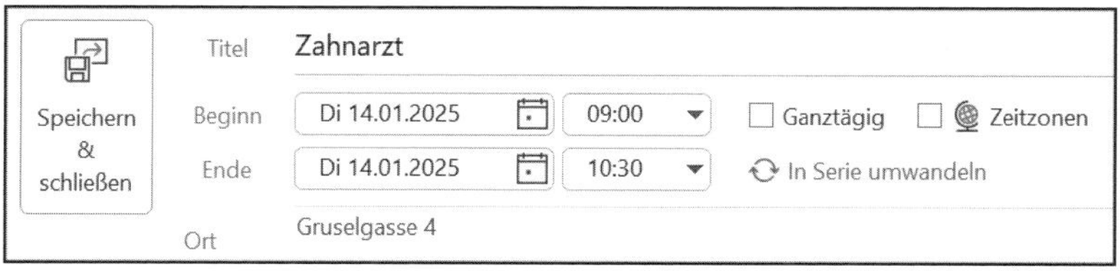

- Handelt es sich um einen Termin, der über den ganzen Tag geht, schalten Sie rechts die Option *Ganztägig* ein. Die Angaben zur Uhrzeit werden dann automatisch entsprechend gesetzt.

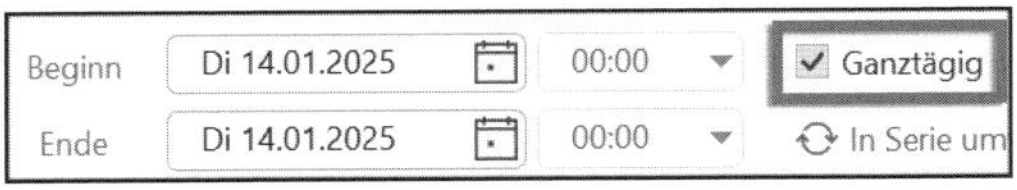

- Mit der Option *Zeitzonen* blenden Sie zusätzlich Auswahlfelder für die Zeitzone ein. Das ist praktisch, wenn Sie international unterwegs sind oder Onlinetermine mit Partnern aus aller Welt haben. Sie können dann den Termin mit der örtlichen Zeitzone anlegen. Outlook zeigt ihn automatisch immer korrekt für die Zeitzone an, in der Sie sich gerade befinden.

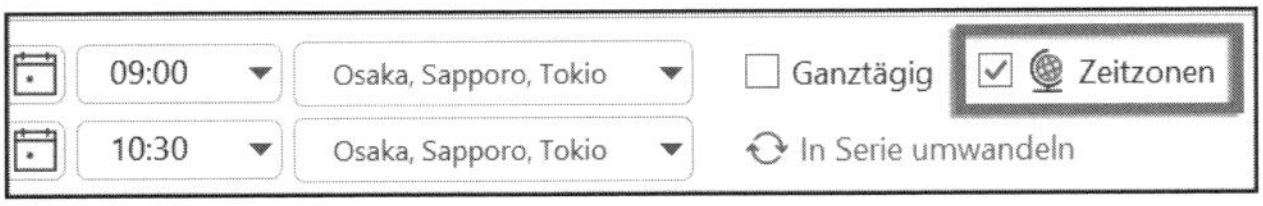

- In der Zeile *Ort* können Sie eine Adresse oder andere räumliche Angaben hinterlegen, wenn Sie diese benötigen.
- Im großen unteren Bereich können Sie beliebige eigene Notizen zu einem Termin machen.

Klicken Sie abschließend oben links auf die Schaltfläche *Speichern & schließen*, um den Termin mit den gewählten Angaben zu erstellen. Nun sollte der Termin in Ihrem Kalender angezeigt werden.

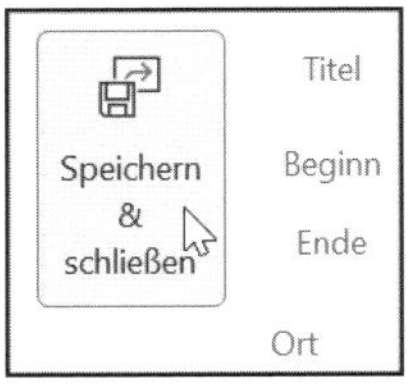

Termine nachträglich verändern

Wollen Sie den Termin nachträglich verändern, können Sie ihn jederzeit durch einen Doppelklick auf den Eintrag in einer der Kalenderansichten zum Bearbeiten öffnen. Sie sehen dann wieder das Formular und können alle Eigenschaften des Termins bearbeiten.

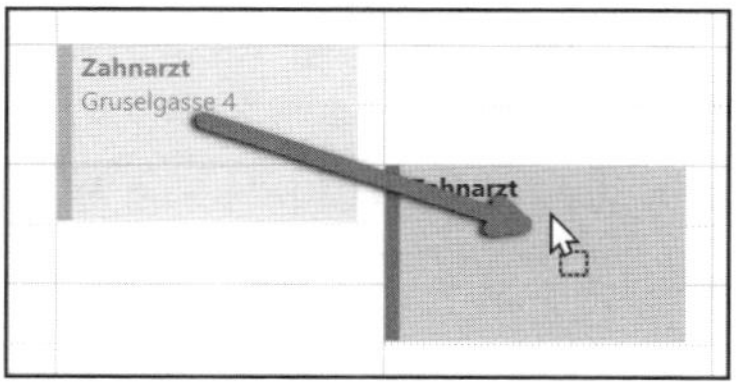

Falls es nur darum geht, den Termin auf einen anderen Tag oder eine andere Uhrzeit zu verschieben, gehen Sie auf den seitlichen Rahmen des Termins, halten die linke Maustaste gedrückt und ziehen den Termin an die neue Stelle. Um den Zeitraum anzupassen, klicken Sie auf den oberen oder unteren Rahmen und nehmen ebenfalls durch Ziehen mit der Maus Ihre Anpassung vor.

Und wenn der Termin ganz ausfällt, klicken Sie auf den Rahmen und löschen ihn mit der Entf-Taste.

An Termine erinnern lassen

Selbstverständlich können Sie Termine in Outlook nicht nur anlegen und nachschlagen, sondern sich auch rechtzeitig erinnern lassen, wenn eine Verabredung ansteht. Standardmäßig macht Outlook das sogar von allein 15 Minuten vor dem festgelegten Beginn (bzw bei ganztägigen Terminen am Morgen des Vortages). Davon können Sie aber jederzeit abweichen:

1 Dazu öffnen Sie im Menüband bei *Erinnerung* das Auswahlfeld.

2 Damit bestimmen Sie die Zeit, in der Sie an den Termin erinnert werden möchten. Sie können sich nur *5 Minuten*, aber auch bis zu *2 Wochen* vor dem Termin erinnern lassen. Soll der Hinweis pünktlich zur festgelegten Startzeit des Termins erfolgen, wählen Sie *0 Minuten.*

3 Wenn Sie bei einem Termin keinen Erinnerungshinweis benötigen, wählen Sie ganz oben den Eintrag *Ohne*.

Standardvorgaben für Erinnerungen ändern

Sollten Sie für Ihre Termine eine andere Standard-Vorwarnzeit bevorzugen oder ganz auf standardmäßige Erinnerungshinweise verzichten wollen, können Sie das in den Einstellungen anpassen. Erinnerungen können Sie dann bei einzelnen Terminen trotzdem nach Bedarf wie beschrieben einstellen.

1 Dazu gehen Sie über den Reiter *Datei* in die *Optionen* und öffnen darin die Rubrik *Kalender*.

2 Wählen Sie rechts im Abschnitt *Kalenderoptionen* bei *Standarderinnerungen* den Zeitraum, den Outlook bei Ihren Terminen jeweils voreinstellen soll.

3 Die Voreinstellung *Ohne* finden Sie hier allerdings nicht. Stattdessen entfernen Sie das Häkchen links vor *Standarderinnerungen*.

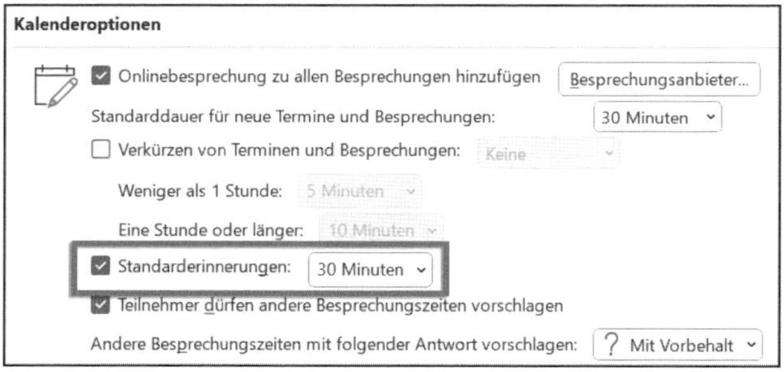

4 Schließen Sie die Einstellungen dann mit einem Klick ganz unten auf *OK*.

Erinnerungen auf dem Desktop

Wichtig, wenn Sie sich auf Outlook-Erinnerungen verlassen wollen: Die Anwendung kann sich nur melden, wenn sie läuft. Sie sollten Outlook dann also nie schließen, sondern immer zumindest minimiert im Hintergrund laufen lassen. Dann bekommen Sie pünktliche Erinnerungen als Dialog auf dem Bildschirm angezeigt. Die können Sie schließen oder sich einen wählbaren Zeitraum vor dem Start des Termins *Erneut erinnern* lassen.

Serientermine für Geburtstage und Co.

Geburtstage wiederholen sich üblicherweise jedes Jahr ebenso wie Hochzeitstage. Aber auch andere Ereignisse finden mit einer gewissen Regelmäßigkeit statt. Trotzdem brauchen Sie solche Termine nicht immer wieder einzutragen. Stattdessen nehmen Sie nur einen Eintrag vor und teilen Outlook dann mit, wann und wie oft ein Termin automatisch wiederholt werden soll.

1 Gehen Sie beispielsweise zum 1. April, und machen Sie dort zu einer beliebigen Uhrzeit einen Doppelklick.

2 Tragen Sie die entsprechenden Inhalte ein und aktivieren Sie ggf. die Option *Ganztägig*, etwa für Geburtstage.

3 Anschließend klicken Sie auf *In Serie umwandeln*.

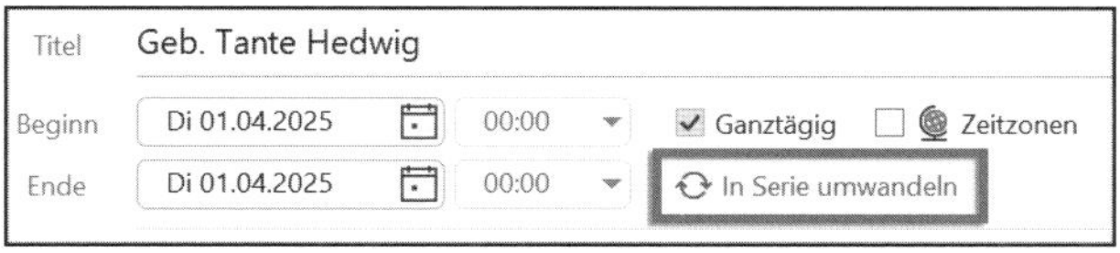

4 Wählen Sie im so geöffneten Dialog zunächst immer links mittig das *Serienmuster*. Dementsprechend werden die passenden Optionen rechts daneben ergänzt. Für einen Jahrestag belassen Sie es bei der Standardeinstellung. Für häufigere Termine können Sie hier aber jeden ersten Sonntag oder jeden dritten Dienstag im Monat usw. wählen. Outlook ist da sehr flexibel.

5 Im Abschnitt *Seriendauer* können Sie von vornherein festlegen, dass eine *Terminserie* nur für einen bestimmten Zeitraum laufen soll.

6 Mit einem Klick ganz unten auf *OK* bestätigen Sie die gewählten Einstellungen und speichern die Terminserie ab. Outlook erstellt daraufhin alle sich aus dieser Serie ergebenden Termine.

TIPP

Achtung bei Serienterminen
Sollte einer der Serientermine auf einen Feiertag fallen, wird das Outlook nicht besonders stören. Der Termin wird trotzdem eingetragen. Deshalb kontrollieren Sie vor allem Serientermine. Möchten Sie einen Termin, der auf einen Feiertag fällt, löschen, klicken Sie ihn an und drücken die Entf-Taste. Outlook wird Sie fragen, ob Sie nur diesen Termin oder die ganze Serie löschen möchten.

Drucken des Kalenders

Dass Sie Ihren persönlichen Kalender auch ausdrucken können, ist eigentlich selbstverständlich. Nicht selbstverständlich, aber in Outlook möglich, ist es, den Kalender in so vielen Formaten und Layouts auszudrucken, dass der Ausdruck sicher auch in Ihren Papierterminkalender passt. So haben Sie immer Ihre Termine dabei, auch wenn Sie einmal nicht online gehen können.

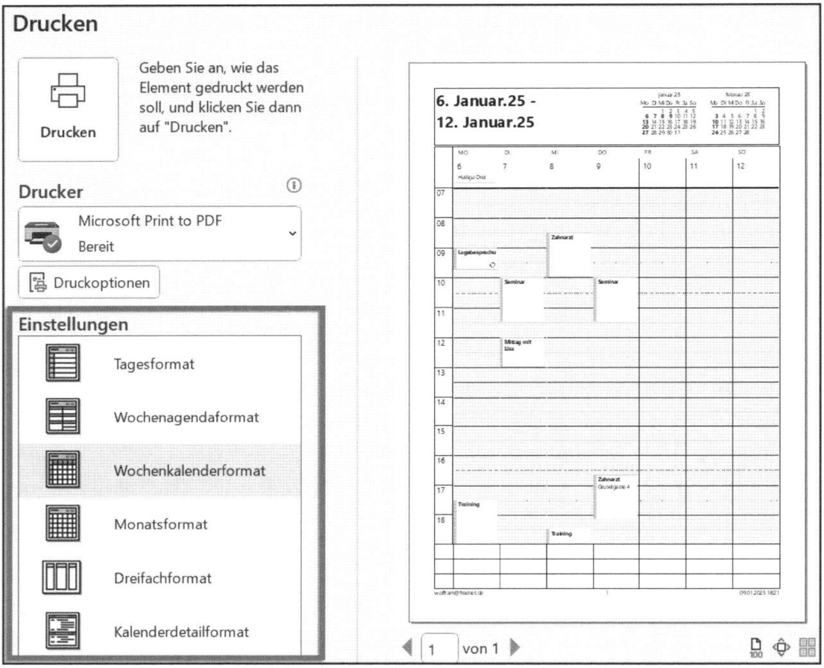

1 Zum Ausdrucken des Kalenders wählen Sie in der Kalenderübersicht zunächst Tag, Woche oder Monat aus, die Sie zu Papier bringen möchten.

2 Gehen Sie über den Reiter *Datei* auf *Drucken*.

3 Im Druckmenü können Sie links bei *Einstellungen* eine der verschiedenen Varianten auswählen. Klicken Sie einfach einmal die Einstellungen durch, um die verschiedenen Möglichkeiten kennenzulernen.

4 Rechts finden Sie wie gewohnt eine Vorschau auf die Druckansicht.

5 Ist alles zu Ihrer Zufriedenheit, klicken Sie oben links auf die *Drucken*-Schaltfläche, um den Vorgang auszuführen.

TIPP

Druckeinstellungen anpassen

Eine Möglichkeit, die nicht gerade offensichtlich ist: Sie können die verschiedenen Einstellungen nicht nur auswählen, sondern auch jeweils mit einem Doppelklick öffnen. Dadurch erhalten Sie einen Dialog mit zahlreichen Optionen, mit denen Sie die Druckausgabe für das jeweilige Format flexibel anpassen können.

6.5 Aufgaben in Outlook verwalten

Ein Termin wie beispielsweise eine Prüfung oder Präsentation ist ein Ereignis, das zu einem bestimmten Zeitpunkt stattfindet. Die Vorbereitung dafür hingegen benötigt einen gewissen Zeitraum und muss zu einem bestimmten Zeitpunkt abgeschlossen sein. Hierfür können Sie in Outlook Aufgaben definieren. Das sind im Kern auch »nur« Termine mit einem Start- und einem Enddatum.

Allerdings können Aufgaben zusätzliche Eigenschaften und Funktionen haben:

- *Status:* Jede Aufgabe kann einen Status wie *In Bearbeitung*, *Zurückgestellt*, *Wartet* oder *Erledigt* haben, was dabei hilft, den Überblick zu behalten.
- *% erledigt:* Sie können bei Aufgaben angeben, zu wie viel Prozent sie bislang erledigt ist bzw. wie viel noch fehlt.
- *Priorität:* Aufgaben können eine niedrige, normale oder hohe Priorität haben, um die vorhandenen Ressourcen optimal einsetzen zu können.
- *Erinnerungen:* Aufgaben können mit Erinnerungen versehen werden, etwa wenn Sie auf eine Rückmeldung warten und spätestens nach einem bestimmten Zeitraum ans Nachfragen erinnert werden möchten.
- *Zuweisung:* Wenn Sie mit anderen zusammenarbeiten, können Sie (Teil-) Aufgaben bequem per E-Mail an diese abgeben.

Der Aufgabenbereich

Für das Erstellen und Verwalten von Aufgaben bringt Outlook einen eigenen Bereich mit. Dieser wird aber standardmäßig nicht in der Navigationsleiste am linken Rand angezeigt.

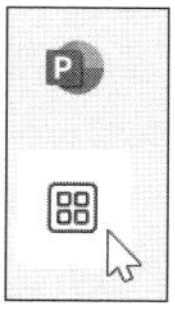

1 Um den Aufgabenbereich zu öffnen, klicken Sie im Navigationsbereich links zunächst auf das unterste Symbol für *Weitere Apps*.

2 Im so geöffneten Bereich mit der App-Auswahl klicken Sie auf das *Aufgaben*-Symbol.

3 Damit öffnen Sie den Outlook-Aufgabenbereich, der wie üblich dreigeteilt ist:

   - In der linken Spalte finden Sie Ordner. Neben der standardmäßig vorhandenen *Aufgabenliste* können Sie hier weitere Ordner anlegen, die jeweils einer Aufgabenliste entsprechen.

- In der mittleren Spalte sind die Aufgaben aus dem links gewählten Ordner aufgeführt.
- Ganz rechts sehen Sie die Details zu der Aufgabe, die Sie in der mittleren Spalte ausgewählt haben.

TIPP

Aufgaben im Navigationsbereich verankern
Wenn Sie mit Outlook-Aufgaben arbeiten möchten, sollten Sie deren Symbol direkt im Navigationsbereich anzeigen lassen. Öffnen Sie dazu den Aufgabenbereich einmal wie vorangehend beschrieben. Solange er geöffnet ist, wird das Symbol in der Navigationsleiste am linken Rand angezeigt. Klicken Sie mit der rechten Maustaste auf dieses Symbol und wählen Sie im Kontextmenü *Anheften*.

Ansichten für den Aufgabenbereich

Wenn Sie die Aufgaben in Outlook rege nutzen möchten, sollten Sie sich mit den Ansichten für den Aufgabenbereich befassen. Klicken Sie dazu im Menüband in der Registerkarte *Ansicht* ganz links auf *Ansicht ändern*. Damit öffnen Sie einen Auswahlbereich mit einer ganzen Reihe von hilfreichen Ansichtsvarianten.

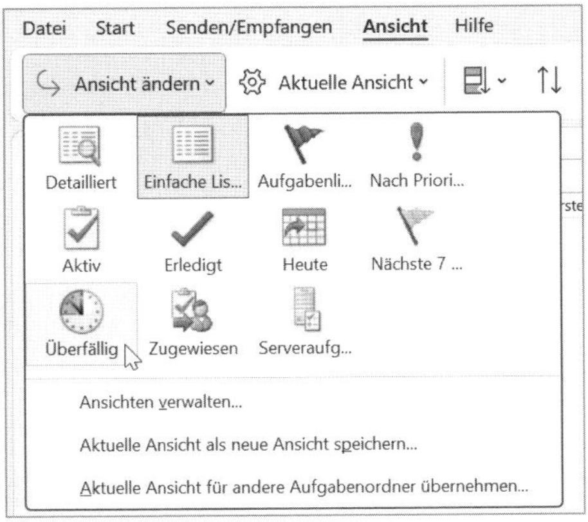

So können Sie sich etwa alle aktiven oder alle erledigten Aufgaben anzeigen lassen, ebenso wie alle derzeit aktiven oder überfälligen oder nur alle Aufgaben, die heute oder in den nächsten sieben Tagen abgeschlossen sein sollten.

Aufgaben definieren

Um eine Aufgabe zu erstellen, klicken Sie im Menüband des Aufgabenbereichs in der Registerkarte *Start* ganz links auf *Neue Aufgabe*.

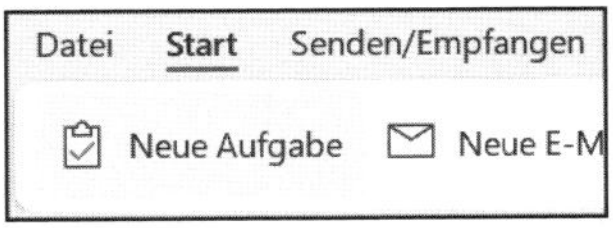

Alternativ können Sie auch einen Doppelklick auf eine leere Stelle im Aufgabenbereich ausführen. In das sich öffnende Formular tragen Sie ähnlich wie bei den Terminen alle Angaben zur Aufgabe ein:

- Geben Sie bei *Betreff* an, worum es bei der Aufgabe geht. Dieser Text wird in Übersichten und Erinnerungen angezeigt und sollte vor allem für Sie selbst zweifelsfrei deutlich machen, was zu tun ist.
- Ein *Startdatum* ist optional, sollte aber in der Regel angegeben werden. Im Zweifelsfall verwenden Sie das aktuelle Datum, wenn mit der Aufgabe ab sofort begonnen werden soll.
- In jedem Fall festlegen sollten Sie das *Fälligkeitsdatum*, zu dem die Aufgabe abgeschlossen sein soll.
- Der *Status* ist standardmäßig *Nicht begonnen*. Wenn Sie mit der Aufgabe bereits begonnen haben, wählen Sie hier *In Bearbeitung* oder ggf. *Wartet auf jemand anderen* oder *Zurückgestellt*.

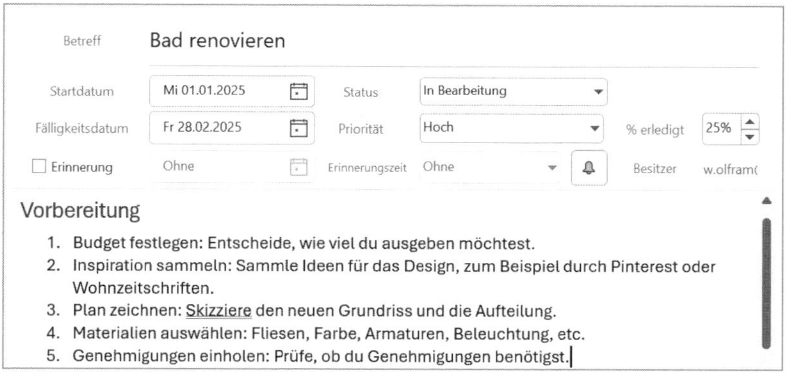

- Wenn Sie viele Aufgaben haben, kann eine *Priorität* dabei helfen, das Wichtige vom Unwichtigen zu trennen.
- Mit der Prozentanzeige ganz rechts können Sie für sich selbst angeben, wie viel der Arbeit geschätzt schon erledigt ist. Mit den Pfeiltasten geht es jeweils um 25 % nach oben oder unten. Sie können den Wert aber auch direkt bearbeiten und so beliebige Prozentzahlen verwenden.
- Gerade wenn Aufgaben auf andere warten oder zurückgestellt sind, können sie schnell aus dem Blickfeld geraten. Für solche Fälle können Sie eine *Erinnerung* aktivieren und den Zeitpunkt dafür einstellen.
- Unterhalb dieser Kerndaten finden Sie einen umfangreichen Notizbereich, in dem Sie beliebige Informationen zu dieser Aufgabe hinterlegen können. In der Menüband-Registerkarte *Text formatieren* finden Sie die von anderen Office-Anwendungen bekannten Gestaltungsmöglichkeiten bis hin zu Formatvorlagen.

Manche Aufgabe wie etwa das Erstellen einer Steuererklärung sind immer wieder fällig. In solchen Fällen können Sie analog zu Serienterminen auch Serienaufgaben definieren, die Outlook dann jedes Jahr oder auch jeden Monat usw. automatisch wieder neu erstellt.

Wechseln Sie dazu in den Eigenschaften einer Aufgabe zur Menüband-Registerkarte *Aufgabe* und klicken Sie dort auf das Symbol *Serientyp*. Mit dem so geöffneten Dialog können Sie – wie bei Terminen – das Intervall bestimmen.

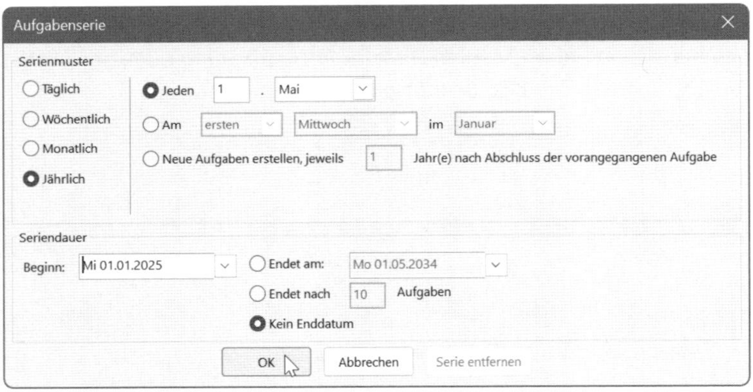

Aufgaben erledigen

Ist eine Aufgabe erledigt, können Sie sie löschen. Bei manchen Aufgaben ist es aber besser, Sie lassen sie in der Liste, um vielleicht irgendwann einmal nachzuschauen, wann die Aufgabe erledigt wurde. Trotzdem sollte eine erledigte Aufgabe aus der Liste entfernt werden, sonst verliert man schnell den Überblick.

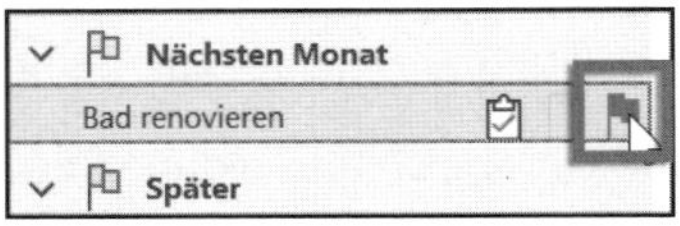

Deshalb kennzeichnen Sie erledigte Aufgaben am besten als erledigt. Das geschieht in der Liste mit all Ihren unerledigten Aufgaben. Hier können Sie das rote Fähnchen rechts neben einem Eintrag anklicken, um diese Aufgabe als erledigt zu kennzeichnen. Falls Ihnen das zu fummelig ist, markieren Sie die Aufgabe durch einfaches Anklicken und wählen dann im Menüband *Als erledigt markieren*. Sofort verschwindet das Element aus der Liste im Aufgabenbereich. Aber Sie finden es jederzeit, wenn Sie im Bereich *Meine Aufgaben* auf *Aufgaben* klicken. Diese zeigt alle Aufgaben einschließlich der bereits erledigten an.

7 Office mit KI effizienter nutzen

Künstliche Intelligenz gehört derzeit zu den spannendsten und wichtigsten Entwicklungen und führt in vielen Bereichen zu Umwälzungen und ganz neuen Möglichkeiten. Deshalb ist es nur folgerichtig, dass KI auch in Office Einzug gehalten hat. Der Microsoft Copilot ist nun in Word, Excel, PowerPoint und Outlook integriert und stellt somit seine hilfreiche Unterstützung direkt in diesen Anwendungen zur Verfügung. So können Sie mit wenigen Mausklicks Ihre Inhalte optimieren und ergänzen, Texte in andere Sprachen übersetzen oder Inhalte auch ganz von Assistenten generieren lassen.

Allerdings stehen diese Möglichkeiten nur Nutzern der Abo-Variante Microsoft 365 zur Verfügung. Und wer KI regelmäßig produktiv einsetzen will, kommt um ein zusätzliches kostenpflichtiges Abo nicht herum. In diesem Kapitel zeige ich Ihnen, wie Sie die Funktionen von Microsoft Copilot in Ihren Office-Anwendungen nutzen. Ich stelle aber auch Alternativen vor, die auch Nutzer von Office 2024 und ohne Abo-KI für die täglichen Office-Aufgaben einsetzen können.

7.1 Copilot in Word

Bei der Arbeit mit Text haben die Sprachmodelle moderner KI-Systeme das größte Potenzial, hilfreiche Unterstützung zu leisten. So kann Copilot Ihre Texte analysieren, umformulieren und übersetzen oder auch ganz neue Texte generieren und Ihnen so lästige Routinearbeiten abnehmen.

Copilot aktivieren

Wenn der Copilot Ihnen zur Verfügung steht, erkennen Sie dies schnell am Symbol ganz rechts in der *Start*-Registerkarte des Menübands.

Sollte dieses fehlen, muss er zunächst aktiviert werden:

1. Öffnen Sie mit *Datei/Optionen* die Word-Einstellungen und wechseln Sie zur Rubrik *Copilot*.
2. Hier muss das Häkchen bei *Copilot aktivieren* gesetzt sein.
3. Dadurch wird die zusätzliche Option *Copilot-Zusammenfassung automatisch reduzieren* zugänglich. Sie steuert, ob der Copilot automatisch Zusammenfassungen von Dokumenten erstellt und anzeigt (was aber nur für Kunden mit Copilot-Abo relevant ist).

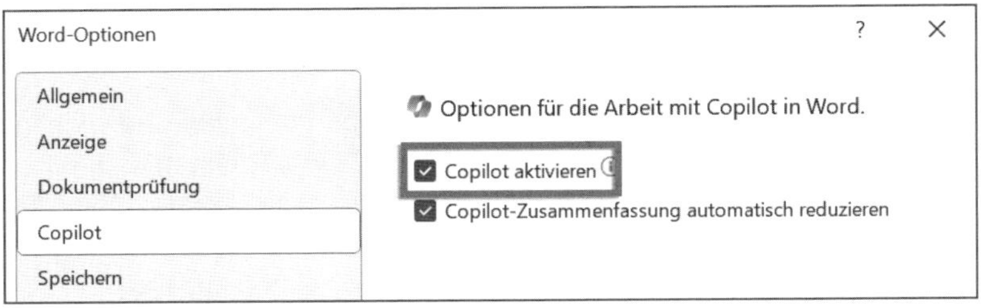

4 Klicken Sie unten auf *OK*, um die Einstellungsänderung zu übernehmen.

Copilot im Texteditor

Wenn Sie Copilot aktiviert haben, dürfte Ihnen sein Symbol sehr schnell im Text auffallen. Wann immer die Einfügemarke in einer leeren Zeile steht, wird es automatisch am linken Seitenrand angezeigt und signalisiert die Arbeitsbereitschaft des KI-Assistenten.

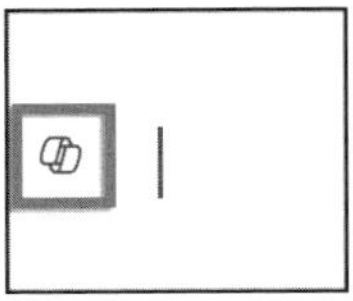

1 Sollten Sie etwa nicht genau wissen, wie Sie mit Ihrem Text beginnen oder fortfahren sollen, klicken Sie auf das Symbol.

2 Damit öffnen Sie einen Copilot-Eingabeprompt, in dem Sie Ihre Anforderung eingeben können.

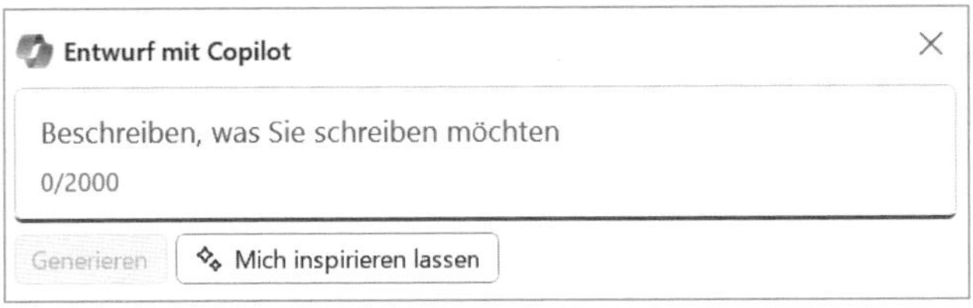

3 Beschreiben Sie hier beispielsweise das Thema, zu dem Sie einen Absatz verfassen möchten. Klicken Sie dann auf die *Generieren*-Schaltfläche.

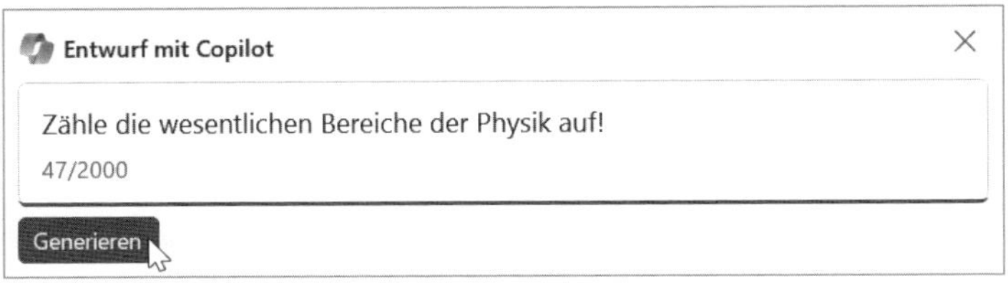

4 Warten Sie nun kurz ab. Die Copilot-Funktionen werden nicht lokal ausgeführt. Stattdessen werden sie an die KI-Dienste von Microsoft übermittelt, dort verarbeitet und das Ergebnis dann zurückgesendet. Das alles kann ein paar Sekunden dauern.

5 Nach kurzer Wartezeit wird Ihnen Copilot also eine Antwort anbieten. Diese wird direkt als Text an der Position der Einfügemarke ins Dokument geschrieben.

6 Im Dialogfeld ganz unten haben Sie aber noch Möglichkeiten, auf den generierten Text zu reagieren:

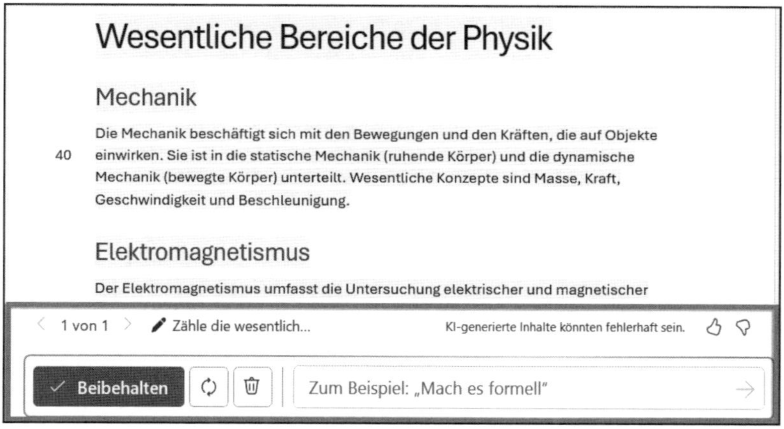

- **Varianten:** Je nach Umfang erzeugt die KI mehrere Vorschläge, von denen sie zunächst nur einen anzeigt. Mit den Pfeilsymbolen oben links im Dialogfeld können Sie zu anderen Varianten wechseln und sich für eine davon entscheiden.
- **Beibehalten:** Sind Sie mit dem Vorschlag zufrieden, können Sie den generierten Text mit dieser Schaltfläche übernehmen und den Dialog ausblenden.
- **Neu generieren:** Mit dem Erneuern-Symbol rechts daneben wiederholen Sie den Auftrag an Copilot. Da KI-Ergebnisse stets variieren, erhalten Sie so einen neuen Vorschlag, der Ihnen vielleicht eher zusagt.
- **Löschen:** Mit dem Papierkorb-Symbol entfernen Sie den eingefügten Text wieder aus Ihrem Dokument.

- **Verfeinern:** Unten rechts im Dialogbereich finden Sie einen Eingabeprompt für Copilot, der sich auf den zuvor generierten Text bezieht. Wenn Ihnen etwa die Art der Formulierung nicht gefällt, können Sie den Assistenten hier auffordern, den Text etwa formeller oder lockerer zu formulieren. Ebenso können Sie eine kompaktere oder ausführlichere Variante anfordern. Tippen Sie Ihren Wunsch dazu in einfacher Sprache ein und klicken Sie rechts auf das Pfeilsymbol zum Absenden.

Eigene Texte optimieren

Wenn Sie von einem eigenen Text nicht so recht überzeugt sind oder vorhandene Inhalte vielleicht auch für einen anderen Zweck oder eine abweichende Zielgruppe aufbereiten möchten, können Sie mit Copilot eigene Texte umformulieren. Der Assistent erfasst dazu vorhandene Inhalte sinngemäß und kann sie ganz nach Ihren Vorstellungen neu formulieren.

1 Markieren Sie dazu den Text, den Sie anders formulieren möchten. Drücken Sie ggf. Strg+A, um den gesamten Text eines Dokuments auszuwählen.

2 Am unteren Ende der Auswahl finden Sie am linken Rand das Copilot-Symbol. Klicken Sie darauf und wählen Sie im so geöffneten Menü *Automatisches Umschreiben*.

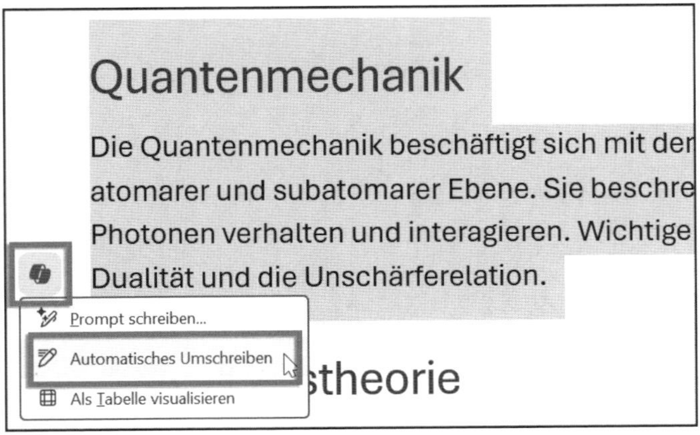

3 Nach kurzer Wartezeit zeigt Ihnen Copilot in einem eingeblendeten Dialog einen von mehreren Vorschlägen an, wie der Text verändert werden könnte. Auch hier haben Sie wieder verschiedene Möglichkeiten zum Eingreifen:

- Mit den Pfeilsymbolen oben können Sie zwischen den Vorschlägen wechseln, um den besten auszuwählen.

- Sind Sie mit einem der Vorschläge einverstanden, können Sie mit der gleichnamigen Schaltfläche den zuvor markierten Textbereich durch den umformulierten Text *Ersetzen*.

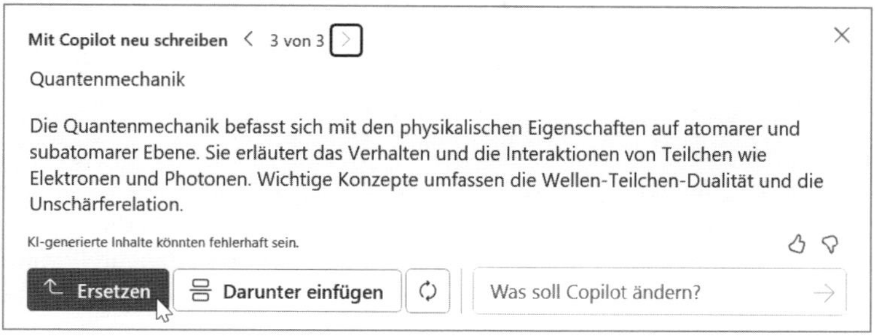

- Falls Sie nicht ganz zufrieden sind, können Sie alternativ den Umformulierungsvorschlag *Darunter einfügen*. Dann haben Sie den Ursprungstext und die neue Fassung beieinander im Dokument stehen und können etwa aus beiden Fassungen die jeweils besten Teile von Hand auswählen.
- Mit dem Auffrischen-Symbol fordern Sie Copilot auf, Ihnen ganz neue Vorschläge für das Umformulieren zu machen.
- Mit dem Eingabeprompt unten rechts im Dialog können Sie konkrete Anforderungen an den Assistenten formulieren, die Umformulierung auf eine bestimmte Weise zu variieren. Tippen Sie Ihren Wunsch dort ein und klicken Sie rechts auf das Pfeilsymbol.

Text in Tabellen umwandeln

Eine beliebte Möglichkeit, komplexe Sachverhalte in kompakter Weise anschaulich zu machen, sind Tabellen. Anstatt aus ellenlangen Texten die wesentliche Information mühsam zu extrahieren, bekommt man so häufig einen besseren Überblick und kann Grundlegendes schneller erkennen. Durch Copilot können Sie jederzeit schnell ausprobieren, ob sich eine Tabelle eventuell besser für den Transport von Informationen eignet.

1 Markieren Sie dazu den Text, den Sie als Tabelle visualisieren möchten.

2 Am unteren Ende der Auswahl finden Sie am linken Rand das Copilot-Symbol. Klicken Sie darauf und wählen Sie im so geöffneten Menü *Als Tabelle visualisieren*.

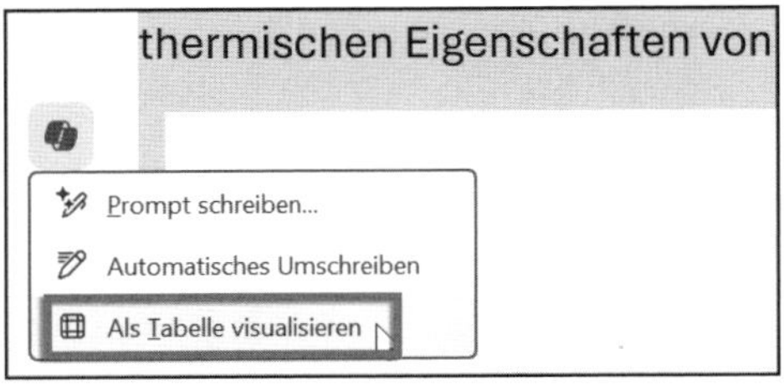

3 Copilot analysiert nun den ausgewählten Text und erstellt aus seinen Inhalten eine Tabelle. Dabei wählt der Assistent die Anzahl der Spalten sowie die Spaltentitel automatisch aus, extrahiert die wesentlichen Punkte zu diesen Kategorien aus dem Text und fügt sie in eine Tabelle ein.

4 Das Ergebnis wird vorläufig unterhalb des zuvor ausgewählten Textbereichs eingefügt. Darunter finden Sie wiederum einen Dialogbereich mit den bekannten Elementen.

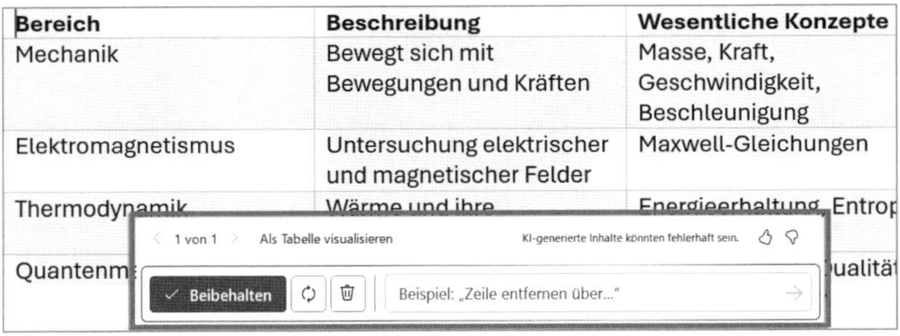

5 Sind Sie mit der Tabelle zufrieden, können Sie sie *Beibehalten*. Sie wird dann unterhalb des zuvor ausgewählten Bereichs eingefügt. Der ursprüngliche Text bleibt dabei grundsätzlich erhalten. Wenn Sie den Text durch die Tabelle ersetzen möchten, sollten Sie ihn also anschließend von Hand entfernen.

6 Alternativ lassen Sie sich einen neuen Vorschlag machen oder verwerfen die Idee mit dem Papierkorb-Symbol. Über Anweisungen im Textprompt rechts können Sie Einfluss auf die Tabelle nehmen.

KI-Prompts zum ausgewählten Text

Die bislang vorgestellten Möglichkeiten zum Umformulieren und Umwandeln von Text geben jeweils eine klare Richtung vor, was der KI-Assistent mit dem ausgewählten Abschnitt tun soll. Sie können aber ebenso eine beliebige Anweisung geben, die Copilot dann soweit möglich auf den markierten Teil des Dokuments bezieht.

1 Markieren Sie dazu wiederum den Text, der für diese Anweisung berücksichtigt werden soll.

2 Klicken Sie am unteren Rand der Markierung links auf das Copilot-Symbol und wählen Sie im Menü *Prompt schreiben*.

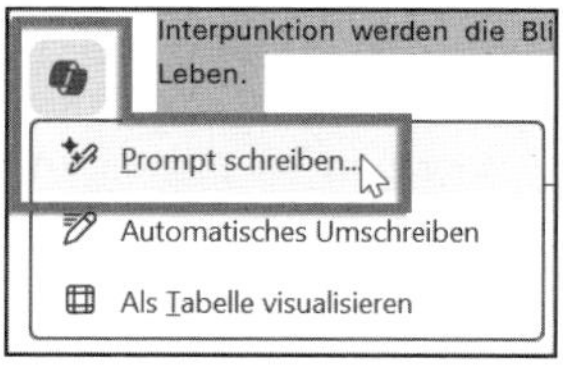

3 So öffnen Sie an der Stelle einen Dialog mit einem Eingabeprompt, in dem Sie Ihre Aufforderung an den KI-Assistenten nach Herzenslust formulieren können. Für dieses Beispiel möchte ich etwa einen Absatz des Textes ins Spanische übersetzen. Deshalb tippe ich ein: »Übersetze mir den Text in Spanisch.«

4 Senden Sie die Aufforderung mit einem Klick auf die *Generieren*-Schaltfläche ab.

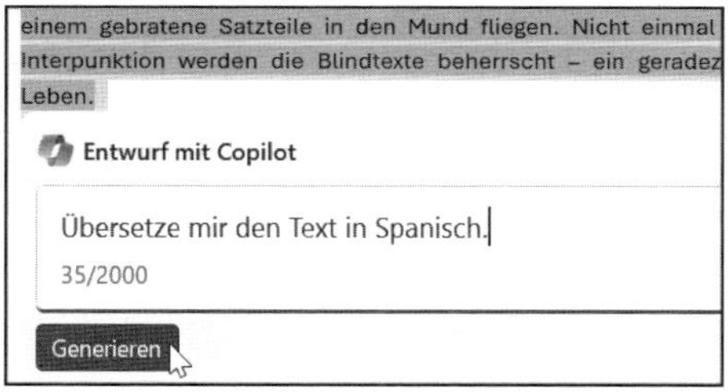

5 Nach kurzer Wartezeit fügt Copilot den als Antwort auf die Anforderung generierten Text unterhalb der Auswahl in das Dokument ein. Zusätzlich wird am unteren Rand der Dialog eingefügt, in dem Sie die Übersetzung *Beibehalten* oder eine neue Variante erzeugen.

6 Sollte der Assistent kein brauchbares Ergebnis liefern, können Sie die Aktion mit dem Papierkorb-Symbol abbrechen und den generierten Text wieder aus Ihrem Dokument verschwinden lassen.

7 Wie bei allen KI-Funktionen gibt das Eingabefeld rechts Ihnen die Möglichkeit, das erzielte Ergebnis durch weitere Anweisungen zu verfeinern oder anderweitig zu modifizieren.

Das Übersetzen eines Textes ist nur eine von vielfältigen Möglichkeiten, wie Sie Copilot für sich einspannen können.

Hier nur ein paar weitere Ideen:

- Bewerte die Lesbarkeit des Textes.
- Schreibe den Text in möglichst einfache Sprache um.
- Erzähle den Text wie ein Märchen für ein Kind.
- Formuliere den Text für ein akademisches Publikum um.
- Mache mir aus dem Text eine Aufzählung.
- Wandle die Aufzählung in Fließtext um.
- Wie könnte ich den Text besser machen?

Geschichten weitererzählen

Moderne generative KI-Systeme können nicht nur vorhandene Inhalte analysieren, aufbereiten und umformulieren. Sie können auch ganz eigene Inhalte kreieren und dabei durchaus Kreativität an den Tag legen. Das können Sie sich zunutze machen, indem Sie beispielsweise nur eine Idee bzw. den Anfang einer Geschichte vorgeben und die KI dann das Garn weiterspinnen lassen.

1 Tippen Sie in ein Dokument eine Idee für eine Geschichte oder den Anfang der Geschichte ein. Im Prinzip reicht ein kurzer Satz, aber je mehr Informationen Sie der KI mitgeben, desto stärker wird sie sich anschließend daran orientieren.

2 Platzieren Sie dann die Einfügemarke in einer neuen leeren Zeile unterhalb dieses Absatzes.

3 Klicken Sie links auf das angezeigte Copilot-Symbol, um den Eingabeprompt für den KI-Assistenten zu öffnen.

4 Tippen Sie dort beispielsweise »Erzähle die Geschichte weiter« ein und klicken Sie dann auf *Generieren.*

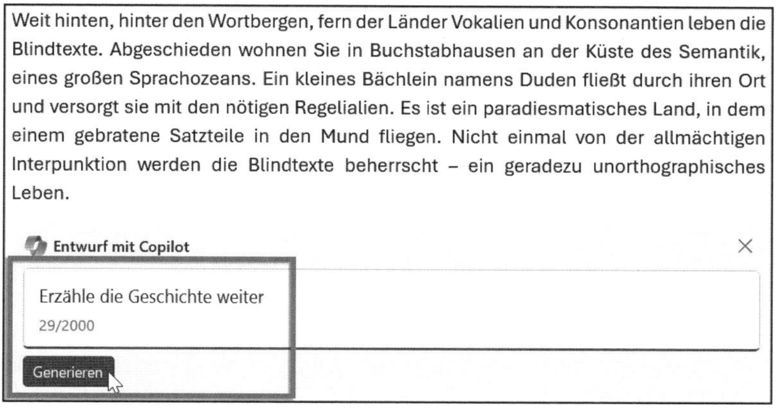

5 Nach kurzer Wartezeit fügt Copilot die weitergesponnene Geschichte unterhalb Ihres Absatzes in das Dokument ein.

6 Sind Sie damit zufrieden, klicken Sie auf *Beibehalten*, andernfalls können Sie eine andere Variante generieren lassen oder den Vorgang mit dem Papierkorb-Symbol abbrechen.

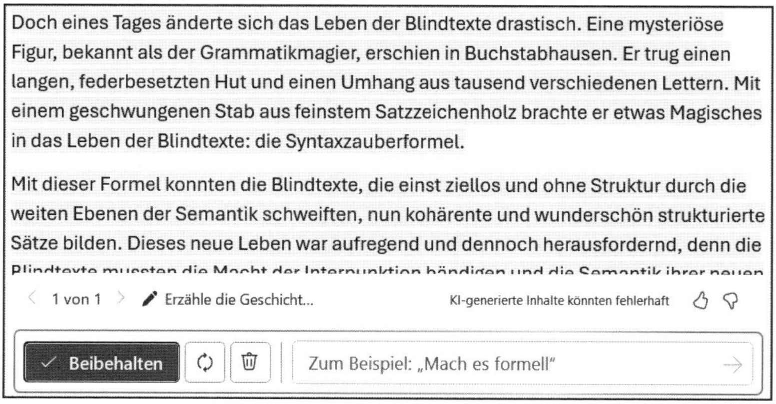

Kurzgeschichten nach eigenen Vorgaben

Wenn Sie die Fähigkeiten von Copilot zum kreativen Erzählen testen möchten, lassen Sie sich einfach mal eine Kurzgeschichte von der KI generieren.

1 Öffnen Sie dazu ein leeres Word-Dokument und klicken Sie am linken Rand auf das Copilot-Symbol.

2 Tippen Sie im Eingabedialog beispielsweise die Aufforderung »Erzähl mir eine spannende Kurzgeschichte!« ein und klicken Sie auf *Generieren*.

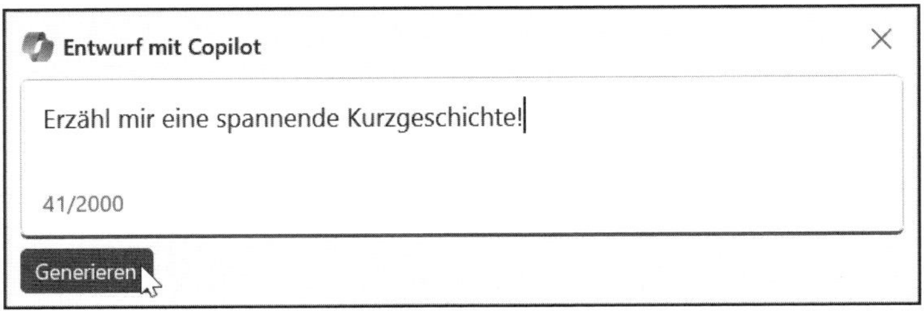

3 Copilot wird Ihnen dann nach etwas Wartezeit die generierte Geschichte direkt in das Word-Dokument einfügen.

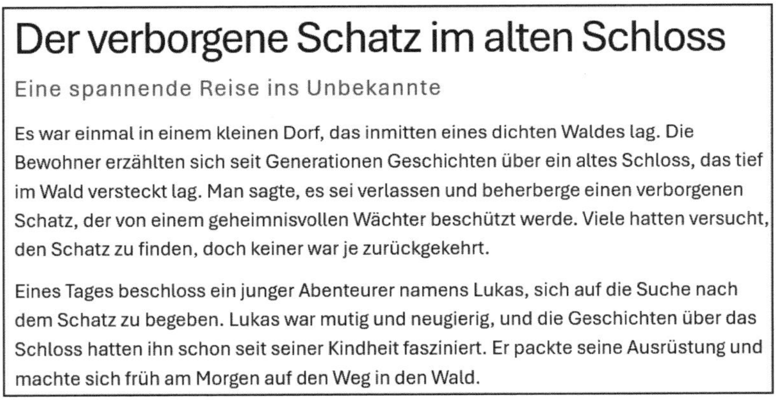
Der verborgene Schatz im alten Schloss

Eine spannende Reise ins Unbekannte

Es war einmal in einem kleinen Dorf, das inmitten eines dichten Waldes lag. Die Bewohner erzählten sich seit Generationen Geschichten über ein altes Schloss, das tief im Wald versteckt lag. Man sagte, es sei verlassen und beherberge einen verborgenen Schatz, der von einem geheimnisvollen Wächter beschützt werde. Viele hatten versucht, den Schatz zu finden, doch keiner war je zurückgekehrt.

Eines Tages beschloss ein junger Abenteurer namens Lukas, sich auf die Suche nach dem Schatz zu begeben. Lukas war mutig und neugierig, und die Geschichten über das Schloss hatten ihn schon seit seiner Kindheit fasziniert. Er packte seine Ausrüstung und machte sich früh am Morgen auf den Weg in den Wald.

Diese Anweisung können Sie beliebig wiederholen, und es wird jedes Mal eine andere Geschichte erzählt werden. Allerdings stellen Sie beim Lesen möglicherweise schnell fest, dass diese Geschichten zwar jeweils andere Handlungen haben, aber doch einer erkennbaren Formel folgen, die sie auf Dauer etwas eintönig machen können.

Das liegt daran, dass die KI bei dieser einfachen Aufforderung vielleicht schon etwas zu viel Freiraum hat und deshalb immer wieder auf ein bewährtes Muster zurückgreift. Es ist deshalb durchaus sinnvoll, genauer anzugeben, wie die Geschichte gestaltet sein soll bzw. welche Elemente enthalten sein sollen oder für wen sie gedacht ist, beispielsweise so:

Ich möchte meiner Enkelin Tabitha eine Gute-Nacht-Geschichte vorlesen. Sie ist vier Jahre alt und liebt Pferde. Sie hört gerne Geschichten über Feen und Hexen, aber sie dürfen nicht zu gruselig sein. Das Vorlesen sollte nicht länger als fünf Minuten dauern, da sie dann meist schon schläft.

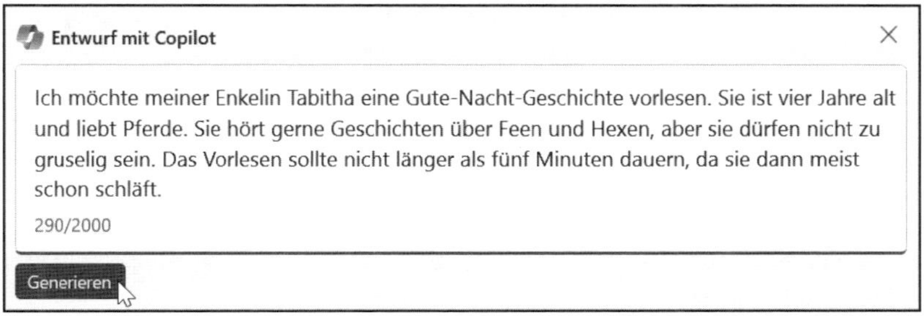

Den Rahmen einer Geschichte vorgeben

Möglicherweise haben Sie am vorangehenden Beispiel schon erkannt, dass Copilot gern Informationen aus dem Prompt aufgreift und diese in die Geschichte einarbeitet. Das können Sie ausnutzen und Vorgaben zur Geschichte machen. Sollen etwa bestimmte Charaktere in einer Erzählung eine Rolle spielen, beschreiben Sie diese zunächst:

Tobias ist ein neunjähriger Junge, der zur Schule geht und bei der Jugendfeuerwehr mitmacht. Wenn jemand in Not ist, verwandelt er sich in den Superhelden Tobi-Ass, der fliegen kann und Superkräfte hat, mit denen er zu Hilfe eilen kann.

Nachdem die handelnden Personen etabliert sind, veranlassen Sie den Assistenten, eine Geschichte zu erzählen, in denen diese vorkommen:

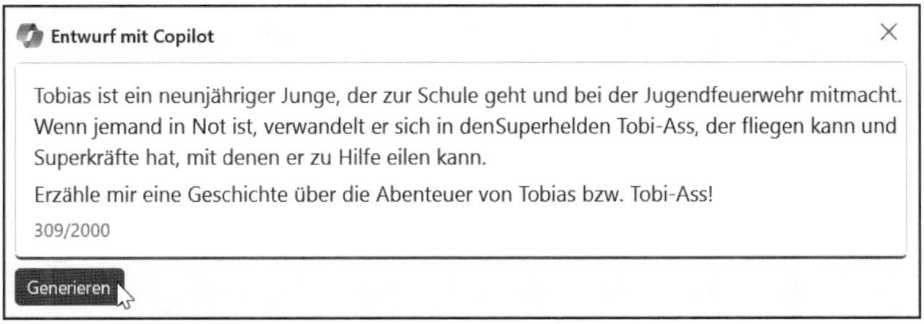

Die Copilot-Seitenleiste in Word

Ein anderer Weg, sich KI in Word nutzbar zu machen, ist die Copilot-Seitenleiste. Diese können Sie jederzeit einblenden, indem Sie im Menüband in der Registerkarte ganz rechts auf das Copilot-Symbol klicken. Damit blenden Sie standardmäßig am rechten Rand eine Seitenleiste für Copilot ein. Wie alle Seitenleisten können Sie auch diese bei Bedarf mit der Maus wegziehen und entweder an der linken Seite oder als schwebenden Dialog irgendwo auf dem Bildschirm platzieren.

Ein wichtiger Unterschied zwischen der Seitenleiste und dem Copilot-Symbol links neben dem Text:

- Wenn Sie das Copilot-Symbol links neben markiertem Text verwenden, beziehen sich alle Anweisungen und Aktionen auf den ausgewählten Text.
- Die Anweisungen und Aktionen in der Copilot-Seitenleiste beziehen sich standardmäßig immer auf das gesamte Dokument. Sie können aber Teile Ihres Dokuments auswählen und dann in einen Eingabeprompt integrieren.

Neben dem allgegenwärtigen Eingabeprompt ganz unten arbeitet der Seitenbereich kontextbasiert und stellt Ihnen Funktionen abhängig vom Inhalt Ihres Dokuments zur Verfügung. Bei einem neuen leeren Dokument steht deshalb erst mal nicht viel in der Leiste. Ist bereits reichlich Text vorhanden, ergänzt die Seitenleiste weitere Vorschläge. Dabei handelt es sich immer um vorformulierte Anweisungen, die durch Anklicken in den Eingabeprompt unten übernommen werden. Hier können Sie die Aufforderung noch abändern oder ergänzen und dann absenden.

Mit Copilot drauflosschreiben

Stellen Sie sich vor, Sie müssen einen Text über ein bestimmtes Thema schreiben. Nun sitzen Sie vor einem leeren Word-Dokument bzw. haben vielleicht bislang mal gerade eine Überschrift zustande gebracht? Copilot kann Ihnen dabei helfen, schnell ins Thema zu kommen.

1 Klicken Sie in der Copilot-Seitenleiste unten in den Eingabebereich und tippen Sie dort beispielsweise die Aufgabenstellung ein oder beschreiben Sie konkret, vor welchem Problem Sie stehen.

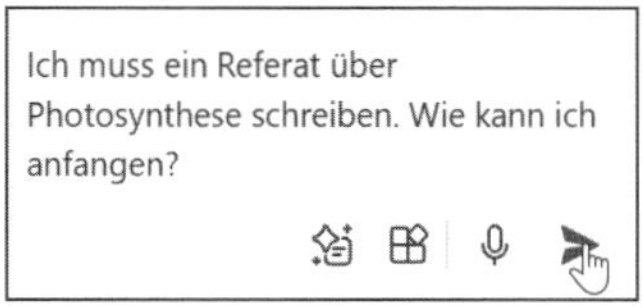

2 Klicken Sie dann unten rechts auf das Pfeilsymbol, um die Aufforderung abzusenden.

3 Warten Sie kurz, bis sich die Antwort im Seitenbereich aufgebaut hat.

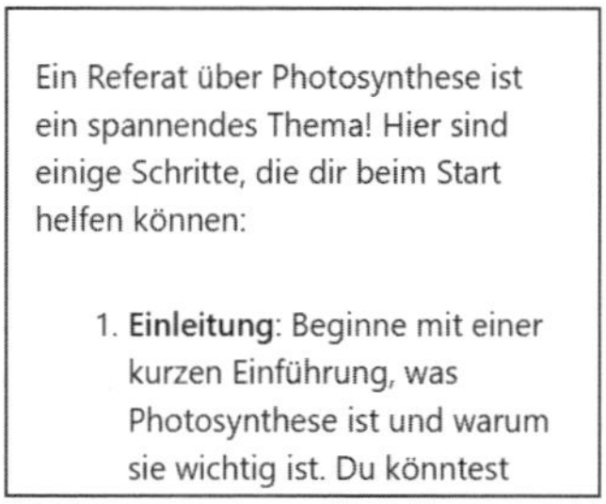

4 Überprüfen Sie, ob Ihnen die Antwort der KI weiterhilft. Unterhalb der Antwort finden Sie eine *Einfügen*-Schaltfläche. Damit können Sie den Antworttext in das Dokument einfügen. Auch wenn Sie den Inhalt nicht direkt in Ihrem Dokument verwenden möchten, kann das hilfreich sein, denn dort lässt er sich besser lesen.

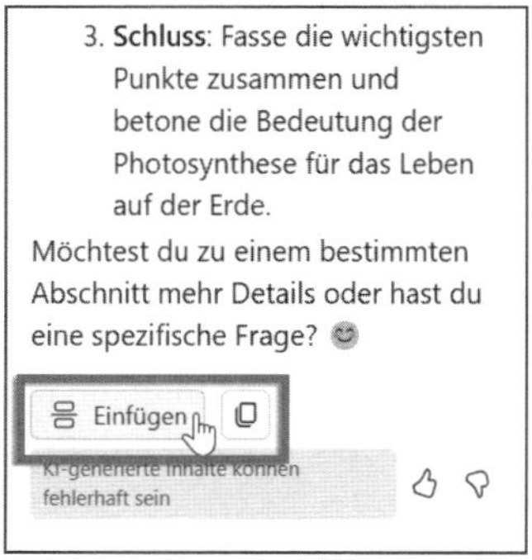

5 Alternativ können Sie die Antwort mit dem Kopieren-Symbol rechts daneben in die Zwischenablage übernehmen und von dort in ein anderes Dokument oder eine andere Anwendung einfügen.

Text aus dem Dokument im Prompt

Soll Copilot Ihnen bei einem bestimmten Abschnitt Ihres Dokuments helfen, kann es sinnvoll sein, diesen in den Prompt zu übernehmen. Ihre Aufforderung bezieht sich dann nicht auf das gesamte Dokument, sondern nur auf diesen Teil. Im vorangehenden Abschnitt hatte Copilot Vorschläge gemacht, wie man ein Referat zum Thema Photosynthese angehen könnte, und dabei Tipps zur Einleitung gegeben. Aber wenn man sich mit Einleitungen schwertut, kann man auch diese Aufgabe an die KI vergeben.

1 Markieren Sie den Absatz oder Teil des Dokuments, auf den sich Ihre Anweisung beziehen soll.

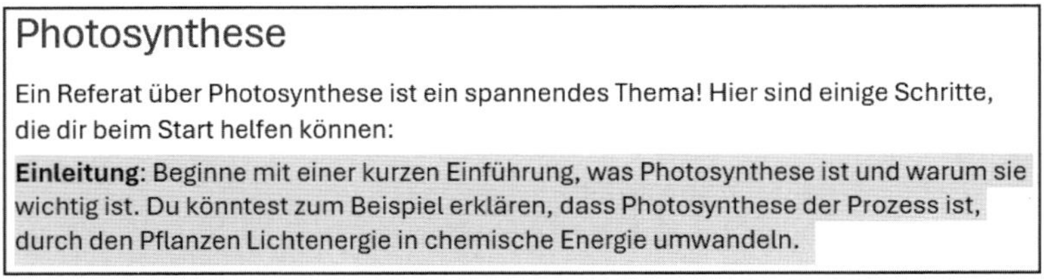

2 Klicken Sie nun in der Copilot-Seitenleiste unten in den Eingabebereich. Wann immer im Dokument Text markiert ist, können Sie hier nun auf *Auswahl hinzufügen* klicken, um dem Prompt diesen Text hinzuzufügen.

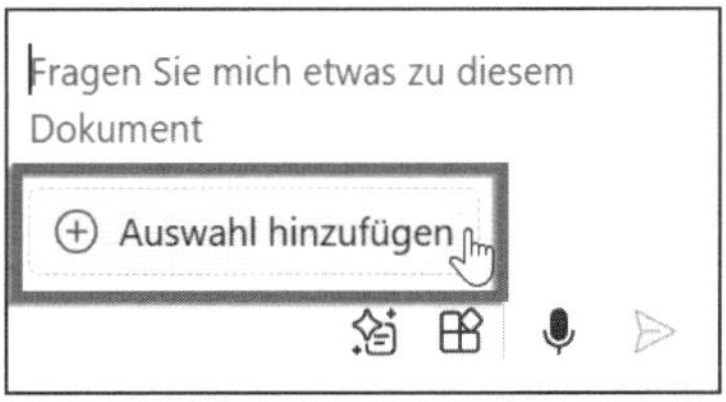

3 Statt der Schaltfläche sehen Sie nun ein Symbol für den eingefügten Inhalt. Mit dem *X* rechts daneben können Sie ihn wieder entfernen. Sie können jeweils nur ein solches Objekt in einen Eingabeprompt einfügen.

4 Tippen Sie nun die Anweisung an Copilot, die sich auf diesen Text beziehen soll, oberhalb des Objekts ein. Im vorliegenden Beispiel probiere ich es mit *Generiere mir das!*, damit Copilot, wie selbst vorgeschlagen, eine Einleitung für das Referat formuliert.

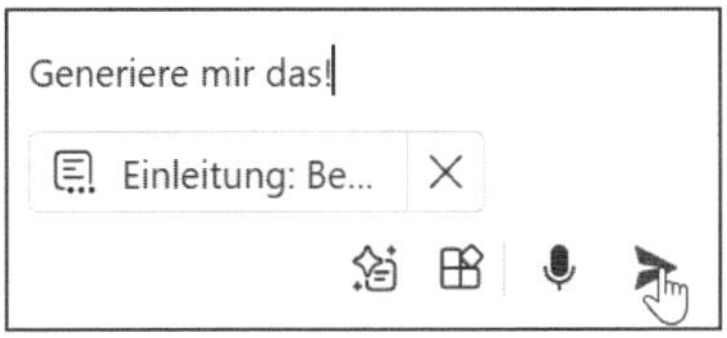

5 Klicken Sie dann unten rechts auf das Pfeilsymbol, um Ihre Anfrage abzusenden.

6 Die Antwort kommt wie üblich nach kurzer Wartezeit direkt im Eingabebereich. Auch hier haben Sie am Ende wieder die Möglichkeit, den generierten Text mit *Einfügen* direkt in den Text zu übernehmen.

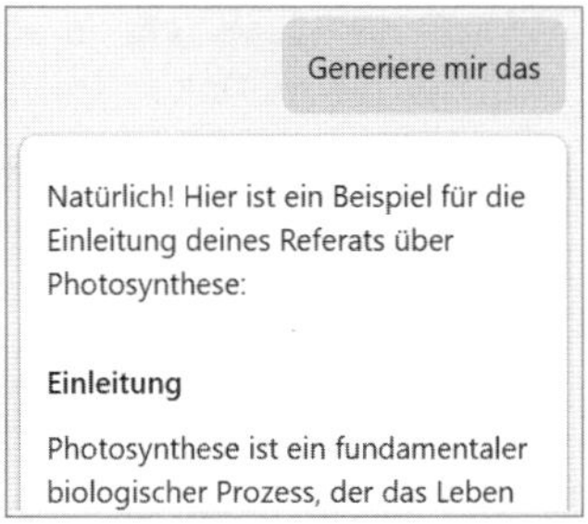

Wenn Sie generierten Text aus einer Antwort von Copilot übernehmen, achten Sie darauf, dass dieser oft am Anfang eine kurze Vorbemerkung und am Ende eine Abschlussfloskel einbaut. Diese werden mit in Ihr Dokument eingefügt. Außerdem fügt die Seitenleiste den Text dem Dokument hinzu und ersetzt nicht den zuvor markierten Text. Schauen Sie nach dem Einfügen also jeweils genau hin und bessern Sie ggf. etwas nach, damit der generierte Text sich nahtlos und sinnvoll in Ihr Dokument einfügt.

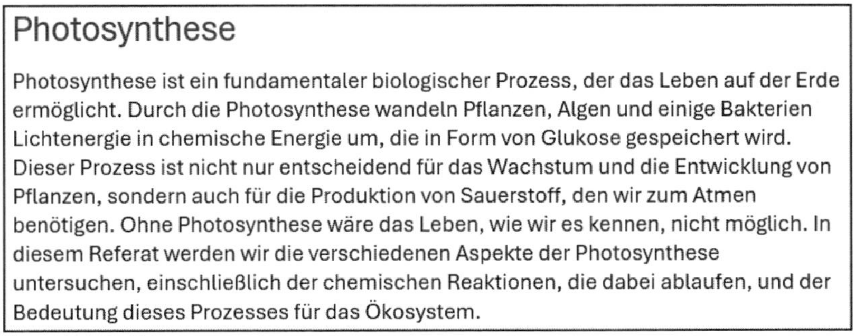
Photosynthese

Photosynthese ist ein fundamentaler biologischer Prozess, der das Leben auf der Erde ermöglicht. Durch die Photosynthese wandeln Pflanzen, Algen und einige Bakterien Lichtenergie in chemische Energie um, die in Form von Glukose gespeichert wird. Dieser Prozess ist nicht nur entscheidend für das Wachstum und die Entwicklung von Pflanzen, sondern auch für die Produktion von Sauerstoff, den wir zum Atmen benötigen. Ohne Photosynthese wäre das Leben, wie wir es kennen, nicht möglich. In diesem Referat werden wir die verschiedenen Aspekte der Photosynthese untersuchen, einschließlich der chemischen Reaktionen, die dabei ablaufen, und der Bedeutung dieses Prozesses für das Ökosystem.

Eine Gliederung entwerfen

Wenn Sie vor der Aufgabe stehen, einen umfangreicheren Text schreiben zu müssen, kann das Erstellen einer Gliederung ein sinnvoller erster Schritt sein. Diese strukturiert das Thema, stellt Vollständigkeit sowie innere Logik sicher und kann beim weiteren Vorgehen als Leitplanke dienen, an der entlang Sie den eigentlichen Text dann nach und nach in Abschnitten erstellen.

Copilot kann Ihnen beim Erstellen einer solchen Gliederung helfen. Dabei macht er sich zunutze, dass das dahinterstehende KI-System zu den meisten Themen ausreichendes Wissen hat, um alle relevanten Aspekte zu kennen. Gleichzeitig weiß die generative KI, wie man dieses Wissen in eine sinnvolle Struktur überführen kann. So kann Copilot Ihnen in wenigen Sekunden ein solides Grundgerüst zusammenstellen, das Sie dann Schritt für Schritt mit Inhalten füllen.

1 Um eine Gliederung für ein Thema zu generieren, legen Sie zunächst ein neues leeres Dokument an.

2 Nun benötigen Sie einen KI-Eingabeprompt. Ob Sie den über das Copilot-Symbol links im Dokument oder unten im Copilot-Seitenbereich aufrufen, spielt dabei keine Rolle. Ein Klick auf das Symbol links ist meist praktischer, weil es bei einem leeren Dokument ohnehin angezeigt wird und das Ergebnis später automatisch ins Dokument einfügt.

3 Tippen Sie in den Prompt ein, um welches Thema es gehen soll und dass Sie dazu eine detaillierte Gliederung benötigen. Selbstverständlich können Sie den Prompt auch abändern, etwa wenn Sie nur eine grobe Gliederung oder einfach eine Aufzählung der wichtigen Themenbereiche benötigen.

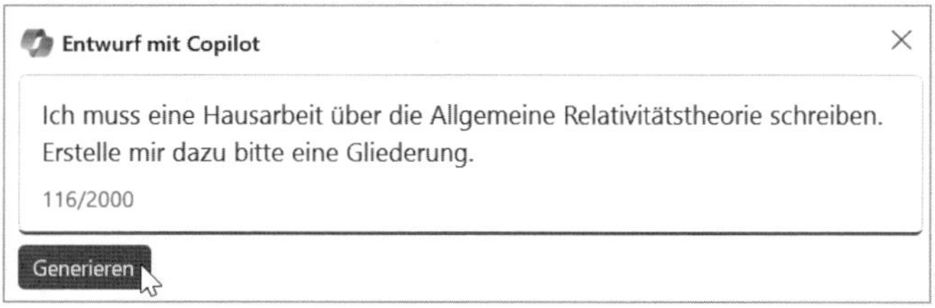

4 Klicken Sie dann auf die *Generieren*-Schaltfläche bzw. in der Seitenleiste auf das Pfeilsymbol zum Absenden.

5 Nach wenigen Sekunden Wartezeit präsentiert Copilot Ihnen einen Vorschlag für einen Gliederungsentwurf.

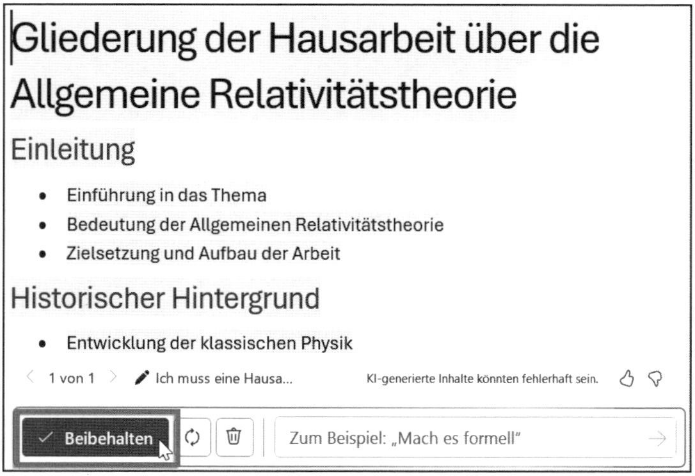

- Haben Sie das Copilot-Symbol benutzt, wird der Vorschlag direkt in das Dokument eingefügt. Klicken Sie auf *Beibehalten*, wenn der Inhalt Ihnen zusagt.
- Nutzen Sie die Seitenleiste, können Sie den Entwurf zunächst dort begutachten. Möchten Sie ihn als Basis für Ihre Arbeit nutzen, klicken Sie unterhalb davon auf *Einfügen*, um die Gliederung nach links in das Dokument zu übernehmen.

Sagt Ihnen das Ergebnis nicht sofort zu, können Sie Copilot zu Nachbesserungen veranlassen. Beschreiben Sie dazu direkt im Eingabebereich, was Sie stört bzw. was Sie verändert haben möchten, also etwa:

- Das ist zu ausführlich. Mach die Gliederung straffer.
- Das ist zu oberflächlich. Mach die Gliederung detaillierter.
- Füge zusätzlich das Thema XYZ hinzu.

Dies sind nur Beispiele dafür, wie solche Anweisungen zum Verfeinern lauten könnten. Sie können Ihre Wünsche ganz individuell formulieren.

Eine grobe Gliederung verfeinern

Eine grobe thematische Unterteilung in Kapitel ist für ein umfangreiches Werk sicherlich nur der erste Schritt. Anstatt direkt loszuschreiben, könnte man nun darangehen, die einzelnen Abschnitte der Gliederung weiter zu unterteilen und zu verfeinern.

Dafür bietet Copilot zwar keine direkt anklickbare Funktion. Aber da die Seitenleiste Ihnen eine flexible Schnittstelle zum KI-System eröffnet und Ihren Text oder Teile davon dem Kontext einer Anfrage beifügen kann, können Sie eine vorhandene grobe Gliederung nach Bedarf verfeinern.

1. Um eine detaillierte Gliederung eines einzelnen Kapitels zu generieren, markieren Sie dieses Kapitel in der vorhandenen Gliederung.
2. Klicken Sie dann unten links neben der Auswahl auf das Copilot-Symbol und wählen Sie im Menü *Prompt schreiben*.
3. Tippen Sie im so geöffneten Eingabebereich eine entsprechende Aufforderung für eine Feingliederung ein, beispielsweise: *Erstelle eine detaillierte Binnengliederung für dieses Kapitel!*

4 Senden Sie die Aufforderung mit einem Klick auf *Generieren* ab.

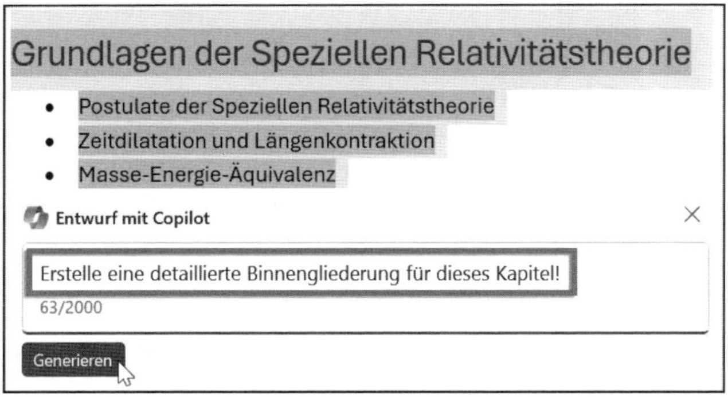

5 Als Antwort erhalten Sie nach wenigen Sekunden einen Vorschlag des Assistenten. Sagt der Ihnen zu, können Sie ihn mit einem Mausklick *Beibehalten*. Sie müssen dann nur noch den ursprünglich ausgewählten Abschnitt zu diesem Kapitel manuell entfernen.

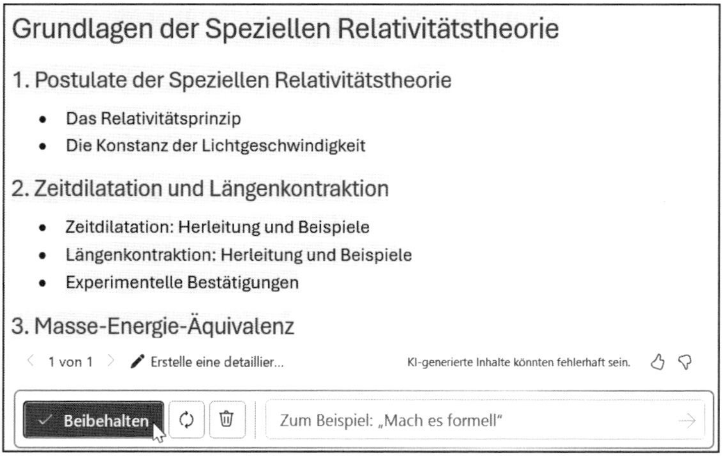

6 Sollten Sie noch nicht zufrieden sein, klicken Sie in das Eingabefeld unten rechts im Dialog und teilen Sie dem Assistenten mit, was Sie anders haben möchten. Ist Ihnen die Gliederung noch nicht detailliert genug, versuchen Sie es beispielsweise mit *Mach es noch ausführlicher!* Senden Sie diese Aufforderung mit einem Klick auf das Pfeilsymbol rechts ab.

7 Der zuvor generierte Entwurf wird dann durch den neuen Vorschlag ersetzt, der Ihnen hoffentlich mehr zusagt. Andernfalls verfeinern Sie weiter. Ist endlich alles zu Ihrer Zufriedenheit, klicken Sie auf *Beibehalten*.

Diesen Vorgang können Sie für jedes Kapitel der ursprünglichen groben Gliederung wiederholen und so die Gliederung nach und nach immer detaillierter und feiner gestalten. Sie können sich auch einzelne Gliederungspunkte herausgreifen und Copilot dafür nochmals eine detailliertere Unterteilung erstellen lassen. So erhalten Sie schließlich ein Gerüst, das Sie »nur noch« mit Inhalt zu füllen brauchen, um Ihren Text zu schreiben.

Bilder zu einem Text generieren

Copilot kann nicht nur Texte, sondern auch Bilder generieren. Das können Sie nutzen, wenn Sie eine Geschichte illustrieren oder einen Text durch Abbildungen auflockern möchten. Dabei brauchen Sie nur zu beschreiben, was das Bild darstellen soll. Im einfachsten Fall reicht dafür ein Stichwort.

1 Wollen Sie etwa die vorangehend erwähnte Hausarbeit über die Relativitätstheorie mit Bildern auflockern, können Sie sich jederzeit Abbildungen zu einzelnen Begriffen generieren lassen. Blenden Sie dazu mit dem Copilot-Symbol im Menü in der Registerkarte ganz rechts die Seitenleiste ein.

2 Wenn in Ihrem Dokument schon einiges an Inhalt steht, bietet Copilot Ihnen in der Seitenleiste in der Regel schon die Schaltfläche *Bild erstellen* an. Lassen Sie sich dabei von dem generischen Platzhalter nicht abschrecken. Klicken Sie auf die Schaltfläche, um eine entsprechende Anweisung unten in das Eingabefeld einzutragen. (Diesen Schritt können Sie sich prinzipiell auch sparen und die Anweisung direkt ins Feld eintippen.)

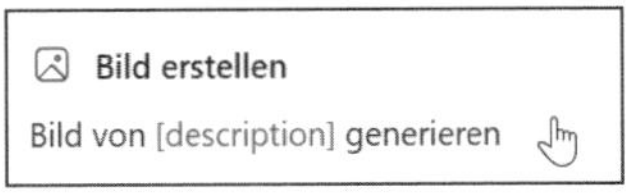

3 Anschließend finden Sie die Anweisung im Eingabebereich vor. Hier können Sie nun den Platzhalter bzw. das fehlende Stichwort ergänzen. Sie können auch die Anweisung insgesamt verändern oder ergänzen, um genauer zu beschreiben, was die Abbildung zeigen soll.

4 Nun brauchen Sie etwas Geduld, denn das Generieren von Bildern dauert deutlich länger als das Erzeugen von Text. Copilot erstellt auch nicht nur ein Bild, sondern schlägt Ihnen gleich vier Entwürfe vor, aus denen Sie auswählen können.

5 Schauen Sie sich die Alternativen an und klicken Sie dann auf das Bild, das Sie verwenden möchten. Dieses wird mit einem Rahmen versehen und dadurch als ausgewählt gekennzeichnet.

6 Klicken Sie nun unterhalb der Bildvorschläge auf das *Einfügen*-Symbol, um das ausgewählte Bild in Ihr Dokument zu übernehmen.

7 Word fügt daraufhin ein neues Bildobjekt in der Regel oben im Dokument ein. Gegebenenfalls müssen Sie es von dort an die gewünschte Position ziehen und mit den bekannten Layoutoptionen nach Wunsch in den Text integrieren.

Uhrenparadoxon

Das Uhrenparadoxon, auch bekannt als Zwillingsparadoxon, ist ein gedankliches Experiment der speziellen Relativitätstheorie. Es beschreibt eine Situation, in der ein Zwilling eine Reise mit nahezu Lichtgeschwindigkeit unternimmt, während der andere Zwilling auf der Erde bleibt. Aufgrund der Zeitdilatation, die durch die hohe Geschwindigkeit des reisenden Zwillings entsteht, vergeht die Zeit für diesen langsamer im Vergleich zu seinem auf der Erde verbleibenden Zwilling. Bei seiner Rückkehr stellt der reisende Zwilling fest, dass er viel weniger gealtert ist als sein zurückgebliebener Zwilling, obwohl beide Zwillinge ursprünglich gleich alt waren.

Wenn Sie Bilder zu einem einzelnen Stichwort erzeugen lassen, werden Sie feststellen, dass diese oft sehr generisch sind und eher durch künstlerische Effekte als durch Aussagekraft glänzen. Wenn Abbildungen etwas illustrieren sollen, müssen Sie möglichst genau beschreiben, wie das aussehen soll. Oder Sie lassen auch dabei die KI für sich arbeiten.

Prompts von der KI generieren lassen

Wenn Sie vor dem Problem stehen, einen passenden Prompt zum KI-Generieren eines Bildes nach Ihren Vorstellungen zu formulieren, warum lassen Sie sich nicht einfach von einer KI dabei helfen? Klingt im ersten Moment vielleicht komisch, aber wenn man mal darüber nachdenkt, ergibt es Sinn. Eine der Stärken generativer KI ist schließlich das Erzeugen von Texten. Prompts für KI-Assistenten sind ja nichts anderes als Texte.

1 Nutzen Sie zunächst den Eingabebereich der Seitenleiste, um sich von Copilot eine kompakte Definition zu einem Thema oder Stichwort erzeugen zu lassen.

2 Lokalisieren Sie die Antwort dazu weiter oben im Seitenbereich. Wenn diese Ihren Vorstellungen entspricht und die wesentlichen Aspekte umfasst, klicken Sie auf das kleine Kopieren-Symbol. Damit landet der Text in der Zwischenablage.

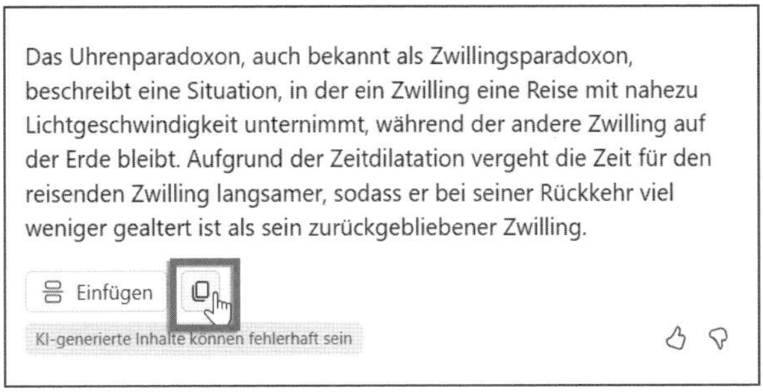

3 Kehren Sie nun nach unten zum Eingabefeld zurück und fügen Sie den kopierten Text hier mit Strg+V ein.

4 Ergänzen Sie den Text um die Anweisung *Generiere mir dazu eine passende Abbildung!*

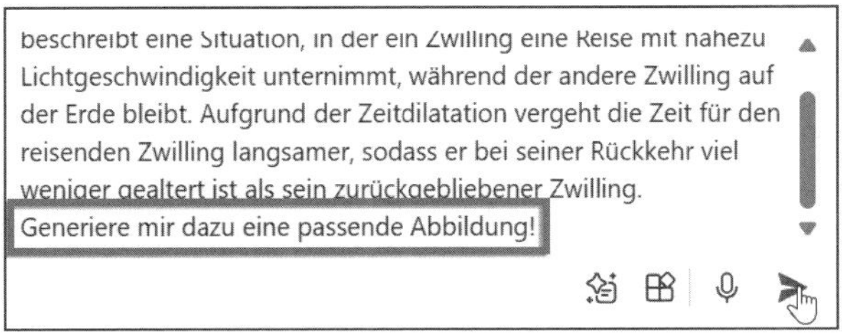

5 Als Ergebnis erhalten Sie wieder verschiedene Bildvorschläge, die nun hoffentlich einen deutlicheren Bezug zum Text bzw. zu dem Thema haben, um das es geht. Wählen Sie wiederum das Bild aus, das Ihnen am meisten zusagt. Mit der Schaltfläche links darunter können Sie es ins Dokument *Einfügen*.

Vorhandene Dokumente bearbeiten

Bislang ging es bei den Copilot-Funktionen vor allem darum, Inhalte zu generieren. Die zugrunde liegende generative künstliche Intelligenz kann aber auch den Inhalt eines vorhandenen Dokuments analysieren und auf vielfältige Weise bearbeiten.

Ein Dokument zusammenfassen

Sie haben ein umfangreiches Dokument erhalten und möchten sich erst mal einen Überblick verschaffen, worum es genau geht? Oder vielleicht haben Sie selbst einen Text geschrieben und möchten davon eine kurze Zusammenfassung haben? Copilot kann den vollständigen Inhalt eines Dokuments erfassen, die wesentlichen Punkte darin erkennen und daraus eine kompakte Zusammenfassung erstellen.

1 Öffnen Sie das fragliche Dokument in Word.

2 Klicken Sie im Menüband in der Registerkarte *Start* ganz rechts auf das *Copilot*-Symbol, um diese Seitenleiste einzublenden.

3 Klicken Sie in der Seitenleiste auf die Schaltfläche *Dieses Dokument zusammenfassen.*

4 Dadurch wird diese Aufforderung unten in den Eingabebereich eingefügt. Hier können Sie sie ggf. noch verändern, indem Sie etwa Anforderungen wie »kurz«, »kompakt«, »ausführlich« oder »in einfacher Sprache« ergänzen. Oder aber Sie belassen es bei der einfachen Aufforderung.

5 Senden Sie die Aufforderung mit dem Pfeilsymbol unten rechts ab.

6 Nach etwas Wartezeit erhalten Sie oben im Seitenbereich die Antwort von Copilot mit der Zusammenfassung.

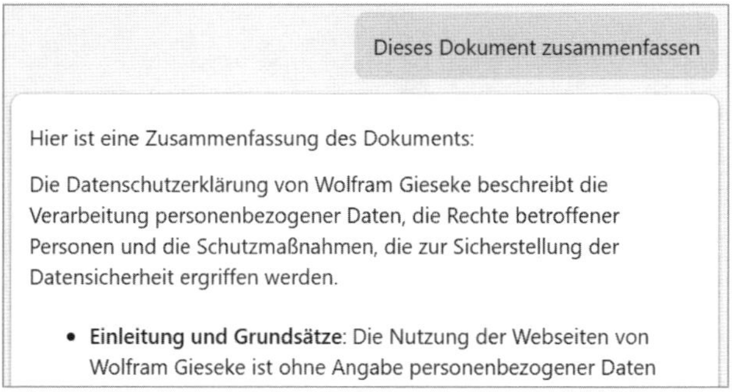

7 Am Ende finden Sie wie üblich eine Schaltfläche, mit der Sie die generierte Zusammenfassung rechts in das Dokument einfügen können.

8 Außerdem finden Sie unterhalb der Antwort Vorschläge für naheliegende Modifikationen, etwa *Gestalte die Zusammenfassung formaler* oder *Gestalte die Zusammenfassung lockerer.*

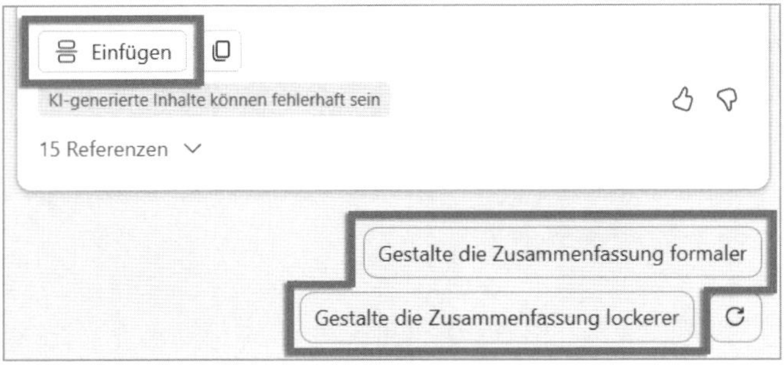

9 Sie können aber auch unten im Eingabebereich eigene Anweisungen zum Modifizieren des Textes eingeben.

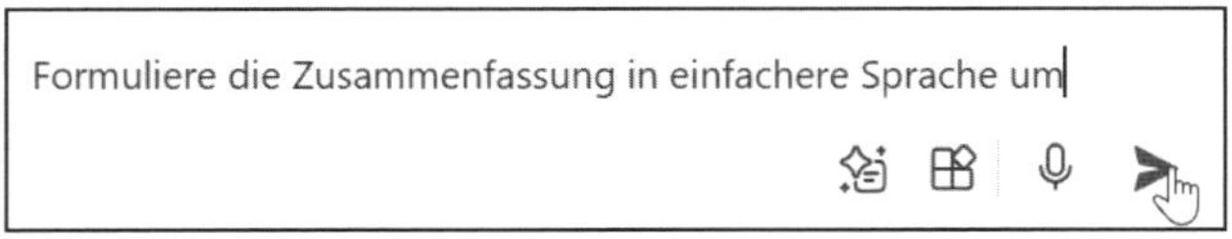

TIPP

Das Wesentliche in drei Sätzen
Wenn Sie sich einen schnellen Eindruck von einem neuen, bislang unbekannten Text machen möchten, können Sie sich von Copilot das Wesentliche auch noch kompakter zusammenfassen lassen. Schreiben Sie dazu etwa *Erläutere dieses Dokument in drei Sätzen* als Aufforderung in das Eingabefeld.

Fragen zu einem Text stellen

Wenn Sie bei einem längeren Text ein ganz bestimmter Aspekt interessiert, hilft eine Zusammenfassung auch nicht weiter. Statt nun aber mühsam die entscheidende Stelle zu suchen und nachzulesen, können Sie sich zunutze machen, dass Copilot den Inhalt des Dokuments kennt und Ihnen Fragen dazu beantworten kann.

1 Öffnen Sie den Copilot-Seitenbereich und klicken Sie unten in das Eingabefeld, um es zu aktivieren.

2 Formulieren Sie hier Ihre Frage, so wie Sie auch einen Menschen fragen würden.

3 Senden Sie die Aufforderung mit dem Pfeilsymbol ab.

4 Nach kurzem »Nachdenken« zeigt Copilot Ihnen im Seitenbereich seine Antwort an.

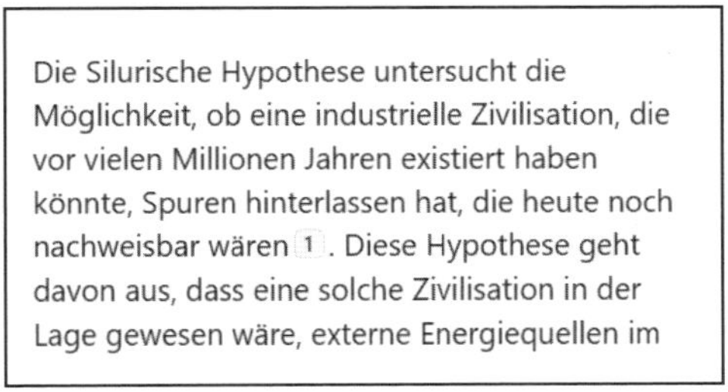

5 Auch wenn die Zusammenfassungen bzw. Antworten von Copilot Begriffe oder Konzepte erwähnen, mit denen Sie nicht direkt etwas anfangen können, fragen Sie direkt nach und lassen sich diese vom Assistenten erklären.

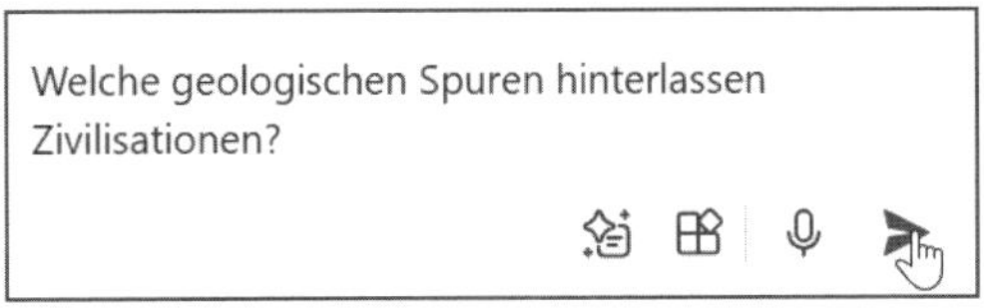

Anstatt ein Dokument von vorne bis hinten durchlesen zu müssen, können Sie sich so im Dialog mit Copilot durch den Inhalt durchfragen. So ziehen Sie in einem Bruchteil der Zeit genau die Informationen in dem Umfang heraus, wie Sie das benötigen.

Einen Fließtext in eine FAQ umwandeln

Eine weitere beliebte Möglichkeit, komplexe oder umfangreiche Sachverhalte in angenehme Häppchen zu verpacken, sind sogenannte FAQs – **F**requently **A**sked **Q**uestions oder auf Deutsch »oft gestellte Fragen«. Haben Sie einen Fließtext, der im Grunde genommen alle benötigten Informationen enthält, können Sie das Erstellen eines entsprechenden FAQ-Katalogs Copilot überlassen.

1 Öffnen Sie das Dokument mit den benötigten Informationen in Word.

2 Markieren Sie den gesamten Text und klicken Sie unten links neben dem Text auf das Copilot-Symbol. Wählen Sie im Kontextmenü *Prompt schreiben*.

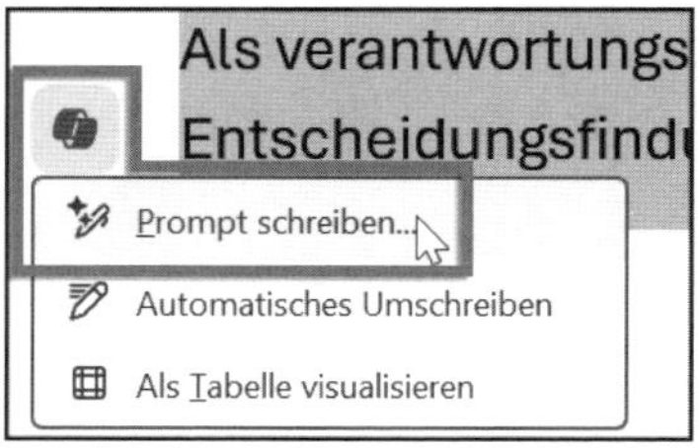

3 Geben Sie im so geöffneten Eingabebereich die Aufforderung *Erstelle aus diesem Text eine FAQ* ein und senden Sie diese mit *Generieren* ab.

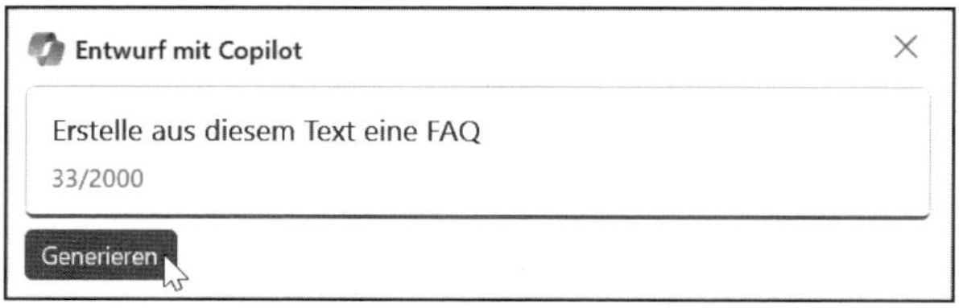

4 Nach kurzer Pause fügt Copilot seinen Vorschlag in den Text ein, den Sie mit *Beibehalten* übernehmen können. Oder Sie nutzen das Eingabefeld rechts, um das Ergebnis noch modifizieren zu lassen, beispielsweise mit:

- Mach es kürzer.
- Mach es ausführlicher.
- Verwende einfachere Sprache.
- Formuliere es in lockerer Jugendsprache.

Weitere Möglichkeiten entdecken

Die vorangehend beschriebenen Möglichkeiten sind nur ein kleiner Ausschnitt dessen, was Copilot leisten kann. Und es handelt sich dabei auch nicht um »vorprogrammierte« Funktionen, sondern er nutzt seine – künstliche – Intelligenz, um Ihre Aufforderungen zu verstehen, ggf. vorhandene Inhalte zu analysieren und entsprechende Ergebnisse nach Ihren Wünschen zu erzeugen. Prinzipiell sind den Möglichkeiten also keine Grenzen gesetzt. Copilot wandelt Ihnen auch eine seitenlange Datenschutzerklärung in ein romantisches Gedicht um.

Gerade wenn man mit KI-Assistenten noch nicht so vertraut ist, kann es aber hilfreich sein, sich Anregungen zu holen, um die vielen Möglichkeiten erst mal erfassen zu können. Copilot bringt dafür eine Funktion mit, die Ihnen Vorschläge für Prompts macht:

1 Öffnen Sie die Copilot-Seitenleiste.

2 Lokalisieren Sie dort ganz unten den Eingabebereich.

3 Dort finden Sie rechts neben dem Pfeilsymbol zum Absenden drei weitere Symbole. Klicken Sie auf das linke davon.

4 Damit öffnen Sie den *Copilot-Promptkatalog*, der Ihnen eine Vielzahl fertiger Aufforderungen für verschiedene Situationen und Aufgaben vorschlägt.

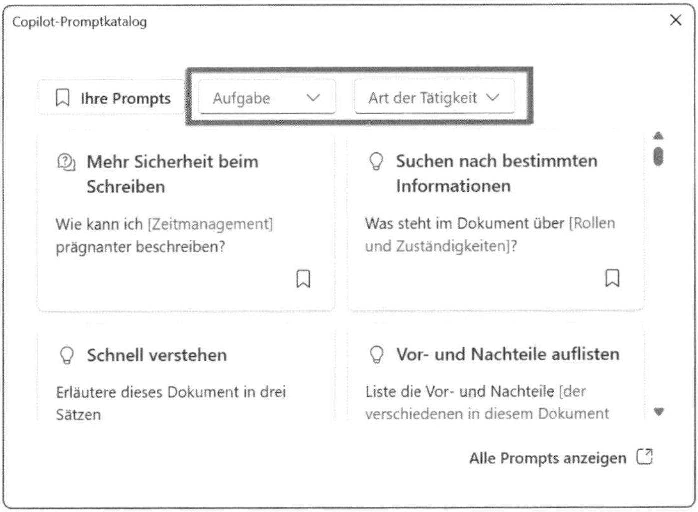

5 Mit den Auswahlfeldern *Aufgabe* und *Art der Tätigkeit* können Sie die Menge der Prompts filtern. Hier können Sie beispielsweise eine Branche oder eine Abteilung wählen, und der Katalog wird dadurch auf die dafür infrage kommenden Aufforderungen eingeschränkt.

6 Wenn Sie auf einen der Prompt-Vorschläge klicken, wird der Promptkatalog ausgeblendet und die gewählte Aufforderung in der Copilot-Seitenleiste in das Eingabefeld eingefügt.

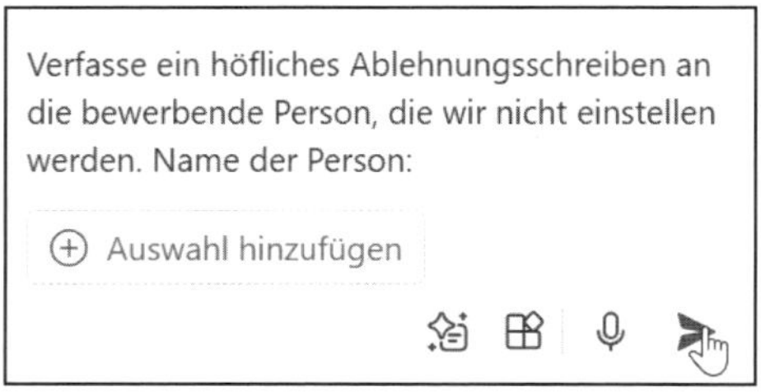

7 Hier sind ggf. noch Informationen zu ergänzen, und wie immer können Sie die Aufforderung beliebig abändern, bevor Sie sie mit dem Pfeilsymbol an Copilot übermitteln.

Hilfreiche Prompts als Favoriten

Wenn Sie im Katalog vielversprechende Prompts entdecken, die Sie mehr als nur einmal nutzen wollen, können Sie sich diese als Favoriten vormerken. Dazu finden Sie bei jedem Prompt unten rechts die kleine Markierung für *Prompt speichern*. Klicken Sie diese an, um das Symbol einzufärben. Damit ist es als Favorit gesetzt.

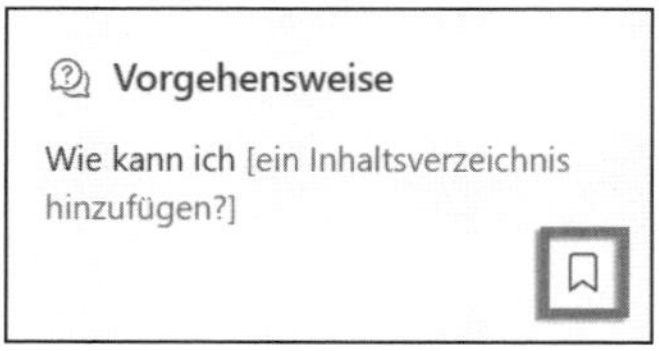

TIPP

Noch mehr Ideen im Online-Promptkatalog
Im Promptkatalog finden Sie unten rechts den Link *Alle Prompts anzeigen*. Mit einem Klick darauf öffnen Sie im Webbrowser die Onlineversion des Copilot-Promptkatalogs, die nochmals umfangreicher ist. Zusätzlich zu Aufgaben, Abteilungen und Branchen können Sie hier auch nach Apps filtern und sich so beispielsweise nur Vorschläge anzeigen lassen, die für Word vorgesehen sind.

Wenn Sie im Promptkatalog oben links auf *Ihre Prompts* klicken, wird die Liste aller Prompts angezeigt, die Sie auf diese Weise als Favoriten vorgemerkt haben.

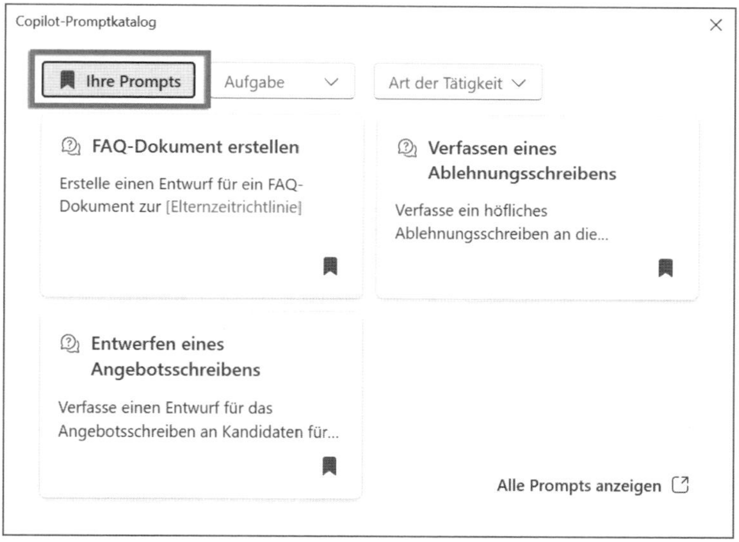

7.2 Copilot in Excel

Auch in Excel kann Copilot Ihnen wichtige Dienste leisten. Der KI-Assistent versteht dabei nicht nur Text, sondern hat auch ein Konzept von der Funktionsweise von Tabellen. Dementsprechend kann er deren Inhalt analysieren und in Bezug setzen. Dabei kann er Regelmäßigkeiten ebenso wie Tendenzen und Ausreißer erkennen und Ihnen so bei der Analyse komplexer Daten helfen. Aber er leistet auch ganz praktische Dienste beim Gestalten von Tabellen oder beim Erstellen von Formeln.

Ähnlich wie bei Word finden Sie bei Excel im Menüband in der Registerkarte ganz rechts ein Copilot-Symbol, mit dem Sie jederzeit eine Seitenleiste für diesen Assistenten einblenden können. Wie alle Seitenleisten können Sie diese nach Bedarf an der rechten oder linken Seite anheften oder frei über dem Dokument schweben lassen.

Tabellen verstehen

Wenn jemand Ihnen eine Tabelle zur Verfügung stellt und Sie diese zum ersten Mal sehen, ist deren Bedeutung manchmal nicht ganz einfach zu erfassen. Copilot kann Ihnen dabei helfen, indem es die Werte analysiert und nach Mustern darin sucht. Darauf basierend kann er Pivot-Tabellen oder Diagramme vorschlagen, die das Wesentliche in einer Tabelle verdeutlichen.

1 Öffnen Sie den Copilot-Seitenbereich mit dem Symbol ganz rechts in der *Start*-Registerkarte im Menüband.

2 Im Seitenbereich macht Copilot automatisch einige Vorschläge für Aufforderungen, die in der jeweiligen Situation hilfreich sein könnten. Klicken Sie auf die Schaltfläche *Verstehen*.

3 Sollte diese nicht angezeigt werden, tippen Sie unten im Eingabefeld alternativ *Mithilfe von Pivot-Tabellen oder Diagrammen zusammenfassen* ein.

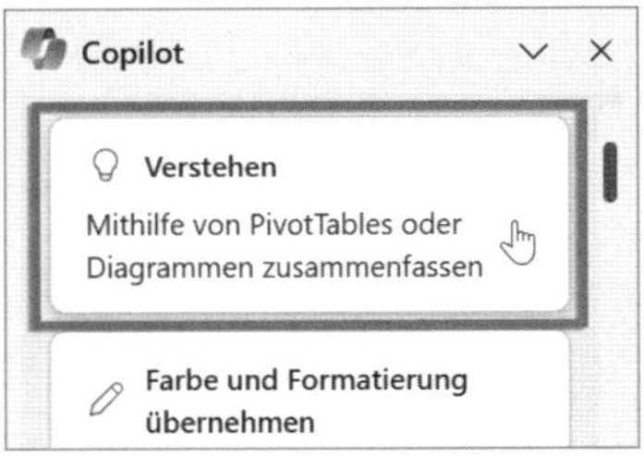

4 Nach kurzem Überlegen präsentiert Copilot Ihnen eine Antwort. Diese hängt selbstverständlich jeweils stark von den zugrunde liegenden Daten ab. Im vorliegenden Beispiel hat der Assistent die Daten einer umfangreichen Tabelle in wenigen Kategorien zusammengefasst und aufaddiert.

5 Die daraus erstellte kompakte Tabelle können Sie mit *Zu neuem Blatt hinzufügen* als zusätzliches Tabellenblatt in das Dokument einfügen.

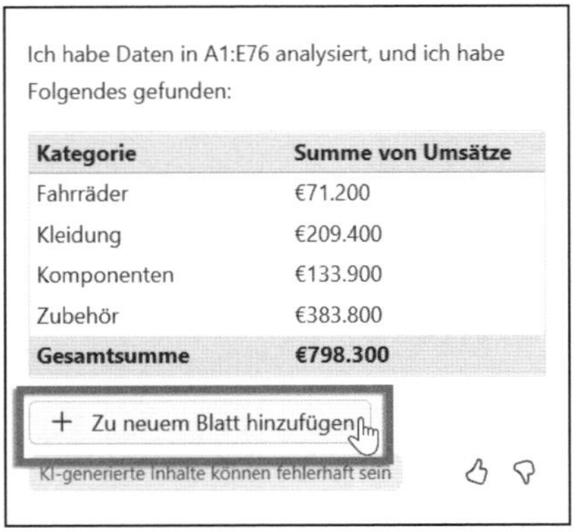

Kategorie	Summe von Umsätze
Fahrräder	€71.200
Kleidung	€209.400
Komponenten	€133.900
Zubehör	€383.800
Gesamtsumme	**€798.300**

Weitere Erkenntnisse finden

Wenn Sie Copilot, wie vorangehend beschrieben, um Hilfe beim Verstehen einer Tabelle bitten, greift er sich einen Aspekt heraus, den er für besonders relevant hält. Das muss nicht immer derjenige sein, dem auch Sie eine besondere Bedeutung beimessen. Manchmal wird Copilot vielleicht auch auf etwas hinweisen, das Ihnen aufgrund Ihrer Kenntnisse der Materie offensichtlich erscheint. Dann lohnt es sich, weiterzusuchen.

1 Tippen Sie dazu im Eingabefeld der Copilot-Seitenleiste beispielsweise die Frage *Gibt es weitere Erkenntnisse?* ein.

2 Copilot wird die Daten dann erneut analysieren, nach weiteren Zusammenhängen suchen und Ihnen einen neuen Vorschlag machen.

3 Auch hier können Sie das Ergebnis in Form eines Diagramms oder einer Pivot-Tabelle in ein neues Tabellenblatt einfügen.

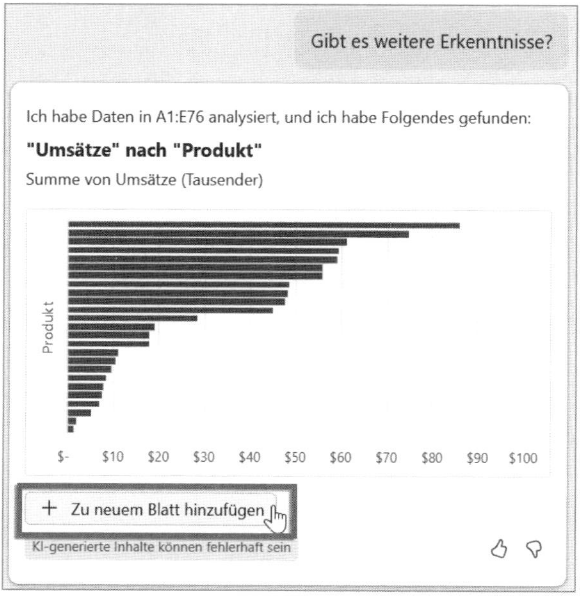

Auf diese Weise können Sie Copilot immer weiter nach Erkenntnissen suchen lassen. Sie können die Aufforderung aber auch spezifischer formulieren, etwa *Gibt es weitere Erkenntnisse zum Umsatz?*. Hier geht es fließend über in die Möglichkeit, Copilot Fragen zu den Daten einer Tabelle zu stellen (siehe Seite 638).

Nach Ausreißern in Daten suchen

Eine hilfreiche Möglichkeit bei großen Datenmengen ist es, nach Ausreißern zu suchen. Bei kleinen Tabellen reicht dafür oft ein genauer Blick. Bei mehr Daten und mehreren Spalten kann man sich mit Excel-Funktionen wie dem Sortieren oder auch dem farblichen Hervorheben von Zellen behelfen.

Mit Copilot aber geht es noch einfacher und schneller, weil Sie den Assistenten ganz pauschal nach Ausreißern fragen können. Der weiß genau, was damit gemeint ist, und kann dank Mustererkennung über alle Zeilen und Spalten hinweg schnell und zielsicher erkennen, welche Werte aus dem Rahmen fallen.

1 Meist finden Sie einen entsprechenden Vorschlag direkt im Copilot-Seitenbereich und können ihn dort direkt anklicken.

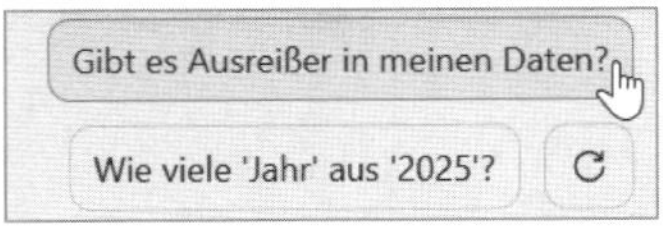

2 Falls der Assistent gerade andere Vorschläge für wichtiger hält, können Sie die Frage unten im Eingabebereich selbst eintippen. Das bietet Ihnen auch die Möglichkeit, gezielt in bestimmten Bereichen zu suchen, etwa *Gibt es Ausreißer beim Umsatz?* oder *Was sind die Ausreißer bei den Bewertungen?*

3 Nach kurzer Bearbeitungszeit präsentiert Copilot Ihnen im Seitenbereich, was ihm die wichtigsten Abweichungen zu sein scheinen.

4 Wollen Sie den Sachverhalt näher untersuchen, klicken Sie am besten auf *Zu Blatt hinzufügen*.

5 Copilot fügt das erstellte Diagramm daraufhin direkt in das Tabellenblatt mit den Daten ein. Hier können Sie es an eine passende Stelle verschieben und auch sonst wie ein selbst eingefügtes Diagramm behandeln und verändern.

6 Wenn Sie den Mauszeiger über dem als Ausreißer markierten Punkt im Diagramm schweben lassen, werden Ihnen die konkreten Werte angezeigt. Damit können Sie die passende Stelle in der Tabelle ggf. schnell ermitteln.

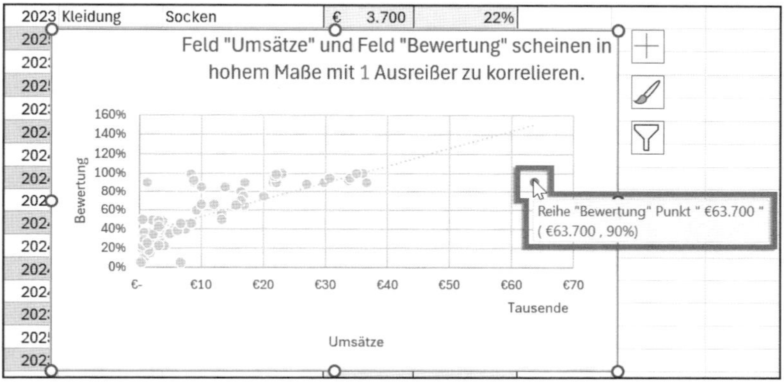

Alle Erkenntnisse hinzufügen

Anstatt Copilot alle Erkenntnisse über eine Tabelle mühsam aus der Nase ziehen zu müssen, können Sie auch zum Rundumschlag ansetzen. Mit der richtigen Aufforderung verrät der Assistent Ihnen alle Erkenntnisse, die er aus den Daten gewinnen kann, und fügt diese in einem separaten Blatt in das Dokument ein.

Hier können Sie die verschiedenen Informationen in Ruhe selbst begutachten und die für Sie interessanten übernehmen.

1 Die folgende Funktion können Sie besser nutzen, wenn Sie zuvor bereits Erkenntnisse zu einer Tabelle abgefragt haben. Dann bietet der Assistent Ihnen in der Regel automatisch die Möglichkeit *Füge alle Erkenntnisse über das Raster hinzu*.

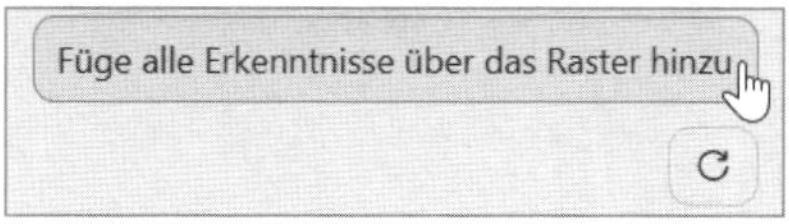

2 Andernfalls können Sie diese Aufforderung auch jederzeit selbst direkt unten in das Eingabefeld eintippen und absenden.

3 Das Bearbeiten dauert in diesem Fall je nach Umfang der Daten ein wenig länger, weil Copilot eben nicht nur nach einer Erkenntnis sucht, sondern nach allen berichtenswerten.

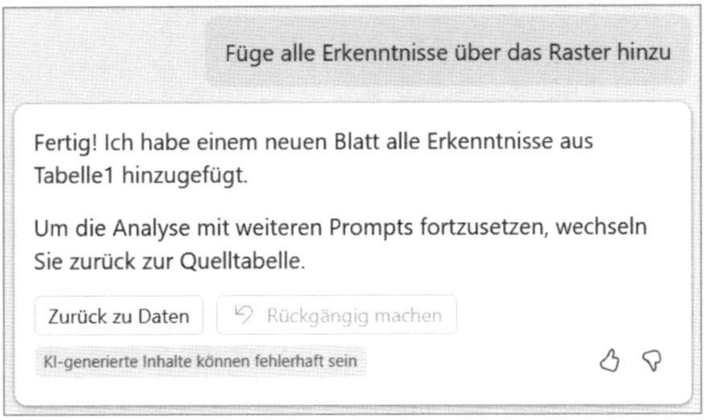

4 Anschließend fügt der Assistent dem Dokument ein neues Blatt hinzu und ergänzt darin die gewonnenen Erkenntnisse aus der Tabelle.

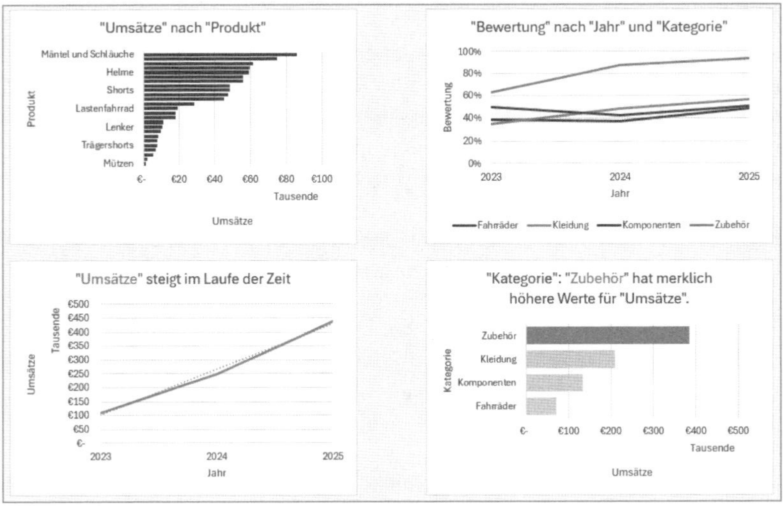

Fragen zu Tabellen stellen

Gerade bei größeren Datenmengen sieht man manchmal den sprichwörtlichen Wald vor Bäumen nicht. Dann kann man sich das unermüdliche und unbestechliche Auge der KI zunutze machen. Die kennt schließlich die Daten in allen Details und kann dazu nicht nur allgemeine Aussagen oder Empfehlungen machen, sondern auch ganz spezifische Fragen beantworten.

Die Vorgehensweise ist stets die gleiche:

1 Zeigen Sie die Copilot-Seitenleiste an, sofern noch nicht geschehen.

2 Tippen Sie dort ganz unten Ihre Frage in das Eingabefeld ein.

3 Senden Sie diese dann mit ↵ oder einem Klick auf das Pfeilsymbol ab.

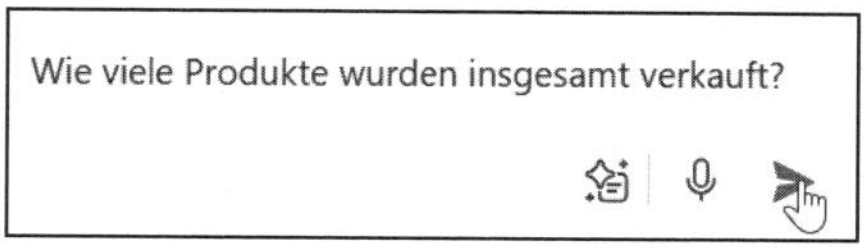

4 Copilot analysiert dann die vorhandenen Daten im Hinblick auf die Fragestellung und zeigt nach kurzem Nachdenken die Antwort im Seitenbereich an.

5 Hier finden Sie aber in der Regel nicht nur die Antwort, sondern auch eine Erklärung, wie diese zustande kam. Oftmals liefert Copilot auch gleich die passende Formel mit, die Sie mit der kleinen Schaltfläche kopieren können.

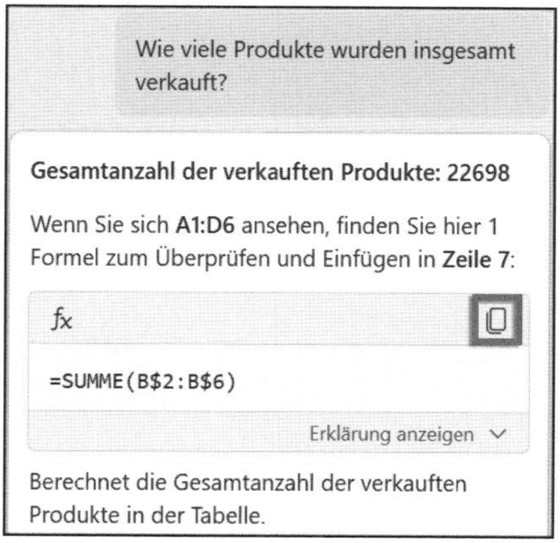

6 Sofern möglich, schlägt der Assistent Ihnen auch gleich noch eine passende Zeile oder Spalte vor, die Sie in der Tabelle ergänzen können, um die Information dort sichtbar zu machen. Klicken Sie dazu beispielsweise unterhalb der Vorschau auf die Schaltfläche *Zeile einfügen*.

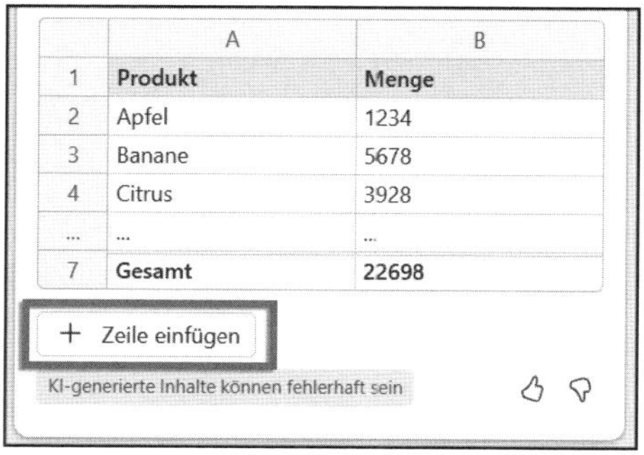

Fragen über Fragen

Und noch ein kleiner Trick, wenn Sie sich vielleicht gerade in ein neues Thema einarbeiten oder eine Präsentation der Daten vorbereiten. Wenn Ihnen spontan keine sinnvollen Fragen zu einer Tabelle einfallen, fragen Sie einfach die KI danach, was man zu diesen spezifischen Daten fragen könnte.

Welche Fragen könnte man zu dieser Tabelle stellen?

Hier sind einige Fragen, die man zu dieser Tabelle stellen könnte:

1. Welches Produkt hat die höchste Menge?
2. Welches Produkt hat den höchsten Umsatz?
3. Wie hoch ist der durchschnittliche Umsatz pro Produkt?
4. Welches Produkt hat den niedrigsten Umsatz pro Produkt?
5. Wie ist die Gesamtmenge aller Produkte?
6. Wie ist der Gesamtumsatz aller Produkte?
7. Wie ist der Umsatz pro Produkt im Vergleich zu anderen Produkten?
8. Gibt es Produkte mit einem Umsatz pro Produkt unter einem bestimmten Wert?
9. Wie ist die Verteilung der Menge auf die verschiedenen Produkte?
10. Gibt es einen Zusammenhang zwischen Menge und Umsatz?

Daten visualisieren lassen

Ein Bild sagt mehr als tausend Worte, und ein Diagramm kann die Zahlenkolonnen einer Tabelle schnell veranschaulichen. Wie Sie Diagramme erstellen, ist in Kapitel 4.5 beschrieben.

Sie können aber auch Copilot die Mühe überlassen, eine geeignete Visualisierung zu finden.

1 Lassen Sie dazu die Copilot-Seitenleiste anzeigen und tippen Sie hier die Aufforderung *Diese Daten visualisieren* ein. Damit würde der Assistent entscheiden, welcher Aspekt besonders visualisierungswürdig ist und in welcher Form dies erfolgt.

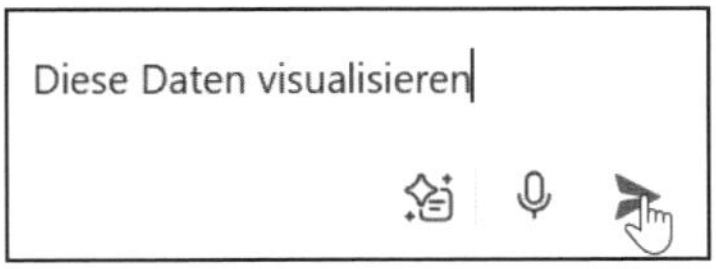

2 Anstelle dieser recht allgemeinen Formulierung können Sie hier auch schon spezifischere Vorgaben machen, etwa *Visualisiere den Umsatz nach Produkten als Linien*.

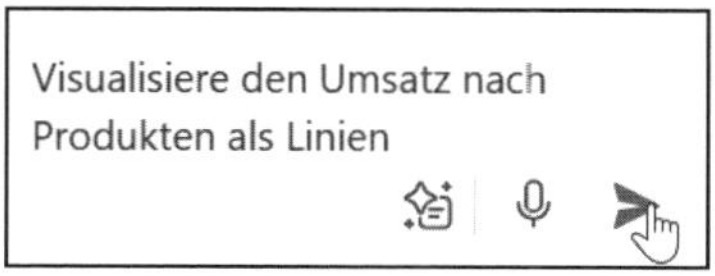

3 Nach etwas Bedenkzeit präsentiert der Assistent Ihnen einen Entwurf im Seitenbereich. Wenn Sie den in Ihr Dokument übernehmen möchten, klicken Sie darunter auf *Zu neuem Blatt hinzufügen*.

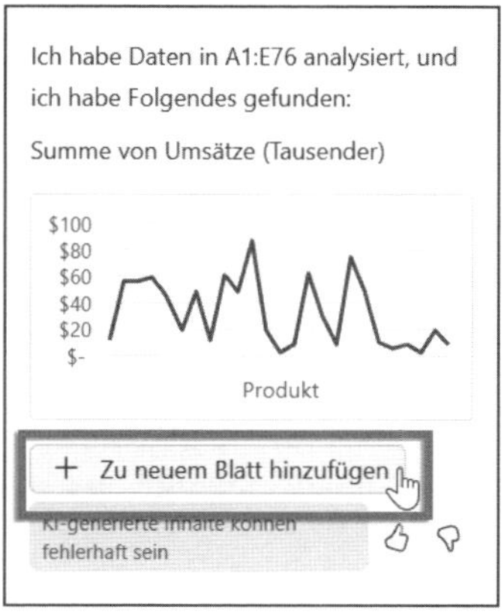

4 Die Visualisierung wird dadurch als vollwertiges Diagramm in ein neues Tabellenblatt eingefügt. Hier stehen Ihnen also alle beschriebenen Möglichkeiten offen, das Diagramm noch weiter anzupassen.

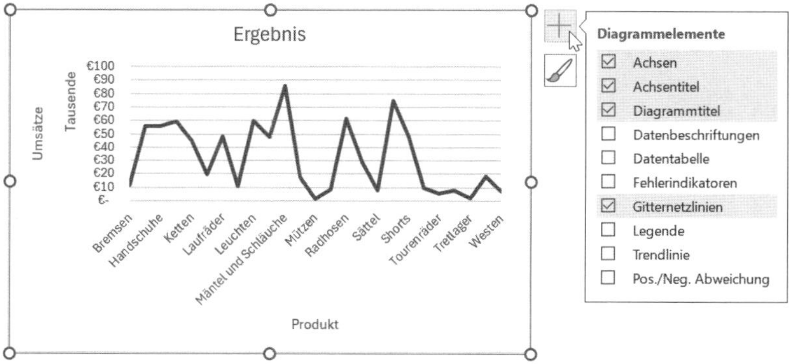

Formeln vorschlagen

Gerade wenn man noch nicht so viel Erfahrung mit Excel oder mit einem neuen Aufgabengebiet hat, kann es eine Herausforderung sein, vorhandene Daten angemessen auszuwerten und aufzubereiten. Hier kann Copilot weiterhelfen, weil die generative KI nicht nur Tabellen analysieren kann, sondern auch Wissen über Excel, seine Möglichkeiten und Funktionen hat. Damit kann der Assistent vorhandene Daten auswerten und Formeln vorschlagen, die zusätzliche Erkenntnisse aus den vorhandenen Daten zugänglich machen. Diese können auf Wunsch auch direkt eingefügt werden.

1 Wenn Sie den Copilot-Seitenbereich öffnen, bietet der Assistent Ihnen dort meist direkt die Schaltfläche *Formeln erstellen* an.

2 Alternativ können Sie jederzeit die Aufforderung *Vorschlag für eine Formelspalte anzeigen* unten in das Eingabefeld eintippen und absenden.

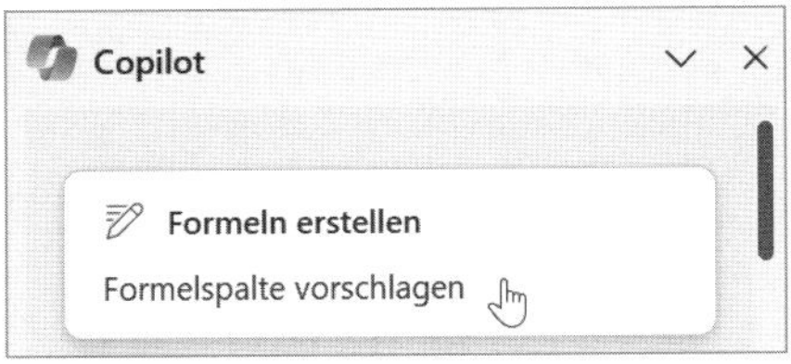

3 Copilot analysiert dann die in der Tabelle rechts vorhandenen Daten und macht Ihnen einen Vorschlag für eine sinnvolle Formelspalte, die in diese Tabelle passen und implizit in den Daten vorhandene Informationen offensichtlich machen würde.

4 Als Antwort erhalten Sie eine kurze Erläuterung zur so gewonnenen Information. Außerdem wird der Inhalt der Formel angezeigt. Mit dem Kopieren-Symbol können Sie die Formel in die Zwischenablage übertragen (was aber nicht unbedingt nötig ist, siehe im Folgenden). Sollte Ihnen der Sinn der Formel unklar sein, können Sie mit *Erklärung anzeigen* weitere Angaben ausklappen.

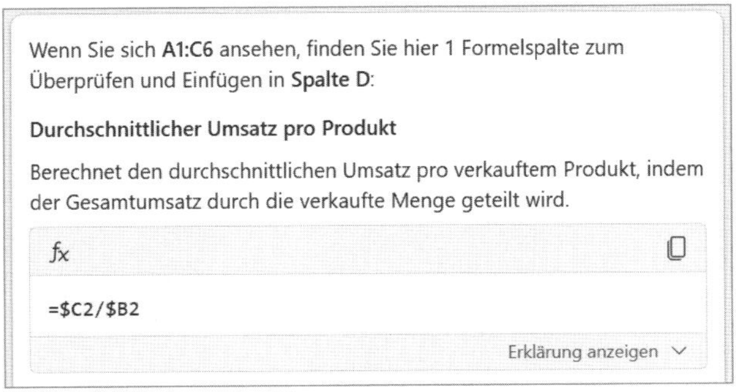

5 Darunter zeigt der Assistent Ihnen die Spalte an, die mit dieser Formel in die Tabelle eingefügt würde. Dabei rechnet er mit den tatsächlichen Werten.

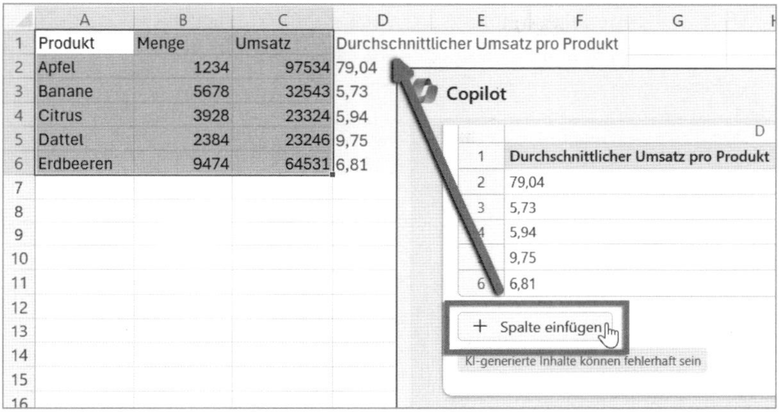

6 Wenn Sie den Mauszeiger ganz unten auf *Spalte einfügen* schweben lassen, wird die Spalte provisorisch in der Tabelle angezeigt. Mit einem Klick auf die Schaltfläche fügen Sie sie endgültig ein.

7.3 KI in PowerPoint

Auch in PowerPoint können Sie sich von Copilot Unterstützung beim Erstellen Ihrer Präsentationen holen. Copilot funktioniert hier ähnlich wie bei Word: Das Symbol wird teilweise direkt beim Erstellen und Bearbeiten von Folien angezeigt. Alternativ können Sie den Assistenten jederzeit bei Bedarf per Schalfläche im Menüband (ganz rechts in der Registerkarte *Start*) als Seitenleiste einblenden. In Bezug auf das Erstellen, Analysieren, Umformulieren, Übersetzen usw. von Texten können Sie Copilot in PowerPoint genauso wie in Word nutzen. Darauf gehe ich deshalb im Folgenden nicht nochmals ein, sondern konzentriere mich auf speziellere KI-Hilfen beim Erstellen von Präsentationen.

Eine Präsentation mit Copilot erstellen

Ein KI-Assistent, der praktisch alles weiß und daraus Inhalte generieren kann und in eine Anwendung zum Erstellen von Präsentationen integriert ist. Da stellt sich die Frage, ob man sich damit nicht viel lästige Arbeit sparen und Präsentationen auf Knopfdruck erstellen kann? Tatsächlich macht Copilot in PowerPoint genau das möglich.

1 Legen Sie in PowerPoint eine neue leere Präsentation an.

2 Ist Copilot aktiviert, wird auf der Titelseite oben links automatisch dessen Symbol angezeigt. Klicken Sie darauf und wählen Sie im so geöffneten Menü *Erstellen einer Präsentation mit Informationen zu*.

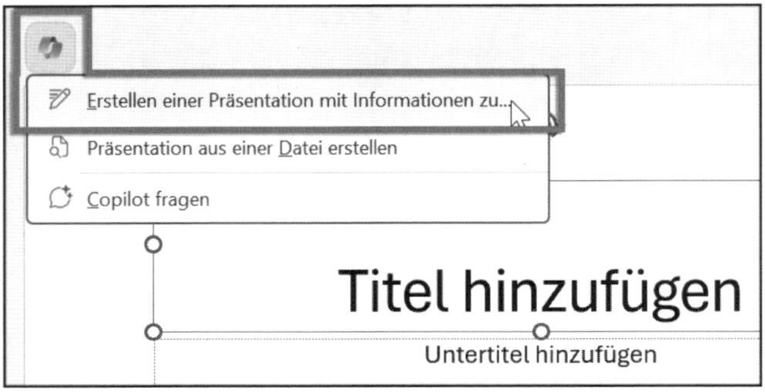

3 Damit öffnen Sie einen Copilot-Dialog, wo Sie im oberen Feld zunächst das Thema der Präsentation eingeben. Das kann ein einzelnes Stichwort sein oder auch ein kürzerer Text, der die Aufgabenstellung beschreibt. Klicken Sie auf das Pfeilsymbol im Feld unten rechts, um fortzufahren.

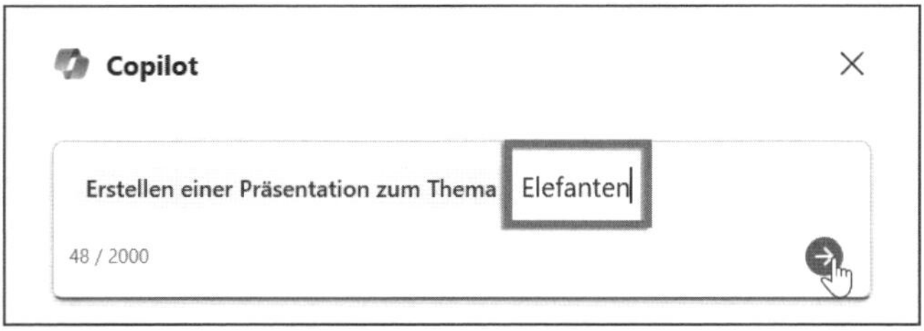

4 Copilot recherchiert nun zu dem vorgegebenen Thema und erstellt einen Gliederungsvorschlag, der in einem großen Feld darunter angezeigt wird. Zu allen hier aufgeführten Überschriften und Aufzählungspunkten würde der Assistent eine eigene Folie erstellen.

5 Dieses Feld ist interaktiv. Wenn Sie den Mauszeiger auf einen der Blöcke bewegen, wird dieser hervorgehoben und mit verschiedenen Symbolen zum Bearbeiten versehen:

- Mit dem Symbol ganz links am Rand können Sie die Position dieses Blocks in der Gliederung verändern. Die anderen Blöcke passen sich automatisch entsprechend an. So lässt sich die Reihenfolge der Themenbereiche in der Präsentation steuern.

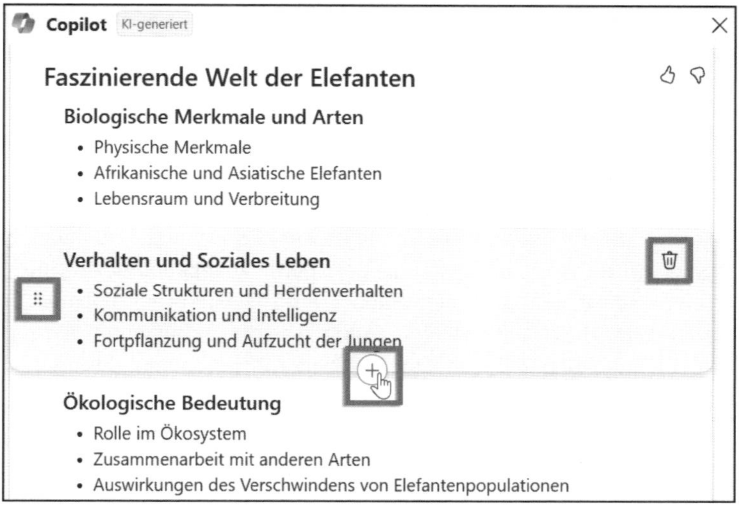

- Mit dem Papierkorb-Symbol rechts löschen Sie einen Themenblock, wenn dieser Ihnen unnötig oder unpassend erscheint.
- Mit dem mittigen Plussymbol hingegen können Sie Themenblöcke ergänzen, die Copilot bei der Recherche vielleicht vernachlässigt hat.

6 Sind Sie mit der Gliederung mit oder ohne eigene Eingriffe einverstanden, klicken Sie unten rechts auf die Schaltfläche *Folien generieren*.

7 Das Generieren einer solchen Präsentation dauert länger als das Übersetzen eines Textes oder das Analysieren einer Tabelle. Trotzdem sollten sich die Folien nach einigen Sekunden aufzubauen beginnen.

Wie Sie sehen werden, generiert Copilot nicht nur Aufzählungen und kompakte Texte, sondern fügt ebenso passende Bilder und Grafiken ein und ordnet diese in einem sehenswerten und abwechslungsreichen Layout ein. Gleichzeitig legt er auch Notizen zu den Folien an und füllt diese mit zusätzlichen Informationen und Texten, aus denen Sie vortragen können. Es entsteht also eine Präsentation, die Sie so direkt halten könnten. Gleichzeitig handelt es sich aber auch um ein vollwertiges PowerPoint-Dokument. Sie können also sämtliche Elemente auf allen Folien individuell anpassen und ergänzen.

Eine Präsentation aus einem Dokument erstellen

Eine andere sehr interessante Variante ist es, Copilot eine Präsentation auf der Grundlage vorhandenen Materials generieren zu lassen. Stellen Sie sich beispielsweise vor, Sie haben eine Haus- oder Semesterarbeit zu einem bestimmten Thema verfasst und sollen die Ergebnisse nun präsentieren. Oder der Chef schickt Ihnen eine PDF-Datei mit einer interessanten neuen Studie und bittet Sie, diese beim nächsten Abteilungstreffen vorzustellen. Dann können Sie Copilot in PowerPoint auf eine vorhandene Datei verweisen und basierend auf deren Inhalt eine Präsentation erstellen lassen.

Voraussetzung dafür ist allerdings, dass sich dieses Dokument in Ihrem Onlinespeicher befindet und Sie einen Link darauf in die Zwischenablage kopiert haben. Das können Sie im Webbrowser erledigen, wenn Sie sich Ihren OneDrive-Speicher dort anzeigen lassen.

Wer OneDrive direkt in den Windows-Explorer eingebunden hat, kann dort aber auch die betreffende Datei mit der rechten Maustaste anklicken und im Kontextmenü *OneDrive/Link kopieren* wählen.

1 Auch hierfür starten Sie in PowerPoint am besten mit einer neuen leeren Präsentation.

2 Klicken Sie auf das Copilot-Symbol auf der Titelseite oben links und wählen Sie im Menü *Präsentation aus einer Datei erstellen.*

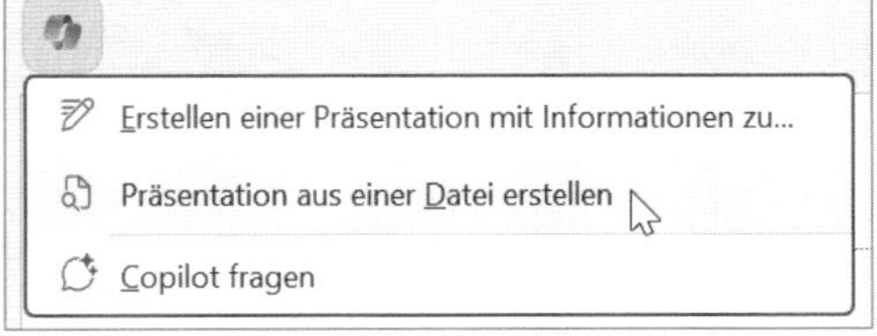

3 PowerPoint zeigt daraufhin die Copilot-Seitenleiste an, wählt darin ganz unten das Eingabefeld aus und fügt darin die Anweisung *Erstelle eine Präsentation aus Datei* ein.

4 Fügen Sie nun mit Strg+V den zuvor kopierten OneDrive-Link auf die Datei in die Aufforderung ein und senden Sie diese mit einem Klick auf das Pfeilsymbol ab.

5 Copilot legt nun los, analysiert das zugrunde liegende Dokument und erstellt eine Präsentation. Die Rückmeldungen dazu finden Sie im Seitenbereich, die Folien selbst aber werden direkt links in das Dokument eingefügt.

Auch hierbei entsteht eine vollwertige PowerPoint-Präsentation mit Layout, Illustrationen und Notizen, die Sie so direkt vortragen könnten. Gleichzeitig bleiben Ihnen alle Möglichkeiten offen, diese generierte Variante nur als Basis zu nutzen, die Sie beliebig verändern, kürzen und ergänzen können, um sie nach Ihren Vorstellungen anzupassen.

Illustrationen in Folien einfügen

Präsentationen lassen sich erheblich auflockern, wenn die Folien nicht nur Text, sondern auch Bilder enthalten, selbst wenn diese nur der Illustration des Gesagten dienen. Copilot erlaubt es Ihnen, jederzeit schnell Bilder zu generieren und in eine Folie einzufügen.

1 Geben Sie im Eingabefeld der Copilot-Seitenleiste die Aufforderung *Füge ein Bild hinzu von* ein, gefolgt von einer Beschreibung des gewünschten Bildinhalts oder des beabsichtigten Effekts.

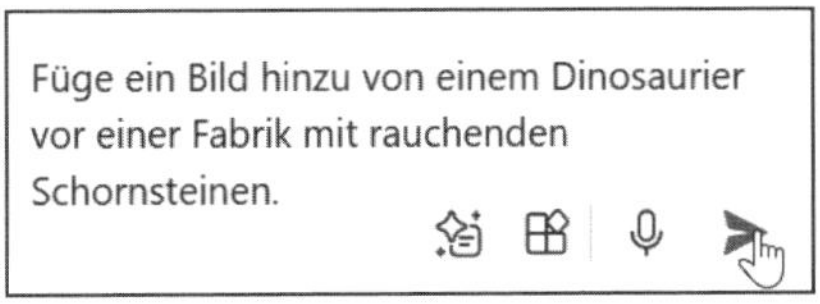

2 Sofern die Folie passende Beschreibungen oder Stichwörter enthält, reicht ggf. auch die generische Aufforderung *Erzeuge ein Bild zur Illustration dieser Folie.*

3 Copilot generiert dann einige Vorschläge für Bilder, die er Ihnen in der Seitenleiste anzeigt.

4 Wählen Sie eines davon durch Anklicken aus und klicken Sie darunter auf *Einfügen*.

5 Damit wird das gewählte Motiv als Bildobjekt in die Folie links eingefügt, wo Sie es wie jedes Element beliebig verschieben, skalieren und bearbeiten können.

Bildarchiv statt KI-Motive

KI-generierte Bilder sind nicht jedermanns Sache, und manchmal ist es auch nicht ganz einfach, der KI genau das Motiv zu entlocken, das man sich vorgestellt hat. Auf Seite 476 wird beschrieben, wie Sie Bilder aus Microsofts kostenlosem Bildarchiv in Ihre Präsentation einfügen. Das geht auch mit dem Copiloten, der Ihnen die Mühe abnimmt, das Archiv selbst durchsuchen zu müssen. Stattdessen teilen Sie dem KI-Assistenten mit, welche Art von Bild oder Motiv Sie suchen.

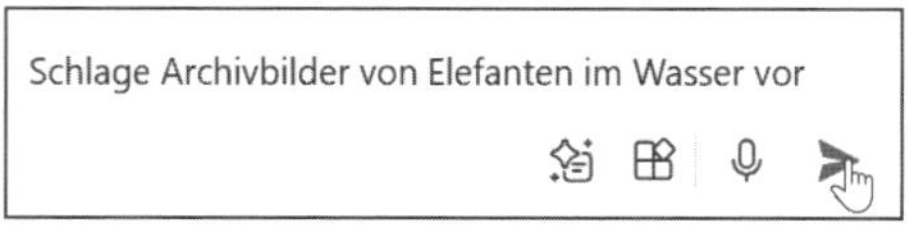

Als Antwort erhalten Sie auch hier mehrere Vorschläge, aus denen Sie auswählen und in Ihre Folien einfügen können.

Weitere hilfreiche PowerPoint-Prompts

Wie auch bei den anderen Office-Anwendungen sind Ihrer Fantasie hinsichtlich Copilot keine Grenzen gesetzt. Tippen Sie beliebige Aufforderungen in das Eingabefeld ein und schauen Sie, was der Assistent daraus macht. Im Folgenden möchte ich Ihnen noch ein paar Beispiele zeigen, wie sich Copilot insbesondere im Zusammenspiel mit PowerPoint effektiv nutzen lässt. Übernehmen Sie sie oder ändern Sie sie beliebig ab.

- *Füge eine Agendafolie hinzu*
  Fügt eine Übersichtsfolie ein, wie sie typischerweise am Anfang einer Präsentation gezeigt wird, um den Umfang des Themas zu veranschaulichen. Der Assistent füllt diese Folie automatisch mit dem zur Präsentation passenden Inhalt. Deshalb sollten Sie diese Funktion am besten erst verwenden, wenn die Präsentation im Wesentlichen fertiggestellt ist.
- *Teile diese Präsentation in Abschnitte ein*
  Auch diese Aufforderung sollte eher gegen Ende der Arbeit an einer Präsentation erfolgen. Damit analysiert Copilot den Inhalt, unterteilt ihn in mehrere Abschnitte und fügt jeweils zu Beginn eines Abschnitts eine Folie mit dem Titel und einer Übersicht dieses Bereichs ein.
- *Welchen Ton hat diese Präsentation?* oder auch *Wie wird diese Präsentation beim Publikum ankommen?*
  Damit analysiert Copilot Inhalt und Sprache der Präsentation und gibt Ihnen eine Einschätzung, wie Ihr Vortrag von den Zuhörern wahrgenommen wird.
- *Welche Fragen könnte das Publikum zu dieser Präsentation stellen?*
  Hiermit können Sie sich perfekt auf Fragen aus dem Publikum vorbereiten. Copilot versucht zu antizipieren, welche Fragen die Zuhörer zu Ihrem Vortrag stellen könnten.
- *Fasse die Präsentation in drei Sätzen zusammen*
  Wenn Sie eine kompakte Zusammenfassung des Themas benötigen. Anstatt von drei kann hier selbstverständlich auch zwei, vier oder eine beliebige andere Zahl stehen.

7.4 KI in Outlook

Auch in Outlook können Sie sich vom KI-Assistenten unter die Arme greifen lassen. Gerade wer täglich viele E-Mails erhält und ggf. auch beantworten muss, kann dadurch viel Zeit und Mühe einsparen.

Allerdings ist der Einsatz von Copilot in Outlook Classic nur unter bestimmten Voraussetzungen möglich:

- Es muss sich wie immer bei Copilot um die Microsoft-365-Variante handeln, nicht um die Kaufversion Outlook 2024.
- Es muss eine Lizenz für Microsoft Copilot Pro vorhanden sein.

- Es klappt nur bei Exchange-Postfächern oder bei Microsoft-Postfächern bei Diensten wie Outlook, Hotmail oder Live.

Wenn diese Bedingungen erfüllt sind, sollte sich Copilot automatisch in Ihrer Outlook-Anwendung zeigen.

E-Mails zusammenfassen lassen

Gerade wenn Sie viele und gern auch mal längere E-Mails wie Protokolle, Berichte oder Gutachten erhalten, kann Copilot Ihnen mit automatisch erstellten Zusammenfassungen helfen. So können Sie sich schnell einen Überblick verschaffen und sich dann ggf. auf die für Sie besonders relevanten Abschnitte beschränken.

1 Wann immer das möglich ist, zeigt Outlook oben rechts neben der Betreffzeile der Nachricht eine *Zusammenfassen*-Schaltfläche mit dem Copilot-Symbol an.

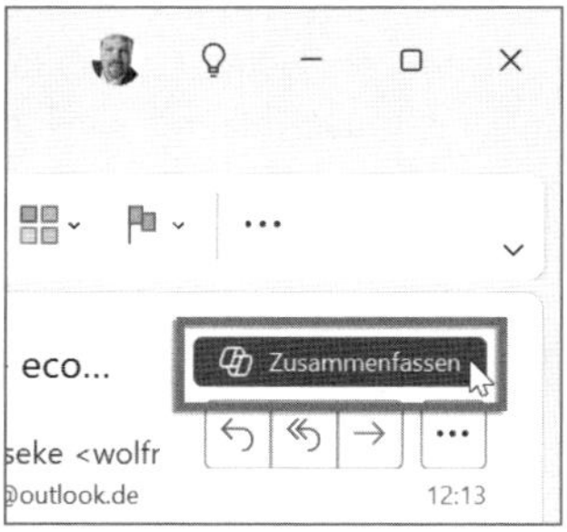

2 Klicken Sie darauf, um eine Zusammenfassung dieser Nachricht zu erhalten.

3 Copilot fügt daraufhin oberhalb der Nachricht einen neuen Abschnitt ein, in dem die Zusammenfassung generiert wird. Je nach Umfang der Nachricht kann das eine kurze Zeit dauern.

4 Anschließend sehen Sie die fertige Zusammenfassung in diesem Abschnitt. Mit dem Kopieren-Symbol oben rechts können Sie sie bei Bedarf in die Zwischenablage kopieren.

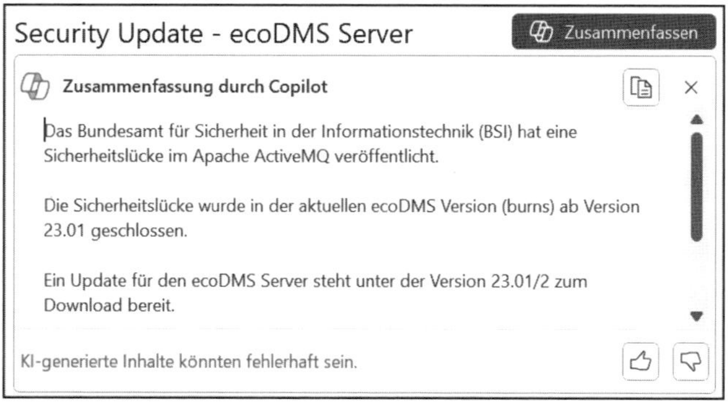

Wenn Sie zu einer anderen Nachricht wechseln, bleibt die Zusammenfassung vorläufig erhalten. Sie können also später zurückkehren, erneut auf *Zusammenfassen* klicken und bekommen das Resümee dann ohne erneutes Generieren sofort angezeigt. Das gilt allerdings nur, solange Sie Outlook nicht schließen. Nach einem Neustart müssen Zusammenfassungen ggf. erneut generiert werden.

KI-Hilfe beim Formulieren

Auch beim Schreiben von Nachrichten kann Copilot Ihnen helfen. Rechtschreib- und Grammatikprüfung bringt Outlook ohnehin mit, sodass Sie sich dafür nicht auf die KI verlassen müssen.

Aber der Assistent kann Ihre Nachrichten vor dem Versenden analysieren, auf bestimmte Eigenheiten aufmerksam machen oder alternative Formulierungen vorschlagen.

1 Erstellen Sie dazu am besten erst die Nachricht im Formular. Prinzipiell können Sie die KI aber auch während des Schreibens jederzeit aktivieren.

2 Klicken Sie dann in der Menüband-Registerkarte *Nachricht* auf das Copilot-Symbol und wählen Sie im so geöffneten Menü *Coaching von Copilot*.

3 Copilot blendet dann einen Dialog oberhalb des Nachrichtentextes ein. Darin analysiert das Programm den bisherigen Inhalt. Anschließend können Sie das Ergebnis in verschiedenen Kategorien ablesen, die Sie in der Leiste am linken Rand wählen:

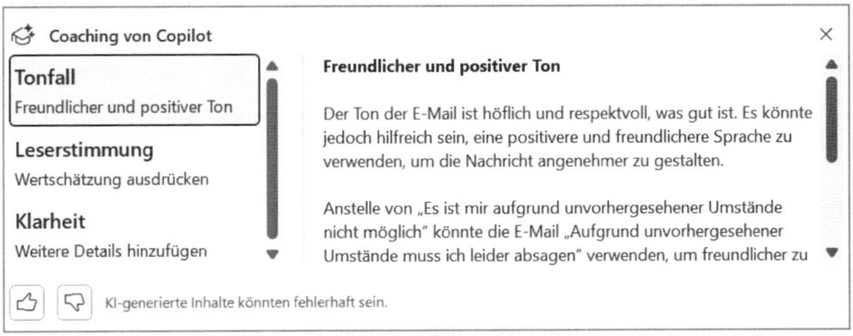

- *Tonfall:* Der Assistent bewertet den Stil der Nachricht und gibt Tipps, wie Sie diese ggf. freundlicher oder respektvoller klingen lassen können.

- *Leserstimmung:* Die KI untersucht, wie der Text auf den Empfänger wirkt und was Sie ändern oder ergänzen könnten, um diese Wirkung in Ihrem Sinn zu verbessern.
- *Klarheit:* Copilot überprüft, ob die Nachricht konkret genug ist oder ob vielleicht Informationen ergänzt werden sollten, damit die gewünschte Botschaft beim Leser ankommt.

4 In allen Kategorien finden Sie ggf. konkrete Formulierungsvorschläge für Verbesserungen. Allerdings gibt es keine Funktion, um diese per Mausklick in die Nachricht einzufügen. Es bleibt nur die Möglichkeit, vorgeschlagene Passagen zu markieren, zu kopieren und an der gewünschten Stelle in den Text einzufügen.

E-Mail von Copilot schreiben lassen

Sie können E-Mails auch gleich ganz von Copilot erstellen lassen. Das klingt vielleicht etwas unpersönlich, aber oftmals geht es bei E-Mail-Nachrichten ja auch um relativ unpersönliche Angelegenheiten wie etwa das Vereinbaren, Bestätigen oder Verschieben von Terminen oder das Anfordern bestimmter Unterlagen oder Informationen.

Der Vorteil des Copiloten ist, dass Sie dem Assistenten nur stichpunktartig das Wesentliche mitteilen müssen. Der formuliert daraus dann eine freundliche E-Mail mit Begrüßung und Grußformel, passt bei Rechtschreibung und Grammatik auf, und dass auch keine Tippfehler drin sind. Sie brauchen nur noch gegenzulesen und ggf. Details zu ergänzen, bevor Sie das Ganze losschicken.

1 Sie können diese Funktion sowohl beim Erstellen einer neuen E-Mail als auch beim Beantworten einer eingegangenen Nachricht nutzen. Öffnen Sie in beiden Fällen zunächst das Formular für Ihre E-Mail und geben Sie E-Mail-Empfänger und Betreff ein, soweit erforderlich.

2 Klicken Sie dann im Menüband in der Registerkarte *Nachricht* auf das Copilot-Symbol und wählen Sie im so geöffneten Menü *Entwurf mit Copilot*.

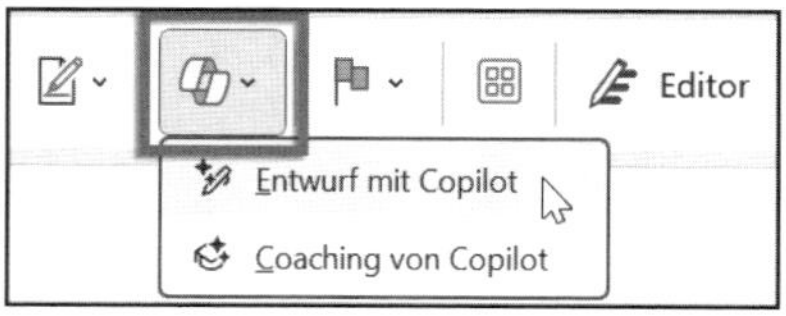

3 Daraufhin wird ein Dialogfeld eingeblendet, in dem Sie dem Assistenten beschreiben, worum es in der Nachricht gehen soll. Formulieren Sie Ihr

Anliegen am besten so, wie Sie es auch einem menschlichen Assistenten mitteilen würden. Dass es um das Schreiben einer E-Mail geht und was dabei zu beachten ist, weiß Copilot in diesem Kontext ohnehin. Sie können sich also auf das Wesentliche des Inhalts beschränken.

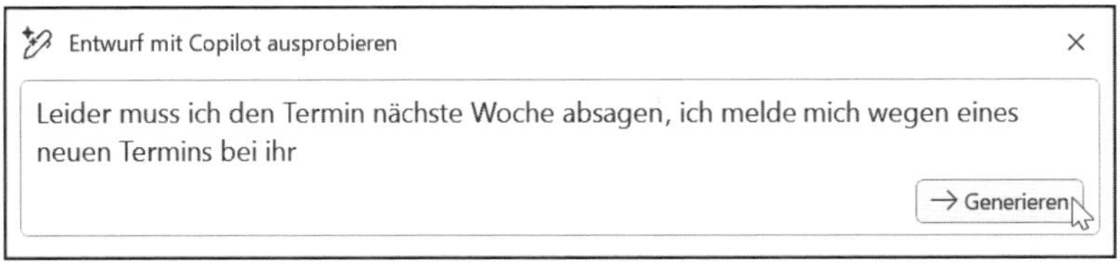

4 Klicken Sie dann auf *Generieren*.

5 Nach kurzer Pause präsentiert Copilot Ihnen einen Vorschlag, den Sie mit *Behalten* in das Nachrichtenformular übernehmen können.

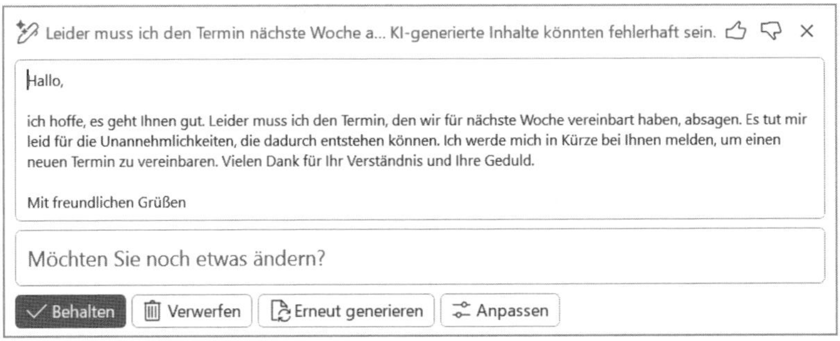

Sollten Sie mit dem Ergebnis nicht zufrieden sein, gibt es verschiedene Möglichkeiten:

- Mit *Erneut genererieren* lassen Sie Copilot einen neuen Entwurf erstellen. Dieser wird anders formuliert sein und Ihnen möglicherweise besser gefallen.
- Mit einem Klick auf *Anpassen* öffnen Sie ein kleines Auswahlmenü, in dem Sie direkt verschiedene Varianten für das Umformulieren des Textes wählen können. So lässt sich die Nachricht mit zwei Mausklicks verlängern, verkürzen oder auch formeller oder direkter umformulieren. Oder wie wäre es, wenn Sie Ihre Botschaft in Form eines Gedichts rüberbringen?

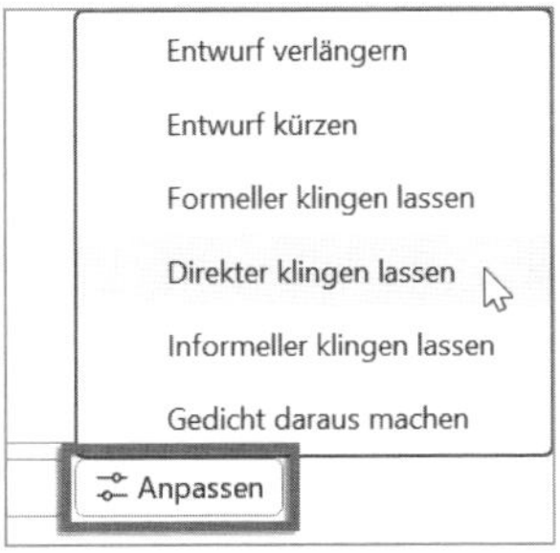

- Schließlich möchte ich Sie noch auf das etwas unscheinbare Feld *Möchten Sie noch etwas ändern?* aufmerksam machen. Hierbei handelt es sich um ein vollwertiges Copilot-Eingabefeld, das als Kontext den aktuellen Formulierungsvorschlag für die Nachricht verwendet. Im Feld können Sie direkt Ihre Wünsche an den Copiloten formulieren, was an dem Text noch verändert werden sollte. Klicken Sie dann auf das Pfeilsymbol ganz rechts, um sich basierend auf dieser Aufforderung eine neue Variante generieren zu lassen.

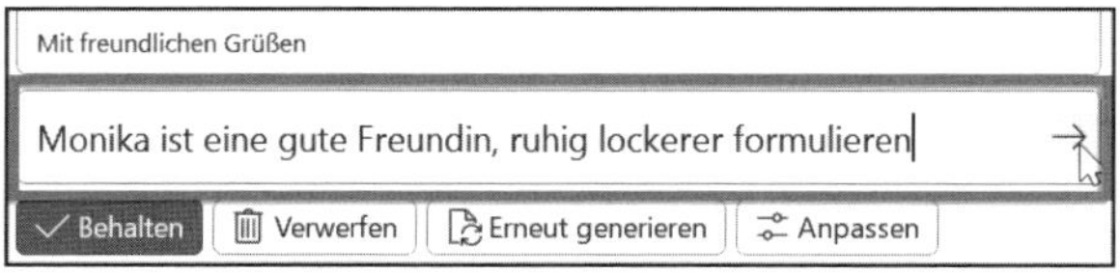

7.5 KI in Office ohne Copilot

Der Microsoft Copilot in Office-Anwendungen steht nur Microsoft-365-Nutzern mit Zusatz-Abo zur Verfügung. Wer Office 2024 gekauft hat, kann den Copiloten selbst mit Abo nicht in seine Anwendungen integrieren. Und wer nur gelegentlich KI-Funktionen nutzen möchte, wird sicher nicht jeden Monat eine Abo-Gebühr dafür bezahlen wollen. Deshalb soll es hier nun um Alternativen gehen, wie Sie ohne Copilot und Zusatz-Abos von künstlicher Intelligenz in Ihrer alltäglichen Office-Arbeit profitieren können.

Zwischenablage als Schnittstelle zu KI-Diensten

Auch ohne direkte Integration können Sie KI-Dienste für Ihre Office-Aufgaben nutzen. Selbst Microsoft Copilot lässt sich – mit Microsoft-Konto, aber ohne Abo – jederzeit kostenlos im Webbrowser nutzen. Selbiges gilt für ChatGPT, Gemini und eine ständig wachsende Zahl von Anbietern. Die Übergabe der Daten kann über die Zwischenablage erfolgen. Das ist zwar ein wenig umständlicher als eine direkte Integration. Aber wenn Sie das nur gelegentlich benötigen, dürfte es annehmbar sein. Einschränkend ist dazu allerdings anzumerken, dass bei kostenlosen Anbietern meist die Menge an Text begrenzt ist, die in den Prompt eingefügt werden kann.

Wenn es etwa um Texte in bzw. für Word geht, ist das Prinzip wohl naheliegend. Diese können jederzeit beispielsweise mit Strg+C und Strg+V von Word in das Eingabeformular Ihres bevorzugten KI-Assistenten übertragen werden und umgekehrt. Um also beispielsweise eine Zusammenfassung eines längeren Textes zu erhalten, gehen Sie so vor:

1 Markieren Sie in Word das gesamte Dokument mit Strg+A.

2 Übertragen Sie den markierten Text mit Strg+C in die Zwischenablage.

3 Wechseln Sie dann zur Eingabeseite der KI im Webbrowser.

4 Fügen Sie den Text dort mit Strg+V aus der Zwischenablage ein.

5 Sie können am Ende des Textes Ihre Anweisung ergänzen, etwa *Fasse mir diesen Text in vier Sätzen zusammen!*

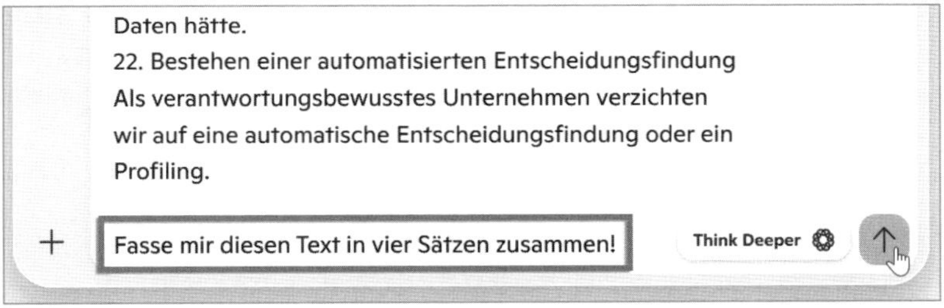

6 Alternativ senden Sie zunächst nur den Text an die KI, damit der Inhalt Teil des Kontextes für Ihren Chat mit dem Assistenten wird. Anschließend können Sie dann beliebige Fragen zum Text stellen oder eben auch Zusammenfassungen, Umformulierungen oder Übersetzungen anfordern.

7 Um eine Ausgabe der KI in Word zu übernehmen, markieren Sie diese im Webbrowser und kopieren sie mit Strg+C in die Zwischenablage. Einige KI-Assistenten fügen jeder Antwort auch direkt eine kleine Schaltfläche bei, mit der Sie den Inhalt kopieren können.

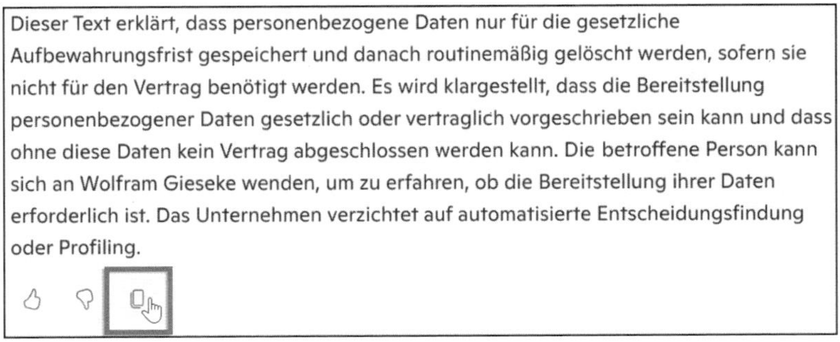

8 Wechseln Sie dann zurück zu Word, platzieren Sie die Einfügemarke an der gewünschten Position und drücken Sie Strg+V, um den Inhalt einzufügen. Sollte die KI den Text formatiert haben, können Sie ihn mit Strg+⇧+V als reinen Text ohne Formatierung einfügen.

Excel-Tabellen mit KI-Assistenten austauschen

Während das Austauschen von Texten aus Word oder auch PowerPoint per Zwischenablage naheliegend ist, würde man bei Excel vielleicht nicht unbedingt auf die Idee kommen, eine Tabelle per KI-Weboberfläche beispielsweise analysieren zu lassen. Aber die modernen KI-Systeme kennen und erkennen Tabellen und wissen diese zu verstehen.

1 Markieren Sie hierzu die Daten einer Tabelle, die Sie untersuchen lassen möchten. Alternativ klicken Sie auf das Symbol ganz links in der Titelzeile der Tabelle oder drücken Strg+A, um die gesamte Tabelle zu markieren. Beachten Sie dabei ggf. Beschränkungen bei der Menge des Textes bei den einzelnen KI-Diensten.

4	Zeitraum	Stückzahl	Umsatz	Kosten	Gewinn
5	1. Quartal	36	4.572,00 €	352,80 €	4.219,20 €
6	2. Quartal	28	3.556,00 €	274,40 €	3.281,60 €
7	3. Quartal	49	6.223,00 €	480,20 €	5.742,80 €
8	4. Quartal	51	6.477,00 €	499,80 €	5.977,20 €

2 Kopieren Sie die Tabelle mit Strg+C in die Zwischenablage. Besondere Vorkehrungen brauchen Sie dabei nicht zu treffen.

3 Wechseln Sie dann zur Oberfläche des KI-Assistenten und fügen Sie den Inhalt der Zwischenablage dort mit Strg+V ein. Dabei erfolgt automatisch das Konvertieren vom komplexen Excel-Format in eine reine Textdarstellung. Zeilen und Spalten werden dabei durch verschiedene Sonderzeichen visualisiert. Machen Sie sich darüber keine Gedanken und überlassen Sie es der KI, die Tabellenstruktur korrekt zu erkennen.

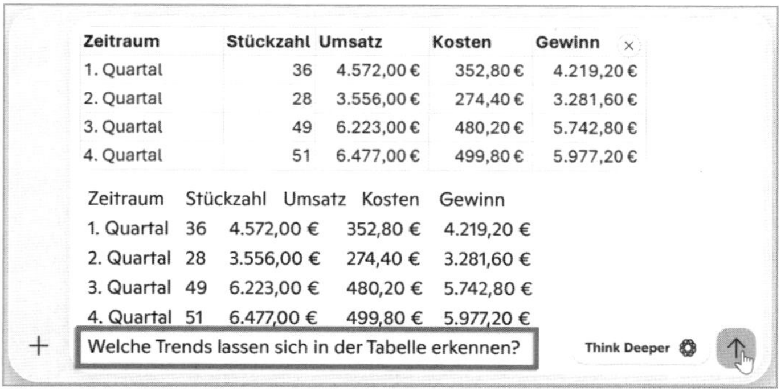

Zeitraum	Stückzahl	Umsatz	Kosten	Gewinn
1. Quartal	36	4.572,00 €	352,80 €	4.219,20 €
2. Quartal	28	3.556,00 €	274,40 €	3.281,60 €
3. Quartal	49	6.223,00 €	480,20 €	5.742,80 €
4. Quartal	51	6.477,00 €	499,80 €	5.977,20 €

Zeitraum	Stückzahl	Umsatz	Kosten	Gewinn
1. Quartal	36	4.572,00 €	352,80 €	4.219,20 €
2. Quartal	28	3.556,00 €	274,40 €	3.281,60 €
3. Quartal	49	6.223,00 €	480,20 €	5.742,80 €
4. Quartal	51	6.477,00 €	499,80 €	5.977,20 €

4 Ergänzen Sie die eingefügten Tabelleninhalte mit Ihren Fragen oder Aufforderungen und senden Sie den Prompt dann ab.

5 Nach kurzem Nachdenken präsentiert der KI-Assistent seine Erkenntnisse, die hoffentlich hilfreich sind.

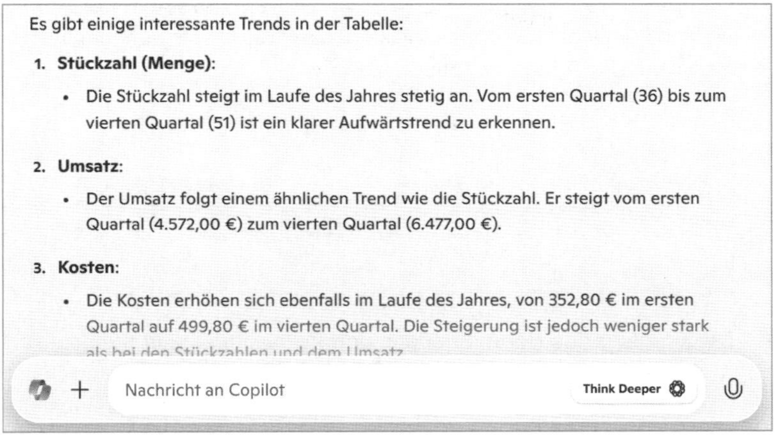

ChatGPT mit Ghostwriter in Office nutzen

ChatGPT ist eines der bekanntesten generativen KI-Systeme, auf dem auch Copilot basiert. Mit einem Office-Add-in wie *Ghostwriter* können Sie es direkt in Ihre Anwendungen integrieren. Es fügt sich als Seitenleiste ein, die Sie bei Bedarf jederzeit einblenden können. Dort tippen Sie Ihre Aufforderung an ChatGPT ein. Die Antwort wird nach kurzer Zeit in das Dokument eingefügt. Ghostwriter unterstützt Word und Excel. Für andere Office-Anwendungen können Sie auf die gleiche Weise alternative Add-ins finden und installieren.

Ghostwriter installieren

Da es sich um ein Add-in handelt, müssen Sie es zunächst einmalig aus dem Add-ins-Store abrufen und installieren.

1 Klicken Sie beispielsweise in Word auf *Datei/Add-Ins abrufen*.

2 Tippen Sie im so geöffneten Dialog oben links im Suchfeld den Namen des gewünschten Add-ins ein, hier *Ghostwriter*. Klicken Sie dann rechts daneben auf das Lupensymbol.

3 Die Suche wird Ihnen eine stattliche Auswahl an Suchtreffern präsentieren, da der Autor des Add-ins Varianten für verschiedene Branchen veröffentlicht hat. Entscheiden Sie sich für den Eintrag, der wie in der Abbildung einfach nur *Ghostwriter* benannt ist. Klicken Sie rechts daneben auf *Hinzufügen*, um das Add-in herunterzuladen.

4 Der Vorgang des Herunterladens und Installierens läuft automatisch ab. Allerdings fragt Word zwischenzeitlich in einem eingeblendeten Seitenbereich nach und bittet um Bestätigung, dass Sie dieses Add-in installieren möchten. Klicken Sie auf *Zulassen und fortfahren*.

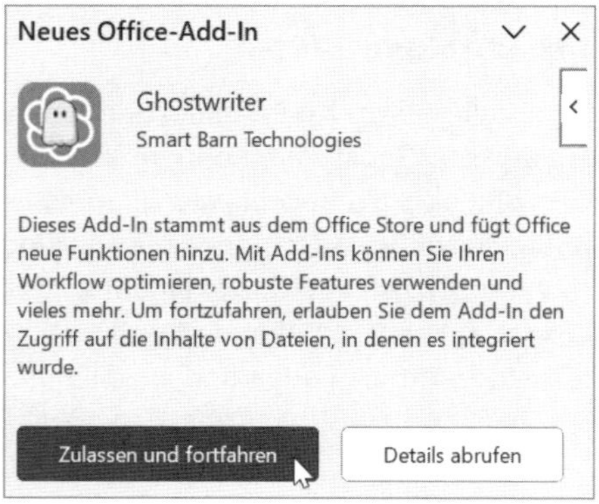

Nach Abschluss der Installation sehen Sie im Menüband in der Registerkarte *Start* ganz rechts ein neues Symbol, mit dem Sie den Seitenbereich von Ghostwriter jederzeit ein- und ausblenden können.

Ghostwriter konfigurieren

Das Verhalten und die Antworten von Ghostwriter lassen sich über verschiedene Einstellungen beeinflussen. Die wesentliche Option ist dabei die etwas versteckte Auswahl am unteren Rand des Eingabefelds.

Wenn Sie darauf klicken, öffnen Sie ein Auswahlfeld, das leider etwas krude ins Deutsche übersetzt ist, aber die wichtigsten Funktionen umfasst. So können Sie mit den oberen vier Punkten festlegen, in welcher Form die Antwort der KI verwendet werden soll:

- *Verwenden Sie prompt - in das Dokument:* Die Antwort der KI wird an der aktuellen Position der Einfügemarke in das Dokument eingefügt.
- *Verwenden Sie die Eingabeaufforderung - in das Antwortfeld:* Die Antwort wird in den Ghostwriter-Seitenbereich geschrieben, und Sie können dann entscheiden, ob Sie sie ggf. in das Dokument einfügen möchten.

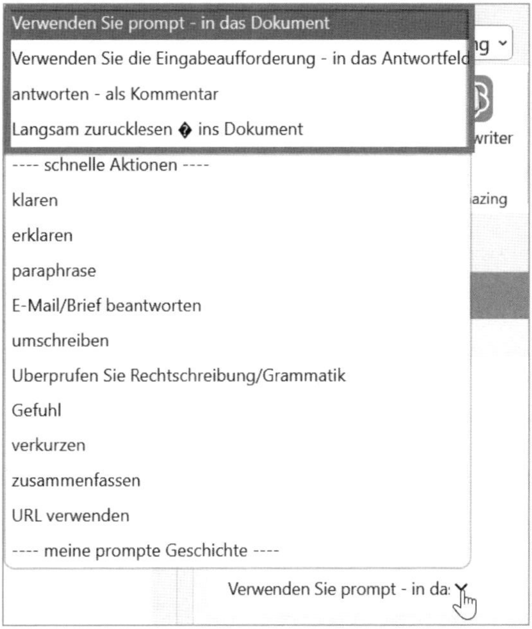

- *Antworten - als Kommentar:* Der generierte Text wird an der aktuellen Position als Kommentar in das Dokument eingefügt.
- *Langsam zurücklesen ins Dokument:* Das Ergebnis Ihrer Aufforderung wird langsam nach und nach am Ende des Dokuments eingefügt.

Darunter finden Sie verschiedene Schnellaktionen für typische Anwendungszwecke. Diese fügen jeweils den passenden Prompt in das Eingabefeld ein. Diese Prompts sind auf Englisch, was Sie aber nicht stören muss. Außerdem sind Sie auf diese Aktionen auch nicht angewiesen, sondern können Ihre Aufforderungen ebenso direkt – und in deutscher Sprache – in das Eingabefeld eintippen.

Unterhalb des Eingabefelds findet sich eine Reihe von Einstellungen, die das Ergebnis von Ghostwriter beeinflussen. Gerade am Anfang können Sie diese ignorieren, aber im Laufe der Zeit möchten Sie vielleicht mehr Kontrolle über die Funktionsweise haben. Deshalb gehe ich hier kurz darauf ein:

- *Persona:* Hier können Sie unter vielen Rollen auswählen, in welche die KI sich hineinversetzen kann. Je nach Art des zu generierenden Textes kann dies einen deutlichen Unterschied machen, etwa ob Ghostwriter die Perspektive eines IT-Managers oder eines Geschichtenerzählers (Storyteller) einnimmt.
- *Stil:* Hier finden Sie eine große Auswahl an Stilen. Die Bezeichnungen sind leider in Englisch, viele erklären sich aber trotzdem von allein, wie etwa *Business*, *Emotional*, *Newsletter* oder *Poetic*.
- *Ton:* In eine ähnliche Richtung wie *Stil* geht auch der *Ton*. In der Regel sollte es reichen, für eines von beiden eine Vorgabe zu machen.
- *Temperatur:* Damit ist in diesem Fall eine spezielle Einstellung für generative KI-Systeme gemeint. Sie bezeichnet die Freiheit oder Kreativität, die die KI an den Tag legen darf bzw. soll. Mit **0** hält sie sich sehr eng an die Vorgabe, produziert dabei aber oftmals sehr vorhersehbare und nüchterne Ergebnisse, was für fachliche Texte allerdings gewollt sein kann. Mit **1** hingegen geben Sie der KI völlige Freiheit, wobei das Ergebnis teilweise nur noch bedingt etwas mit dem Ausgangspunkt oder Ihrer Aufforderung zu tun hat. Standardmäßig arbeitet das System deshalb mit der goldenen Mitte **0.5**.
- *Länge:* Hier können Sie vorgeben, ob das Ergebnis möglichst kurz und auf den Punkt sein soll, ein mittlerer Text mit mehreren Absätzen oder ein mehrseitiges Werk entstehen soll.

- *Sprache:* Beim letzten Punkt wählen Sie die Sprache des zu generierenden Textes, sofern dieser von der Standardeinstellung für Ihre Office-Anwendung abweichen soll. Wenn Sie in Einzelfällen einen Text in einer abweichenden Sprache generieren möchten, können Sie das dem Assistenten aber auch direkt in der Aufforderung mitteilen.

Texte mit Ghostwriter generieren

Ist Ghostwriter installiert und eingerichtet, können Sie den Assistenten jederzeit als Seitenleiste einblenden und im Eingabefeld dort Ihre Aufforderung an den Assistenten formulieren. Standardmäßig erfolgt die Antwort direkt im Dokument links, was Sie aber in den Einstellungen ändern können.

1 Platzieren Sie zunächst die Einfügemarke an der gewünschten Position im Dokument.

2 Blenden Sie dann ggf. die Ghostwriter-Seitenleiste ein, soweit noch nicht geschehen.

3 Tippen Sie dort im Eingabefeld ganz oben Ihre Aufforderung ein.

4 Klicken Sie dann auf den Pfeil unten rechts im Feld, um die Anfrage abzusenden.

5 Nach kurzer Wartepause wird das Ergebnis links in Ihr Dokument eingefügt.

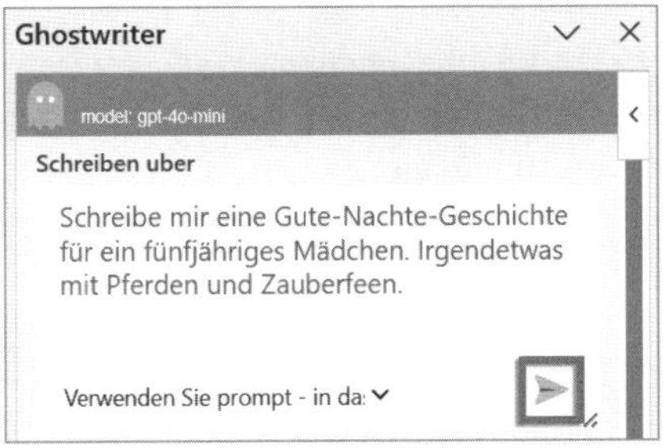

Text aus dem Dokument in die Aufforderung einfügen

Sie können nicht nur Text generieren und in Ihr Dokument einfügen. Ebenso können Sie Text aus dem Dokument zum Teil der Aufforderung machen, wenn Sie diesen analysieren, umformulieren oder ergänzen lassen möchten. Bei Word kann Ghostwriter allerdings nicht von selbst auf den Inhalt Ihres Dokuments zugreifen, sondern Sie müssen nachhelfen.

1 Markieren Sie zunächst den Teil des Textes, auf den Ihre Aufforderung sich beziehen soll.

2 Formulieren Sie nun die Aufforderung im Eingabefeld des Ghostwriter-Seitenbereichs.

3 Ziehen Sie dann den markierten Text mit gedrückter linker Maustaste auf das Ghostwriter-Eingabefeld, und lassen Sie die Maustaste dort los, um den Text in die Aufforderung einzufügen.

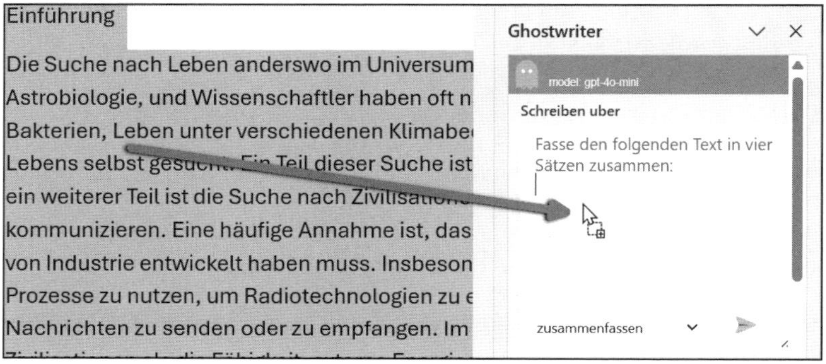

4 Senden Sie die Aufforderung dann mit einem Klick auf das Pfeilsymbol ab.

Auf Daten in Excel Bezug nehmen

Wenn Sie mit Ghostwriter in Excel Daten analysieren möchten, können Sie direkt auf vorhandene Daten Bezug nehmen, ohne diese in das Eingabefeld einfügen zu müssen.

1 Markieren Sie hierzu zunächst den Teil der Tabelle, den Ghostwriter berücksichtigen soll.

2 Wählen Sie dann im Ghostwriter-Seitenbereich bei Excel die Option *Use selected DATA in sheet.*

3 Tippen Sie oberhalb davon im Eingabefeld Ihre Frage oder Aufforderung ein und senden Sie sie ab.

4 Die Antwort erhalten Sie bei Excel stets direkt unten in der Seitenleiste im *Response*-Feld.

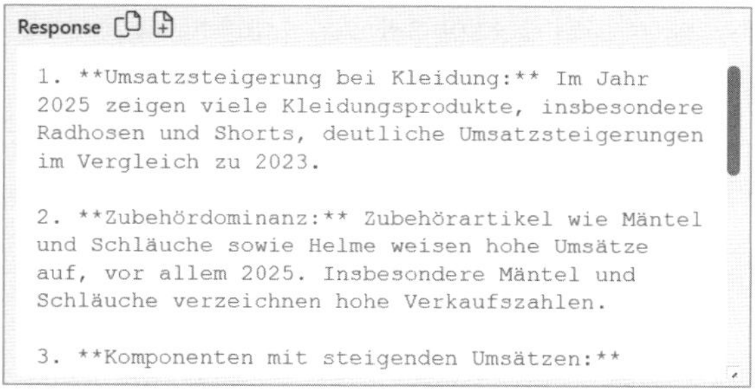

F

G

H

I

K

T

U

V

W

X

Z